KB012482

대한제국과
3·1운동

대한제국과 3·1운동

김태웅 지음

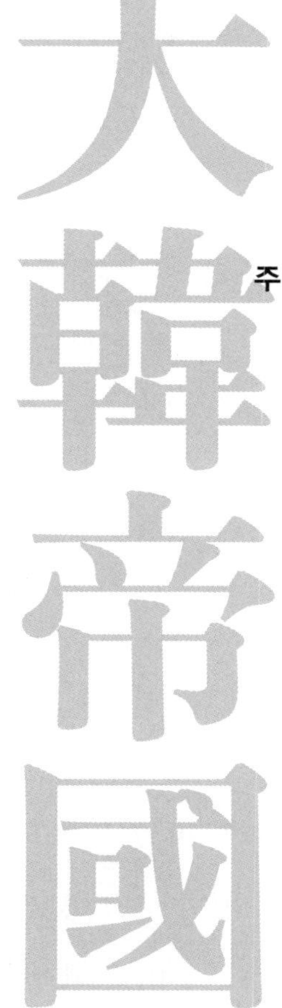

주권국가건설운동을 중심으로

Humanist

일러두기

- 이 책은 대한국국제 제정을 비롯하여 주권국가건설운동을 주제로 쓴 김태웅의 논문을 수정, 보완하거나 새로 쓴 원고를 모아 엮은 것이다.
- 중국어 인명, 지명은 음독(音讀)하고 일부 인명은 국립국어원의 외래어표기법이 아닌 통상적 표기에 따랐다.
- 1897년 대한제국 수립을 기점으로 조선/대한제국(한국), 왕실/황실 등 용어를 구분했다.
- 주석과 참고문헌 서지 사항의 띄어쓰기, 외래어표기법은 서지 정보에 따랐다.

책을 펴내며

이 책은 1876년 국교 확대 이래 3·1운동까지 정치·경제·사회·문화·사상 등 여러 부면에 걸쳐 한국인의 주권국가건설운동에 대해 다룬 글이다. 비록 이 주권국가건설운동이 일제의 침략과 내부 통합의 실패로 좌절되었을지라도 그 여정은 결코 중단되지 않았다. 그 염원은 3·1운동으로 분출되었고 대한민국임시정부 수립으로 일단락되었다. 이로써 1899년 '대한국국제(大韓國國制)'에서 규정한 근대 군주전제정은 1919년 '대한민국 임시헌장'을 근간으로 삼아 민주공화정으로 전환될 수 있었다. 이후 민족운동은 이러한 역사적·법률적 기반 위에서 이념·노선의 분화와 외세의 강압을 견디며 신국가건설운동으로 수렴되었다.

대한제국의 역사적 위상과 평가 문제는 학계의 이른바 광무개혁 논쟁과 대한제국 논쟁, 각종 대중 역사서에서 볼 수 있듯이 학계는 물론 일반 대중에게도 커다란 관심거리였다. 오늘날 한반도 분단의 단초를 제공한 요인을 논할 것 같으면 여타 요인에 못지않게 19세기 말, 20세기 초 일제의 집요한 침략 공작과 함께 약육강식의 시대에 적응하지 못한 한국인의 역량 부족을 들곤 하였다. 심지어 대한제국 정치의 중심축이라 할 고종의 지도력 빈곤과 집권층의 무능을 손꼽기도 하였다.

학계와 일반 대중의 이러한 인식과 평가는 한국근대사를 냉정하게 바라보고 책임 소재를 규명함으로써 한국인이 걸어온 길을 되돌아보고 철저하게 반성하고자 하는 노력의 발로에서 비롯되었다. 과거 역사에 대한 반성이 수반되지 않는다면 앞으로도 이러한 과오를 반복할 수 있기 때문이다.

한편, 대한민국의 정통성과 존립 기반을 논할 때 대한민국 헌법 전문에서도 밝히고 있듯이 3·1운동에서 그 근거를 찾는다. 3·1운동이 대한민국임시정부를 탄생시킨 직접적 계기였으며 이후 신국가건설운동의 원천이었기 때문이다. 다만 이러한 3·1운동의 배경과 주체 세력 형성 문제를 논할라치면 3·1운동은 대한제국 시기와 분리된 채 오로지 일제의 민족차별과 경제적 수탈, 그리고 민족 대표의 지도력과 학생의 헌신, 민중의 자발적 참여만을 강조하였다. 심지어는 제1차 세계대전 직후 전후 처리과정에서 탄생한 민족자결주의가 3·1운동을 추동한 요인으로 부각되었다.

그런데 여기서 주요한 역할을 담당한 3·1운동의 주체와 참가층은 1910년 이전 대한제국 체제와 떼려야 뗄 수 없는 역사적 주체임을 부정할 수 없다. 그들은 길게는 대한제국 시기에 중세 유교 문명과 상이한 근대 문물을 직간접적으로 접하였고, 민족교육과 계몽운동의 세례를 받았으며, 때로는 이른바 애국계몽운동이나 의병전쟁에 참가하여 주권수호운동에 나서기도 하였다. 또 짧게는 대한제국 수립과 '대한국 국제'의 반포를 목격하면서 중국 중심의 사대조공질서에서 벗어나 주권국가질서의 시대로 나아가는 역사적 경험을 하였다. 물론 자신의 처지와 이념에 따라 이러한 급격한 변화를 바라보는 시각과 활동 양상은 다양하였고 때로는 내부에서 갈등을 일으키고 충돌하기도 하였다. 그러나 그들 각자 모두 이전 왕조체제와 다른 새로운 체제를 접하였고 신문물을 수용하든 거부하든 주권국가건설운동의 향방을 가늠하였다. 더욱이 그들은 국망 이후 일제의 경제 수탈과 민족차별을 계기로 자신의 역사적·사회적 부채와 자산을 성찰할 수 있게 되었다.

1980년대 중반 한국사 전공에 입문한 이래 필자의 주된 관심사는 근대 재정 문제였다. 무엇보다 후발국가가 자본주의화와 산업화를 뒷받침할 만한 물적 토대를 구축하는 것이 선결 과제라고 판단하였기 때문이다. 대한제국은 제국주의의 경제 침탈 속에서 자국의 시장과 산업을 보호·육성할뿐더러 자금을 효율적으로 조달하고 재원을 합리적으로 배분하는 것이 급선무였다. 나아가 효율적인 재원 조달과 합리적인 배분을 위해서는 중앙정부의 지방에 대한 통제와 이를 지탱할 만한 법과 제도의 제정이 동시에 병행적으로 이루어져야 하였다. 필자의 박사학위 논문 〈개항 전후~대한제국기 지방재정 개혁 연구〉는 그러한 고민의 산물이었다.

그러나 이러한 노력으로 조선 후기 이래 대한제국기에 걸쳐 중세 지방재정이 근대 지방재정으로 전환되어가는 과정과 성격의 변화를 해명하였는데도 그러한 개혁의 역사적 의미와 위상 문제를 전면적으로 다루기에는 연구 대상이 협소하고 여타 부문과의 연관성이 떨어졌다. 연구 주제의 이러한 한계는 단지 지방재정의 문제에만 국한되지 않았다. 현재 그 밖의 다른 대한제국사 연구도 이러한 원초적인 한계에서 벗어날 수 없었다. 오늘날 한국근대사 연구는 정치·외교·경제·법제·사회·문화·사상 등 전 부문을 아울러 국가체제로서 전면으로 다루기보다 부문별로 세분하여 다룬 나머지 특정 요소들을 기준으로 삼아 대한제국의 지향과 역사적 위상을 재단하고 그 의미를 과도하게 일반화하고 있다고 판단된다. 물론 광무양전·지계사업에서 볼 수 있듯이 토지대장 분석을 통해 근대개혁의 물적 토대 확보방식 및 대한제국 정부의 지향과 성격을 해명하려는 노력도 있었다. 그러나 이러한 노력 역시 여타 부문과 연계되지 못함으로써 대한제국의 지향과 주권국가건설의 모든 역정(歷程)을 담아내고 있지는 못하다. 당시 대한제국은 대외적으로는 일본과 러시아, 미국, 프랑스 등 열강의 각축장이었고, 대내적으로는 다양한 정치·사회 세력들 간의 이해 충돌과 노선 차이로 인해 갈등이 벌어지는 특수한 상황에 놓여 있었기 때문이다. 더욱이 대한제국 정부의 성과와 한계를 논하기에는 존속 기간이 너무 짧았고 주어진 여건도 매우 불리하였다.

이에 필자는 박사학위 논문을 완성해갈 무렵 대한제국 시기 한국인들이 처하였던 역사적 조건과 당면 과제가 무엇인가에 유의하면서 정치·경제·사회·문화·사상·국제관계 등 여러 부문에 걸쳐 상호 연계하여 한국인들이 추진하였던 주권국가건설운동의 경로와 역사적 의미를 검토할 필요성을 절감하였다.

그러나 이러한 구상은 구체적인 작업이 선행되지 않는 한 여전히 막연할뿐더러 혼미하기까지 하였다. 한국근대사에 대한 안목과 자세에 못지않게 당대 사료에 대한 천착과 분석이 수반되지 않는다면 공염불이었기 때문이다. 그러한 가운데 이 작업을 수행하여야 할 기회가 찾아왔다. 박사학위 논문을 집필하는 1995년 4월 '대한국국제'를 주제로 논문 집필을 청탁한 김용섭교수정년논총간행위원회의 요청은 대한제국 체제를 어떤 특정한 설명틀에 맞추어 접근하기보다는 전통사회의 정치구조, 당대의 역사적 맥락과 국내외 정국 변동, 만국공법질서의 도래 등을 고려하면서 본격적으로 검토할 수 있는 계기를 제공하였다. 그 결과 '대한국국제'는 기존의 통설과 달리 주권국가건설을 둘러싼 군권(君權)과 신권(臣權)의 주도권 경쟁 속에서 서구 만국공법체제에 근간하여 제정된 일종의 헌법임을 해명할 수 있었다. 나아가 대한제국 정부가 황실 주도 아래 '대한국국제'를 제정하여 주권국가로서의 법제적 기반을 마련함으로써 대한제국이 법치주의에 입각하여 대내주권으로서의 최고성과 대외주권으로서의 독립성을 확보하였음을 확인하였다. 이어서 필자는 2007년 이태진교수정년논총간행위원회의 원고 의뢰를 받아 〈고종 정부의 서구 전장 탐색과 만국사 서적 보급〉을 집필하였다. 조선 말, 대한제국기 정부가 각종 여러 매체를 통해 서구의 역사와 문물을 접하고 이를 다시 일반 대중과 함께 공유하는 가운데 서구의 국가들이 성취한 주권국가건설의 경험과 원동력을 인식하면서 이후 계몽운동의 역사적·사상적 역량을 강화할 수 있는 발판을 제공하였다. 대한제국이 주권국가로서 구축하여야 할 법제적 기반과 문화적 역량을 검토한 셈이다. 이 점에서 이 두 논문은 사실상 이 책을 떠받치는 기둥이라고 내세워도 과언이 아니다.

또한 2001년 필자는 제주교안 100주년을 맞아 주최 측의 요청으로 제주교안을 초래한 대한제국 정부와 프랑스·천주교의 관계를 발표하였다. 여기서 필자는 기존의 연구들이 주로 관심을 기울였던 제주교안의 전개과정과 운동의 주체, 책임 문제 규명보다는 당시 광무정권의 산업화 전략과 프랑스 외교정책에 초점을 맞추어 교안 발생의 정치적·경제적 조건을 해명하고자 하였다. 필자의 이러한 시도는 이후 대한제국기 국제관계사를 동태적이고 다층적으로 바라볼 수 있게 하는 계기가 되었다.

한편, 일제하 조선·일본의 아시아주의자들 및 근대화지상주의자들의 김옥균 추앙운동과 대한제국 인식의 변천을 검토하여 2000년과 2001년에 각각 논문으로 발표하면서 수구 대 개화라는 기존 연구의 이항 대립적 인식틀에 의구심을 갖기 시작하였다. 이러한 문제의식은 외세의 침략과 반외세 저항, 근대화와 반근대화라는 양자택일적 구도에서 탈피하여 주체적인 시각에서 역사적 맥락에 입각하여 주권국가건설운동의 방향과 의미를 역동적으로 탐구하는 디딤돌이 되었다. 특히 1894년 갑오개혁 이전 시기는 근대화운동의 좌절, 이후 시기는 사회제도적 근대화의 출발이라는 단절적인 시각에서 벗어나 양 시기의 단절관계와 연속관계를 동전의 양면으로 바라보았다. 그 결과 1883년 서북경략사 어윤중이 사대조공질서와 만국공법질서가 중첩되는 양절체제의 한계에 굴하지 않고 국제정세의 변동과 국내 정국의 흐름을 주목하면서 대외적으로는 만국공법질서에 편입하고자 지속적으로 시도하였으며, 대내적으로는 함경도 재정개혁과 향촌사회 개편을 통해 근대 재정·사회 개혁의 전범을 마련하고자 하였음을 해명하였다. 이 점에서 필자의 이러한 시도는 갑신정변 - 갑오개혁 - 독립협회 운동 - 애국계몽운동으로 이어지는 학계의 단선적인 개혁운동 인식을 재고함은 물론 갑오개혁의 역사적 기반과 사회적 역량이 1880년대 이른바 온건개화파로 불리는 시무개혁파의 활동과 무관하지 않았음을 도출한 셈이다. 즉 필자의 이러한 작업은 위로부터 급격한 부르주아 변혁을 추구하였지만 시세 변동에 부합하지 못했을뿐더러 외세 의존의 경로에서 벗어나지 못한 급진개화파의 지향과 활동, 아래로부터의 농민혁명을 통해 토지개혁을 완수하고 외세를 축출하고자 하였지만 정치적·사회적 기반의 취약으로 무너져간 1894년 농민군들의 지향과 활동을 염두에 두면서 또 하나의 대안을 모색하는 여정이었다.

나아가 필자는 이러한 주권국가건설운동이 일본의 러일전쟁 승리와 정국의 극심한 변동으로 인해 미완성으로 끝나고 말았지만 이후 다양한 형태와 방식으로 계승되어 민족운동이 명실상부한 주권국가의 건설을 목표로 삼아 다시금 나아갈 수 있는 디딤돌이 되었음을 밝히고자 하였다. 물론 이러한 운동은 일제의 야만적 강압과 문명화라는 이중 전략 구사와 운동 주체들의 균열·해체 위기를 맞아 무화(無化)될 절체절명의 나락에 빠지기도 하였다. 그러나 주권국가건설운동을 둘러싼 치열하고 뼈아픈 경험은 새로운 변화에 뒤처지지 않는 청년들·학생들을 비롯한 후속세대에게 면면히 전승되어 3·1운동을 끌어내는 역사적·문화적 원천으로 자리잡았다.

따라서 이 책에 수록된 18개 논문은 필자의 이러한 문제의식과 체제 구상이 선학들의 연구 성과를 밑거름으로 삼되 사료 천착을 통해 점차 구체화되는 과정을 보여주는 동시에 기존 연구에서 간과되었거나 새로이 심화하여야 할 주제의 단서들을 조금이나마 끌어내리라 본다. 다만 이 책에서는 발표 시점의 문제의식과 관심 대상, 집필 당시의 연구 경향을 그대로 보여주기 위해 기발표 논문의 오류를 수정하고 누락 부분을 보완하는 한도 내에서 작업하되 최근에 발표한 논문들에서는 필자의 현재 문제의식을 가능한 한 담으려고 하였다. 이 점에서 이 책에 수록된 논문들은 필자의 역사 글쓰기 여정과 한계를 고스란히 보여준다고 하겠다. 그 결과 이 책은 기존 연구의 접근방식과 달리 특정 분야와 시기에 국한하지 않고 조선 말, 근대개혁기 시무개혁론의 등장과 전개를 주권국가건설운동의 씨줄로 삼고 이를 둘러싼 정치적·외교적·경제적·사회적·문화적 환경의 변화를 날줄로 엮어 한국인 각 계층의 다양하고 역동적인 대응 양상을 추적하였으며 장기적인 전망 아래 3·1운동과 '대한민국 임시헌장'의 의미를 통해 주권국가건설운동에서 차지하는 대한제국의 역사적 위상을 자리매김하였다.

이 책에서 견지하는 작업 방향과 서술 원칙은 다음과 같다. 대한제국 문제를 다방면에 걸쳐 단속적으로 다루었기 때문에 박사학위 논문과 달리 일관성과 집중성은 갖추지 못하였지만 기존 연구에서 단편적으로 다루었거나 간과하였던 제반 분야를 다음과 같은 작업 방향에 입각하여 천착하고 확장하고자 하였다.

첫째, 이 책은 대한제국의 역사적 성격과 위상을 구명하기 위해 정치·외교·경제·사회·문화의 상호 연계성을 염두에 두고 여러 주제를 다양한 방식으로 검토하였다. 특히 주권국가로서의 형식적·내용적 요건을 갖추어가는 건설과정에 초점을 맞추되 이들 여러 주제가 주권국가의 물적·정치적·법제적·문화적·사상적 기반의 형성에 어떠한 영향을 미쳤는지를 추적하였다. 여기서 집중적으로 자주 거론하는 주권국가건설 문제는 당시 민인이 역사의 주체로서 자신의 삶과 공동체의 조건을 개선하기 위해 설정한 시대적 화두다. 또한 주권국가라는 법률적 형식을 담고 있는 용어를 적극 활용하였는데, 이는 애매모호하고 다의적인 국민국가라든가 민족국가라는 기존 용어를 피하고자 하였기 때문이다. 따라서 이러한 종합적인 접근방식은 오늘날 중요 쟁점의 대상이라 할 광무양전·지계사업의 방향과 역사적 성격을 대한제국 체제와 연계하여 이해하는 데 조금이나마 도움이 되리라 본다.

둘째, 이 책은 대한제국기의 법과 제도, 운영방식을 당대에 국한하지 않고 조선시대의 연속선상에 자리매김하면서도 서구와 일본, 청을 통해 들어온 각종 서양식 제도의 도입 및 변용과 연계하여 검토하였다. 이때 이러한 작업방식에서 늘 유의하여야 할 점으로 서구와 일본이 한국인들에게 내면화한 기존의 수구·개화라는 오리엔탈리즘식 이항 대립 설명틀에서 벗어나 다양한 역사 주체들의 시대적 과제 설정과 개혁 노선, 해결 방향을 최우선으로 배치하고 그 의미를 궁구해보았다. 물론 대한제국의 역사는 후대에 주권국가의 미완성으로 인식될 수 있다. 그러나 주권국가의 완성으로 나아가는 도정이 굴절되고 한때 폐색하기도 하였지만 결코 실패하지 않았다. 1876년 국교 확대 이래 1948년 대한민국 정부 수립에 이르기까지 멈추지 않았던 주권국가건설운동의 추동력을 파악하고자 할 때 대한제국 시기는 여전히 피할 수 없는 논구의 대상이다.

셋째, 이 책은 사회과학의 연구 성과를 참조하되 역사적 맥락과 정치적 특수성에 좀더 유의하였다. 그리하여 서구 근대제도의 틀이라는 외재적 기준에 의거하여 그것에 대한 부합 여부를 시비하는 방식에서 벗어나 당시 대한제국을 둘러싼 대내외 정치적 환경의 특수성과 역사적 맥락을 적극적으로 고려하였다. 이러한 접근방식은 이데올로기적 접근이냐, 과학적 접근이냐를 떠나 역사주의적인 접근방식이라 하겠다. 지방분권의 전통이 강한 국가와 중앙집권의 전통이 강한 나라의 차이점, 외세의 침략을 받는 나라와 제국주의적 팽창을 끊임없이 도모하는 나라의 특수한 상황 등을 적극 반영할 필요가 있다.

넷째, 이 책은 기존 연구가 사회경제 및 민족·사회 운동, 정국 동향에 초점을 두고 주로 국내 현안에 국한하여 접근함으로써 대내적 조건과 외적 환경의 관계를 분리하는 경향이 적지 않았다는 점에 유의하여 양자의 관계를 검토하기 위해 사례 연구로서 한불관계를 집중적으로 다루었다. 더욱이 기존의 대외관계 연구가 대일·대청·대러·대미 관계에 치우쳤음을 염두에 두고 이 시기 대한제국 정부와 인적 교류가 매우 활발하면서도 교안으로 갈등관계를 빚었던 프랑스와의 관계에 초점을 맞추었다. 그리하여 이 시기 한불관계의 전개과정에 대한 연구는 대한제국 정부의 산업화정책 및 여러 교안을 이해하는 데 중요한 단서를 제공한다.

다섯째, 이 책은 대한제국의 유산을 장기사적인 관점에서 검토하는 가운데 3·1만세 시위에 참가한 학생들의 내면세계를 집중 분석하였다. 이들 학생의 내면세계에 대한제국 시기에 직접 경험하였거나 부모세대로부터 전승된 조선의 역사와 문화, 대한제국 시기의 주권국가건설 경험이 의식적이든 무의식적이든 자리잡고 있음을 확인하고자 하였기 때문이다. 그리하여 학생층을 비롯한 한국 민인이 일제의 무력통치와 문명화 논리에 굴하지 않고 내재적 전통을 계승함과 동시에 세계사적·보편적 민족자결의 문제를 자신의 문제로 체화하며 다시 한번 주권국가 완성을 향한 도정에 어떻게 들어섰는지를 해명하고자 하였다. 3·1운동이 국내에서는 일제의 탄압으로 좌절되었지만 국외에서는 대한민국임시정부라는 새로운 공화국으로 탄생했음은 이를 단적으로 보여준다.

이 책의 제1부는 조선 말, 근대 시무개혁론의 연원과 전개과정을 당시 서구 자본주의 열강의 침략 및 그에 따른 위기의식과 연계하여 검토하였다. 특히 정부가 서구 전장(典章) 수용과 시무개혁 방향을 모색하는 가운데 내수외양론에서 내수자강론, 그리고 다시 변법자강론과 내수외교론으로 변전(變轉)하는 과정을 1870년대 이유원과 1880년대 어윤중의 국제정세 인식과 시무개혁활동에서 찾고자 하였다. 이러한 시무개혁파의 노력은 후일 갑오·광무 개혁에 직간접적으로 영향을 미쳤다.

제2부는 1894년 농민전쟁과 청일전쟁을 계기로 본격화된 갑오개혁 이래 국망에 이르기까지 주권국가건설에 필요한 물적·인적·법률적 기반이 점차 형성되고 있었으나 러일전쟁의 발발과 정치·사회 세력의 극심한 분화로 인해 위축되는 양상을 고찰하였다. 이 과정에서 개혁 주도권을 둘러싼 여러 정치·사회 세력 사이의 갈등을 수습하고 주권국가의 법제적·물적 기반을 구축하기 위한 대한제국 정부의 국제 제

정과 산업화 전략, 공공성 증대 노력이 당시 균세(均勢) 외교정책과 맞물려 추진되었다. 그러나 대한제국 정부의 이러한 노력은 일본을 비롯한 외세의 정치적·경제적·군사적 침략과 내부 구심점의 약화로 인해 주권국가의 완성으로 이어지지는 못하였다. 비록 문명개화론에 매몰되지 않은 일부 식자층과 애국적 대중이 일본의 침략을 문명화와 분리하여 인식하면서 주권수호운동에 진력하였지만 그러한 노력은 일본의 압도적인 군사력과 근대화 위광을 극복하기에는 역부족이었다.

제3부는 한국인들이 1910년 국망으로 주권국가를 완성할 기회를 놓쳤으나 대한제국 시기 역사적·사회적 경험을 바탕으로 삼아 3·1운동을 끌어내고 다시금 주권국가건설운동에 매진하는 배경과 저력을 시위 참여 학생들의 내면세계에서 확인하고자 하였다. 여기에 두 개의 보론(補論)을 덧붙였다. 하나는 조선 후기 이래 3·1운동에 걸쳐 국왕·사대부 통치의 정당성을 부여하는 민본주의와 자산가 위주의 민권 의식을 단계적으로 극복하면서 근대 인권사상으로 나아가는 과정을 검토한 끝에 '대한민국 임시헌장'에 또 다른 의미를 부여할 수 있었다. 또 하나는 해방 후 여러 정치·사회 세력의 3·1운동에 대한 인식을 집중 검토하여 각 정파와 집단들이 시기별로 자신의 정치 노선을 3·1운동에 투영하는 맥락과 정당화 논리를 구명하였다.

이 책의 구상과 방향은 이처럼 자리잡혀 있으나 구성방식에서 드러나듯이 논지의 일관성과 논문 상호 간의 연계성은 떨어진다. 간혹 개설서 같은 글이나 사례별 분석 논문도 포함되어 있다. 이는 무엇보다 논문을 순차적으로 집필하지 못한데다 학술대회 또는 원고 청탁에 응해 산출하였기 때문이다. 필자의 무모한 시도도 이러한 취약성을 가중하였으리라 본다.

하지만 필자는 기존 설명틀에 안주하거나 설익은 이론과 특정 자료에 의존하여 과도한 일반화를 시도하기보다는 새로운 1차 자료에 밀려 홀대받는 연대기는 물론 오래된 낡은 자료 속 기사의 행간을 읽어내려 하였으며 역사적 맥락에 입각하여 과거의 실체에 다가가고자 하였다. 또 시대의 요구와 사회적 변화에 따라 끊임없이 제기되는 문제의식을 중시하되 현재주의적 관점과 목적론적 역사 인식에 매몰되어서는 안 된다는 선학들의 가르침에 충실하고자 하였다. 물론 사회과학의 새로운 사조와 세련된 방법론은 참조할 필요가 있다. 그러나 이들 사조와 방법론의 배경과 내력을 제대로 파악하지 못한 채 한국사 연구에 적용하기에 급급한 행태에서는 벗어나야 한다. 비유하건대 다른 풍토와 기후에서 자란 과일의 풍성한 모습에 혹한 나머지 그것이 생장해온 내력과 작물의 뿌리는 알지 못한 채 재배법만 무작정 적용하는 우를 범하여서는 안 된다. 한국근현대사 연구 역시 세계사적 보편성과의 상호 연계성을 염두에 두되 사료 천착과 분석을 통해 한국사 내재의 맥락을 계기적으로 인식하며 실체에 한 걸음 더 가까이 가는 데 부단히 진력하여야 할 것이다. 역사학은 재빠르게 앞서 달려가는 영리한 토끼보다는 느릿느릿 기어가는 우직한 거북이의 자세가 요구되는 학문이기 때문이다.

현재 대한민국은 매우 불리한 지정학적 조건 속에서도 산업화와 민주화를 통해 명실상부한 주권국가로서의 대내외 법제적 틀과 물리적 기반을 갖추고 있다. 나아가 비운의 죽음을 맞이하였던 어윤중과 김구가 그토록 염원하였던 소강국·문화국가로서 약소국가와 민인의 고통어린 삶에 공감하며 스스로를 지켜낼 역량을 증대하고 있다. 그러나 해방 후 그토록 바랐던 '1민족 1주권 국가'를 실현하지 못한 채 열전과 냉전을 거쳐 차마 수긍할 수 없는 양국체제로 나아가고 있다. 그러한 길이 통일로 가는 평화 공존의 길인지, 영구 분단의 길로 가는 적대적 공존의 길인지는 미지의 영역이다. 조선 후기 이래 대한제국 체제를 거쳐 3·1운동으로 가는 길목에서 한국인들이 안아야 하였던 역사의 부채는 물론 함께 공유하여야 할 미래의 자산이 무엇인가를 냉철하게 성찰하는 작업이 결코 오늘날 대한민국의 진로와 후속세대의 삶과 무관하지 않은 이유가 여기에 있다.

끝으로 이 자리를 빌려 감사의 인사를 드린다. 무엇보다 불민하고 굼뜬 필자에게 학술대회 발표와 공동작업 참여를 권유하거나 지도와 조언을 아끼지 않은 선학들과 국내외 동료 학자들의 은혜와 후의를 잊을 수 없다. 특히 유명을 달리한 해방세대의 선학들은 직간접적으로 필자의 문제의식을 자극하였고 이 시대, 이 땅의 연구자로서 지녀야 할 자세와 품성을 강조하였다. 그분들의 가르침에 조금이나마 보답하였는지는 여전히 의문이다. 갈 길은 멀고 능력이 따르지 않는 신축년생 필자는 오로지 별이 빛나는 창공을 보고 묵묵히 나아갈 뿐이다. 아울러 코로나 사태라는 재난의 시대에도 문화의 힘을 믿고 출판과 편집을 기꺼이 맡아준 휴머니스트 김학원 대표와 편집진에 감사를 드린다. 모쪼록 이 책이 애국선열들이 피땀 흘려 되찾은 조국 광복의 의미에 역사학자로서 조금이나마 보탬이 되길 희구한다. 독자들의 따가운 질정을 바란다.

2021년 겨울날 새벽

와우산 동쪽 자락 서재에서

김태웅

차례

제1부

체제 위기와 시무개혁

1장

서구 자본주의의 침투와 위기의식 고양

1. 서언

양란 후 국교 확대 이전 시기에는 사회경제적 변동으로 인해 근대사회로 나아갈 수 있는 다양한 문화적 기반이 조성되었다. 실학의 대두와 서민문화,《정감록(鄭鑑錄)》과 미륵신앙, 동학 등의 등장이 이를 잘 설명한다. 이들 사상과 문화는 기존 성리학 위주의 유교문화에 균열을 가하는 동시에 근대문화로 나아갈 수 있는 요소를 제공할 여지가 많기 때문이다. 그러나 이에 못지않게 동아시아와 서구 열강의 접촉에 따른 서구 과학기술(이하 서학)의 유입은 청의 고증학과 함께 조선 지성계에 충격을 주면서 새로운 질서의 도래를 예고하였다. 특히 서학과 함께 전래된 천주교는 유교의 전례(典禮)문화를 송두리째 부정할뿐더러 신 중심의 세계관을 강요하였기 때문에 조선 지성계와 일반 민인의 반발은 예상되는 일이었다. 이 점에서 새로운 사회를 모색하는 식자층에게 유교와 천주교, 그리고 천주교와 서학의 관계 설정 문제는 매우 중대하고 심각한 화두였다.[1] 천주교가 전통 성리학의 질서를 동요시킬 것인가,

천주교와 서학을 별개로 처리할 수 있을 것인가가 관건이었기 때문이다. 특히 천주교와 서학의 관계 설정 문제가 17, 8세기에 국한되지 않고 19세기 서세동점(西勢東漸)의 시대에도 지속되는 가운데 천주교의 전래가 프랑스를 위시한 서구 제국주의의 침략적 접근과 연동되어 있다는 점에서 양자관계에 대한 인식과 의미 부여는 시기마다, 당색과 학파마다 다를 수밖에 없었다. 이는 도(道)와 기(器)의 관계 설정 문제와도 연계되었다. 나아가 이러한 문제는 국교 확대를 전후하여 문호 개방 여부와도 연계되어 전면적으로 부각되었고 개혁 방향을 둘러싼 논쟁에 커다란 영향을 미쳤다는 점에서 반드시 고찰하여야 할 사안이다.

그러나 기존 연구는 천주교의 전래와 수용을 문명개화론에 입각하여 설명하거나 호교론(護敎論)을 보완하는 경향이 적지 않았다.[2] 물론 학계에서는 이 시기의 천주교 전래 문제를 조선 후기 지성사 차원에서 그 의미를 역사적으로 탐구하는 가운데 유교문화와 천주교의 충돌을 어느 한편의 시각과 처지에서가 아니라, 역사적 현상으로 이해하고 단계별로 그 의미를 검토하고자 하는 경향이 경주되었다.[3] 다만 이들 연구 역시 서학과 천주교의 전래와 수용이 국교 확대와 이른바 개화사상에 영향을 미쳤다는 데 주목하고 있음도 분명하다. 이러한 접근방식과 방법론은 조선 후기 사상사의 내적 흐름을 도외시한 채 외부 종교 및 사상과의 관계 속에서 조선 후기 지성사와 내부개혁론을 재단할 수 있다는 한계를 내포하고 있다.

이에 이 글은 조선 후기부터 1876년 국교 확대 이전 시기에 걸쳐 두

---

1) 이원순, 《조선시대사논집—안(한국)과 밖(세계)의 만남의 역사》, 느티나무, 1992, 357~365쪽.

2) 유홍렬, 《(증보)한국천주교회사》, 가톨릭출판사, 1975 ; 김옥희, 《광암 이벽의 서학사상 연구》, 순교의맥, 1990.

3) 이원순, 《조선서학사연구》, 일지사, 1986 ; 조광, 《조선 후기 천주교사 연구》, 고려대학교출판부, 1988 ; 강재언, 《조선의 서학사》, 민음사, 1990.

가지 문제에 초점을 맞추어 검토하고자 한다. 우선 서학과 천주교의 수용과정과 영향, 지성사적 대응을 검토하되 19세기 서구 자본주의 국가의 동아시아 침입을 염두에 두고 접근하고자 한다. 그러고 나서 조선 사회 내부의 새로운 모색과 서세동점으로 야기된 위기의식을 상호 연계하여 그 역사적 성격을 이해하는 가운데 이 시기에 등장한 다양한 개혁론의 방향과 의미를 고찰하고자 한다. 그럼으로써 국교 확대 이후 조선 정부와 조야 식자층이 서학과 종교 문제를 둘러싸고 분화되는 양상과 그 의미를 이전 시기와 연계하여 검토할 수 있는 실마리가 마련되리라 본다.

2. 서학·천주교의 도전과 정부의 금압

1) 서학 연구와 천주교 수용

조선 후기에는 농업생산의 증대와 상품화폐경제의 발달에 힘입어 급격한 농민층 분해와 신분제 동요가 일어났다. 그리고 반성리학적 입장의 실학사상이 대두하였다. 이러한 봉건제 해체기의 양상은 지주·전호 관계의 모순을 더욱 심화함으로써 농민들의 항조투쟁(抗租鬪爭)을 고양하였다. 나아가 이러한 바탕 위에서 농민들의 부세투쟁(賦稅鬪爭)이 격렬해졌다. 이른바 민란의 시대가 시작된 것이다. 또한 그만큼 봉건 지배층의 위기의식이 가중되었다. 다산(茶山) 정약용(丁若鏞)의 경우 자기가 살고 있는 시대를 모든 사람이 난(亂)을 생각할 만큼 심각한 위기의 시대라고 단정할 정도였다.[4]

---

4) 정약용,《목민심서(牧民心書)》권18, 병전(兵典), 응변(應變).

그러한 점에서 이 시기의 천주교 수용과 서학 연구는 서세동점의 결과라는 외부 요인에서만 비롯된 것이 아니라, 사회변혁을 바라던 조선 사회의 내재적 요청에 따른 것이었다. 한편, 이 시기의 서구 자본주의 열강이 형태를 달리하면서 조선의 봉건 지배층 및 일반 민인에게 새로운 위기의식의 대상으로 다가왔음은 물론이다.

15세기 말 이른바 대항해의 시대가 열린 이후 포르투갈과 에스파냐를 비롯한 중상주의 국가는 그들의 원료 공급지를 구하기 위해 동아시아 지역까지 침략의 손길을 뻗치기 시작하였다. 지리상의 발견에 가장 열을 올린 포르투갈의 경우 1498년에 바스쿠 다 가마(Vasco da Gama)가 아프리카 남단의 희망봉을 돌아 인도 서해안의 캘리컷(지금의 코지코드)에 도착하였다. 이어서 포르투갈은 1510년에 동방 진출의 거점으로 고아를 공략하였고, 1511년에는 말레이반도의 말라카(지금의 믈라카)에 진출하였다. 또한 1557년에는 중국과 일본에 진출하기 위한 거점으로 마카오를 강점하였다.

에스파냐의 경우 페르디난드 마젤란(Ferdinand Magellan)이 1519년에서 1522년까지 대서양을 거쳐 남아메리카주 남단에 있는 마젤란해협을 돌아 필리핀제도에 이르렀으며 세계 일주를 완수하여 지구가 둥글다는 것을 실증하였다. 그 후 에스파냐는 필리핀을 식민지로 만들어 마닐라에 아시아 진출을 위한 거점을 구축하였다. 이와 같이 이들 나라가 아시아 침략에 열을 올린 것은 종래 이슬람 상인의 독점을 제치고 인도나 동남아시아의 향신료무역을 서로 독점하려는 데 있었다. 육식을 주로 하는 유럽의 식생활에서 향신료는 귀중하고 고귀한 물품이었다.

포르투갈이나 에스파냐 모두 아시아에 진출할 때 무역과 포교를 배합하는 방법을 채택하였으며 아시아에서 획득한 식민지를 무역 이권과 종교 전도의 거점으로 삼았다. 당시 그들은 "무엇 때문에 동양에 가는가"라고 물으면 "스파이스와 아니마(영혼)를 위해"라고 대답하였다. 따라서 아시아에서의 전도활동에도 양국의 이해관계를 반영한 각 교파 간 갈등이 생겼다.

포르투갈은 예수회 교단의 동방 전도에 대한 후원자로 나섰다. 즉 예수회 교단을 통해 중국에 진출하였는데, 1582년 예수회 교단의 신부 마테오 리치(Matteo Ricci)의 경우가 그러하다. 그는 1589년에는 광동성(廣東省) 소주(昭州), 1595년에는 강서성(江西省) 남창(南昌), 1599년에는 남경(南京)에 전도 기지를 꾸리는 데 성공하였고, 1601년에는 드디어 북경(北京)에 거주하게 되었다. 그는 1610년 5월에 별세할 때까지 서학을 수단으로 하여 명 황실과 사대부 속에서 선교사로서의 본래 목적인 천주교 전도에 기적적인 성공을 거두었다.[5)]

그러면 조선에는 서학·천주교가 언제쯤 들어왔으며, 어떻게 변화, 발전되었는지 알아보자.[6)] 우선 서학 연구 단계를 서학·천주교의 수용과 관련지어 살펴보자.[7)] 안정복(安鼎福)은 서학과 천주교가 전래되던 당시 분위기를 다음과 같이 전한다.

> 서양서(西洋書)는 선조 말년부터 이미 우리나라에 왔다. 저명한 관리들과 석유(碩儒)들 중 보지 않은 사람이 없는데, 서양서 보기를 제자도불(諸子

5) 서학은 서양 선교 신부들이 중국에 전해준 서양의 종교·윤리·과학·기술에 관한 학문을 말한다. 당시 예수회 신부들은 중국에서 전도하기 위해 그들의 서양 과학 문물을 매개로 명 황실과 사대부들에게 접근하였다.

6) 조선에서의 서학·천주교의 수용·발전 과정에 관해서는 다음의 글이 참고가 된다. 이원순, 앞의 책, 1986; 조광, 앞의 책; 강재언, 앞의 책.

7) 조선 후기 관찬 사서나 학자들의 문집을 통해 볼 때 서학이라는 용어는 서양 문물이나 천주교를 지칭한다. 그러나 이해의 편의상 천주교와 서학의 용어를 구별하여 사용하고자 한다. 전자의 경우 흔히 신앙 차원의 천주교를 가리키는 반면, 후자의 경우 주로 서양 문물을 이르는 용어로 사용한다.

道佛)의 종류같이 하여 서실(書室)의 완구(玩具)로 준비하였다. 그러나 취한 것은 천문과 역법뿐이었다. 여러 해 이래 사인(士人)들이 있어 사행(使行)을 따라 연경(燕京, 북경)에 가서 그 책을 사와 계묘갑진(癸卯甲辰)부터 젊은 사람 중에 재기가 있는 자들이 천학지설(天學之說)을 제창하였다.[8]

이와 같이 관리들과 학자들은 서학과 천주교, 특히 서학에 관심을 가졌다. 여기에는 일차적으로 북경을 방문한 연행사들의 역할이 컸다. 그들은 주로 마테오 리치의 《천주실의(天主實義)》를 통해 서학을 이해하였다. 북경의 외인 선교사와 교유하여 천주교 관련 서적과 함께 서양의 진품을 가져온 학자도 많았다. 대표적인 인물로 노론 4대신의 한 사람인 이이명(李頤命)을 들 수 있다. 그는 서학에 대해서는 지대한 관심을 보인 반면, 천주교에 대해서는 혹평하였다.[9]

18세기에 들어와 학자들은 개별적인 차원에서 서학과 천주교를 검토하기 시작하였다. 이는 남인 학자들을 중심으로 이루어졌는데, 성호(星湖) 이익(李瀷)을 대표적인 인물로 들 수 있다. 그는 화이적(華夷的) 명분론에서 벗어나 자유로운 입장에서 서양 학문을 높이 평가하였다. 특히 그는 서학의 기적(器的)인 측면인 과학과 기술에 대해 찬사를 아끼지 않았으며 주로 천문과 역법의 실용적 가치를 높이 샀다. 그러나 이적(理的) 측면인 기독교적 윤리, 종교체계에는 동의하지 않았다. 또 천주교의 사천(事天)·존천(尊天)·외천(畏天) 등의 설은 《시경(詩經)》·《서경(書經)》과 같은 것으로 보았다. 《칠극(七克)》을 읽고 "우리 유학의 극

---

8) 이기경, 《벽위편(闢衛篇)》 권1, 4장 후엽 〈천학고(天學考)〉.

9) 당시 이러한 측면은 조선 정부의 역법에 관한 관심에서 잘 드러난다. 즉 인조 대 김육(金堉)의 주장대로 서양 역법인 시헌력(時憲曆)을 채용하였지만 서학 전반에 대한 관심은 보이지 않았다. 강재언, 앞의 책, 96쪽.

기지설(克己之說)"로 단정하였으며 "유학에서 밝히지 못한 바도 밝히고 있으며 복례(復禮)에 크게 도움이 되는 바도 있다"[10]라고 하여 보유론적(補儒論的) 입장을 취하였다.[11] 그러나 천당론 등은 불합리하다고 여겨 마침내 "모두 유망(幼妄)한 것으로 돌아갈 것"이라고 하였다. 다만 실용주의적 측면이 있다고 하여 불교와는 차등을 두어 인식하기도 하였다.[12]

이익은 이처럼 서학과 천주교를 나누어 전자는 긍정하고 후자는 비판하는 견해를 제시하였다. 이는 조선의 지식층이 성리학으로 일색화된 환경에서 성리학으로 대표되는 유교와 천주교의 교리적 충돌을 회피하면서 서학을 수용하기 위해 가졌던 이해체계라 하겠다.

당시 조선의 사상계는 어떠하였는가. 봉건 지배층의 성리학 이데올로기는 더 이상 선진적 역할을 수행하지 못하고 오히려 봉건사회를 지탱하는 체제 이데올로기로서 기능하였다. 두 차례의 전란을 거치면서 지배층은 그들의 기존 체제를 고수하는 한편, 북벌론(北伐論)을 제기하여 대내적 사회 모순을 완화하고자 하였다. 그리하여 북벌론이 두 차례의 전란 이후 사회체제를 복구하고, 나아가 그들의 문화적 자부심을 회복하는 데 일익을 담당하였다. 그러나 그것은 근본적인 해결책이 되지 못하였다. 이에 반해 일부 학자는 두 차례의 전란 이후 기존의 성리학 이데올로기에 내재되어 있는 한계를 깊이 인식하는 한편, 농업생산력 증대, 지주제 개혁 문제 등 사회 전반에 걸친 개혁 구상을 제시하였다. 이른바 실학(實學)이었다. 아울러 그 일부는 시대적·사회적 모순을

10) 이익, 《성호사설(星湖僿說)》 권11, 인사문(人事門), 칠극(七克).

11) 보유론적 입장이란 유교사상을 바탕으로 하여 천주교를 이해하는 입장을 의미한다. 가령 천주교의 천주(天主)를 중국 고대의 상제(上帝) 개념에서 원용하는 예가 그러하다. 따라서 천주교를 신앙 차원에서 이해하기보다는 유학의 논리체계를 보다 보완하는 사유체계로 받아들였다.

12) 《성호선생전집(星湖先生全集)》 권55, 발천주실의(跋天主實義).

해결하기 위한 방편으로 서구 근대과학에 대한 호기심, 나아가 서학에 관심을 갖기 시작하였다. 요컨대 서학에 대한 조선 사회의 반향은 조선 사회의 내재적 환경 자체가 결정적인 계기였다.

우선 조선에서는 농업생산력 증대라는 생산력 문제가 제기되고 있었다. 단적으로 이 시기의 실학자들을 중심으로 농업기술 전반에 대한 검토가 이루어지는 한편, 많은 농서가 농민들의 농업경영을 위해 널리 보급되었다.[13] 아울러 실학자들은 상공업 진흥책을 내놓았다.[14]

이러한 분위기 속에서 서학에 대한 실학자들의 관심은 지대하였다. 박제가(朴齊家)는 다음과 같이 말한다.

> 신이 들은 바에 의하면 중국의 흠천감(欽天監)에서 책력을 만드는 서양인들은 모두 기하학에 밝으며 이용후생의 방법에 능하다고 합니다. 그 나라의 관상감에서 소비하는 비용으로써 그들을 초빙하여 대우하고 나라의 젊은이들로 하여금 천문과 도량형, 농상, 의약, 홍수와 가뭄의 대비법, 궁실이나 성곽·교량의 축성법, 구리나 옥·유리의 채굴·제조법, 외적 방어를 위한 화포의 설치법 등을 배우도록 한다면 불과 수년 안에 세상에 도움이 되고 쓸모 있는 인재가 많이 나올 것입니다. …… 그들의 종교는 천당과 지옥을 믿음이 불교와 차이가 있는 것은 아닙니다. 그러나 그들의 세상 생활에 도움을 주는 재능은 불교에서는 찾을 수 없는 것입니다. 그들이 가진 것 열 가지를 취하고 하나를 금한다면 득이 있는 셈입니다. 다만 적절한 대우를 하지 않으면 불러도 와주지 않을 것을 두렵게 생각하는 바입니다.[15]

---

13) 김용섭, 《조선 후기 농학사 연구》, 일조각, 1988.

14) 강만길, 〈실학자의 상업관〉, 《조선 후기 상업자본의 발달》, 고려대학교 출판부, 1973.

15) 박제가, 《북학의(北學議)》, 병오(丙午) 소회(所懷).

여기서 서학과 천주교, 특히 서학의 이용후생이 주목받고 있음을 알 수 있다. 이러한 배경은 정약용에게서도 찾아볼 수 있다. 그는 정조 21년(1797) 상소문에서 서학에 관심을 갖게 된 동기를 천문(天文)·역상(曆象)·농정(農政)·수리(水利) 등 서양의 새로운 학문에 대한 관심에서 출발하였음을 말하고 있다.[16] 이와 같이 관념적 이론에 그치는 성리학이 붕괴되어가는 조선 사회에 아무런 기여를 하지 못하게 되자 현실의 문제를 해결하기 위해 실제 실용을 주장하는 새로운 풍조가 생겼던 것이다. 그리고 때마침 북경을 통해 들어오는 서양의 실제적인 학문이 그들의 탐구 대상이 되었다.

나아가 실학자 일부가 성리학 체계에서 벗어나 새로운 세계관과 인간관에 기반한 사상체계를 수립하려는 모색의 과정에서 서학과 천주교가 주목되었다. 그러한 현상은 성호 좌파학자들에게서 보이는데, 특히 정약용에게서 잘 드러난다.[17] 정약용은 성리학에서 자연과 인간을 통해 하나의 이법(理法)이 존재한다고 본 것을 비판하고 자연과 인간을 분리하여 생각하였다. 이는 자연의 차별성 원리를 인간세상에 적용하는 것을 거부하는 것이자, 인간은 인격적 존재인 천(天)으로부터 능력을 받았다는 것이다. 비록 정약용의 저작에서 나타난 천이 천주교의 천주와 등치할 수 있는가는 논외로 치더라도 정약용이 천주교를 주목하게 된 계기가 조선사상사 자체의 발전 선상에서 마련되었음을 알 수 있다. 그는 이러한 천관(天觀) 속에서 인성의 만민평등과 실천을 강조하고 성범(聖凡)의 구별까지 부정하였다. 여기에서 정약용은 중세적 신

---

16) 《정조실록(正祖實錄)》 권47, 정조 21년 6월 경인.

17) 이익의 제자 중 천주교 문제를 둘러싸고 안정복 등의 공서파(攻西派)와 이가환(李家煥) 등의 신서파(信西派)로 나뉘는데, 후자의 경우를 성호 좌파학자라고 한다. 강재언, 앞의 책, 156~165쪽; 정옥자, 〈실학과 근대의식〉, 한국사특강편찬위원회 편, 《한국사특강》, 서울대학교 출판부, 1990, 185~187쪽.

분관을 부정할 수 있는 사상적 근거를 마련한 셈이었다.[18)]

따라서 이러한 과정은 단순히 서구 자본주의의 일방적인 침투라는 차원에 그치지 않고 기존의 성리학에 대체하여 근대적 사유체계를 수립하고자 하는 진보적 학자들의 노력의 발로였다. 봉건적 신분관의 부정, 가부장주의에 대한 도전 등이 바로 이들 사상의 주된 내용이었다. 따라서 서학에 대한 관심은 자연히 실학자들을 중심으로 모색되었다.[19)]

학문적 대상으로서 서학에 대한 관심이 높아지자 천주교도 곧 관심의 대상이 되었고 점차 신앙적 차원으로 나아갔다. 그러한 현상은 이익의 제자들에게서 두드러지게 나타났다.[20)] 대표적 인물로 이벽(李蘗)을 들 수 있다. 그는 1783년 이승훈(李承薰)이 아버지를 따라 북경에 갈 때 교리 실천방법에 대한 의문을 밝히는 동시에 천주교에 관한 서적을

---

18) 조성을, 〈정약용의 신분제개혁론〉, 《동방학지》 1, 연세대학교 국학연구원, 1986.

19) 당시 조선 사회에서 천주교가 갖는 진보성이란 측면을 무시하기는 어렵다. 그러나 이 점은 조선 후기 사회가 새로운 사회로 나아가기 위한 사상적 배경 속에서 주목되었을 따름일 뿐 천주교 그 자체가 근대사회 사상이라 단언할 수는 없다. 왜냐하면 천주교의 교리 역시 해당 사회의 역사적 조건에서 그 사회적 역할을 달리하기 때문이다. 가령 당시 프랑스에서 천주교가 갖는 사회적 의미는 보수적·극우적 입장을 취하고 있다. 이에 따르면 인간은 원칙적으로 불평등하며, 가장 행복한 사회에서도 각자의 지위는 그 가족의 전통과 상속에 따라 결정되어야 한다는 것이고, 이러한 사회에서는 세습 군주가 존재하여야 되고, 군주와 귀족, 평민 간에는 계급적 차별이 있어야 하며, 또 하느님의 뜻을 받드는 교회가 존재하여야 한다고 주장하는 것이다. 홍순호, 〈파리외방전교회 선교사들의 한국 진출에 대한 프랑스 정부의 태도〉, 《교회사연구》 5, 한국교회사연구소, 1987, 39~40쪽.

20) 천주교 수용 문제와 관련하여 1779년 천진암·주어사 강학회 모임을 주목할 필요가 있다. 이 모임에 대해서는 천주교 측의 주장이 일반적으로 받아들여지고 있다. 즉 여기에 따르면 성호 좌파 학자들이 주어사에서 강학을 열고 천주교 교리 연구를 시작하였다(《한국가톨릭대사전》(부록), 1989, 439쪽). 그런데 이러한 일반적인 주장에 대해 정면으로 반박하는 주장이 근래 이동환에 의해 제기되었다. 즉 그는 다산의 상제(上帝) 도입과정을 분석하면서 이 모임을 순전히 유학을 강마하기 위한 모임으로 평가하고 있다(강만길 외, 〈다산사상에서의 '상제' 도입 경로에 대한 서설적 고찰〉, 《다산의 정치경제사상》, 창작과비평사, 1990). 이와 같이 이 문제는 천주교 수용 시기와 관련 있다는 점에서 매우 중요함을 알 수 있다. 그러나 다른 한편, 천주교 수용 문제 역시 이원순·강재언의 글을 통해 알 수 있듯이 조선사상사의 내적 변화와 밀접하게 관련되어 있다는 점에서 상호 접근할 수 있는 여지가 많다. 이원순, 앞의 책, 1986 ; 강재언, 앞의 책.

구해오기를 부탁하였다. 이승훈은 과연 북경 남당을 방문하여 포르투갈 주교 알레산드르 드 구베아(Alexandre de Gouvea)에게 세례를 받고 귀국할 때 교서《천주실의》와 십자가·성패 등을 받아왔다.

이승훈이 귀국한 후 1784년부터는 이벽뿐 아니라 중인 김범우(金範禹)를 중심으로 사대부와 중인 수십 명이 김범우 집에 모여 예배를 보았다. 그 중심인물인 이벽을 위시하여 정약전(丁若銓)·정약종(丁若鍾)·권철신(權哲身) 등은 남인 계통의 학자·사대부였으며, 그 밖의 이가환(李家煥)·윤지충(尹持忠)·권상열(權尙烈) 등도 마찬가지였다. 천주교 신앙이 전파되면서 정조 중반에 이르러서는 교서도 간행하게 되었다. 이와 같이 천주교는 서울 사대부층에 퍼졌으며, 심지어는 삼남지방에까지 전해졌다. 특히 유림의 본고장인 경상도에까지 전파되었다.[21]

이러한 전파는 단순히 교리의 전파 차원을 넘어 신앙 실천운동의 차원으로까지 발전하였다. 가령 정조 연간에는 천주교도들이 사당을 부수고 제사를 폐지하기도 하였는데, 그러한 무리가 해서에서 관동에 걸쳐 번성하였을 정도였다.[22]

이 사실에서 알 수 있듯이 이러한 실천운동의 주체는 실학파 학자 등의 양반층을 벗어나 일반 하층민들까지 포함하고 있음을 보여준다. 이는 천주교가 단순히 양반층 중심의 보유론의 차원에 머물지 않고 일반 민인의 신앙 차원으로 발전하였음을 반영한다. 특히 이러한 경향은 천주교 금압이 심해짐에 따라 양반층이 대거 떨어져나가면서 더욱 강해졌다. 즉 당시 일반 민인이 천주교를 어떻게 인식하였는가를 살펴보

21) 차기진의 주장에 따르면 1790년대 후반에 천주교가 영남지방에 전파되었다. 이러한 사실은 천주교가 지역을 가리지 않고 전국적으로 널리 퍼지고 있음을 보여준다. 차기진, 〈조선 후기 천주교의 지방 전파와 그 성격—영남지방을 중심으로〉,《교회사연구》6, 한국교회사연구소, 1988.

22)《정조실록》권33, 정조 15년 10월 신유.

면 잘 드러난다. 1798년 충청도에서 처형된 이도기(李道起)는 "나는 무식하여 선비들의 몫으로만 되어 있는 공맹지도(孔孟之道)는 알지 못하며 불도는 중들에게만 관계되는 것이다. 그러나 천주교는 모든 사람을 위해 만들어진 것이다"라고 하였다.[23]

이와 같이 천주교를 보유론 차원에서 인식하려던 경향과 함께 천주교가 유학과는 다르나 모든 이를 위한 정도(正道)라는 인식이 병존하고 있음을 보여준다. 실제로 이러한 인식은 양반층보다도 일반 민인에게 광범위하게 퍼져나갔다. 그러한 연유로 당시 대다수 양반은 천주교도에 대해 '우맹(愚氓)'[24] '우잠(愚蠶)'[25] 또는 '촌맹무지각자(村氓無知覺者)'[26]라고 부를 정도였다. 이러한 현상은 지배층을 위기에 몰아넣었다. 즉 그들은 천주교도가 반란 음모에 연루되어 처벌된 왕족이나 불평을 품은 양반층, 시정잡배나 농부, 아녀자로 구성되어 있음에 주목하면서 이들 천주교도가 기존의 사회질서를 뒤엎을 것이라는 위기의식에 사로잡혔다.

서학 연구 기풍이 생겨나고 일반 민인에게 천주교가 유포되기 시작한 초기에 정부는 이를 일시적 현상이며 '저절로 없어질 것'이라고 생각하였다. 그러나 서울에서의 서학 연구가 활발해지고 드디어 신앙운동으로 진전되었을 때는 성리학 체제에 대한 도전이라 단정하여 탄압하기에 이르렀다.[27]

이론적인 면에서 서학과 천주교를 배격하는 비판론이 제기되었다. 영조 대의 신후담(愼後聃)은 《서학변(西學辨)》에서 서학을 배격하였으

---

23) 샤를르 달레, 《한국천주교회사 상》, 1874, 402쪽(조광, 앞의 책, 157쪽에서 재인용).

24) 《정조실록》 권24, 정조 11년 8월 을묘.

25) 《사학징의(邪學懲義)》, 329쪽.

26) 《정조실록》 권26, 정조 12년 8월 임진.

며 정조 초의 안정복은 유가의 서학 배격, 척사위정의 논리적 기반을 체계적으로 확립하였다. 안정복의 논리는 《순암집(順庵集)》에 실려 있는 〈천학고(天學考)〉와 〈천학문답(天學問答)〉 등을 통해 미루어 살필 수 있다. 그는 〈천학고〉에서 서학의 중국 전래와 조선 유입을 밝혔고, 〈천학문답〉에서는 서학을 과학으로서의 서학과 종교로서의 서학으로 나누었다. 그는 과학으로서의 서학이 우수함을 인정하면서도 성리학적 정통의식에서 이를 부인하려 애썼으며 종교로서의 서학, 즉 천주교에 대해서는 그것이 지니는 일면의 타당성을 수긍하면서도 현세적인 유가의 무신론적 입장에 서서 내세 위주, 금욕주의, 천당론 등을 논박하였다. 한편, 요순에서 주자에 이르는 유학은 성학(聖學)·정학(正學)으로 내세우고 성리학 이외에 비정통적인 중국의 여러 학문인 불(佛)·노(老)·양(楊)·묵가(墨家) 사상과 양명학(陽明學)은 서학과 더불어 이단이며 사설(邪說)로 단정하였다. 〈천학문답〉의 풍부한 식견을 배경으로 한 척사론은 이후 모든 유학의 서학 배격론의 지표가 되었다. 아울러 중국 역사상 농민 봉기가 종교적인 비밀결사와 연결되었음을 들어 그 문제점을 논증하였다.

또한 이러한 배격은 조선 사회의 신분 이데올로기에 대해 서학과 천주교가 갖는 진보성에 대한 억압이기도 하였다. 예컨대 척사 상소문이나 대간 대책문을 보면 천주교도를 '무부무군지도(無父無君之徒)' '금수지도(禽獸之徒)' '패륜난상지도(悖倫亂常之徒)'라 하였으며, 천주교를 '절륜패살지도(絶倫悖殺之徒)' '황탄괴설불경지외도(惶呑怪說不敬之外道)'라 규정하였다. 천주교도들이 조선 사회의 전통적 예속인 조상 숭배를 거

27) 정부의 천주교 금압에 관해서는 이원순, 앞의 책, 1986, 350~359쪽;강재언, 앞의 책, 107~123쪽 참조.

부하고 신주를 철폐하는 신앙 행위와 더불어 신분과 문벌을 초월한 평등 논리가 사회 신분질서를 파탄시킬 것이라 우려하였기 때문이다.

결국 반천주교 유학자들의 이러한 우려는 현실로 구현되기에 이르렀다. 천주교의 대표적 신자라 할 수 있는 정약종은 이들 유학자에게 강상 윤리를 부정하는 인물로 비쳤다. 정부는 1801년 2월 "그 아비를 원수처럼 여기고 임금을 향해서도 망측한 말을 지어내었"다고 하여 그를 처형하였다.[28]

또한 18세기 말 예수회 교단이 퇴진함과 동시에 제례를 둘러싸고 북경 당국과 천주교 간에 분쟁이 일어났다. 이는 조선에서도 소규모이기는 하지만 제사 문제를 둘러싸고 이른바 윤지충(尹持忠) 사건을 시발로 전면화되었다. 이에 대해 당시 국왕인 정조와 재상 채제공(蔡濟恭)은 정학(正學)을 강화하면 사학(邪學)은 자연히 소멸한다는 입장에서 온건하게 처리함으로써 이 문제의 확산을 방지하는 한편, 서양 학문을 지속적으로 수용하고자 하였다. 그러나 이것은 단순히 제례 문제에 그치는 것이 아니라, 천주교가 갖는 반체제적 지향에 대한 정부의 탄압을 알리는 단초였다. 정조 사후 순조의 등극과 함께 정권을 장악한 노론 벽파는 반대파인 남인의 정치적 잔명마저 일거에 제거하기 위해 천주교에 대한 대탄압을 자행하였다.

집권층의 이러한 대응은 정적의 제거를 넘어서서 유교 지배질서에 대한 천주교의 도전을 물리치고자 한 사상 통제의 일환이었다. 여기에서 정부는 천주교도를 "세상의 변혁을 바라는 자", "반란을 생각하는 마음을 가진 자"로 파악하여 중국사상에서 등장하는 민중 반란집단인 황건적·오두미적(五斗米賊)과 같은 존재로 보았다.[29] 그래서 정부는 천

---

28) 《순조실록》 권2, 순조 1년 2월 임신.

주교도들을 흉도(凶盜) 또는 사적(邪賊)으로 인식하여 그들을 제거하려 하였던 것이다. 당시 정부는 오가작통법(五家作統法)을 강화하여 '서학쟁이'를 색출하는 데 혈안이 되었다.[30] 한편, 향촌 사족 역시 통문을 돌려 향촌 통제를 강화하고 천주교 서적의 유포를 금지하거나 천주교도를 색출하는 데 더욱 열을 올렸다.[31]

더군다나 종전의 교화주의적 방법을 버리고 강상지변(綱常之變)으로 파악하여 엄형에 처하였다. 이러한 대금압은 체제 도전 세력인 천주교도를 일거에 제거하는 한편, 채제공을 영수로 하는 남인 시파에 대한 정치적 보복이기도 하였다. 이것이 이른바 신유사옥이다.

한편, 정부의 대금압은 천주교도들을 중심으로 적극적으로 국가를 부인하는 방향으로 나아가게 하였다. 그 결과 1801년에는 황사영 백서(黃嗣永帛書) 사건이 일어났다. 황사영은 당시 노론 벽파가 주도하는 정국을 "정사가 괴란(乖亂)하고 민정이 차원(嗟怨)"하다고 신랄히 비판하는 한편, 정조 사후 정부가 천주교를 금압한 내용을 열거하였다.[32] 그리고 그는 청 교회와 연락을 쉽게 하기 위한 방법을 제시하면서 신앙의 자유를 얻을 방안을 건의하였다. 우선 조선의 종주국인 청의 위력에 의존하여 신앙의 자유를 얻는 방안으로 청 황제의 명으로 조선이 서양인 선교사를 받아들이도록 강요하기를 요청하였고, 나아가서는 청의 감호를 청해 조선을 청의 성(省)으로 편입시킴으로써 조선에서도 북경에서처럼 선교사의 활동을 보장받기를 희망하였다. 또한 서양의

---

29) 조광, 앞의 책, 175쪽.

30) 오가작통제가 천주교 탄압에 이용되기 시작한 것은 1801년 1월 10일에 내린 대왕대비의 언교 때부터 시작된다. 《순조실록(純祖實錄)》 권2, 순조 원년 정월 정해.

31) 1832년 기해사옥 이후이기는 하지만 영남 사족의 경우 통문을 돌려 조직적으로 대응하였다. 이원조, 《응와문집(凝窩文集)》 권10, 통문.

32) 황사영, 《황사영백서(黃嗣永帛書)》, 가톨릭대학 한국교회사연구소, 1966.

무력시위를 통해 신앙의 자유를 얻는 방안도 제시하여 서양의 배 수백 척과 병사 5만 명에서 6만 명을 동원하여 조선에서 신앙의 자유가 허락되도록 강박해주기를 요청하였다.

이러한 일련의 정치운동은 집권층을 경악하게 만들었다. 내적으로 농민들의 끊임없는 저항에 부딪히던 당시의 정황으로 보아 이러한 천주교의 도전은 집권층에게는 실로 위협적인 것으로 보였다. 따라서 황사영 백서 사건은 봉건정부가 천주교를 금압할 수 있는 호기가 되었을 뿐 아니라 이를 통해 사상 통제를 강화하는 계기가 되었다. 다시 말해 황사영의 몽상은 당시 지배층뿐 아니라 일반 민인에까지 퍼져 있는 해상 세력의 조선 침략에 대한 위기의식을 가중함으로써 봉건정부가 대금압을 가할 수 있는 빌미를 제공한 것이다.

이러한 내적 위기를 더욱 심화하는 일련의 양상들이 18세기 말을 기점으로 나타나기 시작하였다. 이른바 이양선(異樣船)의 출몰이었다.

3. 서구 열강의 조선 침략과 위기의식 고양

1) 서구 열강의 조선 침투

19세기에 들어오면 서구 자본주의는 중상주의 단계를 넘어서서 원료공급지를 확보할 뿐 아니라 상품 수출시장을 찾기 위해 혈안이 되었다. 영국·프랑스·미국 등이 대표적인데, 이들 나라는 이미 산업자본주의 단계에 들어섰던 것이다. 따라서 이들 나라는 천주교·개신교의 포교 차원에 머물지 않고 통상을 요구하며 동아시아에 침투하기 시작하였다. 그러한 점에서 이들 나라의 침략 수법과 목적은 포르투갈과 에스파냐의 경우와는 다를 수밖에 없었다. 이들 나라는 물건을 팔 수 있는 곳이라면 어디든지 침략하여 반식민지 또는 식민지로 삼았다.

이로 말미암아 19세기 중엽에 이르면 이미 북아메리카 대륙 북부와 남부, 남아메리카와 오세아니아, 아프리카 대륙 대부분, 동남아시아 등은 열강의 식민지·반식민지가 되었고 남은 곳은 동아시아와 아프리카 일부뿐이었다. 그중 서구 열강은 중국에 대해 지대한 관심을 기울였다.

특히 가장 일찍 산업혁명을 달성하고 자본주의적 대량생산시대에 들어선 19세기 전반의 영국은 이미 이전 단계의 조공무역체제, 이른바 광동무역체제(廣東貿易體制)를 거부하고 새로운 침략 방향을 모색하였다.[33] 1820년 신흥 면업 자본가들은 맨체스터상업회의소를 결성하였다. 국내시장은 이미 포화 상태에 이르렀으며 유럽 여러 나라와 미국도 이미 자본제 면제품생산을 시작하고 있었기 때문이다. 이후에도 상황은 호전되지 않았다. 오히려 영국은 주기적인 과잉생산 공황, 노동자가 일으키는 크고 작은 폭동에 시달려야 하였다. 면업 자본가들은 이러한 위기를 타개하기 위해 서아시아와 인도 시장, 중국 시장을 유망한 시장으로 기대하였다. 1834년 영국 정부는 윌리엄 네이피어(William Napier) 대령을 파견하여 분쟁을 유발하는 책동을 취하면서 아울러 포함정책(砲艦政策)을 강행하였다. 다른 한편, 중국으로부터의 차 수입에 따른 적자를 메우기 위해 영국은 인도의 아편을 몰래 들여와 중국에 팔면서 대규모 분쟁을 야기하였으며 종국에는 제1차 중영전쟁

33) 광동무역체제는 1757년(건륭 22) 대외무역이 광주(廣州) 한 항구에만 국한되면서부터 남경조약(南京條約)이 체결될 때까지 약 1세기 동안 이곳에서 구축된 무역체제를 말한다. 그 핵심 내용은 '공행(公行)'과 밀접하게 관련되어 있다. 공행이란 이들 양화만을 취급하는 양행의 상인들이 상호 경쟁을 피하기 위해 1720년(강희 59)에 조직한 독점적 성격의 길드를 말한다. 이들은 무역 독점권은 물론 관세징수권을 장악하고 있었다. 그리고 이들은 부가세를 자의적으로 징수할 수 있었다. 이처럼 광동무역체제는 무역항의 한정, 부가세의 자의적 부과, 보상(保商)을 통한 무역과 행동의 제한 등을 특징으로 하는데, 이로 인해 영국의 무역 성장에 큰 장애로 작용하였다. 표교열, 〈제1·2차 중영전쟁〉, 《강좌 중국사 5》, 지식산업사, 1989, 23~25쪽.

(이른바 아편전쟁)을 일으켰다. 영국은 우세한 화력과 청 정부의 무기력에 힘입어 손쉽게 승리함과 동시에 불평등조약인 남경조약을 체결하였다. 뒤이어 프랑스와 미국이 중국과 망하조약(望厦條約)·천진조약(天津條約)을 맺고 최혜국으로 대우받았다. 이들 조약은 무역항 개항, 관세자주권 포기, 치외법권 승인 등을 내용으로 하는 불평등조약이었다. 그 결과 중국은 반식민지화 위기에 몰렸다.

서구 열강의 중국 침략은 중국의 반식민지화과정으로만 진행된 것이 아니었다. 이는 청·조선·베트남·라오스·타이·미얀마를 연결하는 중화체제의 해체과정이었다. 그러한 점에서 조선은 이러한 사태에 대해 충격을 받았다. 그리고 이른바 이양선 출몰은 조선 정부를 위기의식으로 몰아넣었다.[34)]

이양선 출몰은 처음 인조 대 얀 야너스 벨테브레이(Jan Janes Weltevree)나 헨드릭 하멜(Hendrik Hamel) 일행에서 시작되었다. 이는 단지 일본과의 무역 거래에서 일어난 표류 건임에 반해 18세기 말, 19세기 전반에 걸친 이양선 출몰은 서구 열강의 계획적이고 의도적인 침략 행위였다. 우선 정조 11년(1787) 프랑스 함대 장 프랑수아 드 갈로 라페루즈(Jean François de Galaup La Pérouse) 일행이 제주도와 울릉도를 측량한 사실에서 이미 서구 열강의 침략 의도를 엿볼 수 있다.[35)] 순조 16년(1816)에는 영국 군함 두 척이 서해안에 접근하여 근해를 정탐하고 해도를 작성하였다.[36)]

---

34) 한우근, 〈개항 당시의 위기의식과 개화사상〉, 《한국사연구》 2, 한국사연구회, 1968 ; 이원순, 〈19세기 중엽의 서구 세력과 조선〉, 《한국사 16》, 국사편찬위원회, 1983 ; 原田環, 〈朝鮮における對外的危機意識〉, 《朝鮮史硏究會論文集》 21, 綠蔭書房, 1984 ; 三好千春, 〈兩次アヘン戰爭と事大關係の動搖〉, 《朝鮮史硏究會論文集》 27, 1990.

35) H. N. 알렌, 김규병 역, 《한국근대외교사연표》, 국회도서관, 1966.

36) 《순조실록》 권19, 순조 16년 7월 병인.

이 영국 군함들은 광동무역체제 문제로 청에 외교사절로 파견된 제프리 윌리엄 피트 애머스트(Jeffrey William Pitt Amherst)가 승선한 함대의 일부였다. 이러한 점으로 볼 때 영국은 청에 대한 공격뿐 아니라 훗날 조선 침략을 위한 만반의 준비를 하였던 것이다. 이들 군함은 불법적으로 침입하여 측량하고 이틀 뒤에는 충청도 외연열도 부근에 이르러 정탐한 후에 섬에 올라왔다.

다음 날 이들 군함은 충청도 비인현(庇仁縣) 마양진(馬梁鎮)에 들어왔다. 조선 정부는 관리를 파견하여 사정을 물었다.[37] 그러나 말이 통하지 않아 문정(問情)이 제대로 이루어지지 않았다. 다만 소함에서 한문서첩(漢文書牒)을 얻어 영국 배임을 알게 되었다. 선장들은 저들의 배에 오른 조선인 관리(문정관)들에게 책·지구의·거울 따위를 예물로 주었으나 관리들은 국법에 따라 그것을 거절하고 빨리 떠날 것을 강경히 요구하였다. 두 침략선은 그 후에도 추자도 근처에서 계속 불법적으로 측량을 한 다음에야 떠났다.[38] 이들 영국 군함은 정식으로 통상 요구나 선교사의 포교 자유를 요구하지 않았다. 그러나 이들 군함이 조선 연해를 돌아다니면서 측량한 사실은 후에 조선을 침략하기 위한 면밀한 준비 작업이었다.

조선에 정식으로 문호를 개방하고 교역할 것을 강요한 첫 배는 영국 무장상선인 로드 애머스트호였다. 이 배는 영국 동인도회사의 재청상관(在淸商館)의 요청으로 청·조선·일본 등 동아시아 3국 통상무역의 자료 수집 및 조사를 목적으로 출동한 것이었다. 이 배에는 조선 정부와

---

37) 조선 정부는 문정 보고체계를 강화하는 일환으로 정조 6년(1782)에 이국 선척 문정 사례를 획일적으로 제정하여 연해제도에 반송하였다. 문정 내용을 보면 국적, 출신지, 승선자, 선주 이름, 경위 등이다.《일성록(日省錄)》, 정조 6년 4월 22일;《정조실록》 권13, 정조 6년 4월 무자.

38) 《비변사등록(備邊司謄錄)》, 순조 32년 7월 8일, 11일, 18일.

의 접촉에 대비하여 한문에 능한 통역관이 타고 있었다. 이 배는 순조 32년(1832) 6월 말에 황해도 몽금포 앞바다에 나타나 그곳 아전들과 필담을 나눈 뒤 26일 충청도 고대도에 접근하여 안항(安港)에 정박하였다.

충청도관찰사는 즉시 홍주목사 등을 보내 알아보게 하였는데, 이때 정부는 처음으로 이양선들의 접근 목적이 문호를 개방하게 하여 통상하려는 데 있다는 것을 알게 되었다. 영국 상인들은 그들의 통상 목적을 달성하기 위해 조선 국왕에게 서한을 보냄과 동시에 여러 필의 모직과 천리경·유리그릇·금단추·서적 등을 예물로 바치면서 무역협정을 체결할 것을 요구하였으며, 저들이 싣고 온 각종 서양천·유리그릇·달력 등을 조선의 금·은·동과 대황 등의 약재와 교역할 것을 제안하였다. 아울러 그들은 자신들을 서울로 보내줄 것을 요구하였다.

급보를 받은 정부는 주문예물(奏文禮物)과 교역의 요구를 거리가 멀고 정보 파악이 어렵다는 이유와 특히 번국(藩國) 사례로 볼 때 타국과의 사교(私交)는 부당하다는 구실로 거부하였다. 이러한 대응에도 불구하고 영국인들은 물러나지 않았다. 7월 12일 서산 간월도 앞바다에 나타난 영국인 일부는 태안 단사창(丹師倉) 이민(里民)들에게 책자를 나누어주고 대화를 시도하였다. "번국의 입장에서는 마음대로 교역할 수 없다"라는 조선 정부의 주장에 대해 베트남, 타이 등 청과 사대관계가 있는 다른 국가에서는 "다른 나라와 왕래 매매를 금지한 예가 없다"고 반박하며 대영황제(大英皇帝)의 주문을 왕에게 올리는 것이 천하 각국의 통규라고 주장하였다. 그러나 봉건정부의 문호 확대 거부 방침과 현지 관리들의 접수 거절로 소기의 목적을 달성할 수 없음을 알자 로드 애머스트호는 7월 20일 주문예물을 남겨둔 채 닻을 올리고 서남 방향으로 물러났다. 영국 상선의 이러한 접근은 제주도를 점령, 상관(商館)을 설치하여 조선을 상품시장으로 만들고 이를 거점으로 청·일본과 통상을 강화하고자 하는 데 있었다. 아울러 기독교 포교의 근거지로 삼고자 하였다. 당시 조선 정부는 여전히 "바다 가운데 있는 여러 나라의 행상"이며 "우연히 우리나라 땅에 도착하였다" 하여 표착선(漂着船)으로 보고 그 이상 유념하지 않았다.[39]

1840년(헌종 6)에는 영국 함선 두 척이 제주도 대정현 가파도에 나타나 소를 약탈하는 사건이 벌어졌다.[40] 이러한 만행에 겁을 집어먹고 달아나 적당한 대책을 강구하지 못한 제주목사는 파면, 체포되었다. 1845년(헌종 11) 6월에도 영국 함선 네 척이 제주의 마라도, 우도, 흥양의 초도, 강진, 녹서도, 장흥 평일도 등을 측량하면서 20여 일을 머물다 떠난 사건이 있었다. 일의 경과로 보아 이 사건은 중영전쟁을 전후하여 강화된 영국의 동아시아 지대 함대들이 조선의 주권을 침해하는 불법 행위임을 잘 말해준다. 청인(淸人)의 해석에 따르면 광주에서 여송·유구를 거쳐왔다는 이 영국 함선은 아무런 제지도 받지 않고 마음대로 상륙하여 돌아다녔다고 한다.[41] 당시 영국과 청 사이의 교전 사실이 알려진 후이기 때문에 조선 정부의 놀라움은 컸던 듯하다.

다음 해인 1846년 6월에는 프랑스 군함 세 척이 충청도(공청도) 홍주에 나타나 '고려국보상대인(高麗國輔相大人)' 앞으로 '대불랑서국수사(大佛郎西國水師)'의 문서를 전달하였다. 이에 따르면 1839년(헌종 5)의 프랑스 신부 세 명의 처형 이유를 따져 물으며 성실한 해명이 없을 경우 "대재해를 면할 수 없을 것"이라고 위협하였다.[42] 그러고 나서 답서는 다음 해에 받으러 온다 하고 떠났다. 이 사실이 곧 도성 주변에 알려지

39) 《비변사등록》, 순조 32년 7월 21일. "海中諸國之行商者 偶到於我國地界."

40) 《승정원일기(承政院日記)》, 헌종 6년 12월 30일, 헌종 21년 1월 1일.

41) 《일성록》, 헌종 11년 7월 4일; 조선사편수회 편, 《조선사(朝鮮史)》 제6편 제9권, 헌종 11년 6월 29일.

면서 소란해졌고 이에 정부가 인심을 진정시키기 위해 프랑스의 국서를 공개하면 좋겠다고 할 정도였다.[43)]

프랑스의 이러한 요구로 인해 프랑스라는 서양국이 천주교[邪術] 전파와 직접 관련 있다는 점이 확인되었다. 아울러 프랑스가 국내의 일을 그렇게 상세히 알 수 있는 것은 조선인 중에 내응자가 반드시 있기 때문이라는 확신을 갖게 하였다.[44)]

정부는 때마침 붙잡혀 있던 최초의 조선인 신부 김대건(金大建)의 처형을 서둘렀다. 그리고 프랑스의 요구에 강경하게 대응하기로 하였다.[45)] 과연 프랑스인들은 다음 해 같은 무렵에 돌아왔다. 프랑스 군함 두 척이 전라도 부안의 만항신치(萬項薪峙) 앞바다에 나타났던 것이다.[46)]

그들은 자신들의 요구 사항을 담은 문서를 제시하며 정부에 전달하

---

42) 《일성록》, 헌종 12년 6월 19일. 여기에서 프랑스 천주교의 성격에 주목할 필요가 있다. 전통적으로 보수주의적 군국주의를 지지해온 프랑스 가톨릭교회는 나폴레옹 1세 이후 왕정복고에 크게 기여하였으며, 특히 1823년에서 1830년 사이에 반동정치가 반복되는 상황에서도 입헌군주제를 수립하려는 노력에 대해 귀족층과 야합하여 이에 협력하지 않았다. 이러한 가운데 나폴레옹 3세는 프랑스 가톨릭교회의 이와 같은 성격을 유효 적절하게 이용하여 황제에 올랐다. 그는 가톨릭교회를 통해 제국주의 외교를 전개해나갔다. 물론 해외에 파견되는 선교사들 역시 "프랑스의 영광과 세계에서의 기독교 세력의 팽창을 연결하였다." 프랑스의 제국주의적 팽창은 로마 교황청의 결정에 따라 '가장 동쪽의 나라' 조선에 조선교구를 설치하는 모습으로 나타났다. 조선교구의 초대 주교인 바르텔미 브뤼기에르(Barthélemy Bruguiére)가 병사한 후 피에르 필리베르 모방(Pierre Phillibert Maubant) 신부가 1836년 1월 입국한 뒤 이후 자코브 오노레 샤스탕(Jacob Honoré Chastan) 신부와 제2대 교구장 로랑 조제프 마리위스 앵베르(Laurent Joseph Marius Imbert) 주교가 입국하였다. 그러나 정부의 금압(기유사옥)으로 외국인 신부들과 신도들이 대거 처형되었다. 이 사건은 당시 프랑스 정부가 제국주의 외교를 전개할 수 있는 계기를 제공하였다. 이제 천주교 문제는 단순히 성리학에 도전하는 반체제 논리에 그치지 않고 프랑스 제국주의를 비롯한 제국주의 열강의 침략으로 비치기 시작하였다. 프랑스 정부는 선교사 학살에 대한 해명을 요구하며 그들의 극동함대를 조선에 파견할 수 있는 구실을 얻게 되었다(홍순호, 앞의 논문, 41~43쪽). 한편, 이러한 프랑스 측 요구는 향촌 사족들이 천주교도와 서양 세력의 연계를 의심하는 빌미가 되었다. 윤종의, 《벽위신편(闢衛新編)》 권7, 사비시말(査匪始末).

43) 《승정원일기》, 헌종 12년 7월 15일.

44) 앞과 같음.

45) 앞과 같음.

46) 《승정원일기》, 헌종 13년 7월 9일.

기를 요청하면서 작년 문서의 회답을 받으러 왔다고 하였다. 문서를 받지 않으려는 현지 관리를 무기로 위협하면서 영수를 강요하였다. 조선 정부는 "청의 조공국가이기 때문에 독자적인 외교관계를 맺을 수 없다(人臣無外交)"는 논리로 문서를 되돌려주기로 하고, 대신 승문원(承文院)에서 기초한 해명서를 역관으로 하여금 전달하게 하였다. 그러나 프랑스 군함 두 척 중 한 척이 좌초되었기 때문에 두 개의 텐트와 물건을 남겨둔 채 조선 정부의 답서나 해명서를 받기도 전에 떠나버리고 말았다.[47] 이양선에 대한 경각심은 다음 해인 1848년(헌종 14) 4월에 대마도주가 전사(專使)를 보내옴으로써 다시 높아졌다. 이양선의 도본이 첨가된 문서에 따르면 3월 4일에서 15일 사이에 10여 척의 이양선이 연속 출현하여 남에서 북으로 항진하였다는 것이다.[48]

1850년대에 들어와 이양선은 단순히 통상만 요구하는 것이 아니라 점차 본성을 드러내기 시작하였다. 즉 이들 이양선은 뭍에 상륙하여 노략질하고 조선민들에게 총질을 가하여 살상하기까지 하였다.[49] 더군다나 영국·프랑스뿐 아니라 미국·러시아의 이양선까지 동해에 나타나 조선인들을 살상하고 재물을 약탈하였다. 특히 러시아인들은 바다에 그치지 않고 만주 동부에서 조선 접경까지 점령한다는 계획 아래 남하 정책을 본격적으로 전개하였다.[50]

---

47) 《승정원일기》, 헌종 13년 8월 11일.

48) 《승정원일기》, 헌종 14년 4월 15일.

49) H. N. 알렌, 앞의 책.

50) 《무라비요프 아므르스키 백작》 1, 555~558쪽(송정환, 《러시아의 조선침략사》, 범우사, 1990, 26쪽에서 재인용).

2) 위기의식 고양과 정부의 대응

1860년 12월 9일 조선 정부를 혼란의 도가니에 빠뜨린 사건이 일어났다. 바로 북경 함락 소식이었다.[51] 경악한 조선 정부는 민감한 반응을 보였다. 철종은 비변사의 제언에 따라 곧바로 열하(熱河)에 문안사(問安使)를 파견하였다.[52] 집권층이 가장 우려하였던 점이 현실화되었다. 즉 통상 매매의 허용에 따른 아편 수입의 자유화와 기독교 포교의 허용이 그것이었다. 전자는 차치하더라도 후자는 조선 정부로서는 도저히 묵과할 수 없는 사항이었다. 그것은 조선 사회의 사상적 토대를 일거에 무너뜨리는 것이었다. 당시 철종은 정부의 중신 회의에서 자기의 심경을 다음과 같이 피력하였다.

> 재자관(賚咨官)의 수본(手本)을 읽으니 중국의 일은 정말로 걱정스럽다. 천하를 장악한 중국의 거대함으로도 오히려 적을 막지 못하였으니 서양의 무력이 표한(慓悍)함을 알 수 있다. …… 연경은 우리와는 순치(脣齒)와 같은 관계다. 연경이 위태로우면 우리나라라고 어찌 편안하겠는가. 또 그들이 강화라고 한 것은 단지 교역에 관한 것뿐만이 아니며, 윤상(倫常)을 없이하고 망치는 술(術)을 사해(四海)에 전파하려고 하는 것이다. 그러니

---

51) 조선이 서구 열강의 침입에 위기의식을 최초로 느끼게 된 계기는 제1차 중영전쟁이다. 그러나 조선 정부가 이 사건을 심각하게 받아들인 흔적은 보이지 않는다. 다만 아편 문제를 심각하게 논의하였다(《일성록》, 헌종 9년 3월 29일). 따라서 조선 정부로서는 1860년 북경 함락 소식이 커다란 충격으로 다가왔다. 북경 함락 당시 청은 극심한 혼란 상황에 빠졌다. 이는 먼저 연합군의 만행에서 찾아볼 수 있다. 천진에서 북상하면서 북경에서 퇴각할 때까지 줄곧 약탈과 겁탈을 자행하였는데, 특히 절정을 이룬 것은 원명원(圓明園) 약탈과 삼산(三山)의 전각 방화였다. 또 하나는 8월 말경 천진이 함락되었다는 소식이 전해지면서 유력가를 필두로 출경하는 피란길이 끊임없이 이어졌다. 이러한 사실은 조선의 조야에 속속들이 전해졌다.《승정원일기》, 철종 12년 1월 29일. 이와 관련해서는 민두기, 〈19세기 후반 조선왕조의 대외 위기의식—제1차, 제2차 중영전쟁과 이양선 출몰에의 대응〉,《동방학지》52, 연세대학교 국학연구원, 1986 참조.

52) 《철종실록(哲宗實錄)》 권12, 철종 11년 12월 무진.

우리나라도 그 해를 면할 수 없게 되었다. 하물며 그들의 선박의 우수함은 일순에 천리를 갈 수 있을 정도가 아닌가. 그렇게 되면 장차 어찌할 것인가. 대비책을 강구하지 않을 수 없다.[53]

이 발언을 통해 조선 정부가 서양 세력의 침입에 대해 강한 위기의식을 느꼈음을 알 수 있다. 더욱이 중요한 사실은 이러한 위기의식이 단순히 여기에 그치는 것이 아니라 이로 인해 야기될 강상(綱常) 윤리의 붕괴에 대한 우려가 있다는 점이다. 따라서 이 자리에서 조선 정부는 이후 상황에 대처하기 위해 우선 문안사라는 구실로 사신을 파견하여 서구 열강의 동정과 청의 정세를 살펴보게 하였다. 문안사 일행으로는 정사 이원명(李援命, 뒤에 조휘림으로 바뀜), 부사 박규수(朴珪壽), 서장관 신철구(申轍求)가 결정되었다.[54]

문안사 일행은 다음 해인 1861년 1월 18일에 출발하여 5개월 뒤인 6월 19일에 귀국하였다. 그동안 그들은 중국에서 일어났던 상황을 생생히 전하면서 태평천국을 비롯한 반란이 장기화되는 것에 우려를 표명하였다. 또 그들은 서양의 중국 진출 의도와 중국에서의 활동에 대해 탐문하면서 양이(洋夷)가 토지에 뜻을 두지 않고 오로지 통상과 기독교 선교에 치중하고 이러한 상황이 지속됨에 후일의 폐단이 일어날까 우려하였다. 아울러 그들은 중국의 국내 정치 문란과 그 원인을 전하면서, 특히 인사의 문란과 기강의 해이를 손꼽기도 하였다.[55]

이와 같이 조선 정부는 국제질서의 분위기와 중국의 내정을 탐문함으로써 이후 조선 정부가 나아가야 할 방향을 잡는 계기를 마련하였

---

53) 《승정원일기》, 철종 11년 12월 10일.

54) 앞과 같음.

55) 《패림(稗林)》9, 철종기사 철종 12년 6월 열하부사박규수저인서(熱河副使朴珪壽抵人書).

다. 이는 크게 내치와 외교 문제로 나누어볼 수 있는데, 상호 밀접한 관련 속에서 전개되었다.

우선 외교정책상의 변화가 일어났다. 이러한 변화는 이미 예고되어 있었다. 조선·중국·일본 사이에 공동보조를 맞추었던 동아시아 3국의 문호 개방 거부정책 속에서 제1차 중영전쟁에서의 중국의 패배, 그리고 일본이 강제로 개국됨으로써 기존의 동아시아 질서체제인 사대교린질서가 붕괴되고 있었기 때문이다. 더욱이 청의 수도 북경이 영불연합군에게 점령됨으로써 조선 정부는 청의 속방이라는 구실 아래 문호 개방 거부정책을 펴나가던 방식을 전면 수정하여야 하였다. 즉 조선 정부는 이 사건을 기화로 종전까지 중국을 중심으로 생각하였던 동아시아 국제질서를 새롭게 인식하였을 뿐 아니라 이제는 독자적으로 외교 문제를 풀어나가야 함을 감지하였다.[56)]

따라서 정부는 새로운 대책을 모색하였다.[57)] 대표적으로 내수양이론(內修攘夷論)이 거론되었다. 특히 이러한 주장은 1862년 임술민란과 결부되어 심각하게 제기되었다. 이미 문안사로 파견되었던 박규수가 진주민란을 조사하면서 "내홍(內訌)이 이와 같으니 외우(外虞)가 두렵다"고 언급한 데서 잘 드러난다.[58)] 그러한 맥락에서 1860년 동지사행으로 북경을 다녀온 신석우(申錫愚)는 삼정 문제를 개선하자는 응지삼정소(應旨三政疏)를 내기도 하였다.[59)] 이러한 논의는 대원군 집권기에도 지

56) 이양선 출몰 시 청의 예부와 일본 바쿠후(幕府)에 정보를 알려주는 등 사대와 교린이라는 동아시아의 기존 질서를 바탕으로 대처해나갔다. 이후 조선 정부는 독자적으로 처리해갔다.

57) 일각에서는 이러한 문제를 심각하게 받아들이지 않았다. 당시 좌의정이었던 조두순(趙斗淳)은 "별다른 것이 있는 것이 아니라" 이미 오래전부터 주장해온 "내수를 한 연후에 외적을 막을 수 있다"는 느긋한 자세를 취하였다(《승정원일기》, 철종 11년 12월 10일). 그러나 내수에 대한 이러한 주장 역시 위기의식이 심해짐에 따라 더욱 강렬해지고 내실화되는 것은 명약관화한 일이었다.

58) 박규수, 《환재집(瓛齋集)》 권8, 서독(書牘), 여온경(與溫卿)(15)(1862년 3월).

59) 신석우, 《해장집(海藏集)》 권10, 삼정구폐의(三政捄弊議).

속되었다. 가령 최익현(崔益鉉)은 "내수의 정치에 노력하고 외양의 방책을 써서 보국안민(輔國安民)할" 것을 호소하였다.[60)]

이러한 논의는 삼정개선, 개혁 문제와 함께 국방력 강화에 중점을 두고 진행되었다. 좌참찬 신헌(申櫶, 초명 신관호)은 훈련대장으로서 각 장관과 더불어 훈련국의 폐단을 논의하고 그 변통을 강구할 것을 진언하였다.[61)] 그는 내수책(內修策)으로 부세의 균평을 내세웠다.[62)] 한편, 정부는 이러한 논의 속에서 이양선과 밀접한 관련을 맺고 있다고 여겨지는 천주교도에 대한 금압을 계속하였다. 일련의 박해사건은 이를 잘 말해준다.[63)]

나아가 내수양이론은 정치적·사회적 측면뿐 아니라 서구 열강의 경제적 침탈 등을 인식하면서 더욱 강화되었다. 당시 서양 면포는 해당 시전에서 공공연히 독점 매매되며 일종의 공납품이 되어 있었다.[64)] 이에 정부 측에서는 교역하는 자를 먼저 참수한 후 보고하도록 엄령을 내리기도 하였다.[65)] 기정진(奇正鎭)은 상소를 통해 서양 물품의 수입을 경계할 것을 주장하였다.[66)]

---

60) 《일성록》, 고종 5년 10월 25일.

61) 훈련국 변통을 보면 첫째, 정병주의(精兵主義)로 대오를 정선(整選)하고 총기·탄약을 수련할 것 둘째, 향포(鄕砲)를 정선하고 가장 우수한 서북지방의 포수를 부디 취용할 것 셋째, 민보(民堡)를 권설하여 민간의 자보자위(自保自衛)체제를 반드시 실시하게 하여 외구의 변(變)에 준비할 것 넷째, 북관(北關)에서부터 오가작통법에 따라 윤차(輪差)와 고립(雇立)은 물론 오가(五家)에서 일정(一丁)을 책출, 장실자(壯實者)를 징병할 것 등이 그 내용이다. 《고종실록(高宗實錄)》 권4, 고종 원년 정월 16일.

62) 《고종실록》 권4, 고종 원년 정월 16일.

63) 1801년 신유사옥 이후에도 1839년, 1846년의 금압을 포함하여 무수한 금압이 이루어졌다.

64) 서양 상품은 이전 시기에 이미 조선에 들어오고 있었다. 이러한 모습은 당시 노래에도 잘 묘사되어 있다. 1844년에 지었으리라 추측되는 〈한양가(漢陽歌)〉에서 백목전 각 색방(白木廛各色房)을 노래하면서 서양 무명과 서양 비단이 한양에서 버젓이 거래되고 있음을 보여준다. "康津木과 海南木과/高陽 나이 江 나이며/商賈木 軍布木과/貢物木 巫女布와/天銀이며 丁銀이며/西洋木과 西洋紬라."(이석래 교주, 《풍속가사집—한양가, 농가월령가》, 신구문화사, 1974, 49쪽).

65) 《일성록》, 고종 3년 10월 20일.

이와 같이 내수양이론으로 대표되는 이 시기 정부의 방책은 크게 두 가지다. 기존의 동아시아 질서체제가 동요되는 가운데 조선 정부가 독자적으로 서구 열강의 침투에 적극적으로 대응해가는 한편, 성리학 체제를 고수하면서 내수(內修)를 강조하는 것이었다.[67]

이러한 가운데 이와는 다른 입장에서 새로운 방책이 조심스럽게 제기되었다. 이는 개국부강론으로 집약될 수 있다.

이규경(李圭景)의 경우 서양에 대한 완고한 문호 확대 거부정책을 반대하고 교역에 의한 유무상통(有無相通)을 주장하였다. 1832년 영국 무장함선 로드 애머스트호의 통상 요구를 정부가 거절한 것을 두고 그는 그들에게 약조를 엄수하도록 하되 특별히 개시(開市)를 허락하여 적에게 은혜를 베풀어야 한다고 역설하였다.[68] 한 걸음 더 나아가 최한기(崔漢綺)는 서구의 실용문화를 취해 쓰지 못할 것을 근심할 것이지, 천주교의 만연은 근심할 것이 못 된다 하며 천주교에 대한 봉건정부의 민감한 반응을 비판하였다.[69]

이러한 주장은 재야에서 그치지 않았고 소수이기는 하지만 정부 내에서도 이러한 주장이 제기되었다. 가령 박규수는 1861년 문안사로서 중국의 국내정세와 국제정세를 탐문하고 돌아온 후 기존의 서양관에서 벗어나 서양과 자주적으로 외교하여야 할 필요성을 절감하였다. 그러면서 북학사상의 부국론을 토대로 서양의 장점을 받아들여 서양을 막아야 한다는 해방사상(海防思想)의 논리를 수용하여 개국부강론

66) 《일성록》, 고종 3년 8월 16일.

67) 문호 확대 거부정책은 1860년대에서 1870년대 프랑스·미국과의 전쟁을 계기로 더욱 공고화되면서 위세를 떨치기 시작하였다.

68) 이규경, 《오주연문장전산고(五洲衍文長箋散稿)》 권28.

69) 최한기, 《추측록(推測錄)》 권5, 추기측인(推己測人).

을 주장하였다.[70]

이와 같이 서구 열강의 침투를 둘러싸고 조선의 조야는 서서히 두 견해로 나뉘면서 각자의 논리를 체계화해나갔다. 그러나 1860년대는 여전히 중국 의존의 외교질서를 고수하면서 내수양이론이 대세를 차지하였다.

3) 일반민의 동향

서울에서는 청 황제의 열하 피란 소식과 정부의 문안사 파견 소식이 알려지면서 서양 오랑캐의 침략설이 나돌았다. 위협을 느낀 사람들이 서울에서 지방으로 피란하는 소동이 일어났다.[71] 또 이러한 위기감은 지방까지도 확산되었다.[72]

이와 같이 대외 위기의식이 심화됨에 따라 일반 민인들 사이에서는 각종 비기와 도참류의 이념이 널리 퍼졌다. 특히 1860년 북경 함락과 그 4년 후인 갑자년을 기화로 참위설이 크게 유행하였다.[73] 대표적으로 《정감록》을 들 수 있다. 《정감록》은 전통적인 유교의 사상체계를 초탈하여 왕조의 멸망을 예언하는 참위서라는 성격과 함께 그 사상적 기조에는 주로 난세관과 말세관이 바탕에 깔려 있다는 점에서 이 시기 병란(兵亂)과 결부되어 있다. 가령 《정감록》에는 외침, 즉 전란에 대한 공포의식이 충격적인 표현으로 묘사되어 있다. '감결(鑑訣)'을 보면 전란으로 인한 처참한 모습을 다음과 같이 적어놓았다.

---

70) 박규수, 《환재집》 권7, 자문(咨文).

71) 《일성록》, 철종 12년 1월 18일.

72) 《일성록》, 철종 12년 1월 19일.

73) 윤대원, 〈이필제란의 연구〉, 《한국사론》 16, 서울대학교 국사학과, 1987, 139~143쪽; 배항섭, 〈19세기 후반 '변란'의 추이와 성격〉, 《1894년 농민전쟁연구 2》, 역사비평사, 1992, 270~274쪽.

심(沁)이 말하길 세 사람이 상대하였으니 무슨 말을 못 하겠는가? 갑년(甲年) 춘삼월, 성세(聖歲) 추(秋) 8월에 인천·부평 사이에 밤에 배 1,000척이 닿고, 안성·죽산 사이에 쌓인 송장이 산과 같고, 여주·광주 사이에 사람의 그림자가 영원히 끊어지고, 수성(隋城, 수원의 옛 이름)·당성(唐城, 한양의 옛 이름) 사이에 흐르는 피가 내를 이루고, 한남백리(漢南百里)에 닭과 개의 울음소리가 없고, 사람의 목소리가 영원히 끊어질 것이다.[74]

아울러 '무학전(無學傳)'에서는 다음과 같이 예언하였다.

지나간 일로 살펴보면 중간에는 서얼(庶孽)의 추(秋)와 적자(賊子)의 변(變)이 항상 일어났다. 그 연수를 생각해보면 병사(兵事)는 갑·자·진 년에 있다.[75]

여기서 진은 임진(壬辰)년, 자는 병자(丙子)년을 가리키는 것으로서 과거의 난을 이야기한 것이며 다음 난은 갑자(甲子)가 든 해(1864)에 있을 것이라고 예언하고 있는 셈이다. 이러한 병란이 일어났을 때 보신을 위한 피란처로 "산에도 이롭지 않고 물에도 이롭지 않으며 양궁(궁궁, 弓弓)이 가장 좋다"고 하고[76] 그곳은 "병화도, 흉년도 들지 않는 보신처로서 구체적으로 풍기·예천을 비롯한 10승지가 있음"을 강조하였다.[77] 그 결과《정감록》이 더욱 유포되어 당시 일반 민인의 의식세계에 커다란 영향을 미쳤다. 그러한 현상은 이 시기에 집중적으로 발생하는

---

74) 《정감록》, 감결.
75) 《정감록》, 무학전.
76) 《정감록》, 감결.
77) 앞과 같음.

작변에서 두드러지게 나타났다.[78)]

대외 위기의식이 가중되는 가운데 《정감록》 사상과 함께 이단사상으로서 동학사상이 등장하여 민중들의 세계관에 영향을 끼쳤다. 동학 창시자인 최제우(崔濟愚)는 서양인이 "먼저 중국을 점령하고 다음에는 우리나라에 진출할 것이니 변란을 예측할 수 없을 것이다"[79)]라는 소문을 듣고 서양 세력의 침입을 막고 보국안민할 방도로서 동학을 창도하였다.[80)] 그중에서도 직접적인 계기는 1860년 북경 함락이었다.

그는 〈권학가(勸學歌)〉에서 다음과 같이 노래하였다.

> ᄒᆞ원갑(下元甲, 1803~1863) 경신년의 젼ᄒᆡ오는 세상말이
> 요망ᄒᆞᆫ 셔양이 듕국(中國)을 침범ᄒᆡ셔
> 뎐듀당(天主堂) 노피세워 거쇼위(擧所謂)ᄒᆞᄂᆞᆫ 도를
> 뎐ᄒᆞ(天下)의 편만(遍滿)ᄒᆞ니 가소절창(可笑絶暢) 안일넌가.[81)]

이 글에서 경신년(1860) 영불 연합군이 북경을 함락한 사건에 경악을 금치 못하고 있으며 더욱이 천주교 유포를 우려하고 있음을 알 수 있다.

그러면서도 최제우는 "서양 도적놈들이 나타나면 주문과 검무로써 적들을 막아내고 천신의 도움을 얻을" 것이라고 말하였다.[82)] 나아가

78) 대표적으로 이필제의 난을 들 수 있다. 이필제는 대외 위기의식의 심화, 《정감록》의 병화설에 편승하는 한편, 자신의 이름 '필(弼)'자와 '을묘생'을 《정감록》의 '궁궁을을'과 결부하여 자신을 난세를 해결할 수 있는 자로 합리화하였다. 윤대원, 앞의 글.

79) 《고종실록》 권1, 고종 원년 2월 29일.

80) 한우근, 〈동학의 창도와 그 기본 사상〉, 《한국사 16》, 국사편찬위원회, 1981, 392쪽.

81) 이세권 편, 《영인 동학경전》, 정민사, 1986, 435쪽.

82) 《일성록》, 고종 원년 2월 29일.

그는 "이 도둑놈들이 화공하면 갑병(甲兵)은 대적하지 못하며 오로지 동학만이 그 무리를 섬멸할" 것이라고 강조하였다.[83] 따라서 동학사상은 보국안민사상으로서 민중 사이에 자연스럽게 퍼져나갔다.

이제 조선의 지배층과 일반 민인은 봉건사회의 여러 모순을 어떻게 해결할 것인가 하는 과제와 함께 서구 열강의 외압을 어떻게 이겨낼 것인가 하는 과제를 안게 되었다.

4. 결어

15세기 말 이른바 대항해시대가 열리면서 포르투갈과 에스파냐를 비롯한 유럽 국가는 향신료 등 원료 공급지를 구하기 위해 인도로 침략의 손길을 뻗쳤다. 나아가 이들 나라는 동아시아까지 접근하면서 상품무역과 함께 포교사업에 진력하였다. 특히 포르투갈이 후원하였던 천주교 예수회 교단은 서학을 내세워 중국 정계와 지성계에 침투하였다.

이러한 서학은 17세기 이후 100여 년을 두고 청 북경에 파견되었던 조선의 사신들이 서양 문물과 한문으로 번역된 한역 서학서를 도입하면서 소개, 전래되었다. 여기에는 서학 관련 서적과 함께 종교·윤리 서적도 포함되었다.

조선 사회에 가장 큰 영향을 끼친 서적은 마테오 리치의 《천주실의》였다. 이익은 이 책을 읽고 발문을 지었고 서양의 천주를 동양의 상제에 견주하여 보유론적인 인식체계를 보여주었다. 또한 천주교를 불교처럼 허망하다고 하여 천주교 자체에 대해서는 신중한 자세를 취한 반

83) 앞과 같음.

면, 서학에 대해서는 찬사를 아끼지 않았다. 조선 후기 사회에서 절실하였던 농업생산력 발달과 실용적인 과학기술의 발전이 요청되었기 때문이다.

이러한 이익의 태도는 그의 제자들 사이에서도 뜨거운 논쟁을 불러일으켰다. 이른바 성호 좌파와 우파로 나뉘었다. 전자는 서학 수용을 넘어서서 성리학의 대안으로서 천주교를 적극적으로 인식한 반면, 후자는 서구 과학기술의 우수성을 인정하되 천주교를 성리학 위주의 유교질서를 근본부터 동요하게 하는 사학(邪學)으로 인식하여 이를 금압할 것을 주장하였다. 일련의 여러 사옥(邪獄)은 이를 잘 보여준다.

한편, 서구 자본주의는 19세기에 들어와 원료 확보 위주의 중상주의 단계를 넘어 상품시장 확보에 집중하는 산업자본주의 단계에 들어서면서 동아시아 침투를 가속화하였다. 제1차 중영전쟁에 이은 1860년 영국과 프랑스의 북경 점령은 동아시아 3국의 위기의식을 심화하는 계기가 되었다. 더욱이 천주교가 일부 양반과 일반 민인의 신앙 차원을 넘어 이양선의 침략적 접근과 연계되어 조선 사회를 위협하는 요소로 인식되면서 조선 정부의 천주교 금압은 갈수록 심해졌다. 따라서 조선은 일본과 마찬가지로 서구 자본주의의 통상 요구를 거부함은 물론 천주교 금압에 힘을 기울였다. 아울러 재야 유생들은 척사위정을 내세워 서구 종교와 함께 서학 금지, 대외 통상 저지에 앞장서기에 이르렀다. 특히 동학은 정부의 금압에도 보국안민과 함께 반외세·반천주교를 내세우며 교세를 펼쳤다는 점에서 일반 민인의 새로운 대안으로 자리잡을 수 있었다.

따라서 조선 정부가 일본의 강압과 자체 필요성에 따라 병자수호조규를 체결한 데 이어 1882년 조미수호통상조약을 맺어 국교 범위를 확대하였지만 천주교는 물론 개신교에 대한 집권층과 일반 민인의 의구심은 여전하였다. 더욱이 이들 서양 종교가 통상 개방 이후 직접적 형태든 간접적 형태든 공격적 선교를 펼치면서 양자의 갈등은 조금도 누그러지지 않았다. 훗날 제주교안(濟州敎案)을 비롯한 여러 교안은 이를 잘 보여준다.

〈서구 자본주의의 침투와 위기의식 고양〉,
강만길 외, 《한국사 10—중세사회의 해체 2》, 한길사, 2000 수정 증보

2장

시무개혁론의 전개와 분화

1. 서언

19세기 조선 사회는 안으로는 민란의 시대를 맞았고 밖으로는 서세동점의 시대를 맞았다. 이는 체제적 위기인 동시에 민족적 위기를 의미하였기 때문에 조선 정부와 양반 지배층은 이전 시대와 달리 새로운 방식으로 대응하여야 하였다. 이 시기에 등장한 척사위정파의 내수외양론(內修外攘論), 개화파의 문명개화론(文明開化論)과 동도서기론(東道西器論) 등은 이러한 대응방식의 대표적 논리였다. 이에 학계는 일찍부터 이들 각 계열의 대응 논리를 해명하는 데 힘을 기울였다.[1] 무엇보다 망국 책임의 시비함을 넘어 주권국가건설의 가능성을 타진함으로써 한국근대사에 덧씌워진 타율성론을 극복하고자 하였던 것이다.

그중 학계의 주목을 받은 대응 논리는 개화파의 문명개화론과 동도

---

1) 서영희, 〈개화와 척사〉, 한국역사연구회 엮음, 《한국역사연구입문 3》, 풀빛, 1995 ; 권오영, 〈척사와 개화〉, 한국역사연구회, 《새로운 한국사 길잡이 하》, 지식산업사, 2008.

서기론이었다. 한국 근대 주권국가건설운동은 외압에 의해 좌절되었지만 이들 논리가 한국 사회 내부에서 주권국가건설의 사상적 기반으로 작용하였을뿐더러 변혁운동을 분출할 수 있는 내적 원동력을 제공하였다고 인식하였기 때문이다. 나아가 이른바 개화사상이 중국의 양무운동과 일본 문명개화론의 영향을 넘어 북학사상에 연원을 두었음을 밝히면서 한국 사회의 내재적 발전법칙을 구하고자 하였다. 심지어는 조선 후기 실학사상이 전회(轉回)되어 개화사상이 형성, 발전되었다는 주장이 제기되었다.

그러나 갑신정변의 실패와 갑신정변 주역의 이후 행태에서 볼 수 있듯이 이러한 개화사상이 외세 의존적 근대화론이라는 혐의를 받고 있다는 점에서 이른바 개화사상에 대한 평가는 초창기 연구 경향에 비해 매우 다양해졌다.[2] 특히 일각에서는 급진개화파의 핵심이라 할 수 있는 김옥균(金玉均)에 대한 아시아주의자와 친일 세력의 추앙활동을 추적하여 김옥균을 기존 통설과 달리 일본의 자기장(磁氣場) 아래에서 활동하였던 아시아주의자로 평가하기도 하였다.[3] 심지어 근래에는 급진개화파가 중인층의 지도 아래 양반들의 폐쇄적 카르텔을 깨기 위해 외국의 힘을 빌려 정권을 장악하려고 준비하던 차에 결국 임진왜란의 원수 일본의 힘을 빌려 갑신정변을 단행하였다는 주장도 제기되었다.[4] 즉 급진개화파로 알려진 이른바 개화당을 두고 조선의 독립과 개화를 위해 헌신한 민족의 선각자라는 기존의 통설을 정면으로 비판하면서 이들 개화당은 사회개혁을 단행하고 민족적 위기를 극복하기보다는

---

2) 박성수는 기존의 급진개화파와 개화사상에 대한 해석을 '획일적인 근대주의적 역사 해석'이라고 비판하기도 하였다. 박성수, 〈서재필에 대한 재평가〉, 서암조항래교수화갑기념한국사학논총간행위원회, 《서암조항래교수화갑기념 한국사학논총》, 아세아문화사, 1992.

3) 김태웅, 〈일제강점기 김옥균 추앙과 위인교육〉, 《역사교육》 74, 역사교육연구회, 2000.

4) 김종학, 《개화당의 기원과 비밀외교》, 일조각, 2017.

오로지 '독립'과 '개화'라는 정치적 수사(修辭)를 내세워 정권을 탈취한 뒤 폐쇄적 신분체제를 무너뜨리는 데 골몰하였다는 것이다. 나아가 실학사상과 개화사상을 연결하려는 시도에 의문을 제기하면서 실체 없는 '실학–개화 사상 담론'으로 치부하였다.

반면 급진개화파의 이러한 외세 의존성이 1990년대에 지적된 이래 일부 연구자는 다소 보수적인 경향이 내포되어 있을지라도 자주적인 대응 논리를 내세운, 이른바 온건개화파의 동도서기론에 주목하였다.[5] 온건개화파가 동도와 서기를 분리하여 파악함으로써 척사위정론의 한계라 할 수 있는 근대성의 결핍을 보전(補塡)하는 동시에, 문명개화론의 약점이라고 할 수 있는 외세 의존성을 불식하는 논리를 내장하게 되었다고 평가하였기 때문이다.[6] 또한 동도서기론의 연원을 추적하는 과정에서 동도서기론을 북학사상의 연장에 있는 것이 아닌 조선 후기 낙론(洛論)과 관련짓기도 하였다. 나아가 조선 후기 사상계의 변화과정에서 동도서기론의 연원을 구명하는 작업이 이루어져 의리·경세 절충을 기조로 하는 북학론이 서양 세력의 접근이라는 새로운 상황에 직면하여 동도서기론으로 발전하였다는 것이다.[7]

그러나 이러한 동도서기론에 대한 비판 역시 일찍부터 만만치 않았다. 즉 서기 속에는 서도(西道)가 이미 내재되어 있음을 간과하였다고 비판하면서 도(道)와 기(器)가 과연 분리될 수 있는가에 대한 의문을

---

5) 권오영, 〈동도서기론의 구조와 그 전개〉, 《한국사시민강좌》 7, 1992 ; 정옥자, 《조선 후기 역사의 이해》, 일지사, 1993, 222쪽 ; 주진오, 〈개화파의 성립과정과 정치·사상적 동향〉, 한국역사연구회 편, 《1894년 농민전쟁연구 3》, 역사비평사, 1993.

6) 정재걸, 〈동도서기론 연구 Ⅰ〉, 《교육사학연구》 4–1, 교육사학회, 1992 ; 〈동도서기론 연구 Ⅱ〉, 《교육사학연구》 5–1, 교육사학회, 1994 ; 〈동도서기론 연구 Ⅲ〉, 《교육사학연구》 8–1, 교육사학회, 1998.

7) 노대환, 《동도서기론 형성 과정 연구》, 일지사, 2005.

제기하였다.[8)] 이 점에서 동도서기론은 개화사상으로 나아가는 과도적 인 논리에 불과할뿐더러, 심지어는 "동양적 전제군주체제를 유지하고 인민 주권 체제를 부정하는 반역사적 논리"라고 질타하였다.[9)] 따라서 '온건개화파', '소극적 개화파', '개량적 개화파', '양무개화파', '시무개화파' 등의 용어는 이들 온건개화파의 친청사대적인 성격과 함께 개량적 보수주의를 가리키는 것이었다.[10)]

이처럼 문명개화론이든 동도서기론이든 각각 논리적 모순과 역사적 한계를 지적받는 가운데 그동안 학계에서는 그러한 문제점을 해소하려는 노력이 각각 경주되었음을 확인할 수 있다. 하지만 양자의 이러한 상반된 주장은 좀처럼 그 간극이 좁혀지지 않을뿐더러 이후 독립협회와 광무정권의 노선을 둘러싼 논쟁으로 비화하고 있다. 전자는 독립협회가 급진개화파의 이념과 노선을 이어받아 국권수호, 민권 신장의 선봉으로 활동하였다고 평가하는 반면,[11)] 후자는 온건개화파의 동도서기론이 광무정권의 구본신참론(舊本新參論)으로 이어져 광무개혁의 이념적 기반으로 작용하였다고 평가하고 있다.[12)] 나아가 1880년대 수구와 개화의 대립이라고 하는 인식틀 자체를 문제삼으며 이러한 인식틀이 1880년 당대의 산물이 아니라 1890년대 후반 이래 현재에 걸쳐 일제 식민사관과 근대화론에 의해 만들어진 문명 담론의 산물이라고 비판하였다.[13)] 즉 이러한 인식틀은 후대에 주조된 '문명'과 '야만'이라는

---

8) 권오영, 〈척사와 개화〉, 한국사연구회, 《새로운 한국사 길잡이 하》, 지식산업사, 2008, 51쪽.

9) 강만길, 〈동도서기론이란 무엇인가〉, 《마당》 1982년 5월호, 208쪽.

10) 최진식, 〈김윤식의 자강론 연구〉, 《대구사학》 25, 1984 ; 서영희, 앞의 글, 48쪽 ; 한국근현대사연구회, 《한국근대 개화사상과 개화운동》, 신서원, 1998, 10~17쪽.

11) 강재언, 정창렬 옮김, 《한국의 개화사상》, 비봉출판사, 1981, 213~256쪽 ; 신용하, 〈19세기 한국의 근대국가형성 문제와 입헌공화정 수립 운동〉, 한국사회사연구회, 《한국의 근대국가 형성과 민족문제》, 문학과지성사, 1986.

12) 김도형, 《근대 한국의 문명전환과 개혁론—유교 비판과 변통》, 지식산업사, 2014, 49쪽.

이항 대립 구도의 소급적인 적용인 셈이다.

따라서 이러한 이항 대립틀 접근방식은 조선 후기와 한국근대사를 분절시켜 파악함으로써 재래의 내재적 기반을 간과하거나, 설령 북학사상과 개화사상을 연결한다 할지라도 개화사상의 전사로 취급할 뿐이었다. 이에 극히 일부를 제외하고는 대다수 관료와 사대부들이 어느 당파와 학파에 속하든 기본적으로 유자이자 관료로서 유교사상에 입각하여 경세론(經世論)을 펼쳤다는 점을 무시하곤 하였다. 이는 자연스럽게 전근대 한국사상을 지배하였던 전통 유교사상의 현재적 역동성(力動性)보다는 관념적 정체성(停滯性)에 중점을 둔 연구들이 무엇보다 이러한 인식틀을 정당화하였기 때문이다. 그러나 주지하다시피 유교사상이 국가 통치를 뒷받침하는 국정 교학으로서 현실의 제반 문제를 해결하려는 경세론적 성격을 본래 갖고 있다는 점을 감안한다면, 시세(時勢)의 변동이 일어나면 그에 맞추어 법과 제도를 변통하거나 근본적인 혁신을 추구해왔다. 조선시대 유자들·관인들의 각종 시무책은 낮은 수준이든 높은 수준이든 당대의 역사적 조건에서 당면 과제를 해결하려는 노력의 산물이었다. 19세기 '서세동점의 시대', '민란의 시대'에 제시된 각종 개혁안도 그러한 시무개혁의 연장선에 있다고 할 수 있다. 이후 1880년대의 다양한 개혁론 및 정치적 변동 역시 이러한 노력의 결과라고 할 수 있다.

이 글은 수구와 개화라는 기존의 이항 대립틀에서 벗어나 이 시기에 제기되었던 각종 시무책을 전통 시무개혁의 연장선에서 접근하되

---

13) 김태웅, 〈대한제국 인식의 변천과 《국사》 교과서의 서술〉, 윤세철교수정년기념역사학논총간행위원회, 《역사교육의 방향과 국사교육》, 솔, 2001 ; 류승렬, 〈사대=수구 대 독립=개화의 이항대립적 근대서사 프레임의 창출과 변용〉, 《역사교육》 142, 역사교육연구회, 2017 ; 노관범, 〈'개화와 수구'는 언제 일어났는가?〉, 《한국문화》 87, 규장각한국학연구원, 2019.

1876년 국교 확대 전후 시기의 정국 변동과 국제정세의 변화에 비추어 다양한 시무개혁론의 전개과정 및 분화의 양상을 추적하고 역사적 의미를 재구성하고자 한다. 이를 위해 검토 대상을 크게 1882년 임오군란 이전 시기와 이후 시기로 크게 나누어 각 시기에 전개된 시무개혁론의 방향과 성격을 집중 검토하고자 한다. 전자의 경우 1862년 임술민란 이전과 이후 시기로 다시 나누었다. 세도정권 아래 복류(伏流)되어 있었던 시무개혁론이 임술민란을 계기로 재기(再起)되었고 이후 내수자강론(內修自强論)으로 이어졌기 때문이다. 후자의 경우 1882년 임오군란을 계기로 기존의 내수자강론에 반발한 문명개화론이 대두하였지만 1884년 갑신정변을 거치면서 변법자강론(變法自强論)이 대두하여 문명개화론과 결별하고 독자적인 시무개혁론의 길로 나아갔다. 비록 이 두 가지 노선이 갑오개혁에 관류하고 있었지만 그 기반이 상이하여 늘 경합하여야 하였다. 이후 이러한 노선은 광무개혁과 독립협회 운동으로 각각 이어졌다.

요컨대 이러한 작업은 종전 학계에서 공통적으로 전제하던 수구·개화 이항 대립틀을 해체하고 역사적 맥락에 입각하여 재구조화하는 가운데 각 시기에 등장한 다양한 시무개혁론이 상호 갈등하면서도 주권국가로 나아가는 과정의 산물이라는 점을 역사적 맥락 속에서 해명하는 데 중점을 두었다. 따라서 이러한 작업이 소기대로 이루어진다면 한국근대사에서 주권국가건설운동의 역사적·사상적 기반을 밝힐뿐더러 각 시기 시무개혁론의 역사적 의미와 한계를 검토하는 데 단서를 제공할 것이다.

2. 시무개혁론의 역사적 기반과 변화

1) 시무개혁론의 전통과 '시중'

조선은 왕과 사대부가 통치하는 유교국가였다. 이들은 유교 경전에 입각하여 통치를 수행하였다. 조선왕조 개창에 이어 서울 도성을 일단락 조성한 뒤 태조 4년(1395) 10월 국정 쇄신의 내용을 담은 교서에서 "백성이란 오직 나라의 근본이 되는 것이니, 각각 있는 곳에서 넉넉하게 구휼해주라"라고 밝히고 있듯이 '민유방본(民惟邦本)'은 국정의 기본 철학이었다.[14] 그리하여 《조선경국전(朝鮮經國典)》에서는 "대개 임금은 나라에 의존하며, 나라는 백성에 의존하는 것이다. 백성이란 나라의 근본인 동시에 임금의 하늘이다"라고 규정하고 있는 것이다.[15]

이러한 '민유방본'은 《서경(書經)》 〈오자지가(五子之歌)〉의 "백성은 나라의 근본이니 근본이 견고하여야 나라가 편안하다"에서 유래한 용어로 태종 연간에도 이러한 민본 이념은 재차 강조되었다.[16] 즉 "나라는 백성을 근본으로 삼으며 백성이 있는 연후에 나라가 있다"라고 하여 조선이 민본국가임을 천명하였다.[17] 그러나 민인은 정치의 주체가 아니었다.[18] 백성은 부세를 부담하는 존재이기 때문에 임금이 중히 여기는 대상일 뿐이었다. 그리하여 《조선경국전》에서는 이러한 구절 바

---

14) 《태조실록(太祖實錄)》 권8, 태조 4년 10월 을미. "民惟邦本 在所優恤."

15) 《삼봉집(三峰集)》 권7, 《조선경국전》 상, 부전(賦典), 판적(版籍). "蓋君依於國 國依於民 民者 國之本而君之天."

16) 《서경》, 〈오자지가〉. "民惟邦本 本固邦寧."

17) 《태종실록(太宗實錄)》 권12, 태종 6년 9월 갑술. "國以民爲本, 有民然後有國."

18) 조선시대 민본 이념의 계급적·신분적 성격에 대해서는 정창렬, 〈백성의식·평민의식·민중의식〉, 한국신학연구소, 《한국민중론》, 1984 ; 김훈식, 〈여말선초의 민본 사상과 명분론〉, 《애산학보》 4, 애산학회, 1986 ; 김훈식, 〈15세기 민본이데올로기와 그 변화〉, 《역사와 현실》 1, 한국역사연구회, 1989 참조.

로 뒤에 백성이 부세 부과의 대상이어서 호구 파악이 매우 중요함을 덧붙였다.[19)]

따라서 국왕은 사대부와 더불어 정치의 주체이자 통치의 책임자여서 체제의 안정을 도모하려면 도덕적 실천을 통해 민인의 모범이 되어야 하였고 통치에 필요한 경세와 시무에 밝은 관료와 함께 통치에 임하여야 하였다. 그리하여 세종 26년(1444) 국왕은 다음과 같이 하교하였다.

> 나라는 백성으로 근본을 삼고, 백성은 먹는 것으로 하늘을 삼는다. 농사를 짓는 것은 입는 것과 먹는 것의 근원으로서 왕자(王者)의 정치에서 먼저 힘써야 할 것이다. 오직 그것은 백성을 살리는 천명에 관계되는 까닭에, 천하의 지극한 노고를 복무하게 하는 것이다. 위에 있는 사람이 성심(誠心)으로 지도하여 거느리지 않는다면 어떻게 백성들이 부지런히 힘써서 농사에 종사하여 그 생생지락(生生之樂)을 완수하게 할 수 있도록 하겠는가.[20)]

통치자는 국가 운영을 위해 백성의 주된 생업이자 재원의 원천인 농업에 힘써야 함을 역설하고 있다. 물론 이 시기에 상업과 공업 등 말업(末業)은 이전 시기와 달리 통제와 단속의 대상으로 전락하였는데도 말업 역시 민생의 바탕임을 인정하였기 때문에 관리들은 말업의 파악과

---

19) 《삼봉집》 권7, 《조선경국전》 상, 부전, 판적. "蓋君依於國 國依於民 民者 國之本而君之天 故周禮獻民數於王 王拜而受之 所以重其天也 爲人君者知此義 則其所以愛民者 不可不至矣 故臣著版籍之篇而併論之."

20) 《세종실록(世宗實錄)》 권105, 세종 26년 윤7월 임인. "國以民爲本 民以食爲天 農者 衣食之源 而王政之所先也 惟其關生民之大命 是以服天下之至勞 不有上之人誠心迪率 安能使民勤力趨本 以遂其生生之樂耶."

수세 업무에도 밝아야 하였다.[21] 따라서 통치의 일선에서 백성을 다스리는 지방관의 역할이 중요하였다. 명종 6년(1551) 중앙의 지방관 임명에 대해 사신(史臣)은 다음과 같이 논하였다.

> 국가는 백성을 근본으로 삼는데 백성의 기쁨과 슬픔은 수령의 현부(賢否)에 달려 있다. 그러므로 왕이 특별히 대관과 시종을 역임한 신하를 내보내어 백성을 다스리는 수령으로 삼았다. 이들을 한 도에 각각 한 사람씩 파견하였는데 이것은 한 고을의 백성을 소생하게 할 뿐 아니라 이웃 고을 수령들도 반드시 두려워하는 것이 있어서 감히 불법을 저지르지 못하게 될 것이니, 백성을 염려하는 왕의 마음이 매우 지극하다.[22]

수령의 능력과 현명 여부가 지방 통치의 관건임을 인식하고 국왕의 마음을 빌려 수령 파견의 중요성을 역설한 것이다.

그런데 이러한 민본 이념을 구체적으로 적용하는 과정에서 늘 강조되었던 것은 《중용(中庸)》의 '시중(時中)'이었다.[23] 아무리 성심으로써 모범이 되고 지도자가 될지라도 정책이 때와 맞지 않으면 소용없기 때문이다. 이에 《중용》에서 강조하는 '시중'의 원칙이 중시되었다. 국조례(國朝禮)를 정하거나 읍치를 변경하려고 할 때 늘 중도를 잃지 않을 것을 강조하였다. 그 원칙은 "성인(聖人)이 때를 따라 변역(變易)하여 중도를 잃지 않는 것"이었다.[24] 이러한 시중은 이전 왕조인 고려 시기

---

21) 박평식, 《조선전기상업사연구》, 지식산업사, 1999, 39~51쪽.

22) 《명종실록(明宗實錄)》 권12, 명종 6년 10월 임오.

23) 고려 말 이색은 중용에 대한 주자의 해석을 적극적으로 수용하여 중화 개념을 소개하였다. 이에 관해서는 정재철, 〈이색의 경학사상—정전(程傳)과 주주(朱註)의 수용 양상을 중심으로〉, 《태동고전연구》 24, 태동고전연구소, 2008, 10~14쪽 참조.

24) 《태종실록》 권1, 태종 1년 3월 무진. "聖人隨時變易 不失其中也."

에는 중시되지 않았으나 성리학이 수용되는 가운데 여기서 중시하는 《중용》의 비중이 커지면서 시중 역시 주목되었던 것이다.[25] 이 점에서 시중에 입각한 시무론은 이전의 유자들이 펼쳤던 일반적인 경세론과 달랐다. 반면 고려 성종 대 최승로(崔承老)의 시무28조라든가 고려 후기 이제현(李齊賢)과 백문보(白文寶)의 각종 개혁론은 당대 개혁 방안을 담고 있었지만《중용》'시중'의 원리를 바탕으로 하고 있지 않았다.[26]

그리하여 태종 3년(1403) 경연에서《중용》을 읽기 시작하였다. 태종이 조선왕조의 국정 교학인 성리학을 이해하기 위해서는《대학(大學)》 공부와 함께《중용》 공부가 필요하다고 인지하였기 때문이다.[27] 이후 역대 국왕들은 경연에서《중용》을 다루었다. 나아가 당시 정부의 현안에 대한 시무책을 관리들에게 요구하였는데,《중용》에 근거하였다. 태종 7년(1407) 국왕은 시무책의 글제를 제시하는 가운데 다음과 같이 '시중'을 강조하였다.

> 왕은 이르노라. 옛날 제왕이 법을 세우고 제도를 정함에 반드시 시의(時宜)에 따라 하였기 때문에 지극한 정치를 융성하게 하였으니, 당(唐)·우(虞)와 삼대의 치평(治平)을 이룬 도를 들을 수 있는가? …… 너희 대부들은 경술(經述)에 통하고 치체(治體)를 알아서 이 세상에 뜻이 있은 지가 오래니, 제왕의 마음을 가지고 다스림[治]을 내는 이치와 지금의 법을 세우

25) 《고려사(高麗史)》와《고려사절요(高麗史節要)》에서는 '시중' 용례를 찾을 수 없다. 정치 차원에서 '시중'이 별로 적용되지 않았음을 추론할 수 있다. 그러나 고려 말 주자학을 수용하는 과정에서 이색, 정몽주, 정도전 등은 덕례(德禮)는 바꿀 수 없되 법제(法制)를 개정할 수 있다는 주자의 변통론(變通論)을 접하였을 것이다. 도현철,《고려말 사대부의 정치사상연구》, 일조각, 1999, 178~180쪽.

26) 이기백 외,《최승로 상서문연구》, 일조각, 1993 ; 김인호,《고려후기 사대부의 경세론 연구》, 혜안, 1999 ; 박재우, 〈고려 최승로의 정치사상과 그 지향〉,《한국중세사연구》 59, 2019.

27) 백승종,《조선을 바꾼 한 권의 책, 중용》, 사우, 2019, 28~29쪽.

> 고 제도를 정하는 마땅함을, 예전의 교훈에 상고하고 시대에 맞는 것을 참작하여, 높아도 구차하고 어려운 것에 힘쓰지 않고, 낮아도 더럽고 천한 데에 흐르지 않도록 각각 포부를 다하여 모두 글에 나타내어라. 내가 장차 친히 보고 쓸지니라.[28]

이에 따르면 국왕은 관료들에게 제왕의 마음을 갖고 다스림을 내는 이치와 지금의 법을 세우고 제도를 정하는 마땅함을, 예전의 교훈에서 상고하고 시대에 맞는 것을 참작할 것을 요구하고 있다. 그 전제는 시의에 따라 지극한 정치를 융성하게 하는 것이다. 심지어 주희도《중용》이라는 책 이름은 '시중'의 '중'에서 따온 이름이라고 인식하였음을 전하기도 하였다.[29]

한편,《주역(周易)》에 대한 새로운 이해체계가 형성되면서 고려 말 이색(李穡)과 정몽주(鄭夢周)는 일찍부터 성리학을 수용하는 과정에서《주역》의 '시중'을 중시하였다.[30] 시중에 대한 이러한 중시는 이후에도 마찬가지였다. 선조 연간 국왕이 경연에서 신하들과《주역》을 진강한 일을 두고 사신은《주역》에서 '시중'이 매우 중요함을 강조하였다.

> 《주역》은 바로 성인이 진퇴 존망의 이치를 밝혀서 사람이 삼가고 조심하여 어려운 일을 해결하고 어지러운 시기를 구제할 수 있는 방법을 알도

---

28) 《태종실록》 권13, 태종 7년 4월 임인. "王若曰 古昔帝王 立法定制 必因時宜 以隆至治 唐虞三代致治之道 可得聞歟 …… 子大夫通經術識治體 有志斯世久矣 其於帝王存心出治之道 當今立法定制之宜 稽諸古訓 酌乎時中 高不務於苟難 卑不流於汚淺 各底所蘊 悉著于篇 予將親覽而致用焉."

29) 《홍재전서(弘齋全書)》 권107, 〈경사강의(經史講義)〉 44, 〈총경(總經)〉 2,《중용》"朱子亦曰 名篇本取時中之中."

30) 정성식, 〈정몽주의 경학사상에 대한 연구〉,《동양문화연구》 2, 영산대학교 동양문화연구원, 2008, 13~17쪽;도현철,《목은 이색의 정치사상 연구》, 혜안, 2011, 150~152쪽.

록 한 것이다. 진실로 국가를 다스리는 자가 이 역리(易理)를 강구하여 조심하고 꾸준히 힘써서[自彊不息] 자신으로부터 도적을 오게 하는 뜻을 알아서 군사를 쓰는 데 이용하고 음양 소장의 기미를 살펴서 화란의 조짐을 경계하도록 한다면 왕업이 튼튼하게 될 것이니, 어찌 무너질 것을 염려하겠는가.[31]

국왕과 사대부들이 중시하는《주역》에서도 이처럼 시세를 중시하였기 때문에 국가는 시무에 통달한 관리들을 적극적으로 양성하고자 하였다. 특히 유교 경전의 수위를 차지하는《주역》의 십익(十翼) 중에 체용(體用)에서 용의 범주라 할 수 있는 〈계사하전(繫辭下傳)〉의 "역에서 궁하면 바꾸고, 바꾸면 통할 수 있고, 통하면 오래 갈 수 있다. 이로써 하늘이 도와 길하며 이롭지 않음이 없다"라는 구절은 시무론을 뒷받침하는 철학적 근거였다.[32] 성종 18년(1487) 사간원(司諫院) 대사간 신말주(申末舟) 등도 치죄, 관리 임용, 학교, 변경(邊境), 부세, 노비, 제언 등의 제반 문제에 대한 시무책을 제시하면서 그들 역시《주역》의 이 구절을 시무개혁의 근거로 삼았다.

신 등이 듣건대, 옛사람이 말하기를 "천지(天地)의 변화가 없으면 가르침을 베풀어 교화할 수 없고 음양의 변화가 없으면 만물이 무성하게 자랄 수 없다"고 하였습니다. 대저 천하의 일은 만세에 변할 수 없는 것이 경상(經常)이고, 시(時)에 따라 변할 수 있는 것은 권도(權道)입니다. 그러므로

31) 《선조실록(宣祖實錄)》 권57, 선조 27년 11월 병술. "況周易 乃聖人明進退存亡之理 而使人戒愼恐懼 求所以亨屯濟否之道也 誠使爲國家者 講究此理 乾乾夕惕 自彊不息 知自我致寇之義 而利用行師 審陰陽消長之幾 而戒存履霜 則王業可繫于苞桑 尙何覆隍之足虞乎."

32) 《주역》, 〈계사하전〉. "易 窮則變 變則通 通則久 是以自天祐之, 吉无不利."

궁하면 바꾸고, 바꾸면 통하고, 통하면 오래 가는 것이 《주역》의 이치고, 마땅히 변할 바를 변하게 하고 마땅히 고칠 바를 고쳐서 때에 따라 마땅하게 하는 것이 제왕의 정치입니다.[33]

이에 따르면 제왕은 《주역》의 변역 논리에 입각하여 시세 변동에 맞추어 시무책을 강구하여야 함을 역설하고 있다. 연산군 3년(1497) 이극규(李克圭) 등이 군액의 폐단을 논의하면서 군제변통의 정당성을 "역에서 궁하면 바꾸고, 바꾸면 통할 수 있다"의 원칙에서 찾았다.[34] 변통의 근거인 셈이다. 후일이지만 정조 21년(1797) 장령 문약연(文躍淵)도 삼정의 시폐를 진달하면서 변역의 정당성을 여기서 구하였다.[35]

그리하여 태조 즉위 때부터 학문, 문장, 형률, 산술, 군무, 기예에 능한 사람과 함께 시무에 통달하고 재주가 경제에 합하여 사공(事功)을 세울 만한 사람을 등용하고자 하였다.[36] 이러한 의도는 태조 3년(1394)과 태조 6년(1397)에 각각 편찬된 《조선경국전》 예전(禮典)과 《경제육전(經濟六典)》 이전(吏典) 항목에 이미 규정되어 있었다.[37]

---

33) 《성종실록(成宗實錄)》 권210, 성종 18년 12월 무진. "臣等聞古人有言曰 天地不變 不成施化 陰陽不變 物不暢茂 大抵天下之事 萬世不可變者經也 隨時可變者權也 故窮則變 變則通 通則久 易之道也 變其所當變 更其所當更 與時宜之 帝王之政也."

34) 《연산군일기(燕山君日記)》 권28, 연산 3년 11월 기유. "臣等意謂 窮則變 變則通 此聖人陶甄一世 因時制宜之道也 不一變通 何以祛積弊."

35) 《일성록》, 정조 21년 10월 9일. "夫久則變 變則通 通則久 此大易之理數也 切願殿下體天地變易之義 亟圖一變至道之功焉."

36) 《태조실록》 권2, 태조 1년 9월 임인. "各道經明行修 道德兼備 可爲師範者 識通時務 才合經濟 可建事功者 習於文章 工於筆札 可當文翰之任者 精於律算 達於吏治 可當臨民之職者 謀深韜略 勇冠三軍 可爲將帥者 習於射御 能於棒石 可當軍務者 天文地理卜筮醫藥 或攻一藝者 備細訪問 敦遣于朝 以備擢用 庶人孝悌力田者 免租一半 以勵風俗."

37) 《태종실록》 권16, 태종 8년 11월 경신; 《조선경국전》, 예전 거유일(去遺逸); 연세대학교 국학연구원, 《경제육전집록》, 신서원, 1993, 91쪽.

2) 시무론의 확장과 변통적 시무개혁론

시무에 밝은 사람을 천거한다고 할 때 여기서 지칭하는 '시무'는 무엇인가. 협의로는 여러 분야 중 행정 업무를 가리키기도 하거니와[38] 광의로는 급한 당면 과제를 이르기도 한다. 특히 후자의 경우 일상적인 행정 업무가 아니어서 국가적 위기가 닥칠 때 '시무'가 자주 언급되었다. 전쟁의 위기를 감지한 이이(李珥)가 선조 8년(1575)에 올린 《성학집요(聖學輯要)》에서 시무의 이러한 특징을 확인할 수 있다. 제4편 위정(爲政)에서 '식시무(識時務)'가 '용현(用賢)', '취선(取善)' 다음으로 '법선왕(法先王)', '근천계(謹天戒)', '입기강(立紀綱)', '안민(安民)', '명교(明敎)', '공효(功效)'와 함께 중시되었다.[39]

이이는 '시무'를 '취선' 다음에 배치한 것을 다음과 같이 설명하면서 시무의 필요성을 언급하였다.

> 신이 생각하건대 지혜로운 이는 모르는 것이 없지마는, 마땅히 힘써야 할 것을 급선무로 삼아야 하니, 여러 계책이 모였다 하더라도 반드시 먼저 시무에 절실한 것을 취하여야 할 것입니다. 그러므로 식시무(識時務)를 취선(取善) 다음에 두었습니다. 학문을 논할 때는 곧 이치를 밝혀야 하고, 정치를 논할 때는 반드시 본체를 알아야 합니다. 《이정유서(二程遺書)》 명도(明道) 선생의 말입니다.
>
> 섭씨(葉氏)가 말하기를 "학문을 논하되 이치에 밝지 못하면 한갓 기록하여 외는 사장(詞章)의 말단적인 것을 일삼을 뿐이요, 학문을 안다고는

---

38) 《중종실록(中宗實錄)》 권27, 중종 12년 1월 병오. "史臣曰 世昌 不識時務 四月旱天 督令種桑 禾未穗實 促報年分 人皆笑其躁妄 而自以爲獨賢勞也 性又浮誕 當巡嶺外 携妓載酒 或於馬上及所止終日奏樂 不醉無歸."

39) 《선조수정실록(宣祖修正實錄)》 권9, 선조 8년 9월 병신.

하지 못할 것이며, 정치를 논하되 그 본체를 알지 못하면 한갓 제도와 절문(節文)의 말단적인 것을 강(講)할 뿐이요, 정치를 안다고 할 수 없다"고 하였습니다.

생각이 선하거든 이에 따라 움직이되 움직이는 것을 때에 마땅하게 합니다. 《서경(書經)》〈상서(商書) 열명(說命)〉 채씨가 말하기를 "선은 이치에 합당하다는 뜻이요, 시(時)는 때에 마땅하다는 뜻이다. 생각이 진실로 이치에 합당하고자 하지마는, 움직이는 것이 제때가 아니면 오히려 유익함이 없다. 성인이 이 세상과 대응하는 것 또한 때에 맞게 할 뿐이다"라고 하였습니다.[40]

이이는 선을 제대로 구현하려면 때에 맞추어야 함을 강조하면서 성인도 이 세상에 대응하는 것 또한 시세에 맞게 하였음을 언급하였다.

나아가 이이는 시세의 변화에 따라 각각 창업지도(創業之道), 수성지도(守成之道), 경장지도(更張之道)가 있음을 설명하였다. 그리하여 《주역》,《서경》을 비롯한 유교 경전과 함께 정자(程子), 주자(朱子) 등의 해석을 소개한 뒤 자신의 말을 다음과 같이 피력하였다.

신이 생각하건대 시무는 어느 때나 한결같지 않고 각각 마땅한 것이 있사오니, 큰 요체를 추려보면 창업(創業)하는 것과 부조(父祖)의 업을 지키는 것과 개혁하는 것 세 가지뿐입니다. 창업의 도는 요·순·탕·무의 덕으로 개혁할 시기를 만나 천리(天理)와 인사(人事)에 순응하는 경우가 아니면 안 되니, 이에 대해서는 더 논의할 것도 없습니다. 이른바 부조(父祖)의 업을 지킨다는 것은 성스러운 임금과 어진 재상이 법을 창제하여 정치 기구

---

40) 이이,《율곡선생전서(栗谷先生全書)》 권25,〈성학집요(聖學輯要)〉, 위정(爲政), 식시무.

를 다 갖추고 예악을 융성하게 하면, 후세의 임금과 후세의 어진 이는 다만 그 이루어진 법규에 따라 가만히 팔짱을 끼고 이것을 준수하기만 하면 되는 것입니다. 이른바 개혁한다는 것은 나라의 흥성함이 극에 달하여 중간에 미약해지고 법이 오래되면 폐단이 생겨 마음이 안일에 젖어 고루한 것을 하던 대로 따르고, 백 가지 제도가 해이해져 날로달로 어긋나 나라를 다스릴 수 없게 되는데, 이때 반드시 현명한 임금과 현철한 신하가 마음에 느낀 바가 있어 떨쳐 일어나 법도와 기강을 붙들어 세우고, 어리석고 게으른 의식을 일깨우고 구습(舊習)을 깨끗이 씻어서 숙폐(宿弊)를 개혁하여 선왕의 뜻을 잘 이어서 일대의 규모를 새롭게 한 뒤에, 그 공업(功業)이 선열을 빛내고 후손에게 끼쳐지게 되는 것입니다. 부조의 업을 지키는 것은 비록 평범한 임금과 머릿수나 채우는 신하라 하더라도 잃지 않고 지킬 수 있으므로 부조의 업을 지키는 것은 쉽습니다. 그러나 개혁하는 것은 높은 식견과 뛰어난 재주가 있지 않으면 할 수 없으므로 개혁은 어려운 것입니다. 부조의 업을 지키기만 하여야 할 때 개혁에 힘쓴다면, 이것은 병도 없는데 약을 먹는 것과 같아서 도리어 병을 얻게 되는 것이요, 마땅히 개혁을 하여야 할 때인데 준수(遵守)에 힘쓴다면, 이것은 병에 걸렸는데 약을 물리치는 것과 같아서 가만히 누워서 죽음을 기다리는 격입니다. …… 폐정(弊政)을 개혁하는 것도 어찌 이것과 다르겠습니까. 아, 인정(人情)은 옛 풍속에 안일하고, 세습은 전대의 법규에 젖어서 마치 기러기발을 아교로 붙여놓고 거문고를 타려 하고[膠柱鼓瑟], 나무를 지키고 앉아서 토끼를 기다리는[守株待兎] 것과 같습니다. 눈앞에 아무 일이 없는 것만을 다행으로 여기다 뜻밖에 기이한 재난을 빚어내는 일이 많으니, 엎드려 바라건대 전하께서는 깊이 경계하옵소서.[41]

이이는 이처럼 시무가 시세에 따라 달라 각각 마땅한 방법이 있음을 전제한 뒤 현재가 폐단을 없애기 위한 구폐책(捄弊策)으로써 경장(更張)하여야 할 때임을 강조하고 있다.[42] 사실 이이가 《성학집요》를 저술한 목적이 경장지도(更張之道)를 강조하고자 하였음에 있다 하여도 과언이 아니다.[43] 시무란 당시 사회가 요구하는 급박한 현안을 가리키거니와 왕도정치의 기본 원칙은 시대와 상관없이 바뀔 수 없지만 제도는 시대에 따라 바뀔 수 있다는 것이다. 나아가 정자의 말을 빌려 "때를 알고 형세를 아는 것이 《주역》을 배우는 큰 방도다"라고 하였고 "때에 따라 변역하는 것이 바로 영원 불변의 도다"라고 하였다.[44] 그리하여 변법(變法) 논리로 이어졌다.

> 대체로 법은 시대 상황에 따라 만드는 것으로서 시대가 변하면 법도 달라지는 것입니다. 무릇 순(舜)이 요(堯)의 뒤를 이었으니 다른 것이 없어야 할 것인데도 9주(州)를 고쳐 12주로 만들었으며, 우(禹)가 순의 뒤를 이었으니 다른 것이 없어야 할 것인데도 12주를 고쳐 9주로 만들었습니다. 이것이 어찌 성인이 변혁하기를 좋아하여 그렇게 한 것이겠습니까. 시대를 따라 그렇게 한 것에 지나지 않을 뿐입니다.[45]

---

41) 앞과 같음. "臣按 時務不一 各有攸宜 撮其大要 則創業守成與夫更張三者而已 創業之道 非以堯舜湯武之德 値時世改革之際 應乎天而順乎人 則不可也 此無以議爲 若所謂守成者 聖君賢相 創制立法 治具畢張 禮樂濟濟 則後王後賢 只得按其成規 垂拱遵守而已 所謂更張者 盛極中微 法久弊生 狃安因陋 百度廢弛 日謬月誤 將無以爲國 則必有明君哲輔 慨然興作 扶擧綱維 喚醒昏惰 洗滌舊習 矯革宿弊 善繼先王之遺志 煥新一代之規模 然後功光前烈 業垂後裔矣 守成者 雖中主具臣 亦可勿失 守成易 更張者 非有高見英才 則不能也 更張難 當守成而務更化 則是無病而服藥 反致成疾矣 當更張而務遵守 則是嬰疾而却藥 臥而待死矣 …… 更張弊政 何以異此 嗚呼 人情安於故俗 世習溺於前規 膠柱鼓瑟 守株待兎 苟幸目前之無事 釀成意外之奇禍者 多矣 伏惟殿下深戒焉."

42) 김태영, 〈반계 유형원의 변법론적 실학풍〉, 《한국실학연구》 18, 한국실학회, 2009, 66쪽.

43) 이선민, 〈이이의 경장론〉, 《한국사론》 18, 서울대학교 국사학과, 1988 ; 한영우, 《율곡 이이 평전》, 민음사, 2013, 192쪽.

44) 이이, 《율곡선생전서》 권5, 소(疏), 만언봉사(萬言封事).

45) 앞과 같음.

즉 법이란 때에 따라 제정하는 것이니 때가 바뀌면 법도 바뀌어야 한다는 것이다. 시무개혁론의 핵심이 여기에 있다. 그리하여 그가 이미 밝힌 《만언봉사(萬言封事)》에서 볼 수 있듯이 대동법의 시원이라 할 공안(貢案) 개정을 강력히 주장하였다.[46] 이 역시 대표적인 시무개혁 방안이었다. 따라서 이이는 시무에 익숙하고 전고(典故)에 밝은 이후백(李後白)과 김계휘(金繼輝)가 조정을 떠나는 것을 만류하였다.[47] 다만 16세기 지주층 내부의 토지 소유 불균 속에서 유자·관인의 일각에서 제기되었던 한전론(限田論)은 언급하지 않았다.[48] 그의 시무개혁론은 지주전호제의 유지를 전제로 하였기 때문이다. 이 점에서 그의 시무개혁론은 후술하는 바와 같이 부의 원천인 토지 문제를 제외한 그 밖의 분야에 국한되어 있다는 점에서 변통적 시무개혁론에 머무르고 있다.

이러한 시무개혁론은 당파와 상관없이 현실의 급박한 과제를 해결하고자 할 때 반드시 염두에 두어야 할 개혁론이었다. 유성룡 역시 이이와 당파가 다른데도 불구하고 임진왜란 이후 군정, 공물, 전세 등에 관한 시무책을 올려 자강 방안을 실행함으로써 백성을 재생시키고 중흥의 기반을 마련하고자 하였다.[49] 다만 그는 16세기 극심한 토지 소유 불균 속에서 일각에서 제기하는 토지개혁론은 언급하지 않았다. 부의 원천인 토지 문제를 제외한 그 밖의 사안에 국한하였다는 점에서 변통적 시무개혁론이라 하겠다.

이어서 대동법 시행에 앞장선 김육(金堉)의 개혁 방안도 시무개혁론

---

46) 한영우, 앞의 책, 176쪽.

47) 《선조수정실록》 권9, 선조 8년 9월 병신.

48) 16세기 토지개혁론에 대해서는 이경식, 〈조선전기의 토지개혁논의〉, 《조선전기토지제도연구 Ⅱ—농업경영과 지주제》, 1998(《한국사연구》 61·62합집, 1988 수록) 참조.

49) 《선조수정실록》 권28, 선조 27년 4월 기유.

의 일환이었다.[50] 그는 충청도 대동법 시행을 앞두고 제정한 〈호서대동절목(湖西大同節目)〉 서(序)에서 다음과 같이 자신의 시무관(時務觀)을 밝히고 있다.

> 세상에서 말하는 성의와 정심의 학문을 하는 자들은 모두 책에 실린 것을 주워 모아서 정성스럽고 마음이 반듯하기만 하면 천하와 국가가 거의 잘 다스려질 것이라고 여긴다. 이들은 단지 담론만 하고 시무를 급히 하는 자를, 공리를 추구한다고 비웃으며, 심지어 장의(張儀)나 왕안석(王安石) 같은 인물이라고 헐뜯기까지 하니, 이 어찌 비록 학문이 어떠한지 모르지만, 마음을 바르게 간직하여 실질적인 사업을 하며 절약하고 인민을 사랑하여 공적 부담을 가볍게 하기를 원하며, 헛된 이상을 추구하여 내실 없는 글을 숭상하지는 않고자 한다.[51]

이에 따르면 당시 김육은 공리공담(空理空談)만 일삼는 양반 관료들을 비판하면서 시무개혁의 필요성을 역설하고 급박한 공물 문제를 해결하고자 하였다. 그는 안민의 정신 속에서 지출을 절약하고 민인의 조세 부담을 줄여보고자 하였던 것이다. 물론 김육 역시 유자로서 그의 최종 목표는 삼대의 이상적인 토지제도인 정전제(井田制)의 실현이었다. 그러나 현실에서 실행하기 어렵다는 판단 아래 차선책으로 부세개혁을 단행하였다.[52] 그리고 그의 이러한 대동법 시행은 시무개혁을

---

50) 김육의 대동법 시행에 관해서는 이정철, 《대동법, 조선 최고의 개혁》, 역사비평사, 2010, 200~206쪽; 이헌창, 《김육 평전》, 민음사, 2020, 271~277쪽 참조.

51) 김육, 《잠곡유고(潛谷遺稿)》 권9, 서(序), 호서대동절목서(湖西大同節目序). "世之言誠意正心之學者 皆掇拾方册之所載 以爲意誠心正 則天下國家可幾而理 只談之於口 乃笑急務者之爲功利 甚者 至以商於 半山詆之 此豈協心爲國之道哉 不佞懵然膚淺 雖未知學問之如何 而乃所願則存心以正 做事以實 節用而愛民 寬徭而薄賦 不欲馳虛騖遠而尙浮文也."

주장하며 공안을 개정하고자 하였던 이이의 시무개혁론을 이어받은 것이었다.[53]

또한 호락논쟁에서 호론(湖論)을 대표하였던 노론의 한원진(韓元震) 마저 조선 후기 군역의 폐단을 해소하려면 양역변통(良役變通)이 필요하다고 강조하면서 호포론(戶布論)을 제시하였다.[54] 그의 이러한 호포론은 상하 명분의 훼손을 우려한 호포 불가론자의 반대에도 불구하고 제기한 방안으로서 상하 명분의 유지보다는 국가의 존립과 민생의 안정에 초점을 둔 변통론적 시무개혁론이었다.[55] 물론 이러한 개혁론은 유교의 근간인 수기치인(修己治人)의 주체로서 사대부가 발휘하여야 할 사회적 책무성에서 비롯되었다.

3) 변법적 시무개혁론의 대두와 좌절

지주전호제는 16세기 대지주·중소지주 간의 대립 양상을 표출한 이래 양란을 거치면서 지주와 전호 사이의 사회 문제, 정치 문제로서 체제적 모순을 노정하였다. 이에 기존의 시무개혁론과 상이한 새로운 시무개혁론이 등장하였다. 유형원(柳馨遠)의 시무개혁론은 이를 잘 보여준

---

52) 앞과 같음. "嗚呼 三代井地之法 今不可復矣 抑可以爲其次者 無踰乎此." 토지개혁에 관한 논의는 여말선초부터 한전론을 중심으로 제기되었다. 특히 토지 겸병이 심해지는 중종 연간에 이러한 논의가 활성화되었다. 그러나 한전론은 시세와 맞지 않는다는 이유로 대다수 관료에 의해 거부되었다. 이에 관해서는 이경식, 앞의 글 참조.

53) 앞과 같음. "栗谷先生萬言之疏 以改貢案幸弊法 縷縷於前後 今之假經傳論是非者 果有超古今之見識乎."

54) 나종현, 〈한원진 경세론의 성격 재검토—철학사상과 신분관을 중심으로〉, 《진단학보》 133, 진단학회, 2019, 118~120쪽.

55) 한원진, 《남당집(南塘集)》 습유(拾遺) 권2, 양역변통의(良役變通議). "且維持名分之道 亦在乎修德政安民物 以服國人之心而已 不此之謀 反欲恃尺布斗米之不出於凡民之所出者 以爲正名分之計 豈不迂哉 設或有損於名分 爲大事者 不顧細故 古之忠臣 苟有利於國家者 身體髮膚 亦有所不愛 今者良役之弊 將召亡國之禍 而其可以變通者 惟在戶布 則爲生民爲國家 建此大計者 寧可復有所顧愛者乎 況其名分之加損 元不繫此者乎."

다. 그의 시무개혁론은 이전의 변통적 시무개혁론과 달리 중세사회를 뒷받침하였던 지주전호제 문제를 체제상에서 다루었다.[56] 그것은 양란 이후 심화된 토지 소유의 불균을 해소하고 농민경제의 안정을 꾀하는 데 목표를 두었기 때문이다. 시대 변화와 사회경제 조건의 변동이 이러한 시무개혁론을 이끌어낸 것이다.

그리하여 후대 유자들은 이전 시대 유자들·관인들의 시무개혁론을 주목하면서 이이와 함께 유형원의 시무개혁론에도 눈을 돌렸다. 실학자 이익은 자신의 저서《성호사설(星湖僿說)》'변법'에서 시무개혁의 기본 원칙을 다음과 같이 제시하면서 이러한 시무개혁론을 제시한 인물로 이이와 유형원을 들었다.

> 법이 오래되면 폐단이 생기고 폐단이 생기면 반드시 변혁이 있는 것은 당연한 이치다. 공자는 "진실로 나를 써주는 자가 있다면 1년만으로도 가하지만 3년이면 다스림이 이루어질 것이다"라고 하였으니, 만약 노나라의 폐단을 개혁하지 않는다면 어찌 다스림을 이루겠는가? 맹자는 "그대는 관중(管仲)과 안자(晏子)만을 아는구나"라고 하였으니, 만약 제나라의 폐단을 개혁하지 않으면 또한 어떻게 왕도를 일으키겠는가? …… 오늘날 우리나라의 일이 또한 이와 비슷하다. 국조 이래로 시무를 알았던 분을 손꼽아보아도 오직 이율곡과 유반계 두 분이 있을 뿐이다. 율곡의 주장은 태반이 시행할 만하고, 반계의 주장은 그 근원을 궁구하고 일체를 새롭게 하여 왕도정치의 기반을 만들려던 것이니, 그 뜻이 참으로 컸다.[57]

---

56) 김선경, 〈유형원의 이상국가 기획론〉,《한국사연구》125, 한국사연구회, 2004 ; 오영교, 〈《반계수록》의 국가구상론〉,《실학파의 정치·사회개혁론》, 혜안, 2008 ; 김태영, 앞의 글.

이익은 시대가 바뀌면 법도 바뀌어야 한다고 주장하면서 이러한 개혁을 추진한 인물로 《성학집요》와 《반계수록(磻溪隨錄)》을 각각 저술한 이이와 유형원을 들고 있는 셈이다. 즉 대표적인 '굴지식무(屈指識務)'의 인물로 이 두 사람을 내세운 것이다. 북학자 홍대용(洪大容)도 이러한 평가와 유사하여 이이와 유형원을 경세유용(經世有用)의 학자로 평가하였다.[58] 특히 유형원에 대한 이익의 평가에서 볼 수 있듯이 유형원을, 현실의 변화를 긍정하는 데 그치지 않고 "불변하는 원리에 따라서 변화하는 현실을 설명할" 뿐 아니라 그 대응 방안을 근원적 원리에서 구하고자 한 학인으로 인식하고 있다.[59] 그것은 경장·변통에서 탈피하여 변법으로 나아갔음을 의미한다. 즉 전자가 변통적 시무개혁론인 데 반해 후자는 변법적 시무개혁론이었던 것이다. 예컨대 가문의 개인적 참사와 병자호란을 겪은 유형원은 이이의 시무개혁론을 결코 근본을 다스릴 고안이 되지 못한다고 확단하고 천하의 대본인 토지를 균평하게 배분함으로써 모든 백성의 현실생활을 해결하여야 한다는 원칙에 입각하였다.[60] 또한 그는 《반계수록》 '전제고설(田制攷設)'에서 맹자의 정전설을 언급하는 가운데 이것이 인시제의(因時制宜)에서 비롯되었음을 강조하였다.[61]

---

57) 《성호사설》 권11, 인사문(人事門), 변법. "法久獘生 獘必有革 理之常也 孔子曰 苟有用我者 期月而已可也 三年有成 若不革魯獘 何以有成 孟子曰 子知管晏而已矣 若不革齊獘 亦何以興王 …… 今我國之事殆亦近是 國朝以来 屈指識務 惟李栗谷柳磻溪二公 在栗谷太半可行 磻溪則究到源本 一齊刬新 為王政之始 志固大矣."

58) 홍대용, 《담헌서(湛軒書)》, 외집(外集) 부록(附錄), 종형담헌선생유사(從兄湛軒先生遺事). "東人著書中 以聖學輯要 磻溪隨錄 爲經世有用之學."

59) 유인희, 〈실학의 철학적 방법론(1)—유반계와 박서계, 이성호를 중심으로〉, 《동방학지》 35, 연세대학교 국학연구원, 1983, 196쪽; 김준석, 《조선후기 정치사상사 연구—국가재조론의 대두와 그 전개》, 지식산업사, 2003, 121쪽.

60) 김태영, 앞의 글, 67~68쪽.

61) 유형원, 《반계수록》 권5, 전제고설.

그러나 조선 후기 역대 국왕들은 유형원의 이러한 근본적 개혁안을 담은 《반계수록》을 적극적으로 고려하지 않았다. 숙종 4년(1678) 전 참봉 배상유(裵尙瑜)가 《반계수록》 속의 전제(田制)·병제(兵制)·학제(學制) 등 7조목을 진달하였으나 정부에서는 내용이 우활(迂闊)하다고 하여 방치하였다.[62] 다만 영조 17년(1741) 전 승지 양득중(梁得中)이 자신의 스승 윤증(尹拯)의 집에서 보았다는 《반계수록》에 대해 국왕이 정부에 올리도록 지시하였고 영조 45년(1769)에 남한산성에서 간행하도록 하였다.[63] 그것은 무엇보다 홍계희(洪啓禧)가 균역법을 추진하는 과정에서 《반계수록》을 참고하면서 그 가치가 주목되었기 때문이다.[64] 그러나 유형원의 변법적 시무개혁론은 더 이상 주목받지 못하였다. 이익은 그 이유를 다음과 같이 언급하였다.

> 근세에 반계 유 선생(柳先生)이 지은 《수록(隨錄)》 1편은 우리나라의 시무를 아는 데 가장 좋은 책인데, 또한 감히 당시에 쓰이지 못하고 책장 속에 사장된 채로 있다가 뒤에 점차 사람들에게 알려지고 국가에까지 알려지게 되었다. 그러나 겉으로는 좋아하는 체하면서도 마음속으로는 칭찬하지 않고, 말로는 장려하면서도 일에는 적용하지 않았으니, 어찌 일찍이 한 발짝이라도 실천할 수 있었겠는가. 이것은 또한 길을 달리는 사람이 길가의 허물어진 집을 얼핏 보고서 다시 고쳐 짓는 것이 합당하다고 말하는 것과 같은 경우로 애당초 진심이 아니니, 앞에서 말한 집을 빌려 사는 사람과 무슨 차이가 있겠는가.[65]

---

62) 《숙종실록(肅宗實錄)》 권7, 숙종 4년 6월 기축.

63) 《영조실록(英祖實錄)》 권113, 영조 45년 11월 기축.

64) 정만조, 〈담와 홍계희의 정치적 생애〉, 《인하사학》 10, 인하사학회, 2003, 210~213쪽; 김승대, 〈홍계희 경세론의 재지적 기반〉, 《한국실학연구》 33, 한국실학학회, 2017, 139~140쪽.

당시 집권층은 몰락 양반이나 다름없는 유형원의 처지와도 상이하였거니와 국가를 전면적으로 재조(再造)하여야 할 급박한 시기라고 인식하는 유형원과 매우 달라 변법적인 국가 재조로 나아가고자 하지 않았던 것이다.[66] 예컨대 정조도 《반계수록》은 수원의 읍치를 북평으로 옮기고 성지(城池)를 건축하여야 한다는 논설을 참고하는 데 그쳤다.[67] 특히 국가 재정 위기가 표출되고 있는데도 정조나 채제공은 조선의 양지편소(壤地褊小)와 산계거다(山溪居多)를 이유로 주희의 정전난행론(井田難行論)을 적극 수용한 나머지 유형원의 전제개혁론은 논외 대상이었다.[68] 즉 정약용이 언급한 대로 "유형원이 법을 고치자고 논의하였어도 죄를 받지 않았고, 그의 글도 나라 안에 간행되었"으나 역대 왕들은 유형원의 변법적 시무개혁론을 부분적으로만 활용할 뿐 전면적으로 수용하지 않았던 것이다.[69] 당대를 바라보는 정부의 시세 인식이 유형원, 이익, 정약용과 판이하였기 때문이다.

반면 이이의 《성학집요》는 《주자어류(朱子語類)》와 함께 역대 국왕들의 진강(進講) 대상이었다.[70] 그만큼 역대 국왕들은 성학 군주로서의 모

---

65) 이익, 《성호전집(星湖全集)》 권50, 서(序), 반계유선생유집서(磻溪柳先生遺集序). "近世磻溪柳先生有隨錄一編 爲東方識務之最 亦不敢售于時 私藏巾笥 後稍稍爲人識 至有達諸國家 然色好而心不賞 語獎而事不錯 何曾一步向實踐去乎 此又猶夫走脚人 瞥見路旁敗屋 謂合改作 而初非眞情與向所謂僦居何別."

66) 김준석, 앞의 책, 13~17쪽;정호훈, 《조선후기 정치사상 연구》, 혜안, 2004, 233~247쪽;오영교, 《실학파의 정치·사회개혁론》, 혜안, 2008, 22~26쪽.

67) 《정조실록》 권38, 정조 17년 12월 정묘, 정조 17년 12월 기사.

68) 《정조실록》 권5, 정조 2년 6월 임진;《정조실록》 권45, 정조 20년 9월 신미. 주희의 정전난행론에 관해서는 김용섭, 《신정 증보판 조선후기농업사연구》, 지식산업사, 2007, 541~544쪽 참조.

69) 정약용, 《경세유표(經世遺表)》, 방례초본인(邦禮草本引). "磻溪柳馨遠 議政法而無罪 其書刊行於國中 寧適不用 其言之者無罪也."

70) 영조는 진강 자리에서 《성학집요》를 읽었다. 여기서도 '궁즉변 변즉통 통즉구(窮則變變則通通則久)' 장과 '창업수성경장지도(創業守成更張之道)' 장을 논하였다(《승정원일기》, 영조 7년 11월 7일).

습을 보여주기 위해 이 책에 주목하였다. 따라서 이 과정에서 역대 국왕들은 위정편(爲政篇) 하 '취선장(取善章)' '식시무장(識時務章)'도 강(講)하였다. 국왕들은 변법론적 시무개혁보다는 변통론적 시무개혁을 실행하고자 하였다. 예컨대 영조는《성학집요》진강을 통해 탕평정치를 모색하고 양역변통과 준천사업의 의미를 뒷받침하였다.[71] 물론 그 목표는 안민이었다. 정조 역시 중용의 핵심인 '시중'의 논리에 입각하여 왕안석(王安石)의 병제(兵制) 변통론과 청묘법(青苗法)이 좌절된 것에 대해 아쉬워할 정도였다.[72] 또한 정조는 재정 위기 앞에서 김육·민유중(閔維重)이 경제를 자신의 일로 삼았으며 이성중(李成中)이 이재(理財)를 급무로 삼았음을 칭찬하면서 부국안민(富國安民)의 기술을 쓸데없는 일로 여기는 풍조를 한탄하였다.[73] 정조의 이러한 한탄은 김육이 당시 자신을 향한 세간의 비판을 옮긴 것으로 보인다.[74] 정조 역시 학문을 체(體)와 용(用)으로 구분하였으며 우주의 일은 모두 자신 직분 안의 일이며 전곡과 군대는 어느 하나도 없어서는 안 된다고 판단하였기 때문이다.[75]

그러나 이러한 변통적 시무개혁 시도도 19세기 전반 세도정권 시기에 들어가면 사실상 자취를 감추었다.[76] 이는 시무개혁론에 대한 관심의 소멸을 의미하였다.[77] 물론 정약용을 비롯한 재야 식자층은 19세기

---

71) 윤정, 〈영조의《성학집요》진강과 정책적 활용〉,《한국문화》38, 서울대학교 규장각한국학연구원, 2006.

72)《정조실록》권32, 정조 15년 4월 갑술.

73)《정조실록》권45, 정조 20년 10월 갑오.

74) 각주 51)과 동일.

75)《정조실록》권45, 정조 20년 10월 갑오. "蓋學問者 有體有用 宇宙事 皆吾分內 錢穀甲兵 闕一不可."

76)《조선왕조실록》에서《성학집요》경연 기사는 순조 연간에만 보이며 헌종과 철종 연간에는 아예 보이지 않는다.

전반에 이미 체제 위기에 따른 백성의 사란(思亂)의식을 우려하며 대책을 강구할 것을 요구하였다.[78] 아울러 정약용은 헛된 명분에 사로잡힌 성리학자와 양반 관료들을 산림처사(山林處士)로 명명하면서 이들이 전곡, 갑병(甲兵), 송옥(訟獄), 빈상(擯相) 등 시무에 무지하다고 비판하였다.[79] 그러나 정부는 이러한 시세의 변화를 제대로 인식하지 못하고 변법적인 시무개혁론을 제시하기는커녕 변통적인 시무개혁론마저 외면하였다.[80]

따라서 정약용은 당시의 유자와 관인을 자신의 〈속유론(俗儒論)〉에서 다음과 같이 비판하였다.[81]

> 진정한 유자의 학[眞儒之學]은 백성을 편안하게 하고 오랑캐를 물리치고 재정을 넉넉하게 하고 능문능무(能文能武)하여 무엇이든지 담당할 수 있도록 하자는 것이니, 어찌 글구와 글장을 찾아내거나 벌레와 물고기를 주석(注釋)하는 것만을 일삼으며 옛날 의복을 입고 절하며 읍하는 것을 익힐 따름이랴? …… 그런데 뒷날 유학자들은 주지(主旨)를 알지 못하고 인의, 이기 등 학설 이외의 것은 할 만하면 그만 잡학, 즉 신한(申韓, 신불해와 한비자 – 필자)의 학이 아니면 손오(孫吳, 손자와 오자 – 필자)의 학이라 한다. 그리하여 높은 이름과 도학의 정통을 꿈꾸는 자는 썩어 빠진 논설만 하여서 자기를 어리석게 하니, 이러므로 유도(儒道)는 전연 멸망의 지경에 이

---

77) 변통적 의미의 '시무' 용어 역시 《조선왕조실록》 순조 22년(1822) 이후부터 고종 직전까지 보이지 않는다.

78) 김용섭, 〈철종조의 민란발생과 그 지향〉, 《한국근대농업사연구 Ⅲ — 전환기의 농민운동》, 지식산업사, 2001, 72쪽.

79) 정약용, 《정본 여유당전서(定本 與猶堂全書)》 권11, 논(論), 오학론(五學論) 1.

80) 유신환, 《봉서집(鳳棲集)》 권5, 잡서(雜著), 시무편(時務篇).

81) 최익한, 송찬섭 엮음, 《실학파와 정다산》, 서해문집, 2011, 336~345쪽.

르고 당시 군주들은 더욱 유자를 천시하였다.[82)]

정약용은 당시 유자들과 관인들이 시무를 잡학으로 몰면서 등한시하는 풍조와 그들의 성향을 비판하는 한편, 시무에 통달한 선비를 진정한 유자라고 주장하고 있다. 그리하여 그는 서한(西漢) 선제(宣帝)의 말을 빌려 "속된 선비는 시의를 모른다. 어찌 일을 맡길 수 있겠는가"라고 일갈하였다.[83)] 여기서 말하는 '시의'는 당연히 시무를 가리킨다.[84)] 그 역시 시무에 무능한 선비를 유자로 간주하지 않았던 것이다. 이는 이이가 언급한 속유와 다를 것이 없었다. 이이 역시 "속유들이 시의를 알지 못한다"고 하였던 것이다.[85)] 그러나 정약용이 그토록 비판하였던 속유는 좀처럼 줄지 않아 19세기 전반에는 이러한 속유가 대다수를 차지하였다.

3. 시무개혁론의 재기

시무개혁론은 19세기 중엽 1862년 임술민란을 맞아 다시금 등장하였다. 그것은 무엇보다 서세동점의 시대에 천주교가 전래되고 이양선이 출몰하는 가운데 농민들의 저항으로 인해 체제 위기의식이 가중되었기

---

82) 《정본 여유당전서》 권12, 논, 속유론(俗儒論). "眞儒之學 本欲治國安民 攘夷狄裕財用 能文能武 無所不當 …… 後儒不達聖賢之旨 凡仁義理氣之外 一言發口 則指之爲雜學 不云申韓 便道孫吳 由是務名高窺道統者 寧爲腐論陋說以自愚 不欲踰此閾一步 於是儒之道盡亡 而時君世主日以賤儒者矣 宣帝之言 未盡善 然究其本 曲在儒者 論者不揆曲直 唯攻擊宣帝之不已 宣帝獨無言哉."

83) 앞과 같음.

84) 최익한은 '시의'를 '시무'로 번역하였다. 최익한, 앞의 책, 336쪽.

85) 이정구, 《월사집(月沙集)》 권53, 시장상(諡狀上), 율곡선생(栗谷先生) 시장(諡狀). "先生出謂成龍曰 國勢危如累卵 而俗儒不達時務 他人則固無望 君亦有此言耶."

때문이다. 이러한 위기의식은 1862년 임술민란 직후인 고종 1년(1864) 1월 부호군 김진형(金鎭衡)이 올린 상소문에서 잘 드러난다.

> 대저 임금이 있으면 나라가 있는데, 금일의 형세는 나라가 있으나 믿을 것이 없다고 할 만합니다. 나라라는 것은 민이 모인 것이고 민을 모으는 것은 재물입니다. 안으로는 왕실과 정부가 모두 텅 비고 밖으로는 창름(倉廩)이 모두 고갈되었으니 녹봉을 지급하는 것을 계속하기 어렵고, 진휼곡은 내주기도 어려우며, 생민이 날로 초췌해지고, 온 팔도에서 소요가 일어나니 흰 수건을 둘러쓰고 몽둥이를 든 자가 걸핏하면 1만 명이 넘으며, 관가를 약탈하고, 관원을 살해하며, 재변이 사방에서 일어나고 있습니다. 이러한 일은 지난 역사에 없던 일들로 이 지경에 이르렀는데도 전하의 나라에 백성들이 있다고 할 수 있겠습니까.[86]

삼정의 구조적 모순과 재정 위기로 인해 민란이 일어났는데, 김진형의 표현대로 이러한 민란은 지난 역사에 없던 충격적인 사건이었다. 그것은 국정 교학인 유교체제를 위협하는 서양 세력의 침략 이상으로 비쳤다. 즉 1862년 임술민란은 안으로부터 일반 민인들이 삼남지방 전체에 걸쳐 집단적으로 봉기하여 국왕의 인정(仁政)을 부정하고 양반 관료체제를 무너뜨리는 사건으로 1811년 홍경래의 난을 진압하거나 무마하던 방식으로는 해결할 수 없는 사안이었다.

이에 정부는 1862년 임술민란이 일어나자 1811년 홍경래의 난과 달리 진주 등지에 박규수를 비롯하여 많은 관리를 파견하여 삼정의 폐단

86) 《승정원일기》, 고종 원년 정월 27일. "抵有君則有國 而今日之勢 可謂有國而無恃 國者 民之所聚 而聚民者財也 奈何 內以宮府俱枵 外以倉廩盡竭 頒綠難繼 賑餉莫擬 生民日瘁 八域搖動 白巾條捧 動號萬數 刦官殺吏 火變四起 此往牒之所未聞 到此而殿下之國 其可曰有民乎."

을 보고받는 한편, 6월 전국의 유생들에게 삼정 폐단에 대한 구폐 방안을 요구하는 책문을 내렸다.[87]

> 법이 오래되면 폐해가 생기는 것은 옛날부터 이미 그러하였으나 오늘의 삼정은 '폐해가 극심한 곳에 이르렀다'고 할 만하다. …… 백성이 명을 견디지 못하여 나라가 따라서 뒤집히게 되었는데, 오히려 게다가 늑장 부리며 혁파할 생각을 하지 않는다면 어찌 궁하면 바꾸고 바꾸면 통한다는 뜻을 회복하겠는가. …… 백성이 보존된 뒤에 국가가 보존될 수 있고, 국가가 보존된 뒤에 집안이 보존될 수 있다. 오늘 조정의 신하들이 이것에 생각이 미치면 어찌 슬픈 감회가 일어나 왈칵 눈물을 흘리지 않겠는가. 사랑하는 대부(大夫)와 사랑하는 여러 유생은 평소 마음속에 강구하여 둔 것이 분명히 있을 것이다. 폐단을 고칠 방도를 숨김없이 다 책문에 진술하라. 내가 직접 보겠노라.[88]

정부는 1862년 임술민란이라는 농민들의 커다란 저항에 부딪히자 이를 해결하기 위해 이처럼 국왕 교지의 형식으로 사대부와 유생들에게 시무책을 요구하였다. 즉 중앙정부의 관료만으로는 삼정 문제를 해결할 수 없다고 판단하고 이러한 급선무 해결을 위해 전국의 관리와 유생들에게 대책을 강구한 셈이다. 특히 정부 스스로 지금 처한 시대를 궁한 시대로 인식하고 제도나 운영방식을 바꾸지 않으면 통하지 않는다는 절박감을 갖고 있음을 확인할 수 있다. 따라서 이 문제를 정부

87) 《철종실록》 권14, 철종 13년 6월 계해.

88) 《승정원일기》, 철종 13년 6월 12일. "法久弊生 從古已然 而今日三政 可謂弊到極處矣 …… 民不堪命 國將隨傾 猶復沁泄 不思矯革 窮則變 變則通之義也 …… 民存然後國可存 國存然後家可存 今日廷臣念之及此 豈無惕然興歎 汪然流涕者乎 子大夫子諸生 必有素講于心 捄弊之方 其各無隱悉陳于策 予將親覽焉."

독자로 해결할 수 없다고 판단하고 집단적 책문을 받아 정부의 공식적인 구폐책을 마련하려고 하였다.

이에 관료들과 유생들은 왕의 교지에 맞추어 응지소를 제출하였다. 응지 내용의 경향은 크게 세 가지로 나눌 수 있다. 삼정운영개선안, 삼정제도개혁안, 토지개혁안이 그것이다.[89] 응지소의 이러한 차이는 당시 관료들과 유생들이 삼정 문제의 성격에 대한 파악과 시세 변화에 대한 인식의 차이에서 비롯되었다. 우선 삼정운영개선안은 삼정은 그대로 유지하되 운영상에서 드러나는 폐단을 제거하자는 방안으로 일종의 소변통적(小變通的) 시무개혁론이다. 그리고 삼정제도개혁안은 삼정을 중심으로 한 부세제도를 전면적으로 개혁하자는 방안으로 대변통적(大變通的) 시무개혁론이라 할 수 있다. 끝으로 토지개혁안은 조세행정은 말할 나위도 없고 이 시기의 봉건적인 경제제도, 곧 지주전호제를 개혁하여 농민경제를 균산화하여야만 사태가 근본적으로 수습될 수 있다고 보는 일종의 변법적 시무개혁론이라 할 수 있다. 이 점에서 전자 두 가지는 이이의 경장론(更張論)을 계승하였다고 한다면, 나머지 후자는 유형원의 변법론을 이어받았다고 할 수 있다.

정부는 그중 삼정운영개선에 초점을 두고 삼정이정청(三政釐整廳)을 설치하였다. 여기서는 전정, 군정, 환곡 운영을 개선하기 위해 삼정이정책을 제시하였다. 전정에서는 종래의 폐단으로 지적되어온 각종 부정행위를 금지하고 양전(量田)은 필요하나 실시할 수 없다는 것으로 낙착되었다. 군정에서는 종전의 여러 폐단을 금지하는 데 그쳤다. 환곡에서는 부분적 제도개혁으로 환곡을 폐지하고 이를 토지에 부과하는

89) 김용섭, 〈철종조의 응지삼정소와 〈삼정이정책〉〉, 《신정 증보판 한국근대농업사연구 I》, 지식산업사, 2004.

파환귀결(罷還歸結) 방침이 마련되었다. 그러나 이러한 시무개혁론마저 민란이 소강상태에 들자 바로 철회되었다. 임술민란의 충격에 못 이겨 삼정운영개선 방안을 마련하였지만 결국 민란 진압 노력이 소기의 목표를 달성하자 가장 낮은 단계의 시무개혁안마저 방치하고만 것이다. 하지만 정부의 이러한 소극적인 시책에도 불구하고 이를 계기로 시무개혁론이 본격화될 수 있는 계기를 제공하였음은 부정할 수 없다. 고종 대 대원군 정권이 들어서자마자 삼정운영개선안이 본격적으로 실행되었던 것은 철종 연간에 시무개혁론이 제시되었기 때문에 가능하였다. 따라서 대원군 정권이 추진한 삼정개혁은 불완전하나마 소기의 성과를 거둘 수 있었다. 국가 재정의 확충과 적자 폭 축소, 민란 감소는 이를 반영한다. 또한 이러한 시무개혁론의 제기는 삼정 문제에 그치지 않고 국가체제 전반에 걸쳐 시무책이 다시 등장할 수 있는 배경이 되었다.

한편, 천주교 전래와 이양선 출몰, 중국 북경 함락 등을 목도하면서 조야 양반층과 일반 민인의 위기의식이 고양되었다. 특히 1860년 12월 정부는 북경 함락 소식을 전해 듣고 경악하였다. 정부와 재야 양반층은 서구 열강의 침투에 따른 아편 수입의 자유화와 함께 기독교 포교의 허용을 가장 우려하였다.[90] 그들로서는 체제의 사상적 기반이라 할 수 있는 강상 이데올로기를 무너뜨리는 행위로 인식하였기 때문이다. 따라서 정부는 중국의 사정을 면밀히 살피기 위해 연행사를 파견하였다. 여기에는 훗날 시무개혁에 앞장설 박규수가 포함되어 있었다.[91] 정부는 국제정세 분위기와 중국의 내정을 탐문함으로써 이후 조선 정부가 나아가야 할 방향을 잡는 계기를 마련하였다. 그것은 크게 내치와 외교

90) 제1부 1장 참조.

분야로 나누어볼 수 있는데, 이 양자는 상호 밀접한 관련 속에서 전개되었다. 그리하여 정부에서는 내수(內修)한 연후에 외어(外禦)가 가능하니 재력과 병력을 축적하는 데 힘을 기울여야 한다는 주장을 제기하였다.[92] 서양 세력에게 빈틈을 보여 외우(外憂)를 초래하였다고 인식하였기 때문이다.[93]

이러한 주장은 이미 1862년 임술민란과 결부되어 심도 있게 제기되었다. 그것은 이미 문안사로 파견되었던 박규수가 진주민란을 조사하면서 "내홍이 이와 같으니 외우가 두렵다"라고 언급한 데서 잘 드러난다.[94] 이어서 이러한 시무개혁론은 외세 방어와 연계되어 전개되었다. 이른바 내수외양론이 그것이다.

이후 이러한 내수외양론은 대원군 집권기에 들어와 본격화되었다. 그것은 무엇보다 1866년 프랑스군이 강화도를 침략한 병인양요가 결정적 전기로 작용하였다. 최익현은 "안으로 정치를 잘하여 밖으로 외적을 물리치는 방법"을 강구할 것을 호소하였다.[95] 이러한 내수외양론은 삼정개선·개혁 문제와 함께 국방력 강화에 중점을 두고 전개되었다. 무인 출신 신헌도 훈련대장으로서 군사력 강화를 주장하는 한편, 이를 뒷받침할 수 있는 내수책으로 부역(賦役)의 편고(偏苦)를 시정할 것을 역설하였다.[96] 심지어 이러한 내수가 수반되지 않는다면 민인이 변란을 생각할 수 있음을 경고하였다. 그는 이미 1862년 임술민란 때

---

91) 《철종실록》 권12, 철종 11년 12월 무진. 박규수는 안동 김문 집권층의 압력으로 오랫동안 지방 한직으로 밀려나 있다가 1860년 북경 함락에 충격을 받은 이들 집권층의 추천으로 연행사 직무를 맡은 것이다. 이에 관해서는 한보람, 〈개항 전후 신헌의 시무개혁론 연구〉, 《한국문화》 90, 규장각한국학연구원, 2020, 240쪽 참조.

92) 《승정원일기》, 철종 11년 12월 10일.

93) 앞과 같음.

94) 박규수, 《환재집》 권8, 서독, 여온경(15)(1862년 3월).

95) 《승정원일기》, 고종 5년 10월 25일.

시무책을 제기하면서 삼정운영개선론을 제시한 터였기 때문에 외양을 위하여서는 내수가 더욱 절실하다고 판단하였던 것이다.[97] 물론 이러한 주장을 펴는 대다수 관료는 민생의 안정에 목표를 두면서도 내수외양론의 근본은 국왕의 학문 수련에 있음을 강조하였다.[98]

따라서 내수외양론은 서구 열강과의 접촉과 분쟁이 빈번해지고 자체 역량의 한계를 드러내면서 얼마든지 변화될 여지가 많았다. 1871년 4월 20일 청 위원(魏源)의 《해국도지(海國圖志)》가 국왕 앞에서 강론되는 진강 자리에서 언급되는 가운데 서구 열강의 무력이 중국을 압도할 만큼 강하다는 사실을 인정할 수밖에 없었다.[99] 비록 그 자리에서 교역의 문제점과 민생의 안정을 염두에 두고 어양론(禦洋論)을 펼쳤지만 중국 중심의 동아시아 질서가 무너지고 있다는 인식을 공유하는 계기가 되었다. 그리하여 내수외양론에 균열이 생기고 내수외교론(內修外交論)이 제기될 여건이 조성되었다. 박규수는 정부의 방침대로 미국 제너럴셔먼호의 통상 요구를 거절하였지만 이후 국교 확대론으로 기울면서 조일 수교에 앞장섰다.[100] 그로서는 국가의 안녕과 민생의 안정을 최우선 과제로 삼고 있는 시무개혁론자로서 시세 변동에 따라 기존의 자세를 바꾸어야 한다고 판단하였기 때문이다. 그의 제자 김윤식(金允植)은

---

96) 《승정원일기》, 고종 4년 정월 16일. "制兵無法 故賦役偏苦 賦役偏苦 故百姓貧 百姓貧 故國用不足 國用不足 故征斂無藝 征斂無藝 故民多詐 民多詐 故刑罰重 刑罰重 故民無所逃命而思變."

97) 최진식, 〈병인양요 전후 신헌의 대내인식과 개혁론〉, 《한국사학보》 42, 고려사학회, 2011, 172~177쪽; 한보람, 앞의 글, 241~248쪽.

98) 《고종실록》 권12, 고종 12년 8월 29일.

99) 《승정원일기》, 고종 8년 4월 20일. 《해국도지》는 청 위원이 제1차 중영전쟁 후 청의 패배를 반성하면서 1847년에 저술한 세계지리서로 세계 각국의 지세, 산업, 인구, 정치, 종교 등을 개략적으로 소개하고 있다. 이 책은 당시 조선의 식자층이 세계정세와 서구 문물을 이해하는 데 영향을 미쳤다. 이에 관해서는 원재연, 〈《해국도지》 수용 전후의 어양론과 서양인식—이규경(1788~1856)과 윤종의(1805~1886)를 중심으로〉, 《한국사상사학》 17, 한국사상사학회, 2001 참조.

100) 박규수, 《환재집》 권7, 자문(咨文), 미국병선자요자(美國兵船滋擾咨).

훗날 박규수의 심정을 다음과 같이 전하였다.

> 윤식이 삼가 살피건대, 우리나라는 궁벽하게 한 모퉁이에 치우쳐 있어 외교(外交)라는 일을 듣지 못하였다. 병인년(1866, 고종 3)에 미국의 배가 조난을 당한 이후부터 미국 사신이 여러 차례 협상을 간청하며 양국이 우호하기를 힘썼지만, 온 나라가 시끄럽게 떠들며 모두 척화(斥和)를 높이 여겼고 조정의 논의도 이와 같았다. 선생이 비록 문병(文柄)을 잡고 있었지만 홀로 자신의 견해만을 주장할 수 없었다. 그래서 외교 문서를 보내고 답할 때 이치에 의거하여 상세히 진술하며 표현을 완곡하게 하여 국가의 체면을 잃지 않게 할 뿐이었다. 문호를 닫아걸고 우호를 물리친 것은 선생의 뜻이 아니라 부득이한 일이었다. 그때 내가 선생을 모시고 앉은 적이 있었는데, 선생이 한숨 쉬고 탄식하면서 이렇게 말씀하셨다. "지금 세계를 돌아보니 정세가 날로 변해 동서의 열강이 나란히 대치하고 있어 옛날 춘추열국(春秋列國)시대와 같으니, 동맹과 정벌 등 앞으로 그 분쟁은 이루 말할 수 없을 것이다. 우리나라가 비록 작기는 하지만 동양의 중요한 곳에 있으니, 정나라가 진나라와 초나라 사이에 있는 것과 같다. 내치와 외교에 적절한 조치를 잃지 않는다면 그나마 스스로 보존할 수 있겠지만 그렇지 못하면 어리석고 나약하여 먼저 망하는 것은 하늘의 도리이니 또 누구를 탓하겠는가."[101]

이 글에 따르면 박규수는 국제정세의 급격한 변동을 자세히 살핀 연후에 당시를 춘추열국시대로 파악하고 내치와 외교 방면에서 적절한 조치를 취하지 않으면 국망을 맞이할 수 있음을 경계한 것이라 하겠

101) 앞과 같음.

다. 여기서 주목할 것은 '외교'라는 용어가 쓰였다는 점이다. '외교'는 후술하는 바와 같이 주권국가 사이에서 대등한 관계를 맺는 교섭을 가리킨다. 그것은 중국 중심의 조공책봉질서에서 벗어나 만국공법질서에 편입되어야 함을 전망한다고 하겠다.

그리하여 일본이 왕정복고 직후 1868년 12월 서계를 보내오자 박규수는 그즈음부터 정부의 서계 거부를 비판하면서 훗날 1874년 대원군에게 보내는 편지에서 다음과 같이 서계 수용론을 펼쳤다.[102)]

> 우리가 만들어준 도서(圖書)를 찍지 않고 자신들의 새 인장을 찍은 일로 말하면, 우리의 도서라는 것은 본래 쓸데없는 형식으로 가소로운 것입니다. 이 도서를 만들어준 것이 저들이 우리에게 신하로 복종한 것입니까, 우리가 저들을 봉건해준 것입니까. 영남 절반 지역의 고혈을 긁어 저들에게 주고 도서 하나를 만들어준 것으로 능사를 삼으니, 천하의 가소로운 일 중에 이보다 심한 것이 어디 있겠습니까.[103)]

박규수의 이러한 주장은 사대교린질서가 이미 무너지고 만국공법질서가 자리잡아가는 시점에서 민생을 압박하는 영남 하납미(下納米)의 폐단을 고려한 것이다. 1872년 제2차 연행사 시절에 박규수 등은 청과 외국 간에 맺은 조약 및 헨리 휘턴(Henry Wheaton)의 《만국공법(萬國公法)》을 입수한 터였다.[104)] 특히 청이 서구 열강에게 침략을 당하는 국제정세를 직시하면서 일본과의 전쟁을 피하고자 하였던 것이다. 서계 수용의 필요성을 다음과 같이 덧붙이고 있다.

---

102) 김흥수, 《한일관계의 근대적 개편과정》, 서울대학교출판문화원, 2009, 155~156쪽.

103) 박규수, 《환재집》 권11, 서독(書牘), 답상대원군(答上大院君) 갑술(甲戌).

104) 김흥수, 앞의 책, 449~450쪽.

무릇 사람들이 편지를 주고받는 것은 본래 사이좋게 지내기 위함입니다. 그런데 갑자기 거절하여 서계를 받지 않은 지 여러 해가 되었으니, 저들이 노여워하는 것은 필연적인 형세입니다. 더구나 저들이 서양과 한편임을 분명히 들어 알고 있으면서 무엇 때문에 우호를 잃고 적국을 하나 더 만들려 하십니까.[105]

박규수는 연행사로 청을 방문하면서 탐문한 결과에 근거하여 일본이 서구 열강과 함께 조선을 침략하지 않을까 우려하면서 민생의 안정을 도모하였던 것이다. 나아가 그는 병자수호조규 체결을 앞두고 이러한 내수외교론의 목표가 부국강병임을 숨기지 않았다.[106] 이는 조선 정부가 중세 조공책봉질서라는 청의 우산 아래 취하였던 국가 보존 전략과 민생 안정 방침을 버리고 약육강식의 시대에 부합하는 각자도생의 길을 모색하고 있음을 보여준다.

이어서 조일 수교 체결의 실무는 시무개혁을 주장하였던 신헌이 담당하였다. 그는 기존의 양이관(洋夷觀)에서 벗어나 서양과 자주적으로 외교하여야 할 필요성을 절감하였다. 즉 그는 북학사상의 부국론을 토대 삼아 서양의 장점을 받아들여 서양을 막아야 한다는 해방사상의 논리를 수용하는 한편, 청의 양무운동에 관심을 기울이면서 국교 확대에 대비해갔다.[107] 따라서 1876년 병자수호조규 체결 시 조선 정부는 일본 측이 제시한 13개조 조약안을 차례로 심의한 뒤 이미 검토한 《만국공법》에 의거하여 수정안을 제시할 수 있었다.[108]

---

105) 박규수, 《환재집》 권11, 서독, 답상대원군 갑술.

106) 《승정원일기》, 고종 13년 1월 20일. "珪壽曰 日本稱以修好 而帶來兵船 其情叵測矣 旣云修好之使 則未可自我先攻 而如其有意外之事 則不可不用兵矣 第念三千里封疆 如果宜內修外攘之方 致國富兵强之效 則蕞爾島國 豈敢來窺畿甸 恣行恐嚇 乃至於此乎 誠不勝憤惋之極矣."

107) 노대환, 앞의 책, 239~246쪽.

조선 정부가 이처럼 1876년 일본과 병자수호조규를 체결한 뒤 본격적으로 만국공법질서 파악에 힘을 기울이는 가운데 내수외양론을 줄곧 펼쳤던 이유원(李裕元)은 1879년 서양과의 수교를 권유하는 이홍장(李鴻章)의 의견에 반박하면서 다음과 같이 만국공법질서의 허구성을 지적하였다.

한 가지 어리둥절하여 의심이 가면서 석연치 않은 점이 있습니다. 일본 사람들이 유구(流球, 류큐) 왕을 폐하고 그 강토를 병탄한 것은 바로 못된 송나라 강왕(康王)의 행동이었습니다. 구라파(歐羅巴, 유럽)의 다른 나라들 중에서는 응당 제나라 환공(桓公)처럼 군사를 일으켜 형나라를 옮겨놓고 위나라를 보호하거나, 혹은 일본을 의리로 타이르기를 정나라 장공(莊公)이 허나라의 임금을 그대로 두게 한 것처럼 하는 나라가 있음 직한데, 귀를 기울이고 들어보아도 들리는 말이 없는 것은 무슨 까닭입니까? 돌궐국(突厥國, 터키)을 멸망의 위기에서 건져준 것으로 보아서는 공법이 믿을 만한데, 멸망한 유구국을 일으켜 세우는 데는 공법이 그 무슨 실행하기 어려운 점이 있는 것입니까? 아니면 일본 사람들이 횡포하고 교활하여 여러 나라를 우습게 보면서 방자하게 제멋대로 행동하여 공법을 적용할 수 없는 것입니까? 백이의(白耳義, 벨기에)와 정말(丁抹, 덴마크)은 사마귀만 한 작은 나라로서 여러 큰 나라 사이에 끼어 있지만 강자와 약자가 서로 견제함으로써 지탱되는데, 유구 왕은 수백 년의 오랜 나라로서 그대로 지탱하지 못하였으니, 이것은 지역이 따로 떨어져 있고 여러 나라와 격리되어 있어 공법이 미치지 못하기 때문에 그렇게 된 것입니까? 우리나라는 기구하게도 지구의 맨 끄트머리에 놓여 있어 돌궐국, 유구국, 백이의, 정

108) 김흥수, 앞의 책, 449쪽.

말과 같은 작은 나라들보다도 더 가난하고 약소합니다. 게다가 서양과의 거리도 아주 멀어 무력으로 대항한다는 것은 더욱 어림없는 일이고 옥백으로 주선하려고 하여도 자체로 감당하기 어렵습니다.[109]

이유원은 《공법회통(公法會通)》 등을 읽으면서도 류큐의 패망을 통해 만국공법질서의 허구성을 간파하고 내수외양론을 견지하였던 것이다.

그러나 그의 이러한 주장은 러시아의 남하정책과 청의 적극적인 수교 권유로 인해 점차 입지를 잃어갔다. 특히 정부가 중국 연행사와 일본 수신사를 통해 《이언(易言)》이나 《공법초략(公法抄略)》 등을 입수하여 검토한 것은 그 때문이었다. 그럼에도 불구하고 이유원의 이러한 시무적 자세는 일부 고위 관료들과 유생들에게 영향을 끼쳐 이러한 서적들이 이들에게 전파되는 계기가 되었다. 이에 위정척사파가 김홍집이 갖고 들어온 황준헌(黃遵憲)의 《조선책략(朝鮮策略)》을 들어 김홍집을 비판하자 전 장령 곽기락(郭基洛)은 이들 위정척사파가 주장하는 내수외양론의 허구성을 다음과 같이 반박하면서 내수자강론을 펼쳤다.

지금은 이해관계도 따지지 않고 장단점도 비교하지 않고 한갓 사림의 서원을 중심으로 형성되는 여론[淸議]에만 의거하여 맨주먹을 부질없이 휘두르면서 "우리도 천승(千乘)의 나라인데, 어찌 그들을 두려워할 것이 있는가?"라고 한다면 이것은 매우 좁은 소견이고 꽉 막힌 논의이므로 저들의 비웃음과 모욕을 받기에 알맞을 것인데, 그것이 옳겠습니까. 이 때문에 때와 형편을 살펴서 그때그때 형편에 맞게 응하여 처리하여야 하니, 옛날 현명한 임금은 모두 이 방법을 따랐습니다. 그러나 굳게 한끝을 잡고 목숨

109) 《고종실록》 권16, 고종 16년 7월 9일.

을 걸고 지키면서 떠나지 않는다면 바로 필부의 좁은 아량입니다. 그렇다면 이번에 유생들이 일본을 막아 쫓아내려 하는 것은 또한 무슨 술책입니까. 이것이 신은 이해되지 않습니다.

아, 돌아보건대, 지금 창고가 텅 비어 군사가 굶주리고 사치를 숭상하여 나라도, 개인도 재물이 고갈되었습니다. 뇌물이 성행하자 탐오한 짓이 자행되고, 기강이 해이해지자 도둑이 횡행하며, 벼슬자리를 다투자 염치가 없어지고, 언로(言路)가 막히자 아첨꾼들이 설치고 있습니다. 나라의 재정 형편이 어려워지고 백성들의 생활이 곤경에 빠진 것도 바로 여기에 기인하는데, 그것이 지금보다 더 심한 적은 없었습니다. 진실로 의당 어지러움을 다스리기를 반드시 물이나 불 중에서 사람을 구하듯이 하여야 할 것이니, 임금이 날이 밝기 전에 옷을 입고 저물어서야 저녁 식사를 하면서 나라 정사에 매우 부지런하여 여가가 없어야 할 때입니다.

그러니 유생들의 입장에서 우리 임금에게 말을 올리고자 한다면 이상의 여러 조목을 급하고 절박한 일로 여겨서 안으로 정사와 교화를 닦아 먼저 스스로를 강하게 하는 모책을 삼아야 할 것이니, 그렇게 하면 적을 물리칠 수 있어서 침략하고 핍박해오는 환란이 저절로 없어질 것입니다. 기계(器械)에 관한 기술과 농업 및 수예(樹藝)에 대한 책과 같은 것도 만약 나라에 이익이 되고 백성에게 이익이 될 수 있다면 또한 선택하여 이용할 것이지, 굳이 그들의 것이라고 하여 좋은 법까지 아울러 배척할 것은 없다는 것이 명백합니다.[110]

곽기락의 상소에 따르면 시무개혁론은 내수외양론에 그치지 않고 국가의 이익과 민생 안정에 도움이 된다면 서양의 기계와 농업 등 서구 문물의 수용을 통해 자강하자는 내수자강론으로 나아갔다. 특히 이러한 주장은 "때와 형편을 살펴서 그때그때 형편에 맞게 응하여 처리하여야(審時度勢 隨機應變)" 한다는 시세론과 변통론에 입각하였다. 심지어 그는 유생들의 상소문이 실용에는 도움되는 것이 없다고 단정할 정도였다.[111]

또한 김홍집 역시 내수외양론에서 점차 내수자강론으로 옮겨갔다. 그는 제2차 조선수신사로 일본을 방문한 가운데 청 외교관 황준헌을 만나 자강의 필요성을 절감하였다.[112] 나아가 김홍집은 정관응(鄭觀應)의《이언》을 접한 뒤 1880년 8월《조선책략》과 함께 이 책을 고종에게 올렸다.[113]《이언》의 영향력은 대단하여 많은 관료와 일부 유생이 이 책을 학습하였다.《이언》이 서양기술의 습득만을 강조하는 양무론에서 서양의 정치와 제도까지도 받아들여야 한다는 변법론으로 전환하는 데 크게 기여하였다는 점에서 그 파급력은 컸다. 그리하여 고종이 자강의 의미에 대해 묻자 김홍집은 자강을 부국강병만이 아니라 우리의 정교(政教)를 밝히어 민국을 보존하며 타국과 분쟁이 생기지 않게 하는 것이라고 답변하였다.[114] 동도서기에 기반하면서도 스스로 강해질 수 있는 방안을 모색하였던 것이다. 내수자강론이 이처럼 드러나기 시작한 것이다.

---

110)《승정원일기》, 고종 13년 6월 8일. "今乃不問利害 不較長短 徒憑淸議 虛張空拳曰 吾亦千乘之國 顧何足畏彼云爾 則是爲窺管之見 誠膠固之論 而適啓彼人之笑侮也 其可乎哉 是故 審時度勢 隨機應變 自古明王 皆由此道 而固執一端 守死不離 卽匹夫溝瀆之諒也 然則今此諸儒之拒逐日本 亦有何術歟 此亦臣未知也 噫, 顧今倉庫枵而軍卒飢 奢侈崇而公私竭 苞苴盛而貪墨行 紀綱弛而竊盜橫 仕途競而廉恥喪 言路閉而阿諛進 國計之艱難 民生之困瘁 職由於此 而莫甚於今 誠宜理亂而治棼 必如救焚而拯溺 宵衣旰食 萬機無暇之時也 爲諸儒者 欲告吾君 則以上諸條 爲急切之務 內修政化 先爲自强之術 則可攘寇敵 自無侵逼之患 而若其器械之藝 農樹之書 苟可以利國益民 亦擇而行之 不必以其人 而竝斥其良法也 審矣."

111) 앞과 같음.

112) 안승일,《김홍집과 그 시대》, 연암서가, 2016, 92~103쪽.

113)《승정원일기》, 고종 18년 8월 28일.

114) 김홍집,《수신사일기(修信使日記)》권2, 수신사김홍집입시연설(修信使金弘集入侍筵說).

이러한 인식의 변화는 김윤식의 시무론과 부합되었다. 김윤식은 1881년 영선사로서 청을 방문한 가운데 고종에게 올린 상소문에서 다음과 같이 자신의 시세 인식을 밝혔다.

> 지금 세상의 형편이 크게 변하여 다른 지역의 딴 종족들이 각기 군사를 강화하고 배를 몰아 합종연횡(合從連橫)하면서 병력을 서로 겨루며, 법률로 서로 버티는 일이 세상에 가득 차서 육로와 해로로 점차 통하게 되니, 이것은 기미가 나타났을 뿐 아니라 형적이 이미 현저히 드러난 것입니다. 이런 때를 당하여 아직도 문을 닫고 보지 않으며 베개를 높이 베고 편안히 누워 있으려고 한들 되겠습니까? 전하께서는 이것을 근심하시고 분발하여 일을 도모하셨습니다.
>
> 외적을 막으려면 반드시 먼저 군사를 훈련시켜야 하고, 군사를 훈련시키면 날카로운 무기의 도움을 받아야 한다고 생각하였기 때문에 공도들을 널리 선발하여 멀리 천진(天津)에 보내되 자금과 식량이 드는 것을 아까워하지 않고 무기를 만드는 방법을 얻기만을 바랐으니, 이것은 참으로 종묘사직(宗廟社稷)을 위하고 백성들을 위해 깊이 고심하여 나라가 위태롭고 어지럽혀지기 전에 보전하려는 것입니다.[115)]

여기서 스승 박규수와 마찬가지로 김윤식은 시세론과 변통론에 입각하여 당시의 국제정세를 춘추시대가 아닌 약육강식의 전국시대가 본격화되었음을 언급한 뒤 문호를 개방하고 분발할 것을 요망하는 한편, 청의 양무운동과 마찬가지로 군사력 강화와 서양기술 수용을 통해 국가의 보전과 민생의 안정을 도모하고자 하였음을 확인할 수 있다.

---

115) 《고종실록》 권18, 고종 18년 11월 4일.

나아가 시무를 당시 마땅히 행하여야 하는 일[當時所當行之務]로 정의하면서 시세에 부합한 업무를 추진하여야 함을 역설하였다.[116] 또한 훗날 그는《연암집(燕巖集)》서(序)를 쓰면서 세상의 유자들이 공리(空理)에 머물고 실사(實事)를 궁구하지 않고, 사대부는 경세제민(經世濟民)에 마음을 두지 않아 국세(國勢)가 날로 낮아지고 민생이 곤란하게 되었음을 지적하였다. 심지어 "준걸(俊傑)이란 당세지무(當世之務)를 아는 것을 일컫는다"라고 극언하였다.[117] 그의 시무개혁론을 단적으로 보여주는 언사라 하겠다.

4. 시무개혁론의 분화

1) 국내외 정세의 변동과 문명개화론의 대두

시무개혁론은 1882년 임오군란이 일어나면서 새로운 국면을 맞았다. 즉 정부가 시무개혁론에 입각하여 추진하는 개화정책은 보수 유생뿐 아니라 구식 군인과 하층민들의 반발을 불러일으켰다. 대일 무역이 확대되면서 곡물값이 앙등하였고 신식 군대인 별기군만 우대하여 구식 군인들에게는 봉급도 제대로 지급하지 않았기 때문이다. 그리하여 이에 불만을 품은 구식 군인들과 도시 빈민들이 난을 일으켰다. 군란의 파급력은 흥선대원군이 재집권할 정도로 컸다. 그러나 임오군란은 청의 무력 간섭으로 실패하였고 정부는 이들 유생과 군인, 하층민들의 반발에도 불구하고 시무개혁론을 추진해나갔다. 임오군란 직후 김윤

116) 김윤식,《운양집》권8, 설(說), 시무설(時務說, 1892, 윤6월). "夫所謂時務者何也 卽當時所當行之務也 猶病者之於藥 皆有當劑."

117) 김윤식,《운양집》권10, 서(序), 연암집서(燕岩集序, 1902).

식이 작성하였고 고종이 발표한 이른바 개화윤음(開化綸音)은 이를 잘 말해준다.

> 이러쿵저러쿵 떠들어대는 자들은 또 서양의 여러 나라와 수호 맺는 것을 갖고 장차 사교(邪敎)에 물들게 될 것이라고 말하고 있다. 이는 실로 우리 유학을 위해서나 세상의 교화를 위해서나 심원하고 장구한 염려다. 그러나 수호를 맺는 것은 수호를 맺는 것이고 사교를 금하는 것은 사교를 금하는 것으로 이는 별개의 문제다. 조약을 체결하여 통상을 하는 것은 다만 공법에 의거할 뿐이고 맨 처음부터 본토에 사교를 전도하는 것을 허가하지 않고 있으니, 평소 공맹(孔孟)의 가르침을 익혀왔고 오래도록 예의의 풍속에 젖어온 너희가 어찌 하루아침에 정도를 버리고 사교를 좇아갈 리가 있겠느냐. 만에 하나 어리석은 백성들 중에 남몰래 전도하며 익히는 이가 있다면 나라에는 그에 해당하는 법이 있어 그들을 주벌하여 용서하지 않을 것이니, 숭상하고 물리치는 문제에 대해 손쓸 방도가 없다고 무어 걱정할 것이 있겠는가.
>
> 게다가 기계를 제조하는 데 서양의 기술을 약간이라도 본받는 것을 보기만 하면 곧 사교에 물들었다고 지목하는데, 이는 대단히 이해를 잘못하고 있는 것이다. 그들의 종교는 사교이니만큼 음성(淫聲)이나 미색(美色)처럼 여겨 멀리하여야겠지만 그들의 기계는 정교하니 그것으로 이용후생(利用厚生)이 가능하다면 농기구나 의약품, 무기, 운송 수단을 만드는 데 무엇을 꺼려서 하지 않겠는가. 그들의 종교는 배척하되 그들의 기계는 본받는 것은 실로 상치되지 않고 병행할 수 있는 것이다. 하물며 강약의 형세가 이미 현격히 차이가 나는 상황에서 저들의 기계를 본받지 않고 어떻게 저들의 침략을 막고 저들이 넘보는 것을 막을 수 있겠는가. 진실로 안으로 정교(政敎)를 닦고 밖으로 우호조약을 맺어 우리나라의 예의를 지키

면서 부강한 나라들과 어깨를 나란히 하여 너희 사민들과 함께 태평성세를 누릴 수 있다면 이 어찌 아름답지 않겠는가. ……

이제 다행스럽게도 어느 정도 일이 처리되어 예전의 우호관계가 다시 회복되었고 영길리(英吉利, 영국)·미리견(美利堅, 미국) 등도 장차 줄지어 이를 것이다. 조약을 체결하고 통상하는 것은 세계 만국의 통례(通例)로 우리나라에서 처음 실시되는 것이 아니니, 결코 경악할 일이 아니다. 너희는 두려워하지 말고 안심하라. 선비들은 부지런히 공부하고 백성들은 마음 놓고 농사를 지어 다시는 '양(洋)'이다, '왜(倭)'다 하면서 소란을 피우며 와전하지 말라. 항구와 가까운 지역에서는 외국인들이 간간이 다니는 일이 있더라도 이를 단지 일상적인 것으로 간주하여 무덤덤하게 보아 넘기고 혹시라도 먼저 건드리는 일이 없도록 하라. 만약 저쪽에서 능멸하는 일이 있다면 마땅히 조약을 살펴 징계하여 결코 우리 백성들에게 피해가 가고 외국인들을 보호하는 일은 없게 할 것이다.[118]

이 글을 통해 조약을 중심으로 전개되는 만국공법질서를 준수하면서 문호 개방을 통한 국부안민(國富安民)의 목표를 실현하겠다는 의지를 엿볼 수 있다. 특히 서구 과학기술의 정교함과 우수성을 인정하여 이들 기술을 적극 수용하되 도기분리(道器分離)에 입각하여 서구 종교는 수용하지 않겠다고 언명하였다. 이러한 윤음은 당시 위정척사파의 반발과 서구 과학기술 수용의 필요성을 감안하여 제시한 내수자강론이라 하겠다. 그 점에서 정부의 이러한 표명은 국제정세 변동과 서구 과학기술의 우수성을 염두에 두고 시세에 맞추고자 하는 자세 속에서 척사 유생들의 요구를 거부하겠다는 의미이기도 하였다.

---

118) 《승정원일기》, 고종 19년 8월 5일.

그리하여 정부의 이러한 방침은 혁신 유생들의 지원으로 가시화되었다. 특히 경상도 진사 송은성(宋殷成)은 1884년 3월 상소를 통해 서구 학문과 기술의 우수성을 인정하고 열강과의 적극적인 통교를 강조하는 한편, 국내에 산적한 중요 사안을 해결할 것을 주장하였다.[119] 우선 토지 불균을 시정하기 위해 유형원의 토지개혁안에 입각하여 균전법 시행을 건의하였다. 이는 종전에 정부와 양반들이 주장하였던 정전 난행론을 정면으로 부정하는 것이었다. 나아가 이러한 토지개혁론에 바탕을 두고 재정을 충실히 하고 이서에게 녹전(祿田)을 지급하자고 주장하였다. 물론 그 역시 인간의 도리를 가르치는 유교 경전과 과거제의 공정한 운영을 강조하면서 치도, 치병, 치민, 수리, 산수도 간과하지 않았다. 그 밖에도 환곡 혁파, 화폐 유통 금지, 변방 수비 강화 등을 주장하였다. 끝으로 그는 범중엄(范仲淹)의 말을 빌려 "예우를 융숭히 하고 근신하고 정직히 하여 화호를 맺는 것은 권의(權宜)고, 장수를 뽑고 군사를 격려하여 공격하고 수비하는 것은 실사(實事)다"라고 결론을 맺으면서 시세 변동에 따라 달리 대응하여야 함을 역설하였다. 여기서 주목할 점은 유형원의 토지개혁론이 다시 제기되었다는 것이다. 시무개혁론에서도 토지개혁론의 목소리가 여전히 남아 있었다. 그리하여 정부가 추진한 감생청(減省廳) 설치를 통한 재정 절약과 혜상공국(惠商公局) 설치를 통한 상업 입국 시도는 내수자강론의 방향을 보여준다.[120]

그러나 청은 임오군란을 계기로 조선 내정에 적극 간섭하였다. 즉 원세개(袁世凱) 등이 지휘하는 군대를 상주시켜 조선 군대를 훈련시키고 마건상(馬建常)과 파울 게오르크 폰 묄렌도르프(Paul Georg von Möllendorff)

119)《승정원일기》, 고종 21년 3월 20일.

120) 감생청 설치와 혜상공국 설치에 관해서는 김태웅,《어윤중과 그의 시대》, 아카넷, 2018, 146~152쪽 ; 조재곤,《근대격변기의 상인 보부상》, 서울대학교출판부, 2003, 84~89쪽 참조.

를 고문으로 파견하여 조선 내정과 외교 문제에 깊이 관여하였다. 또 조선에 '조청상민수륙무역장정(朝淸商民水陸貿易章程)' 체결을 강요하여 청 상인의 통상 특권을 규정하고 경제 침투에 적극 나섰다. 이는 조선 정부가 추진해왔던 내수자강책의 후퇴를 초래하였다.

물론 정부는 청의 이러한 내정 간섭에 반발하면서도 기존의 조공책봉질서와 새로이 대두된 만국공법질서를 두고 양자를 활용하고자 하였다. 이른바 양득론(兩得論)으로 김윤식이 주창하였으며 유길준(兪吉濬)은 양절체제(兩截體制)라고 규정하였다.[121] 이 역시 청의 영향력이 건재하는 한 이를 무시하고 만국공법질서로 완전히 이행할 수 없다는 판단 때문이었다. 오히려 양자의 세력 균형을 활용하여 내수자강론을 펼치겠다는 것이다. 그러나 이러한 시도는 청의 적극적인 간섭으로 번번이 실패로 돌아갔다. 청의 속방론(屬邦論)은 이를 잘 말해준다.

이에 김옥균 등 이른바 급진개화파 계열의 시무개혁론자들을 중심으로 청의 간섭을 물리치고 일본과 연대하여 정권을 장악하려는 운동이 추진되었다. 이들은 일찍부터 일본의 아시아주의자들과 연대하여 그들의 협력을 구하는 한편, 후쿠자와 유키치(福澤諭吉)의 문명개화론을 적극 수용하고자 하였다.

여기서 가리키는 문명화는 주로 서양의 'civilization'을 지칭하는 개념으로 문명의 단계에서 뒤떨어진 우리의 처지에서 문명화, 곧 서구화를 달성하기 위해서는 사회 전 영역에서 전통적인 질서를 타파하고 서구의 법과 제도를 적극 수용하여야 한다는 논리였다. 이른바 개화주의의 대두였다. 이에 개화를 사대부의 전통적 현실개혁 논리인 '시무'로

---

121) 정용화, 〈전환기 자주외교의 개념과 조건: 19세기말 조선의 대청외교의 이론적 고찰〉, 《국제정치논총》 43-2, 한국국제정치학회, 2003.

인식하였던 김윤식은 급진개화파의 문명개화론을 다음과 같이 비판하였다.[122]

> 갑신정변의 여러 적(김옥균 등을 가리킴)은 서양을 존중하고 요순과 공맹을 비판하면서 유교를 야만이라고 부르고 도를 바꾸려 하면서 매번 개화라 칭하였다.[123]

이에 따르면 문명개화론은 자신이 처한 조선 사회의 상태와 수준을 야만 단계로 설정하고 조선을 문명화 대상으로 삼아 서양의 '도'로써 공맹의 '도'를 바꾸려 하였다는 점에서 내수자강론과 상이한 현실 인식이었던 셈이다. 양자의 이러한 인식 간격은 어윤중(魚允中)과 윤치호(尹致昊)의 대화에서 확연히 드러난다.

> 아침에 기무처로 일재장(一齋丈, 어윤중)을 찾아가 가친의 서간을 전하고 이어 나라의 일 여러 가지를 이야기하였다. 대화가 조선이 만이(蠻夷)냐, 아니냐 하는 데까지 미치게 되었다. 일재가 말하기를 "우리나라는 야만을 면한 지가 오래되었다"고 하였다.
>
> 내가 웃으면서 답하기를 "대저 야만과 개화의 구별은 인의와 잔혹의 차이가 있기 때문입니다. 대저 야만이라고 말하는 것은 서로 죽이고 잡아먹는 등 잔혹하고 불인하기 때문입니다. 지금 우리나라는 법을 만들어 백성을 얽어매어 살육하고 도해(屠害)하고 있는데, 살인하는 데 몽둥이로 하는 것과 칼로 하는 것에 차이가 있는지 모르겠습니다"라고 하였다. 일

122) 이상일, 〈운양 김윤식의 정치사상연구〉, 《태동고전연구》 6, 태동고전연구소, 1990.

123) 김윤식, 《속음청사(續陰晴史)》 상, 개화설(開化說)(1891), 국사편찬위원회. "甲申諸賊 盛尊歐洲 薄堯舜貶孔孟 以彝倫之道 謂之野蠻 欲以其道易之 動稱開化."

재가 웃으면서 말하기를 "어째서 말이 그렇게 어리석으냐" 하였다.[124)]

여기서 윤치호는 문명과 야만이라는 이분법적 구도에서 조선을 야만국가로 규정하였다. 그는 서양 문물의 수용 자체가 곧 문명으로 환치되면서 서양적이지 않은 모든 것을 야만으로 인식하였던 것이다.[125)] 반면 어윤중은 윤치호의 이러한 규정을 한마디로 부정하였다. 그의 구체적인 생각은 확인할 수 없지만 그의 제자 유길준은 전통 자산이 지니는 가치에 주목하면서 자신의 국가가 문명의 발전 단계의 중간쯤에 속해 있다고 보았다.[126)] 특히 유길준은 어느 민족이나 어느 인종, 국가든 인륜의 개화, 학술의 개화에 도달하였음을 전제한 가운데 정치의 개화, 법률의 개화, 기계의 개화, 물품의 개화가 다를 뿐이라고 설명하였다. 유길준의 개화론은 후술하는 바와 같이 《서유견문(西遊見聞)》 '개화의 등급'을 통해 간접적으로 엿볼 수 있다.

반면 이들 급진개화파는 조선 사회의 내적 기반을 인정하지 않기 때문에 외부의 지원과 영향을 필요로 하였다. 정치적으로 일본의 아시아주의자와 연대하였고, 사상적으로는 일본의 후쿠자와 유키치의 문명화론에 근간하였다. 특히 김옥균, 박영효 등 훗날 갑신정변의 주역들은 일본의 대표적인 문명개화론자 후쿠자와 유키치의 영향을 받았기 때문에 이들 급진개화파에게 개화는 일본을 모델로 하는 급격한 서구화나 다름없었다. 결국 이 무렵부터 이들 급진개화파는 내수자강론에

---

124) 《윤치호일기(尹致昊日記)》(국사편찬위원회 홈페이지 접속, 번역문은 여기에 근거함, 이하 동일), 1884년 1월 2일.

125) 박정심, 〈한국 근대 지식인의 근대성 인식 I—문명·인종·민족 담론을 중심으로〉, 《동양철학연구》 52, 동양철학연구회, 2007, 123쪽.

126) 김경일, 〈문명론과 인종주의, 아시아 연대로—유길준과 윤치호의 비교를 중심으로〉, 《사회와 역사》 87, 한국사회사학회, 2008, 137~144쪽.

서 이탈하여 문명개화론을 자신의 이론적 근저로 삼았다.

물론 이들 급진개화파 역시 전통적인 시무개혁론의 연장선에 있음은 명약관화하였다. 김옥균은 임오군란 직후 1882년 11월에 제시한 《치도약론(治道略論)》에서 전통적인 시무개혁론의 본지라 할 이이의 《만언봉사(萬言封事)》 핵심을 다음과 같이 인용하면서 시무개혁의 필요성을 역설하였다.

> 내가 듣건대 치평지세(治平之世)에 법은 수성(守成)을 귀하게 여기고 환란을 겪은 뒤에는 도(道)가 정칙(整飭)에 있다고 한다. 그런데 지금 우리나라는 새로 변란을 겪은 뒤로 성상께서 몹시 슬픈 윤음(綸音)을 내리시어 선비들과 백성들에게 각각 좋은 의견을 진술하게 하였고 이국(利國)과 편민(便民)에 관계된 일이라면 날로 시행하지 않는 것이 없어서 효과를 거두고 있다. 조정에 제현들과 초야의 영준(英俊)들에게 반드시 좋은 계획이 있을 것이니, 반드시 임금께 진달하여 상하가 한마음 한뜻으로 부지런히 한다면 중흥의 기회를 기대할 수 있을 것이다. 그러나 오늘날의 급선무를 논하는 자들은 "반드시 인재를 등용하고 재용을 절약하고 사치를 억제하고 해금을 풀고서 문린(文隣)을 잘하는 데 있으니 이중 하나라도 빠뜨려서는 안 된다"고 한다.[127]

김옥균 역시 1882년 개화윤음 이후 올라온 관료들과 유생들의 여러 시무개혁론과 마찬가지로 그의 구상을 밝히면서 '수성'과 '중흥'을 언급하고 있어 이이의 경장론·변통론을 이어받고 있음을 보여준다.

그러나 《치도약론》의 배경과 집필과정을 좀더 분석하면 국내에서 올

127) 〈치도약론(治道略論)〉, 《한성순보》, 1884년 7월 3일자.

라온 관료들과 유생들의 상소와 결을 달리하였음을 확인할 수 있다. 즉 김옥균의 이 논설은 그의 독창적인 구상이라기보다는 1882년 일본을 방문하고 후쿠자와 유키치의 논설에서 영향을 받아 집필된 것으로 후쿠자와 유키치가 발행한 《시사신보(時事申報)》 1883년 1월 13일과 1월 15일 잡보란에 이미 게재되었음에 주목할 필요가 있다.[128] 따라서 그의 이러한 구상은 개화윤음에 따른 시무개혁론이라기보다는 후쿠자와 유키치와의 교감 속에서 문명개화론에 입각하되 전통적인 경장론·변통론의 수사(修辭)에 편승하여 치도론을 제시하였다고 하겠다.[129]

그런데 이들 급진개화파의 문명개화론적 개화주의 사고에는 일본으로부터 수용한 사회진화론(社會進化論)이 깔려 있었다. 사회진화론은 인간사회를 자연과 마찬가지로 적자생존(適者生存)과 우승열패(優勝劣敗)의 질서가 통용되는 공간으로 파악함으로써 제국주의의 침략을 당연시하는 논리였다. 따라서 식민화를 피하기 위해서는 국력을 신장하는 것이 선결 과제였으나 제국주의에 대한 즉각적인 저항은 생각할 수 없었다. 곧 제국주의의 식민지 침략의 전형적인 논리였던 것이다. 정작 일본에서의 사회진화론은 자국의 근대화를 목표로 삼되 일본의 국체(國體)를 보전하면서 추진하자는 주장이었다. 여기서 조선을 식민지화하여야 한다는 논리가 배태되었지만 일본 문명개화론 영향 아래에 있던 조선의 개화주의자들에게 이러한 측면은 간과되었다.[130] 윤치호는 부친 윤웅렬(尹雄烈)의 반대로 갑신정변에 직접 가담하지 않았지만

128) In K. Hwang, 《The Korean Reform Movement of the 1880's》, Cambridge, Massachusetts, Schenkman Publishing Co., 1978 ; 구선희, 〈후쿠자와 유키치(福澤諭吉)의 대조선문화정략〉, 《국사관논총》 8, 국사편찬위원회, 1989, 188~189쪽.

129) 후쿠자와 유키치와 급진개화파 인사들의 교류에 관해서는 구선희, 앞의 글, 185~189쪽 참조.

130) 허동현, 〈1880년대 개화파 인사들의 사회진화론 수용양태 비교 연구—유길준과 윤치호를 중심으로〉, 《사총》 55, 역사학연구회, 2002.

정신적으로는 갑신정변 세력과 밀착하여 있었다. 그는 훗날 자신의 일기에서 다음과 같이 자신의 사회진화론적 사고방식을 직접적으로 보여주고 있다.[131)]

> 조선이 생존하기에 적합하지 못할지도 모른다고 생각을 하게 된다. 그렇다면 장차 내가 해야 할 일은 나의 최선을 다하여 조선이 적자(適者)로서 생존하게 하는 것이다. 만일 조선이 공정한 생존 경쟁에서 살아남지 못한다면 조선이 적자로서 생존할 능력이 없음을 보여주는 것이다.[132)]

이에 따르면 윤치호는 사회진화론에 입각하여 조선의 생존 능력에 의문을 표하며 그 책임 역시 조선 스스로가 져야 함을 언급하고 있다. 그리고 생존 능력을 키우는 데 문명개화는 절체절명의 과제였고 이를 달성하는 데 일본이 가장 훌륭한 모범이자 조선 근대화를 위한 원군으로까지 인식하였다.

> 1884년 중엽에 새로운 집단이 영향력을 미치기 시작하였다. 일본에 유학하였던 몇몇 젊은이가 철저한 개혁론자가 되어 돌아왔다. 일본의 변모하는 과정을 목격한 그들은 일본처럼, 아니 일본보다 더 철저히 개혁할 것을 바랐다. 그들은 가능하다면 한 자루의 필봉으로써 그들의 조국을 서구화하고 싶어하였다. 그들은 일본 관료의 품에 몸을 던져서 혁명적 변혁을 위한 만반의 기틀을 마련하였다.[133)]

---

131) 윤치호는 당시 조선 정부에서 역적으로 찍힌 김옥균을 홍종우에게 암살당하는 1894년 3월 28일 직전일인 27일에 해후하였다(《윤치호일기》, 1894년 3월 27일).

132) 《윤치호일기》, 1892년 4월 7일.

133) F. A. 맥켄지, 신복룡 역, 《대한제국의 비극》, 탐구당, 1974, 52쪽.

이들 급진개화파에게 메이지유신(明治維新)은 근대화의 전범이었고 일본 하급 무사들의 바쿠후 타도는 정권 장악의 본보기였다.

또한 이러한 문명개화의 주체는 바로 그들, 곧 유식자(有識者)인 급진개화파이지 않을 수 없었고 전통 사대부와 민인은 극복의 대상이거나 계몽의 객체로 규정되었다. 서구와 일본을 똑같이 침략 세력으로 인식하여 이에 저항하던 기층 세력의 흐름 또한 이들 급진개화파에게는 개화에 역행하는 시대착오적인 행동으로 비쳤다. 따라서 급진개화파는 문명개화의 방도로 국민계몽을 우선시하여 상업 중흥과 함께 학교 설립을 구상하였다. 아울러 민인을 계몽하기 위한 방법으로 기독교의 도입을 모색하기도 하였다.[134] 단지 서구의 법과 제도를 수용하는 차원을 넘어서서 서양의 종교까지 받아들이고자 하는 자세를 보이기 시작하였던 것이다.

이처럼 급진개화파는 일본의 메이지유신을 전범으로 삼아 서구 문명을 실현하는 것을 궁극적인 목표로 삼았기 때문에 국교 확대 이후 추진된 조선 정부의 근대화 시책은 미흡하거나 그 결과를 기대할 수 없는 것으로 인식하였다. 윤치호는 자신의 일기에서 조선의 평화적인 자강개혁에 회의를 느끼고 외부 세력의 지배를 받아들이는 편이 낫다고 술회하기도 하였다.[135] 따라서 이들 급진개화파는 외세를 끌어들여 정권을 장악하고 조선 사회를 개화하는 데 목표를 두었다.[136] 심지어 훗날이지만 "만일 자기 조국을 선택할 수 있다면 나는 일본을 선택할 것"이라고 고백하였다.[137] 결국 그들은 일본의 원조를 전제로 하는 급진적인

134) 허동현, 앞의 글, 184~189쪽; 박정심, 앞의 글, 131쪽.

135) 《윤치호일기》, 1885년 6월 20일, 1886년 9월 9일, 1890년 5월 18일. 윤치호의 문명개화론 심리와 논리에 관해서는 우정열, 〈윤치호 문명개화론의 심리와 논리〉, 《역사와사회》 33, 국제문화학회, 2004 참조.

136) 김종학, 앞의 책, 11쪽.

개혁방법을 구상할 수밖에 없었다. 이에 이들 급진개화파는 일본 아시아주의자들이 1880년에 결성한 흥아회(興亞會)에 적극 참여하였다.[138] 물론 어윤중도 조사시찰단으로 방문하는 동안에 흥아회에 입회하였다. 다만 그는 동문동종(同文同種)의 전통적인 정서에 입각하여 일본인과의 친목 도모 차원에서 가입한 것에 지나지 않았다. 그러나 급진개화파 세력의 핵심이자 김옥균 등과 가까웠던 이동인(李東仁)은 달랐다. 그는 1879년 김옥균과 박영효의 지시로 일본을 밀항한 기간에 후쿠자와 유키치를 여러 번 만났다.[139] 그즈음 후쿠자와 유키치는 서구 열강의 침략을 막고 자국의 유소(類燒)를 예방하기 위해 '지둔(遲鈍)한' 청과 함께 조선의 내정에 간섭하고 이들 나라를 무력으로 보호하여야 한다고 역설하였다.[140] 이른바 조선개조론(朝鮮改造論)과 아시아맹주론이었다. 이어서 이동인은 1882년에는 회비를 내고 흥아회에 가입하였으며 약자인 동양 인종이 단결하기 위해 조선·청·일본 중에 가장 강자인 일본을 중심으로 뭉쳐야 한다는 흥아회의 일본맹주론에 동조하였다.[141] 특히 그가 하나부사 요시타다(花房義質)에게 발언한 다음의 내용은 급진개화파의 일본 인식과 대일 의존성을 적나라하게 보여준다.

---

137) 《윤치호일기》, 1905년 8월 6일.

138) 흥아회의 창립과 활동에 관해서는 이헌주, 〈1880년대 전반 조선 개화지식인들의 '아시아 연대론' 인식 연구〉, 《동북아역사논총》 23, 동북아역사재단, 2009, 312~318쪽 ; 최종길, 〈일본인의 아시아주의와 조선인의 반응—흥아회를 중심으로〉, 《사림》 56, 수선사학회, 2016, 101~106쪽 참조.

139) 쓰키아시 다쓰히코, 〈조선개화파와 후쿠자와 유키치(福澤諭吉)〉, 《한국학연구》 26, 인하대학교 한국학연구소, 2012, 313쪽 ; 月脚達彦, 《福澤諭吉の朝鮮》, 講談社, 2015, 17쪽.

140) 쓰키아시 다쓰히코, 앞의 글, 315쪽.

141) 이헌주, 앞의 글, 321~322쪽 ; 최종길, 앞의 글, 116~118쪽. 이동인은 노골적으로 일본맹주론을 표명하지 않았지만 그의 흥아회에 대한 기대와 행동 양태로 미루어보았을 때 그 역시 일본맹주론에 공감하였으리라 짐작된다. 또한 이동인은 김옥균, 박영효 등과의 연계 아래 일본 동본원사(東本願寺)와 흥아회뿐 아니라 영국공사관 측과도 내통한 사실이 밝혀졌다. 이에 관해서는 김종학, 앞의 책, 69, 74~76쪽 참조.

> 대저 지금 서양인은 타인이다. 일본인은 형제이다. 이(利)를 같이할 때에는 타인에게 간절한 태도를 보이나 한 번 곤란을 당한 경우에 부닥치면 문득 돌보지 않게 된다. 형제는 이와 달리 평상시에는 다툼이 많으나, 일단 위급한 때에 의뢰할 수 없는 타인인 서양인에게 이(利)를 얻도록 하게 하는 것보다 형제 사이인 일본인에게 항상 이(利)를 나누고 싶다.[142]

이동인은 일본인을 형제와 같이 여기고 있으며 이익도 같이 공유할 만큼 대일 의존성을 여실히 보여주고 있다. 김옥균도 1882년 6월과 7월 사이에 후쿠자와 유키치를 만난 뒤 얼마 안 되어 임오군란이 발발하였다는 소식이 전해지자 양자 간에 일본군 지원에 관한 논의를 주고받았다.[143] 이때 그가 집필한 《기화근사(箕和近事)》는 원본이 전해지지 않아 구체적인 내용을 확인할 수 없지만 제목대로 조선과 일본의 최근 사정을 서술한 것으로 조선·청·일본 3국 간의 연대를 강조하였으리라 추정된다.[144] 그가 훗날 삼화주의자(三和主義者)로 불린 것도 이 때문이었다.[145] 심지어 후쿠자와 유키치의 제자들은 스승 후쿠자와 유키치가 갑신정변 주도 세력을 배후에서 지원하였을 것이라고 증언하였다.[146]

《독립신문》도 청일전쟁 이후지만 1899년 11월 9일자 논설에서 일본군이 농민군을 가혹하게 진압하고 중국을 침략하였음에도 불구하고 일본이 아시아의 희망이라고 상찬하였다. 이를 통해 일본맹주론을 추

142) 이광린, 〈개화승 이동인에 관한 새 사료〉, 《동아연구》 6, 서강대학교 동아연구소, 1985, 477쪽. 이와 관련해서는 김종학, 앞의 책, 83~84쪽 참조.

143) 쓰키아시 다쓰히코, 앞의 글, 316~317쪽.

144) 조경달, 최덕수 옮김, 《근대조선과 일본》, 열린책들, 2015, 106~107쪽.

145) 이에 관해서는 김태웅, 앞의 글, 2000, 56~62쪽 참조.

146) 石河幹明, 《福澤諭吉傳 3》, 岩波書店, 1932, 340~341쪽. 이와 관련해서는 다카시로 고이치, 〈후쿠자와 유키치(福澤諭吉)의 조선정략론 연구—《시사신보》 조선관련 평론(1882~1900)을 중심으로〉, 서울대학교 박사학위논문, 2004, 113~115쪽 참조.

종하고 있음을 확인할 수 있다.

> 오호라, 이는 어떤 때이뇨 급급하여 그 위태할진저 이 황인종들이여 그 장차 서양 사람들의 무릎 아래 굽히고 엎드려 하등 지위에 스스로 달의 여길까 가로되 아니라 결단코 그렇지 안 하리라 어찌함으로 그 그렇지 안 할 줄을 아는고 일본 사람에 증험하여 황인종의 장래를 미루어 아노라 저 서양 사람들이 동양 각국을 겸하게 여기고 엄숙히 여기며 다른 종자의 인종들을 적게 보아 비견하고 동렬하기를 기꺼이 않는 고로 일본의 범백제도가 구미 각국의 문명이 가장 열린 나라들을 비등하여 서반아(에스파냐)와 의대리아국(이탈리아) 등 나라의 우에 오르되 구미 각국이 오히려 그 일본의 조약 고쳐 정하기를 근지하다가 일본의 무력(武力)이 그 문화와 함께 앞으로 나아가 동양의 새로운 광채가 저 서양 사람들의 눈동자에 비추어 쏘인즉 비로소 이에 마지 못하여 대등 권리로 서로 허락하였으니 이는 일본 사람이 황인종의 지식과 능력을 천하만국에 표출함이라 그런즉 일본을 위하여 치하할 뿐 아니라 동양에 황인종을 위하여 치하할지로다.[147]

이에 따르면 논설의 필자가 일본맹주론을 직접적으로 표명하지 않았더라도 일본의 조약 개정 성공 노력과 일본의 문명화를 높이 평가하고 아시아 국가를 지도할 역량이 있음을 인정한 것이다.

한편, 문명개화론은 그들의 쿠데타가 실패한 갑신정변 이후에도 지속되었다. 현재 이들 급진개화파의 인식을 구체적으로 살펴볼 수 있는 자료가 없어 1888년 1월 일본 망명 시절 박영효가 올린 건백서(建白書)를 통해 그들의 인식에 다가가면 다음과 같다. 그도 건백서 서두에서

147) "론셜", 《독립신문》, 1899년 11월 9일자.

이이의 《성학집요》에서 제시한 방식대로 역사변동의 원리를 《주역》 〈계사전(繫辭傳)〉에 입각하여 다음과 같이 언급하고 있다.

> 본조는 건국 이래 지금까지 거의 500년을 이어져 내려오고 있는데, 중엽 전부터는 국세를 떨치지 못하여 동쪽으로는 일본과 전쟁을 하고, 북쪽으로는 청에 항복하는 등 전쟁이 거듭 일어나면서 점차 쇠약해져 근세에 이르러서는 극도로 약해졌습니다. 대체로 사물이 움직이는 것이 극한에 이르면 멈추게 되고, 멈춤이 극한에 이르면 다시 움직이게 되는 것이 천지자연의 지극한 이치입니다. 어찌 극한에 다다랐는데 변하지 않은 것이 있겠습니까?[148]

이에 따르면 그의 학문 역시 유학에서 출발하였으며 이이의 《성학집요》를 익힌 조선 유자이기 때문에 《주역》 〈계사하전〉 "궁즉변 변즉통"의 원리를 내세우며 경장의 필요성을 역설하고 있다.[149] 또한 박영효는 《서경》의 '민유방본' 이념을 여실히 인용하면서 인정(仁政)의 필요성을 언급하였다. 나아가 '시중'의 중대성을 역설하였다.[150]

그러나 박영효는 이전 조선 유자와 달리 조선이 문명국이 아님을 전제한 가운데 문명개화론자로서 각종 시무책을 제시하고 있다.[151] 우선 그는 만국공법질서의 허구성을 지적하며 자신의 국가를 지킬 수 있는 국력의 배양을 강조하였다. 물론 내수자강론자와 마찬가지로 당

---

148) 日本 外務省, 〈朝鮮國內政ニ關スル朴泳孝建白書〉(1888), 《日本外交文書》 21, 1949.

149) 아오키 고이치(青木功一)는 밑줄 친 구절에 대해 이이–송시열–권상하로 이어지는 호론 계열 인물성이론(人物性異論)의 대표학자 한원진의 《남당집》에서 인용하였다고 고증하였다. 그러나 이 역시 《주역》에 근원을 두고 있다. 青木功一, 《福澤諭吉のアジア》, 慶應義塾大學出版會, 2011, 256쪽.

150) 日本 外務省, 앞의 글. "諺云 時者 今時也 今時之外 更無今時 若事當行 而遲一日 則有一日之害 速一日 則有一日之利 何可虛延時日 自抛我利 而取害乎 此無智之甚也."

시 국제정세를 약육강식이 관철되는 옛날 중국 전국시대에 비유하였다. 이는 군사력과 문화, 과학기술 경쟁력에 기반하여 타국을 침략하는 행위를 가리킨다. 그러나 박영효는 아시아 여러 나라가 서구 열강에게 영토를 빼앗기거나 식민지로 전락된 사실을 상기시키는 가운데 아시아 민족들을 게으르고 수치를 모르며 과단성이 없는 민족으로 규정하였다. 나아가 '아시아의 개명하지 못한 약소국'은 멸망을 면하지 못하리라 확신하였다. 조선 역시 개명하지 못한 그러한 약소국의 하나로 규정하여 조선도 예외가 아닐 수 없다고 전망하면서 조선은 러시아의 침략에 맞서서 여러 개혁을 단행하여야 함을 강조하였다. 개혁 방안에는 근대 법률 제정, 경제개혁, 백성 보호, 군비 확충, 교육개혁이 포함되었다. 이때 박영효는 입헌군주제와 자치제의 실시를 강력하게 주장하였다. 나아가 그는 건백서 곳곳에서 러시아의 남하정책에 대한 공포감, 이른바 공로의식(恐露意識)을 조성하면서 아시아인의 연대를 강조하였다.

> 만약 아국(러시아)이 동쪽으로 침범하고자 하여 산을 뚫고 길을 열어 동쪽 해안에 도달하고서는 여러 나라의 형세를 살펴본 후 우리에게 군비가 없는 것을 보고, 먼저 우리나라의 서북지방으로 진출하여 함경도·평안도 양도를 침략하고, 일본해와 황해의 수리(水利)에 의지하여 세 나라의 양 무릎을 꿇게 함으로써 아시아주의 화복(禍福)을 쥐고 흔들게 된다면 우리나라의 일은 이미 끝장나 있게 될 것입니다. …… 아시아주의 여러 정부를

---

151) 박영효는 자신의 시무책을 '방금지급무(方今之急務)'라 표현하였다(日本 外務省, 앞의 글). 그러나 시무책 중에 후쿠자와 유키치의 저작을 번역하거나 번안한 구절이 많다. 이에 관해서는 青木功一, 앞의 책, 206~251쪽; 月脚達彦, 《福澤諭吉と朝鮮問題: 〈朝鮮改造論〉の展開と蹉跌》, 東京: 東京大學出版會, 2014, 126~133쪽 참조.

위해 죄하여야 할 자들이 어찌 구차히 안일하게 소일할 수 있겠습니까?[152]

여기서 러시아의 동아시아 침략에 맞서 조선이 청은 물론 일본과 연대하여야 함을 역설하고 있다. 이들 급진개화파가 일본을 문명개화의 전범으로 삼은 가운데 러시아로 대표되는 서구 열강의 침략에 공동으로 맞선다는 명분 아래 일찍부터 일본의 아시아주의자들과 잦은 접촉이 이루어졌음은 당연한 수순이었다.[153]

2) 변법자강론의 대두와 전개

내수자강론은 1881년 조사시찰단이 돌아오면서 새로운 국면에 접어들었다. 우선 1881년 은밀하게 일본에 파견된 조사시찰단의 구성원들이 일본을 바라보는 시각이 상이하고 서구화에 대한 견해가 판이하였지만 어윤중을 비롯한 일부 구성원이 일본 시찰 이후 변법자강론자로 변신하여 중요 개혁을 추진하였다는 점에서 이들의 행보를 주목할 필요가 있다. 그중 어윤중은 자신이 맡은 일본 대장성(大藏省)을 조사하면서 재정개혁의 필요성을 피력하였다.[154] 그것은 중앙집권적 재정구조의 실현이었다. 또한 그는 새로운 국가체제에 대한 구상이 자리를 잡으면서 무엇보다 국가의 소극적 역할에 국한된 중세적 자급자족형 농업체제를 타파하고 국가의 적극적 역할에 근간한 근대적 부국강병형 통상체제를 전망하였다. 또한 유약한 숭문주의(崇文主義)에서 벗어나 강건한 숭무주의(崇武主義)로 나아가는 한편, 도로 수축과 위생 관리 등

152) 日本 外務省, 앞의 글.

153) 박종현, 〈동아시아의 근대적 변혁과 '아시아주의'〉, 윤세철교수정년기념역사논총간행위원회, 《시대전환과 역사인식》, 솔, 2001, 172~178쪽; 讀賣新聞西部本社, 《頭山滿と玄洋社》, 海鳥社, 2001, 62~63쪽.

154) 김태웅, 앞의 책, 99~101쪽.

을 통해 자본주의 국가건설에 선행되어야 할 사회간접자본시설 구축에 관심을 기울였다. 또한 어윤중은 과거제 폐지를 넘어 신교육의 실시를 강조하면서 부국강병을 위한 인재 양성 기관으로서 신식학교 설립을 구상하였다.

어윤중의 이러한 구상에 깔린 밑바탕에는 구학문의 공리공담을 비판하면서도 사물의 이치를 궁구한다는 의미의 '격물(格物)'과 앎을 지극히 한다는 '치지(致知)'의 원리가 실제상에서 구현된 것으로 이해하였다. 이어서 일본 대장성 조사 작업을 마치자 상해로 건너가서《이언》의 저자 정관응을 만나 부국강병 이론과 상업 실무를 듣고자 하였다. 그리하여 그는 천진에서 만난 당정추(唐廷樞)에게 청을 방문한 이유를 다음과 같이 피력하였다.

> 우리나라는 곧 스스로 보전하던 나라입니다. 오늘날 부득이 상로(商路)와 광무(鑛務)를 열지 않을 수 없게 되었으니, 병기를 만들어 이후 국가가 백성을 보호할 수 있고 편안하게 할 수 있는 것을 대국의 선각자들에게 일일이 여쭈어보기를 원하여 이렇게 찾아뵙게 되었습니다.[155)]

이에 따르면 어윤중이 문호 통상과 산업 개발을 통한 부국안민을 갈망하고 있음을 확인할 수 있다. 여기서도 유의할 점은 국가의 민생 임무를 강조하고 있다는 것이다. 이는 그가 늘 염두에 두었던 시무개혁론의 사안이면서도 추진방식이 시세 변동과 맞물려 있음을 확인할 수 있다. 그리하여 그 역시 조사시찰단을 마치고 보고하는 자리에서 고종에게 당시의 국제정세를 춘추전국시대와 비교하여 "춘추전국은 바로

---

155) 어윤중,《담초(談草)》(장서각 소장), 견당정추(見唐廷樞).

소전국(小戰國)이며 오늘날은 바로 대전국(大戰國)"이라 파악하면서 부국강병을 통한 국가 보전을 역설하였다.[156] 나아가 그는 청에 대한 사대사행(事大使行) 철폐를 주장하였다. 즉 그는 1882년 청을 방문하였을 때 사신의 북경 주재와 호시 철폐를 요구하면서 기존의 대청관계를 종식하고 상호 동등한 무역관계를 수립함으로써 기존의 조공·책봉 관계에서 벗어나고자 하였다.[157] 다만 김윤식은 서구 과학기술을 수용하고자 하였는데도 어윤중과 달리 청과의 기존 관계를 온존시키고자 하였다는 점에서 변법자강론보다는 양무자강론을 견지하였다고 하겠다.[158]

한편, 1881년 어윤중과 함께 조사시찰단에 참가하였던 안종수(安宗洙)의 농학서인 《농정신편(農政新篇)》에는 노론 낙론 계열 신기선(申箕善)이 써준 서문이 수록되어 있는데, 이 서문은 변법자강론의 방향을 다음과 같이 단적으로 보여준다.

> 어떤 사람이 이렇게 말하였다. "이 법은 서양인의 법에서 나온 것이 많다. 서양인의 법이라면 예수의 가르침이고, 그 법을 본받는 것은 그 가르침에 복종하는 것이다. 차라리 수양산에 들어가 고사리를 캐먹다 굶어 죽을지언정 어찌 배부르고 따뜻한 것에 뜻을 두어 이법(異法)을 모방하겠는가. 《시경》에 '잘못을 하지도 말고 잊지도 말라. 모두 옛 법을 따라야 한다'고 하였으니 선왕의 제도가 아니고도 백성을 구제할 수 있다는 말을 나는 듣지 못하였다."
>
> 아, 이는 도와 기의 구분을 알지 못하는 것이다. 대체로 아득한 옛날부터 우주 끝까지 가도 바꿀 수 없는 것을 도(道)라고 하고, 때에 따라 변하고 바

---

156) 어윤중, 《종정연표(從政年表)》, 고종 18년 12월 14일, 국사편찬위원회.

157) 김태웅, 앞의 책, 118~119쪽.

158) 김형덕, 〈영선사 김윤식의 재청 외교〉, 서울대학교 석사학위논문, 2001, 8~13쪽.

꿔어 일정하지 않은 것을 기(器)라고 한다. 무엇을 도라고 하는가. 삼강오상(三剛五常)과 효제충신(孝悌忠信)이 이것이니, 요임금과 순임금, 주공과 공자는 도는 해와 별처럼 빛나서 비록 오랑캐 땅에 가더라도 버릴 수 없는 것이다. 무엇을 기라고 하는가. 예악(禮樂)과 형정(刑政), 복식과 기용(器用)일 따름이다. 당우(唐虞, 요순의 나라)와 하은주 삼대 때에도 오히려 덜고 보탬이 있었거늘 하물며 수천 년 뒤 오늘날에 바뀌는 것이겠는가.[159]

이에 따르면 신기선은 위정척사파의 서법(西法) 거부 자세를 비판하면서 변법의 필요성을 강조하고 있다. 즉 그는 도와 기를 구분한 가운데 도라고 할 삼강오상과 효제충신을 버릴 수 없을지라도 기라고 할 예악·형정과 복식·기용은 바꿀 수 있다고 주장한 셈이다. 이러한 주장은 서구 과학기술을 수용하는 데 그친 내수자강론에서 서구의 법과 제도마저 받아들여 스스로 자강을 도모한다는 변법자강론으로 변환할 수 있는 논리적 근거를 제공한다. 물론 여기에는《중용》의 수시변역(隨時變易) 원칙이 적용되었다. 그리고 이러한 수시변역의 명분은 민생의 안정과 편리에 있었다. 그는 "시기와 부합하고 진실로 백성에게 이익이 된다면 오랑캐의 법이라도 시행할 만하다"라고 발언하기까지 하였다.[160]

그런데 이 와중에 일어난 임오군란은 내수자강론자들에게도 충격을 주었다. 경기 유생이자 1874년 3월 화양서원(華陽書院) 재설립 상소에 참가하였던 윤선학(尹善學)마저 임오군란 직후 1882년 12월 시무책을 올리면서 기존 정책의 문제점을 지적하였다.[161] 그는 자신이 입수한《이언》과 그 저자 정관응을 두고 각각 세상을 다스리는 비결을 담은

159) 안종수,《농정신편》(1885), 시강원문학동양신기선서(侍講院文學東陽申箕善序)(1881).

160) 앞의 글. "若合於時 苟利於民 雖夷狄之法 可行也."

161)《고종실록》권11, 고종 11년 3월 10일.

책이며 권도(權道)에 통달하여 변화를 아는 선비라고 평가하였다. 또한 그는 이 책을 통해 당시 국제정세가 기존의 중화지배질서가 관철되는 세계가 아님을 알게 되었다고 토로하였다. 그래서 그는 국왕에게 시무의 변천을 알아야 함을 강조하는 가운데 과거의 진리를 고집하지 않고 강약(强弱)·이둔(利鈍)과 흥망(興亡)·비태(否泰) 사이에서 스스로 참작하고 손익하여 지당한 결론을 추구하고 힘써서 만세의 기업을 영원히 지속시켜나가야 함을 주장하였다. 나아가 이를 위해서는 단지 서구 과학기술을 받아들이는 데 그치지 말고 서구의 법과 제도를 활용할 것을 주문하였다. 이러한 주장은 내수자강론을 넘는 주장이라고 하겠다. 내수자강론이 내부개혁에 중점을 두는 가운데 서구 과학기술을 수용하는 동도서기적 자세에 머무른 데 반해, 윤선학의 이러한 주장은 서구의 법과 제도도 받아들여야 함을 역설하였다는 점에서 일종의 변법자강론이라 하겠다. 그리하여 그는 다음과 같이 서구의 법과 제도를 적극적으로 수용할 것을 주장하면서 서구의 법과 제도를 꺼리는 선비들을 부국강병을 포기한 자라고 규정하였다.

> 오늘날 가령 국가를 다스리는 어떤 자가 서구의 법이 효율적이고 편리한 것을 부정하면서 오로지 옛 제도의 비효율적인 도구를 사용한다면, 부강을 이루는 도가 될 수 없을 것인데도 말하는 자들은 서구의 법이 꺼릴 만하다고만 합니다.162)

이와 같이 윤선학은 신기선과 마찬가지로 위정척사파를 비판하면서 부국강병을 위해 서구의 법과 제도를 받아들여야 함을 역설하였다. 나

---

162) 《고종실록》 권19, 고종 19년 12월 22일.

아가 그는 위정척사파 인사들을 "시무를 알지 못하고 현실에 맞지 않는 논의를 일삼는 선비들"이며 "꽉 막혀 융통성이 없는 자들"이라고 규정하였다.[163]

그런데 이들 변법자강론자는 갑신정변을 주도하였던 급진개화파와 마찬가지로 변법을 주장하면서도 문명개화론을 정면으로 비판하였다. 특히 이들은 급진개화파와 일본의 유착 문제를 제기하였다. 김윤식은 갑신정변 직후 1884년 12월 20일 미국공사를 방문한 자리에서 "김옥균, 박영효 등의 주된 의도는 정권을 장악하여 우리나라를 일본에 부속시켜 청을 배반하려는 것으로서 마치 유구와 동일한 계책이었다"라고 파악하였다.[164] 이어서 김윤식은 김옥균 등이 일본의 침략 의도를 간파하지 못하고 청과의 외교관계 청산 및 권력 장악 등에만 몰두하다가 일을 그르쳤음을 질책하였다. 즉 갑신정변에 성공하였더라도 조선은 결국 그들이 의도한 대로 자주국이 되지 못하고 일본의 속국으로 전락하고 말았을 것이라고 보았다.[165] 나아가 그는 일본인에게 보내는 편지에서 《중용》의 구절을 인용하며 임오군란과 갑신정변을 다음과 같이 평가하였다.

> 임오년 청수(淸水)의 변란은 견문이 너무 부족하여서 일어났고, 지난해 10월의 변란은 견문이 너무 지나친 데서 비롯되었습니다. 지나친 것과 부족한 것은 모두 적절하지 못한 것이니, 변란이 거듭 발생하는 것이 어찌 괴이한 일이 되겠습니까?

---

163) 앞과 같음.

164) 《윤치호일기》, 1884년 12월 20일. 김윤식의 김옥균 평가에 대해서는 한철호, 〈개화·일제강점기 김옥균에 대한 역사적 평가〉, 《역사와 담론》 38, 호서사학회, 2004, 36~40쪽 참조.

165) 김윤식, 《속음청사》, 부록(附錄), 추보음청사(追補陰晴史), 국사편찬위원회.

"군자는 가한 것도 없고 불가한 것도 없으며 오직 의(義)만을 따른다"라고 하였는데, 저는 비록 군자가 되지는 못하였으나, 가슴속에는 중동(中東, 중국과 일본)이라는 두 글자가 없으며, 오직 의가 있는 곳을 볼 뿐입니다. 의라는 것은 무엇입니까? 시의적절하게 하는 것입니다. 세상 사람들 중에 다른 사람의 뜻을 헤아리지 못하고, 청과 조금 가까운 자는 문득 청당(黨)이라 지목하고 다른 무리를 보듯이 하는 것을 항상 괴롭게 여겼습니다. 저 또한 크게 비웃으며 달갑게 이를 받아들입니다.[166]

김윤식의 평가에 따르면 그는 《중용》의 '시중'에 입각하여 임오군란은 문견이 시세에 미치지 못한 것이고 갑신정변은 문견이 시세보다 앞서갔기 때문에 실패하였다고 본 것이다. 특히 본인을 친청당(親淸黨)으로 간주하는 것에 불만을 제기하며 친청과 친일이라는 이분법 논리를 거부하였다. 그의 시세 인식이 《중용》의 '시중'에 입각하여 이루어지고 있음을 확인할 수 있다. 즉 의라는 것은 당시의 형편에 맞게 취하는 조치의 마땅함이라고 말하고 있는바 시조지의(時措之宜)는 《중용》 제25장에 언급된 구절로 '시중'의 논리는 역사적 사건에도 적용되고 있다.[167]

한편, 이들 변법자강론자는 문명개화론자와 달리 개화의 개념을 문명과 야만이라는 본질론적 이분법적 구도에 가두지 않고 도가 아닌 기가 점진적으로 진화하는 단계론적 발전 구도에서 인식하였다. 유길준

---

166) 김윤식, 《운양집》 권11, 서독(書牘) 상(上), 답일본인율림차언서(答日本人栗林次彦書). "壬午淸水之變 出於聞見之太不及也 去年十月之亂 出於聞見之太過也 過不及皆不中 何怪乎變亂之疊生也 君子無適無莫 惟義之與比 僕雖不得爲君子 胷中本無中東二字 惟視義之所在 義者何也 時措之宜也 常苦世之人不諒人志 與淸國稍近者 輒目爲淸黨 視若異類 僕亦大笑 甘心受之."

167) "成己 仁也 成物 知也 性之德也 合內外之道也 故時措之宜也." "자기를 이룸은 인이라 하고, 나 이외의 사물을 이룸을 지라 한다. 인과 지는 인간의 성이 축적해가는 탁월한 덕성이며, 인간 존재의 외와 내를 포섭하고 융합하는 도이다. 그러므로 성(誠)은 어떠한 상황에 처하여지더라도 반드시 그 사물의 마땅함을 얻는다."(김용옥, 《중용 인간의 맛》, 통나무, 2011, 303쪽)

이 집필한《서유견문》은 이를 잘 보여준다.

> 개화란 인간의 온갖 사물[千事萬物]이 지선극미(至善極美)한 경역에 이르는 것을 말한다. 그러므로 개화하는 경역은 한정할 수 없다. 인민 재력(才力)의 분수에 따라 등급의 높고 낮음이 있지만, 인민의 습상(習尙)과 나라의 제도[規模]에 따라 차이도 발생한다. 이것은 개화하는 수준[軌程]이 같지 않기 때문이지만, 핵심은 사람이 하느냐 하지 않느냐에 달려 있을 따름이다. 오륜의 행실을 독실하게 해서 사람이 도리를 알면 이는 행실의 개화이고, 사람이 학술을 궁구해서 만물의 이치를 밝힌다면 이는 학술의 개화이며, 국가의 정치를 정대하게 해서 백성에게 태평한 낙이 있으면 정치의 개화이고, 법률을 공평히 하여 백성에게 억울한 일이 없으면 법률의 개화이며, 기계의 제도를 편리하게 해서 사람의 쓸모를 이롭게 한다면 기계의 개화이며, 물품의 제조를 정교하게 해서 사람의 생을 두텁게 하고 거친 일이 없다면 물품의 개화다. …… 가만히 생각하건대 행실의 개화는 천하만국을 통하여 동일한 규범[規模]이 천만년의 장구함을 열력(閱歷)하여도 변치 않는 것이지만, 정치 이하의 여러 개화는 시대에 따라 변개(變改)하기도 하고 지방에 따라 다르기도 할 것이다. 그러므로 옛날[古]에 맞은 것이 오늘[今]에 맞지 않는 것이 있고, 저들[彼]에 좋은 것이 우리[此]에게 좋지 않은 것도 있다. 고금의 형세를 짐작(斟酌)하고 피차의 사정을 비교(比較)하여 좋은 것[長]을 취하고 나쁜 것[短]을 버리는 것이 개화하는 자의 대도이다.[168]

이에 따르면 유길준은 윤치호와 달리 문명과 야만이라는 본질론적 이분법 구도에 매몰되지 않고 어느 인종이든 민족이든 나라든 기본적으로 도(道)라고 불릴 행실의 개화가 있음을 전제한 뒤 여타 분야의 개화는 시대에 따라 변화하는 것이라고 규정하고 있다.[169] 여기에도 고금의 형세를 살피고 피차의 사정을 비교하여 장점을 받아들이는 '시중'의 관점이 관철되고 있다. 나아가 그는 서구의 사회진화론을 수용하면서도 자신의 전통사회가 지닌 장점을 간과하지 않았다.[170]

> 자국 사물을 집취ᄒᆞ야 피국 사물에 비교ᄒᆞ되 피(彼)의 사물이 필연 아(我)의 사물보단 우(優)ᄒᆞᆫ 자(者) 잇거든 취ᄒᆞ야 아단(我短)을 보ᄒᆞ고 아의 사물이 과연 피의 사물보단 장ᄒᆞ거든 영구보존ᄒᆞ야 기장(其長)을 익장(益長)ᄒᆞ게 ᄒᆞ야서 일국의 문명을 진(進)ᄒᆞ며 일국의 부강을 성ᄒᆞ야…….[171]

유길준은 자신에게 영향을 미친 후쿠자와 유키치와 달리 조선의 전통 자산을 전제하면서 서구 문물을 선택적으로 수용하고자 하였던 것이다. 이는 그가 인간의 자질과 능력이 인종에 내재한 고유의 것으로 인식하는 후쿠자와 유키치의 인종주의 사고방식과 달리 제도의 차이에 따른 개화 등급의 차이에 불과하다고 인식하였기 때문이다.[172] 따라서 유길준이 처한 당대 조선의 발전 수준이 낮더라도 제도개혁을 통해 얼마든지 문명화의 단계로 격상할 수 있다고 전망하였다. 변법자강론의 정수를 보여준다.

그리하여 그는 '시세'와 '처지'를 고려하지 않은 채 외국의 것만 숭

---

168) 유길준전서편찬위원회, 《유길준전서 I》, 〈서유견문(전)〉(1895) 제14편, 개화의 등급, 일조각, 1971. 본문 인용문은 원래 국한문 혼용체 문장이어서 장인성, 《서유견문: 한국 보수주의의 기원에 관한 성찰》, 아카넷, 2017, 661~664쪽에 실린 번역문에 의거하여 실었다.

169) 이와 관련해서는 김경일, 〈문명론과 인종주의, 아시아 연대론—유길준과 윤치호의 비교를 중심으로〉, 《사회와 역사》 78, 한국사회사학회, 2008 참조.

170) 허동현, 앞의 글, 178~182쪽.

171) 유길준전서편찬위원회, 《유길준전서 V》, 경쟁론(1883), 일조각, 1971.

172) 이광린, 〈유길준의 개화사상—서유견문을 중심으로〉, 《역사학보》 75~76, 역사학회, 1977, 242쪽.

상하고 자국의 것을 업신여긴 김옥균 무리를 '개화의 죄인'으로, 외국인과 외국의 것을 무조건 배척하고 자기 자신만을 최고라 여기는 무리들을 '개화의 원수'로, 아무런 주견 없이 개화의 겉모습만 따르는 자들을 '개화의 병신'으로 각각 규정하였다.[173] 동시에 그는 개화의 죄인과 원수를 모조리 비판하되 개화에 지나친 죄인이 원수보다 나라를 빠르게 위태롭게 만든다고 보았다. 그는 개화를 반대·배척하는 무리들보다 현실을 무시한 채 성급하게 개화를 추진하였던 갑신정변의 주도 세력을 신랄하게 비판하였던 것이다.

여기서 그는 김윤식과 마찬가지로《주역》과《중용》의 '득중(得中)' 개념을 원용하여 다음과 같이 개화의 대공(大功)을 이루어야 한다고 주장하였다.

> 반드시 득중한 자가 있어 지나친 자를 규제[調制]하고 미치지 못한 자를 권면하여 남의 장기를 취하고 자기의 좋은 것을 지켜 처지와 시세에 응한 뒤에야 백성과 나라[民國]를 보전하여 개화의 큰 공을 이룰 수 있다.[174]

유길준 역시 자신의 전통문화에 대한 자부심을 갖되 '득중' 개념에 입각하여 처지와 시세에 따라 민국 보전의 방법을 모색하여야 함을 역설한 것이다.

그렇다고 이들이 변법을 포기한 것은 아니었다. 비록 갑신정변으로 인해《한성순보(漢城旬報)》가 폐간되었지만 어느 정도 시간이 경과하자 1886년에 김윤식을 중심으로《한성주보(漢城周報)》가 창간되었다. 여기

173) 유길준전서편찬위원회,《유길준전서 I》,〈서유견문(전)〉(1895) 제14편, 개화의 등급, 일조각, 1971.

174) 앞과 같음.

에는 김윤식을 비롯한 변법자강론자들의 현실 인식과 개혁론이 반영되었다. 그리하여 《한성주보》는 1886년 3월 8일 "논천하시국(論天下時局)"에서 만국공법의 허구성과 서구 열강의 식민지 쟁탈을 인식하면서 조선도 청, 일본과 마찬가지로 독립자강할 방도를 찾아야 한다고 주장하였다.[175] 그리하여 임금과 백성이 한마음으로 힘을 모아 부강 계획을 세우고 안전을 도모할 것을 "시무에 관심을 가진 군자들"에게 요청하였다. 특히 "실이 없는 명분만 따르지 말고, 서양제도를 본받되 껍데기만 모방하지 말" 것을 주문하였다.[176] 이른바 여기서도 변법자강론이 펼쳐졌다.[177] 아울러 당면 급무는 서구의 장점을 취하여 조선의 단점을 보완하며, 조선의 단점을 버리고 서구의 장점으로 보완하며, 나아가 그것으로 산업을 제정하고 재화를 증식하여 날로 부강해지도록 노력하는 것이 제일이라고 역설하였다.[178] 아울러 조선의 사민(士民)들은 신체의 강건과 지식의 발달이 유럽 사람에게 그렇게 뒤처지지 않는다고 판단하였기 때문에 교육을 통해 서구 과학기술을 습득하면 산업화와 재부의 축적이 가능하다고 전망하였다. 자신들의 전통과 사민의 역량에 대한 신뢰가 적지 않았던 것이다. 물론 선비는 시무에 통달하고 학교에서 격물치지의 도리를 강명(講明)하여야 하였다.[179]

그리하여 1886년 1월 2일 정부는 변법자강개혁 차원에서 노비세습제를 전면 폐지하였다.[180] 순조 1년(1811) 시노비(寺奴婢) 혁파에 이어 단행한 개혁이었다. 물론 이러한 조치는 노비가 전체 인구에서 차지

175) "論天下時局", 《한성주보》, 1886년 3월 8일자; "論西日條約改證案", 《한성주보》, 1886년 5월 24일자.

176) "論西日條約改證案", 《한성주보》, 1886년 5월 24일자.

177) "論開礦", 《한성주보》, 1886년 9월 13일자.

178) "論學政 第二", 《한성주보》, 1886년 2월 1일자.

179) "論學政 第一", 《한성주보》, 1886년 1월 25일자; "歸商論", 《한성주보》, 1886년 9월 20일자.

하는 비율이 10퍼센트로 감소하는 현실에서 노비제 유지의 의미가 없어졌다는 판단이 작용하였기 때문이다. 그러나 무엇보다 《한성주보》가 이러한 조치를 서구의 노비제 폐지 노력과 효과에 비추어 감행하였음을 강조하였다는 점을 주목한다면 노비세습제 혁파는 조선도 문명국가로 나아가고 있음을 널리 내외에 알리고자 한 것으로 보인다. 여기에 덧붙여 사노비세습제 혁파의 근거로 귀천의 구별은 출신이 아니라 현우(賢愚)에 달려 있음을 내세웠다. 또한 정부는 이 시기에 서양 신서적을 구입하여 서구의 법과 제도, 과학기술을 수용하고자 노력하였다.[181] 나아가 갑신정변에도 불구하고 농무목축시험장(農務牧蓄試驗場)을 1886년 종목국(種牧局)으로 개칭하였으며 농무학당(農務學堂)을 설치하여 서구 농학을 교육하고자 하였다.[182]

그러나 이러한 변법자강개혁은 청의 간섭과 거문도 사건을 비롯한 서구 열강 간의 날카로운 대립으로 소기의 성과를 거두는 데는 한계가 따랐다.[183] 또한 변법자강개혁을 추진하던 어윤중과 김윤식이 갑신정변 후유증과 민씨 집권 세력의 반발로 정계에서 사실상 은퇴하면서 개혁의 동력을 점차 상실해갔다.[184] 특히 이러한 개혁을 추진할 수 있는 물적 기반이 청·일본 간의 무역 경쟁과 재정 적자 증가에 따른 조선 경제의 위기로 말미암아 미약하였다.[185]

---

180) 《고종실록》 권23, 고종 23년 1월 2일, 3월 11일 ; "禁奴婢世役說", 《한성주보》, 1886년 2월 15일자.

181) 이태진, 〈1880년대 고종의 개화를 위한 신도서 구입사업〉, 《민족문화논총》 16, 영남대학교 민족문화연구소, 1996.

182) 이광린, 〈농무목축시험장의 설치에 대해〉, 《한국개화사연구》, 일조각, 1969 ; 김용섭, 《신정 증보판 한국근대농업사연구 Ⅱ》, 지식산업사, 2004, 89~91쪽.

183) 조경달, 앞의 책, 110~118쪽.

184) 김태웅, 앞의 책, 194~200쪽.

185) 조경달, 앞의 책, 121~125쪽.

그럼에도 불구하고 이러한 변법자강 노력은 1894년 농민전쟁과 일본의 내정 간섭에 대응하여 6월 교정청(校正廳)을 설치하면서 새로운 국면으로 접어들었다. 대경장(大更張)의 필요성에 고종과 대다수 관료가 동의하였기 때문이다.[186] 비록 일본의 압도적 군사력에 눌려 군국기무처가 설립되었을지라도 1880년대 변법자강의 동력이 남아 있어 곧 변법자강개혁이 본격화될 수 있었다. 이는 갑오개혁기 탁지부대신 어윤중의 정치·경제 개혁에 잘 드러난다. 그는 의회 설치를 촉구하면서 다음과 같이 변법자강의 의미를 강조하였다.

> 천하의 일이란 본말을 가려서 근본적인 것은 먼저 하고 말단적인 것은 뒤에 하여야 할 뿐이고 이 순서를 바꾸면 혼란스럽게 될 것입니다. 그런데 어찌하여 외국을 본받고자 하면서 외형만 답습하고, 고루한 법규를 없애고자 하면서 규정만 무너뜨린단 말입니까. 말하는 것이 어려운 것이 아니라 행하는 것이 어려운데, 실제적인 공[實功]으로 실제적인 일[實事]을 행하려 생각하지 않고, 단지 헛된 논의만 늘어놓는 데 힘써 일시적인 쾌감이나 구하려 하고 있습니다.[187]

이에 따르면 어윤중은 변법자강이 단지 외국의 법과 제도의 외형만 답습하는 것이 아니라 실제 효과를 거두기 위한 진정한 변법을 단행하기를 구하였던 것이다.

나아가 그는 재정개혁을 추진하는 과정에서 각종 경제개혁도 구상

---

186) 1894년 농민전쟁 3월 기포 직후 4월 좌의정 조병세(趙秉世)는 대경장의 필요성을 역설하였다(《일성록》, 고종 31년 4월 4일).

187) 《승정원일기》, 고종 31년 8월 2일. "天下事 不過擇本末而先後之而已 易之則亂矣 奈之何 欲效外國而徒襲皮毛 欲除陋規而徒壞定章 言之匪艱 行之惟艱 不思以實功行實事 徒欲務張虛議 以求一時之快也."

하여 그 임무를 면식도 없는 재야 혁신 유생 이기(李沂)에게 맡기고자 하였다.[188] 그것은 소문을 통해 이기의 국가개혁론을 익히 듣고 있었기 때문에 그러하였으리라 본다. 이에 이기는 어윤중의 차관 도입을 비판한 '전제망언(田制妄言)'에서 유형원의 《반계수록》과 정약용의 《경세유표(經世遺表)》에 근거하여 전제개혁을 주장하였다.[189] 이는 어윤중 자신도 정전제에 관심을 가진 터에 시세 변화와 농민군 역량, 국내외 정국 변동을 헤아리면서 이기의 개혁 구상을 들어보고자 한 것으로 보인다.[190] 이 점에서 어윤중은 부세·재정 제도개혁에 중점을 둔 여느 변법자강론자와 달리 토지 문제 타개 방안도 염두에 두었으리라 추정된다. 그가 갑오개혁기에 추진하였던 재정개혁이 전자의 연장선에 있음에도 불구하고 그가 조선 후기 토지개혁 전통에도 관심을 가진 가학(家學) 분위기와 한장석(韓章錫), 서응순(徐應淳)과의 교류 속에서 성장하였다는 점에 비추어볼 때 그러한 잠재성을 내포하고 있다고 하겠다.[191]

유길준도 김윤식, 어윤중과 함께 갑오개혁 이전에 추진하거나 구상하였던 이러한 변법자강의 방도에 입각하여 제반 개혁을 단행하였다. 그 과정에서 이들 변법자강파는 청일전쟁 이후 시세 변화를 반영하여 주권국가체제를 수용하기에 이르렀다.[192] 물론 이들 변법자강파는 갑신정변의 주도자였던 박영효를 비롯한 문명개화파와 경쟁하지 않으면 안 되었다. 비록 변법자강파와 문명개화파가 민씨 척족 세력에 대항하

---

188) 이기, 《해학유서(海鶴遺書)》 권5, 문록(文錄) 삼(三), 서독(書牘), 답어탁지윤중서(答魚度支允中書) 을미(乙未)

189) 이기, 《해학유서》 권1, 전제망언. 이와 관련해서는 김용섭, 앞의 책, 2004, 238~265쪽 참조.

190) 김용섭, 앞의 책, 2004, 89~91쪽; 김태웅, 앞의 책, 83~89쪽.

191) 김태웅, 앞의 책, 43~46쪽.

192) 김성배, 〈갑오개혁기 조선의 국가·자주 개념의 변화: 김윤식을 중심으로〉, 《아시아리뷰》 4-2, 서울대학교 아시아연구소, 2015.

여 갑오개혁을 공동으로 추진하여야 하는 처지에 놓였지만 그들이 각각 기반하고 있는 이념과 노선이 달라 그들은 늘상 부딪칠 수밖에 없었던 것이다.[193] 즉 조선 사회 내부의 역사적·사회적 기반에 근거하여 변법자강을 성취하려는 정치 세력과 외부 세력인 일본에 의존하여 문명개화를 이식하고자 한 정치 세력이 공존·경쟁하는 가운데 조선 정국은 국내외의 급격한 변동으로 요동쳐야 하였다. 따라서 변법자강파는 일대 개혁을 단행하면서도 일본의 권박(勸迫)에 밀려 추진하게 되었음에 조선 민인에게 자괴감을 갖게 하였다.[194]

그러나 후일 아관파천으로 갑오정권이 무너졌지만 어윤중, 유길준 등이 추진하였던 재정개혁과 지방제도 개편 등의 기본 골격은 광무정권 아래에서도 이어졌다. 그것은 근대 주권국가 실현을 위한 변법자강론이 여전히 힘을 발휘하고 있었기 때문이다. 물론 변법자강론도 시무변통의 원리에 입각하여 전개되었다. 그리하여 조선 국가가 대한제국으로 나아가는 명분 역시 여기서 마련되었다. 그것은 1897년 8월 16일 대한제국 수립을 앞두고 사령(赦令)을 행하는 조서에서 밝힌 대로 시대의 변천에 따라 그에 맞는 정사를 하고[因時制宜] 사물과 함께 갱신하는[與物更新] 원리를 근간으로 삼았던 것이다.[195] 이어서 심합이기설(心合理氣說)을 주장한 이항로 계열 박문일 문하에서 수학한 전 도사 전병훈(全秉薰)은 1899년 1월(양력) 정부를 공격하던 만민공동회가 강제 해산된 뒤 수습 방안을 제시하면서 다음과 같이 정부가 나아가야 할 방향을 제시하였다.[196]

---

193) 박종근, 박영재 역, 《청일전쟁과 조선》, 일조각, 1989, 161~165쪽; 김태웅, 《한국근대 지방재정 연구—지방재정의 개편과 지방행정의 변경》, 아카넷, 2012, 183~203쪽.

194) 유길준전서편찬위원회, 《유길준전서 Ⅳ》, 문답(問答, 1895). 이와 관련해서는 유영익, 《갑오경장 연구》, 일조각, 1990, 198~199쪽 참조.

195) 《고종실록》 권36, 고종 34년 8월 16일.

우리나라는 500년 동안 함양(涵養)하여 문명(文明)한 국가로서 학문과 기술 및 실용(實用)으로 인도하고 새로운 견문과 새로운 지식을 더한다면, 장차 반드시 인재가 많아 이루 다 쓸 수 없을 것이니, 어찌 염파(廉頗)와 이목(李牧)이 이 세상에 있지 않고 위징(魏徵)이 같은 시대에 살고 있지 않은 것을 탄식하겠습니까.

이른바 외국과 관계된 일을 잘하도록 도모하는 것으로 말하자면, 신은 오늘날 치도(治道)를 논하는 자들이 모두 '동도서기'라든가 '내수외교'라고 하는 말을 들었으니, 시의에 통달한 말이라고 할 수 있습니다.[197]

전병훈은 위정척사 계열임에도 불구하고 서구 문물의 유입과 국내외 정세의 급격한 변동을 목도하는 가운데 문명국가임을 자부한 전제 위에서 기존의 위정척사 노선에서 벗어나 동도서기·내수외교 노선을 전면에 내세웠다. 특히 이러한 외교론은 신하는 외교가 없다는 '인신무외교(人臣無外交)'의 원칙을 폐기함으로써 중화지배질서를 부정하는 주장이었다.[198] 아울러 그는 유형원의 정전제를 소개하면서 정부의 양전·지계사업(量田地契事業)을 적극 지지하는 한편, 무역 통상 장정의 개정과 미곡 유출 방지, 광산 개발, 은행 운영의 활성화, 군사력 증강, 각군(各郡) 병합 등에 관한 각종 시무책을 제시하였다. 특히 경서에 밝고 품행에 뛰어난 전통적인 관료를 양성할 것을 주장하면서도 시무책과

196) 전병훈의 전반기 생애에 관해서는 김성환, 〈서우 전병훈의 생애와 저술에 대한 종합적 연구 Ⅰ — 국내 거주기(1857~1907)의 활동과 저술〉, 《도교문화연구》 38, 한국도교문화학회, 2013 ; 윤창대, 〈전병훈 《정신철학통편》 연구: 한국철학의 위상과 성격을 중심으로〉, 국제뇌교육종합대학원대학교 박사학위논문, 2015, 13~19쪽 참조.

197) 《승정원일기》, 고종 35년 11월 20일(양력 1월 1일).

198) 19세기 말 '외교' 용어에 관해서는 민회수, 〈19세기 말 한국에서의 '외교' 용어의 활용 양상〉, 《진단학보》 131, 진단학회, 2019 참조.

각 기예에 정통한 인재를 육성하여 관리로 채용할 것을 역설하였다.[199] 그것은 궁극적으로 만국공법질서 아래 시세 변화에 적절히 부응하면서 주권국가건설을 위한 인적·물적·제도적 기반을 확충하고자 하였음을 보여준다.

또한 심즉리설(心卽理說)을 제창한 영남 남인 이진상(李震相) 계열의 이인재(李仁梓) 역시 자신의 스승 곽종석(郭鍾錫)에게 보내는 편지에서 다음과 같이 자신의 견해를 밝혔다.[200]

> 우리는 마땅히 우리가 평소 가르치고 익히던 우리의 경전과 역사를 근본으로 삼아야 합니다. …… 도는 변함이 없으나 예와 법은 변할 수 있습니다. 이런 회양(懷山襄陵의 준말)의 재해를 당해 다만 옛것을 강(講)하고 오늘날의 것에 통하지 않는다면 진실로 우활에 빠지고, 만약 빨리빨리 그와 더불어 동화되는, 즉 공부하면 해가 됩니다. 모르겠습니다만 당신께서는 어떻게 생각하시는지요?[201]

이인재 역시 유학의 도는 버릴 수 없어도 예와 법은 바꿀 수 있음을 주장하는 한편, 급속한 문명개화의 문제점을 지적하고 있다. 변법자강론의 핵심을 다시 한 번 말하고 있는 셈이다. 이처럼 유자 내부에서도 점차 새로운 질서의 도래와 국망의 위기 속에서 스스로 법과 제도를

---

199) 《승정원일기》, 고종 35년 11월 20일(양력 1월 1일).

200) 이인재의 성리학 사상과 서구 학문에 대한 인식에 관해서는 임종진, 〈성와 이인재의 성리사상—〈고대희랍철학고변〉에 대한 분석을 중심으로〉, 《퇴계학과 유교문화》 53, 경북대학교 퇴계연구소, 2013, 177~186쪽 참조.

201) 이인재, 《성와문집(省窩文集)》 권2, 여곽대연(與郭大淵). "吾輩但當宗吾素教講吾經史 …… 蓋道無變 藝與法可以損益 當此懷襄 只講古而不通今 則固涉於迂闊 而若駸駸然與之俱化 則攻之斯害矣 未知高明以爲如何."

바꾸어 주권국가로서의 기반을 확충하고자 하였음을 확인할 수 있다.

혁신 유생 이기도 이러한 방향을 구상하면서 시세의 변동을 적극적으로 반영하여 주체적으로 대응해가는 유학의 장점을 다음과 같이 언급하였다.

> 우리 유도(儒道)가 다른 학문보다 장점(長點)이 있는 것은 다름이 아니라 그 시대(時代)에 알맞게 처신(處身)할 수 있기 때문이네.[202]

이기는 유학의 문제점을 여러 차례 지적하면서도 결국 '시중' 개념에 입각하여 시세 변동에 적절히 대처해갈 수 있는 역량을 보유하고 있음을 유학의 장점으로 자부하였다. 물론 그 역시 서구 열강의 침략에 맞서기 위해서는 이제는 시무의 학문이 되어버린 신학(新學), 즉 서구 학문을 배워 부국강병을 도모하여야 함을 역설하였다.

> 그들[서구 열강]을 대항하려고 하면 반드시 동등한 병기(兵器)가 있어야 할 것이므로 공학(工學)을 강론하지 않을 수 없을 것이며, 그 병기를 제조하려면 반드시 금전(金錢)과 곡물(穀物) 등 비용이 있어야 하므로 농학(農學)과 상학(商學)을 강구(講求)하지 않을 수 없을 것이며, 그 물자를 공급하려면 반드시 부민정치(富民政治)를 하여야 하므로 사학(士學)을 강론하지 않을 수 없을 것이네. 이렇듯 우리는 불가불 강론하여야 할 학문으로 불가불 강구하여야 할 시대를 만났으므로 구구히 제군자(諸君子)들에게 바라는 것을 내가 어찌 그만둘 수 있겠는가?[203]

---

202) 이기, 《해학유서》 권6, 문록 사(四), 서독(書牘), 답이군강서(答李君康書) 무신(戊申). "夫吾儒之道 長於諸學非他也 以其能時中也."

203) 앞과 같음.

이에 따르면 이기가 국권을 수호하기 위해서는 부국안민을 추구하여야 하며 이를 위해서는 시대의 변화에 부합한 변법자강에 매진하여야 함을 역설하고 있음을 확인할 수 있다.

이처럼 혁신 유생들은 학파, 당파와 상관없이 국제정세의 변동과 국망의 위기 앞에서 '시중'의 개념을 적극적으로 활용하여 변법자강의 필요성을 강조하였다. 둘 다 공히 멀리는 유학에 근원을 두었고, 가까이는 이러한 유학의 장점이라 할 '시중'의 원리를 적극적으로 당대 시세 변동에 적용하였기 때문이다.

5. 결어

해방 후 한국 역사학계는 일제의 식민사관을 극복하기 위해 노력하였다. 사회경제사 연구가 정체성론의 극복에 주안을 두었다면 정치사상사 연구는 타율성 탈피에 주안을 두었다. 특히 한국 근대 정치사상사는 일본 관변학자들이 구축해놓은 일본 주도의 내정개혁론과 문명시혜론을 실증적·이론적으로 반증하는 데 힘을 기울였다. 그 결과 개화사상의 주체적 성격과 주도 세력의 자율성이 해명되었을뿐더러 근대 변혁운동을 체계적으로 이해하는 데 기여하였다. 갑신정변과 갑오개혁 연구는 그 정점이라고 말할 수 있다.

그러나 이러한 반증과정에서 일제가 구축해놓은 수구·개화라는 이항 대립틀이 여전히 극복되지 못하고 재생산됨으로써 개혁의 주체성·자율성이 해명되었을지라도 조선 후기 사회와의 종적 계열성과 함께 다양한 정치 세력과의 횡적 연계성을 종합적으로 해명하는 데는 미흡하였다. 물론 이러한 한계를 다소나마 해소하기 위해 동도서기론과 온건개화파의 검출, 조선 후기 실학사상과 개화사상의 연속성 해명 등의 작업이 후속되었다. 그러나 이러한 시도 역시 이항 대립틀로써 설명하는 통설에 여전히 규정되어 있다는 점에서 그 한계 역시 자명하다. 따라서 일제 관변학자의 식민사관과 근대화 지상주의에 의해 구축된 개화 담론에서 벗어나 당대의 역사적 조건과 국제정세 속에서 시대적 과제를 해결하고자 하였던 주체들의 형성과 활동을 당대의 역사적 맥락에서 검토할 필요가 있다.

이 글은 이처럼 기존의 수구·개화 이항 대립틀에서 벗어나 조선 말, 국교 확대기 제반 여러 개혁론의 전개와 추이를 추적하고 그 의미를 검토하였다. 다음 내용은 본론을 요약한 것이다.

전통적 시무개혁론은 여말선초 사회 변동이 극심해지는 가운데 시대적·사회적 과제를 해결하는 과정에서 제기되었다. 그런데 이러한 시무개혁론은 이전 시기의 시무론과 달리 성리학에 대한 이해 속에서 《중용》의 '시중'과 《주역》의 '변역' 논리에 입각하여 구사되었다. 즉 시무개혁론은 시세 변동에 의거하여 당대의 사회적 과제를 해결하되 철학적 원리에 입각하고 있다는 점에서 이전 시기 유자들·관료들의 시무론과는 역사적 위상과 사회적 의미를 달리하였다.

그리하여 이러한 시무개혁론은 왕조를 창업하는 조선 초기에는 물론 수성 시기를 거쳐 대내외 위기가 심화되어 경장(更張)이 요구되는 16세기 후반에도 늘 '시중'과 '변역'을 중시하였다. 이이가 사회 모순으로 야기된 제반 폐단을 해소하기 위해 선조에게 올린 《만언봉사》의 다양한 시무개혁 방안은 단적으로 《중용》의 '시중'과 《주역》의 '변역' 논리에 근간하고 있다. 또한 17세기 김육의 대동법 시행도 양란 후 사회적 위기를 돌파하여 국가를 재건하고자 하는 경장의 방도가 담겨 있다. 그 점에서 이이와 김육의 이러한 시무개혁론은 조선 전기에 간간이 제시되었던 시무론을 제도 차원으로 확장하고 실행하고자 한 방안이라 하겠다. 다만 시세 인식과 역사적 여건의 차이로 인해 이후 등장하는 변법적 시무개혁론과 달리, 근본적이고 새롭게 변혁하기보다는 현실의 문제를 경장하는 차원에서 접근하고 있어 변통적 시무개혁론으로 명명할 만하다.

한편, 유형원과 이익에서 볼 수 있듯이 조선 후기에는 시무개혁 관료와 달리 재야에서 농촌 문제를 근본적으로 성찰하면서 토지 문제를 개혁의 주된 과제로 설정한 변법적 시무개혁론자들이 대두하였다. 이들 변법적 시무개혁론자는 당대에도 '시무'라고 부르고 있듯이 시세 변동에 의거하되 사회 문제의 근원을 궁구하고 일체를 새롭게 하고자 하였다.

양자의 이러한 차이는 시세 변동에 대한 인식과 자신들이 처한 여건의 차이에서 비롯되었다. 물론 변법적 시무개혁론은 전자와 달리 정치 사회적 기반의 취약으로 지속될 수 없었다. 또한 변통적 시무개혁론마저 19세기 전반 세도정치로 대표되듯이 소수 가문의 정국 독주로 인해 배제되거나 무시되었다. 그러나 대다수 관료가 유자인 이상 《중용》의 '시중'과 《주역》의 '변역'을 내면화하고 있어 언제든지 시세 변동과 연계하여 제기될 수밖에 없었다.

그러한 계기는 1862년 임술민란이었다. 삼정제도의 모순과 운영의 문란에서 야기된 민란이 일어나자 변통적 시무개혁론이 다시금 일어날 수 있게 되었다. 그리고 대원군 정권은 이러한 변통적 시무개혁론을 제도개혁으로 옮겨 환곡을 폐지하고 호포법을 시행하기에 이르렀다. 즉 대원군 정권은 임술민란을 단지 일부 체제 불만분자의 변란이 아니라, 조선 후기 사회 변동에 따른 구조적 모순에서 빚어진 '민란'이라 인식하고 삼정운영개선에 그치지 않고 삼정제도개혁으로 나아갔다. 변통적 시무개혁론의 정점이라 하겠다.

그러나 대원군 집권기에는 서구 열강의 침투가 본격화되어 시무개혁론도 국내 문제에 한정하지 않고 국외 문제로 확장되어 서구 열강의 침략에 대응하여야 하였다. 이 시기 시무개혁론이 삼정제도개혁을 넘어서서 서구의 침략을 막자는 내수외양론으로 집약된 것은 이 때문이다. 한편, 영불 연합군의 북경 점령과 일본의 개항과정을 전해 들으면서 서구 과학기술의 우수성을 인정한 일부 시무개혁 세력은 중화지배질서의 동요를 체감하고 자강의 필요성을 자각하였다. 이들은 외양보다는 자강에 초점을 두고 그 방도로 통상 개방을 통해 만국공법질서에 편입하는 동시에, 부국안민의 방도를 추구하였다. 1876년 병자수호조규 체결 이후 수신사와 조사시찰단 파견, 조미수호통상조약 이후 보빙사 파견 등은 이러한 내수자강론자들이 펼친 변통적 시무개혁의 결과였다.

이에 일부 소장파 관료들은 1882년 임오군란의 발발을 계기로 본격화한 청의 내정 간섭과 경제 침탈을 목도하면서 일본의 지원을 받아 정권을 장악하고자 하였다. 이른바 급진개화파의 등장이다. 이들 세력은 제도개혁에 그치지 않고 체제 자체의 변혁에 중점을 두되 일본과의 연대와 청 세력 축출에 적극 나섰다. 이러한 노선은 이전의 내수자강론에서 탈피하여 일본 주도의 아시아주의 영향 아래 근대화를 실현하고자 한 문명개화론으로 표출되었다.

그러나 갑신정변은 주도 세력의 의도와 달리 청의 신속한 반격과 일본군의 퇴거로 인해 실패로 돌아갔고 이로 인해 급진개화파가 견지하였던 정치적 기반의 취약성과 대일 의존성을 적나라하게 드러냈다. 이는 집권 세력 내부의 균형을 깨뜨렸고 민인의 반일 정서를 자극하였다. 이때 내수자강론의 연장선에 있으면서도 임오군란과 갑신정변을 계기로 제도개혁으로 나아가고자 하는 변법자강론이 본격화되었다. 내수자강론의 주된 입론이라 할 수 있는 통상 개방론과 과학기술 수용론에 머무르지 않고 조선 재래의 문명 전통에 입각하되 서구의 법과 제도를 수용하여 조선의 사회체제를 바꾸고자 하였다. 이른바 동도서기의 수준을 넘는 것이었다. 아울러 변법자강론은 급진개화파와 달리 균세(均勢) 외교 방책에 입각하여 국제정세의 변동을 예의 주시하되 일본에 의존하지 않고 자강을 통해 부국강병을 실현하는 데 목표를 두었다. 중세 신분제 유지의 관건이라 할 노비세습제 폐지와 서구 농업기술 수용을 위한 농무학당의 설치는 이를 단적으로 보여준다. '시중'의 원리를 여기서도 적용하고 있던 셈이다.

그러나 이러한 변법자강 노선은 청의 정치적 간섭, 한반도를 둘러싼 해양 세력과 대륙 세력의 대립과 갈등에 따른 균세정책(均勢政策)의 차질, 갑신정변 후유증이라 할 어윤중·김윤식의 퇴진과 유길준의 감금으로 인해 정상 궤도에 오를 수 없었다. 특히 이러한 변법자강 노선은 개혁을 추진할 수 있는 물적 기반의 취약으로 말미암아 한계를 드러냈을 뿐더러 이러한 위기에서 탈피하기 위한 노력이 민중 수탈로 이어짐으로써 1894년 농민전쟁을 초래하였다.

이처럼 1880년대 후반 변법자강론은 국내외 정세의 급변과 지지 기반의 미비로 인해 침체되었다. 그러나 이러한 노선은 갑오개혁기 재정개혁과정에서 부활하였고 아관파천 이후에도 구본신참론으로 계승되는 가운데 광무개혁의 역사적·사상적 기반으로 작용하였다. 대한제국 수립 명분이 '인시제의(因時制宜)'와 '여물갱신(與物更新)'에 있다는 점은 이를 잘 보여준다. 심지어 내수외양론의 세례를 받은 유학자 전병훈은 중화지배질서의 부정과 양전·지계사업의 지지를 담은 내수외교론을 주장하였다. 혁신 유생 이기 역시 국권수호와 부국안민을 위해서는 시대의 변화에 부합한 변법자강에 매진하여야 함을 역설하였다. 이들 모두 유학의 '시중'의 원리를 근간으로 하고 당대의 시세 변화에 적극적으로 대응하였음을 보여준다.

〈수구·개항 이항 대립틀의 허상 탈피—조선 후기 시무개혁론의 추이와 변화〉,
《역사교육》 157, 2021 증보

3장

정부의 서구 전장 탐색과 만국사 서적 보급

1. 서언

19세기에 안으로는 농민들의 반봉건운동이 줄기차게 일어나고, 밖으로는 서구 열강의 통상 개방 요구가 점차 드세지는 가운데 조선 정부는 이러한 대내외적 위기를 극복하고자 노력하였다. 특히 서구 열강의 중국 침략은 동아시아 조공책봉질서의 해체를 촉진하였을뿐더러 조선 정부가 자구책을 강구하는 계기가 되었다. 이제는 조선 정부 스스로가 기존의 중화지배질서에 안주하여 사대교린관계를 유지하기보다는 군비를 증강하여 서구 열강의 침략에 대비하고자 하였다.

그것은 대원군 정권의 내수외양(內修外攘)정책, 즉 안으로는 개혁을 통해 부국강병을 이룩하고 밖으로는 서양 세력을 물리쳐 왕조를 지키는 정책으로 나타났다. 그러나 이러한 정책은 외부세계와의 단절을 전제로 부국강병의 원동력을 오로지 내부에서만 구하여야 하기 때문에 그 실현이 불투명한데다 민족적 위기를 오히려 심화할 수 있었다. 특히 부국책(富國策)이 수반되지 않는 한 강병책(强兵策)은 공염불이었다.

1873년 대원군의 하야와 고종의 친정은 이러한 문제를 또 다른 방향에서 접근할 수 있는 계기가 되었으며 1876년 조선 정부와 일본 정부가 체결한 조일병자수호조규를 비롯하여 서구 열강과 체결한 여러 조약이 그 분기점이 되었다. 즉 이른바 문호 개방의 시발이라 할 수 있는 정부의 국교 확대정책은 부국강병정책과 짝하여 본격적으로 추진되기 시작하였다. 그런데 이러한 여러 정책이 점차 구체화되면서 기존에 왕실, 양반 관료가 견지하였던 중국 중심의 천하관(天下觀)은 약화되기 시작하였다. 이른바 춘추전국시대의 도래인 것이다. 한편, 이러한 천하관 약화는 조선 정부가 부국강병의 방도를 강구하는 결과를 초래하였다. 특히 불평등조약의 가혹한 조건이 현실화되고 근린국가들의 내정 간섭이 본격화되면서 정부의 이러한 정책 방향은 외면과 달리 내면에서는 더욱더 탄력을 받았다.

따라서 정부는 이러한 부국강병정책을 단계적으로 추진하고 구체적으로 입안하기 위해 여러 통로를 거쳐 방법을 강구하고 국제정세에 대한 정보를 광범하게 수집하는 한편, 서구 여러 나라의 전장(典章)을 조사하고 문화를 이해하는 데 주력하였다.[1] 그리고 이러한 노력의 성과는 단기적으로는 정부의 세부정책 입안에 참고가 되었으며, 장기적으로는 부국강병의 실현이라는 목표의 디딤돌로 작용할 수 있었다. 물론 임오군란, 갑신정변 등에서 볼 수 있듯이 이를 둘러싸고 정치 세력 사이에서 내부 갈등을 빚었다. 하지만 정부는 1907년 고종의 강제 퇴위 직전까지도 이러한 방침을 고수하였다.

---

1) 이태진, 〈1880년대 고종의 개화를 위한 신도서 구입사업〉, 《민족문화논총》 16, 영남대학교 민족문화연구소, 1996 ; 〈서양 근대 정치제도 수용의 역사적 성찰〉, 《진단학보》 84, 진단학회, 1997(《고종시대의 재조명》, 태학사, 2000 수록) ; 한보람, 〈1880년대 조선정부의 개화정책을 위한 국제정보수집—《한성순보》의 관련기사 분석〉, 《진단학보》 100, 진단학회, 2005.

고종 연간 정부의 이러한 노력으로 근대 지식이 축적되고 근대 외교활동이 궤도에 오르는 가운데 1880년대 후반에 이르면 정부는 국제정세와 서구 문명을 제도상으로 파악하는 데 그치지 않고 서구 각국이 부국강병을 이룰 수 있었던 역사적 기반과 사회적 동력에 관심을 두기에 이르렀다. 이는 사물의 본질 문제를 고금내력(古今來歷)·인과관계(因果關係)에 의거하여 변화·생성 문제로 전화하여 초보적이지만 해명하고자 하는 단계에 이르렀음을 의미하였다. 또한 조선인에게 내면화되어 있던 중국 중심의 세계사 인식이 종말을 맞는 동시에, 탈중국의 세계사 인식이 서서히 자리잡아갔음을 의미하였다. 이 시기 정부와 언론매체의 만국사 관련 서적의 보급은 이러한 배경에서 이루어졌다. 나아가 정부는 이러한 세계사 인식체계를 관료에 국한하지 않고 계몽활동을 통해 전 민인에게 내면화함으로써 근대 주권국가의 사회적·사상적 기반을 구축하고자 하였다.

이 글은 이러한 맥락에서 우리나라 근대 개혁기 정부의 서구 전장 탐색과 만국사 보급 문제에 초점을 맞추어 근대 주권국가건설과정을 검토한 연구다. 따라서 이러한 접근방식은 종전에 급진개화파 중심으로 근대 개혁운동을 해명하거나 한국근대사를 민중운동 위주로 다루었던 방식에서 벗어나 근대 세계질서에서 대내 권력의 최고 주체이자 대외 권력의 독립 주체로 떠올랐던 국가 권력의 처지에서 세계사 인식 문제를 다룬다고 하겠다. 나아가 이는 정부가 훗날 다양한 근대 주체 세력에게 남긴 역사적 부채와 함께 자산의 내용을 들여다볼 수 있는 밑거름이 된다 하겠다.

2. 천하관의 변화와 서구 전장 탐색

조선 시기에 중화주의적 천하의식은 양반사대부의 의식세계를 사로잡고 있었다. 즉 이들은 유교사상의 원리 속에서 중국 중심의 조공책봉 질서를 받아들여 자신의 국가를 번봉(藩封)이라 자처하는 한편,[2] 중국과 동방은 '합위일가(合爲一家)'라 하여[3] 성리학을 공유할뿐더러 국사(國史)를 중국에서 발원한 왕도가 동방에 전파되어 또 하나의 중국을 성립시킨 역사로 인식하였다.[4] 그래서 남자아이들의 주요 학습 교재였던 《동몽선습(童蒙先習)》에서는 중국사와 국사를 같이 서술하되 중국사를 먼저 서술한 뒤 그 연장선에서 국사를 서술하였다. 심지어 경연에서 국사를 강의하는 것도 반대하였다. 이처럼 중국의 문화를 동아시아의 보편문화라 인식하고 조선의 개별적 문화를 여기에 부수(附隨)하였다. 이 점에서 양반사대부의 천하관은 유교문화의 동질성, 즉 동문(同文)에 바탕을 두되 정치사회적 위계성으로 구성되는 성리학적 세계관이라 하겠다.

따라서 양반사대부의 이러한 천하관이 강하게 온존하는 한 이를 동요시키는 어떠한 논의도 비판의 대상이 되었다. 대표적인 주요 비판의 대상은 부국강병론이었다. 이는 단적으로 중종 연간 내수사(內需司)를 둘러싼 군신 간의 논쟁 기사가 잘 보여준다.

> 신 등은 듣건대 전(傳)에 이르기를 "재물을 모으면 백성이 흩어지고 재물을 흩으면 백성이 모여들게 된다"고 하였습니다. 그러므로 도(道)가 있는

---

2) 안정희, 〈조선초기의 사대론〉, 《역사교육》 64, 역사교육연구회, 1997.

3) 이이, 《율곡전서(栗谷全書)》 습유(拾遺) 잡4, 잡저(雜著), 공로책(貢路策).

4) 한영우, 《조선전기사학사연구》, 서울대학교출판부, 1981, 270~271쪽.

때는 부(富)가 백성에게 간직되고, 도가 없을 때는 부가 인군에게 간직되는 것이니 부라는 것은 원망의 부고(府庫)인 것입니다. 인(仁)을 하고 싶어 하는 사람은 부자 될 일을 하지 않고, 의(義)를 하려는 사람은 이익을 말하지 않는 법입니다. 더구나 신민(臣民)의 임금으로서 만백성 위에 계시며, 온 나라의 많은 부를 갖고 계시건만, 오히려 어찌 인의를 저버리고 작은 이익을 추구하여 구구하게 사장(私藏)하기를 일삼아야 하겠습니까?[5]

양반사대부들이 《대학(大學)》의 이른바 부민론(富民論)에 입각하여 부국론(富國論)을 양반사대부 중심의 부민론을 제약하는 이념으로 간주하여 부국론을 극력 비판하고 있음을 보여준다.[6] 물론 강병론은 말할 나위도 없었다. 요컨대 부국강병은 재정을 탕갈하고 민심의 이반을 가져와 국망을 초래하기 때문이었다.[7]

그렇다고 조선 왕실과 양반사대부가 무조건 부국강병을 기피하였던 것은 아니다. 선조의 경우 임진왜란을 겪고 나서 다음과 같이 부국강병관을 피력하였다.

옛사람이 이르길 부국강병이 부강만을 위주로 하여서는 안 된다고 할지라도 반드시 축적이 있은 후에야 일을 성취할 수 있다고 하였다. 그런데 천하에 어찌 이처럼 가난한 나라가 있겠는가. 마치 여염의 궁핍한 집과

---

5) 《중종실록》 권9, 중종 4년 8월 계미.

6) 중국의 경제사상사 연구자 자오징(趙靖)은 중국의 경제관리사상사를 법가의 부국지학(富國之學)과 유가의 부민지학(富民之學) 두 계통에 축을 두고 정리하였다. 그리하여 이 양 계통이 상호 보완하거나 절충하면서 경제관리사상이 발전하는 것으로 이해하였다. 이와 관련해서는 趙靖, 石世奇 篇, 《中國經濟管理思想史教程》, 北京大學出版社, 1993 참조.

7) 양반사대부의 부국강병론에 관한 견해는 유희춘의 부국강병론에 대한 비판에서 단적으로 확인할 수 있다(《선조실록》 권8, 선조 7년 정월 정유).

같아 하나의 진보(鎭堡)를 경영하기도 이처럼 쉽지 않다. 내가 보건대 전조에는 매우 부유하였는데, 우리나라는 어째서 이처럼 가난한지 알 수가 없다. 우리나라는 지역이 수천 리가 되지만 산천이 많이 차지하고 있어 생산되는 곳이 없다. 산에는 나무만 있고 물에는 돌만 있을 뿐이라서 중원(中原)에 비하면 1도(道)에도 미치지 못한다. 중원의 1도는 극히 부성(富盛)하여 우리나라의 물력으로는 미칠 수가 없다. 왜국 역시 우리나라처럼 가난하지는 않다.[8)]

부국강병의 필요성을 여실히 절감하되 부국강병의 전제조건으로 재화의 축적을 강조하고 있다. 물론 이러한 축적을 재화의 절용(節用)에서 찾는다는 점에서 여전히 중세적인 재정 운영 원칙에서 벗어나지 못하고 있다. 그러나 부국강병 자체를 부정 일변도로만 인식하고 있지 않음을 보여준다.

또한 양반사대부도 시대마다 부국강병을 달리 인식하여야 함을 주장하고 있다. 이이의 경우 다음과 같다.

홍문관 교리 이이가 경연 자리에서 《맹자(孟子)》를 진강하였다. 임문(臨文)하여 아뢰기를 "세대(世代)마다 각기 숭상한 바가 있었습니다. 전국시대(戰國時代)에 숭상한 것은 부국강병에 있었으므로 전쟁에서 이기고 공략하여 탈취할 따름입니다. 서한(西漢) 때의 순후한 풍조, 동한(東漢) 때의 절의(節義), 서진(西晉) 때의 청담(淸談) 등은 모두 한 시대에 숭상하는 바였습니다. 임금으로서는 시대에 숭상하는 바가 어떠한지를 살펴서 숭상한 바가 잘못되었으면 마땅히 그 폐단을 바로잡아야 하는 것입니다."[9)]

---

8) 《선조실록》 권191, 선조 38년 9월 기해.

이이의 이러한 주장은 부국강병을 부정적으로 인식하고 있음을 보여줌에도 불구하고 천하의 대세와 시대의 변화에 따라 부국강병관이 바뀔 수 있음을 암시한다.[10] 특히 시대가 춘추전국시대와 같은 형국을 맞는다면 부국강병론은 얼마든지 제기될 수 있음을 보여준다 하겠다.[11] 즉 열국이 서로 다투는, 이른바 춘추전국시대가 도래함으로써 중국 중심의 조공책봉질서가 동요되고 중화주의적 천하의식에 균열이 생기게 되면 새로운 천하관 및 역사 인식의 대두와 함께 부국강병론이 제기될 여지가 높아진다.

이러한 조짐은 양란 이후 본격화되었다. 우선 두 차례의 호란과 명청 교체기를 거쳐 중국과의 문화 동질성에 바탕을 둔 중화주의적 천하의식에 균열이 생기기 시작하였다. 즉 문명의 중심인 명이 멸망하면서 중화의 정통이 끊어졌으므로 조선만이 중화의 정통성을 지닌 국가임을 자부하였다. 이른바 소중화의식의 발로였다. 이 시기의 양반사대부 주류의 역사 인식이 소중화의식에 기반하였음은 물론이다. 아울러 북벌론은 그러한 배경에서 나올 수 있었다. 그러나 이는 노론 중심의 붕당질서를 지키려는 방책이라는 점에서 그리 오래가지 못하였다. 현실정치에서 중국 중심의 세계관을 버리지 않았다. 그리고 조선 후기에도 정부는 청에 대해 번봉국가로서 처하여야 하였다. 이는 역으로 중국 중심의 조공책봉질서를 받아들여야 하였음을 보여준다. 따라서 부국강병을 앞세우며 성리학적 질서를 위협하는 서구 학문은 경계의 대상이었다.

---

9) 《선조실록》 권3, 선조 2년 8월 정사.

10) 이러한 기사는 조선 정부가 도쿠가와 바쿠후와 국교를 재개하기 전에 부국강병을 주장하는 신료들의 주장에서도 확인할 수 있다(《선조실록》 권204, 선조 39년 10월 경신).

11) 김영호, 〈근대 한국의 부국강병 개념〉, 《세계정치》 25-2, 서울대학교 국제문제연구소, 2004, 42~43쪽.

이후 19세기 이양선 출몰과 서구 열강의 중국 침략은 종래의 천하관을 송두리째 동요시켰다.[12] 신헌은 천하의 대세를 다음과 같이 논하면서 부국강병의 필요성을 강조하였다.

> 지금 천하의 대세를 보건대 각국에서 무력을 사용하여 전후로 수모를 받은 것도 벌써 여러 차례이거니와, 병력이 이러한 것이 각국에 전파되기라도 하면 그들의 멸시가 앞으로 어떠할는지 모르겠으니 신은 정말 몹시 걱정됩니다.[13]

서구 열강의 침략으로 중국이 침략을 당하면서 조선 국가도 병력 미약으로 말미암아 서구 열강의 침략을 받을 수 있음을 경고하였던 것이다. 또한 유생 황재현(黃載顯)은 1881년 당대를 다음과 같이 보았다.

> 오늘날 세상의 대세를 논한다면 상국[청]이 천하를 호령하지 못하는 반면, 변경에서 반란이 일어나 제(齊)나라와 초(楚)나라의 옛 지경과 연(燕)의 옛터를 지키기도 하고 잃기도 하였습니다. 그 밖에 바다를 사이에 두고는 아국(俄國, 러시아), 법국(法國, 프랑스), 미리견, 영길리와 같은 나라의 기세가 크게 확장되어 무도한 짓을 자행하고 때때로 전쟁을 일으켜 중국과 겨루고 있습니다. 이것은 모두 성인이 난 지 오래되어 교화가 해이해져서 세상이 어둠 속에 묻힌 것이니, 이는 치세(治世)에서 난세(亂世)로 들어가는 시대입니다. 혹시라도 그러한 세력이 병력을 갖고 우리나라와 같

12) 이와 관련하여 강상규는 19세기에 동아시아의 천하질서가 붕괴되고 근대 국제질서가 형성되고 있다는 점에 주목하여 이를 동아시아 국가 '간' 관계의 패러다임 변환이라고 인식하고 있다. 이에 관해서는 강상규, 《19세기 동아시아의 패러다임 변환과 한반도》, 논형, 2008 참조.

13) 《고종실록》 권13, 고종 13년 2월 6일.

은 작은 나라를 침범한다면 그 환란은 마치 태산으로 달걀을 내리누르는 형세보다 심할 것입니다.[14]

중국이 서구 열강의 침략으로 말미암아 무너지면서 조선도 커다란 위기에 봉착하였음을 인식하고 있다. 또한 황재현은 치세에서 난세로 들어가는 시대라고 표현하였지만 중국 중심의 동아시아 질서가 이제는 유지될 수 없음을 절감하고 있다. 그런데 그 이유는 태서의 부강이 천하의 부강을 앞질렀기 때문이다.[15] 나아가 청군이 서울에 주둔하는 1886년 5월에 정부의 기관지인《한성순보》는 당시의 국제정세를 "전쟁을 하던 춘추시대나 종횡이 무상하던 전국시대와 같다"라고까지 하였다.[16] 중국 중심의 천하질서가 무너지고 열강의 시대가 되었던 것이다.

따라서 이러한 난국을 극복할 수 있는 방안이 나와야 하였다. 1876년 병자수호조규 체결 직후 박규수는 정부의 기존 정책을 반성하면서 부국강병의 필요성을 다음과 같이 설파하였다.

만약 내수외양의 방도를 다하여 국부병강(國富兵强)의 효과에 이르렀다면 섬나라가 어찌 감히 기전(畿甸)에 들어와 자행하고 위협하여 이에 여기에 이르렀겠는가.[17]

이러한 필요성은 만국공법의 한계를 인식하면서 더욱 심화되었다. 1879년 당시 영부사 이유원은 청 이홍장과 서신을 교환하면서 만국공

14) 《고종실록》 권18, 고종 18년 3월 23일.

15) "中西時勢論",《한성순보》, 1884년 1월 8일자.

16) "論希臘難",《한성순보》, 1886년 5월 31일자.

17) 《일성록》, 고종 13년 1월 20일.

법이 국가 간의 통상조약에 적용됨을 알면서도 이것이 약소국의 독립을 보장할 수 없음을, 일본의 류큐 침략을 예로 들어 역설하였다.[18] 심지어 이후 류큐의 국권 회복 여부에 관심을 가질 정도였다.[19] 1883년 보빙사로 미국을 방문하였던 홍영식(洪英植)도 국망의 위기를 극복하기 위해서는 부국강병이 필요하다고 강조하였다.[20]

정부는 이처럼 부국강병의 방도를 찾는 과정에서 서구 각국의 문물과 정보를 수집하여야 할 필요성을 절감하였다. 우선 일본 국정 탐색을 통해 국제정세와 근대 문물의 실상을 파악하고자 하여 1876년에 수신사를 파견하였다. 수신사의 사명은 일본의 사신 파견에 대한 회례로서 양국의 우호를 돈독히 하기 위한 파견이라 하였지만 실상은 일본의 물정과 문물을 상세히 탐지하는 것이었다. 이는 간접적이나마 전선, 화륜선, 농기계 등 서구 과학기술을 이해하고 부국강병의 방도를 찾는 길이라 판단하였기 때문이다.[21] 그 결과 수신사 김기수(金綺秀)도 고종에게 일본이 중국보다도 더 은부(殷富)하다고 보고하였다.[22] 또한 유길준도 《서유견문》 서문에서 일본이 서양 여러 나라와 조약을 맺은 뒤부터 관계가 친밀해짐에 따라 시대적 변화를 살피고, 그들의 장점을 취하며, 여러 제도를 답습함으로써 30년 동안에 이처럼 부강을 이루게

---

18) 《고종실록》 권16, 고종 16년 7월 9일.

19) 《고종실록》 권17, 고종 17년 8월 28일.

20) 《승정원일기》, 고종 18년 9월 1일.

21) 당시 김기수가 위정척사파 분위기에 눌려 일본을 다소 부정적으로 진술한 면이 있다. 그러나 이는 당시 위정척사파가 주도하는 정치 상황을 의식하여 의도적으로 썼던 것으로 추정된다. 김기수가 일본의 근대 문물을 상세히 서술하고 있음은 이 때문이다. 그리고 고종의 수신사 파견 목적도 여기에 있었다. 한철호, 〈제1차 수신사(1876) 김기수의 일본인식과 그 의의〉, 《사학연구》 84, 한국사학회, 2006 참조.

22) 김기수, 《일동기유(日東記游)》 권4, 환조부행중문견별단(還朝附行中聞見別單). 이와 관련해서는 한철호, 앞의 글, 298쪽 참조.

되었음을 언급하였다. 이는 중국 중심의 천하관이 무너지면서 부국강병론이 본격화되고 있음을 말해준다. 특히 홍영식은 1883년 보빙사로 미국을 다녀온 뒤 일본을 통해 간접적으로 서구 문물을 접하기보다는 직접적인 접촉을 구상하였다.[23] 일본의 병법이 서구의 병법에 훨씬 미치지 못하기 때문에 직접 배워야 한다고 판단할 정도였다. 물론 1881년 수신사 김홍집이 가져온 황준헌의 《조선책략》도 크게 영향을 미쳤다.[24] 나아가 서구 각국이 부강해질 수 있었던 이유에 관심을 가졌다. 그래서 관심 대상을 무역 통상에 국한하지 않고 군제, 정치제도로 확대하였다.

한편, 정부는 신문과 서적을 통해 서구의 전장 탐색에 박차를 가하였다. 이미 정부 관료들은 1876년 국교 확대 이전에도 이미 《만국공보(萬國公報)》를 읽어 국제정세 변화에 신경을 곤두세우고 있었다.[25] 심지어 역관 출신인 김경수(金景遂)는 사행을 오랫동안 하면서 중국에서 발간되는 《교회신보(敎會申報)》, 《만국공보》 같은 중국 잡지에서 신문물 관련 기사를 뽑아 1879년 《공보초략(公報抄略)》을 간행하였다. 이것은 서구 신문물에 대한 견문을 넓히려는 목적에서였다. 그리고 많은 관료와 지식인들이 이 책을 접하였다.[26] 이를 통해 중국이 서양보다 낙후되었음을 확인할 수 있었다. 여기에는 중국과 서양의 관계 변화 및 중국의 대처 방안 논설, 서양의 과학 지식 및 기술 소개, 서구 열강에 대한 개관 등이 실려 있다. 그중 부국강병의 구체적인 현실 방안은 관료

---

23) 〈홍영식문서 견미사절 홍영식 복명문답기(洪英植文書 遣美使節 洪英植 復命問答記)〉(《사학지(史學志)》 15, 단국대학교 사학회, 1981에 수록).

24) 《승정원일기》, 고종 18년 6월 초8일.

25) 《고종실록》 권13, 고종 13년 1월 19일.

26) 《고종실록》 권19, 고종 19년 8월 23일. 이와 관련해서는 송만오, 〈김경수의 《공보초략》에 대하여〉, 《전남사학》 9, 전남사학회, 1995 참조.

들과 지식인들의 눈길을 끌었을 것이다. 즉 국가가 존속하기 위해서는 부와 강을 갖추어야 하는데, 이는 결코 어느 개인이나 한 국가가 독자적으로 이룰 수 있는 것이 아니므로 국가 간 통상관계를 맺고 상호관계를 유지할 필요가 있다고 하여 통상의 중요성을 설명한다.

그 밖에 많은 책이 소개되어 지식인들이 읽기 시작하였다. 수신사로 갔던 김홍집이 돌아온 뒤 《이언》이 국내에 유입되었다. 서구 문물을 적극 수용하여야 한다는 주장이었다. 그리고 부국강병을 위해서는 이 책을 전국적으로 반포하여야 한다는 주장이 나왔다. 그 밖에 《중서문견(中西聞見)》, 《태서문견(泰西聞見)》, 《만국공법》 등이 1881년 당시에 이미 국내에 들어와 있었다.

정부의 이러한 정책은 이후 임오군란을 겪고도 꾸준히 추진되었다. 그 절정은 고종의 개화교서였다.

> 우리 동방(東方)은 바다의 한쪽 구석에 치우쳐 있어서 일찍이 외국과 교섭한 적이 없으므로 견문이 넓지 못한 채 삼가고 스스로 단속하여 지키면서 500년을 내려왔다. 근년 이래로 천하의 대세는 옛날과 판이하게 되었다. 영길리, 법국, 미리견, 아국 같은 구미(歐美) 여러 나라에서는 정교하고 이로운 기계를 새로 만들고 나라를 부강하게 만드는 사업에 최선을 다하고 있다. 그들은 배나 수레를 타고 지구를 두루 돌아다니며 만국(萬國)과 조약을 체결하여 병력(兵力)으로 서로 견제하고 공법(公法)으로 서로 대치하는 것이 마치 춘추열국(春秋列國)시대를 방불케 한다. 그러므로 천하에서 홀로 존귀하다는 중화도 오히려 평등한 입장에서 조약을 맺고 척양(斥洋)에 엄격하던 일본도 결국 수호를 맺고 통상을 하고 있으니, 어찌 까닭 없이 그렇게 하는 것이겠는가? 참으로 형편상 부득이하기 때문이다.[27]

이 교서는 정부의 천하관과 부국강병의 방도를 함축적으로 보여준다. 먼저 천하관의 경우 청이 우위에 있지 않은 채 서구 각국과 조약을 맺었으며 각국이 병력으로 서로 견제하고 공법으로 서로 대치하는 춘추열국시대로 보고 있음을 보여준다. 청은 만국의 일개 국가며 각국은 상호 동등한 국가로서 국제관계를 맺게 됨을 의미하였다. 중국 중심의 천하가 무너지고 춘추열국의 천하가 열렸음을 단언하고 있는 셈이다. 이어서 이러한 춘추열국시대에 살아남기 위해서는 부국강병의 방도를 다음과 같이 서구 과학기술의 수용에서 찾아야 함을 역설하였다.

> 그리고 기계를 제조하는 데 조금이라도 서양 것을 본받는 것을 보기만 하면 대뜸 사교에 물든 것으로 지목하는데, 이것도 전혀 이해하지 못한 탓이다. 그들의 종교는 사교이므로 마땅히 음탕한 음악이나 미색(美色)처럼 여겨서 멀리하여야 하겠지만 그들의 기계는 이로워서 진실로 이용후생(利用厚生)할 수 있으니 농기구·의약·병기·배·수레 같은 것을 제조하는 데 무엇을 꺼리며 하지 않겠는가? 그들의 종교는 배척하고 기계를 본받는 것은 진실로 병행하여도 사리에 어그러지지 않는다. 더구나 강약(强弱)의 형세가 이미 현저한데, 만일 저들의 기계를 본받지 않는다면 무슨 수로 저들의 침략을 막고 저들이 넘보는 것을 막을 수 있겠는가? 참으로 안으로 정교(政敎)를 닦고 밖으로 이웃과 수호를 맺어 우리나라의 예의를 지키면서 부강한 각 나라들과 대등하게 하여 너희 사민들과 함께 태평성세를 누릴 수 있다면 어찌 아름답지 않겠는가?

서구 과학기술을 배우는 것이 이용후생이며 부국강병인 셈이다. 특

---

27) 《고종실록》 권19, 고종 19년 8월 5일.

히 이는 조선이 춘추열국시대에서 살아남을 유일한 방도라 여기고 있다. 나아가 상징적인 조처로 전국 각지에 설치되어 있는 척화비를 철거하라고 지시하였다. 이는 부국강병을 목표로 국교 확대 방침을 강화하겠다는 의지의 표시였다.

정부의 이러한 부국강병책과 국교 확대 방침은 일부 관료와 유생들의 반발을 초래하였다. 백낙관(白樂寬)은 임오군란 발발 직전인 1882년 5월 기존의 중화주의적 천하의식을 고집하면서 5년 주기의 조공 방침을 정면으로 비판하였다.[28] 특히 일본의 침략에 맞서 청의 보호가 매우 중요함을 역설하였다. 그러나 정부는 청에 의지하기보다는 만국공법에 의거하여 주권을 행사하려 하였다. 예컨대 1885년 영국이 무력으로 거문도를 점령하자 조선 정부는 청 정부에 의존하기보다는 만국공법과 균세정책에 입각하여 강력하게 대응하고 다양한 외교 노력을 전개함으로써 이 문제를 해결하려 하였다.[29]

또한 청의 원세개(袁世凱)는 1886년 7월 조선 정부에 경고문을 보내면서 자주운동을 벌이기보다는 청에 의존함으로써 국망을 면하는 것이 낫다고 주장하였다.[30] 그러나 조선 정부는 원세개의 협박에도 불구하고 1887년 미국과 유럽 등지에 주재공사를 파견하고자 하였다. 이러한 시도는 청 정부의 내정 간섭으로 말미암아 변질되었지만 조선 정부가 주권국가로서의 제반 권리를 행사하고자 하였음을 단적으로 보여주는 사건이었다. 그리고 이는 중화주의적 천하의식이 이전 시기보다 훨씬 약화되었음을 반증하는 셈이었다.

이러한 천하관은 갑오개혁과 광무개혁을 거치면서 완전히 무너졌

28) 《고종실록》 권19, 고종 19년 5월 4일.

29) 《고종실록》 권22, 고종 22년 4월 7일.

30) 《고종실록》 권23, 고종 23년 7월 29일.

다. 즉 대한제국 수립과 국제(國制) 제정을 통해 조선은 명실상부 중국 중심의 중세 조공책봉질서에서 벗어나 열국 중심의 근대세계 질서로 진입하기에 이르렀다.[31] 그리고 그 절정은 1899년 9월 11일 한청통상조약의 체결이었다. 1899년 10월 김익로(金益魯)는 "지금 만국(萬國)이 바둑판처럼 퍼져 있어 크고 작은 나라들이 나란히 서고, 강하고 약한 나라들이 대등하게 나서서 평등한 세계를 이루고 있으니, 그것은 다른 데 있는 것이 아니라 공법으로 유지해나가기 때문에 가능할 뿐입니다"라고 하여 중국 중심의 국제질서가 종말을 고하고 만국공법 아래 주권국가가 상호 경쟁하는 만국공법질서가 형성되었음을 강조하였다.[32] 이어서 "멀게는 2000년, 가깝게는 500년간 중국을 섬겨오면서 그것을 달게 여겨 고칠 줄 모"르는 중화주의적 천하의식이 종말을 고하게 되었다.[33] 이는 정부가 1876년 국교 확대를 전후하여 정국의 극심한 변동과 외세의 간섭 및 침략에도 불구하고 국제질서의 변동을 능동적으로 인식하여 서구 전장을 탐색하고 부국강병의 방도를 강구한 결과였다.

3. 만국사 서적 보급과 국민계몽

정부는 이 시기에 부국강병을 목표로 제반 정책을 추진하는 가운데 서구 각국의 주권국가건설의 역사적 경험과 사회적 원동력에도 많은 관심을 기울였다. 부국강병은 단지 방도만으로 실현되는 것이 아니라 역

31) 이에 관해서는 김태웅, 〈대한제국기의 법규 교정과 국제 제정〉, 김용섭교수정년기념한국사학논총간행위원회, 《한국근현대의 민족문제와 신국가건설》, 지식산업사, 1997 참조.

32) 《고종실록》 권34, 고종 33년 10월 19일.

33) 《고종실록》 권36, 고종 34년 9월 25일.

사적·사회적 기반을 갖출 때 이룩된다는 판단 때문이었다. 더욱이 중화주의적 천하의식이 무너짐으로써 중국 이외의 서구 역사에 관심을 갖는 것은 자연스러운 일이었다. 아울러 동아시아에서는 역사 서술과 유서(類書) 편찬의 오랜 전통이 통치 참고 및 지식 정보 축적과 관련되어 이미 수립되었기 때문이다. 조선 시기 대다수 역사서나 유서류의 편찬이 이를 잘 말해준다. 도덕과 명분을 강조하는 주자도 "학자는 의리를 논하여 밝히는 외에 또 반드시 시정을 깨달아야 한다"고 하였다. 역대의 제도에 정통하여 관제, 재정, 병제, 형법, 민생 등을 모두 상세히 파악하여야 하고 그 연혁을 이해하여 사태 변화의 필연적 추세에 직면하여서는 그에 따라야 한다고 하였다.[34] 그리고 주자는 역사가 어느 날 일시에 이루어지는 것이 아니라 적어도 4, 50년, 길면 1, 200년 동안 서서히 익어서 비로소 이룩된다는 점을 강조하고 있다. 한편, 정약용은 역사의 실용을 강조하며 자신의 개혁론을 뒷받침하려고 하였다.[35] 따라서 정부가 서구 역사 및 연감과 관련된 서적을 수집하고 편찬하려고 하였던 것은 서구 역사를 체계적으로 인식하고 정부의 부국강병책을 뒷받침하고자 하였던 것이다.

우선 정부는 1880년대 초반에 서구 문물과 과학기술을 소개하는 가운데 《한성순보》를 통해 각국이 근대국가로 성장하는 과정을 파악하는 한편, 서구나 청, 일본에서 발행된 만국사 서적을 수입하여 번역하거나 심지어 저술하기도 하였다. 이러한 만국사 중에 처음으로 주목받은 역사책은 《보법전기(普法戰紀)》였다.[36] 따라서 일부 관료와 지식인들도 서구 역사책에 관심을 기울이기 시작하였다. 지석영(池錫永)은 상소문에

34) 이에 관해서는 녹보효(麓保孝), 최희재 역, 〈주자의 역사론〉, 민두기 엮음, 《중국의 역사인식 하》, 창작과비평사, 1985 참조.

35) 조성을, 《조선후기 사학사 연구》, 한울아카데미, 2004, 299~302쪽.

서 《만국공법》, 《조선책략(朝鮮策略)》, 《박물신편(博物新編)》, 《격물입문(格物入門)》, 《격치휘편(格致彙編)》 등과 함께 《보법전기》의 유용성을 강조하면서 이러한 서적들을 수집하여 연구할 것을 진언하였다.[37] 당시 일부 관료와 유생들이 이 책에 지대한 관심을 가졌음을 보여준다.

또한 정부는 국제정세와 함께 각국의 역사에도 지대한 관심을 기울였다. 이는 《만국정표(萬國政表)》의 편찬으로 나타났다. 이 책은 고종 23년(1886)에 고종이 박문국(博文局)에 명하고 김윤식·정헌시(鄭憲時) 등이 주선하여 박문국이 영국의 《정치연감(政治年鑑)》을 번역, 편집한 것으로 세계 51개국의 정치·경제·군사 등에 대한 내용을 담고 있다.[38] 김윤식과 정헌시가 서에서 밝히고 있듯이 이 책 편찬의 취지는 국가흥체(國家興替)의 자료로 여러 나라의 연력 계통, 정치, 학교, 재정, 물산, 호구, 군적의 수를 편집하게 하여 나라의 신민들이 이목을 넓히고 애매함에 이르지 않게 하는 데 있었다. 따라서 여기서는 각국의 역대(왕실) 정치, 종교·교육, 재정, 병제(육군·해군), 면적·인구, 통상·공업, 화폐, 역서(曆書) 등의 항목을 설정하고 이를 설명하고 있다. 특히 이 책은 각국의 정치체제를 소개하는 데 중점을 두고 각국의 정치체제를 크게 군주전제정(君主專制政), 군민동치(君民同治), 공화정치(共和政治)로 구분하였다. 그중 러시아는 전제제치(專制帝治), 영국은 입헌왕치(立憲王治), 미국은 공화정치(共和政治), 게르만(독일)은 입헌제치(立憲帝治)라고

---

36) 《보법전기》는 청의 왕도(王韜, 1828~1897)가 찬집하였으며, 오랫동안 분열된 독일이 전통의 강대국인 프랑스를 이기고 통일을 이루는 과정을 서술한 전쟁사 책이었다. 아울러 왕도는 《신보(申報)》의 책임 주임을 역임할 정도로 서구 문물의 수용에 앞장선 인물로 이 책 외에도 《법국지략(法國志略)》, 《도원문녹외편(弢園文錄外編)》 12권 등 수십 종의 저작을 남겼다(구범진, 규장각 소장 중국본 도서 해제 《보법전기》, http://e-kyujanggak.snu.ac.kr, 2008년 8월 검색).

37) 《승정원일기》, 고종 19년 8월 23일.

38) 규장각 소장 한국본 도서 해제 《만국정표》, http://e-kyujanggak.snu.ac.kr, 2008년 8월 검색.

소개하였다. 그 밖에 아시아, 아프리카, 남아메리카 각국의 경우도 소개하였다. 독일의 경우 과거 수백 년간 세습제가 없어 통일이 안 되었다는 점을 강조하며 독일의 통일과정을 서술하였다. 또한 헌법 제정, 군무 교섭의 양권(兩權)이 황제에게 집중되어 있음을 강조하였다. 이어서 정치제도, 교육, 학교 현황, 면적과 인구, 통상과 공업 등 다양한 분야에 걸쳐 독일의 상황을 소개하였다. 덧붙여 문맹자 비율이 유럽에서 제일 낮음을 밝혔다. 이 점에서 이 책은 정부가 부국강병을 추진하는 데 필요한 고금 내력과 각종 정보를 모아 부국강병의 참고 자료로 활용하고자 하였다고 하겠다. 한편, 원본에 없던 조선과 중국을 아시아주에 설정하여 조선－중국 순으로 배치하였다. 여기서는 그 밖의 국가와 마찬가지로 조선도 역대 왕위 세계(世系) 및 정치, 종교, 학교, 재정, 병제, 토지와 인구, 통상, 공업, 전폐(錢幣) 순으로 정리하였다. 조선이 중국보다 앞서 배치되었을뿐더러 조선의 전장(典章)을 일목요연하게 정리할 정도로 다른 국가에 국한하지 않고 본국 전장을 근대적인 방식으로 정리하고 있음을 알 수 있다. 아울러 중국도 그 밖의 나라와 마찬가지로 만국의 한 나라로 자리매김하였다는 점에 유의할 필요가 있다.

이후 갑오개혁을 거치면서 정부는 역사 편찬에 힘을 기울였다. 이는 보통교육이 제도화되면서 역사 교과를 수신 교과에서 분리하여 국가 차원에서 마련하여야 하였기 때문이다. 종전에는 향교나 서당에서 역사가 수신에 종속되어 있었다면 이제는 독립 교과로서 국민계몽을 위한 중요 과목으로 부각된 것이다. 특히 종래 중국 중심의 역사책은 폐기되었으므로 이를 대체하는 만국사 책이 편찬되어야 하였다. 여기에는 신정부의 국민계몽 의지가 관철되는 가운데 왕실의 기본 의도도 반영되었다. 당시 만국사교육의 목표와 강조점은 '개명', 즉 외국에 대한 안목과 식견을 기르는 것이었다. 이에 대해 1896년 학부 편집국장이었던 이강직(李康稙)은 《만국약사(萬國略史)》 발문에서 다음과 같이 설명하였다.

> 4해 9주가 내외가 없어져 나라 간에 교류하게 되었으나 만약 연대와 사적(事蹟)을 고찰할 수 없게 된다면, 강화를 맺게 될 때 고루함과 정보 부족을 면하고자 하나 불가능할 것이다. 오늘날 시무에 마음을 둔 사람이라면, 그 역사를 편찬하고자 하나 상세히 서술할 수가 없었을 것이다. 다행히 이 책은 …… 구주 여러 나라 부분 반열과 정교(政教) 득실, 풍토 물성(物性), 재화의 풍요로움, 국방의 정돈됨 등이 상세히 갖추어지지 않은 것이 없다. …… 세상을 경륜하고자 하는 선비로 하여금 세계 만국의 중요한 일을 알게 하여 개명하고 준순(遵循)한 바가 있게 한다.[39]

즉 세계사 혹은 만국사는 국제정세와 교류관계를 맺게 될 상대국의 정세를 파악하기 위한 지식, 즉 개명 지식인들이나 개명 관료들이 갖추어야 할 소양의 일부였다. 이 점에서 《만국약사》는 학교 현장에서 학생들이 학습하여야 할 교재인 동시에 서구 전장을 인식하고 부국강병의 방도를 찾는 데 필요한 국민계몽의 교재였다.

우선 소학교 고등과에 그 밖의 과목과 함께 외국 역사를 편성하였으며 한성사범학교에는 역사 교과목으로 본국사와 함께 만국 역사를 편성하였다. 이어서 성균관 경학과에도 본국사와 함께 만국 역사를 편성하였다. 아울러 소학교 단위에서도 만국 역사가 독립 교과목은 아니지만 《국민소학독본(國民小學讀本)》에 칭기즈 칸(Chingiz Khan)이라든가 미국의 위인과 역사를 대거 포함시켰다. 이것은 몽골의 세계 제패와 미

---

39) 이강직, 발(跋), 학부 편집국 편, 《만국약사》, 1896.

국의 부국강병 노력을 부각하고자 하였기 때문이다. 이제《동몽선습》 단계에서 보이는 중국사 중심의 역사교육에서 벗어나 조선 역사와 만국 역사 중심의 역사교육 단계로 발전하기 시작하였다.

광무정권 수립 이후에는 이러한 방침이 더욱 강화되었다. 그리하여 공립소학교 단계에서 이미 간행된《만국약사》를 비롯하여《태서신사람요(泰西新史攬要)》를 공부하도록 하였다. 그리고 만국들의 흥망 문제에 초점을 맞추었다. 부국강병의 성공과 실패를 각국의 역사에서 찾아 학생들에게 계도하겠다는 의도였다. 이는 1898년 학부에서 평안남도 공립소학교에 교육 방침을 제시한 훈령에서 잘 드러난다.

> 만일 서국근사(西國近史)를 보면 그 경개(梗概)를 일목요연하게 알 수 있거늘 아국인즉 그러하지 않아 선비된 자가 한낱 허문(虛文)을 숭상하여 어린아이부터 노인까지 읽은 자는 불과 사서삼경(四書三經)과 한당사기(漢唐史記)일 따름이오. 아는 자는 시(詩), 부(賦), 표(表), 책(策)이라. 그 일에 임하고 도모를 결정함에 이르러 행동은 성현을 칭하나 실인즉 마음에는 주재가 없어 동서를 구별하지 못하니, 만약 천하 형세와 국가 성쇠를 말한다면 조금도 밝지 못하니라. 아울러 망령되이 만들고 망령되이 행동함에 접촉하는 곳마다 착오하여 민국(民國)이 위험함이 쌓아놓은 달걀과 같고 보기를 진월(秦越)과 같이 하여 마음에 두지 않고, 부모가 가난하여 얼고 배고파서 활계(活計)가 없되 오히려 강사탈리(强詞奪理)하여 자칭 책을 읽어 도를 안다고 하니 어찌 생각하지 않음이 심하리오.[40]

---

40) "學部에셔 平安南道公立小學校에 訓令ᄒᆞᆫ 草本을 左에 記ᄒᆞ노라",《황성신문》, 광무 2년 11월 4일자.

한국 사회가 여러 당면 과제에 부딪히고 있음을 지적하면서 그 이유를 천하 형세와 국가 성쇠를 알지 못한 데서 찾고 있다. 따라서 광무정권은 만국사교육을 통해 이러한 난국을 타개하려 하였다. 나아가 이러한 계몽교육을 통해 학생과 민인이 각국에서 추진되고 있는 부국강병의 역사적 배경을 알도록 하였다. 그러나 그것은 단지 서구 역사에 대한 열등감으로 점철되지 않았다. 오히려 서구 역사와 비교함으로써 자기 역량에 대한 자신과 주체적인 세계사관을 세우고자 하였다. 다음은 앞 기사에 이어서 학부의 만국사 인식과 만국사교육의 방향을 보여준다 하겠다.

> …… 지금 태서 각국의 부강이 초출(超出)이 멀고 오래되어 그 실은 궁구한즉 100여 년 전 그 나라의 진비만황(榛狉蠻荒)이 말로는 설명하기 어려웠으나 다행히 명인(名人) 달사(達士)가 고심고예(苦心孤詣)하고 궁리진심(窮理盡心)하여 바야흐로 금일이 있으니 개화가 오래되었다고 이른 것은 불과 4, 50년이요, 그 근자인즉 이에 수삼 년이라. 이로부터 보면 그 같은 것이 오히려 능히 취진(驟進)함이 이와 같거늘 하물며 아국은 이것과 달라 사천년래(四千年來) 기성(箕聖)의 교화가 아직 유존하고 아조에 미쳐 더욱 다시 익히고 밝혀 문학정치가 백국에 초월함에 족히 세계 공식이요, 오직 이전부터 현재까지 문을 걸어 잠금에 견문에 구애되어 능히 시변(時變)에 달관(達觀)할 수 없으니, 이것인즉 하지 못한 허물이요, 할 수 없는 것이 아니며, 만약 그 인물의 수걸(秀傑)인즉 을지문덕은 고군(孤軍)으로 수 황제 200만 무리를 무찌르고, 이순신은 가볍고 큰 배 수백으로 도요토미 히데요시(豐臣秀吉) 낭탐의 군대를 격파하며, 이외의 고상함에는 최치원, 경제에는 황희, 현명함에는 이제현·강감찬·김유신, 충성스러움에는 정몽주·성삼문, 의로움에는 삼학사·임경업 제공은 모두 천하의 영호(英

豪)여서 그 같은 이를 세계 만국에서 구하려 하여도 그러한 사람이 드물며, 또 그 산천인즉 장소가 아주 추요(樞要)의 땅이라 …… 그러한즉 아방의 천하에 대한 관계가 어찌 크지 않으리오. 대저 이러한 나라로 인물이 천하의 최고이고 산천이 또한 요충에 처하여 만약 지금 크게 닦아 덕정(德政)하여 부강에 이른다면, 비록 제후에게 조회를 받아 천하를 갖지 못할지라도 엄연히 강국기상이 마땅히 구주(歐洲), 아세아주(亞細亞洲), 제방(諸邦)과 더불어 백중으로 상대하리니 어찌 위대하지 않으리오. 그리하여 부강의 방도는 바로 국정을 정돈하는 것이요, 국정을 정돈하는 것은 학교보다 급한 것이 없으니 …… 본부(學部) 제반이 아직 초창하여 교과 등서를 온전히 준비하지 못하니 이에 우선 《공법회통(公法會通)》 2질, 《태서신사(泰西新史)》 국한문 각 5질, 《서유견문(西遊見聞)》 1책, 《중일약사(中日略史)》 10책, 《아국약사(俄國略史)》 20책, 《심상소학(尋常小學)》 10질, 〈대한도(大韓圖)〉 2폭, 〈소지구도(小地球圖)〉 5폭을 재송(齎送)하여…….[41]

즉 정부는 서구 각국도 근대화에 성공한 지가 얼마 안 되었을뿐더러 대한제국도 오랫동안 문명을 유지, 발전시켜온 경험을 신뢰하였기 때문에 부국강병을 위한 만국사교육에 크게 기대를 걸었다. 그리고 학부는 이러한 만국사교육이 학교 현장에서 실제로 수업이 이루어지고 있는지를 확인하기 위해 학부에서 작성한 시험 문제를 공문 형태로 평안남도 공립소학교에 훈령 형식으로 내려보냈다.

- 법국이 무슨 이유로 대란하며 나파륜(나폴레옹) 제1황은 무엇 때문에 영웅인가.

---

41) 앞과 같음.

- 영길리는 무엇 때문에 흥성하여 세계 일등국이 되며 정치(政治) 선불선(善不善)이 아국에 비하면 어떠한지 숨기지 말고 실에 의거하여 직서(直敍)함이 가함.
- 천축국(天竺, 인도)은 무슨 이유로 영길리의 속국(屬國)이 되어 지금까지 자주하지 못하는가.
- 보법전쟁(普法戰爭)에 보국(普國, 프로이센)은 어찌해서 승리하였으며 법국은 어찌해서 패배하였는가.
- 오지리(墺地利, 오스트리아) 황제 비접남(飛蝶南, 페르디난도)은 무슨 이유로 손위하며 지금 그 나라 정형은 어떠한가.
- 의대리국(意大利國, 이탈리아) 사기(史記) 중 나파라사(나폴리 시칠리) 왕 비접남제이(飛蝶南第二)가 그 민(民)을 폭학하다가 각국에게 견모(見侮)하였으니, 그 정형과 시비가 하여(何如)오.
- 아국이 정치와 척지(拓地)함과 소득속지국민(所得屬地國民)을 어떻게 대하며, 그 나라와 심교(深交)함이 어떠한가. 차는 아국약사(俄國略史)를 숙람(熟覽)하고 조대(條對)함이 가함.
- 돌궐국(突厥國, 터키)은 여하(如何)한 국(國)인고, 그 정치(政治) 선불선을 언(言)함이 가함.
- 미리견은 세계 가운데 교화와 각 정형이 여하(如何)하다고 할고.
- 신정(新政)이 흥(興)한 후 세계가 비전(比前)하면 여하(如何)한고.
- 아대한(我大韓)은 어떤 정치를 이용하여야 세계 일등국이 되며, 또 구습은 불개(不改)하면 어떠한 지경에 장차 이를까를 소소명백(昭昭明白)히 논저(著論)함이 가함. 완(完).

이상 문제는《태서신사》를 선독(善讀)하고 조대(條對)함이 가함.[42)]

이 문제들 대부분이 주권국가건설과정에서 겪었던 각국의 역사 경험에 중점을 두고 출제되었음을 확인할 수 있다. 특히 마지막 문항에서 보여주듯이 학생들이 궁극적으로 만국사교육을 통해 대한제국이 나아가야 할 정치체제와 개혁방식을 인식하도록 하고자 하였음을 알 수 있다. 이것이 만국사의 번역과 교육을 통해 당시 학생들이 시대적·사회적 과제를 자각하고 부국강병의 방도를 모색하게 하고자 하였던 광무정권의 만국사교육 방향이었다.

한편, 정부는 학교교육의 차원을 넘어서 일반 민인을 대상으로 만국사교육에 관심을 기울였다. 우선 학부는 1898년에 《중일약사합편》과 《아국약사》를 번역, 간행한 뒤 일반 민인을 대상으로 판매하였다. 또한 1900년에 학부 편집국에서 신식 활자로 간행한 양계초(梁啓超)의 《청국무술정변기(淸國戊戌政變記)》는 대표적인 외국 역사책으로 현채(玄采)가 번역하였다.[43] 이는 민영환이 서에서 주장하고 있듯이 일반 민인이 청의 개혁 실패를 반면교사로 삼아 이를 학습하고 동양정세를 인식함으로써 개혁의 실패를 되풀이하지 않으려는 경각심에서 비롯되었다.

이러한 사정은 민간 측에서도 마찬가지였다. 1899년 6월 27일자 《독립신문》은 다음과 같이 만국사교육의 필요성을 역설하고 있다.

> 그런즉 각국 어학과 각색 기계와 천만 가지 물화의 제조함은 차차 졸업생이 생긴 후에 그 사업이 점점 발달하겠지만 불가불 시급히 숭상할 두 가지 있으니, 첫째는 만국의 역대 사기와 둘째는 만국의 지리학이라. 사람이 만국사기를 모른즉, 태서의 개벽함이 먼저 애급국(埃及國, 이집트)에서

42) "學部訓令續", 《황성신문》, 광무 2년 11월 5일자.

43) 학부 편집국, 《중일약사합편》, 1898 ; 《아국약사》, 1898 ; 《청국무술정변기》, 1900.

희리니국(希利尼國, 그리스)에 이르고, 희리니국부터 대진국(大秦國, 로마)의 흥왕함과 어떤 나라는 아무 임금 때에 개명하고, 어떤 나라는 아무 신하 때 패망함과 천백 대의 치란흥망을 알지 못할 것이라. …… 대한국에서는 문장거벽(文章巨擘)이라 하는 선비를 보건대 수십 년 동안 등잔 아래 만권서를 보았으나 아는 것은 불과 청의 《사기(史記)》에 고금역대요, 과문육체에 시(詩), 부(賦), 표(表), 책(策)이라. 두상 백발이 서리같이 소소하되 본국 사기와 지리도 알지 못하는 선비가 많은지라. 외국의 어리석음은 부녀들과 10여 세 아이라도 무불통지하는 역사와 지리를 대한국에는 산림 학자와 정부 관인들도 모르는 이가 많으니, 조정에 사람 쓰기를 그렇게 규모 없이 하고야, 어찌 나라가 개명되기를 바라리오. 진실로 외국 아이들 대하여 부끄러운 일이라.

민간에서도 각국의 지리와 함께 각국의 역사를 학습하여야 할 필요성을 역설하고 있다. 즉 각국의 고금내력과 흥망성쇠를 이해함으로써 대한제국이 처한 현실과 앞으로 나아가야 할 방향을 정부, 언론, 국민이 공유하고자 하였던 것이다.

《황성신문》에서도 만국사 소개에 힘을 기울였다. 1898년에 《중동전기(中東戰記)》와 《미국독립사》, 《파란국말년전사(波蘭國末年戰史)》를, 1900년에 《법국혁신전사(法國革新戰史)》를 번역, 간행하였으며 1905년에 《애급근세사(埃及近世史)》를 번간하였다. 특히 이들 역사책을 신문에 광고하여 판매에도 힘을 기울였다. 그 결과 개화지식인, 유학자, 일반대중이 이러한 만국사 책을 읽고 당시 국제정세와 서구 각국의 근대국가건설과정을 인식하기에 이르렀다. 영남의 대표 유학자 이승희(李承熙)는 《파란국말년전사》와 《법국혁신전사》를 읽고 각각 폴란드 망국의 참담에 공감하고 프랑스 나폴레옹을 찬양하였다. 또 《일신(日新)》의 저자는 워싱턴의 자주(自主), 나폴레옹의 회업(恢業), 폴란드의 멸망, 인도의 쇠약 등을 언급하였다.[44] 그 밖에 민영환, 황현 등이 이러한 만국 역사책을 통해 서구의 근대국가건설과정과 위인들을 알기에 이르렀다.

그 결과 1905년에는 현채가 만국사 총서라 할 수 있는《만국사기(萬國史記)》를 간행하기에 이르렀다. 여기에는 아시아사, 아프리카사, 유럽사, 아메리카사, 오세아니아사와 청국무술정변 등이 기사본말체 형식으로 서술되었으며 참고 역사책으로는《만국사기》(오카모토 간스케(岡本監輔) 지음),《태서신사》,《보법전기》 등 14권의 만국사 서적이 망라되었다. 비록 이 책은 문명계몽론에 입각하여 서술되었지만 부국강병의 문제를 넘어 대외 의존과 이에 따른 망국의 위험성을 경고하였다. 특히 청과 일본에서 간행된 만국사 서술의 단점을 지적하면서 조선인 관료에서 일반 민인에 이르기까지 쉽게 읽을 수 있도록 요령 있게 정리하고 국한문 혼용체로 서술하였다. 따라서 현채의《만국사기》는 국민계몽 역사서라 할 만하다. 그리고 그는 학부 편집국에서 오랫동안 활동하였으며 당시 학부대신 이재극(李載克)이 이 책 서문에서 썼듯이 '만국치란득상(萬國治亂得喪)'의 흔적[轍]을 알아야 한다는 지적은 정부의 만국사 편찬 방향과 동일하다고 하겠다.

정부의 만국사 보급 노력은 이처럼 현채의《만국사기》편찬에 이르러 절정에 달하였다. 그리고 1905년 을사늑약과 고종의 강제 퇴위를 각각의 분기점으로 하여 위인전, 각국의 흥망사를 다룬 역사 서적들이 봇물처럼 쏟아져 나왔다. 비록 이 시점에서는 부국강병보다는 국권수호에 초점을 두었다는 점에서 이전 시기와 달랐지만 만국사 보급이 국

44) 이승희,《한계유고(韓溪遺稿)》권1, 일(一), 시(詩)5, 독파란말년전사(讀波蘭末年戰史), 독법국혁신전사(讀法國革新戰史);《일신》, 신축(광무 6년) 제13책, 4월 19일.

민계몽의 주요 수단이었다는 데는 정부의 방침과 동일하였다. 이는 정부의 만국사 보급과 국민계몽활동이 이후 민족운동에 영향을 끼쳤음을 의미한다. 훗날 《대한매일신보》는 1908년 7월 26일자에서 다음과 같이 본국사교육과 함께 세계 근세사교육의 필요성을 강조하고 있다.

> 애국심을 배양하기에는 본국사기(本國史記)를 불가불 읽을 것이요, 문명 연원을 연구하기에는 각국 고대사를 불가불 읽을 것이나 …… 천하대세를 탐구하고자 하면 오직 세계의 근세사 일편이면 족하다 할지로다. 국가 흥망의 원리도 여기에 있으며, 민족소장(民族消長)의 진상도 여기에 있으며, 위인걸사의 면목도 여기에 있으며, 구라파 풍운과 아세아 우로의 경개(境概)도 여기에 있으며, 정치외교의 기변(奇變)도 여기에 있으며, 학술 기예의 발달함도 여기에 있으며, 그 밖에 수천 년 성철(聖哲) 영호(英豪)의 꿈에도 생각지 못하던 오늘날 신세계의 맹렬한 바람과 웅장한 조수를 역력히 그려내었으니 …… 어떻게 하면 적적하여 이기고, 어떻게 하면 용렬하여 패하느니라 하여 우리의 희미한 뇌수에 변통 없이 깨닫게 하는 것은 곧 근세사가 이것이라.[45]

조선 말, 대한제국기에 정부의 부국강병을 통한 주권국가건설과정에서 추진된 서구 전장 탐색과 만국사 보급 노력이 관료뿐 아니라 식자층과 일반 민인에게도 영향을 끼치며 계몽운동의 역사적·사상적 자산을 제공하고 있음을 확인할 수 있다.

---

45) "세계근세사를 불가불람", 《대한매일신보》, 1908년 7월 16일자.

4. 결어

19세기 동아시아 국가들은 민족적 위기에 처하였다. 그중 조선은 서구 열강과 함께 근린국가인 청·일본의 압력이라는 이중의 외압에 당면하였다. 그리고 이는 조선의 왕실과 양반사대부가 오랫동안 견지하였던 중화주의적 천하의식을 해체하는 요인으로 작용하였다.

따라서 조선 정부는 내수외양 또는 국교 확대를 통해 이러한 위기를 극복하고자 하였음은 자연스러운 일이었다. 비록 대원군 집권기에서 볼 수 있듯이 내수외양책이 부국책을 수반하지 않음으로써 실패로 돌아갔지만 이후 부국강병론의 근간을 이루었음은 분명하였다. 아울러 국교 확대책이 오히려 불평등조약체제의 심화와 청·일본의 내정 간섭을 초래하였음에도 불구하고 이후 정부가 부국강병의 방도를 찾는 데 실마리를 제공하였다. 이는 정부의 서구 전장 탐색과 외국 서적 수입에서 확인할 수 있다.

나아가 정부의 이러한 탐색은 서구의 주권국가건설 경험을 역사적으로 이해하는 데 중점을 두기 시작하였다. 즉 주권국가의 제반 현상이나 제도와 함께 주권국가건설의 역사적 기반과 사회적 원동력에 관심을 갖기에 이르렀다. 이는 바로 조선 정부와 식자층이 주권국가건설 문제를 고금내력과 인과관계 속에서 매우 심도 있게 고민하였음을 보여준다. 이러한 관심은 1880년대 초반에 이미 《보법전기》에 대한 관료와 식자층의 관심에서 단적으로 드러났다.

이후 만국사에 대한 관심은 갑오개혁을 거쳐 광무개혁기 만국사의 보급으로 표출되었다. 이는 동아시아 역사 서술 전통에 바탕하되 국제 정세 파악 및 주권국가건설 문제를 국민계몽 차원으로 확대하고자 한 정부의 노력에서 비롯되었다. 그 결과 학부 편집국에서 《만국약사》를 비롯하여 각종 만국사 서적을 출간하여 전국에 보급하였다. 우선《태서신사람요》에서 볼 수 있듯이 학교 현장에서 주요 교재로 활용되었을뿐더러 국민계몽 차원에서 판매되어 식자층과 일반 민인이 읽기 시작하였다. 한편,《황성신문》등 민간 언론 매체에서도《법국혁신전사》를 비롯한 여러 종의 만국 역사책을 간행하였다. 정부의 만국사 보급 노력이 민간 언론 매체의 활동 방향에도 지대한 영향을 끼친 셈이다. 그 정점은 현채의《만국사기》였다.

따라서 이러한 만국사 서적이 문명화론에 입각하여 서술되었다 할지라도 그 내용이 서구의 주권국가건설과정을 소상히 담고 있다는 점에서 주권국가건설 문제가 식자층과 일반 민인에게 반드시 성취하여야 할 과제로 부각되었다. 이 점에서 정부의 서구 전장 탐색과 만국사 서적 보급 노력은 유학자는 물론 일반 민인에게 영향을 끼쳐 국권수호운동 시기에 각종 계몽 역사책과 위인전 등이 출간될 수 있는 기반을 제공한 셈이다.

〈근대개혁기 고종 정부의 서구 전장 탐색과 만국사 서적 보급〉,
이태진교수정년기념논총간행위원회,《세계 속의 한국사》, 태학사, 2009 수정 보완

4장

이유원의 시무개혁론과 국제정세 인식

1. 서언

한국사에서 19세기는 '민란의 시대', '서세동점의 시대'라고 불릴 정도로 위기의 시대였다. 이러한 위기는 체제상의 위기였을뿐더러 국가와 민족의 존망이 걸린 갈림길이었다. 이에 한국사학계에서는 1811년 홍경래의 난을 비롯하여 1862년 임술민란에 집중하는 가운데 1894년 농민전쟁에 대한 연구를 통해 이러한 위기를 극복하고자 하는 아래로부터의 시도들을 집중 조명하였다. 한편, 다른 일각에서는 19세기 서구열강의 동아시아 침략과 일본의 조선 침략에 초점을 맞추어 침략과정과 그 성격을 검토하였다. 물론 학계에서는 조선 정부와 다양한 정치집단이 이러한 위기에서 벗어나기 위해 전개한 근대 주권국가건설 노력을 해명하는 연구를 수행하였다. 그러나 근대 주권국가건설운동에 대한 이러한 연구는 19세기 후반에 치중된 나머지 이 시기의 전사(前史)라 할 1876년 국교 확대 전후 시기와 19세기 전반(前半)에 대한 연구는 전무하였다. 그것은 19세기 세도정권에 대한 평가가 망국의 책임과 관련하여 엄중하게 가해졌기 때문이다.

주지하다시피 개혁운동에 관여하였던 정치 세력과 그들의 다양한 노선은 세도정권 아래에서 성장·진화하였다는 점, 그들의 인적·물적 기반이 1876년 이전 시기의 여러 사정과 밀접하였기 때문에 근대개혁기 정치 세력 역시 외부세계의 문물은 물론 이전 세대의 지도와 영향을 받으며 자신의 이념과 노선을 정립하고 성장하였다는 점에서 기존의 이러한 연구 방향은 다소 조정될 필요가 있다. 즉 1876년 이전의 역사와 이후의 역사가 지니는 분절적 관계에 유의하면서도 연속적인 측면을 인식하는 가운데 이 문제에 접근하여야 한다. 다만 연속과 단절이라고 하는 중층적인 성격을 종합적으로 이해하기 위해서는 구조적이고 체제적인 접근방식이 필요함에도 불구하고 현재의 연구 성과에 비추어보았을 때 국교 확대 전후를 중심으로 정국의 동향, 제도의 변화를 비롯하여 여전히 풀어야 할 과제가 만만치 않다. 따라서 이 과제를 정면으로 검토하기에 앞서 국교 확대 전후에 활동하였던 관료들의 활동과 경세론(經世論), 국제정세 인식을 사례 연구로 삼아 구명함으로써 문제의 단초를 풀 필요가 있다.

이에 이 글은 헌종 7년(1841)에 관직에 진출한 이래 철종·고종 연간에 주요 관직을 두루 거치며 국내 주요 현안 처리과정에서 중심적인 역할을 담당하였으며, 대외정책 실행에서 막후 역할을 수행하였던 이유원을 검토 대상으로 설정하였다. 물론 경주 이씨 이항복(李恒福)의 9대손이자 소론 완론(少論緩論) 계열 이광좌(李光佐)의 5대손인 이유원은 주지하다시피《임하필기(林下筆記)》따위의 유서류를 지은 저자로 널리 알려져 있어 이에 대한 연구는 적지 않다.[1] 또한 그가 전술한 바와 같이 대외정책의 수립과 집행에도 깊이 관여하고 있을뿐더러 청의 실권자 이홍장과 공식적이든 비공식적이든 비밀 서신을 비롯한 다양한 외교 채널을 통해 긴밀하게 접촉하면서 조선 정부의 외교정책에 영향을 미쳤다는 점에서 이에 대한 연구 역시 급진전하고 있다.[2] 그러나 후자의 경우는 국제정세 인식과 관련하여 새로운 자료를 발굴함과 동시에 근대 전환기 이유원의 대외정책 인식과 외교활동을 검토하여 역사적 의미를 해명하였는데도 한국근대사에서 차지하는 비중과 의미를 좀더 뚜렷하게 드러내려면 대외 문제를 대내 문제 인식 및 처리 방향과 연계하여 접근할 필요가 있다. 대외 문제와 대내 문제는 별개의 사안이 아니라 유기적으로 연관되어 있어 양자 또는 각자의 변동을 주목하면서 이유원의 인식과 대처 방향을 연계하여 파악하여야 하기 때문이다.

따라서 이 글에서는 1876년 국교 확대 전후를 중심으로 이유원의 시무개혁론과 국제정세 인식을 상호 연계하여 그 방향과 의미를 구체적으로 해명하고자 한다. 주지하다시피 시무개혁론은 급히 처리하여야 할 당시 현안들을 해결하기 위한 개혁론으로서 서세동점의 영향과 매우 밀접하였기 때문이다.[3] 이를 위해 각종 소차(疏箚)와 장계(狀啓)가 다수 수록되어 있는 그의 《임하필기》와 《가오고략(嘉梧藁略)》을 중심으로 그의 시무개혁론과 국제정세 인식을 집중 분석하고자 한다. 나아가 이유원의 이러한 자세와 인식이 이후 근대개혁을 추진하고 대외정책을 주도하였던 김윤식, 어윤중, 유길준 등의 시무개혁론과 어떻게 연

---

1) 최근의 대표적인 연구 성과로는 김인규, 〈귤산 이유원의 《임하필기》 연구: 지식·정보의 편집과 저술 방식을 중심으로〉, 성균관대학교 박사학위논문, 2016 참조. 그 밖에 이유원의 학문과 예술에 대한 연구가 근래에 활발해지면서 그 성과가 계속 축적되어가고 있다. 대표적으로 권진옥, 〈귤산 이유원의 학문 성향과 유서·필기 편찬에 관한 연구〉, 고려대학교 박사학위논문, 2015 참조.

2) 권혁수, 〈한중관계의 근대적 전환과정에서 나타난 비밀 외교채널: 이홍장과 이유원의 왕복서신을 중심으로〉, 《동아시아 문화연구》 37, 한양대학교 동아시아문화연구소, 2003 ; 김인규, 〈귤산 이유원의 대외인식—청과 일본을 중심으로〉, 《동방한문학》 47, 동방한문학회, 2011 ; 김성은, 〈귤산 이유원의 개항기 대외 인식과 대응모색〉, 《동아인문학》 22, 동아인문학회, 2012.

3) 시무개혁론의 정의와 의미에 대해서는 제1부에서 집중 검토하였다.

계되었는가를 염두에 두었다.[4] 따라서 이러한 검토는 이유원의 시무개혁론과 국제정세 인식을 파악하는 데 그치지 않고, 19세기 중·후반 각종 국내외 현안들을 적극 해결하고자 하는 시무개혁 세력의 일단을 해명할 수 있는 단서를 제공한다. 그뿐 아니라 그의 학문과 예술을 이해하는 데 도움이 되리라 판단된다.

2. 시무개혁론과 대처 양상

1) 삼정개선론

이유원은 지방관으로서 철종 1년(1850) 의주부윤을 위시하여 전라도관찰사를 지냈으며, 1862년 임술민란 당시 황해도관찰사로 재직하고 있었다. 이 시기의 지방관 경험은 향촌의 실정을 살펴보면서 농민들의 삶을 좀더 상세히 파악할 수 있는 계기가 되었다.

이유원은 의주부윤 재직 시절에 칙고(勅庫) 운영의 문란을 바로잡기 위한 일환으로 관아에서 은(銀), 동전(銅錢)과 곡물의 환산과정에서 농간을 부리며 백성들에게 전가한 칙고채(勅庫債)를 탕척(蕩滌)하고 보칙곡(補勅穀) 443여 석을 나누어 받았다.[5] 이후 그는 전라도관찰사 시절에 창평현에서 드러나는 환곡의 폐단 중에 원래 거두지 못한 곡식[元未捧

4) 한철호는 김윤식, 어윤중, 유길준 등 시무 관료들이 제도개혁보다는 제도 개선에 중점을 두고 있다고 판단하여 이들을 온건개화파로 지칭하지 않고 '시무개화파'로 명명하였다. 다만 이 글에서는 이러한 일군의 관료들이 정파 이념과 이해관계에 묶이지 않고 시세 변동에 따라 제도개혁과 제도 개선을 넘나들었다는 점에서 이들 관료를 '시무개혁 관료'라고 부른다. 한철호, 〈1884~1894년간 시무개화파의 개혁구상〉, 《사총》 45, 역사학연구회, 1996.

5) 《비변사등록》, 철종 1년 4월 29일;이유원, 《임하필기》 권25, 춘명일사(春明逸史), 만고채안(灣庫債案). 17, 8세기 의주부 재정에 관해서는 박범, 〈17~18세기 의주부의 경제상황과 재정운영의 변화〉, 《조선시대사학보》 58, 조선시대사학회, 2011 참조.

穀]과 이전(移轉)하느라 축난 곡식[移縮條]이 각각 5만 3,837여 석과 4만 9,203여 석에 이르러 당장 이들 곡식을 거둘 수 없음을 정부에 보고하면서 풍년을 기다려 수봉할 것을 건의하였다.[6] 그의 이러한 건의는 환곡의 근본적인 폐단을 시정하기보다는 임시적으로 미봉하는 조치에 불과하였지만 그가 환곡의 폐단을 여실히 파악하는 계기가 되었다. 또한 전라도에서 상납하는 진헌물종(進獻物種) 중에 항식(恒式) 이외의 잘못된 관례를 바로잡아 백성들의 공물 부담을 줄이면서도 향리들의 보수라고 할 이황(吏況)을 확보하였다.[7] 이어서 이유원은 감영 각고(各庫)의 방채(放債) 문안(文案)을 조사하여 포흠자들의 포흠분을 징수한 뒤 채권을 불태웠다.[8] 이유원이 지방관 시절에 시행하였던 이러한 조치는 미온적인 수준에 불과하였지만 삼정운영의 실상을 절감하는 계기가 되었다.[9]

특히 이유원이 1862년 임술민란의 수습책으로 삼정이정책을 강구하였던 소론 완론계 대신 정원용의 제자이자 질서(姪壻)였다는 점에서 그는 삼정 문제에 대한 관심이 적지 않았다.[10] 당시 조두순(趙斗淳)이 파환귀결로 환곡 문제를 해결하려다 실패하자 정원용이 조두순을 대신하여 탕포균환론(蕩逋均還論)에 입각하여 환곡의 폐단을 줄이려 하였

---

6) 《비변사등록》, 철종 3년 2월 15일.

7) 이유원,《임하필기》 권25, 춘명일사, 공선정례(貢膳定例).

8) 이유원,《임하필기》 권25, 춘명일사, 고채징탕(庫債徵蕩).

9) 철종 연간 삼정응지소에 관해서는 김용섭, 〈철종조의 응지삼정소와 〈삼정이정책〉〉,《신정 증보판 한국근대농업사연구 I》, 지식산업사, 2004 참조. 다만 이 저서에는 이유원의 삼정응지소에 관한 검토가 포함되어 있지 않다.

10) 이유원,《임하필기》 권26, 춘명일사, 효정공조감(孝貞公藻鑑);《임하필기》 권26, 춘명일사, 경산홍대(經山紅帶). 삼정의 기원과 재정 실태, 역대 관료들의 개선론 등에 대한 해박한 지식은 이유원,《임하필기》 권26, 전모편(典謨編), 양민(養民) 등 곳곳에서 잘 드러나고 있다.

다.[11] 당시 이유원은 정부의 삼정이정청 설치 이후 논의과정을 다음과 같이 정리하였다.

> 철묘 임술년(1862)에 상이 법전(法殿)에 납시어 책제(策題)를 내어 군정(軍政), 환정(還政), 전정(田政)의 삼정에 관한 폐단에 대해 하문하셨다. 이에 서울과 지방의 인사들 모두 이에 대해 토론하는 대책을 바쳤다. 이어 청(廳)을 설치하도록 명하고 대신으로 하여금 맡아 다스리게 하되 정권(呈券) 가운데 그 시행할 만한 것을 채택하여 이정(釐正)하는 거조(擧條)로 삼도록 하였다. 처음에는 심암(心庵) 조두순이 그 일을 주관하였는데, 끝마치지 못한 채 곧이어 물러났고 경산(經山) 정원용이 그를 대신하였다. 그러나 일이 끝내 성사되지 못해 식자들이 아쉽게 여겼다. 대체로 심암은 환곡을 탕척해주는 것으로 결말을 짓자고 입론하였고, 경산은 예전대로 따르되 수거하자는 의견을 견지하였다. 뒤에 심암이 다시 들어와 그 법을 먼저 호남과 관서에 시행하였으나 폐단이 없어지고 효과가 생기는 단서는 나타나지 않은 채 한갓 유명무실한 과조(科條)가 되고 말았다.[12]

이유원은 삼정이정청의 설치 배경과 논의과정을 일별하면서 조두순의 환곡탕척론(還穀蕩滌論), 즉 파환귀결론의 현실적 난망을 지적하면서 정원용의 탕포균환론을 지지하였다. 그리하여 이 시기 정부의 상소 요청에 응하여 이유원 역시 황해도관찰사로서 '해서삼정계(海西三政啓)'라는 응지소(應旨疏)를 올렸다.[13]

---

11) 정원용의 삼정 대책에 대해서는 송찬섭, 〈1862년 삼정이정청의 구성과 삼정이정책〉, 《한국사학보》 49, 고려사학회, 2012(1)과 송찬섭, 〈1862년 삼정이정논의와 환곡정책의 전개〉, 《역사연구》 23, 역사학연구소, 2012(2) 참조.

12) 이유원, 《임하필기》 권25, 춘명일사, 삼정이정청.

전정의 경우 그는 당시 토지 소유의 불균 실태와 과세의 불공평성을 잘 알고 있었다. 그리하여 허복(虛卜, 실제 없는 논밭을 있는 것으로 잡은 토지)의 폐단을 시정하기 위해 실태를 정확히 조사하여 실제 과세 대상 토지에만 세금을 부과할 것을 주장하였다. 또한 공용(公用), 읍용(邑用), 군포 등을 구실로 토지에 세금을 부과하는 과외지색(科外之色)이 많은데, 이 역시 긴급한 공용을 제외하고는 부과하지 못하도록 하여야 한다고 건의하였다. 그 밖에 각종 비정규 세금의 부과를 막을 것을 강조하였다. 그뿐 아니라 황해도 장산 이북과 이남 간에 화폐납과 현물납의 차이에 따른 불균을 해소할 것을 주장하였다. 또한 경계를 바로잡기 위해 양전할 것을 주장하였다. 이어서 궁장토(宮庄土) 면세결(免稅結) 중에 감생할 것은 도로 세금을 징수하도록 요청하였다. 경사부(京士夫)의 전토도 마찬가지로 적용할 것을 주장하였다. 이러한 주장은 결국 전세를 납부하는 농민들의 경제력을 신장하는 데 목적을 두었다.

군정의 경우 이유원은 군총에 허액이 많음을 지적하면서 호총(戶摠)에 견주어 헤아려[較量] 배비(排比)할 것을 주장하였다. 양반에 해당하는 유향(儒鄕)과 한산(閑散)이 반을 차지하여 허오(虛伍, 군적에 등록만 되어 있고 실제로는 없던 군정)가 많다고 판단하였기 때문이다. 당시 호총이 12만 8,000여 호인 데 반해, 군총은 15만 9,000여 명이어서 가호마다 배비하여 출정(出丁)하기에 일정한 액수에 이르지 않았던 것이다. 즉 원액 15만 9,676명 내 허액이 무려 9만 3,610명에 이르렀으며 납포 역시 받아낼 곳이 없었다. 그리하여 호적 향리들이 이를 채우기 위해 족징(族徵), 백골징포(白骨徵布), 황구첨정(黃口添丁)하거나 이징(里徵), 결징(結徵)하는 폐단이 늘어났다. 이에 이유원은 양반호에 투탁하거나 향

---

13) 이유원, 《가오고략》 책9, 계(啓), 해서삼정계. 이하 각주가 없는 곳은 이 장 각주 11) 참조.

교와 서원에 모록(冒錄)한 자, 각 궁장토의 소속자, 양반가 묘노(墓奴), 향청(鄕廳)·질청(作廳) 모속배(募屬輩) 등의 허다한 명목을 모두 샅샅이 조사하여 수천 한정(閒丁)을 얻을 것으로 판단하고 이들 사출된 군정을 각각 해당의 허오에 이충(移充)하되 나머지 부족한 수효는 정부에서 빼줄 것을 건의하였다. 반면 이유원은 호포제에 대해 직접적으로 의견을 표명하지 않았지만《임하필기》에서 숙종 때 소론의 거두였던 남구만(南九萬)의 입을 빌려 호포제 시행의 난점을 적시하였다.[14] 남구만의 주장에 따르면 국가가 호포제를 실시하려고 하면 양반층이 대대적으로 반발하여 큰 변이 일어날 것이라는 점이다. 이유원 역시 군역의 폐단을 익히 알면서도 신분에 구애됨이 없는 호포제를 시행하기보다는 누락된 군액을 조사하여 부족한 군액을 충정(充定)하기를 선호하였던 것이다. 또한 영조 23년(1747) 전라도관찰사 조영로(趙榮魯)의 상소에 대한 영조의 비답 내용에서 "군포의 감필은 눈앞만을 생각하는 은혜고 역을 균일하게 해주는 일은 만민에게 베푸는 혜택"임을 인용하여 일률적인 감필보다는 역종 간의 균등한 군역에 중점을 두었다.[15]

환곡의 경우 이유원은 포흠을 탕감하고 환곡의 수량을 적절하게 감축하는 탕포균환론을 주장하였다. 그의 이러한 주장은 스승 정원용의 탕포균환론과 궤를 같이한다고 하겠다.

당시 각종 잡탈을 제외하면 환호가 7, 8만 호에 불과한데도 배당된 환곡의 수량은 39만여 석(모곡은 3만 9,000석으로 13만 6,500량에 해당)에 이르러 1호당 5, 6석을 내려가지 않았다. 그런데 탈호(頉戶)가 3분의 1을 넘었기 때문에 실제로 환호가 부담하여야 할 환곡은 7, 8석에 이르렀

14) 이유원,《임하필기》권23, 호포지론(戶布之論).

15) 이유원,《임하필기》권23, 문헌지장편(文獻指掌編), 양역이정청(良役釐正廳).

다. 그리하여 이유원은 탈호 수효에 따라 일부 환곡을 혁파하고 나머지 환곡을 균등하게 배당하는 이른바 탕포균환을 주장하였다. 물론 궁장둔민(宮庄屯民)에 포함되어 있는 탈호들을 색출한 뒤 호수와 비교하여 환곡 수량을 조정할 것을 강조하였다.

그의 이러한 응지소는 삼정의 제도를 개혁하기보다는 이를 유지하되 운영의 폐단을 교구(矯捄)하여 농민의 생활을 안정시키자는 삼정개선론(三政改善論)에 가까웠다. 그러나 그의 의견은 당장 현실로 옮길 수 있는 방안이어서 정부에서는 정원용의 탕포균환론을 지지하는 논의로 비쳤다.[16)]

이어서 이유원은 황해도관찰사로 재직하다가 급히 함경도관찰사로 이임하였다.[17)] 함흥에서 파환귀결에 따른 재정 부담이 오히려 늘어나 민란이 일어난데다 정부에서는 이유원이 황해도 삼정 문제와 국방 문제에 공을 들였다고 판단하였기 때문이다.[18)] 그리하여 그는 받을 길 없는 환곡 4만 2,100여 석을 줄이거나 탕감하고 산해(山海) 남세(濫稅)와 도고(都賈) 등을 혁파하였다.[19)]

또한 이유원은 영중추부사로서 1876년 7월 함경도 6진 백성들이 자주 월경하는 사태의 심각성을 논의하는 자리에서 6진의 환곡 폐단을 거론하여 정부의 환곡 폐지 논의를 이끌어내었다.[20)] 당시 영의정 이최

---

16) 이유원은 후일 자신의 삼정개선론이 현실적으로 가능한가에 대해 "내가 황해도 감영에 있으면서 또한 폐단을 바로잡을 방도를 갖추었으나, 이는 공언일 뿐이었으니 일에 무슨 보탬이 되었겠는가"라고 회의하였다(이유원, 《임하필기》 권25, 춘명일사, 삼정이정청). 그것은 삼정 문제 해결이 당시 정국의 추이와 집권층의 개혁 의지 등에 비추어보았을 때 지난하다고 판단하였던 것으로 보인다.

17) 《철종실록》 권13, 철종 13년 12월 을미 ; 이유원, 《임하필기》 권25, 춘명일사, 북백택차(北伯擇差).

18) 송찬섭, 앞의 글, 2012(2), 137~139쪽.

19) 이유원, 《가오고략》 책9, 계, 무동채사십만량탕감계(貿銅債四十萬兩蕩減啓).

20) 《고종실록》 권13, 고종 13년 7월 13일.

웅과 판중추부사 박규수를 비롯한 대다수 대신이 해당 고을 수령의 통치 능력과 순행의 불철저를 문제삼았다. 물론 이유원도 이들 대다수 대신의 의견에 동조하였다. 그러나 그는 여기서 더 나아가 6진 백성들의 월경을 초래한 주요 원인으로 환곡의 폐단을 제기하면서 함경도관찰사를 지냈던 김유연(金有淵)이 의견을 개진하도록 노력하였다.[21] 그리하여 1877년 1월 정부에서는 김유연을 안무사로 파견하여 허류곡을 탕감하거나 파환귀결하였다.[22] 나아가 1883년 어윤중이 서북경략사로서 평안도는 물론 함경도를 순력하면서 파환귀결을 단행하기에 이르렀다.[23] 이때 어윤중은 함경도 부세의 폐단을 무엇보다 정확히 파악하고 있었고 탕포균환 조치를 넘어 환곡 혁파에 이르게 된 것은 이유원 같은 시무 관료들의 경험과 기록에 근간하였을 것이다. 그 밖에 이유원은 함경도관찰사 시절에 갑산(甲山) 무동채(貿銅債)를 해결하기 위해 노력한 결과 정부로부터 무동채를 탕감받기도 하였다.[24] 그는 이처럼 시무 관료로서 실행하기 어려운 제도개혁보다는 현실에서 가능한 개선 방안을 강구하여 실행하였던 것이다.

2) 주전소 혁파와 청전 폐지

이유원은 함경도관찰사 시절 주전(鑄錢)의 폐단을 해소하고자 노력하였다. 우선 그는 훈련도감이 주관하는 주전소가 실화로 경향 각지 사람들에게 막대한 손해를 입히자 주전소를 혁파하였다. 그런데 주전소

21) 앞과 같음. "愚民之情 見小利則不覺犯法 駸駸潛越 而一越 則其親戚見其去 而隨後又去不復還 故如是夥多矣 六鎭有還穀之弊 此亦生民之痼瘼一端也."

22) 김태웅, 《한국근대 지방재정 연구—지방재정의 개편과 지방행정의 변경》, 아카넷, 2012, 125~127쪽.

23) 앞의 책, 128~152쪽.

24) 이유원, 《임하필기》 권25, 탕감동채(蕩減銅債); 《승정원일기》, 고종 1년 7월 22일.

가 혁파되자 그곳에 투자하였던 일부 인사 중에 기술책임자인 일부 변수(邊首)가 자살하는 사태에 이르렀다.[25] 이에 이유원은 주전소로부터 서울로 올라가는 돈이 아직 원산에 있다는 소식을 듣고 철종 14년(1863) 12월 25일 30만 냥을 가져와 누구를 막론하고 이자를 제한 뒤 빚 장부를 청산해주었다. 이어서 이듬해 2월에 다시 정부의 명령으로 인해 가가(假家)를 지어 추가로 돈을 주조하여 4월에 가서야 마쳤다. 추가로 주조한 돈 중에 20만 냥은 경관(京關, 서울에서 하달한 관문)을 통해 용동궁(龍洞宮)에 바쳤으며, 10만 냥은 서울 사람들의 빚을 갚아주었고, 5만 냥은 감관들과 변수들에게 나누어주었으며, 1만 냥은 장색(匠色)들의 노자에 보태주었고, 1만 냥은 공조의 명에 따라 각사(各司)에 분표(分俵)하였다. 그 밖에 1만 냥은 각사에 별도로 또 지급하였으며, 2만 냥은 유래하는 잡비에 넣었다. 그는 이처럼 현실에서 야기되는 사안을 현실적 조건에 맞추어 해소하고자 노력하였다.

이후 이유원은 좌의정에 재직하면서 함경도 지방의 난치병이 고주여요(鼓鑄餘擾)라고 계(啓)하면서 무동채 일관(一款)은 거론하지 말도록 함경도·평안도 관찰사에게 분부할 것을 요청하였다.[26] 이유원 자신이 함경도관찰사 시절 주전을 영원히 철파하였으나 갑산 무동채의 위표(僞標)와 가권(假券)이 온 지방에 퍼져 빈부를 가리지 않고 상관됨에 따라 경향 모리배가 틈을 엿보아 망리(網利)할까 우려하였기 때문이다.

한편, 이유원은 1873년 고종이 친정하면서 취한 청전(淸錢) 혁파를 둘러싸고 그의 조세론·화폐론을 단편적이나마 드러내면서 운영 방안을 제시하였다. 당시 고종 정부가 대원군 집권기에 경복궁 중건 등의

25) 이유원, 《임하필기》 권25, 춘명일사, 함주시말(咸鑄始末).

26) 《승정원일기》, 고종 1년 7월 22일.

비용과 부족한 환곡의 총액을 확보하기 위해 청전(淸錢, 청나라 돈)을 수입하였으나 결과적으로는 물가 앙등의 요인을 제공하였기 때문이다.

우선 고종은 1873년 12월 청전 혁파에 앞서 민생의 안정을 이유로 연강세(沿江稅)의 신구를 가리지 않고 잡세 모두를 폐지할 것을 하달하고자 한 반면, 이유원은 구세(舊稅)는 제외하고 신세(新稅)만 금지할 것을 주장하였다.[27] 당시 이유원은 백성의 부담을 가중하는 잡세는 혁파하되 정부 재정 수입을 고려하여 신세 폐지에 역점을 둔 반면, 고종은 흥선대원군의 기반을 약화할 요량으로 민생의 안정을 내세워 잡세 모두를 금지하고자 하였던 것이다. 이 점에서 이유원은 국가 재정의 지속적 안정을 염두에 둔 시무론자로서 잡세 철폐를 점진적으로 추진하고자 하였음을 확인할 수 있다.

1874년 1월 정부는 청전의 유통을 금지하는 조치를 내렸다. 그것은 화폐 유통의 안정을 꾀하는 차원을 넘어서 대원군에게 유입되는 자금을 저지하고자 하였던 것이다.[28] 이에 이유원은 정부가 먼저 청전을 폐지한 뒤 이에 따른 재정 부족을 해소하기 위해 자금을 내려주는 조치가 민생의 안정에 있음을 인정하였다.[29] 그러나 그는 재정 부족을 벌충하고자 하는 지방관아의 추가 징수와 환곡의 작전화(作錢化)를 우려하였다.[30] 그의 이러한 우려는 현실로 드러났다. 지방관아가 재해와 흉

---

27) 《승정원일기》, 고종 10년 12월 1일. 이에 관해서는 김성혜, 〈고종 친정 직후 청전 관련 정책과 그 특징〉, 《역사연구》 22, 역사학연구소, 2012, 172쪽 참조. "裕元曰 江華收稅 則補用於軍需者爲多 而筵中有曾經沁留之人 可以詳知矣 容熙曰 收稅爲萬餘兩 而其中軍需補用者 未詳爲幾何矣 上曰 今則江華雖無此稅 軍需似有餘矣 裕元曰 可罷者罷之 務便利於百姓 而謹當以草記稟處矣 上曰 利於國而害於民 則是豈革罷之本意乎 裕元曰 誠然矣."

28) 연갑수, 〈19세기 중반 조청 간 교역품의 변화〉, 《한국사론》 41~42, 서울대학교 국사학과, 1999, 712~713쪽 ; 김성혜, 앞의 글, 172~173쪽.

29) 이유원, 《가오고략》 책9, 계, 절재용계(節財用啓). "殿下爲民之産 先有淸錢之革罷 後有鉅財之劃下 使民成其志而厚其生."

년 시 구휼에 들어가야 할 환곡을 돈으로 바꾸어 상납하는 사태가 일어났으며, 나아가 지방관아도 부족한 재원을 메우기 위해 농민들에 대한 추가 수탈을 감행하기에 이르렀다.[31] 이에 이유원은 재정 절용과 토목사업의 중단을 강조하였다.[32] 또한 그는 국가 재용을 보용하기 위해 수령들의 탐장(貪贓)을 엄격히 다스리면서 이러한 재물을 민생 부담을 줄이는 데 쓰자는 고종의 지시와 달리, 그들의 탐장 재물을 민생은 물론 군수(軍需)에 보충하고자 하였다.[33] 그러나 그의 이러한 대책은 근본적인 방책이 될 수 없었다. 그 역시 민생을 내세워 재정 수입의 감축을 단행한 고종의 처사를 비판하면서도 이러한 문제를 근본적으로 해결할 만한 대안이 없었기 때문이다. 예컨대 그는 지방제도 개편, 화폐 유통과 부세제도 개편, 상업 장려, 광산 개발 등에 의한 재원 확장 등 제도적인 개편을 수반하는 각종 개혁 방안을 염두에 두고 있지 않았다.

그리하여 이유원은 정부의 파환귀결에 따른 국가 재정의 감축이 농민에 대한 또 다른 수탈을 야기하였다고 비판하면서 자신의 기존 견해인 탕포균환을 다시 한 번 상기시키는 데 그쳤다. 그로서는 근본적인 개혁에 따른 후유증을 우려한 나머지 제도의 운영방식을 개선하는 데 중점을 두었던 것이다. 즉 이유원은 고종이 민생의 안정을 내세우면서도 현실적 대안을 제시하지 못하는 개혁안보다는 점진적인 방식으로 문제점을 교구하는 개선 방안을 선호하였던 셈이다.

---

30) 《승정원일기》, 고종 11년 1월 17일. "上曰 一體作錢 可也 所謂別還 設始本意 爲民國而反爲痼瘼 洞還外別還作錢 未爲不可矣 裕元曰 還穀 所以備水旱不虞者 而一竝作錢, 恐非長策矣."

31) 김성혜, 앞의 글, 175~179쪽.

32) 이유원, 《가오고략》 책9, 계, 절재용계.

33) 《승정원일기》, 고종 11년 7월 15일.

3) 노비세습제 비판

이유원은 노비제 폐단에도 관심을 기울였다. 그는 정부에서 노비제 문제를 개진하지 않았지만 1884년에 완성된 그의 주저《임하필기》를 통해 노비제에 대한 그의 견해를 간접적으로 피력하였다.[34] 즉 조선 후기 대표적인 개혁론자 유형원의 노비제 견해를 이 책에서 거론하였다.

유형원의 노비론은 다음과 같다.

> 유형원이 이르기를 "노비의 이름은 본래 죄 때문에 몰입되어 시작되었으니 죄도 없이 노비로 삼는 것은 옛날에 그러한 법이 없었다. 죄 때문에 몰입되는 자도 후손에까지 그 벌이 미치지 않았는데, 더구나 죄도 없는 자에게서야 말할 것이 있겠는가. 중국의 옛 법에는 비록 죄 때문에 몰입되어 노비가 된 자라 하더라도 일면(一免), 재면(再免)의 한도가 있고 삼면(三免)에 이르면 양인이 되도록 하였다. 비록 종신토록 노비로 있는 자도 그 자식에게까지 미치게 하는 법은 없었다. 우리나라의 노비법은 죄가 있는지, 없는지 불문하고 오직 그 세계(世系)만을 살펴 매우 오랫동안 노비로 삼는다. 이 때문에 혹 무지한 천부(賤夫)라 하여 사람의 사명(死命)을 제어하고, 설령 어진 인재가 그 사이에서 나온다 하여도 또한 금고(禁錮)하여 노비로 삼으니, 이것이 이치에 맞는 것인가" 하였다.[35]

유형원의 이러한 주장에 따르면 노비가 형벌로 인해 발생한 것을 지적하면서 노비세습제의 폐지를 강조한 것이다.

그럼에도 불구하고 이유원이 이러한 노비세습 비판론을 소개한 의

---

34) 《임하필기》는 평소에 기록한 관련 문헌과 체험 견문 사실을 백과사전 방식으로 뽑아 정리·편찬한 유서(類書)로 1884년에 완성되었다. 이에 관해서는 김인규, 앞의 글, 2016, 52쪽 참조.

35) 이유원, 《임하필기》 권20, 문헌지장편, 정종모지제(定從母之制).

도가 단지 문헌 정리 차원에서 비롯된 것인지, 그 자신의 속내를 보여 준 것인지는 분명하지 않다. 이유원이 평소에 그의 정치적·사회적 견해를 잘 드러내지 않았기 때문에 더더욱 그의 속내를 확인할 수 없다. 그러나 이유원은 유형원의 노비세습 폐지론을 소개하는 데 그치지 않고 안정복의 노비세습 폐지론을 정리하여 다음과 같이 상세히 기술하고 있다.

> 안정복이 이르기를 "우리나라의 노비를 대대로 잇는 법은 실로 왕정에서 차마 하지 못할 바다. 어찌 한 사람이 천적(賤籍)에 들면 백세토록 면하지 못함이 있을 수 있는가. 옛날에 노예는 모두 도적에 연좌되어 몰입되었거나 주포(誅捕)된 자, 사이(四夷)로서 구도(寇盜)를 저지른 자로 만들었다. 그러나 벌이 후손에까지 미치지 않고 오직 그 몸에 그쳤으니, 어찌 일찍이 우리나라처럼 법을 만든 적이 있었겠는가. 말하는 사람이 노비법은 기자에서 시작되어 아울러 세역(世役)의 폐단과 함께 뒤섞여 일컬어지고 있다고 하는데, 성인이 백성을 사랑하는 정사에서 어찌 이와 같을 수 있겠는가. 그 폐단의 근원을 궁구해보면 삼국시대에 귀척대신이 대대로 그 권한을 잡았는데, 신라가 가장 심하였다. 《당서(唐書)》에 보면 신라의 재상은 노동(奴僮)이 3,000명이나 된다고 하였다. 빈궁하여 의지할 곳이 없는 자들이 혹 스스로 몸을 팔아 노비가 되니, 자손에 이르기까지 노비주들이 자신의 부모를 봉양[仰哺]하는 데 사역하였다. 또 전쟁에서 노획한 자들을 빼앗아 노비로 삼아 대대로 부리기를 마지않았다. 고려조로 통합될 때 대부분 노획한 사람을 공신에게 주어 노비로 삼도록 하였고 또 각 관아에 예속시켰다. 이에 사노비, 공노비의 명칭이 나오게 되었다. 온 나라의 백성을 다하여 거의 모두 천적에 들어가게 하였으니, 법의 불선(不善)함이 이보다 더한 것이 없다" 하였다.[36]

안정복의 이러한 주장은 이익의 노비세습 폐지론을 계승한 것으로 여기에서도 이익의 주장과 마찬가지로 노비세습의 기원 자체를 부정하고 있다.[37] 이러한 주장은 유형원이 견지한 노비세습제의 역사(歷史) 무근(無根)을 드러내어 노비세습제의 역사적 정당성을 전면 부인하는 셈이다. 따라서 이유원의 이러한 기술은 단지 이전 학자들의 노비론을 소개하는 데 그치지 않고 그가 노비세습을 반대하고 있음을 간접적으로 보여주고 있다고 하겠다. 그러나 그는 시무를 중시하였기 때문에 자신의 노비제 개혁론을 적극적으로 개진하지 않았다. 노비세습제 폐지에 대한 견해가 정부 차원에서 나오지 못한 것은 이러한 그의 자세와 밀접하였다. 하지만 이유원이 세상을 뜨기 직전인 고종 23년(1886)에 사노비의 세역을 금지하는 조치가 내려졌다.[38] 당시 고종이 내린 전교는 다음과 같다.

> 내수사와 각 궁방, 각사(各司) 노비의 공물을 없애고 노비안을 불태워버린 것은 바로 우리 순조 임금이 그들을 불쌍히 여기고 돌봐준 성대한 덕과 지극한 인이었다. 그러니 누군들 그 큰 은혜에 감격하지 않았겠는가? 나도 늘 칭송하면서 그 위업을 잘 이어가려 생각하고 있다.
>
> 그런데 사가(私家)를 놓고 말하면 한 번 노비의 명색을 지니게 되면 종신토록 복종하여 섬기게 되며 대대로 그 역(役)을 지면서 명색을 고치지 못하기까지 하는데, 이것은 어진 정사에 흠이 될 뿐 아니라 또한 화기(和氣)를 손상하기에 충분한 하나의 조건이 된다. 명분은 원래 엄한 법이 있

---

36) 이유원, 《임하필기》 권20, 문헌지장편, 노비론(奴婢論).

37) 이익, 《성호전집》 권46, 잡저, 논노비(論奴婢). 이와 관련해서는 김선희, 〈이념의 공(公)에서 실행의 사(私)로: 공사 관점에서 본 성호 이익의 사회개혁론〉, 《한국사상사학》 45, 한국사상사학회, 2013, 361~363쪽 참조.

38) 고종 23년 사노비 세역 금지 조치에 관해서는 이태진, 《고종시대의 재조명》, 태학사, 2000, 263쪽 참조.

으므로 사역은 단지 당사자 한 몸에만 그쳐야 하고 대대로 복역하게 하여서는 안 된다는 내용으로 한성부의 당상이 총리대신과 토의하여 절목을 만들어 온 나라에 반포하여 상서로운 화기를 맞이하게 하라.[39]

이 전교는 순조 연간 공노비를 혁파한 전례에 따라 사노비세습제를 전면 폐지하였음을 보여준다. 그런데 여기서 유의하여야 할 점은 노비세습제가 인정(仁政)에 흠이 될 뿐 아니라 민의 통합을 끌어낼 화기를 손상할 수 있음을 이유로 내세우는 이러한 주장이 이유원이 대거 소개한 유형원, 이익, 안정복의 노비세습제 폐지론의 연장선에 있다는 것이다. 따라서 노비세습제 폐지를 추진한 김윤식, 어윤중 등의 시무 관료들은 이유원의 이러한 노비세습 폐지론에 영향을 받았다고 하겠다.[40]

그러나 이유원이 늘 집권파의 정책에 한발 앞서가는 것은 아니었다. 어느 사안에서는 집권파의 입장을 두둔하고 지원하기도 하였다. 그의 이러한 자세와 시세 인식은 경복궁 중건 논의에서도 엿볼 수 있다. 1865년 대원군 정권이 경복궁 중건을 강력하게 추진하자 재정의 곤궁을 들어 중건사업을 반대하는 대다수 대신의 의견과 달리, 그는 좌의정 김병학(金炳學)과 더불어 담당 신하들이 재원을 마련할 수 있다고 하면서 경복궁 중건사업에 동조하기도 하였다.[41] 왕실의 권위를 높인다는 취지에 공감하였기 때문이다.

물론 그가 집권파의 거수기 노릇만 한 것은 아니었다. 그는 고종 정권을 군사적으로 뒷받침하는 무위소(武衛所) 설립 취지에 동의하였지만 무위소 군인들의 행태를 비판하기도 하였다. 당시 무위소 군인들이 국왕

39) 《고종실록》 권23, 고종 23년 1월 2일;《일성록》, 고종 23년 3월 11일.

40) 시무 관료들의 노비세습제 폐지 추진에 관해서는 한철호, 앞의 글, 188~191쪽 참조.

41) 이와 관련하여 김병우, 《대원군의 통치 정책》, 혜안, 2006, 258~259쪽 참조.

을 시위한다는 우월감으로 여러 가지 폐단을 야기하였기 때문이다. 그리하여 이유원은 "무위군들이 국왕을 가까이에서 모시는 영광만을 알고 일의 중요함을 모르기 때문에 폐해를 거듭하는 것이며, 그들의 방자함을 그대로 두지 말아야 한다"고 진언하였다.[42] 이후 고종이 무위소를 비호함에도 불구하고 무위소가 통리기무아문(統理機務衙門) 산하 군무사(軍務司) 지휘체제에 통합되면서 이 문제는 해소되었다.[43] 비록 이유원의 비판에도 고종의 군사적 기반이었던 무위소가 혁파되지는 않았지만 그의 이러한 지적은 고종 정부의 독주를 견제하는 데 도움이 되었을 것이다.

한편, 그는 내수자강론을 견지하면서 군비 확충에 힘을 기울일 것을 주장하였다.[44] 즉 그는 돈대(墩臺)를 설치하였으나 이를 지킬 만한 군사력이 없으며, 기계(器械)가 있으나 이를 이용할 군사가 없음을 비판하면서 이러한 업무를 수행할 병사를 양성할 것을 강조하였다. 그의 이러한 주장은 척계광(戚繼光)의 《기효신서(紀效新書)》에 입각하여 군사를 양성하는 구식 병법으로 후퇴하였으나 군비의 중요성을 인식하고 군사 양성에 역점을 두었음을 보여준다.

3. 국제정세 인식과 그 위상

1) 서구 열강의 통상 요구와 위정척사 인식

이유원은 1862년 임술민란 때 삼정 문제에 대한 응지소를 통해 국왕에

42) 이유원, 《가오고략》 책9, 계, 논무위군계(論武衛軍啓).

43) 이후 무위소가 통리기무아문 군무사 지휘체제로 편입되는 과정에 관해서는 장영숙, 《고종의 정치사상과 정치개혁론》, 선인, 2010, 133~134쪽 참조.

44) 이유원, 《가오고략》 책9, 계, 무재신칙계(武才申飭啓).

게 능력을 인정받은 뒤 함경도의 삼정 문제를 비롯한 여러 현안을 해결하라는 교지를 받고 함경도관찰사로 부임하였다. 이때 이유원이 당면하였던 과제는 삼정 문제뿐 아니라 러시아의 통상 요구에 대한 대응 문제도 포함되어 있었다.

1864년 러시아인 다섯 명이 두만강을 건너 경흥부에 와서 통상을 요구하는 문서를 제출하였다.[45] 이에 경흥부사 윤협(尹峽)은 이러한 요구는 일개 지방 관헌이 수락할 수 있는 사안이 아니라고 하면서 그들의 요구를 거절하였고, 함경도관찰사 이유원에게 보고하였다. 이유원 역시 정부에 올린 보고서를 통해 조선 내부에 러시아인에 내응한 자가 있다고 억측하면서 내통자를 찾아내라고 엄명하였다. 이어 이유원은 하리 두 명을 두만강 변에서 효수에 처하였다. 이유원은 이 사건을 《임하필기》에 소상히 기록하였다. 당시 그는 경흥부 하리 김홍순(金鴻順)과 최수학(崔壽學)을 처형하였을 뿐 아니라 함경도 고을 수령들에게 러시아인의 월경과 조선인의 내통을 엄격히 단속하라고 하달하였고, 전직 관리들을 처벌할 것을 정부에 요청하였다.[46] 아울러 그는 러시아가 하리 두 명을 효수에 처한 조치에 놀라 실의에 빠졌다고 적었다. 그러나 그의 이러한 기술은 착각이었다. 이후 러시아가 직접 감영에 문서를 제출하겠다는 의지를 강력하게 펼쳤기 때문이다.[47] 이 점에서 러시아인의 통상 요구라든가 러시아의 남하에 대한 이유원의 인식이 매우 일천하였음을 확인할 수 있다. 특히 그 자신은 '신하무외교(臣下無外交)'라는 조공책봉질서에 입각하여 러시아의 이러한 통상 요구를 거절하였음을 밝히고 있다.[48]

---

45) 《고종실록》 권1, 고종 1년 2월 28일.

46) 이유원, 《임하필기》 권25, 춘명일사, 죄인사득(罪人斯得).

47) 송정환, 《러시아의 조선침략사》, 범우사, 1990, 27~29쪽.

그의 조공책봉질서에 입각한 서양 인식은 사상적·문화적으로는 위정척사론과 연결되어 교전론(交戰論)에 비중을 두었다. 병인양요 당시 이항로(李恒老)가 상소문을 통해 교전론을 주장하고 대원군이 이를 실행할 때 그는《임하필기》에서 병인양요에 대한 조야의 동향과 대원군의 교전 방침을 전하면서 다음과 같이 그 의미를 부여하였다.

> 병인년(1866, 고종 3)에 양이(洋夷)가 강도(江都)를 함락하고 조석으로 서울을 침범하려 할 때 위로는 조정으로부터 아래로는 여항에 이르기까지 모두 주화론(主和論)을 주장하였는데, 석파공(石坡公) 이하응은 벽에 써 붙이기를 "양이가 침범함에 싸우지 않으면 화의하여야 하는데, 화의를 주장하는 것은 나라를 팔아먹는 것이다" 하니, 이로부터 화의론이 점점 사라지고 적도 따라서 물러갔다. 신미년(1871, 고종 8)에 또 강도를 침범하자 돌을 깎아 위의 열두 글자를 새겨 큰길에 세워 저들과 우리에게 모두 확연하게 알게 하니, 적이 또 물러갔다. 바른 것을 부지(扶支)하고 사악한 것을 물리친 것은 천지에 내세워 조금도 의혹할 것이 없다.[49]

이에 따르면 이유원 역시 대원군의 교전 방침에 적극적인 의미를 부여하며 위정척사의 자세를 견지하고 있음을 확인할 수 있다. 그의 말대로 서구 열강과의 전쟁을 "바른 것을 부지하고 사악한 것을 물리친" 행위로 평가하고 있는 것이다. 그러나 그가 그 밖의 문헌들과 달리 조야의 대다수가 주화론을 주장하였음을 밝히고 있다는 점에 주목할 필요가 있다. 당시 대다수 기록이 프랑스 함대의 침입으로 장안이 들끓

---

48) 이유원,《가오고략》책6, 소차(疏箚) 북도범월사자열차(北道犯越事自列箚).

49) 이유원,《임하필기》권28, 벽이단(闢異端). "丙寅洋夷陷江都 朝夕犯京 上自朝廷 下至閭巷 擧有主和之論."

었다고 전하는 가운데 각지에서 의병이 일어났다고 덧붙인 반면, 대다수가 주화론을 주장하였다는 사실을 언급하고 있지 않기 때문이다.[50] 당시 정부 일각에서 주화론을 주장하였음도 사실이었다. 예컨대 영돈녕부사 이경재(李景在)와 좌의정 김병학은 프랑스 군함에 각종 편의를 제공하면서 무마할 것을 제안하였다.[51] 또한 소수 관리가 화의를 주창하거나 어가를 받들어 북한산성으로 모시자고 주장하였다.[52] 따라서 그가 위정척사론을 견지하고 있음에도 불구하고 주화론을 부각함으로써 역사 서술의 공정성을 넘어 지식 정보 차원에서 후일 개국 통상론이 나올 수 있는 여지를 만들어주고 있는 셈이었다.

2) 대일 교섭과 수신사 파견

이유원의 위정척사 인식은 조공책봉질서를 근간으로 삼았다. 그의 이러한 자세는 일본의 서계와 통상 요구에 대한 인식에서 잘 드러난다.

1870년대에 들어와 청의 이홍장이 일본의 조선 침략을 우려하면서 일본의 통상 요구를 수용할 것을 권면하자 이유원은 이러한 요구를 거절하면서 다음과 같이 반박하였다.

> 총리아문에서 우리나라에 알리고 싶은 일이 있으면 그저 그 일만 말하는 것으로 그쳐야 합니다. 무엇 때문에 통상 등의 이야기를 하여 마치 공갈을 치고 유혹하듯이 한단 말입니까? 청의 일에 대해서는 알 만한 것이 있는데, 우리나라가 무기를 갖추고 변경을 든든히 지키는 것을 어떻게 조금인들 늦출 수 있겠습니까? 준비하였다가 결국 쓰는 일이 없으면 더욱 다

50) 박성수 주해, 《저상일월(渚上日月)》, 민속원, 2003, 94~95쪽.
51) 《고종실록》 권3, 고종 3년 8월 18일.
52) 박은식, 김태웅 역해, 《역해 한국통사》, 아카넷, 2012, 87쪽.

행한 일이 될 것입니다.[53)]

당시 조선과 청이 일본과 서구 열강에 대한 대처방식을 둘러싸고 공동보조를 맞춤에도 불구하고 일본과 서구 열강에 대한 이유원의 입장은 이전과 크게 바뀌지 않았다. 그리하여 그는 조선 스스로가 개혁을 추진하면서 자강할 것을 주장하였다.

북경에서 온 자문(咨文)은 변경에 대한 급보입니다. 일본이 서양 나라들과 교통한다고 하지만 그 깊은 내막을 우리나라는 정확히 모르고 있습니다. 만일 불의의 변고가 일어날 경우 최근에는 무기도 정예하고 포(砲)도 서로 바라볼 정도로 설치하였으며 군량을 저축한 것도 몇 해 동안의 수요는 지출할 수 있습니다. 그러나 문제는 편안한 때에도 위태로울 것을 잊지 말아야 한다는 원칙에 있는 것입니다. 안으로는 미리 잘 준비하고 밖으로는 변경 방어를 튼튼히 하도록 더욱 신칙하여야 하는 것입니다.[54)]

청이 자문을 통해 조선 정부에 위기의식을 고취하고 조선의 개방을 은근히 종용함에 굴하지 않고 이른바 내수자강론을 견지하였다.

이러한 주장은 당시 일본의 군사력에 대한 과소평가와 조선 방위 실태에 대한 자신감이 작용하였다. 이유원은 정부 회의에서 다음과 같이 언급하며 정세를 낙관하였다.

임진년 왜란에 우리나라 백성들은 군대를 구경하지 못한 지가 오래된 까

---

53) 《고종실록》 권11, 고종 11년 6월 25일.

54) 앞과 같음.

닭에 처음에는 공갈로 겁을 주면 그냥 달아나 흩어지는 일이 있었고, 섬오랑캐와 서로 낯이 익은 뒤에는 강하고 군세기가 피차간에 차이가 없어 마침내 공을 이룰 수 있었습니다. 그런데 지금은 익히지 않는 일이 없어 이미 포를 쏘는 기술까지 알고 있으니, 의심하고 겁낼 것이 무엇이 있겠습니까. 그뿐 아니라 연전에 또 양요를 겪어 서양 놈들의 장점과 단점을 남김없이 잘 알고 있으니, 오늘날의 군병을 임진년 왜란 당시에 비교하면 도리어 나은 데도 있다고 봅니다.

용병을 하고자 하면 서북의 군대가 가장 낫고 강계의 포수는 천하에서 더할 수 없이 막강합니다. 추위를 견디고 더위를 견디며 배고픔을 참고 목마름을 참으며 한 번 손을 들었다 하면 백발백중이니, 이는 저들 나라에 없는 바이고 우리나라에만 있습니다. 서양 놈과 섬오랑캐는 장기가 포를 쏘는 데 있으니, 우리나라 사람들도 마땅히 포를 쏘아 대적하여야 할 것입니다. 저 사람들로 말하면 그들 역시 사람이니, 어떤 별난 출중한 재주가 따로 있겠으며 우리나라의 궁벽한 시골이라 하여도 어찌 내어다가 쓸 만한 인재가 없겠습니까. 지금의 사세를 돌아보건대 때가 행하면 행해지고, 때가 그치면 멈추는 것입니다. 그리하여 신의 소견은 이미 주초(奏草)에 모두 말씀드렸습니다.[55]

이유원은 임진왜란의 승리와 두 차례 양요의 경험을 근거하여 국방력을 자신하면서 이러한 자세를 견지할 것을 주문하고 있다.

한편, 박규수가 일본의 서계가 '황(皇)'과 '칙(勅)'에서 드러나고 있듯이 격식에 문제가 있음에도 불구하고 그러한 호칭은 어디까지나 일본의 자존적 표현이라 치부하면서 일본의 서계를 수용하자고 하자, 이유

55) 《승정원일기》, 고종 11년 6월 25일.

원은 이러한 의견에 맞서 기존의 방식대로 도해관(渡海官)을 파견하여 동래 왜관을 통제하고 일본 내부의 사정을 탐지하자고 주장하였다.[56] 그는 그의 서계 수용 거부론을 넘어서 일본의 침략 방어에 치중하고 있는 셈이었다.

이유원의 이러한 견해는 김홍집이 황준헌의 《조선책략》을 국내로 가져온 뒤에도 지속되었다. 그것은 그가 "부국의 방법은 우리가 재정을 절약하는 데 있지 도둑을 빙자하여 부유해진다는 말은 듣지 못하였으며, 강병의 방책은 우리가 잘 돌보아 기른 데 있지 외부와 교제하여 강해진다는 말은 듣지 못하였다"라고 언급한 데서 잘 드러난다.[57]

한편, 이유원은 함경도관찰사 시절에도 누누이 강조하였던 내부 세력의 호응을 우려하였다. 그는 그러한 내응 세력으로 천주교 신자를 지목하면서 이들 신자를 철저히 색출하여 처벌할 것을 주장하였다. 나아가 그는 1876년 국교 확대 이후에 올린 소차에서 개항을 통한 일본의 침략을 걱정하는 가운데 일본을 '도이(島夷)'라고 지칭하고 일본 외교관이 2년 연속하여 서울에 들어오는 것에 놀라움을 표하며 일본이 임진왜란을 일으킨 주범임을 강조하고 있다.[58] 일본에 대한 그의 부정적 인식을 단적으로 보여준다고 하겠다.

그러나 조선 정부가 일본의 1868년 서계에 대해 격식 문제를 들어 거부하였음에도 불구하고 일본이 1875년 2월 재차 서계를 보내오자 1875년 5월 10일에 열린 전현직 대신들과 당상들의 의정부 회의에서 영의정 이유원은 "일본이 문서를 고쳐 갖고 오면 조일 간 우호관계의

---

56) 《승정원일기》, 고종 11년 6월 29일. 이와 관련해서는 김흥수, 《한일관계의 근대적 개편 과정》, 서울대학교출판문화원, 2009, 342~345쪽 참조.

57) 이유원, 《가오고략》 책7, 소차(疏箚), 의논왜양개항사차(擬論倭洋開港事箚). "富國之術 在我節用 而未聞藉寇以富之 强兵之策 在我撫養 而未聞交外以强之."

58) 이유원, 《가오고략》 책7, 소차, 논문천송전미철소(論文川松田未徹疏).

회복은 가능하지만 아직도 재야에서는 이 문제에 대해 의견이 일치하지 않고 있음"을 거론하였다.[59] 이러한 언급은 당시 영의정으로서 활발한 논의를 도출하기 위해 자신의 주장을 명백히 드러내지 않은 것으로 보인다.[60] 반면 박규수는 서계 문제가 다시 대두되자 이전의 서계 수용론을 재차 펼치면서 후일의 분란을 우려하여 서계 거부에 신중을 기할 것을 주장하였다. 그러나 이에 대한 반론도 만만치 않아 이날 회의에서 서계를 둘러싸고 결론을 내리지 못하였다. 이에 이유원은 서계 논의가 일본에 알려질 것을 우려하면서 보안에 유의할 것을 각 참석자들에게 주문하였다. 이때 서계 수용론을 주장하였던 박규수는 사임하였다.[61]

이후 1875년 7월 30일 이유원이 세자 책봉 문제로 연행사로 떠난 지 20여 일 만에 운요호(雲揚號) 사건이 터졌다. 이에 이유원은 연행과정에서 세자 책봉 문제를 매듭짓는 한편, 청의 이홍장과 서신을 왕래할 수 있는 길을 열었다.[62] 그것은 일본의 압박 속에서 전통적인 조공책봉 관계의 기본틀을 유지하면서도 청을 매개로 삼아 일본과 서양에 대한 정확한 지식과 정보를 입수하고자 하였기 때문이다.[63] 물론 이러한 시도는 자신의 정치적 기반을 확고히 하는 길이기도 하였다.

그런데 당시 서구 열강의 침략에 대비하고 일본의 조선 침략을 우려하던 이홍장은 이유원에게 서신을 보내 일본과의 외교 문제를 평화적

---

59) 《고종실록》 권12, 고종 12년 5월 10일.

60) 연갑수, 《고종대 정치변동 연구》, 일지사, 2008, 77쪽.

61) 김흥수, 앞의 책, 344쪽.

62) 原田環, 〈朝·中〈兩截体制〉成立前史 ―李裕元と李鴻章の書簡を通して〉, 飯沼二郎·姜在彦 編, 《近代朝鮮の社會と思想》, 未來社, 1981; 권혁수, 앞의 글, 221~223쪽; 정선모, 〈이유원의 을해연행과 강화도조약〉, 《동방한문학》 52, 동방한문학회, 2012, 100~113쪽.

63) 권혁수, 앞의 글, 225~226쪽.

으로 해결하도록 주문하였다.[64] 청으로서는 조선과 일본이 전쟁을 벌이면 일본이 압도적인 군사력으로 조선의 군사력을 제압함으로써 조선에 대한 청의 영향력을 상실할 수 있다고 판단하였기 때문이다.

이러한 가운데 1876년 11월 5일 사직한 박규수가 복직하고 11월 15일 정부는 서계 수용을 둘러싼 논의를 매듭지으면서 서계를 수용하기로 결정하였다.[65] 사실상 이유원이 부재한 상황에서 박규수의 주도로 국교로의 길을 연 셈이었다.[66] 이어서 구로다 기요타카(黒田淸隆)가 이끄는 일본 함대가 강화도 해협으로 진입하였고 당시 개국 통상론자인 박규수의 주도 아래 국교 교섭이 진행되었다. 당시 이유원은 일련의 이러한 사태에 대해 불만을 품고 있었다. 그는 속내를 후일 이홍장에게 보내는 편지에서 다음과 같이 토로하였다.

> 근래 우리나라가 일본과 교호(交好)하고 조약을 맺어 통상하는 것은 진실로 부득이한 데서 나왔으나 그들과의 접촉에서 부디 의심하는 뜻을 보이지 말라고 한 높은 가르침은 그대로 따르고 있습니다. 속으로 참고 있으면서 겉으로 유순하게 대하는 것은 사나운 체하는 그들의 버릇을 떼놓자는 것인데, 그들의 언어와 행동에서 엉뚱한 요구가 없지 않습니다. 규정한 이외의 딴 항구를 지목하여 개방해달라는데, 어디나 중요한 지역이기 때문에 두 시간이나 승강이한 끝에 원산진으로 승낙해주었습니다. 인천은 수도 부근에 속하기 때문에 마침내 그들의 요구에 응하지 않았더니, 어느 정도 불평을 품게는 되었으나 교제가 파탄되지는 않았습니다. 그들의 탐욕스럽고 교활한 수작으로 말하면 순전히 고래처럼 들이켜고 잠식

---

64) 정선모, 앞의 글, 111~113쪽.

65) 《승정원일기》, 고종 12년 11월 15일.

66) 김흥수, 앞의 책, 364쪽.

하자는 것입니다. …… 대체로 중국의 규모는 비유하면 하늘과 땅처럼 광대하기 때문에 크건 작건 한 풀무로 불어 치우고 곱건 밉건 한 모양으로 만들어 기린이건 봉황이건 뱀이건 용이건 모두 다 포함하여 그때그때의 형편에 부합시켜도 태산 반석에 올려지고, 따라서 모든 나라가 따라가고 있는 것입니다. 그러나 우리나라가 선불리 본받으려 한다면 이것은 하루살이가 큰 새처럼 날아보려는 것과 같지 않겠습니까? 당신은 진심으로 타일러주어 되도록 우리를 잘되게 하고 해를 면하게 하려는 생각이 간절하고 진지하니, 부형이 자제에 대한 생각인들 어찌 이보다 더하겠습니까? 그러나 형편이 허락지 않아 그대로 받들어 실행하지 못하니, "워낙 어리석은 사람은 종신토록 깨닫지 못한다"고 한 말이 바로 저를 두고 하는 말이 아니겠습니까? 그러나 제 딴에 의탁하고 믿는 것으로 말하면 서양 나라들과 일본도 당신의 위엄 아래에서는 감히 방자하게 놀지 못하는 만큼 우리나라가 길이 당신의 덕을 입어 중요한 일이 있을 때마다 지도를 받는 바도 그것입니다. 이것이 밤낮으로 바라는 소원입니다.[67]

이에 따르면 이유원은 일본의 침략을 우려하여 수교를 반대하였으나 청의 조일 수교 주문과 조선 정부의 서계 수용으로 인해 조일 수교가 이루어졌음을 실토하면서 일본의 지나친 요구는 거부하였음을 전하고 있다. 나아가 이유원은 위정척사론자와 달리 시무 관료로서 정부의 개항 조치를 결사반대하지 않은 가운데 일본의 경제 침략을 막기 위해 청의 일본 견제를 요청하였다.

따라서 이유원의 이러한 대외정책 구상은 전통적인 중국 중심의 조공책봉질서를 견지하는 가운데 일본 및 서구 열강과 연결되는 근대 조

67) 《고종실록》 권16, 고종 16년 7월 9일.

약체제에 편입하여 조선의 생존을 모색하고자 하는 노력의 산물이라 하겠다. 물론 이유원은 조선을 보호하는 '상국(上國)'으로 청을 인식하고 있다는 점에서 여전히 중국에 의존하는 자세를 버리지 못하는 한계를 지니고 있다. 그러나 후일 문명개화론에 경사된 급진개화파와 달리 조공책봉질서를 이용하면서 일본에 대한 의존적 자세에 기울어지지 않고 반일적인 자세를 취하고 있다는 점에서 유길준의 이른바 양절체제의 원형을 확인할 수 있다.[68]

3) 《조선책략》 파동과 조미수호통상조약 체결

이유원은 정부의 대외정책 방침이 자신의 주장과 달리 수교 방향으로 선회하여 일본과 병자수호조규를 체결하자 이를 부득이 수용하였다. 그로서는 고종 정부의 의지가 확고한데다 청의 요구를 인식하였기 때문이다.

그러한 가운데 1878년 9월 이홍장은 이유원에게 보내는 서신을 통해 조선 정부가 서구 열강과 수교할 것을 제안하였다. 이에 따르면 러시아의 침략에 대비하기 위해서라도 일본과의 관계를 개선하고 서구 각국과 통상하여야 한다는 것이었다.[69] 이후에도 이러한 권고는 지속되었으며 1879년 7월 서신도 마찬가지였다. 북양대신 이홍장이 영중추부사 이유원에게 보내온 권고의 내용은 다음과 같다.

> 최근에 살펴보면 일본의 처사가 잘못되고 행동이 망측하여 미리 방어하여야 하므로 감히 은밀히 그 개요를 아뢰지 않을 수 없습니다. 일본은 근래

---

68) 권혁수, 앞의 글, 226쪽. 양절체제에 관해서는 김용구, 《만국공법》, 소화, 2008, 157~159쪽 참조.

69) 권혁수, 앞의 글, 231쪽.

서양제도를 숭상하여 허다한 것을 새로 만들면서 벌써 부강해질 방도를 얻었다고 스스로 말합니다. 그러나 이로 말미암아 창고의 저축은 텅 비고 국채는 쌓이고 쌓여서 도처에서 말썽을 일으키면서 널리 땅을 개척하여 그 비용을 보상하려 하지 않을 수 없습니다. 그 강토가 서로 바라보이는 곳이 북쪽으로는 귀국이고, 남쪽으로는 중국의 대만이니 더욱 주의하여야 할 것입니다. 유구도 역시 수백 년의 오랜 나라고 모두 일본에 죄를 지었다고 들어본 적이 없는데도 올봄에 갑자기 병선(兵船)을 출동시켜 그 나라 임금을 폐위하고 강토를 병탄하였습니다. 중국과 귀국에 대해서도 장차 틈을 엿보아 제멋대로 행동하지 않으리라 담보하기 어렵습니다. …… 귀국에서도 어떻게 진실로 방비책을 세우지 않을 수 없는데, 일본이 겁을 내고 있는 것은 서구입니다. 조선의 힘만으로 일본을 제압하기에는 부족하겠지만 서구와 통상하면서 일본을 견제한다면 충분하고도 남음이 있을 것입니다. 서구의 일반 관례로는 이유 없이 남의 나라를 멸망시키지 못합니다. 대체로 각 나라가 서로 통상을 하면 그 사이에 공법이 자연히 실행됩니다. 작년에 돌궐국(터키)이 아국(러시아)의 침범을 당하여 사태가 매우 위험하였을 때 영길리, 의대리국과 같은 여러 나라에서 나서 쟁론하자 비로소 아국은 군사를 거느리고 물러났습니다. 저번에 돌궐국이 고립무원이었다면 아국인들이 벌써 제 욕심을 채우고 말았을 것입니다. 또 구라파의 백이의(벨기에)와 정말(덴마크)도 다 아주 작은 나라지만 자체로 여러 나라와 조약을 체결하자 함부로 침략하는 자가 없습니다. 이것은 모두 강자와 약자가 서로 견제하면서 존재한다는 명백한 증거입니다. 또한 남의 나라를 뛰어넘어 먼 곳을 치려 하는 것은 옛사람들도 어려운 일로 여겼습니다. 서구의 영길리, 덕국(德國, 독일), 법국, 미리견(미국) 등 여러 나라는 귀국과 수만 리 떨어져 있고 본래 다른 요구가 없으며 그 목적은 통상을 하자는 것뿐이고 귀국의 경내를 지나다니는 배들을 보호하자는 것뿐입니다.[70]

이에 따르면 일본이 조선 침투를 꾀하고 있으므로 일본을 견제하기 위해서는 서구 각국과의 수교가 필요하다는 점, 각국 간에는 만국공법이 있어 강자와 약자가 서로 견제하며 공존한다는 것이다. 특히 이홍장은 러시아와 터키 간의 전쟁에서 러시아가 승리하면서 불가리아 등에 대한 러시아의 영향력이 강해지는 가운데 독일의 비스마르크가 영국, 프랑스 등과 연대하여 베를린조약(1878)을 이끌어 러시아 남하정책을 저지하였음을 강조하면서 만국공법의 실효성을 언급하였다. 다만 여기서 청의 입장은 이전과 다소 변경되었는데, 그것은 러시아의 남하보다는 일본의 조선 침략을 견제하기 위해 서구 각국과의 통교를 권고하고 있음을 확인할 수 있다.[71]

그러나 당시 이유원은 이홍장의 일본 침략설에는 동의하면서도 만국공법의 적용 가능성에 대해서는 의구심을 품었다. 답신에서 관련 내용을 살펴보면 다음과 같다.

> 한 가지 어리둥절하여 의심이 가면서 석연치 않은 점이 있습니다. 일본 사람들이 유구왕을 폐하고 그 강토를 병탄한 것은 바로 못된 송나라 강왕(康王)의 행동이었습니다. 구라파의 다른 나라 가운데에서는 응당 제나라 환공처럼 군사를 일으켜 형(邢)나라를 옮겨놓고 위나라를 보호하거나, 혹은 일본을 의리로 타이르기를 정(鄭)나라 장공이 허(許)나라의 임금을 그대로 두게 한 것처럼 하는 나라가 있음직한데, 귀를 기울이고 들어보아도 들리는 말이 없는 것은 무슨 까닭입니까? 돌궐국을 멸망의 위기에서 구해준 것으로 보아서는 공법이 믿을 만한데, 멸망한 유구국을 일으켜 세우

70) 《고종실록》 권16, 고종 16년 7월 9일.

71) 오카모토 다카시, 강진아 옮김, 《미완의 기획, 조선의 독립》, 소와당, 2009, 104~105쪽.

는 데는 공법이 그 무슨 실행하기 어려운 점이 있는 것입니까? 아니면 일본인들이 횡포하고 교활하여 여러 나라를 우습게 보면서 방자하게 제멋대로 행동하여 공법을 적용할 수 없는 것입니까? 백이의와 정말은 사마귀만한 작은 나라로 여러 큰 나라 사이에 끼어 있지만 강자와 약자가 서로 견제함으로써 지탱되는데, 유구왕은 수백 년의 오랜 나라로서 그대로 지탱하지 못하였으니, 이것은 지역이 따로 떨어져 있고 여러 나라와 격리되어 있어서 공법이 미치지 못하기 때문에 그렇게 된 것입니까? 우리나라는 기구하게도 지구의 맨 끄트머리에 놓여 있어 돌궐국, 유구국, 백이의, 정말과 같은 작은 나라들보다도 더 가난하고 약소합니다. 게다가 서양과의 거리도 아주 멀어 무력으로 대항한다는 것은 더욱 어림없는 일이고 옥백으로 주선하려 하여도 자체로 감당하기 어렵습니다.[72]

이유원을 비롯한 정부 신료들은 류큐가 일본에 편입되는 사태를 지켜보면서 국가 간 전쟁이 발발하였을 경우 이홍장이 알려준 대로 즉각적으로 만국공법이 발효될 것인가에 대해 불신감을 높여가고 있었던 것이다. 나아가 그는 서구 열강이 자신들의 이해관계에 직접 연관되어 있는 사안에만 만국공법을 적용할 뿐 직접 관련되지 않는 동아시아 소국에는 적용하지 않았음을 지적하였다. 춘추전국시대에 대한 역사 인식 위에서 만국공법의 허실을 간파하였던 것이다. 고종도 만국공법을 불신하는 가운데 서구 각국과 통상할 경우 야기되는 부작용을 먼저 고려하였다. 그리하여 이유원의 이러한 만국공법 인식은 어윤중, 김윤식 등 이른바 시무 관료들의 만국공법 인식에 영향을 끼쳤다.[73]

72) 《고종실록》 권16, 고종 16년 7월 9일.

73) 시무 관료들의 만국공법 인식에 관해서는 한철호, 앞의 글, 170쪽 참조.

따라서 이유원은 외국과의 무역에 대해서도 소극적인 입장을 취하였다. 조선의 경제구조가 일본과 서구 열강의 침투를 감내할 수 없을 정도로 취약하다는 것이었다.

> 저 일본 사람들은 통상에 경험이 있고 영업에 재능이 있어 부강하게 되는 방도를 다 알고 있지만 오히려 저축이 거덜나고 빚만 쌓이게 된 것을 탄식한답니다. 설령 우리나라가 정책을 고쳐서 항구를 널리 열어 가까운 나라들과 통상하고 기술을 다 배운다고 하더라도 틀림없이 그들과 교제하고 거래하다가 결국에는 창고를 몽땅 털리고 말 것입니다. 저축이 거덜나고 빚이 쌓이는 것이 어찌 일본 사람들의 정도에만 그치겠습니까? 하물며 우리나라는 토산물도 보잘것없고 물품의 질이 낮다는 것은 세상이 익히 아는 바입니다. 각국에서 멀리 무역하러 온다 하여도 몇 집끼리 운영하는 시장과 같아서 천 리 밖에서 온 큰 장사를 받아주기는 어려우니, 주인이나 손님이나 무슨 이득이 있겠습니까? 자체로 어떻게 하기가 어렵다는 것은 사실이 그러한 것입니다. 절름발이로서 먼 길 갈 것을 생각하기보다는 차라리 외교란 말을 하지 말고 앉아서 제 나라나 지키는 것이 더 낫지 않겠습니까?[74)]

이에 따르면 이유원은 조선의 경제가 낙후하기 때문에 외국과의 통상이 매우 불리함을 강조하고 있다. 결국 이유원은 통상외교에 치중하기보다는 기존의 자급자족에 안주하려는 경향을 보이고 있다. 그리하여 그는 일본에게 제3의 개항장으로 인천을 개항하는 것에 대해 적극 반대하였다. 그것은 인천이 서울과 100리가 안 될 정도로 매우 가까워

---

74) 《고종실록》 권16, 고종 16년 7월 9일.

외세의 서울 침략이 우려되었기 때문이다.[75] 더욱이 조선의 재정이 매우 궁핍하고 국방이 매우 취약하다는 점을 거론하였다. 그의 이러한 상소는 조야의 공감을 얻어 인천 개항 논의는 중단되었다. 물론 이유원도 중국 중심의 조공책봉질서가 무너져가고 있음을 인식하고 있었다. 그는 청의 군사기술을 배우기 위한 관리를 파견하는 것에 대해 언급하기에 앞서 청과 서구 열강의 관계를 다음과 같이 언급하였다.

> 요즘에는 해외 여러 나라가 대부분 연경에 머물고 있는 것은 이를 배우기 위한 것이 아니라 통상을 하기 위한 것입니다. 신이 몇 해 전 연경에 들어갔을 때 그들의 동정을 살펴보니, 모두 그 나라의 규모를 학습하고 중국의 학문을 익힌다는 말을 듣지 못하였으며 모두 자기들의 견해에 국한되어 있었습니다.[76]

이 소차에 따르면 이유원도 서구 열강이 중국을 한낱 통상국으로 간주할 뿐 중국의 학문에는 관심을 두지 않고 있음을 확인하였다. 따라서 서양의 위세를 알았던 만큼 중국으로부터 무기 제조기술을 학습하는 일은 조선 국내 재정 위기와 서구 열강의 관심을 고려하여 신중히 처리할 것을 주문하였다.

그러나 그의 이러한 내수자강론과 개항완급론은 러시아의 침략과 청의 적극적인 권유로 점차 입지를 잃어갔다. 우선 김홍집이 1880년 제2차 수신사로 일본을 다녀오면서 가져온 황준헌의 《조선책략》에 대해 전현직 관료들 사이에서 논란이 일었지만 고종 17년(1880) 9월 전

75) 이유원, 《가오고략》 책9, 의북학의(議北學議); 《고종실록》 권16, 고종 16년 6월 16일, 7월 9일.

76) 《고종실록》 권17, 고종 17년 4월 30일; 이유원, 《가오고략》 책7, 소차, 인천개항(仁川開港) 불가허시소(不可許施疏).

현직 대신들의 논의에서 미국과 연결되는 것은 나쁘지 않다는 것이었다. 다만 조선이 먼저 나서서 요청할 수는 없는 일이었고 미국의 선박이 정박하거나 표류하면 이들을 우대해줌으로써 이를 기회로 서로 통할 수 있게 되리라는 것이었다. 당시 고종은 다음과 같이 하교하였다.

> 우리나라의 풍습이 본래부터 이러하므로 세계의 웃음거리가 된다. 비록 서양 나라들에 대해 말하더라도 본래 서로 은혜를 입은 일도, 원한을 품은 일도 없었는데, 애당초 우리나라의 간사한 무리들이 그들을 끌어들임으로써 강화도와 평양의 분쟁을 일으켰으니, 이는 우리나라가 스스로 반성하여야 할 바다. 몇 년 전에 서양 사람들을 청에 들여보낸 것은 청의 자문(咨文)에 따라 좋게 처리하였다. 대체로 양선이 우리 경내에 들어오기만 하면 대뜸 사학(邪學)을 핑계 대는 말로 삼지만 서양 사람이 청에 들어가 사는데도 중국인들이 모두 사학이라고 말하는 것은 아직 들어보지 못하였다. 이른바 사학이란 배척하여야 마땅하지만 불화가 생기게까지 하는 것은 옳지 않다.[77]

여기서 제너럴셔먼호 사건과 신미양요에도 불구하고 미국과의 관계 개선에 역점을 두고 있음을 확인할 수 있다. 이것은 무엇보다 청 이홍장의 권유와 조선 정부의 방침에서 나온 결과라고 할 만하다. 다만 이유원은 전현직 대신 대다수의 의견에 밀려 그의 생각을 적극 개진하지 않은 것으로 보인다. 당시 그는 이홍장에 대한 답신에서 밝힌 대로 미국과의 국교 수교에도 불구하고 여전히 멀리 '만리(萬里)의 양인(洋人)'을 믿고 '지척지강국(咫尺之强國)'인 일본을 통제한다는 것이 비현실적

---

77) 《고종실록》 권17, 고종 17년 9월 8일.

이라고 하는 그의 소신을 버리지 않았다.[78]

그러나 그의 이러한 견해는 조야에 잘못 알려지면서 위정척사 유생들의 거센 반발을 초래하였다. 우선 그가 이홍장과 비밀 서신으로 왕래하였다는 사실이 드러나면서 이유원이 이홍장의 서양 수교론을 적극 받아들였을 뿐 아니라 김홍집과 암암리에 결탁하였다는 비난을 받아야 하였다.[79] 비록 그가 이홍장과의 무관함과 《조선책략》에 대한 비판을 통해 그의 억울함을 소명하였지만 대다수 유생의 거센 반발과 정부 관료의 동조로 인해 거제도 정배에 처하여졌다.[80]

그럼에도 불구하고 그는 시무 관료였기 때문에 곧 복귀하였고 임오군란의 후유증을 해결하는 데 앞장서야 하였다. 그 결과 1882년 7월 17일(음력) 일본에게 배상금을 지불하고 일본 상인의 내륙 침투를 허용하는 제물포조약을 체결하는 데 전권대신으로서 관여하여야 하였다.[81]

그는 이처럼 내수자강론에 입각하되 국제정세의 변동 속에서 개국통상론의 길도 열어놓았지만 그의 이러한 행보는 오히려 많은 오해를 초래하면서 정치적 입지를 좁히는 결과를 야기하였다. 당시 황현(黃玹)은 이유원의 이러한 우유부단하고 애매모호한 태도를 다음과 같이 극렬히 비판하였다.

> 이유원은 본래 아첨을 좋아하고 기질이 나약하여 조정에서 50년을 있었으나 칭찬할 만한 직언을 한 번도 하지 않았다. 그는 언제나 주상의 뜻을

---

78) 이유원, 《가오고략》 책7, 소차, 의논왜양개항사차(擬論倭洋開港事箚).

79) 《고종실록》 권18, 고종 18년 윤7월 6일 ; 김윤식, 《운양집》 권11, 서독 상, 상북양대신이홍장서(上北洋大臣李鴻章書).

80) 《고종실록》 권18, 고종 18년 윤7월 14일, 윤7월 25일.

81) 《고종실록》 권19, 고종 19년 7월 17일.

헤아려 모가 나지 않게 상소하였다. 그 소문 중에는 "신의 선조 문충공(文忠公) 항복(恒福)이 말하기를 ……"이라는 구절을 반드시 넣어 자기 가문을 자랑하였으므로 사람들은 이를 〈세덕소(世德疏)〉라고 하였다.

그는 국가가 크게 경장하는 때를 당하였지만 조정의 원로로서 한결같이 침묵만 지키고 있으므로 모든 사람이 그를 꾸짖었다. 두려운 일이었다.[82]

당시 황현의 이러한 비판은 이유원이 집권자의 의향에 부합하여 모호한 행태를 취한 것에 초점을 둔 것이다. 그러나 이유원은 노론 계열인 박규수와 달리 그의 정치적 기반이라 할 소론 완론 계열의 한계를 고스란히 안고 있다는 점에서 소론 준론(峻論) 계열 강화학파와 가까운 황현의 비판은 매우 직설적이고 가혹한 측면이 있다. 또한 고종 연간 그의 활동을 면밀히 고찰할 때 그는 대원군 집권기에도, 고종 친정기에도 집권자의 의도에 무조건 부합하는 행위를 벌이지 않았다.[83] 오히려 그의 풍부한 관료 경험에 바탕을 두고 민생의 현실, 국제정세의 변동을 예리하게 인식하고 시무 관료로서 정국 주도 세력을 견제하는 가운데 세도정치기와 대원군 집권기에는 위정척사론을 견지하였지만, 고종 친정기 국교 확대를 거쳐서는 점차 내수자강론으로 옮겨갔다. 그러면서 세자 책봉과 조일 교섭, 이홍장과의 비밀외교 등 고종 정부의 온갖 대외적인 난제를 풀어가는 데 중심 역할을 수행하였다. 고종이 1888년 9월 이유원의 사망을 애도하면서 '의주견권(倚注繾綣, 크게 기대고 생각하는 정이 두터워 서로 잊지 못하거나 떨어질 수 없다)' 네 글자로 표창한 것은 이 때문이었다.[84]

---

82) 황현, 《매천야록(梅泉野錄)》 권1 상(1894 이전), 이유원 유배.

83) 장영숙, 앞의 책, 69~70쪽.

84) 《고종실록》 권25, 고종 25년 9월 6일.

4. 결어

이유원은 세도정치기에 정원용을 잇는 소론계 정치가이자 고위 관료였지만 정국을 주도하는 처지에 있지 않았다. 이후 대원군 집권기와 고종 친정기에도 늘 주류에서 밀려나 있었었다. 또한 당대에 비주류였음에도 불구하고 개혁의 깃발을 내세우며 훗날 역사적 평가에서 주목을 받았던 박규수, 김옥균 같은 관료와 달리 그 비중이 낮게 평가되었다. 그것은 한국사에서 19세기가 '개혁의 시대'라 불리든 '민란의 시대'라 불리든 역사적 전환기라는 점에서 이유원 같은 시무 관료들이 주목받을 수 없는 역사적 사정과 연계되어 있다.

그러나 그는 지방관으로서, 의정부대신으로서 민족적·사회적 위기를 해소하고자 노력하였다. 우선 1862년 임술민란의 원인이라 할 삼정문제를 비롯한 제반 폐단을 교구하고자 노력하였다. 그의 삼정개선론은 소론 완론계 정원용의 견해를 이어받은 것으로 온건한 방안임에도 불구하고 중간 수탈 방지와 세원에 대한 정확한 파악에 중점을 두었다는 점에서 세간의 주목을 받았다. 특히 그는 탕포균환을 통해 환곡의 폐단을 시정함으로써 지방관으로서의 능력을 인정받았다. 그리하여 철종 14년 황해도관찰사에서 함경도관찰사로 이임하여 함경도의 환곡 폐단과 함께 주전 폐단을 비롯한 화폐 유통의 폐단을 줄이는 데 힘을 기울였다. 나아가 중앙으로 올라와서는 청전 혁파 이후 후유증을 해소하는 데도 관심을 두고 작업을 추진하였다. 반면 그는 파환귀결이라든가 호포제 시행 등 제도개혁에는 적극적인 자세를 취하지 않았다. 민생의 안정을 내세웠지만 현실적인 여건을 우선시하였기 때문이다. 이유원의 이러한 점진적 자세는 그가 거점으로 삼고 있는 소론의 입지가 매우 좁은데다 세도정권의 입김에서 자유롭지 못한 한계에서 비롯된 측면이 적지 않다. 고종 연간에도 사정은 마찬가지였다. 그리하여 그는 황현 같은 재야 유생으로부터 직언을 하지 못하고 우유부단한 관료라고 지탄을 받았다.

한편, 이유원은 중앙 고위직에 재직하였으므로 외교적 사안에 늘 관여하여야 하였다. 특히 그가 살던 시기에는 중국 중심의 조공책봉질서에서 서양 중심의 만국공법질서로 옮겨가는 가운데 일본의 침략이 본격화되어 그는 이러한 상황에 대처하여야 하였다. 그리하여 그는 위정척사론을 견지하는 가운데 일본의 침략을 효율적으로 막기 위해 청의 이홍장과 긴밀한 관계를 유지하면서 난국을 타개하고자 하였다. 그러나 그는 청 일변도의 동아시아 질서에 안주하지 않았다. 예컨대 이홍장이 일본을 견제하기 위해 서구 열강과의 수교를 권고할 때 일본의 류큐 침략에 대한 만국공법의 무용함을 들어 신중한 자세를 취하였다. 나아가 일본의 침략을 우려하여 일본의 인천 개항 요구를 적극적으로 거부하였다. 그는 국제 시세 변동에 따라 조공책봉질서에 입각한 위정척사론자에서 만국공법질서에 입각한 내수자강론자로 점차 변신하였던 것이다.

그리하여 그의 시무 경험과 관련 내용의 정리·편찬은 후배 시무 관료들에게 적지 않은 영향을 끼쳤다. 예컨대 함경도에서 환곡 폐단을 비롯한 제반 문제의 개선 노력은 이후 김유연을 거쳐 어윤중의 파환귀결 조치를 가져오는 밑거름이 되었다. 또한 그가 정부에서는 노비세습제 폐지를 주장하지 않았지만 내면적으로는 유형원, 이익, 안정복의 영향을 받아 노비세습제 폐지를 구상하고 있었다. 비록 그 자신이 노비세습제를 폐지하는 주역이 되지는 못하였지만 1886년 고종 정부가 사노비세습제 폐지 조치를 내렸다는 점에서 그의 역할이 직간접적으로 영향을 미쳤다고 하겠다. 또한 그는 청을 지렛대로 삼아 일본과 서양의 침략을 견제하면서도 중국 중심의 조공책봉질서에 머물려고 하지 않았다. 그가 《조선책략》 파동 때 위정척사 유생들로부터 오해를 받은 것은 이 때문이었다. 그리하여 이후 전통적 조공책봉질서를 유지하는 가운데 일본 및 서구 열강과 수교함으로써 조선의 활로를 모색하는 유길준의 양절체제론은 이유원의 이러한 국제질서 인식을 근간으로 하면서도 이를 극복하고자 한 노력의 산물이라 하겠다.

물론 이유원 자신은 소론계 정치가라는 정치 기반의 취약, 처신의 신중함과 세도정치기, 대원군 집권기라는 시대의 역사적 한계로 인해 근대개혁론을 주장하는 단계까지는 나아가지 못하였다. 그러나 그가 지방관으로서, 고위 관료로서 국내외 제반 위기에 당면하였던 처지에서 김윤식의 말대로 당시에 마땅히 힘써야 할 일, 즉 '시무'를 추진하면서 체득하였던 각종 경험의 축적과 기록 정리는 후배 시무 관료들이 이후 대외 당면 과제를 수행하고 대내개혁을 추진하는 데 역사적·현실적 자산으로서 영향을 미쳤다.[85] 또한 이들 시무 관료는 재야 식자층과 달리 정책을 입안하고 집행하는 실무자로서 시세 형편에 따라 진폭을 달리하면서 시무에 임하였다. 때로는 운영 차원에서 개선 방안을 강구하기도 하고, 때로는 제도 차원에서 개혁을 추진하기도 하였다. 예컨대 환곡은 시세 변동 속에서 탕포균환에서 파환귀결을 거쳐 드디어 갑오개혁 이후 제도 자체가 폐지되기에 이르렀다. 이는 갑오개혁을 비롯한 각종 개혁이 이전 시기 역사적 경험과 일면 단절되기도 하지만 일면 여기서 진화·발전하였음을 보여준다.

나아가 앞으로는 수구와 개화, 온건개화와 급진개화라는 서구·일본 근대 담론이 만들어낸 이항 대립적 구도 역시 시무 관료의 처지와 향

---

85) '시무'에 관한 뜻은 김윤식, 《운양집》 권8, 시무설(時務說) 참조.

방에 맞추어 재조정될 필요가 있다. 물론 이러한 문제의식은 좀더 종합적이고 체계적인 연구가 수반될 때 그 의미와 전망이 명료해질 것이다. 아울러 이유원의 이러한 위상이 지니는 맥락적 의미는 그의 경세론과 국제정세 인식이 19세기 이전 소론 계열의 경세학 및 세계관과 맺은 연관성 문제를 좀더 구체적으로 검토하여야만 해명될 수 있다. 이러한 과제는 추후 연구를 통해 집중 검토하고자 한다.

〈이유원의 경세론과 국제정세 인식〉,
《진단학보》 128, 진단학회, 2017 수정 보완

5장

어윤중의 변법자강론과 개혁활동

1. 서언

어윤중은 근대개혁기 관료이자 정치가로서 개혁을 추진하는 데 적지 않은 역할을 수행하였다. 특히 그가 갑오개혁 기간에 탁지부대신으로서 재정개혁을 단행한 장본인이었기 때문에 학계에서는 일찍부터 어윤중에 대한 관심과 긍정적인 평가가 잇따랐다. 반면 갑오개혁 이전 시기 그의 활동에 대한 평가는 엇갈렸다. 무엇보다 그가 임오군란 직후 청군을 끌어들인 '친청파'의 핵심 인사였다는 점, '온건개화파'로서 민씨 척족정권을 뒷받침하려 한 나머지 급진개화파와 거리를 두었다는 점을 들어 그의 행보에 부정적인 평가가 내려졌다.[1] 반면 1880년대 전반 관제개혁을 담당하였던 감생청의 핵심 인사였고 서북경략사로서 함경도 재정을 개혁하고 조청 변계 교역을 근대무역으로 전환하고자

1) 신용하, 〈개화파의 형성과 활동〉, 국사편찬위원회, 《한국사 38—개화와 수구의 갈등》, 1999, 34~37쪽.

노력하였음에 긍정적인 평가를 내리기도 하였다.[2]

그러나 어윤중에 대한 대체적인 평가는 수구 대 개화라는 이항 대립틀 속에서 그를 '수구파', '친청파'로 인식하는 경향으로 기울어 있었다.[3] 그러한 이미지는 일찍부터 개설서와 교과서에 자리잡았다.[4] 물론 그를 김윤식과 더불어 '온건개화파'로 분류하여 이른바 수구파로부터 분리하고자 하는 시도가 이루어지기도 하였다.[5] 그러나 이러한 시도조차 급진개화파를 전제로 삼아 명명하였다는 점에서 수구·개화 이항 대립틀에서 좀처럼 벗어날 수 없었다. 한마디로 급진개화파를 모범으로 상정한 채 개화 모델 또는 개화 추진의 속도 차이를 기준으로 구분한 것에 지나지 않았다.[6] 나아가 어윤중과 김윤식을 비롯한 몇몇 인물을 '동도서기파', '시무개화파'로 명명하든 '개량적 개화파'로 명명하든 급진개화파와 마찬가지로 내적인 전통의 연장선은 전혀 고려하지 않고 서구 문물에 대한 인식의 차이와 수용방식을 둘러싼 분화의 결과로 인식할 가능성이 높았다.[7] 따라서 갑오개혁을 분기삼아 어윤중에게 내리는 상반된 평가는 이율배반적 해석에서 벗어나지 못하였다고 하겠다. 그의 지향 및 역사적 맥락과 무관하게 온건개화파에서 급진개화파

---

2) 최진식, 〈한국근대의 온건개화파 연구: 김윤식·김홍집·어윤중의 사상과 활동을 중심으로〉, 영남대학교 박사학위논문, 1990, 132~148쪽; 김지영, 〈어윤중의 경제사상 연구〉, 《사학연구》 51, 한국사학회, 1996, 95~110쪽; 김태웅, 〈개항전후~대한제국기의 지방재정개혁 연구〉, 서울대학교 박사학위논문, 1997, 64~84쪽.

3) 류승렬, 〈사대=수구 대 독립=개화의 이항대립적 근대서사 프레임의 창출과 변용〉, 《역사교육》 142, 역사교육연구회, 2017.

4) 이수룡, 〈한국근대 변혁운동 연구의 동향과 〈국사〉 교과서의 서술〉, 《역사교육》 47, 역사교육연구회, 1990.

5) 이광린, 《한국사강좌 V: 근대편》, 일조각, 1981, 126~132쪽.

6) 한철호, 〈시무개화파의 개혁구상과 정치활동〉, 한국근현대사연구회, 《한국근대 개화사상과 개화운동》, 신서원, 1998, 59~60쪽.

7) 필자는 이러한 명명에 견해를 달리하여 조선 후기 사회경제 개혁론의 연장선을 염두에 두고 어윤중을 '온건개혁론자'로 명명하였다. 김태웅, 앞의 글, 100~109쪽.

로의 정치적 변신, 심지어는 친청파에서 친일파로의 전락이나 다름없는 셈이었다.

물론 일각에서는 어윤중을 온건개화파에서 분리하여 김옥균과 함께 적극적인 개국정책과 부국강병정책을 통해 국가 보전을 꾀하고 조선의 근대화를 달성하고자 한 인물로 높이 평가하되 양자가 외압에 대한 인식의 차이로 말미암아 활동 방향을 달리하였다고 해석하였다.[8] 그럼에도 불구하고 이 역시 조선 후기 이래 축적되어온 내적인 개혁 기반과 연결하지 못하였다는 점에서 여전히 한계를 내포하고 있다. 특히 유학(儒學)에 대한 근대주의적 시각이 전근대와 근대를 분절시킴으로써 유학 내부의 변화 가능성을 간과하였다. 나아가 1880년대 다양한 층위의 정치 대립 구도를 1890년대 후반 이래 견지되기 시작한 '수구 대 개화'라는 틀로 단순화하였다는 비판을 면하기 어렵다.[9] 다만 김윤식과 어윤중의 개혁 노선을 조선 후기 북학론의 전통 아래 유교 이념을 기반으로 서양의 기술 문명을 수용하는 양무론적(洋務論的) 개혁 노선으로 해석하고자 하는 시도는 주목할 만하다.[10]

이에 이 글은 어윤중을 바라보는 기존의 관점과 분류방식의 이러한 한계를 염두에 두되 19세기 후반 국내외의 급격한 변동이 야기한 시대적 과제와 어윤중의 활동을 연계하여 그의 개혁활동과 그 의미를 천착하고자 한다.[11] 특히 어윤중의 이러한 개혁활동을 뒷받침해준 학문적

---

8) 허동현, 〈1881년 조사 어윤중의 일본 경제정책 인식—《재정견문》 등을 중심으로〉, 《한국사연구》 93, 한국사연구회, 1996.

9) 노관범, 〈'개화와 수구'는 언제 일어났는가?〉, 《한국문화》 87, 규장각한국학연구원, 2019.

10) 김도형, 《근대 한국의 문명전환과 개혁론—유교 비판과 변통》, 지식산업사, 2014, 64~77쪽.

11) 이 글은 김태웅, 《어윤중과 그의 시대》, 아카넷, 2018을 바탕으로 집필되었음을 밝혀둔다. 다만 이 저서에서는 기존 연구 성과에 대한 면밀한 검토가 누락된 나머지 자료 비판에서 부실한 측면이 있어 이 점을 바로잡았다. 또한 이 저서는 어윤중의 생애와 활동에 초점을 두었기 때문에 그의 개혁론을 역동적으로 추출하는 데는 다소 미흡하였다.

기반과 함께 대내외 인식의 변화, 개혁론의 성격을 해명하고자 한다.

2. 학문적 기반과 시무개혁론의 변화

어윤중은 1848년(헌종 14) 외가가 소재한 경기도 수원에서 태어나 경기도 광주와 충청도 보은에서 성장하였다. 본관은 함종이며 양숙공파로 부친은 약우(若愚), 조부는 명능(名能)이고, 증조부는 재상(在象)이다.[12)]

그가 태어났을 때 집안 형편은 몰락 양반의 가세나 다름없었지만 70년 전만 하더라도 어유봉 형제를 비롯한 여러 선조가 노론의 당당한 일원이었고, 심지어 경종의 비 선의왕후를 배출할 정도로 위세가 큰 문중이었다. 따라서 어윤중 바로 윗대가 4대에 걸쳐 벼슬자리에 나아가지 못하였는데도 여타 양반 가문과 마찬가지로 어윤중도 가학의 영향 아래에서 성장하였다.

무엇보다 어윤중에게 영향을 미친 학풍은 낙론(洛論)이었다. 낙론 계열의 학자로는 직계 조상인 어유봉(魚有鳳, 1672~1744)을 들 수 있다. 그가 인(人)·물(物)의 성(性)이 동일하게 오행(五行)의 이(理)를 갖추었다고 주장하여 낙론은 자연스럽게 함종 어씨 집안의 가학으로 자리잡았다. 특히 이 집안은 반남 박씨 박지원과 밀접하다는 점에서 낙론에서 출발한 북학파의 영향을 배제할 수 없다.

또한 그의 조부 어명능(魚命能)은 경기도 양주 능내 정약용 문하에 출입하면서 정학연(丁學淵)과 가까운 문우로 지내기도 하였다. 따라서

---

12) 어윤중의 가문, 출생지, 성장과정에 관해서는 김태웅, 앞의 책, 21~39쪽 참조. 그 밖에 각주를 생략한 경우 이 책에 근거하였음을 미리 밝혀둔다.

정약용에게 영향을 받은 어명능의 실학사상은 자연스럽게 어윤중에게 이어졌을 가능성이 높다. 어윤중이 젊은 시절 성명(性命)과 의리를 중시하는 성리학에 충실하다가 방향을 전환하여 실용 위주의 변법자강을 중시하게 된 것도 일본 문물을 접하고 난 뒤의 일순간의 변화라기보다는 어린 시절 조부의 영향으로 실학사상을 받아들였기 때문에 가능하였음을 짐작할 수 있다.

한편, 어윤중은 외가 여주 이씨 집안이 소재한 수원에서 성장하였던 터에 외조부 이석조(李奭祚)의 영향 역시 적지 않았다.[13] 그는 송시열의 제자로서 정조가 수원 화성을 축성할 때 화성 진흥을 위한 상소문을 진언하기도 하였다. 나아가 전제개혁론을 제시하여 수원에서 한전제도를 시행할 것을 제안하였다. 또한 이 시절에 박영효의 부친 박원양(朴元陽)을 서당 훈장으로 모셔 수학하였다.

이처럼 어윤중 집안은 여주 이씨, 반남 박씨와 같은 노론 낙론 계열과 상호 인척관계로 얽혀 있는 가운데 낙론을 가학으로 삼으면서 북학파, 근기남인 실학파의 사상을 흡수하였다고 하겠다. 이러한 가학 분위기는 그가 기존의 특정 사상에 얽매이지 않고 시세 변화에 따라 적절하게 대응할 수 있도록 스스로 진화하고자 하는 원천이 되었을 것이다.

우선 어윤중이 과거에 합격하여 관직에 발을 들여놓은 시점이 병인양요가 발생한 지 2년이 경과한 1868년이라는 점에서 그가 당면하였던 시대적 분위기를 살펴볼 필요가 있다. 당시 이러한 정국에서 조야 가릴 것 없이 내수외양론이 강하게 제기되었다.[14] 1862년 임술민란 이

13) 황미숙, 〈18세기 말 수원 사대부, 이석조의 화성 진흥책〉, 《역사민속학》 49, 역사민속학회, 2015 ; 〈수원 사대부 이석조 《집설》의 균전론〉, 《역사민속학》 50, 역사민속학회, 2016 ; 〈18세기 말 수원 지역 노론계 이석조의 경세론 고찰〉, 《중앙사론》 51, 한국중앙사학회, 2020.

14) 한우근, 〈개항당시의 위기의식과 개화사상〉, 《한국사연구》 2, 한국사연구회, 1968, 107~111쪽.

래 농민들의 부세개혁 요구가 점차 거세지고 서구 열강의 침략이 본격화되면서 이에 대한 대응책을 강구하여야 하였기 때문이다. 대원군의 호포제 실시와 환곡제 폐지, 서양 상품 수입 금지와 천주교 금압 등은 이러한 내수외양책의 산물이었다. 나아가 세도정치 연간에 좀처럼 구상 단계를 벗어나지 못하였던 시무개혁론이 본격화되었음을 의미하였다. 1862년 진주민란이 일어났을 때 직접 안핵사로 내려갔던 박규수를 비롯한 시무개혁 관료들의 오랜 바람이 대원군의 집권을 맞아 실현되었던 것이다.[15] 또한 어윤중은 1874년 양산군수를 시발로 전라우도 암행어사 직무를 수행하면서 농촌 현실의 문제점을 또다시 확인하였으며 이를 해결하는 과정에서 삼정운영개선과 제도개혁을 비롯한 그의 시무개혁 구상을 구체화하였다. 그만큼 어윤중의 이러한 경험은 시무개혁의 필요성을 절감하게 하는 계기가 되었다.

그러나 어윤중은 이러한 시무개혁론을 견지하였거니와 이황과 이이가 제시한 전통적인 성학군주론(聖學君主論)을 고수하였다.[16] 즉 군주가 성학인 유교를 익혀 성인군주나 현철군주가 될 것을 요구하였던 셈이다. 그리하여 고종 11년(1874) 관료생활을 시작한 지 8년이 지났지만 여전히 어윤중은 고종에게 민본주의에 입각한 성학군주의 길을 추구할 것을 간언하였다.[17] 당시 위정척사파를 비롯한 여러 인사가 제기한 내수외양론 역시 어윤중에게는 왕도정치를 실현하는 방도로 비쳤다. 또 어윤중은 이러한 왕도정치를 실현하는 방법의 하나로 절용론을 강조하였다.[18] 이는 당시 재정 상황이 극도로 악화되었던 상황과도 관

15) 한보람, 〈고종대 전반기 시무개혁 세력 연구〉, 서울대학교 박사학위논문, 2019, 90~92쪽.

16) 허동현, 앞의 글, 123~126쪽.

17) 《승정원일기》, 고종 11년 4월 5일; 어윤중, 《종정연표》, 고종 11년 5월 10일, 국사편찬위원회. 이와 관련해서는 허동현, 앞의 글, 125쪽 참조.

련이 있어 보인다.[19] 다만 어윤중은 고종 14년(1877) 4월 18일 경연에서 《통감》을 진강하는 가운데 군왕과 민인 간의 믿음을 강조하면서도 진(秦)의 상앙(商鞅)이 변법을 통한 부국강병을 추구한 것을 비난하지 않았다.[20] 그의 말대로 양자 간의 믿음을 우선으로 삼는다면 왕도와 패도가 크게 다르지 않다는 것이다. 변법과 부국강병에 대한 거부감을 여타 관료들과 달리 어윤중에게서는 발견할 수 없다.

이러한 가운데 그의 내수외양론에도 균열의 가능성이 엿보였다. 무엇보다 그는 관료 이전에 전통 유자여서 그 밖의 다른 유자들과 마찬가지로 《중용》의 '시중'을 중시하였다. 유자들이 사서 중에 《대학》, 《논어》, 《맹자》와 함께 《중용》을 중시하였기 때문에 《중용》의 요목이라 할 시중은 그에게도 크게 와닿았을 것이다.[21] 또 그 자신이 1871년 2월 홍문관 교리로 임명되었고 시독관(侍讀官)을 겸임하여 《중용》 진강에 참석할 만큼 《중용》에 대한 이해가 매우 깊었다.[22] 그렇다면 그는 《중용》에서 펼치는 시중관에 입각하여 시세 변화에 민감하게 반응하였을 것이다. 왜냐하면 유자가 추구하는 이상형이라 할 군자가 중용을 실천함은 군자이면서 때에 맞게 적절히 행동하여야 하기 때문이다. 특히 성

---

18) 《승정원일기》, 고종 14년 4월 20일.

19) 1873년 고종 친정 이후 청전 유통을 금지하고 별비곡을 사용함으로써 인플레이션이 가중되자 정부는 긴축정책으로 돌아섰다. 1875년 당시 호조의 수입은 52만여 냥에 지나지 않았고 여러 가지 지출은 145만 냥 이하로 내려가지 않았다. 1870년대 중반 조선의 국가 재정 상황에 관해서는 김태웅, 〈1894년 이전 재정개혁과 재정상황〉, 서울특별시사편찬위원회, 《서울재정사》, 2007, 410~417쪽 참조.

20) 《승정원일기》, 고종 14년 4월 18일. "允中曰 故孔子曰 去食去兵 而信不可去 非食無以粒民 非兵無以衛國 寧去食與兵 而信不可去者 信爲國之大寶 不失信於民而後 法令可行 若失信於民 則雖明良相遇 亦無以爲治 故商鞅 不過戰國之士 入秦變法 使之富强 而先以五丈木試之者 亦不過示民以信也 王霸雖殊 莫不以信爲先也."

21) 시중에 관해서는 제1부 2장 참조.

22) 진강 내용은 《중용》의 '시운연비(詩云鳶飛)'부터 '물시어인(勿施於人)'까지였다. 《승정원일기》, 고종 8년 2월 25일.

리학의 체계화에 기여한 정이(程頤)는 이(理)를 형이상학적이고 원리적인 것에서 찾는 주희와 달리 변화 속에서 어떻게 의(義)를 실천하는가에 관심을 갖고 있었기 때문에 시중은 매우 중차대한 사안이었다.[23] 특히 정이의 이러한 시중관에 영향을 받은 성리학자 중에 이이를 빼놓을 수 없다.[24] 물론 어윤중 역시 여타 유자들과 마찬가지로 현실의 변화를 인지하지 못하였을 경우 기존의 내수외양론에서 벗어나지 못하였을 것이다. 그러나 이이와 마찬가지로 그의 시세 인식에 변화가 있게 되면 언제든지 내수외양론 위주의 시무개혁론이 변화될 가능성이 높았다. 그러한 변화의 계기는 그의 교유관계에서 찾을 수 있다. 그것은 가학의 연장선에 있기도 하거니와 그가 현실의 문제에 관심을 갖고 있었던 만큼 그와 생각을 공유하는 이들과 점점 가까워질 수 있는 계기가 마련되고 있었다.

우선 어윤중에게 영향을 미쳤거나 그와 교유하였던 인사로는 김윤식을 비롯한 유신환(兪莘煥)의 제자들을 꼽을 수 있다. 유신환은 주지하다시피 고증학이 고증을 위한 박학과 치밀성에만 기울어짐으로써 실용성을 상실하였고 성리학도 현실과 동떨어진 심성론으로 경도되는 가운데 학문의 실용적 측면을 정치적 실천으로 옮길 것을 강조하였다.[25] 그리하여 유신환과 그의 제자들은 당시 시대적·사회적 현안이었던 삼정개혁에 관심을 두고 이를 해결하기 위해 노력하였다. 조세 부담의 공평성을 기하고 국가 재정을 확보하기 위해 토지에 세금을 집중시키자는 이들 학파의 결포론(結布論)은 어윤중이 서북경략사와 갑오

---

23) 정명도·정이천, 《하남정씨유서(河南程氏遺書)》 권18, "季明問 君子時中 莫是隨時否 曰是也 中字最難識 須是默識心通也." 이와 관련해서는 김세환, 〈《춘추공양전》의 권(權)에 대한 비판적 해석 연구〉, 《인문과 예술》 7, 인문예술학회, 2019, 30쪽 참조.

24) 제1부 2장 참조.

25) 노대환, 〈19세기 중엽 유신환 학파의 학풍과 현실개혁론〉, 《한국학보》 19-3, 일지사, 1993.

개혁기 탁지부대신으로서 취하였던, 이른바 환곡을 혁파하여 토지에 집중하는[罷還歸結] 조치에 영향을 끼쳤으리라 추정된다. 전자의 결포론이 전세, 군역세를 대상으로 취한 조치인 반면, 후자의 파환귀결은 환곡을 대상으로 취한 조치임에도 불구하고 그 원리가 동일하다는 점에서 어윤중의 삼정개혁은 여기서 출발하였다고 하겠다. 특히 이러한 삼정개혁이 중세적 신분제 동요와 교환경제 발달로 야기된 부세제도의 모순을 해결하는 과정에서 단행되었다는 점에서 위로부터의 개혁을 잘 보여준다. 훗날 유신환 학파는 이른바 '온건개화파' 또는 '온건개혁론자', '시무개화파'로 불리며 김옥균, 박영효 등 급진개화파와 함께 개혁 정국을 이끌어갔다.

또한 유신환의 제자들 중에 또 다른 축을 이루었던 서응순(徐應淳)이 '정전론(井田論)'을 제시하였다는 점에 주목할 필요가 있다.[26] 그는 정전제를 농민경제의 균산화를 실현하는 방법으로 이해하고 있었다. 이러한 정전론은 가깝게는 그의 스승 유신환의 지주제 타파론에서 비롯되었으며, 멀리는 박지원의 토지분배론과도 상통하였다. 아울러 서응순은 북학사상에 적극 동조하여 외부 문물에 유연한 자세를 취하였다. 예컨대 한때 북벌론에 경도되었던 신기선이 청을 오랑캐 무리로 보고 화이론의 견해에서 배척하여야 한다고 완고하게 주장하자 서응순은 청이 무력을 동원하여 체발(剃髮)을 강요한다면 그대는 어떻게 할 것이냐고 물었다. 신기선이 죽을 것이라고 대답하자 서응순은 죽는 것이야 절개라고 할 수 있지만 중용은 아니라고 꾸짖었다.[27] 요컨대 어윤중의

26) 서응순, 《경당집(絅堂集)》 권3, 잡저(雜著), 논(論), 정전론(井田論). 이에 관해서는 김용섭, 《증보판 한국근대농업사연구 하》, 일조각, 1984, 41쪽 참조.

27) 신기선, 《양원유집(陽園遺集)》 권16, 경당문답(絅堂問答). 이와 관련해서는 백천, 〈《양원유집》 국역 연구: 서문·기문·제문·발문을 중심으로〉, 조선대학교 박사학위논문, 2016, 9쪽 참조.

서응순과의 교유는 단지 사교적 만남에 그치지 않고 사상적 영향을 받았으리라 추정된다. 물론 정전론을 거부하였던 김윤식이 어윤중에게 미친 영향도 적지 않다는 점을 감안한다면 어윤중은 이러한 학자들과의 교류를 통해 자신만의 절충적 방안을 구상하였으리라 여겨진다.

한편, 어윤중은 김윤식을 매개로 삼아 박규수와 연결되었다. 그 실마리는 어윤중이 가학 아래에서 성장하면서 박영효의 부친 박원양이 운영하는 서당에 들어가 수학한 때부터였다.[28] 어윤중이 이처럼 박원양 문하에서 수학하게 되면서 자연스럽게 박영효·박영교 형제와 연결되었으며, 나아가 박규수 집의 사랑방에서 김옥균, 홍영식, 유길준, 서광범 등과 같이 자리를 함께하였다.[29] 또한 어윤중은 관직생활을 하는 과정에서 박규수의 지도를 받았다.[30] 따라서 그의 시무개혁론도 내수외양론에서 내수자강론으로 바뀌었다. 무엇보다 박규수의 영향이 컸으리라 짐작된다. 훗날 김윤식이 박규수의 언행을 정리하면서 소개한 다음과 같은 글은 어윤중이 어떠한 영향을 받았는지 짐작하게 한다.

> 선생(박규수)은 한숨을 쉬면서 탄식하며 말하였다. 생각건대 지금 세계정세는 날로 변하여 동서의 열강이 서로 대치하여 옛날 춘추열국의 때와 비슷하며 정벌과 회맹의 복잡 혼란함을 장차 감당하지 못할 것이다. 우리나라는 비록 작지만 동양의 요처임이 정(鄭)나라가 진(晉)나라, 초(楚)나라

28) 어윤중이 박원양의 문하생이었음은 그 자신이 갑신정변 직후 박원양이 스승이어서 그의 시신을 매장하였다는 고백에서 잘 드러난다(《고종실록》 권23, 고종 23년 7월 24일).

29) 박영효의 회고에 따르면 1874년 박규수 집 사랑방에는 김옥균, 홍영식, 서광범, 박영효, 박영교가 참석하였다고 진술하고 있다. 그러나 이러한 모임이 한두 번이 아니었다고 감안한다면 그 자리에는 김윤식, 어윤중도 함께하였을 가능성이 높다. 이광수, 〈갑신정변 회고담, 박영효씨를 만난 이야기〉, 《동광》 19, 1931.

30) 김태웅, 앞의 책, 60~63쪽.

사이에 있었던 것과 같아 내치외교에서 기민한 대응을 상실하지 않으면 오히려 스스로 보존할 수가 있다. 그렇지 않으면 우매하고 약한 자가 먼저 망하는 것은 하늘의 도이니 또 누구를 허물할 것인가?[31]

박규수는 오랫동안 정부 관리로 재직하면서 만국공법의 시대를 약육강식의 시대로 인식하고 자주적인 생존방식을 모색하여야 함을 절감하였던 것이다. 그것은 서구 열강의 통상 요구를 수용하여 그들의 우수한 무기와 기술을 받아들이되 자강의 기반으로 삼을 필요가 있다고 판단하였기 때문이다. 이러한 대외 인식은 김윤식의 국제정세 인식은 물론 어윤중에게도 영향을 끼쳤다. 훗날 어윤중, 김윤식, 유길준 등이 중립외교론을 바탕으로 청을 일본과 서구 열강의 침략에 맞서는 지렛대로 인식하면서도 청에 종속되지 않고 자주적인 국가로 생존하는데 심혈을 기울인 것은 박규수의 지도와 밀접하였다. 이제 내수외양론 위주의 시무개혁론에서 내수자강론 위주의 시무개혁론으로 전환할 수 있는 기틀이 마련된 것이다. 그리고 이러한 내적 기반은 1881년 일본 시찰 및 청 방문과 연계되어 내수자강론을 거쳐 변법자강론자로 나아갈 수 있는 동력을 제공하였다.

3. 일본·청 시찰과 변법자강론

어윤중은 1881년 1월 11일 34세의 나이로 동래부 암행어사에 임명되었다.[32] 당시 어윤중은 교리에서 물러나 있었는데, 이때 전 참판 조준

---

31) 박규수, 《환재집》 권7, 자문(咨文), 미국병선자요자(美國兵船滋擾咨).

영(趙準永), 박정양(朴定陽), 전 승지 엄세영(嚴世永)·강문형(姜文馨), 전 참의 심상학(沈相學)·홍영식(洪英植) 등과 함께 임명되었던 것이다. 그 임무는 일본에 건너가 일본의 개화정책과 문물을 시찰하는 것이었다. 그러나 일본 시찰에 대한 반대 여론이 강했던 터라 고종은 공식적인 직함을 내리지 못하고 암행어사라는 직책으로 이들 일행을 비밀리에 파견하여야 하였다. 어윤중의 경우 전라우도 암행어사로 활약하였던 공로를 인정받아 조사로 발탁되었다.[33]

고종은 이 시찰 임무 사항도 은밀히 전달하였는데, 시찰 대상은 다음과 같았다. 조준영은 문부성(文部省), 박정양은 내무성(內務省), 엄세영은 사법성(司法省), 강문형은 공부성(工部省), 심상학은 외무성(外務省), 홍영식은 육군성(陸軍省), 어윤중은 대장성(大藏省), 조병직과 민종묵은 세관(稅關), 이원회는 육군조련(陸軍操練)을 각각 맡았다. 세관에 복수 시찰자를 배치한 것은 고종이 여타 사무보다 세관 쪽에 많은 관심을 기울이고 있었음을 시사한다. 여기에 덧붙여 어윤중과 홍영식에게는 대미(對美) 수교와 관련된 외교 사항을 추가로 조사하는 임무가 부여되었다. 그 밖에 어윤중은 유길준·윤치호·유정수(柳正秀)·김양한(金亮漢) 등 조선 최초의 국비 유학생을 유학시키는 일도 맡고 있었다.[34]

어윤중은 일본에서 조사시찰단 일원으로 활동하면서 그의 주된 시찰 대상인 대장성을 집중 조사하였다. 대장성은 일본의 중앙 행정 기관으로 메이지 원년(1868)에 일본 정부의 정부 운영을 위한 자금 조달의 기관으로 설치되었다. 주로 국가 예산의 관리 및 기획, 조세정책, 금

---

32) 《박정양전집(朴定陽全集)》 2권, 아세아문화사, 355~356쪽. 이와 관련해서는 허동현, 〈1881년 조선 조사 일본시찰단에 관한 일연구—'문견사건류'와 《수문록》을 중심으로〉, 《한국사연구》 52, 한국사연구회, 1986, 100쪽 참조.

33) 허동현, 앞의 글, 1986, 103쪽.

34) 송병기, 〈개화기 일본 유학생 파견과 실태〉, 《동양학》 18, 단국대학교 동양학연구원, 1988, 251쪽.

융 행정을 통괄하는 대형 관청이었다. 근대 재정체계를 수립하기 위해서는 대장성 조사가 필수적인 절차였다. 그리하여 그는 일본 대장성의 직제와 사무장정을 조사한 뒤 그 내용을 보고하였다. '일본대장성직제사무장정(日本大藏省職制事務章程)'에는 대장성을 개괄한 뒤 대장성의 주된 사무 관장 사항을 소개하였다.[35] 이어서 서기국, 의안국(議案局)·조세국·관세국·국채국(國債局)·출판국·조폐국·인쇄국·장평국(掌平局)·기록국·조사국·은행국·회계국 순으로 각 국의 직제와 사무장정을 수록하였다. 또한 그는 별도로 〈재정견문(財政見聞)〉을 작성하여 그의 간략한 논평을 기술하였다. 〈재정견문〉에는 메이지유신 이후 13년간의 재정 상황을 개론한 뒤 ① 세입·세출, ② 지폐, ③ 국채, ④ 은행, ⑤ 조세, ⑥ 정부 재산, ⑦ 방내(邦內)의 실적순으로 재정 형편을 논평하였다. 이를 통해 어윤중이 일본 정부의 세제 및 금융 개혁, 그리고 지조 개정이 부국강병의 토대였음을 간파하고 있었음을 알 수 있다. 그리하여 이러한 자료는 1881년 11월 4일 통리기무아문의 기구를 12사에서 7사로 개편할 때 활용되는 등 1882년에서 1896년 사이의 각종 제도개혁이나 개화·자강 추진 기구를 만드는 데 활용되었다. 어윤중이 소개한 일본에 대한 정보와 문물은 당시 조선 식자층이 갖고 있던 부정확한 일본 인식을 바로잡고 1882년 이후 새롭게 전개된 제도개혁과 개화, 자강운동을 촉발하게 되었다.[36]

또한 어윤중은 일본 대장성 등을 시찰하면서 구상한 조선의 내정개혁 방안과 함께 이와 관련한 참고 자료를 채록하여 메모하였다.[37] 그는

35) 어윤중, 《일본대장성시찰기(日本大藏省視察記)》(규6266). 이 자료의 맨 뒷장에는 '암행어사신어(暗行御史臣魚)'가 수기로 표기되어 있다.

36) 허동현, 앞의 글, 1996, 142쪽.

37) 어윤중, 《수문록(隨聞錄)》(규고0320-4).

일본에 조사시찰단원으로 있다가 바로 조선으로 귀국하지 않고 청에 들렀는데, 메이지 일본의 발전상과 낙후된 청의 실상을 비교, 관찰하면서 조선의 개혁 방안을 모색하고자 하였기 때문이다.

어윤중은 이 기간에 적은 메모에서 과거제도를 폐지하고 서구 문물을 적극적으로 수용할 것을 주장하였다. 그뿐 아니라 관료제도의 개혁, 외국기술자의 고빙, 군사제도의 개혁, 유학생 파견, 근대적 학교 설립, 기선 도입, 해운 보호, 상업 육성, 재정관할권의 중앙집권화 및 광업 진흥 등 많은 분야에 걸친 개혁 구상을 제시하였다. 특히 일본의 재정개혁과 관련하여 근대적 중앙집권국가를 수립하기 위해 봉건제도 폐지는 물론 지방제도의 전면 개편과 함께 국세와 지방세의 분리에 주목하였다. 국가의 역할이 제한된 중세적 자급자족형 농업체제를 타파하고 국가가 주도하는 부국강병형 통상체제를 전망하였다. 이러한 경험은 훗날 서북경략사 시절 함경도 향촌사회 개편과 갑오개혁기 재정개혁을 추진할 때 참고되었다.

그 밖에도 어윤중은 일본과 청은 물론 미국, 프랑스, 러시아, 스위스 등 서양제국의 정세와 문물 등에 대해서도 기록해두었다. 훗날 그는 이 자료를 근거로 청과 일본의 현지 사정을 소개하는《중동기(中東記)》를 집필하였다.《중동기》는 1882년 이후 김옥균 등 급진개화파 인사들의 일본 시찰 욕구를 자극하였고 다방면에 걸친 일본 유학생 파견을 촉발하기도 하였다.[38)]

물론 조사시찰단의 일부 인사는 일본의 근대화과정에서 드러난 재정 적자와 국가 부채의 문제점을 지적하였다.[39)] 어윤중 역시 조선에 귀

---

38) 허동현, 앞의 글, 1996, 142쪽.

39) 허동현, 앞의 글, 1986, 121~124쪽.

국한 뒤 고종에게 보고하는 자리에서 일본 국채의 문제점을 언급하였다.[40] 이러한 지적은 갑오개혁기 어윤중의 재정 운영과 차관 도입과정에서 고려되었다. 예컨대 조선 정부의 국가 재정이 위기에 몰리고 있는데도 어윤중은 차관을 지폐 위주로 공여하겠다는 일본 정부의 제안을 거부하였다.[41] 일본 지폐가 야기할 국내 인플레이션을 우려하였기 때문이다.

이어서 그는 일본이 서양 각국과 조약을 체결할 때 자치의 권리를 주장하지 못하였기 때문에 외국인을 자국의 법에 따라 재판하지 못하고 관세권도 외국의 간섭을 받고 있음을 언급하면서 외국과 조약을 체결할 때는 반드시 자주권을 가져야 한다고 강조하였다. 이에 그는 요코하마(橫濱) 세관을 면밀히 살폈고 이어서 청의 천진 세관도 방문하여 해관 운영을 위한 준비에 들어갔다. 아울러 조미수호통상조약 체결을 앞둔 1882년 3월 어윤중은 청의 강한 거부를 짐작하면서도 호시 교역과 함께 사대사행(事大使行)을 폐지할 것을 요구하였다.[42] 나아가 훗날 임오군란 직후 청의 간섭 속에서도 그는 통상을 거부하는 청의 동변도도윤(東邊道道尹) 진본식(陳本植)에게 자신의 통상에 대한 견해를 다음과 같이 표명하였다.

> 지금 각국은 우리나라와 조약을 체결하여 항구 해안이 이미 개방되었으나 유독 청나라만은 아직도 옛날 해금정책을 고수하니, 필시 타인이 우리 양국의 상리(商利)를 농단토록 하게 할 것이다. 우선 해금을 연 후에 변리

---

40) 어윤중, 《종정연표》, 1881년 12월 14일, 국사편찬위원회.

41) 대일 차관을 둘러싼 조선 정부와 일본 정부의 교섭과 갈등에 관해서는 김태웅, 앞의 책, 239~249쪽 참조.

42) 김태웅, 앞의 책, 118~119쪽.

(邊里) 호시(互市)를 행하게 한다. 변경을 튼실하게 하고 백성을 부유하게 하는 것은 통상만한 것이 없기 때문이다.[43]

청이 사대조공질서를 고집하며 기존의 호시무역을 주장한 반면, 어윤중은 만국공법질서에 입각하여 자유 통상 요구를 주장하였던 것이다. 이러한 시도는 청의 거부로 좌절되었지만 어윤중이 자신의 일본 시찰 경험과 만국공법 인식에 입각하여 향후 대등한 자유 통상무역의 실현을 고대하였음을 보여준다. 나아가 그의 궁극적 목표가 경제주권은 물론 외교주권을 확보한 주권국가의 실현으로 옮아갈 가능성이 높아졌다.

끝으로 어윤중은 통상을 통한 상업 이익을 축적하려면 영국처럼 해군을 육성하여야 한다고 주장하였다.[44] 그는 해군을 양성하여야만 서양 여러 나라와 길항할 수 있다고 판단하였던 것이다. 특히 그가 해군 육성에 깊은 관심을 가진 것은 일본을 견제할 필요성을 절감하였기 때문이다.[45] 그러나 그는 김옥균과 달리 아시아의 프랑스가 되기를 바라는 대국주의(大國主義)보다는 자수자강(自修自强)하는 스위스 같은 나라를 조선의 본보기로 삼는 소국주의(小國主義)를 지향하였다. 자원과 인구가 적은 조선으로서는 민인의 부담을 적게 하면서 국가를 지킬 수 있는 방안이 조선의 여건에 부합하다고 판단하였기 때문이다.

어윤중은 자신의 일본 시찰 경험을 확장하기 위해 여타 조사시찰단원들과 달리 조선에 귀국하지 않고 청 상해로 건너갔다. 그가 고종에

---

43) 어윤중, 《어윤중전집》, 〈경략사여진본식오담초(經略使與陳本植晤談草)〉(1883년 2월 26일), 아세아문화사, 1982, 467쪽.

44) 어윤중, 《어윤중전집》, 〈수문록〉, 해군진장론(海軍振張論), 아세아문화사, 1982, 61~62쪽.

45) 윤소영, 〈1880년대 초기 어윤중의 근대화 구상—김옥균과의 대비를 통하여〉, 《한국학연구》 창간호, 숙명여자대학교 한국학연구소, 1991, 140쪽.

게 편지로 보고한 대로 청과 일본 양국의 자강 노력 움직임을 비교하며 조선의 진로 설정에 참고하고자 하였던 것이다. 그는 9월 13일 양무운동의 중심지라 할 상해에서 정관응 등을 만났다. 어윤중은 김홍집이 수신사로 다녀오면서 가져온《이언》을 접하였을 것이고 이 책의 저자 정관응을 만나 근대 부국강병론과 상업 실무를 직접 문의하고자 하였다.[46]《이언》에는 국제법에 대한 소개를 비롯하여 세무, 상무, 화기, 차관, 전보 등 부국강병을 위한 제반 대책이 소개되어 있다. 특히《이언》의 만국공법적 세계관은 전통적 조공체제에서의 화이론적 세계관을 극복하고 있을뿐더러 부국강병을 위한 방도는 당시 기존의 내수외양론에서 탈피하여 변법자강론으로 나아갈 수 있는 근거가 되었다. 임오군란 직후 식자층의 개화 상소 대부분이《이언》의 내용을 반영한 것은 이러한 이유 때문이었다. 따라서 어윤중이 정관응을 만나고자 한 것은 당연한 일이었다. 특히 정관응이 당시 상해에서 기기직포국(器機織布局)과 전보분국(電報分局) 개설에 협조하고 있었던 터라 어윤중은 그로부터 부국강병 방책을 묻고자 하였을 것이다.

따라서 어윤중의 이러한 시찰 경험은 그에게 사상적 전환을 가져온 사건이었다. 종전에 삼정운영개선과 외세 배척을 기조로 하는 내수외양론에서 제도개혁과 부국강병을 통한 주권국가의 실현을 목표로 하는 변법자강론으로 변화하고 있음을 보여준다. 그의 이러한 변화는 여타 관료들과 달리 운영 개선과 문호 통상에 머무르는 내수자강론에 그치지 않고 국가제도 자체를 일신하고자 하는 단계에 이르렀던 것이다. 그리하여 그는 조미수호통상조약 체결에 앞서 청과 논의하기 위해 천

---

46) 김홍집이 1880년 10월 수신사로 다녀오면서《이언》을 가져와 고종에게 바쳤다(황현,《매천야록》 권1, 상(1894 이전) ⑧). 이에 관해서는 이광린,〈《이언》과 한국의 개화사상〉, 이홍직박사회갑기념논문집간행위원회,《이홍직박사회갑기념 한국사학논총》, 신구문화사, 1969 참조.

진에 방문하였을 때 조선 국가가 스스로 나아가야 할 방향을 제시하였다. 즉 그는 조선이 타국에 의존하지 않고 스스로 보전하던 나라임을 전제한 가운데 상공업의 발달이 국부를 결정하는 시세의 추이에 따라 상업활동과 광산 개발에 힘써야 하며 군사력을 키워야만 국가와 백성을 보호하고 편안하게 할 방법을 찾을 수 있다고 밝혔다. 그의 변법자강론이 지향하였던 목표를 잘 보여준다. 어윤중은 1881년 12월 14일 고종에게 보고하는 자리에서 부국강병의 필요성을 다음과 같이 역설하였다.

> 그 나라(일본)는 일찍이 우리를 적국으로 보았으나 서양인들과 통상한 이래 우리나라를 이웃 나라로 여기고 있으며 다른 뜻이 있느냐, 없느냐 하는 것은 우리에게 있지 저들에게 있지 않습니다. 우리가 부강의 방법을 얻어 행한다면 그들은 감히 다른 뜻이 없습니다. 그렇지 않고 그 나라가 강하고 우리가 약하면 우리를 보호할 방법이 없습니다. 이웃의 강함은 우리의 복이 아닙니다.[47]

여기서 어윤중은 부국강병의 길을 가지 않으면 언제든지 일본을 비롯한 외세의 침략을 받을 수 있음을 상기시킨 것이다. 이러한 주장은 단지 일본의 침략을 경계함은 물론 우리 스스로 부국강병의 방도를 찾아야 함을 역설하고 있다. 그즈음 유생 황재현도 중국 중심의 동아시아 질서가 유지되지 못하는 가운데 서구 열강의 침략을 받을 수 있음을 경고하였다.[48] 어윤중을 비롯한 일부 변법자강론자들은 냉엄한 만

47) 어윤중, 《종정연표》, 1881년 12월 14일, 국사편찬위원회.

48) 《고종실록》 권18, 고종 18년 3월 23일.

국공법체제를 인식하면서 그토록 꺼려하였던 부국강병의 길을 모색하기 시작하였다.

그리하여 그는 이러한 부국강병을 실현하기 위해 기존의 유교가 내포하고 있던 한계를 다음과 같이 지적하였다.

> 옛사람은 마냥 안빈(安貧)을 현명하다고 여겼으나 진실로 옳지 않다. 사람들로 하여금 가난을 편안하게 여기게 만듦으로써 살아갈 방도[養生之具]를 세우는 데 힘쓰지 아니하게 하였으니 어찌 그 입과 몸을 보호할 수 있겠는가. 이것이 유학이 떨치지[振] 않기 때문이다.[49]

어윤중은 유교를 전면 부정하지 않았지만 살아갈 방도를 제시하지 못하는 유교의 한계를 지적하고 있다. 이어서 그는 유교의 이러한 안빈낙도형 경제관을 타파하기 위해 유교 풍속을 혁파하여야 한다고 주장하였다.

> 우리나라가 평소에 유도(儒道)를 숭상하고 하물며 유약하고 나약함에 빠진 것을 현명하다고 여겨 용감하게 기상을 떨치는 자가 한 명도 없다. 이것은 풍속을 먼저 변화시키고 그로 하여금 이전 관습을 통렬하게 혁파한 이후에야 이룰 수 있을 뿐이다. 일본에는 능히 적극적인 행위를 하는 자가 있으니 그 사람이 평소에 무사(武事)를 숭상하고 사람마다 용감과 과감에 익숙하기 때문이다. 귀감으로 삼을 만하다. 먼저 도로를 닦고 고약한 냄새가 나고 더러운 것을 제거하여야 일국(一國)의 기상(氣象)이 새로울 수 있다.[50]

---

49) 어윤중, 《어윤중전집》, 〈수문록〉, 아세아문화사, 1982, 85쪽.

이에 따르면 어윤중은 조선도 유약한 숭문주의(崇文主義)에서 벗어나 일본의 메이지유신 관리들을 본받아 강건한 숭무주의(崇武主義)로 나아갈 것을 주장하고 있다. 특히 도로 수축과 위생 관리 등 자본주의 국가건설에 선행되어야 할 사회간접자본시설 구축에 관심을 기울이고 있다. 이러한 주장은 어윤중이 김옥균이나 박영효에 앞서 근대 도시건설의 필요성을 절감하였음을 보여준다.[51)]

또한 그는 이러한 목표를 실현하기 위해서는 과거제 폐지를 넘어서서 신교육의 실시를 강조하면서 부국강병을 위한 인재 양성 기관으로서 신식 학교의 설립을 구상하기에 이르렀다.

> 문을 숭상하면 국세가 떨치지 못하니 마땅히 학교에는 무학 1과를 세워 매일 몇 개 분야로 나누어 기사포격(騎射砲擊, 말타고 화살을 쏘고 포격함)의 기술을 배운다. 소학에서부터 그것을 배우니 인재가 퇴타(頹惰)에 흐르지 않는다. 이것이 성인이 남긴 법이다. 사어(射御, 활을 쏘고 말을 몲)를 하는 데 육예(六藝)를 못 하겠는가. 지금 사람들이 탐구하여 행할 수 있다.[52)]

이러한 학교 설립 구상은 훗날 1883년 서북경략사 시절 문무와 상업을 가르치는 원산학사(元山學舍)를 설립하는 데 중요한 밑돌이 되었다.

---

50) 어윤중, 《어윤중전집》, 〈수문록〉, 아세아문화사, 1982, 54쪽. "我邦素尙儒道 以況濇柔懦爲賢 無一人勇敢作氣者 是可先變風俗 使之痛革前習 而後可耳 日本之能 有作爲者 以其人素尙武事 人人習於勇果故也 可以爲鑑 先治道路 除臭穢 一國之氣象可新."

51) 김옥균과 박영효의 치도론과 위생 담론에 관해서는 신동원, 〈김옥균의 치도사상에 관한 고찰〉, 《한국보건사학회지》 1, 한국보건사학회, 1990 ; 김광우, 〈대한제국 시대의 도시계획 : 한성부 도시개조사업〉, 《향토서울》 50, 서울시사편찬위원회, 1991 ; 김동완, 〈19세기 말 개화 지식인의 도시 인식과 실천론 : '치도론(治道論)'의 통치 합리성과 근대 인식〉, 《공간과 사회》 25－2, 한국공간환경학회, 2015 참조.

52) 어윤중, 《어윤중전집》, 〈수문록〉, 아세아문화사, 1982, 77쪽.

어윤중은 일본의 침략을 우려하여 수교를 거부하는 내수외양론자와 달리 이처럼 일본과 적극적으로 통상할 것을 주장하였을뿐더러 김옥균 등 급진개화파와 마찬가지로 부국강병을 역설하였다. 이러한 부국강병론은 국가의 태평과 민생의 안정[國泰民安]을 추구하는 중세국가와 양반 지주층의 지향과는 상이한 주장이다. 그러나 어윤중은 부국강병의 목표를 일본의 침략으로부터 조선의 안위를 지키는 데 중점을 두었다. 어윤중이 전통사회에 대한 인식, 근대화의 방법과 속도, 대일관(對日觀)을 둘러싸고 김옥균 등의 급진개화파와 나뉘는 이유가 여기에 있다. 어윤중은 문명개화론의 대변자라 할 윤치호와 대화하면서 다음과 같이 급진개화파의 문명개화론을 비판하였다.

> 아침에 기무처로 일재장(一齋丈, 어윤중)을 찾아가 가친의 서간을 전하고 이어 나라의 일 여러 가지를 이야기하였다. 대화가 조선이 만이(蠻夷)냐, 아니냐 하는 데까지 미치게 되었다. 일재가 말하기를 "우리나라는 야만을 면한 지가 오래되었다"고 하였다.
>
> 내가 웃으면서 답하기를 "대저 야만과 개화의 구별은 인의와 잔혹의 차이가 있기 때문입니다. 대저 야만이라고 말하는 것은 서로 죽이고 잡아먹는 등 잔혹하고 불인하기 때문입니다. 지금 우리나라는 법을 만들어 백성을 얽어매어 살육하고 도해(屠害)하고 있는데, 살인하는 데 몽둥이로 하는 것과 칼로 하는 것에 차이가 있는지 모르겠습니다"고 하였다. 일재가 웃으면서 말하기를 "어째서 말이 그렇게 어리석으냐" 하였다.[53]

전자가 조선 사회를 문명사회로 전제하되 부국강병을 추구하는 데

---

53) 《윤치호일기》, 1884년 1월 2일.

취약한 법과 제도를 스스로 바꾸고자 한 반면, 후자는 미개사회로 인식되는 조선 사회를 문명화시키되 조선 내부에 추진 동력이 없다고 판단하여 일본의 지원을 받고자 하였던 것이다.[54]

4. 조·청 통상 교섭과 함경도 재정개혁

1882년 6월 구식 군대와 도시 빈민들이 일으킨 임오군란은 정부가 추진하였던 근대화사업의 한계와 민인의 불만을 백일하에 드러낸 사건이었다. 정부의 군제 개편과정에서 차별받은 구식 군인들의 반발이 컸거니와 무엇보다 국교 확대 이후 쌀값의 앙등과 일본의 경제 침투에 따른 도시민의 불만이 크게 작용하였다. 따라서 조미수호통상조약 체결을 앞두고 청에 문의관으로 파견되었던 어윤중은 임오군란을 조기에 진압하기 위해 청군과 함께 서울에 들어왔다. 그리고 정부는 그의 바람대로 임오군란에도 불구하고 근대화 시책을 지속적으로 펼쳤다. 김윤식이 작성하고 정부가 발표한 1882년 8월 이른바 개화윤음은 이를 단적으로 보여준다.[55]

그러나 임오군란은 청이 조선 내정을 간섭하는 계기가 되었다. 청군은 임오군란을 무력으로 진압한 뒤 이를 구실로 조선 내정을 압박하였다. 특히 청 상인들의 이익을 극대화하면서 자신들의 조선에 대한 영향력을 강화하기 위해 조선 정부에 '조청상민수륙무역장정' 체결을 강요하였다. 비록 이 장정으로 조선과 청 사이에 정기적인 호시 교역에

54) 제1부 2장 참조.

55) 《승정원일기》, 고종 19년 8월 5일.

서 수시적인 근대무역으로 전환되고 해관이 설치될 수 있는 여건이 조성되었지만, 한편으로는 청 상인의 통상활동에 유리하고 청의 영향력을 뒷받침할 수 있는 독소 조항이 포함되어 있었다.[56] 따라서 정부는 이러한 문제점을 보완하기 위해 청과 접해 있는 평안도와 함경도 국경 지역으로 어윤중을 파견하였다.

어윤중의 직함은 '서북경략사'였다. 경략사란 나라를 경영하고 다스리는 벼슬아치라는 뜻으로 조선 역사에서 드물게 보이는 직책이었다. 이러한 명칭은 영조 연간 이인좌의 난을 진압하기 위해 남한산성에 파견한 '남한순무동로경략사(南漢巡撫東路經略使)'를 제외하고는 처음이었다.[57] 그것도 변경과 무역 문제로 보내는 경략사로서는 최초였다. 아울러 정부는 어윤중에게 서북 지역의 수륙 통상 문제뿐 아니라 재정, 군사, 향촌사회 폐막 문제 등 그 지역 현안을 해결할 것을 하달하였다. 이에 어윤중은 이미 맡고 있었던 감생청 구관당상직을 내려놓아야 하였다.[58] 그로서는 국가 재정의 위기를 초래한 종친부를 비롯한 여러 기구의 재정 규모를 축소하고 불필요한 인원들을 대폭 정리하고자 하였는데도 '조청상민수륙무역장정' 체결에 따른 후속 문제 해결이 매우 시급하였기 때문이다. 즉 1882년 8월 23일에 체결된 '조청상민수륙무역장정' 전문에는 "변계(邊界)에서 호시하는 규례도 시의에 맞게 변통하여야 한다"는 구절이 포함되어 있었던 것이다. 이에 그는 9개월 가까이 평안도와 함경도 여러 고을을 시찰하였고 그 과정에서 청과의 변경, 통상 교섭에 임한 뒤 귀경하는 과정에서 함경도 각 고을을 시찰하여 여러 폐막을 해소하고자 하였다. 이 점에서 서북경략사는 대외적으

---

56) 김종원, 〈조중상민수륙무역장정에 대하여〉, 《역사학보》 32, 역사학회, 1996.

57) 《영조실록》 권16, 영조 4년 3월 무진; 《영조실록》 권127, 부록.

58) 김태웅, 앞의 책, 150쪽.

로는 문의관 역할을 하면서도, 대내적으로는 어사나 다름없었다.[59)]

어윤중은 서북경략사로 출발하기 직전에 1883년 1월 28일 고종을 만났다. 그의 임무는 전술한 바와 같이 1882년 '조청상민수륙무역장정'의 부속장정을 체결하는 한편, 지방 수령을 감찰하고 민간의 폐단을 해소하는 일이었다. 이 자리에서 고종은 청과의 통상 문제와 함께 함경도 환곡, 녹둔도 문제, 주전소 폐단 등을 거론하면서 이 문제를 해결하라고 지시하였다.[60)] 그 점에서 서북경략사 임무에는 청과의 통상 문제를 넘어서서 외세의 침략에 대비하여 서북 지역을 안정시키고자 하는 의도가 포함되어 있었다. 어윤중 역시 서북지방의 이러한 문제에 착념하여 어사로서의 업무도 수행하고자 하는 의지를 보여주었다.

우선 어윤중은 청 관리들과 만나 변경과 통상 문제를 담판짓고자 하였다. 어윤중은 2월 10일 의주에 도착하여 동변도도윤 진본식에게 서신을 보냈으며 의주부윤 조병세(趙秉世)와 함께 중강에 가서 진본식과 장석란(張錫鑾), 왕탁(汪卓) 등과 함께 답사한 후 일곱 차례나 회담하였다.

이들 청 관리는 '조청상민수륙무역장정' 의정에서 북양대신 이홍장 측이 조공 교역을 포기한 점을 실책으로 여기고 양국 간에 통상장정 체결을 엄격하게 집행하고자 하였다. 이들의 목적은 청의 체통을 과시하는 동시에 종속관계를 더욱 확고히 유지하려는 것이었다. 그리하여 청은 장석란을 보내 1883년 3월 14일 '중강무역장정(中江貿易章程)'을, 팽광예(彭光譽)를 보내 1883년 6월 6일 '회령통상장정(會寧通商章程)'을 의정하였다. 당시 서북경략사로 파견되었던 어윤중이 장정 협상에 주도적 역할을 담당하였다.

59) 어윤중, 《종정연표》, 1882년 12월 10일, 국사편찬위원회.

60) 어윤중, 《종정연표》, 1883년 1월 28일, 국사편찬위원회.

이후 양국은 1883년 12월 1일 자체 재결(裁決)을 거쳐 '중강통상장정'을 정식으로 체결하였다.[61] 이 장정은 '봉천여조선변민교역장정(奉天與朝鮮邊民交易章程)'이라고도 불린다. 장정의 주요 조항은 다음과 같다.

① 육로무역은 조선과 청의 상인에만 한정하고 다른 나라는 여기에 포함되지 않는다(1조).

② 중강 이외에서의 교역을 금하고, 특히 봉천성 내 각처에서의 여행을 금한다(2조).

③ 압록강 이내 평안도 근방 각처 하구로서 제품관어(祭品官魚)를 잡는 곳에서는 어선 왕래 및 민간인의 사포(私捕)를 금한다(11조).

④ 중강 책문 이외의 공도(貢道)에서 상인의 상품 판매를 금한다(11조).

⑤ 양국 간에 교섭 문제가 있을 경우 조선은 청을 상국 또는 천조(天朝)라 부르고 청에서는 조선을 귀국(貴國)이라 부른다(2, 3조).

⑥ 변경의 교역에 세관을 설치하고 불순물을 조사하고 세금을 징수한다(7조).

①을 비롯한 대부분의 조항은 조선과 청 간의 육로 통상이 여타 외국과의 관계와 무관하게 오로지 양국에만 적용되는 특수관계임을 전제하고 있다. 이는 이른바 속방체제를 유지하는 가운데 양국의 통상을 유지하고자 하는 의도가 들어 있다. 다만 ③은 '조청상민수륙무역장정'의 3관과 비교할 때 조선 측의 양보가 매우 컸음을 보여준다. 즉 '조청상민수륙무역장정' 3관에서는 조선 어부든 청 어부든 어로 행위가 가능하다고 한 반면, '중강무역장정'에서는 '청에서 제물과 관용 물고

---

61) 《고종실록》 권20, 고종 20년 12월 1일;《중강통상장정조관(中江通商章程條款)》(규 23402).

기를 잡는 곳'이라고 하여 오로지 청 어부만 어로가 가능하다고 규정한 것이다.[62] 또한 어윤중이 관세 등을 전담할 상무위원 파견을 요청하였는데도 청의 진본식은 해당 지역 지방관이 이전 방식대로 징세와 사법 관련 업무를 맡을 것을 고집한 나머지 여전히 사대조공의 방식이 관철되었다.[63] 이 점에서 ⑤는 조선과 청의 관계가 여전히 조공책봉관계에 입각하여 전개될 것임을 상징적으로 보여준다. 이로써 '조청상민수륙무역장정'보다 후퇴한 셈이다. 다만 봉천성의 반대에도 불구하고 청 중앙정부의 방책과 어윤중의 설득으로 ⑥과 같이 세관이 설치되었다.

이처럼 장정 체결로 종래 책문에서 봄과 가을에 날짜를 정해 철따라 진행하던 정기적인 호시 교역 장소를 중강으로 옮겨 수시로 하는 무역으로 변경하였으므로 호시 교역은 일체 중지되었다. 그러나 이러한 국경무역은 이미 쇠퇴를 예고하고 있었다. 조선과 청 간 해상무역이 흥성하고 있는데다 실제 조선에서 원산과 부산 두 항구가 개항되었기 때문이다.[64]

어윤중과 팽광예 간에 의정한 '회령통상장정'은 1884년 5월 26일 양국 재결을 거쳐 정식 체결되었다.[65] '길림여조선상민수시무역장정(吉林與朝鮮商民隨時貿易章程)'이라고도 한다. '회령통상장정'에 관한 담초(談草)는 아직 발견되지 않아 구체적인 교섭과정을 알 수 없지만 내용이

---

62) 19세기 서해 청어가 급감함으로써 청 어부들이 조선 연해를 자주 침범하였다. 이 조항에는 청 어부의 청어 불법 어로를 합법화하려는 의도가 담겨 있다. 19세기 동아시아 청어 감소와 어업 분쟁에 관해서는 김문기, 〈기후, 바다, 어업분쟁—1882~1910년간 조청 어업분쟁의 전개〉, 《중국학연구》 69, 중국학연구회, 2009 참조.

63) 김봉준, 〈조청 〈봉천변민교역장정〉의 역사적 의의(1882~1883)—장정의 협상과정과 조관에 대한 분석을 중심으로〉, 《중국학보》 91, 한국중국학회, 2020, 251~252쪽.

64) 리싱콴, 〈19세기 말 조선에서의 청상활동 연구—1882~1884년을 중심으로〉, 강원대학교 석사학위논문, 14~15쪽.

65) 《고종실록》 권21, 고종 21년 5월 26일;《길림조선상민무역장정(吉林朝鮮商民貿易章程)》(규 23401).

'중강무역장정'과 대동소이하여 '중강무역장정'보다 쉽게 의정되었으리라 추정된다.[66] 다만 봉천성 근처에 있으며 청왕조의 발상이라 할 조종능침지(祖宗陵寢地)와 러시아 국경 근처로 여행함을 금한다는 조항(2조)과 구르카(庫爾客 또는 庫甫喀), 경원 호시를 폐지한다는 조항(3조)이 새로 추가되었다.

따라서 '중강무역장정·회령통상장정'은 '조청상민수륙무역장정'에서 미처 다루지 못하였던 내용을 보완하는 데 그쳐 무역의 형태 및 방법에서도 종전보다 나아진 것이 별로 없다. 오히려 무역 지역 한정으로 말미암아 교역 대상의 범위가 축소되었으며 일종의 세관이라 할 관잡(關卡)의 설치 및 군비 강화 등으로 무역활동이 한층 위축되었다. 그러나 전근대 조공책봉에 입각한 정기 공무역에서 근대적 자유 통상에 입각한 수시 사무역으로 발전할 수 있는 계기를 마련하였다는 점에서 의미가 적지 않다. 요컨대 조공 사행이 어윤중의 요청과는 달리 청일전쟁 직전까지 지속되었지만 수시로 사무역이 이루어지는 통상무역체제가 성립되었음은 부정할 수 없다.[67]

또한 어윤중은 상세(商稅)와 관련하여 세관을 설치하였다. 당시 두만강을 통해 거래되는 물량은 매년 100만 전에 이르렀고 잠상배(潛商輩)들이 탈세를 일삼는 일이 많았기 때문이다. 그리하여 1884년 6월 부호군 지견룡(池見龍)은 상소문에서 어윤중이 취한 정책을 지지하여 감세관 지정, 각 연도(沿道)에 별도 세관 설치, 도량형 교정(較正)을 제안하기도 하였다.[68]

---

66) 김봉준, 앞의 글, 245, 254쪽.

67) 청일전쟁 직전인 1894년 6월 10일(음력) 진하겸사은삼사(進賀兼謝恩三使) 일행이 북경으로 출발한 것이 마지막 사행이었다. 이에 관해서는 유바다, 〈1894년 청일전쟁의 발발과 조선의 속국 지위 청산〉, 《대동문화연구》 98, 대동문화연구원, 2017, 377쪽 참조.

68) 《승정원일기》, 고종 21년 6월 17일.

1879년 원산진 개항 조약의 체결로 원산 개항이 결정되었고 이듬해부터 원산이 개항장으로 이용되자 항구 사무 처리와 분쟁에 대한 단속이 필요해졌다. 이를 덕원부사가 겸임하여 관리하도록 하였는데, 당시 덕원부는 원산과 멀리 떨어진 지역에 위치하여 있었다. 상업 관련 사무를 접수·처리하기 어렵다고 판단한 어윤중은 덕원부를 원산 근처로 옮길 것을 주장하였다.[69]

어윤중이 서북경략사로서 8개월여 동안 거쳐간 고을만 50여 개에 이를 정도로 평안도, 함경도 각지를 순시하였다. 특히 어사로서의 역할도 수행하여야 하였으므로 이 지역의 재정과 부세 폐단을 개선하는 절목 등을 제정, 반포하였다. 그중에는 환곡을 영원히 혁파하여 토지에 부과하는 파환귀결 조치가 단행되었다.[70] 아울러 가호에도 호렴전(戶斂錢)을 부과하였다. 덕원부의 경우 매호 5냥씩이었다. 다른 항목의 세목은 폐지되고 화폐로 환산되어 결호전(結戶錢) 세입에 충당되었다. 토지와 호구에 근간하여 운영되는 이러한 간결한 부세제도는 훗날 갑오개혁기 결호전제도의 원형을 보여준다. 그 밖에 지방관아가 세입을 충당하기 위해 백성들에게 고리대를 통해 이자를 받았던 식리전(殖利錢)은 물론 진상, 잡세 및 잡역 등을 혁파하였다. 이러한 조치는 식리활동을 통해 세입을 관행대로 확보하였던 지방관아의 재원 확충방식을 전면 부정하고 있어 주목할 만하다. 이제 진상이나 잡역이 결호전에서 마련되거나 혁파됨으로써 지방관아는 기존에 개별적이고 자율적으로 재원을 확보할 수 있는 재정권 행사에 제약을 받기에 이른 것이다.

우선 재무 담당 기구를 대동고(大同庫) 등의 일부 기구로 한정하였

---

69) 《고종실록》 권20, 고종 20년 4월 6일.

70) 김태웅, 《한국근대 지방재정 연구—지방재정의 개편과 지방행정의 변경》, 아카넷, 2012, 137~140쪽.

다. 이전까지 여러 각소(各所)가 따로따로 운영되면서 백성들로부터 조세를 받던 방식을 폐기하고 일부 특정 각소가 재정을 전적으로 출납함으로써 재정 기구의 통일을 꾀한 셈이다. 이러한 재정 기구의 통일 시도는 갑오개혁기 탁지부 중심으로 재정 운영체계를 구축하는 데 선례가 되었다.

또한 그는 향리의 불법적 수탈을 방지하고 민생의 안정을 도모하기 위해 군현의 여러 기구를 정비하고 읍속(邑屬)을 정리하였다. 아울러 향리직을 사고파는 관례를 혁파하고 이제까지 지방 차원에서 자율적으로 지급되었던 향리의 봉급을 국가 차원에서 규정할 수 있는 선례를 제공한 셈이었다. 이러한 조치는 갑오개혁기에 국가 차원에서 향리들의 봉급을 공식적으로 제정함으로써 이들 향리의 농민 수탈을 억제하는 데 보탬이 되었다. 1862년 임술민란 때 많은 식자층에 의해 향리 봉급 규정이 제시되었지만 현실로 구현되지 못하던 터에 어윤중은 함경도에 국한되었지만 이러한 주장을 비로소 제도적 차원에서 실현한 것이었다.

한편, 어윤중은 기존 향촌 재지 세력이 주도하는 향청을 약화하고 민인의 의견을 반영하고자 하였다. 향촌의 우두머리인 풍헌을 혁파하였는가 하면 향리가 평민들이 거주하는 마을에 나가는 것을 억제한다든가 면임이 관아에 들어와 알현하지 못하도록 취한 조치가 이를 잘 보여준다. 마을 전체에서 면임을 천거하여 선출하되 이들에게 수고료를 지급하도록 한 조치도 그러하다. 이러한 조치는 기존에 사족들과 향리들이 주도하는 향촌 운영방식을 폐기하고 민인의 참여를 제한적이나마 보장한 시도였다. 후일 갑오개혁기 유길준 등이 주도하여 제정한 향회의 법제화 노력에 영향을 미쳤다.[71]

끝으로 통상과 무역 장정을 개정하고자 노력하는 가운데 이를 지속적으로 뒷받침할 인재 육성에 힘을 기울였다. 그것은 통상과 군무를 중심으로 구상되었다. 이에 어윤중은 1883년 1월 새로 부임한 덕원부사 겸 원산감리 정현석과 함께 원산학사를 설립하였다.[72] 그의 신교육에 대한 적극적인 행보는 일본과 청에 파견되어 서구교육의 장점을 인식하여 그것을 부국강병의 기반으로 삼으려고 한 의지에서 비롯되었다. 그는 정부의 여타 관료들과 달리 조선 국가가 전통적으로 견지해 온 유교 위주의 교육을 비판하는 가운데 향교를 강학(講學)이 가능하도록 재정비하는 한편 교영재(教英齋), 즉 이른바 원산학사를 신설하여 문예반과 무예반으로 나누고 각각 경전과 병서를 먼저 가르친 뒤 산수(算數), 격치(格致), 각종 기기(器機), 농잠(農蠶), 광업 등과 같은 시무에 긴요한 내용을 가르치도록 하였다.

어윤중의 이러한 조치는 함경도 사회에 영향을 미쳤다. 벼슬을 하지 않은 유생, 즉 유학(幼學) 이면후(李冕厚) 등은 어윤중의 업적을 열거하면서 찬사를 아끼지 않았다.[73] 그리하여 어윤중의 업적을 다음과 같이 상찬하였다.

> 어윤중이 북방에 있을 때 간활한 자는 숨을 죽였고 탐오한 자는 두려워하였습니다. 각 고을의 관름(官廩)으로 말하면 신축(伸縮)의 차이가 있기는 하나 백성의 고락은 예와 지금이 아주 다릅니다. 이것은 백성의 복이 아니라 성상께서 사람을 알아보고 사람을 벼슬시킨 덕이 변방의 가난한 집

---

71) 이상찬, 〈1894~5년 지방제도 개혁의 방향: 향회의 법제화 시도를 중심으로〉, 《진단학보》 67, 진단학회, 1989.

72) 신용하, 〈우리나라 최초의 근대학교의 설립에 대하여〉, 《한국사연구》 10, 한국사연구회, 1974; 김태근, 〈개항 후 지방 전통 교육 체제의 변화 연구〉, 《동양학》 74, 단국대학교 동양학연구원, 2019.

73) 《고종실록》 권21, 고종 21년 2월 24일.

에까지 두루 미친 것입니다.[74]

이에 따르면 어윤중이 중간 수탈의 근원을 제거하여 지방관아 재정을 안정시키면서 민생도 나아졌다는 것이다. 심지어 1898년 함경북도 신사(紳士)들은 어윤중이 친일파로 매도되어 비명횡사한 뒤에도 그의 공덕을 기려 제사할 정도였다.[75]

이처럼 어윤중의 함경도지방 재정개혁은 지방민의 지지 속에서 재정 문제에 국한되지 않고 향촌사회 전반에 걸쳐 단행되었음을 확인할 수 있다. 그리하여 1883년 이때 제정된 사례를 '계미사례(癸未事例)'라 불렀다. 그것은 1860년대에 환곡의 폐단을 해결하고자 하여 시행된 평안도 '관서례(關西例)' 제정의 수준을 넘어 향촌의 지배질서를 재편하는 계기로 작용하였다. 이러한 '계미사례'는 이후 기본적으로 견지되어 갑오개혁기 재정개혁의 근간이 되었다.[76]

요컨대 어윤중의 변법자강론과 개혁활동은 통상과 재정이라는 양축에 근간을 두고 대외 현안들을 풀어가면서 대내개혁을 추진하는 가운데 현실로 옮겨지고 있었다. 그것은 1880년대 후반 새로운 방향을 예고하였다.

그러나 갑신정변이라는 돌발적 정국 변동은 어윤중의 이러한 변법자강개혁을 송두리째 흔들어놓았다. 급진개화파가 주도한 갑신정변이

---

74) 《승정원일기》, 고종 21년 2월 24일.

75) "北來漬綿", 《황성신문》, 1898년 12월 20일자. "咸鏡北道紳士들이 一齋魚公允中氏功德을 追想ᄒᆞ야 今年秋에 酒果之奠으로 魚公墓에 往ᄒᆞ야 文以祭之曰謹以非薄之需敢陳幽冥之懷嗚呼一字一淚流入九泉矣 恭惟明公胚胎杞翁精透經籍洞達體用遭時艱險忘身從政協贊 皇猷殫誠更張萬姓拭目八域聞名粤自癸未經略北方袪獘蘇瘼雪冤理枉德洽膚髓惠挾肚腸家家誦人人景仰運否陽九公歿非命欲言更塞欲哭泪涌千古永訣侑奠一觴嗚呼哀哉."

76) 김태웅, 앞의 책, 2012, 187~190쪽.

실패로 돌아간 뒤 어윤중은 이들 급진개화파와 가깝다는 혐의를 받고 있는 가운데 민씨 척족정권이 추진하였던 조러비밀조약 체결 시도가 원세개의 방해로 실패하고 이에 반발한 반청의식이 팽배해지면서 어윤중의 입지는 더욱 좁아졌다. 그리하여 정부 일각에서 어윤중이 박영효의 부친이자 서당 스승이었던 박원양의 시신을 매장해준 행위를 문제삼자 어윤중은 김윤식과 함께 정계에서 사실상 은퇴를 당하였다.[77)]

그러나 그의 이러한 변법자강론과 개혁활동은 1894년 농민전쟁 전후로 하여 다시 주목받기 시작하였다. 농민군의 개혁 요구와 함께 청과 일본의 압박 속에서 개혁을 추진하는 과정에서 어윤중 등의 변법자강론과 개혁 경험을 수용하지 않을 수 없었기 때문이다. 나아가 갑오개혁기 일본의 압력과 간섭에도 어윤중, 유길준 등의 변법자강파가 조선 후기 이래 제기된 사회적·국가적 차원의 내재적 요구를 계승하면서 외부 문물의 장점을 적극적으로 활용할 수 있었던 것은 자신들이 직접 부딪치거나 경험하였던 활동들의 자산 덕분이었다.

5. 결어

어윤중은 조선 말, 갑오개혁기 정치가이자 관료로서 흔히 김윤식과 함께 온건개화파의 대표적 인물로 평가되고 있다. 심지어는 임오군란 시기 그의 처세를 두고 친청파로 분류되는가 하면 갑오개혁기 김홍집 내각의 탁지부대신 역임을 두고 친일파로 간주되기도 하였다. 또 민씨 척족과 급진개화파를 대하는 자세와 정치적 처신이 시기마다, 국면마

77) 김태웅, 앞의 책, 2018, 195~198쪽.

다 달라져 그에 대한 학계의 평가는 각각 달랐다. 아관파천 직후 비명횡사하여 자신의 문집을 남기지 못하였거니와 무엇보다 수구·개화 이항 대립틀에서 규정되면서 그의 노선과 활동이 온전하게 해명되지 않았기 때문이다.

이에 이 글에서는 학계의 이러한 한계를 조금이나마 불식할 요량으로 1883년 그의 대표적 업적이라 할 '계미사례' 시행을 전후로 하여 그의 외교·개혁 활동을 주된 검토 대상으로 삼되 그의 이러한 활동을 뒷받침하는 그의 가학·성장 과정과 개혁 노선도 다루었다. 비록 검토 대상 시기를 갑오개혁 이전으로 국한하였음에도 불구하고 오히려 이러한 검토는 갑오개혁기 재정개혁의 역사적 기반과 성격을 체계적으로 구명할 수 있을뿐더러 갑오개혁의 시대적 위상을 조선 후기 내재적 변동과 연계하여 가늠할 수 있으리라 본다.

어윤중은 여타 유자 관료들과 마찬가지로 관력 초기에는 내수외양론과 성학군주론에 머물렀지만 가학을 구성하는 북학사상과 실학의 영향 아래 조선 말 부세제도를 위시하여 벌어지는 여러 사회적 모순을 파악하였을뿐더러 1881년 일본, 청 시찰과 1883년 서북경략사 활동을 거쳐 변법자강론자로 성장하였다. 그의 이러한 진화는 여타 유자 관료들과 달리 사회 운영 개선과 통상 개방에 머무른 내수자강론을 넘어 국가체제를 일신하여 부국강병의 길을 모색하는 변법자강론자의 면모를 보였다. 다만 그는 같은 부류의 변법자강론자임에도 불구하고 자국의 내재적·역사적 기반을 불신하고 서구·일본의 문명개화론에 경사되었던 급진개화파와 달리 시세 변동과 국제정세의 변화에 의거하되 당대 사안을 주체적이면서도 점진적으로 해결하고자 하였다.

그리하여 그가 1881년 조사시찰단 시절부터 1883년 서북경략사 시절에 이르기까지 벌였던 각종 대내외 외교·개혁 활동이 조공책봉체제를 고수하는 청의 완강한 거부로 주권국가의 실현으로 이어지지 못하였을지라도 '계미사례'로 대표되는 함경도 재정개혁을 통해 갑오개혁기 재정개혁의 원천을 마련할 수 있었다. 나아가 탁지부대신으로서 몸소 근대 재정개혁을 추진할 수 있는 역량을 갖출 수 있었다. 갑오개혁이 일본의 간섭과 무력으로 대일 종속적 성격을 띠어갔음에도 불구하고 출발이 조선 재래의 역사적 개혁 전통과 연계되어 있었기 때문에 아관파천 이후에도 결호전제도로 대표되는 재정개혁은 지속될 수 있었다.

신고(新稿), 2021년 2월 21일

제2부

주권국가 건설운동과 당대인의 시세 인식

1장

근대 재정개혁의 추이

1. 서언

갑오개혁은 한국사에서 이전 시기와 이후 시기를 나누는 분기점으로 일찍부터 주목받아왔다.[1] 이 개혁은 정치, 경제, 사회, 문화 전반에 걸쳐 급격한 변화를 수반함으로써 이후 개혁의 지향과 진로를 결정하는 데 중요한 좌표가 되었기 때문이다. 특히 갑오개혁기에 이루어진 재정개혁은 조선 국가가 주권국가로 나아가는 데 필요한 물적 기반의 조성과 매우 밀접하였으므로 정치제도개혁에 못지않게 이전 시기 부세개혁에 견주어 주목할 만하였다.

그러나 재정개혁을 추진하였던 김홍집 내각이 아관파천으로 무너졌고 재정개혁 역시 이후 광무정권에 계승되지 않았다는 선입견이 팽배한 나머지 근대개혁기 재정 문제는 역사학계의 관심에서 벗어나 있었다. 특히 김홍집 내각이 단명으로 끝났기 때문에 그러한 개혁의 성과

1) 도면회, 〈근대=자본주의사회 기점으로서의 갑오개혁〉, 《역사와 현실》 9, 한국역사연구회, 1993.

마저 낮게 평가되었다.

반면 재정학계 일각에서는 기존의 이러한 연구 경향에 이의를 제기하면서 예산회계제도의 근대성은 물론 재정개혁의 부분적 성과를 인정하는 연구가 진행되었다.[2] 특히 예산 관련 법령과 예산 분석을 통해 이전의 연구 경향과 달리 광무정권이 김홍집 내각의 예산제도를 그대로 계승하였을뿐더러 이 시기 국가 예산제도가 안정을 기하면서 운영되었음을 논증하였다. 나아가 러일전쟁 이후 통감부가 대한제국 재정을 장악하면서 안정 위주의 예산회계제도가 일본이 편리한 대로 개변되다가 마침내 1910년 주권 피탈과 함께 폐지되었다고 주장하였다. 이러한 연구는 대한제국에 대한 역사적 평가에 앞서 회계 관련 법령과 《관보(官報)》는 물론, 규장각 소장 《의정부주의(議政府奏議)》 등 예산 관련 자료를 집중 분석하여 거둔 성과라는 점에서 기존의 오류와 편견을 불식할 수 있는 근거를 제공하였다고 하겠다.

그러나 한국사학계에서는 이러한 연구 성과물의 존재 자체도 모른 채 기존 연구 경향을 반복하거나 심화하는 경향이 없지 않았다. 이윤상은 재정개혁에 대한 연구가 간헐적으로 진행되는 상황에서 규장각 소장 자료를 비롯한 다양한 여러 자료를 적극 활용하여 1894년에서 1910년 세입구조의 특징과 징세 기구의 개편과정을 전면적으로 검토하였다.[3] 그러나 이 연구는 일제에 의한 식민지 재정의 형성과정에 중점을 두었기 때문에 근대개혁기 재정개혁에 대한 해명은 주로 재정개혁의 한계와 실패 요인에 치중하였다. 그리하여 실패 요인을 갑오개혁

---

2) 김대준, 〈이조말엽의 국가재정에 관한 연구: 1895~1910—예산회계제도와 예산분석을 중심으로〉, 연세대학교 박사학위논문, 1973(《고종시대의 국가재정 연구—근대적 예산제도 수립과 변천》, 태학사, 2004).

3) 이윤상, 〈일제에 의한 식민지 재정의 형성과정—1894~1910년의 세입구조와 징세기구를 중심으로〉, 《한국사론》 14, 서울대학교 국사학과, 1986.

기에는 '개화파 정권'의 대일 종속적 속성과 일본의 침략에 대한 민중의 반발을 들었고, 광무개혁기에는 '보수파 정권'의 속성과 열강에 의한 이권 탈취에서 찾았다.[4] 이러한 연구 경향은 1980년대 근대 주권국가 수립의 실패 요인에 대한 학계의 관심과 성찰에서 비롯되었다고 하겠다. 결국 재정개혁의 실패는 내부적이든 외부적이든 정치적 요인이 결정적 요인임을 강조한 셈이다.

그러나 이러한 연구는 1894년 이전 시기와 이후 시기를 연속적으로 파악하기보다는 분절적으로 파악함으로써 이전 시기와 이후 시기의 상관성을 구명하는 데는 이르지 못하였다. 즉 갑오개혁기 재정개혁을 이전 시대 부세개혁·재정개혁의 전통과 분리한 채 일본을 통해 들어온 재정제도에 입각하여 추진한 재정개혁으로 치부하는 경향이 농후하였다. 특히 근대개혁기 열강들의 외압과 정국의 급격한 변동을 실패 요인으로 거론할 뿐, 이러한 요인이 재정개혁과 운영방식에 미친 영향과 각 시기별 정권의 대응 양상을 역사적 맥락에서 검토하지 않고 있다는 점에서 남은 과제 역시 적지 않다.

한편, 경제사학계에서는 김재호가 재정 능력을 재정개혁의 성패를 결정하는 주된 요인으로 설정하고 갑오개혁기와 대한제국기 재정 문제를 검토하였다.[5] 특히 그는 대한제국기 황실 재정의 핵심이라 할 내장원 재정의 팽창과 국유화 과정을 집중 분석하여 이 시기 재정개혁은 갑오개혁기 재정개혁과 달리 그 실체가 없으며 오히려 이전 시대의 가

---

4) 이윤상은 이후 1986년 논문의 문제의식과 연구 방향에 입각하되 재정제도와 운영으로 확대하여 박사학위논문으로 발전시켰다. 이윤상, 〈1894~1910년 재정 제도와 운영의 변화〉, 서울대학교 박사학위논문, 1996 참조.

5) 김재호, 〈갑오개혁 이후 근대적 재정제도의 형성과정에 관한 연구〉, 서울대학교 박사학위논문, 1997 ; 〈근대적 재정국가의 수립과 재정능력, 1894~1910 : 갑오개혁과 대안적 경로〉, 《경제사학》 57, 경제사학회, 2014.

산적(家産的) 성격이 강화되고 재정 문란이 심화되었음을 주장하였다. 그러나 이러한 연구는 서구 근대 재정제도의 틀이라는 외재적 기준에 의거하여 그것에 대한 부합 여부를 검토한 나머지 당시 대한제국을 둘러싼 대내외 정치적 환경의 특수성과 역사적 맥락은 도외시하였다.

이 글은 갑오·광무 개혁기 역대 정권이 주권국가를 수립하기 위한 물적 기반 조성에 역점을 두고 여러 계통의 재정개혁을 추진하였다는 점에 주목하되 서구의 역사적 경험과 상이한 정권 자체의 역사적 경험에 비추어 대내외 정치 환경의 변동에 능동적이든 수동적이든 다양한 방식으로 대응하는 과정을 적극 담아 서술하고자 한다. 따라서 갑오·광무 개혁기에 추진된 재정개혁은 정치적·군사적 외압과 통치 기반의 협소로 인해 좌절되었지만 이 시기에 겪은 역사적 경험과 한계는 후대의 일방적이고 편파적인 시각에도 불구하고 좀더 공정하게 다가갈 수 있는 여지를 제공한다고 하겠다. 다만 이 글은 이 시기 재정개혁의 추이를 개괄적으로 정리하고 역사적 의미를 부여하는 데 중점을 두었기 때문에 당시 국내외 정세의 급격한 변동과 각종 시책의 특수성을 염두에 두되 이윤상의 연구 성과를 비롯한 기존의 연구 성과를 다수 활용하였음을 밝혀둔다.

2. 갑오개혁기 재정개혁과 재정 상황

1) 재정개혁의 배경과 추이

1880년대에 들어와 대원군 정권과 달리 정부의 재정개혁 노력이 실효를 거두지 못하자 농민들의 부담은 가중되었다.[6] 특히 1876년 국교 확대 이후 정부의 근대화사업에 소요되는 재원은 주로 농민층에서 마련되었다. 이와 더불어 국교 확대 후 외국의 공산품이 들어오면서 국내 수공업이 위축되었으며 쌀이 일본으로 빠져나가 쌀값이 뛰고 식량이 부족하게 되었다.

농민을 비롯한 일반 민인은 정부의 조세 수탈, 지주층의 지대 수탈, 외세의 경제 침탈에 맞서 전국 여기저기에서 봉기하였다. 그리고 1894년 3월 전국적인 농민전쟁이 발발하였다. 농민들은 토지제도를 비롯하여 부세제도·신분제도 등 다양한 부문에 걸쳐 폐정개혁을 요구하였다.[7)]

이에 정부는 폐정개혁 논의를 본격화하였다.[8)] 특히 1894년 6월 1일(양력 7월 3일) 일본이 '내정개혁'을 명분으로 조선 정부의 철병 요구를 거부하고 '개전정책(開戰政策)'을 강행하자 6월 6일(양력 7월 8일) 고종은 다음과 같이 천명하였다.

> 대경장(大更張) 대징창(大懲創)이 아니면 오랜 폐단을 교구(矯捄)하지 못하며 위미(萎靡)의 풍(風)을 진작하지 못하니 이것이 조정의 책임에 있지 않은가. 조정에서 전신(銓臣, 이조의 당상관과 병조판서)·장신(將臣, 군영의 우두머리 장수)·장부지신(掌賦之臣, 재정·조세 관련 관리)을 모아 논의하여 구폐(捄弊)하고 혁파하고 죄를 줄 수 있도록 한다.[9)]

---

6) 한우근, 《동학란 기인에 관한 연구》, 서울대학교출판부, 1971 ; 서영희, 〈개항기 봉건적 국가재정의 위기와 민중수탈의 강화〉, 한국역사연구회, 《1894년 농민전쟁 1》, 역사비평사, 1991.

7) 농민군의 개혁 요구와 정부의 대응에 관해서는 정창렬, 〈갑오농민전쟁과 갑오개혁의 관계〉, 《인문논총》 5, 아주대 인문과학연구소, 1994 ; 왕현종, 〈1894년 농민군의 폐정개혁 추진과 갑오개혁의 관계〉, 《역사연구》 27, 역사학연구소, 2014 참조.

8) 좌의정 조병세는 "만약 대경장을 펴지 않으면 끝내 실효가 없음"을 역설하였고 대다수 대신도 여기에 공감을 표하였다(《일성록》, 고종 31년 4월 4일).

9) 《고종실록》 권31, 고종 31년 6월 6일 ; 《동학란기록(東學亂記錄)》 상, 갑오실기(甲午實記), 국사편찬위원회, 11~12쪽.

조선 정부는 이처럼 폐정개혁을 결의하고 인사·군사·재정 모든 분야에 걸쳐 구폐 제거에 착수하고자 하였다. 이에 따라 정부는 6월 11일(양력 7월 13일) 교정청을 설치하여 일본의 내정 간섭에 대응하면서 자체적으로 폐정을 일소하려 하였다.[10] 즉 주체적인 개혁을 실행함으로써 타율적인 강요를 모면하고 농민군의 요구를 일부나마 수용하여 정국 안정을 기하려 하였던 것이다. 여기서 핵심은 조세제도의 개혁으로 신설 잡세 폐지, 결세와 호포 이외의 가렴(苛斂) 혁파, 민고(民庫) 혁파 등을 결정하였다.[11] 그러나 이러한 방향은 1894년 6월 20일(양력 7월 23일) 일본군의 경복궁 점령과 무력 간섭으로 인해 교정청이 폐지되고 군국기무처가 설치됨으로써 새로운 국면을 맞았다.[12] 일본은 군국기무처를 통해 일본의 영향력을 강화하면서 주도권을 행사하려 하였다.

하지만 일본의 이러한 책동은 대원군파를 비롯한 반일 세력의 건재와 일본의 청일전쟁 부담 때문에 재정개혁에 그대로 반영될 수 없었다. 오히려 어윤중을 비롯한 시무개혁 세력은 근대적 재정제도의 장점을 수용하되 이전 시기의 개혁 방향을 계승하여 재정개혁에 착수하였다. 우선 호조를 대신하여 탁지아문(度支衙門)을 설치하고 여러 기관으로 분산된 재정권을 집중시켰다. 국가 재정의 일원화였다. 또한 이전부터 추진해오던 조세 금납화(金納化) 방침을 결정하고 결호전제도를 정착시키고자 하였다. 이어서 '신식화폐발행장정(新式貨幣發行章程)'을 마련하여 은본위 화폐제도를 실시하였다.

조선 정부의 이러한 개혁 추진방식은 일본 정부의 '보호국화' 방침과

---

10) 교정청의 설치 배경과 경위에 관해서는 박종근, 박영재 역, 《청일전쟁과 조선》, 일조각, 1988, 176~177쪽 참조.

11) 김윤식, 《속음청사》, 국사편찬위원회, 325~326쪽.

12) 일본군의 경복궁 점령에서 군국기무처 설치에 이르는 과정에 관해서는 박종근, 앞의 책, 48~90쪽 참조.

어긋났다. 그래서 1894년 9월 27일(양력 10월 25일) 일본이 청일전쟁에서 승기를 잡자 전권공사 이노우에 가오루(井上馨)가 입국하여 군국기무처를 폐지하고 제2차 김홍집 내각(김홍집 – 박영효 연립내각)을 구성하였다. 이어서 조선 재정에 적극 간섭하기 위해 10월 23일(양력 11월 20일)과 24일(양력 21일) 이틀에 걸쳐 '내정개혁강령'을 제시하였다.[13] 그들은 가혹한 공채를 통해 조선의 재정을 장악하고자 하였을 뿐 아니라[14] 고문관을 파견하여 자문하기 시작하였다.[15] 그중 탁지아문의 고문으로 온 니오 고레시게(仁尾惟茂) 일행은 국가 세출입에 대한 기초 조사를 수행하였다. 그들은 탁지부대신 어윤중과 함께 조선 국가의 재정 실태, 국가 예산 편성, 대일 차관 교섭 및 전환국사업에 깊이 관여하였다. 그중 내외채 누계와 세출입 규모에 대한 기초 조사는 1895년 1월 23일에 완료되었고 2월 26일에 작성되었다.[16]

일본 고문관의 재정 조사가 완료될 즈음 일본 정부는 2월 24일(양력 3월 30일) 조선 정부에 차관 300만 원을 제공하였다. 이에 대한 담보는 조선 정부의 조세 수입이었다. 정부의 이러한 담보 제공은 국교 확대 이후 외채 도입에서 처음이었다. 반면 일본은 조선 정부의 재정 위기를 빌미삼아 조선 재정에 깊이 관여할 수 있게 되었다. 곧이어 김홍집 내각으로 하여금 3월 25일 칙령 제38호로 '내각관제'를 반포하게 하여

---

13) 《일본외교문서(日本外交文書)》 27 – Ⅱ, 1894년 11월 20일(양력), 93~96쪽.

14) 당시 이노우에 가오루는 차관 300만 원을 약속하면서 조선 지폐의 발행을 금지하고 대신 일본 지폐를 조선의 법화(法貨)로 인정하라는 부수조건을 제시하였다. 이에 어윤중과 함께 박영효도 반대하였다. 이에 관해서는 杉村中, 《在韓苦心錄》, 日本外務省, 1932, 125쪽; 《일본외교문서》 28 – 1 문서번호 232 참조.

15) 일본인 고문관의 지위와 역할에 관해서는 왕현종, 《한국 근대국가의 형성과 갑오개혁》, 역사비평사, 2003, 186~196쪽 참조.

16) 《주한일본공사관기록(駐韓日本公使館記錄)》 3, '무쓰(陸奧) 외상이 이노우에(井上) 공사에게 보내는 전문(電文)'(1895년 12월 2일).

군주권을 약화한 뒤[17] 박영효 등 친일 관료들이 재정개혁을 주도해가도록 지원하였다.[18]

그리하여 1895년 3월 말 이후 제2차 김홍집 내각은 조세제도·회계제도를 비롯하여 지방재정 개혁에 박차를 가하였다. 우선 '탁지부관제'를 비롯하여 '회계법'을 제정함으로써 재정회계를 총괄할 수 있는 제도적 장치를 마련하였고, 이어서 '관세사급징세서관제(管稅司及徵稅署官制)'와 '각읍부세소장정(各邑賦稅所章程)'을 제정하여 세금 부과와 징수를 분리함으로써 중간 수탈의 여지를 줄이려 하였다.[19]

1895년 4월 말 3국 간섭 이후 을미사변을 거쳐 조선인의 저항이 거세지는 가운데 지방관·향리 등 징수자들의 반발과 새로운 기구를 시행하기 위한 재정 기반의 미비로 정부는 징수체계를 다시 손질하였다. 1895년 9월에 제정된 '각군세무장정(各郡稅務章程)'과 '세무시찰관장정(稅務視察官章程)'은 징수권을 지방관에게 돌려주되 단지 세무시찰관이 감독권을 행사하는 데 지나지 않았다.

갑오개혁기 재정개혁은 이처럼 대내적인 반발과 대외적인 압력이 교차하면서 순탄하지 않게 진행되었다. 더욱이 이러한 재정개혁을 뒷받침할 물질적 기반의 미비로 말미암아 난관에 봉착하였다. 그리하여 을미의병이 명성왕후 시해를 구실로 개화정권 타도를 외치며 일어나

---

17) 《한말근대법령자료집(韓末近代法令資料集)》 I , 칙령 제38호 '내각관제', 1895년 3월 25일. 갑오개혁기 관제개혁의 추이에 관해서는 왕현종, 〈갑오개혁기 관제개혁과 관료제도의 변화〉, 《국사관논총》 68, 국사편찬위원회, 1996 참조.

18) 박영효가 관제개혁의 주체로 보이지만 실제로는 이노우에 가오루와 고문관이 주도하였다고 보아야 할 것이다. 왜냐하면 일본이 군사적으로 점령하였을 뿐 아니라 일본인 고문관이 조선 내정에 적극 개입하여 입안하였던 것이다. 다보하시 기요시(田保橋潔)는 이를 두고 "오토리(大鳥)·스기무라(杉村)에 의한 구제도에 비해 완벽함은 말할 나위도 없다"라고 평하였다. 田保橋潔, 〈近代朝鮮に於ける政治的改革〉, 《近代朝鮮史硏究》, 朝鮮總督府, 1944, 166쪽.

19) 이윤상, 앞의 글, 1986, 280~281쪽. 이하 각주를 부여하지 않은 내용은 이 논문에 의거하였다.

고 러시아와 미국의 협조로 아관파천이 단행되자 갑오개혁은 종말을 고하였다. 그러나 정치 부문과 달리 재정 부문은 이후에도 갑오개혁의 기본 방향을 계승하였다.

2) 재정개혁과 궁부일체 재정 운영의 동요

(1) 재정 기관의 일원화와 예산·회계·화폐 제도의 변화

정부는 1894년 6월 25일 군국기무처를 설치한 뒤 곧이어 6월 28일 '각아문관제(各衙門官制)'를 제정한 가운데 탁지아문이 재정의 회계·출납과 조세·국채·화폐 등 일체의 재정 사무를 통할하며 각 지방 재무도 감독하도록 하였다.[20] 아울러 각궁 또는 각 아문에서 거두어들이던 궁장토와 둔토의 결세(結稅)가 탁지아문으로 귀속되었다. 그 밖에도 각종 잡세가 혁파되거나 탁지아문으로 귀속되었다.

한편, 정부는 독자적인 재원을 보유하고 개별적으로 운영해오던 군사 기관과 지방관아의 재정도 중앙 재정으로 흡수하여 탁지아문의 통제를 받도록 하였다. 우선 1895년 1월 평안도 지역의 조세를 다른 도와 마찬가지로 중앙에 상납하도록 하였다.[21] 정부는 지방관아 재정을 해체하여 6월에는 전국 각부(各府)의 경비를, 9월에는 전국 각 군(郡)의 경비를 토지 결수 규모에 따라 배정하였다. 이제 지방관아는 독자적인 재원을 보유하거나 독자적으로 운영할 수 없게 되었다.[22]

---

20) 이윤상, 앞의 글, 1996, 27~50쪽.

21) 《한말근대법령자료집(韓末近代法令資料集)》 I, '주본(奏本) 관향(關餉)에 회록(會錄)된 평안도(平安道) 세납(稅納)을 경사(京司)로 수납(輸納)하는 건', 1895년 1월 8일; '주본 각대신간규약조건사(各大臣間規約條件事) 평안도 세입을 일반 세입에 편입하는 건', 1895년 3월 29일.

22) 윤정애, 〈한말 지방제도개혁의 연구〉, 《역사학보》 105, 역사학회, 1985; 김태웅, 〈1894~1910년 지방세제의 시행과 일제의 조세수탈〉, 《한국사론》 26, 서울대학교 국사학과, 1991; 유정현, 〈1894~1904년 지방재정제도의 개혁과 이서층 동향〉, 《진단학보》 73, 진단학회, 1992.

정부는 이미 3월에 탁지아문을 탁지부로 개편하는 '탁지부관제(度支部官制)'를 제정하여 기관의 권한과 구체 업무를 확정한 터였다. 이로써 탁지부가 기존의 의안 단계에 머무른 탁지아문의 기능을 넘어 명실상부하게 재정 사무를 총괄하며 정부의 재무를 담당하고 각 지방의 재무를 감독하는 등 국가 재정의 모든 사무를 담당하게 되었다.[23] 또한 선혜청·균역청·상평청·군자감·양현고·장흥고·제용감·전운서 등을 혁파하여 이들 기관이 보유하고 있던 재원들을 탁지부로 이속시켰다. 이제 탁지부는 중앙 재정과 지방재정 전반을 통할하는 최고의 재정아문으로 성장하였다.

또한 정부는 1895년 2월 말 국가 세출입에 대한 기초 조사가 완료되자 1895년 3월 30일 '회계법(會計法)'을 반포하여 종래 관서별로 운영되어왔던 수입과 지출을 통합 정리하였다.[24] '회계법'은 일본의 회계법을 그대로 모방한 것으로 예산, 수입, 지출, 결산, 출납 관리 등 각 장으로 나누어 예산회계제도의 대체적인 내용을 담고 있다. 물론 갑오개혁 이전에도 공안(貢案)과 횡간(橫看)이라는 세출입 예산안이 마련되어 있었다. 그러나 이러한 예산안은 매년 작성되지 않아 당시의 세원 및 세출과 동떨어져 있을뿐더러 세출입 상황을 정확히 파악할 수 없었다. 이에 반해 '회계법'과 그와 관련된 법규가 제정, 공포됨으로써 시일을 넘기기는 하였지만 1895년 7월에 우리나라 최초로 예산이 편성되어 확정되었다. 1895년 11월에는 1896년도 정부 예산이 편성되었다.

다음 '회계법'의 시행 세칙으로 '수입조규(收入條規)', '지출조규(支出條規)', '금고규칙(金庫規則)', '출납관리규칙(出納管理規則)' 등이 각각 마

23) 《한말근대법령자료집》Ⅰ, 칙령 제54호 '탁지부관제(度支部官制)', 1895년 3월 26일.

24) 《한말근대법령자료집》Ⅰ, 법률 제2호 '회계법', 1895년 3월 30일.

련되어 법제적인 회계제도는 거의 구비되었다. 여기서 가장 두드러진 특징은 징세 및 출납 명령의 직무와 현금 출납의 직무를 겸임할 수 없도록 함으로써 조세 부과와 징수를 분리하고자 한 점이었다. 이러한 법률 제정은 이후 조세 징수제도를 개편하고 중간 수탈과 부정·횡령 등을 방지하는 근간이 되었다. 다만 세칙들을 시행하기에 앞서 금고가 설치되어야 함에도 불구하고 금고가 준비되지 않았기 때문에 '회계법'은 5월에 가서야 각부에서 시행되기 시작하였다. 더욱이 이렇게 정비된 예산회계제도도 대부분 형식에 그쳤을 뿐 중앙에서의 강력한 회계검사가 이루어지지 않았기 때문에 각 관서의 회계는 실제로는 종전처럼 각부, 지방관에 의해 거의 자의적으로 운영되었다.

정부는 1894년 7월 당오전(當五錢)과 평양전(平壤錢)으로 말미암아 야기된 화폐제도의 혼란을 줄이기 위해 평양전을 주조하던 평양주조소(平壤鑄錢所)를 혁파하였다.[25] 이어서 '신식화폐발행장정(新式貨幣發行章程)'을 반포하고 신식 화폐를 발행하였다.[26] 주요 내용은 5냥 은화를 본위화로 삼되 1냥 은화 이하를 모두 보조화로 하며 종래 사용하던 엽전은 1매를 1푼으로 하여 신식 화폐와 같이 사용하도록 하고, 신식 화폐를 충분히 주조하기 이전에는 본국 화폐와 동질·동량·동가인 외국화폐의 통용을 잠정적으로 허용한다는 것이었다.

'신식화폐발행장정'은 국제적인 은본위제를 채택하고 통화 안정을 꾀하였다는 점에서 큰 의미를 지닌다. 그러나 본위화인 5냥 은화를 주조할 만한 재정적 준비가 되어 있지 않은 상황에서 재정난을 타개하기 위한 백동화(白銅貨) 남주(濫鑄)는 백동화 인플레이션을 야기하였다. 더

---

25) 《한말근대법령자료집》 I, '주본 당오전을 엽전으로 계수(計數) 핵산(核算)하여 사용하게 하는 건', 1894년 7월 8일.

26) 이윤상, 앞의 글, 1996, 35~36쪽.

욱이 일본 화폐도 무제한 운용될 수 있는 길을 열었기 때문에 화폐제도 자체의 대일(對日) 종속을 가속시키고, 나아가 일본의 경제적 침략을 조장하는 결과를 초래하였다.

(2) 조세 금납화와 결호전제도의 성립

정부는 1894년 7월 10일 조세 금납화와 은행 설치를 결정하였다.[27] 이러한 결정은 이미 많은 지역에서 실시되어오던 조세 금납 관행을 법제 차원에서 규정하고 전국적으로 확대하려는 시도를 보여준다. 또한 각종 부세와 군보(軍保) 등 모든 조세의 상납 물화를 금납화함으로써 기존의 잡다한 부세 항목을 결호전 중심으로 통일할 수 있었다. 즉 토지에 부과되던 전세미·대동미·삼수미·결전·포량미의 조세와 그 밖의 부가세를 통합하여 결가(結價)로 산정한 뒤 토지 단위별로 과세하고, 군역으로 부과되던 세는 호포전으로 정리할 수 있는 계기를 마련하였다.[28] 그리고 국고로서의 은행을 상정하고 징수 기관을 탁지아문으로 일원화할 수 있는 근간을 제공하였다.[29] 다음 날인 7월 11일에는 '신식화폐발행장정'을 제정하여 조세 금납화를 위한 예비 작업을 차례차례 취해나갔다.

이어서 정부는 8월 4일에 "급히 결가를 책정 행회하여 민의를 풀도록 할 것"이라는 의안을 제출하였다.[30] 8월 22일에는 경기도부터 결가를 책정하여 마련한 뒤 평안도·함경도를 제외한 5도에서 미곡과 포목

---

27) 《한말근대법령자료집》 I, '의안(議案) 일체(一切)의 상납(上納)을 대전(代錢)으로 마련하는 건', 1894년 7월 10일.

28) 유정현, 앞의 글, 65~72쪽; 이영호, 《한국근대 지세제도와 농민운동》, 서울대학교출판부, 2001, 79~118쪽; 송찬섭, 《조선후기 환곡제도개혁연구》, 서울대학교출판부, 2002, 296~316쪽.

29) 이윤상, 앞의 글, 1996, 41쪽.

30) 《일성록》, 고종 31년 8월 4일.

으로 거두었던 부세를 대전(代錢) 상납한다는 방침을 세웠다.[31] 또한 8월 25일에는 잡세를 혁파한다는 방침을 천명하였다. 8월 28일 탁지아문은 경납(京納)과 각 읍의 일체 수용을 정례 마련하기 위해 경기감영에 5도 외의 각 읍 진역(鎭驛)의 결부(結簿)·군부(軍簿) 및 1년 응봉응하(應捧應下) 조항을 조사하도록 하였다.[32]

9월 1일에는 '결호전봉납장정(結戶錢捧納章程)'을 마련하였다. 여기에서 논한 결전과 호전에 관한 내용은 다음과 같다.[33]

1. 결정(結政)은 관에서 실결(實結)을 따라 작부(作夫)하고 장부를 만들어 향원(鄕員)에게 이송할 것.
2. 호포(戶布)·군보전(軍保錢)은 정해진 액수를 받고, 목가(木價, 면포 값)는 매필 5냥씩 정하여 받으며, 이 숫자를 계산하여 한 읍에 고루 분배하여 향원이 받을 것.

이러한 규정은 조선 후기 이래 정부가 추진해왔던 결호전 중심의 조세개혁 방향이 제도로 귀착되는 것을 보여준다. 특히 지세 수취 담당자로서 향원을 신설하고 있다. 그러나 이러한 장정은 아직 결가가 결정되지 않았기 때문에 곧바로 실행할 수 없었다.

따라서 정부는 결가 책정을 위해 여러 지역을 조사하고 논의에 들어갔다.[34] 결가 책정과정에는 각 지역별 토지 관련 여러 조세, 환모전(還耗錢), 지방관아의 경비 등이 고려되었다. 1895년 1월 탁지아문에서 경

31) 《일성록》, 고종 31년 8월 22일.

32) 《공문편안(公文編案)》(규 18154) 책5, 경기거관(京畿去關), 갑오 8월 28일.

33) 《공문편안》 책4, 1894년 9월 1일, '결호전봉납장정'. 이에 관해서는 이상찬, 〈1894~5년 지방제도 개혁의 방향—향회의 법제화 시도를 중심으로〉, 《진단학보》 67, 진단학회, 1989 참조.

상도 결가 책정의 기본 방침을 하달하였다. 내용은 다음과 같다.

> 1. 각종 유토 면세지는 내수사와 각 궁방, 각 영과 각 아문을 막론하고 유토결을 모두 결총에 승총하여 출세할 것.
> 1. 각종 복호는 결전 중에서 절반을 지출할 것.
> 1. 미가는 조읍(漕邑)은 전세 대동 삼수미태와 하납의 명목을 구분하지 않고 석수를 통계하되 미는 매 두 1냥으로 하고, 산군(山郡)은 작목(作木)과 작포(作布)를 구분하지 않고 원래 납부하던 미로써 정가하되 미 1두를 8전으로 시행하여 마련하고, 경외의 응봉응하는 모두 이에 비추어 시행할 것.
> 1. 매 결에 환모작조(還耗作租)를 합하여 조수읍(漕水邑)은 30냥으로 정하고 산군읍은 25냥으로 시행하는데, 경외의 응하조를 제외하고도 반드시 남는 액수가 있을 것이므로 저치례(儲置例)에 따라 액수를 지정하여 보고하고 이외에는 한 푼도 가렴하지 말 것.[35]

여기서 주목되는 내용은 미가(米價)를 연군(沿郡)은 매 두에 1냥, 산군(山郡)은 매 두에 8전씩으로 확정하여 결가를 산출하고 결가에 경외(京外)의 지출에 사용하던 환모조를 포함하여 30냥, 25냥으로 규정한 점이었다.[36] 이러한 결가의 법정화는 당시 결세가 화폐로 환산하여 7, 80냥인 점을 감안할 때 농민의 부담을 상당히 경감한 것이었다.

---

34) 결가 책정과정에 관해서는 유정현, 앞의 글, 81~82쪽; 왕현종, 〈한말(1994~1904) 지세제도의 개혁과 성격〉, 《한국사연구》 77, 한국사연구회, 1992, 93~94쪽; 김태웅, 〈개항전후~대한제국기의 지방재정개혁 연구〉, 서울대학교 박사학위논문, 1997, 119~135쪽; 이영호, 앞의 책, 79~99쪽; 송찬섭, 앞의 책, 299~316쪽 참조.

35) 《별계(別啓)》(국사편찬위원회 소장), 1895년 1월.

36) 다만 양주와 고양은 능원 소재지로 전세가 감면되었던 사정을 감안하여 20냥으로 책정하였다.

한편, 호전(戶錢)은 각 영, 각사에 납부하던 군보신포(軍保身布)를 그대로 대전 상납하는 형태로 징수되었다. 그리하여 1894년부터 1호당 3냥씩 춘추 2기로 나누어 돈으로 납부하게 되었다. 물론 철저하지 못한 호구 파악과 징수제도의 특성상 이전과 마찬가지로 총액제방식으로 각 리(里)에 분배되었다. 그러나 호세(戶稅) 배분에서 신분차별을 배제하고 빈부에 따른 배분을 강조하고 있어 신분제적 운영 원리에서 벗어났음을 보여준다. 또한 정부는 재정 보용 기능의 환곡을 없애고 진휼 기능의 사환(社還)으로 바꾸었다. 이는 재정 부족으로 전면적으로 단행되지 못하였던 환곡제의 소멸을 의미하였다.

이후 이러한 결호전제도는 을미사변 이후에도 지속되었다. 그리하여 1895년 9월 5일 '지세급호포전(地稅及戶布錢)에 관한 건'에 의해 법제화되었다.[37] 지세는 그해 10월과 이듬해 1월에, 호포전은 그해 3월과 9월에 분납하도록 하였다.

따라서 조세 금납화와 결호전제도의 성립은 조선 후기 이래 정부가 추진해왔던 조세개혁의 결과로 이후 근대 조세제도의 기틀이 되었다. 나아가 이는 중간 수탈을 방지하고 재정을 합리적으로 운영할 수 있는 기반이 되었다.

(3) 정부의 왕실 재정 통제와 왕실의 반발

정부가 추진한 재정 기구 일원화정책은 왕실 재정에도 적용되었다. 그것은 왕실 및 국왕의 재정 기반을 축소함으로써 국왕의 권력을 약화할 수 있었기 때문이다. 우선 일본공사 오토리 게이스케(大鳥圭介)는 1894년 6월 6일(양력 7월 8일) '내정개혁방안강목(內政改革方案綱目)'을 제시한

37) 《관보》, 개국 504년 9월 7일.

가운데 제일 먼저 '내외 정무와 궁중 사무의 판연한 구별'을 내세워 왕권을 약화하려 하였다. 군국기무처도 6월 28일 '궁내부관제'를 제정하여 내무부를 폐지하고 궁내부를 신설하여 기존의 방대한 궁중 관련 부서를 간소화하였다.[38] 아울러 "종래 궁중에 소속된 각사에서 수납하던 일체의 전곡을 탁지아문이 전관하도록 하고 그 경비는 균역청과 탁지아문에서 지급한다"는 규정을 두어 궁내부 재정도 정부 기관인 탁지아문의 통제 아래 두었다.

정부의 이러한 왕실 재정정책은 조선 건국 이래 양반 관료들이 견지해온 '궁부일체(宮府一體)'의 연장선이었다. 이는 양반 관료들이 궁부일체를 내세워 왕실에 필요한 모든 비용을 국가의 공상(供上)을 통해 해결하는 한편, 왕실 재정의 확대를 억제하고자 하였기 때문이다.[39] 이에 반해 왕실은 독자적인 재원을 보유함으로써 왕실의 권위를 유지하고 왕실 비용을 충당할 수 있다고 여겼다. 특히 왕실은 양반 관료들의 비판을 받으면서도 왕실의 신분적 특권 유지와 더불어 내탕금(內帑金)으로 구휼, 군량 확보와 같은 공적인 재정 지원에 사용함으로써 왕실의 권위를 세울 수 있었다.[40] 그러나 일본군의 경복궁 점령을 계기로 왕권이 약화된 틈을 타 양반 관료들과 일본 측은 정치에서는 궁부분리(宮府分離), 즉 궁무와 정무를 분리하여 왕실의 정치 관여를 막는 한편,[41] 재정에서는 궁부일체, 즉 정부가 왕실 재정을 관리함으로써 왕실 재정을

38) 《한말근대법령자료집》 I, '의안 궁내부관제', 1894년 6월 28일.

39) 재상정치를 주장하였던 정도전의 경우 '인군무사장(仁君無私藏)'을 주장하면서 고려 시기에 각 궁별로 운영되던 왕실 재정을 내섬시(內贍寺)와 내자시(內資寺)를 중심으로 한 중앙 기구로 통합하였다. 이후 양반 관료들은 이러한 주장을 끊임없이 제기하였다. 이에 관해서는 양택관, 〈조선전기 왕실의 토지소유와 경영〉, 《한국사론》 53, 서울대학교 국사학과, 2007 참조.

40) 정조의 경우 왕실 재정도 진자(賑資) 등 공적인 재정에 쓰였다는 사실을 상기하면서 내탕지장(內帑之藏)을 강조하였다(《홍재전서(弘齋全書)》 권169, 《일득록(日得錄)》 9, 정사 4).

통제하려 하였다.[42] 그리하여 정부는 과거 왕실에 소속되었던 많은 재원을 정부 재정으로 이속시켰다.[43] 여기에는 궁장토의 면세지를 비롯하여 진공(進供)·잡세 등이 포함되었다.

우선 각궁이 관리하거나 소유한 도장(導掌)·전답·제언·시장(柴場)과 같은 수세 명목을 조사하겠다는 방침을 밝히고 역둔토와 함께 사궁장토(司宮庄土)에서 면세지 승총(陞總)을 단행하였다. 그 결과 각궁의 장토 중 유토(有土) 면세결은 탁지아문에 지세를 내게 되었고 무토(無土) 면세결은 해체되어 원래의 민유지로 환속되었다. 무토 면세결과 유토 면세결은 각각 2만 1,474결, 4,988결이었다. 이를 지세로 환산하기 위해 1결당 25냥으로 계산하면 총 66만 냥에 이르는 규모였다. 반면 소유권이 분명하여 분반타작제(分半打作制)와 도조제(賭租制)로 경영되는 궁장토의 관리권과 도조 수입은 각궁으로 귀속되었다.

이어서 지방에서 진공하는 규정은 일체 없애고 각 지방에서 바쳐야 할 물건 값을 탁지아문에서 타산하여 받아들인 다음 궁내부에 넘겨 여기서 구입하여 바치게 하였다.[44] 이에 따라 별도로 진공회사(進供會社)를 설치하여 필요한 물품을 조달하게 되었다.[45] 그리고 관직제도의 변경과 의식의 축소를 이유로 궁내부 비용도 줄였다.[46] 각 능의 수입과 지출도 탁지아문의 통제를 받게 되었다.[47] 이러한 정부의 조치는 조선

---

41) 《고종실록》 권31, 고종 31년 7월 18일; 金正明 編, 《日韓外交資料集成》 4, 巖南堂書店, 1967, 241~247쪽. 양반 관료들의 궁무와 정무 분리에 관한 구상은 갑신정변 정령에서 이미 표출되었다(井上角五朗先生傳記編纂会 編, 《井上角五朗先生傳》, 1943, 58쪽).

42) 《고종실록》 권32, 고종 31년 7월 18일, 22일; 김정명, 앞의 책, 241~247쪽.

43) 서영희, 〈1894~1904년의 정치체제 변동과 궁내부〉, 《한국사론》 23, 서울대학교 국사학과, 1990, 345~355쪽; 이윤상, 앞의 글, 1996, 36~40쪽.

44) 《고종실록》 권32, 고종 31년 8월 18일.

45) 《고종실록》 권32, 고종 31년 9월 3일.

46) 《고종실록》 권32, 고종 31년 11월 19, 23일.

후기 이래 왕실과 관료 간에 쟁점이 되었던 왕실 재정 문제를 양반 관료 중심으로 정리하면서 왕실의 재정 기반을 약화하는 동시에 정부의 재정 일원화정책을 강화하는 결과를 초래하였다.

그러나 왕실은 1895년 3월 이후 정부의 이러한 왕실 재정정책에 반발하였다. 특히 이노우에 가오루가 1894년 12월 2일(양력 12월 28일) 내각제 실시와 국왕권 제약에 따른 왕실의 우려를 무마하기 위해 왕실 재산을 조사한 후 사유 재산은 궁내부가 관리하도록 하겠다는 방침을 이미 표명한 터라 왕실의 반발은 매우 컸다.[48] 그 결과 1895년 4월 2일에 개정된 '궁내부관제'는 장례원·시종원·규장원·회계원·내장원·제용원(濟用院) 6원체제를 기본틀로 삼고 관련 부서들을 모아 속사체제(屬司體制)로 구성하였다.[49] 여기서 주목되는 점은 궁내부 기구를 전반적으로 축소 통합하면서도 왕실 경비를 다루는 회계원 외에 왕실 재산을 관리하는 내장원이 신설되었다는 사실이다. 내장원의 경우 기존의 내수사를 승격시킨 관서로 왕실 보물을 보존하고 세전장원(世傳莊園)과 기타 재산을 관리하며 본원 소관 회계 사무를 관장하도록 되어 있다. 이는 정부가 이전과 마찬가지로 왕실의 사유 재산이 확실한 사축 재화(私蓄財貨)에 대해서는 관리권을 인정한다는 점과 각궁으로 흩어져 있는 각궁의 재정권을 내장원에 귀속시켰음을 의미한다.[50] 나아가 탁지부에 이속되었던 아문둔토도 왕실 관련 사무를 이유로 궁내부에 이속시켰다.[51]

---

47) 《고종실록》 권32, 고종 31년 12월 23일.

48) 김정명, 앞의 책, 296쪽.

49) 《고종실록》 권33, 고종 32년 4월 2일.

50) 왕실의 사축 재화는 관료들과 일본공사 이노우에 가오루도 이미 인정한 터였다. 1894년 12월 이들은 5대신과 맺은 서약에서 사유 재산 여부를 조사한 후에 왕실 재산으로 간주하고 궁내부대신이 관장한다고 천명하였다. 이에 관해서는 김정명, 앞의 책, 296쪽 참조.

그러나 1895년 8월 20일 명성왕후가 시해되고 반일 세력이 급격히 약화되자 김홍집 내각과 일본은 궁내부를 압박하였다. 같은 날 고종은 공포 분위기에 눌려 궁부가 정령을 발포하는 일이 있었다고 고백하면서 정치에서 궁무와 정무의 엄격한 구분을 강조할 정도였다.[52] 이틀 뒤인 8월 22일 그는 명성왕후를 서인(庶人)으로 강등시키면서 왕실의 권한을 스스로 축소시키지 않을 수 없었다.[53] 이는 궁내부와 왕실 재정 약화를 예고하였다. 이어서 11월 정부는 궁내부관제를 개편하면서 왕실의 물자를 조달하는 제용원을 해체시켰을뿐더러 왕실 재산 관리의 핵심 기구라 할 내장원을 폐지하고 내장사(內藏司)를 두었다.[54] 내장사의 경우 내장원보다 격하된 명칭으로 내장원과 달리 왕실 세전장원과 기타 재산을 관장하는 데 그쳤다.[55] 또한 속사체제의 붕괴는 궁내부 초기 모습으로 환원되었음을 의미한다. 그러나 왕실 재정을 둘러싼 논란이 이처럼 정국의 변동과 맞물리면서 아관파천 이후 고종은 권력의 물적 기반이라 할 왕실 재정을 강화하는 방향으로 나아갔다.

(4) 지방재정 개혁

정부는 1894년 6월 교정청 설치 직후부터 지방재정 개혁에 착수하였다. 그것은 이미 예고되었던 사안으로 갑오개혁 이전의 지방 경비 배정 방안을 계승하는 방향이었다. 즉 조선 후기 대동법의 운영 재정 원

---

51) 김양식, 《근대 권력과 토지—역둔토 조사에서 불하까지》, 해남, 1992, 59~64쪽.

52) 《고종실록》 권33, 고종 32년 8월 20일.

53) 《고종실록》 권33, 고종 32년 8월 22일.

54) 《고종실록》 권33, 고종 32년 11월 10일.

55) 내장원은 장이 칙임관이고 총 직원이 12명 이하인 데 반해, 내장사는 장이 주임관이고 총 직원이 6명이었다. 이러한 내장사가 내장원으로 다시 승격된 때는 황제 권력이 가장 극성기인 1899년 8월경이었다(《고종실록》 권39, 고종 36년 8월 24일).

리와 유형원을 비롯한 정약용, 이진상 등 개혁론자들의 지방제도개혁안에 바탕을 두고 중앙 재정에서 지방 경비를 배정하는 방향이었다.[56] 여기서는 국가가 각 읍의 전결 수 또는 호구 수 등 경제 규모를 감안하여 지방관아에 경비를 차등 배정하여 분급하였으며 지방관아가 자체의 경비를 위해 별도로 수취하는 것을 금지하였다.[57] 특히 갑오개혁기 재정개혁을 주도하였던 어윤중의 경우 본인 스스로가 지방 경비 배정 방안을 함경도 계미사례를 통해 실현하였던 터라 갑오개혁기 지방재정개혁안은 여기에 근거하였다.[58]

1894년 6월 교정청은 지방재정 개혁과 관련하여 지방재정 운영에서 주요한 구실을 하는 각 읍의 이향들을 단속하고 민고를 폐지할 것을 지시하였다.[59] 이후 일본의 내정 간섭으로 교정청이 폐지되었지만 이러한 개혁 방향은 지속되었다.

우선 정부는 재정을 호조로 단일화하는 가운데 지방관아 재정을 중앙 재정에 통합하였다. 그래서 종래 지방재정의 근간인 환곡과 민고를 혁파하는 조치를 취할 뿐 아니라 둔토를 비롯한 각종 토지를 승총(陞摠)하기에 이르렀다.[60] 아울러 공용의 경중을 가리지 말고 신설 잡세를 혁파하라고 지시하였다.[61] 물론 계방촌(契房村)도 혁파하였다.[62] 이러한

---

56) 강석화, 〈조선후기 지방제도의 운영과 정약용의 개혁안〉, 《한국학보》 65, 일지사, 1991 ; 윤용출, 〈유형원의 역제 개혁론〉, 《한국문화연구》 6, 부산대학교 한국문화연구소, 1993 ; 김태웅, 《한국근대 지방재정 연구》, 아카넷, 2012, 35~40쪽.

57) 《경세유표》 권11, 지관수제(地官修制), 공부제(貢賦制) 7. "大同之初 國與民約曰 諸司求索 一幷停止 一納此米 終歲安臥."

58) 김태웅, 《어윤중과 그의 시대》, 아카넷, 2018, 153~182쪽.

59) 김윤식, 《속음청사》 상, 국사편찬위원회, 고종 31년 6월 6일.

60) 《공문편안》 책12, 훈령(訓令) 각부(各府), 을미 8월 11일 ; 《경기각읍신정사례(京畿各邑新定事例)》(규 15234), 부평현(富平縣) ; 《관초존안(關抄存案)》(규 18087), 갑오 9월 17일 ; 《훈령편안(訓令編案)》(규 17876) 1책, 을미 7월 1일.

61) 《일성록》, 고종 31년 6월 14일.

정부의 조치는 종래 지방관아가 독자적으로 행사하던 재정권을 약화함으로써 장차 지방관아 재정을 중앙 재정으로 통합시킬 수 있는 여건을 조성하였다고 하겠다.

그리고 종전 각 관서가 지방의 각 도에서 거두어들이던 예목필채(禮木筆債), 포진채(鋪陳債), 구청전(求請錢), 벌례전(罰禮錢), 염초대전(焰硝代錢) 등을 혁파하였다.[63] 또한 각 감영과 각 읍의 관용 물품 조달 비용을 배정하는 규례는 모두 없애고 무릇 필요한 것은 모두 시가(時價)에 따라 구입하여 사용하게 하였다.[64] 관청 식리전도 모두 탕감하게 하고[65] 장세(場稅) 혁파도 널리 알리게 하였다.[66] 이러한 조치는 외읍의 각 해당 향리가 분봉하지 않게 함으로써 중간 수탈을 방지할 수 있는 것이다.

한편, 1894년 7월 1일 정부는 전국의 읍사례(邑事例)를 취집한다는 공문을 전국 지방관아에 하송하였다.[67] 이러한 조치는 지방관아의 인사와 재정을 비롯한 여러 사정을 소상히 파악하여 지방정책 수립에 참고하려 하였던 것으로 보인다.[68] 나아가 기존 읍사례에 근거한 가운데 상납 및 읍공용(邑公用)의 새로운 준거를 새로이 마련하는 한편, 결가를 책정하기 위해 '경기각읍신정사례(京畿各邑新定事例)'를 제정하였다. 여기에는 여러 지역의 토지 관련 조세, 환모분 등을 감안하였을뿐더러 지방 경비를 포함시켰다. 따라서 각 읍에서는 '경기각읍신정사례(京畿

62) 《관초존안》, 고종 31년 9월 17일.

63) 《관초(關抄)》(규 15189), 정관초(正關草), 갑오 7월 25일.

64) 《공문편안》 책13, 완영(完營) 거관(去關), 을미 2월; 황현, 《오하기문(梧下記聞)》 이필.

65) 《공문편안》 책12, 훈령각부(訓令各府), 을미 11월 11일.

66) 《공문편안》 책18, 안동부관찰사래첩(安東府觀察使來帖), 을미 6월 8일.

67) 양보경, 《조선시대 읍지의 성격과 지리적 인식에 관한 연구》, 서울대학교 사회과학대학 지리학과, 1987, 114~118쪽; 김태웅, 〈갑오개혁기 전국 읍사례 편찬과 '신정사례'의 마련〉, 《국사관논총》 66, 국사편찬위원회, 1995, 44~48쪽.

68) 《관초존안》, 고종 31년 7월 25일.

各邑新定事例)'에 따라 결전 중에 감영과 외영의 상납, 읍의 각종 용하(用下), 그리고 예비비에 해당하는 '불항차하(不恒上下)'까지 미리 배정하여 액수를 정한 다음 상납하였다.[69]

정부는 이처럼 '경기각읍신정사례'를 만든 뒤 이를 전범으로 삼아 각 군의 신정사례를 만들도록 하였다.[70] 이때 관청 경비는 각 읍 결총 다과와 호구 대소에 따라 5등으로 나뉘었으며, 또한 실제로 여기에 근거하여 경비가 집행되었다. 그래서 이러한 새 사례를 흔히 '갑오신정사례' 또는 '탁지부신정사례'라 부르기도 하였다. 그것은 지방관아가 이전에 행사하였던 재정권을 박탈함으로써 기존의 개별적이고 다기한 지방재정구조를 통일시킬 뿐 아니라 분립적인 운영방식을 전면 부인하였다고 하겠다. 또한 정부는 감영의 재정도 중앙에 통합하려 하였다. 1895년 2월 탁지부에서 경기감영에 감영의 신정사례를 마련할 것을 하달하였다.[71] 이러한 '감영신정사례'는 '각군신정사례'의 경우와 마찬가지로 그 밖의 감영에도 그대로 적용되었다. 아울러 정부는 전국적인 차원의 향회제도(鄕會制度)를 마련하면서 사족이 아닌 향원이 지방관리의 봉급과 이료(吏料)를 분하(分下)하도록 하였다. 이는 일반 민인을 지방재정 운영에 참여시켜 군수들과 관속들의 자의적인 운영을 억제함으로써 지방재정에 대한 통제를 강화하려 하였다.

그러나 정부의 신정사례 제정은 지방 관속을 비롯한 지방제도 전반을 정비하지 않음으로써 각 읍 간에 지방 경비의 불균형을 야기하였다. 각 읍마다 운영구조가 각기 다르고 관속의 정원과 늠료 규모가 상이하였기 때문이다. 따라서 지방재정 개혁을 실현하기 위해서는 군현 통폐합, 관

---

69) 《공문편안》 책20, 을미 2월 21일.

70) 김태웅, 앞의 책, 2012, 218~219쪽.

71) 《공문편안》 책9, 경기거관(京畿去關), 을미 2월 24일.

속의 늠료와 정원을 비롯한 지방제도 전반이 정비되어야 하였다.

한편, 박영효와 일본 고문관들은 조세 증수와 일본식 지방자치를 염두에 두고 지방세를 신설하려 하였다.[72] 그러나 이러한 구상안은 후속 작업이 따르지 않아 중도에 좌절되었다. 중앙정부가 지방 각 군현의 각종 잡세를 제대로 파악하지 못한 가운데 지방세제가 실시된다면 무명잡세의 폐해가 반복될 것이라 우려하였기 때문이다.

그리하여 당초부터 추진하였던 지방 경비 배정 방안을 발전시켜 지방제도 전반까지 개혁하려 하였다. 우선 종래의 8도제를 23부제(府制)로 개편하는 경비 예산 표준안을 마련하였다. 그 목적은 중간 기구의 행정 범위를 줄임으로써 국가의 지방 통치 밀도를 제고하는 데 있었다. 또한 감영 관속들의 정원과 봉록을 규정함으로써 중앙정부의 인사권을 강화하는 동시에 인건비를 대폭 절약할 수 있었다. 〈표 2.1.1〉은 23부의 경비 예산 개요다.

〈표 2.1.1〉 1895년 1부(府) 경비 예산 개요

단위: 원(元)

<table>
<tr><th colspan="2">구분</th><th>정원</th><th>1인당 연봉</th><th>할감액(割減額)</th><th>연액 경비</th><th>비고</th></tr>
<tr><td rowspan="4">봉급</td><td>관찰사</td><td>1인</td><td>2,000</td><td>1,700</td><td>1,700</td><td>8개월</td></tr>
<tr><td>참서관</td><td>1인</td><td>900</td><td>765</td><td>765</td><td>8개월</td></tr>
<tr><td>주 사</td><td>15인</td><td></td><td>198</td><td>2,970</td><td>8개월</td></tr>
<tr><td>계</td><td>17인</td><td></td><td></td><td>5,435</td><td>8개월</td></tr>
<tr><td colspan="2">잡 급</td><td>8인</td><td>50</td><td></td><td>400</td><td>8개월</td></tr>
<tr><td colspan="2">청 비</td><td></td><td></td><td></td><td>510</td><td>8개월</td></tr>
<tr><td colspan="2">여 비</td><td></td><td></td><td></td><td>300</td><td>8개월</td></tr>
<tr><td colspan="2">합 계</td><td></td><td></td><td></td><td>6,645</td><td>8개월</td></tr>
</table>

· 출전: 《의주(議奏)》 제10책, '의주 제41호 청의서 지방제도 개정에 관ᄒᆞᆫ 칙령 반포 건', 개국 504년 5월 26일.

72) 김태웅, 앞의 글, 1997, 135~154쪽.

이어서 1895년 9월에는 각 군 경비 배정 방안을 마련하여 공포하였다.[73] 〈표 2.1.2〉는 각 군 경비 배정 현황이다.

〈표 2.1.2〉 1895년 각 군 봉급과 경비 배정액

단위: 원(元)

명목 \ 등급	1등 원수	연봉	2등 원수	연봉	3등 원수	연봉	4등 원수	연봉	5등 원수	연봉
군 수	1	1,000	1	900	1	800	1	700	1	600
세무주사	1	180	1	180	1	180	1	180	1	180
장 교	8	384	6	288	6	288	4	192	4	192
이 방	1	120	1	96	1	96	1	96	1	96
이(吏)	10	720	8	576	8	576	6	432	6	432
통 인	2	48	1	24	1	24	1	24	1	24
사 령	7	168	6	144	5	120	4	96	3	72
객사직	1	12	1	12	1	12	1	12	1	12
향교직	1	12	1	12	1	12	1	12	1	12
세무서기	2	144	2	144	2	144	2	144	2	144
통 인	1	24	1	24	1	24	1	24	1	24
사 령	3	144	3	144	3	144	3	144	3	144
대소향사비		120		120		100		80		60
포진(舖陳) 수리		70		40		40		20		20
이청공용과 지지비(紙地費)		50		40		30		20		20
불항비(不恒費)		100		90		80		70		60
세무청포진과 수리		10		10		10		10		10
세무청공용과 지지비		50		40		30		20		20
계	3,356		2,884		2,710		2,276		2,122	
군 수	1등	17군	2등	32군	3등	78군	4등	111군	5등	85군
합 계	57,052		92,288		211,380		252,636		180,370	

· 출전: 《관보》, 개국 504년 9월 11일.

이는 전결 수에 따라 각 군의 등급을 나누고 이에 따라 각 군의 봉급과 경비를 차등 배정하였으며 정부 차원에서 군의 관속 조직을 규정함으로써 수입과 지출을 통제할 뿐 아니라 군 이하의 지방 조직을 장악할 수 있는 여건을 조성하였다. 또한 방만한 관속들을 대거 정리함으로써 지방 경비를 절약할 수 있었다.

갑오개혁기의 지방재정 개혁은 이처럼 정국 변동과 추진 주체의 성격에 따라 여러 갈래로 진행되었으나 결국 전통적인 개혁 방안인 지방경비 배정제도(地方經費排定制度)가 수립되기에 이르러 광무개혁기 지방제도개혁의 근간이 되었다.

(5) 징세제도 개편

정부는 재정개혁을 추진하면서 중간 수탈을 배제하기 위해 징세 기구를 개편하기 시작하였다. 왜냐하면 종래에 각 읍 향리들이 징세 업무를 담당함으로써 조세 부과·징수·상납 과정에서 많은 부정이 개입되어 정부의 재정난을 가중하였을 뿐 아니라 민생조차 위협하였기 때문이다. 따라서 이러한 중간 수탈을 배제하지 않고서는 국고의 충실을 기대하기 어려웠다.

정부는 전술한 바와 같이 1894년 9월 '결호전봉납장정'을 마련하여 조세 부과·징수 과정을 분리하였다. 조세 부과는 수령과 이서에게 맡기고 조세 징수는 향회의 향원에게 맡기는 방식이었다. 이처럼 향회에 징수권을 부여한 것은 군수와 이서층의 중간 수탈을 방지하려 한 의도에서 비롯되었다. 그러나 이는 잠정적인 조치로 제도적인 차원으로 발전하지 못하였다. 결호전 부과 자체가 군 단위로 부과되는 기존

73) 《칙령(勅令)》 3책, 칙령 제163호 '각 군 경비 배정에 관한 건', 개국 504년 9월 5일.

의 총액제적 방식에서 벗어나지 못한 데다 토지나 민인에 대한 파악이 철저하지 않은 가운데 징세 기구에서 이서층을 배제할 수 없었기 때문이다.

따라서 정부는 1895년 4월에 '관세사급징세서관제(管稅司及徵稅署官制)'와 '각읍부세소장정(各邑賦稅所章程)'을 반포하여 기존의 군수와 이서층을 조세 조사 및 부과 업무에 종사하게 하되 징수 업무를 박탈함으로써 중간 수탈의 여지를 줄이려 하였다. 그리하여 관세사는 관할 구역 내의 세무 기관을 감독하고 징세서는 관세사 감독 아래 징수 업무에 종사하도록 하였다. 또한 각 읍에 설치된 부세소에서는 전제 및 지적에 관한 사무, 제세(諸稅)·잡세 및 조세 외 수입의 부과에 관한 사무, 재결(災結)·진결(陳結)의 검사 및 지세 감면에 관한 사무, 신기전(新起田)·환기전(還起田)의 검사 및 그에 부과되는 세액을 사정하는 업무, 징세 명령 및 납액 고지서 제조 발포 등의 업무를 담당하였다. 종래 지방관인 군수·관찰사가 담당하였던 징세 업무를 이제는 독립된 징세 기관에서 담당하게 된 것이다.

그러나 정부의 이러한 시도마저 군수, 이서 등의 반발과 지방제도 개편 미흡으로 9월 5일 '관세사급징세서관제'와 '각읍부세소장정'이 법령에 의해 기능이 정지됨으로써 수포로 돌아갔다.[74] 대신에 정부는 '세무주사장정(稅務主事章程)'을 마련하여 군수 아래에 세무를 전담할 세무주사 한 명을 두었고 군수의 징세 업무를 감독할 기구로 세무시찰관을 두었다.[75] 징세 사무는 이처럼 다시 군수의 관할이 되었고 정부의

74) 《한말근대법령자료집》Ⅰ, 칙령 제159호 '관세사급징세서관제병각읍부세소장정 시행의 정지에 관한 건', 1895년 9월 5일.

75) 《한말근대법령자료집》Ⅰ, 칙령 제162호 '각군세무장정', 1895년 9월 5일; 칙령 제161호 '세무시찰관장정', 1895년 9월 5일.

과감한 징세 기구 개편 조치는 무산되고 말았다. 또한 세무시찰관은 징세 사무에 직접 간여하지 못하고 군수와의 협의 및 업무 감시만 할 수 있었다. 더욱이 세무주사로 추천된 자들 대부분이 실제로는 각종 세무 업무에 밝고 징세 문서를 이해하는 종래의 이서들이었다. 이러한 현상은 이서배를 배제함으로써 종래의 중간 수탈을 방지하고 국가 재정을 개혁하려는 정부의 의도와는 크게 어긋나는 것이었다. 그래서 정부는 이후에도 관세사와 징세서를 복구하기 위해 징세 사무 연습생을 육성하고자 하였다.[76] 그러나 이러한 계획은 아관파천 이후 정국 변동으로 말미암아 다른 방식으로 변경되어야 하였다.

3) 세출입의 변화

갑오개혁기에는 우리나라 최초로 근대적 예산이 편성되었다.[77] 따라서 이전 시기와 달리 연도 세출입 현황을 파악할 수 있다. 다만 1894년 농민전쟁과 정국의 극심한 변동으로 말미암아 세입과 세출이 예산에 편성된 그대로 실행되지 않았고 결산도 제대로 이루어지지 않아 예산이 실제 재정 운영을 정확하게 반영하고 있지 못하다. 그러나 예산 편성은 개화파 정권이 취한 재정 운영 방침과 세출입 경향을 보여주고 있다. 우선 세출 예산을 살펴보면 〈표 2.1.3〉과 같다.

1895년의 경우 4월 이후에 편성된 까닭에 이전 3개월 기간이 누락되어 있어 이전과 이후 연도를 직접 비교할 수 없다. 그러나 갑오개혁 직전과 비교하면 대략 비슷하다. 즉 1894년 직전의 왕실·중앙 행정기관, 지방 행정 기관 등의 3개년 평균 총지출이 500만 원인 데 반해,

---

76) 《의주》 제39책 '개국 505년도 세입세출총예산안수정', 개국 504년 11월 15일;《일본외교문서》 29권, 기국채의(起國債議).

77) 갑오개혁기 예산제도의 특징과 의미에 관해서는 김대준, 앞의 책, 279~289쪽 참조.

〈표 2.1.3〉 1895·1896년도 세출 예산 단위: 원(元)

구분		1895	1896	비율(%)
경상부	왕실비	384,615	500,000	7.9
	의정부(내각)	15,030	29,799	0.5
	내 부	525,198	1,274,445	20.2
	외 부	35,435	71,932	1.1
	탁지부	1,679,488	1,695,320	26.8
	군 부	321,772	1,028,401	16.3
	법 부	41,806	47,294	0.8
	경무청	120,240	172,185	2.7
	학 부	70,349	126,752	2.0
	농상공부	50,977	183,416	2.9
	중추원		14,987	0.2
	계	3,244,910	5,144,531	81.4
임시부	국장비	60,000	70,000	1.1
	내 부		19,100	0.3
	탁지부		282,500	4.5
	군 부		700	0.0
	계	60,000	372,300	5.9
예비금		500,000	800,000	12.7
총 계		3,804,910	6,316,831	100.0

· 주: 비율은 1896년도에 해당함.

· 출전: 1895년도 《의주》 제4책, '개국 504년도 세입세출총예산', 개국 504년 3월 30일;《관보》, 건양 원년 1월 20일; 이윤상, 〈1894~1910년 재정제도와 운영의 변화〉, 서울대학교 박사학위논문, 1996, 130쪽; 김재호, 〈갑오개혁 이후 근대적 재정제도의 형성 과정에 관한 연구〉, 서울대학교 박사학위논문, 1997, 56쪽.

1895년의 누락된 3개월을 보충하여 1895년도 세출 예산액을 계산하면 5,073만 원으로 추산된다.[78)]

그러나 1896년에는 세출 예산이 급격히 증가하고 있다. 전체 예산은 경상비 81.4퍼센트, 임시비 5.9퍼센트, 예비금 12.7퍼센트로 구성되어

78) 《결호화법세칙(結戶貨法稅則)》(규고 5127-10), '구각읍경비개산조사(舊各邑經費概算調査)'.

있다. 경상비 내역을 보면 내부·군부가 전체의 36.5퍼센트에 이르고 있다. 이는 개화파 정권이 을미의병을 비롯한 반개화운동을 막기 위해 치안 유지와 군비 강화에 중점을 두었기 때문이다. 또한 중앙 행정 기관을 비롯하여 지방 행정 기관 관료들의 봉급을 확정지을 수 있었기 때문이다.[79] 그 밖에 식산흥업(殖産興業)을 본격화하기 위해 농상공부 지출을 증액하였기 때문이다. 정부는 본격적인 팽창정책을 추진하기 시작하였던 것이다. 1895년도와 1896년도 세입 예산은 〈표 2.1.4〉와 같다.

세입 예산은 대체로 조세, 잡수입, 주조화(鑄造貨), 전년도 세계 잉여 등으로 구성되어 있다. 세입의 대부분을 차지하는 조세는 지세를 중심으로 호포세, 잡세, 인삼세, 사금세, 항세(港稅) 등이 포함되어 있다.

〈표 2.1.4〉 1895·1896년도 세입 예산

단위: 원(元)

구분		1895	1896	비율(%)
조세	지 세	1,009,908	1,477,681	30.7
	호포세		221,338	4.6
	잡 세	67,001	9,132	0.2
	인삼세	150,000	150,000	3.1
	사금세		10,000	0.2
	항 세	330,678	429,882	8.9
	기왕 연도 소속 수입		130,000	2.7
	계	1,557,587	2,428,033	50.4
잡수입			5,000	0.1
주조화			1,282,450	26.7
전년도 세계 잉여			1,093,927	22.8
차입금(차관)		3,000,000		
계		4,557,587	4,809,410	100.0

· 주: 비율은 1896년도에 해당함.
· 출전: 〈표 2.1.3〉과 같음.

79) 김대준, 앞의 책, 113쪽.

1895년의 경우 앞서 밝힌 바와 같이 4월 이전 3개월 기간이 누락되어 있어 1896년과 직접 비교하여 세출입의 변화를 추적할 수 없다. 다만 조세의 예산화율(부과액에 대한 예산액의 비율)이 낮고 호포세, 사금세 등이 누락되어 있는 데 반해, 일본으로부터 차입한 차관이 매우 높아 조세 비중이 1896년 경우보다 낮음을 확인할 수 있다. 1895년도 재정이 거의 외채에 의해 지탱되었다고 하겠다. 당시 정부는 지세와 호포세 징수율을 각각 3분의 1과 4분의 1로 예상하였다. 이는 1894년 농민전쟁·청일전쟁·을미사변 등 대격변으로 인해 징수 비율이 낮았음을 보여준다. 이에 반해 인삼세, 사금세, 항세는 예산화율이 높다. 이는 상공조세가 지세와 호포세에 비해 징수율이 높았음을 보여준다. 다만 항세의 경우 총세무사 존 매클리비 브라운(John McLeavy Brown)이 관리하고 일본 제일은행에서 출납을 담당하고 있어 일본 화폐의 유통을 가능하게 하였고 일본 상인에게 집중적으로 대출됨으로써 그들의 활동을 도운 반면, 정부 재정 운영에는 커다란 제약으로 작용하였다.

1896년은 1895년과 마찬가지로 예산화율을 동일하게 책정하고 있다. 그리고 전년도 미수 세액은 부과액이 260만 원임에도 불구하고 징수할 수 있는 금액을 20분의 1인 13만 원만 책정하고 있다. 그리하여 김홍집 내각은 매년 차관을 통해 부족한 재정을 충당하려 하였다. 하지만 이후 차관을 확보하기 어려워지자 백동화 주조를 통해 세입을 확보하려 하였다.

김홍집 내각이 편성한 1895년도와 1896년도 예산안은 외채와 주전사업을 통해 부족한 재정을 충당하려 하였음을 보여준다. 이는 정부가 재정개혁 의지와 팽창 재정정책에도 불구하고 현실에서는 정국의 극심한 변동과 징수체계의 한계로 말미암아 세입 확보에 어려움을 겪고 있음을 보여준다.

3. 광무개혁기 재정제도의 개편과 재정 상황

1) 재정제도 개편의 배경과 추이

1896년 2월 11일 아관파천으로 김홍집 내각이 무너지고 왕정이 회복되었다. 고종은 아관파천 직후 조칙을 내려 왕이 중심이 된 경장을 천명하고 신료와 민서(民庶)가 이에 찬성할 것을 유시하였다.

> 짐이 왕조의 500년에 한 번 변하는 때를 당하고 우내만방(宇內萬邦)의 개명하는 시운을 만나 정력을 가다듬고 정사를 도모하여 부강하게 할 대책을 강구한 지가 몇 해 되었으나 국가에 어려움이 많아 그 효과가 아직 없다. 이제부터 나라에 이롭고 백성들을 편하게 할[利國便民] 방도를 더욱더 강구하여 나의 백성들과 함께 문명(文明)한 경지에 올라 태평한 복을 누릴 것이니, 모든 나의 신료와 백성들은 짐의 뜻을 잘 본받고 짐의 사업을 도와 완성하라.[80)]

고종의 이러한 유시는 정권이 바뀌었을지라도 부국강병을 위한 개혁을 추진하겠다는 의사를 표명하는 것이다. 다만 정부는 일본의 강요와 급진개화론자의 주도로 마련된 내각제도 등 제반 제도를 폐지함으로써 그사이 갑오개혁에서 야기된 문제점들을 해소하려 하였다. 즉 일본에 의존하여 개혁을 급격하게 추진한 결과 대일 종속이 심화하였을 뿐 아니라 보수 유향층(儒鄕層)과 농민 모두로부터 반발을 초래하였던 방식을 거두고 온건하지만 자주적인 방식을 채택하였다. 의정 김병시(金炳始)는 다음과 같이 아뢰고 있다.

---

80) 《고종실록》 권34, 고종 33년 2월 16일.

금일의 폐막은 이루 말할 수 없습니다. 그중 가장 크고 심한 것은 조정과 백성의 논의가 서로 모순되어 이서가 부와(浮訛)하고 국세(國勢)가 급업(岌嶪)하니 이것이 무엇 때문이겠습니까. 옛것에 안주하려는 자는 반드시 구례(舊例)를 모두 회복하려 하고 공리(功利)에 급한 자는 반드시 한결같이 신식만을 따르려 합니다. 복구(復舊)의 뜻은 반드시 모두 옳은 것이 아니니 복구할 만한 것도 있고 복구하여서는 안 될 것도 있습니다. 새것을 따르는 일은 반드시 모두 갖추어 있는 것이 아니니 따를 것도 있고, 따라서는 안 되는 것도 있습니다.[81]

그는 이처럼 개혁의 원칙으로 '구본신참'을 제시하고 있다. 그것은 신구 법규의 모순과 혼란을 제거하여 개혁을 지속적으로 추진하려 하였기 때문이다. 그리고 이는 전통적인 개혁론에 바탕하면서도 그 목표는 부국강병과 근대 주권국가의 실현이었다.[82] 따라서 아관파천 이후에도 보수 유생층과 이교층이 반대하는 가운데 여러 개혁을 추진하였다.

정부의 이러한 자세는 다소 점진적인 방식이지만 갑오개혁의 기본 방향을 그대로 계승하여 발전시키겠다는 의지를 드러낸 것이라 하겠다. 즉 신정부가 취한 산업화정책을 비롯하여 재정 화폐제도의 일원화 고수, 신분제 및 과거제 폐지 확인 등 일련의 조치는 갑오개혁의 연장선에 있는 것이다. 특히 산업화정책은 국교 확대 이후 왕실이 일찍부터 취한 정책으로 부국강병의 관건이었으므로 일련의 정국 변동에도 불구하고 재추진하였다. 다만 김홍집 내각이 바꾼 권력구조와 통치 형태를 재조정하였다. 내각제의 경우 일본의 위협 아래 왕실을 배제하고

81) 《고종실록》 권35, 고종 34년 3월 16일.

82) 앞과 같음.

내각 중심으로 운영하는 권력 형태였으므로 고종은 갑오개혁 이전의 권력 형태인 의정부제로 복귀시켰다. 또한 지방제도의 경우 박영효와 일본 측이 일본의 지방제도를 모방하여 시행한 23부제를 재래의 8도제에 근간한 13도제로 바꾸었다.

그러나 대외적으로는 러일 양국이 조선을 둘러싸고 각축전을 벌였고, 대내적으로는 정부와 박영효·서재필 계열의 정치 세력이 정국의 주도권을 둘러싸고 격렬하게 대립하여 국가적 위기를 초래하였다. 먼저 대외적으로는 러시아와 일본이 배타적으로 조선을 지배할 수 없게 되자 양자는 1896년 5월 베베르-고무라 각서를 교환하고 같은 해 6월에는 로바노프-야마가타 협정을 비밀리에 체결하여 조선에 대한 양국의 동등한 권리를 보장받으려 하였다. 그리고 대내적으로는 정부가 군권(君權) 강화를 통해 왕실 주도의 개혁을 추진하려 한 반면, 박영효·서재필 계열의 정치 세력은 신권(臣權) 강화를 통해 내각 및 중추원 주도의 개혁을 추진하려 하였다. 그것은 구법(舊法)과 신법(新法)이 혼재되어 시행상 부작용을 야기하였고, 특히 정부가 새로운 국가체제를 수립하지 못하였기 때문이다. 이에 일반 여론은 나라의 자주적 발전을 위해 주권국가에 걸맞은 국가체제를 수립할 것을 열망하였다. 즉 그것은 조선이 갑오개혁을 계기로 중화지배질서에서 벗어났지만, 한편으로는 일본에 대한 의존이 오히려 심화되거나 러시아의 영향력이 증대되는 현실을 우려하면서 새로운 국가체제 수립을 통해 자주적인 근대국가의 면모를 만천하에 과시하자는 것이었다.[83]

83) 김태웅, 〈대한제국기의 법규 교정과 국제 제정〉, 김용섭교수정년기념한국사학논총간행위원회 편, 《한국근현대의 민족문제와 신국가건설》, 지식산업사, 1997 ; 왕현종, 〈대한제국기 입헌논의와 근대국가론—황제권과 권력구조의 변화를 중심으로〉, 《한국문화》 29, 서울대학교 한국문화연구소, 2002 참조.

이러한 여론의 대세 속에서 아관파천 1년 만인 1897년 2월 고종은 경운궁으로 환궁한 뒤 8월 15일에 '광무(光武)'를 연호로 삼았고 10월 11일에는 새 국호를 '대한(大韓)'으로 의정하고 자주국가임을 내외에 선포하였다. 그것은 황실이 중심이 되어 대외적으로는 국외주권 확보를 만방에 과시하는 동시에 러일 양국 간에서 중립 의지를 표명하는 한편, 대내적으로는 국내주권을 확립함으로써 자주적 근대 주권국가를 수립하려 하였다.[84)]

정부의 칭제건원(稱帝建元) 단행은 박영효 계열의 만민공동회를 비롯한 여러 정치 세력 간에 정체(政體) 논쟁을 촉발시키는 계기로 작용하였다. 그것은 작게는 정부와 만민공동회의 주도권 쟁탈 양상으로 나타났지만, 크게는 이 시기 제국의 건설 방향을 두고 군권주도론(君權主導論)과 신권주도론(臣權主導論)이라는 양대 노선의 대립과 갈등을 예고하는 것이기도 하였다. 그리고 이러한 갈등은 1897년 12월 러시아인 카를 알렉세예프(Karl Alexeieff)의 탁지부 고문 임명과 이를 극렬히 비난한 서재필의 중추원 고문 해고를 계기로 본격화되었다. 당시 정부는 고정적인 수입원인 해관세를 장악하고 영국과 일본의 이익을 대변하였던 영국인 브라운의 독주를 견제하기 위해 러시아를 끌어들이려 하였던 것이다.[85)] 반면 서재필을 추종하는 정치 세력들은 만민공동회를 조직하여 서재필의 재류(在留)를 요청하며 반정부운동을 벌여나갔다. 또한 영국 함대가 정부의 조치를 막기 위해 인천 제물포항에 들어오기도 하였다.

---

84) 김태웅, 앞의 글, 1997.

85) 김현숙, 〈한국 근대 서양인 고문관 연구(1882~1904)〉, 이화여자대학교 박사학위논문, 1999, 210~211쪽;〈대한제국기 미국 관료 지식인의 한국 인식〉, 《역사와 현실》 58, 한국역사연구회, 2005, 80~81쪽.

한편, 왕실은 1896년 한성도시개조사업을 비롯하여 양전(量田)사업, 전차·전기 사업, 철도부설사업을 추진하였다.[86] 그러나 의정부 관료들은 외세와 연결되어 있거나 외세의 압력을 막아낼 만한 힘이 없었다. 그들은 양전사업 시행안을 반대하여 부결시켰으며 일본 제일은행의 불법 행위를 막지 못하였다. 또한 탁지부는 지방 관리들을 장악하지 못함으로써 지세 수입의 경우 실수액(實收額)이 과세액의 40퍼센트에서 50퍼센트에 불과하였다. 이는 징세 기구 미비와 중앙은행 부재로 말미암아 지방 관리들이 지세로 거둔 화폐로 탁지부에 직접 상납하지 않고 상인 등을 통해 간접적으로 보냈기 때문이다. 또한 서재필을 비롯한 반정부 세력은 러시아와 프랑스의 침투를 극렬히 반대하면서도 일본과 미국, 영국의 경제적 이권 침탈에 대해서는 침묵하였다.

그래서 왕실은 이러한 산업화정책을 추진하기 위해 탁지부 위주의 재정 화폐제도를 전면 조정하였다. 1898년 2월 일본의 화폐주권 침탈에 맞서 각인(刻印) 원은(元銀)의 유통을 금지하였다. 1898년 7월 양지아문(量地衙門)을 설치하여 토지측량사업에 들어갔다. 또한 1898년 1월 일본·영국·독일 등 각국의 국내 철도부설권과 광산 개발권 요구를 거부하기 위해 '국내철도급광산물불허외국인합동사(國內鐵道及鑛產物不許外國人合同事)'를 의결하고 고종의 재가를 거쳐 이를 공표한 뒤 모든 광산을 궁내부로 이속하였다. 그리고 7월에는 철도사(鐵道司)를 설치하고 화폐제도 금본위제를 채택하였다. 이어서 1899년 1월에는 대한천일은행(大韓天一銀行)을 설립하였다.

그러나 독립협회를 비롯한 반정부 세력의 반발도 만만치 않았다.

---

86) 김용섭, 〈광무년간의 양전·지계사업〉, 《증보판 한국근대농업사연구 하》, 일조각, 1984; 이태진, 〈대한제국의 서울 황성 만들기—최초의 근대적 도시개조사업〉, 《고종시대의 재조명》, 태학사, 2000.

1898년 7월에는 대한청년애국회 이름으로 황태자의 대리청정을 요구하는 편지가 배달되었다. 이 편지는 엄청난 파문을 일으켰고 안경수·김재풍 등이 이 사건에 연루되어 안경수는 일본으로 망명하게 되었다. 곧이어 1898년 9월 김홍륙 독다(毒茶) 사건이 일어났다. 이는 대한제국 황실의 위기의식을 가중하였다. 이에 황실은 노륙법(孥戮法)과 연좌제를 부활시키려고 하는 반면, 만민공동회는 이를 극력 반대하며 개각을 요구하며 시위운동을 벌여나갔다.[87]

정부는 만민공동회 위세에 눌려 보수 대신들을 해임하고 박정양 내각을 출범시켰다.[88] 이어서 윤치호가 주도한 관민공동회의 헌의 6조를 받아들여 여러 조치를 하였다. 중추원 관제를 개정하였으며, 궁내부 소속으로 된 각 둔토 중에 탁지부에서 온 토지 및 어염선곽(魚鹽船藿) 등 각종 조세는 탁지부로 환속하고, 농상공부에서 이래한 각 군의 광산 중에 황실 소수(所需) 외는 농상공부에 환속할 것을 지시하였다. 또한 역둔(驛屯) 각 토(土)를 탁지부에 귀속하고 군비는 예산에서 마련하게 하였다. 아울러 조병식·유기환·민종묵·이기동·김정근 등 다섯 명을 교체하였다. 정부의 이러한 조치는 독립협회의 온건파인 윤치호·남궁억 등의 주장을 받아들여 절충한 내용이었다.[89] 이에 반해 박영효·서재필을 추종하는 만민공동회는 입헌군주론을 주장하면서 군왕의 인사권을 제한하려 하였다. 이에 재야 유생층의 반론 역시 만만치 않았다. 이들은 만민공동회의 요구가 궁극적으로 입헌군주정 수립에 닿아 있다고 이해하였다. 심지어 만민공동회가 공화정을 수립하려 한다

---

87) 신용하, 《독립협회연구》, 일조각, 1976, 424~515쪽.

88) 김태웅, 앞의 글, 1997, 192~201쪽.

89) 주진오, 〈19세기 후반 개화 개혁론의 구조와 전개—독립협회를 중심으로〉, 연세대학교 박사학위논문, 1996, 144~155쪽.

고 우려하였다. 더욱이 1898년 12월 30일 중추원에서 추천한 각부 장관 명단에 박영효와 서재필 등이 포함됨으로써 정국은 위기로 치달았다. 재야 유생들의 반격 역시 더욱 거세졌다. 유생들은 박영효가 국사를 농단할까 우려하였다. 심지어는 당시 박영효·유길준·서재필 등이 모두 귀국하여 이미 서울에 도착하였다는 풍문이 무성하였다. 그래서 전 도사 박동진은 독립협회 간부를 역률(逆律)로 다스리고 독립협회를 혁파할 것을 주장하였으며, 심지어는 갑오 이전으로 회귀하려는 움직임마저 대두되고 있었다. 이처럼 정국이 혼돈 국면으로 빠지자 고종은 1898년 12월 25일 황국협회와 함께 만민공동회를 해산하였다.

정부는 만민공동회의 이러한 시위운동을 무력으로 진압하였고 이어서 터진 박영효 계열의 쿠데타 시도에 경악하면서 1899년 6월 22일 원수부(元帥府) 관제를 마련하였다. 또한 법규교정소(校正所)를 설치한 뒤 1899년 8월 전제군주정을 핵심 내용으로 하는 '대한국국제(大韓國國制)'를 제정하였다.[90] 이는 주권의 소재와 집행 형식을 명백히 규정하였다. 이제 대한제국은 명실상부한 근대 주권국가로 나아갈 수 있는 법제적 틀을 마련하였다. 따라서 황제 주도의 개혁이 본격화되는 한편, 재정 운영도 황제 중심으로 바뀌었다.

우선 황실 스스로가 주체가 되어 그동안 지지부진하였던 산업화정책에 온 힘을 기울였다. 양전사업의 경우 양지아문이 설치되고 기초 작업이 일단락되었지만 정작 양전이 실시되지 못하자 각 도 군수 중에 양무감리를 임명하여 조속히 양전을 실시하기로 하였다.[91] 1899년 6월 충청남도 아산에서의 양전을 시작으로 전국 각 지역에서 양전이 실시되었

90) 김태웅, 앞의 글, 1997 ; 왕현종, 앞의 글, 2002.

91) 왕현종, 〈대한제국기 양전·지계사업의 추진과정과 성격〉, 한국역사연구회 근대사분과 토지대장 연구반, 《대한제국의 토지조사사업》, 민음사, 1995, 60~65쪽.

다. 비록 1901년 전국적인 가뭄으로 중단되었지만 1901년 7월까지 마친 군은 전체 3분의 1에 해당하는 104개 군이었다. 이어서 토지 소유권을 증명하는 관계(官契) 발급을 위해 1901년 10월 지계아문(地契衙門)을 설치하였다. 관계 발급은 토지 소유권자를 확인함과 동시에 외국인의 토지 소유를 금지하려는 목적이 있었고 양전사업의 의의를 더욱 크게 하는 것이었다. 또한 양지아문과 지계아문을 통합한 뒤 1902년 3월부터 양전을 재개하는 한편, 관계 발급을 시작하였다. 그리하여 1903년에 이르면 218개 군의 양전이 완료되었으며 강원도와 충청도 지역에서 관계가 발급되었다.

정부는 1898년 민간인이 한성전기회사를 설립하고 이채연(李采淵)으로 하여금 전차사업을 운영하도록 지원하였다.[92] 1898년 9월부터 공사에 착수하여 1899년 8월에 서대문에서 청량리까지 이르는 5리(약 2킬로미터)의 선로를 완성하였다. 1900년 7월에는 남대문에서 서대문에 이르는 노선도 개통하였다. 또한 전차 운행에 필요한 전기를 공급하기 위해 동대문과 용산에 발전소를 건립하였다.

또한 정부는 산업화의 근간인 철도부설에 온 힘을 기울였다. 그중 서북철도를 자력으로 부설하고자 하였다.[93] 이는 열강의 정치적·경제적 영향력을 줄이는 동시에 일본의 침략을 막는 데 초점을 두었다. 서북철도국 총재 이용익(李容翊)은 해관세를 담보로 하여 철도부설 자금을 제공해주겠다는 프랑스 측 제의를 거절하고 프랑스로부터 기술만 지원받아 서북철도를 건설하려 하였다. 그리하여 1902년 3월 철도부설 공사를 시작하였다.

---

92) 이태진, 앞의 책, 357~387쪽.

93) 전정해, 〈광무년간의 산업화 정책과 프랑스 자본·인력의 활용〉, 《국사관논총》 84, 국사편찬위원회, 1999, 18~21쪽.

그 밖에 1900년을 전후로 하여 상공업자를 양성하기 위해 각종 교육 기관을 설립하였다. 양잠업과 관련하여 농상공부에 잠업과가 설치되었고 인공 양잠전습소와 지방의 잠업 시험장이 설립되어 양잠업기술자를 양성하였다. 또한 광산기술자 양성을 위한 광무학교(鑛務學校), 염직공·제지공·금공·목공 등 공업기술자 양성을 위한 직조학교(織組學校)와 공업전습소(工業傳習所)도 설립되었다.

왕실은 이러한 산업화정책을 원만히 추진하기 위해 재원 확보에 온 힘을 기울였다. 그리하여 갑오개혁기에 견지하였던 궁부일체 재정정책에서 궁부분리 재정정책으로 전환하였다. 이는 종전에 정부 재정에 예속되었던 왕실 재정을 분리하여 독자적으로 운영하려 하였음을 보여준다. 그런데 이를 위해서는 탁지부 주도의 재정체계에 의존하기보다는 궁내부에 의존하여야 하였다. 당시 탁지부를 비롯한 고위 관료들이 왕실 주도의 개혁에 반발하는 동시에 왕실이 이를 제어할 수 없었던 차에 탁지부 중심의 재정체계가 관료들의 비협조와 지방 관리들의 반발로 식산흥업 자금을 확보하지 못하자 궁내부라는 독자적인 기구를 중심으로 재원을 확보하고자 하였던 것이다.

왕실은 궁내부를 확장하기 시작하였다. 그중에서 가장 두드러진 변화는 1899년 8월 내장사(內藏司)를 내장원(內藏院)으로 승격하여 궁내부 기구에서 가장 비대한 기구로 만들었다. 즉 종래 관할하던 궁장토 및 기타 재산 외에 삼정(蔘政)·광산·종목(種牧)까지 관장하여 장원과(莊園課)·종목과(種牧課)·삼정과(蔘政課)·전성과(典牲課)·공세과(貢稅課, 뒤에 공업과工業課로 개편)·기록과 등을 두었다. 또 본래 내장원 내에 설치되어 있던 수륜과를 고조(高燥) 진황지(陳荒地)에 수륜을 부설하고 개척지·관개처에서 수세하는 부서로서 수륜원(水輪院)으로 승격시켰다. 왕실의 이러한 관체 개편은 당시 관료제 운영의 한계에 봉착하자 이를 대체하기 위한 수단으로 기존의 내수사를 이은 내장원을 적극 활용하고자 하였기 때문이다. 나아가 이는 조선 시기 이래 왕실 재정이 주로 수행해왔던 왕실의 권위 유지 및 진휼사업 차원에서 탈피하여 근대국가의 기반이라 할 식산흥업에 집중하려는 의도에서 비롯되었다.

그러나 1903년 중반부터 러시아와 일본 사이에 전운이 감돌기 시작하였다. 곧이어 1903년 6월 한반도에 대한 러일 간의 협상이 성립되어 양국은 각각 만주와 한국에서 자유행동을 인정하는 협정에 조인한다는 소문이 들리자 고종은 동요하였다.[94] 이른바 만한교환론(滿韓交換論)이었다. 또한 러일 양국이 협상 결렬로 전쟁 준비 태세에 들어갔다는 소문이 들려왔다. 그리고 대한제국 정부가 정력적으로 추진한 서북철도 공사가 1903년 7월 일본의 방해로 실패로 돌아가면서 황실 주도의 산업화정책과 재정 운영방식의 한계를 절감하였다.[95] 곧이어 10월《황성신문》을 통해 만한교환에 대한 일본 어전 회의의 결정도 구체적으로 보도되었다.[96] 따라서 정부는 한반도 중립화를 내세워 외교활동을 벌이는 한편, 이러한 국제관계가 대한제국에 불리하게 미칠 것이라고 예상하여 일본·미국·영국이 반대해왔던 황실 주도의 산업화정책과 재정 운영방식도 전면 수정하여야 하였다.[97]

그리하여 그동안 기능이 중단되었던 관세사와 징세서를 부활시켰

94) 서영희,《대한제국정치사연구》, 서울대학교출판부, 2003, 159쪽.

95) 정재정,《일제침략과 한국철도(1892~1945)》, 서울대학교출판부, 1999, 77~104쪽; 전정해, 앞의 글, 18~21쪽.

96) "일아교섭의 모양",《황성신문》, 1903년 10월 10일, 15일, 17일자.

97) 고종은 1902년 1월 영일동맹 체결이 발표되자 위기의식을 느끼고 중립화 추진에 박차를 가하면서 일본과 영국의 요구에 맞추기 위해 내장원 폐지와 탁지부 중심의 재정 운영을 건의하는 신료들의 의견을 받아들였다. 그러나 이후 영국과 일본이 영일동맹안을 왜곡하여 일본과 영국이 대한제국의 독립과 영토를 보장한다고 발표하자 혁파하려 하였던 내장원을 보류하는 등 기존 정책을 고수하였다. 이에 관해서는 김현숙, 앞의 글, 181쪽 참조.

다.[98] 관세사장은 관찰사와 대등하게 조회하고 부윤과 군수에게는 훈령하며, 징세서장은 각 군수와 대동 조회하도록 하였다. 조세 부과 업무와 징세 업무는 다시 분리되었다. 이어서 궁내부 관제를 축소하였다. 우선 궁내부 소속 직원 중 수륜원·평식원(平式院)·박문원(博文院)·관리서(管理署) 관제를 폐지하고 예식원(禮式院) 관제 중 박문과(博文課)를 증치하였다.[99] 또한 1904년 1월 러일전쟁을 앞두고 불필요한 관서를 정리하라는 고종의 지시에 따라 지계아문이 폐지되었다.[100] 4월에는 지계아문의 후속 기구로 탁지부에 양지국이 설치되었으나, 그 업무에서 관계 발급은 제외되었기 때문에 양지국은 단지 지세 징수와 관련된 양전만을 담당하는 기구로 축소된 셈이었다.[101]

이제 황실 주도의 산업화정책과 황실 위주의 재정 운영은 종말을 고하였다. 이후 1904년 일본 재정 고문관 메가타 다네타로(目賀田種太郎)가 부임하면서 일제의 재정 침탈이 시작되었다.

2) 재정제도 수보와 궁부분리 재정정책

(1) 재정제도 수보와 지방 경비 배정제도 정비

신정부는 '구본신참' 원칙에 따라 갑오개혁기 재정개혁의 성과를 중시하여 이와 관련된 제도들은 거의 그대로 존속시켰다. 무엇보다도 조세제도의 기본틀인 지세의 결가제(結價制)는 조선 후기 이래 조세의 결렴화 및 금납화 경향을 반영하여 제도화되었기 때문에 그대로 지속되었다. 그 밖에 예산·회계 제도, 화폐제도, 재정 기관 단일화, 정부 재

98) 《관보》, 광무 7년 11월 10일.

99) 《관보》, 광무 8년 1월 18일.

100) 《관보》, 광무 8년 1월 11일.

101) 《칙령》 13책, 칙령 제11호 '탁지부양지국관제(度支部量地局官制)', 1904년 4월 19일.

정과 황실 재정의 분리 등 대부분의 제도도 형식상에서는 거의 변화가 없었다.

정부는 예산·회계 제도를 그대로 시행하여 국가의 세출입 예산을 마련함으로써 국가 재정 운영의 기초를 확립하고 예산 운영의 합리화를 기할 수 있었다. 그리하여 매년 10월 말일에 한하여 그 익년도에 관한 세입의 정형을 조사하며 각부 소관 총예산을 편제하여 각의에 제출하였다. 또한 정부는 세입의 결말을 조사하며 또 각부 소관 경비 결산 보고서를 검사 확정하여 세출입 총결산을 조제하였다.

그리고 정부는 갑오개혁기 재정개혁의 근간인 결호전제도도 그대로 유지하였다. 결가는 다소 인상되었지만 부과방식은 변경되지 않았다. 그러나 진결(陳結)·허결(虛結)·은결(隱結)에 의한 백지징세가 온존하고 국결(國結) 감소 현상이 여전하였으므로 이에 대한 근본적인 해결책을 강구하여야 하였다. 광무정권은 이를 위해 전국적인 양전사업을 실시하기에 이르렀다.

1898년 6월 광무정권은 토지측량에 관한 청의(請議)를 제기한 뒤 1899년에 충남 아산군에서 시험적인 양전을 실시하였다. 그 결과 결총(結總)이 일부 지역에서 20퍼센트에서 30퍼센트 증가하였다.[102] 물론 절대 면적보다는 전품(田品) 상승에 따른 결총 증가라는 점에서 한계를 지니고 있었다. 따라서 이후 정부는 지계사업을 벌이면서 객관적인 토지 파악을 위해 절대 면적인 실적(實積)을 근거로 한 두락제(斗落制)를 채용하였으며 전품 사정이 보다 엄밀해지고 기경전(起耕田)뿐 아니라 진전까지 파악하면서 종전의 양전 문제를 시정하려 하였다. 나아가 지방자치적인 징세 기구와 공동체적 부담방식을 폐기하고 개별 토지의

102) 왕현종, 앞의 글, 1992, 77~112쪽.

생산성에 의거한 합리적인 지세 부과와 토지 소유자에 대한 개별 부과를 실현하려 하였다.

한편, 정부는 '각부윤목사군수해유규칙(各府尹牧使郡守解由規則)' 등 법제를 만들어 공전(公錢) 건납(愆納)을 조사하고 해당 지방의 군수를 견책하였으며 1900년 5월부터는 본격적으로 탁지부의 문부(文簿)를 조사하였다. 나아가 금납화에 따라 낮게 과세되는 기존의 결가에 가렴(加斂)하는 정책을 수립하였다. 그리하여 1901년도 국가 재정 지출 규모와 결세 수입을 비교하여 결세를 더 부담시킨다는 의미에서 '결세가배안(結稅加倍案)'을 마련하였다. 기존의 결가에 20냥을 더하고 있었던 것을 최고 50냥에서 최저 3냥 2전 3푼에 이르기까지 14단계로 나누어 책정하였다.[103] 이때 정부는 종전 지세 수납 기구의 문란을 방치한 채 시행할 수 없었기 때문에 연체 공납에 대한 조사와 조세 독촉을 위해 새로이 검세관(檢稅官)을 두어 1901년 2월부터 삼남지방과 황해도 등지에 파견하였다.

또한 정부는 국가 재정 위기를 해소하기 위해 결세를 올렸다. 1902년에는 5분의 3이 인상되어 80냥으로 책정되었다. 여기서는 일정 토지의 생산성을 반영하여 최고 80냥에서 2냥 6전 5푼에 이르기까지 25단계로 나누어 시행하려 하였다.[104] 그리고 결세 개정을 통해 지세 부담자는 명백하게 토지 경작자가 아니라 토지 소유자인 '지주'라는 점을 제기하였다. 이는 지계사업과 관련하여 진행되었다는 점에서 근대적 지세제도의 실현을 의미하였다. 그러나 각 지방에서는 지세 부담 강화를 둘러싸고 사회 여러 계급 간에 심각한 갈등이 초래되었다. 특히 가결세 부

---

103) 탁지부 사세국, 《한국세제고(韓國稅制考)》, 1909, 23쪽.

104) 왕현종, 앞의 책, 119쪽.

담을 놓고 지주와 작인(作人) 농민 간의 갈등이 심화되었다.[105]

정부는 호세를 호구 조사 결과에 입각하여 부과하였다.[106] 먼저 정부는 전국 규모의 호구 조사를 위해 '호구조사규칙'을 발표하였다.[107] 이어서 내부령 제8호 '호구조사세칙'을 마련하였다.[108] 여기서는 신분제와 연계하지 않고 인구를 정확히 파악하는 데 초점을 두었다. 근대적 호적제도의 시작이었다. 하지만 호구 조사에도 불구하고 호세의 부과와 징수는 여전히 조선 후기 이래의 관행에 따라 이루어졌기 때문에 호구 조사의 성과가 반영되기는 어려운 실정이었다.

또한 정부는 중간 횡령과 연체를 방지하기 위해 조세 납부를 독촉하고 지방관에 대한 감독을 강화하였다. 우선 기한을 넘겨 조세를 연체한 지방관을 징계할 수 있도록 수취 규정을 개정하거나 지방관에 대한 '해유규칙'을 제정하여 각 도마다 상납 기한을 정하고 상납의 책임 소재를 분명히 하였다.[109] 이러한 조치에도 결호전 징수 실적이 개선되지 않자 탁지부는 공전 상납이 적체된 군수를 법부로 넘겨 미납 세액을 독쇄하겠다는 방침을 천명하고 충청·경상·전라 3도에 시찰어사(視察御使)를 파견하거나 의정부 회의에서 미납이 심한 군수의 파면을 여러 차례 건의하는 등 적극적으로 조세 납부를 독촉하였다.[110] 그래도 결호전 미납이 줄어들지 않자 1900년에 들어와서는 결호전을 상납하지 않

105) 이영호, 앞의 책, 165~175쪽.

106) 조석곤, 〈광무년간의 호정운영체계에 관한 소고〉, 김홍식 외, 《대한제국기의 토지제도》, 민음사, 1990.

107) 《관보》, 건양 원년 9월 4일.

108) 《관보》, 건양 원년 9월 8일.

109) 《조칙(詔勅)》 제3책, 조칙 '조세 독납에 관한 건', 1896년 8월 4일;《법률》 제2책, 법률 제4호 '각부윤목사군수해유규칙', 1899년 6월 28일.

110) "잡보", 《황성신문》, 1899년 10월 2일, 24일자.

은 관찰사·군수·서리·상인을 경무청에서 체포하거나 평리원(平理院)으로 압송하는 방법을 동원하였고 1901년 12월에는 공전을 많이 연체한 지방관들을 법부에 넘겨 교수형에 처한다는 극단적인 강경책까지 상주하여 허락을 받기도 하였다.[111)]

다음으로 정부는 각 지방에 남아 있는 사환미(社還米)를 끌어다 썼다. 평안도의 경우 1898년 궁내부에서 작전(作錢)하여 거두어감으로써 사환제가 소멸하였다. 또 그 밖의 지방도 마찬가지여서 양이 줄어들고 기능이 중지되었다.[112)] 그 밖에 정부는 상품화폐경제 발전에 따라 발생한 재원들을 새로운 세원으로 확보하려 하였다. 그러나 갑오개혁기에 잡세를 혁파하였고 이후에도 잡세에 대한 금령에는 변함이 없었기 때문에 이들 잡세를 묶어 인지세(印紙稅)로 부과하였다.[113)]

정부는 어윤중 등 온건개혁론자가 추진하였던 지방재정 개혁의 방향을 그대로 이어받아 지방 경비 배정제도(排定制度)를 확립하는 동시에 지방 경비 축소를 시도하였다. 13도제 시행과 군 경비(郡經費) 감축이 이를 잘 말해준다. 그뿐 아니라 정부는 향장제(鄕長制)를 시행하였다. 즉 향장제는 민인의 성장을 수용하여 이들 민인을 향회(鄕會)에 참여시키는 동시에 향장이 국가 관료로서 여기에 적극 참여하여 국가의 집권력을 지방사회에 관철시키는 제도였다. 제2차 지방제도개혁이었다.

우선 정부는 1896년 7월 갑오개혁기 지방제도개혁에 이어 재차 지방제도개혁을 단행하였다. 〈표 2.1.5〉는 각 군의 분등 및 경비 배정 내역이다.

각 군 전체 경비를 볼 때 상등군(上等郡)일수록 경비가 많이 배정되었

111) "잡보", 《황성신문》, 1900년 3월 28일자; 1901년 12월 4일, 18일자.

112) 송찬섭, 앞의 책, 355~358쪽.

113) 《한말근대법령자료집》Ⅱ, '주본 각항잡세(各項雜稅)를 인지로 시행하는 건', 1897년 1월 21일.

〈표 2.1.5〉 1896년 각 군 봉급과 경비 배정액 단위: 원(元)

명목 \ 등급	1등 원수	연봉	2등 원수	연봉	3등 원수	연봉	4등 원수	연봉	5등 원수	연봉
군 수	1	1,000	1	900	1	800	1	700	1	600
향 장	1	72	1	72	1	72	1	72	0	0
순 교	6	288	6	288	5	240	4	192	2	96
수서기	1	96	1	96	1	84	1	84	1	84
서 기	8	576	7	504	7	504	6	360	4	240
통 인	3	108	3	108	2	72	2	72	2	72
사 령	8	288	8	288	6	216	6	216	4	144
사 용	4	144	4	144	2	72	2	72	2	72
사 동	3	108	3	108	2	72	2	72	1	36
객사직	1	12	1	12	1	12	1	12	1	12
향교직	1	12	1	12	1	12	1	12	1	12
향사비		100		100		80		80		60
청 비		250		200		200		150		100
여 비		90		80		70		60		50
계	3,144		2,912		2,506		2,154		1,578	
군 수	1등	18군	2등	29군	3등	72군	4등	210군	5등	2군
합 계	56,592		84,448		180,432		452,340		3,156	

· 출전:《의주》 제64책, 〈지방제도개정에 관혼 청의서〉, 건양 원년 7월 24일.

고 군수 봉급도 군등(郡等)에 따라 1등에 1,000원으로 매 1등에 100원씩 감정(減定)하였음을 알 수 있다. 또 각 군청 수서기(首書記)의 봉급은 3등 이하 군에는 사무가 조금 간편하여 2등군에 비교하여 매인(每人) 1원씩 감정하고, 4등 이하 군서기의 봉급은 3등 이상 군에 비교하여 1원씩 감정하였음을 알 수 있다. 각 지방관청의 향사비(享祀費)·청비

(廳費) 및 여비도 해당 지방 등급과 사무를 참작하여 배정하였던 것이다. 특히 각 군의 향장은 군등에 상관없이 중요하기 때문에 똑같이 봉급을 6원으로 정한 것으로 보인다. 끝으로 제1차 지방제도개혁의 경우와 비교하여 군등이 전반적으로 하향 조정되었음을 알 수 있다. 즉 1등군은 70개에서 18개, 2등군은 32개에서 29개, 3등군은 78개에서 72개, 4등군은 11개에서 210개, 5등군은 85개에서 2개로 각각 조정되었다. 그리고 다른 등급의 군과 달리 4등군 수가 대폭 증가하였음을 확인할 수 있다. 또 군 경비 자체도 2등군을 제외하고는 감액되었음도 잘 나타난다.

다음 전체 경비에서 제1차 지방제도개혁과 제2차 지방제도개혁의 차이를 비교하면 〈표 2.1.6〉과 같다.

〈표 2.1.6〉 신구 지방제도개혁 경비 비교

단위: 원(元)

제1차 지방제도개혁		제2차 지방제도개혁				
23부	327군	13도	한성부	7부	1목	331군
341,255	830,634	136,890	5,416	27,454	3,968	776,968
1,171,889		950,696				

· 출전: 《지방제도(地方制度)》(국립중앙도서관 소장).

제1차 지방제도개혁과 제2차 지방제도개혁의 부군(府郡) 경비를 비교할 때 후자가 전자에 비해 전체 액수가 22만 1,193원이 감액되었다. 1년 경비로 본다면 크게 줄어든 것은 아니지만 매년 경비 지출을 감안한다면 대폭적인 경비 축소라 하겠다. 특히 관찰부 경우 제1차 지방제도개혁과 제2차 지방제도개혁을 비교하면 34만 1,255원에서 14만 2,306원(13도 관찰부·한성부 경비 합산)으로 대폭 감액되었다. 이에 반해

군의 경우 83만 634원에서 80만 8,380원(331군·7부·1목의 경비 합산)으로 줄어들었지만 그 액수가 크지 않다. 이 점에서 13도제 개편이 중간 기구의 경비 감축에 있음을 확인할 수 있다.

한편, 정부의 이러한 지방제도개혁은 이향층을 비롯한 보수층의 반발을 초래하였다. 그들은 징세 조직에서 배제되어 기득권을 상실하였기 때문이다. 그들은 정부의 지방제도개혁 방침을 무시하고 기존 지방 관아의 각 소(所)를 그대로 두고 지방 경비를 예전대로 염출하거나 자기들의 늠료로 차지하여 지방 경비 운용의 난맥을 야기하였다. 심지어 결호전 상납을 연체하거나 포흠하여 국가 재정의 위기마저 가져왔다. 결국 이러한 폐단은 민에게 전가되어 민란을 초래하기도 하였다.

(2) 궁부분리 재정정책과 재원의 황실 재정 이속

광무정권은 황제의 권한을 뒷받침하기 위해 갑오개혁기에 견지하였던 궁부일체 재정정책에서 궁부분리 재정정책으로 전환하였다. 이는 종전에 정부 재정에 예속되었던 왕실 재정을 분리하여 독자적인 재정을 운영함으로써 황제의 권력을 강화하고 식산흥업 자금을 확보하려 하였기 때문이다. 이에 광무정권은 정부 재정에 속하였던 재원과 이권을 다시 황실로 이속하거나 새로운 재원을 발굴하여 궁내부나 내장원이 관리하게 하였다.

내장원으로 이속된 재원 중에 가장 중요한 재원은 역둔토였다. 역둔토 관리권은 농상공부·군부·탁지부 등으로 복잡하게 옮겨 다니다가 1899년경에 최종적으로 내장원에 귀속되었다. 내장원은 1899년 12월부터 각지에 독쇄관(督刷官)을 겸한 사검위원(査檢委員)을 파견하여 역둔토·목장토·제언답 등에 대한 조사와 도조 징수를 시작하는 한편, 그동안 각 기관마다 별도로 관리되던 각종 토지에 대한 통일적인 수세 규정을 마련하여 적극적인 지주 경영에 나섰다. 또한 종래 많은 폐단을 야기하다가 1894년 농민전쟁으로 폐지되었던 전라북도 일대의 균전(均田)도 부활되어 내장원에 부속되었다.[114)]

정부나 왕실, 지방 행정 기관에서 각각 수취하던 잡세도 왕실 재정으로 귀일되었다. 어염선곽·포사(庖肆)·포구(浦口) 등에 부과하는 잡세는 일종의 영업세 또는 유통세로서 개항 이후 통리교섭통상아문(統理交涉通商衙門)에 흡수되었다가 갑오개혁기에 일부는 정부 재정으로 편입되어 농상공부·탁지부 관할로 들어갔고, 일부는 폐지되었다. 이후 대한제국기에 들어와 내장원은 세원 발굴과 징수에 열중하여 대부분의 잡세를 관장하게 되었다. 1899년에 연강세(沿江稅), 1900년에 어세·염세·선세, 1902년에 인삼세가 각각 궁내부로 이속되거나 부활되었다. 그 밖에 시(柴)·초(草)·노(蘆)·송(松)·율(栗)·죽(竹) 등에 대한 일종의 이용료, 포구·여각·포사·상회사 등에 대한 영업 허가세 등 잡세 범주에 들어가는 많은 재원도 황실로 이속되었다.

전환국(典圜局)에서 주조한 화폐도 황실의 중요한 재원이 되었다. 물론 제도적으로 이 화폐가 황실 소유라는 규정은 없었지만 1900년 전환국이 황제 직속 기구로 승격됨에 따라 전환국 주조 화폐는 황실 소유라는 인식이 확고해졌다. 고종은 1896년 3월부터 총세무사 겸 탁지부 고문인 브라운에게 재정 지출과 전환국 관리를 맡겼다. 하지만 그는 고종의 의도에 따르지 않았으므로 1897년 11월 고종은 가장 신뢰할 수 있는 이용익을 전환국장에 임명하여 화폐 주조를 장악하려 하였다. 이후 이용익은 철저히 고종의 뜻에 따라 전환국을 운영하였다.

---

114)《훈령조회존안(訓令照會存案)》(규 19143) 35, '훈령(訓令) 태인군수겸임(泰仁郡守兼任) 전라북도(全羅北道) 균전감리(均田監理)', 1902년 9월 21일.

홍삼 전매사업과 대부분의 광산도 궁내부나 내장원으로 이속되었다. 당시 외세의 침탈이 극심하였던 부문이 삼포(蔘圃)와 광산이었기 때문에 황제 권력이 뒷받침되는 내장원에서 직접 관리하였다.[115] 내장원은 인삼에 대한 일본인의 침탈을 저지하기 위해 수삼을 삼포째 매매하는 간매(間買)를 금지하였다. 또 일본인의 삼포 도채(盜採)를 막으려고 외교적 수단은 물론 군사적 수단까지 동원하여 강경하게 대응하였다. 한편, 내장원은 외국인이 한국인 광산에 간여하는 것은 어떠한 방식이든지 금지하였다. 그리하여 탁지아문에 부속되었던 홍삼 전매권이 농상공부를 거쳐 1897년 7월 궁내부로 이관되었다. 1898년 12월 내장원 산하에 삼정과(蔘政課)가 설치되면서 내장원이 홍삼 전매사업을 운영하였다. 또한 1898년 6월 외국인 침탈을 방지하기 위해 농상공부 관할이었던 전국 43개 군의 광산이 궁내부로 이속된 이래 계속해서 많은 광산이 궁내부와 내장원으로 이속되었다.[116] 그리하여 1899년 2월 황해도·평안도·함경도의 광산이 궁내부로 이속되었던 것이다.

내장원은 정부가 효과적으로 관리하지 못해 중간 수탈이 자행되고 있는 광산·포사·수산업 부문의 징세 조직을 단일화하였다. 우선 지방 수령을 비롯한 관속들이 내장원 허가 없이 광산에 개입하는 것을 금하였다. 이러한 조치는 당시 이들이 광산 개발에 간여하여 개발 이익을 침탈하고 있던 현상에 대한 내장원 나름의 대처 방안이었다. 또한 수령과 이서배가 관포(官庖)나 찬포(饌庖), 그리고 포사주인(庖肆主人) 차출과 포사세 수납 등의 명목으로 포사에 간여하는 것도 금지하였다. 그리고 연해 각 군의 관속과 이향배가 해세(海稅)를 중간에서 간섭하는

115) 양상현, 〈대한제국기 내장원 재정관리 연구—인삼·광산·포사·해세를 중심으로〉, 서울대학교 박사학위논문, 1997.

116) 《한말근대법령자료집》Ⅱ, '주본 43군 각 광(各鑛)을 궁내부에 이속하는 것', 1898년 6월 23일.

것도 금지하였으며 탁지부·궁내부 등의 관서가 해세 징수에 간섭하는 것도 금지하였다. 내장원은 중간 수탈을 막기 위해 따로 파원(派員)을 파견하여 관리와 수세를 맡겼다. 물론 징수 조직의 연원이 제각각이었기 때문에 내장원의 세금 징수과정에서 혼란이 발생하기도 하였다. 그러나 초기의 시행착오를 줄이고 중간 수탈을 배제함으로써 세입이 증가하고 영업이 안정화되었다.

그리하여 1899년까지의 내장원 수입은 10만 냥 정도에 불과하였으나 1900년에는 액수도 30만 냥으로 크게 증가하였을뿐더러 역둔토 도조 수입과 더불어 인삼세·어세·선세·해세·포사세·식리전 등 각종 명목의 잡세가 내장원 수입으로 들어왔다. 1901년 이후에는 각종 상회사와 여각·포구 주인들에 대한 영업·허가세 징수가 시작되었고 보세(洑稅)·수세(水稅)·지세(紙稅) 등 잡세 종류도 늘어나면서 내장원의 수입 항목이 더욱 많아졌다. 이에 따라 내장원의 전체 수입액도 1901년 158만 냥, 1902년 247만 냥, 1903년 589만 냥, 1904년 3000만 냥으로 급격히 증가하였다. 더욱이 내장원 또는 고종에게는 회계책에 기록되지 않은 수입이 훨씬 많았다. 예를 들면 홍삼 전매사업에서의 수익(매년 100만 원, 즉 500만 냥 정도로 추정됨), 전환국에서의 화폐 수입(매년 150만 원, 즉 725만 냥이었음), 외획(外劃)을 이용한 내장원의 상업활동에서 얻는 수입 등이 있었다.

(3) 백동화 주조와 금융 근대화 시도

광무정권은 일본 제일은행이 갑오개혁기에 제정된 '신식화폐발행장정'에 근거하여 제일은행권을 무제한으로 유통하자 화폐주권을 수립하고자 하여 이를 저지하였다. 특히 1897년 일본에서 금본위제를 실시하면서 대한제국에서 유통한 각인부원은(刻印付圓銀)을 금지하고자 하였다.

그리하여 정부는 본위 은화를 주조하기 위해 구체적인 방안을 강구하였다.[117] 일본 정부 및 실업가에게 은지금(銀地金) 구입을 신청하고 차관 교섭을 기도하였다. 그러나 일본 정부가 각인부원은의 영구 통용을 통해 대한제국의 화폐주권을 침탈할 심산으로 대한제국 정부의 차관 요청을 거절하자 정부는 각인부원은 통용을 금지할 수 없었다.

한편, 정부는 1898년 각의에서 금본위제 채용을 결정하고 법률로 만들었으며 1901년 2월 12일 '화폐조례'를 공포하였다.[118] 여기서는 금본위제를 채택하였으며 화폐 주조권과 발행권을 정부에서 독점하도록 하였다. 그리고 각종 화폐의 양식과 품위·양목(量目)은 물론 본위 금화로서 통용할 수 있는 최경양목(最輕量目)을 정하였으며 본위 금화를 무제한법화(無制限法貨)로 삼고 보조화를 제한법화(制限法貨)로 규정하였다. 또한 정부는 신화폐 유통에 장애가 되는 구화폐를 정리하기 위해 4냥 은화와 1환 은화, 당오전, 엽전을 인환(引換)하도록 하고 그 인환에 관한 규칙은 탁지부령으로 정하기로 하였다. 그리고 정부는 금융 근대화와 화폐개혁을 위해 1899년부터 이미 프랑스로부터 해관 관리권 양여를 담보로 차관을 들여오려 하였다. 이후 1902년 1월 이용익은 대한신디케이트로부터 차입금 500만 원 중 100만 원이 선적되었으니 2월 중에 도착할 것이라는 통지를 받았다. 그러나 일본공사와 영국공사가 연합하여 해관 관리권 양여를 극력 반대함으로써 차관 도입 시도는 실패로 돌아갔다. 대한제국이 외자를 이용하여 화폐개혁과 중앙은행 설립이라는 금융 근대화 목표를 달성하게 되면 일본은 당장 일본 제일은행을 거점으로 하여 한국 경제를 침탈할 수 있는 기득권을 상실할 뿐 아

---

117) 나애자, 〈이용익의 화폐개혁론과 일본제일은행권〉, 《한국사연구》 45, 한국사연구회, 1984.

118) 《주본》 제50책, 주본 제20호 '화폐조례', 1905년 2월 12일.

니라 장기적으로는 한국을 침략할 명분이 사라질 가능성이 많았으며, 영국은 프랑스가 차관 제공을 통해 한국에 대한 영향력을 강화하는 것을 원하지 않았기 때문이다.[119]

이에 정부는 1898년부터 내자(內資)를 동원하여 금융제도를 근대화하는 한편, 재정 위기를 해소하기 위해 백동화 발행을 급격히 늘려나갔다. 같은 해 여름에는 탁지부에서 7월 봉급이 모자라 백동화를 주조하고 그것으로 급여를 지불하였다.[120] 또한 백동화 주조에 부정적인 자세를 취하였던 영국인 브라운 후임으로 러시아인 알렉세예프가 탁지부 고문이 되자 정부는 많은 백동화를 주조하였다.[121] 그 결과 1897년에는 1만 7,000원 수준이었던 발행고가 1898년에는 34만 8,000원, 1899년에는 128만 원, 그리고 그 뒤로도 해마다 늘어나 1904년에 이르면 350만 원에 달하였다. 그리하여 1902년 백동화 유통액은 실제로 1,400만 원에 이르렀다.[122] 그중 800만 원이 관주(官鑄)고 나머지는 황실에서 상납장을 받고 주조를 허용한 묵주(默鑄) 및 그 밖의 사주(私鑄)와 일본에서 밀수입한 약 600만 원이었다.

백동화의 이러한 발행 증가는 광무정권의 재정 수요를 충족시키는 데는 도움이 되었지만 여러 가지 폐단을 야기하였다. 먼저 백동화 가치 하락 추세가 계속되면서 백동화 인플레이션이 발생하였다. 이로 인해 수입이 일정한 봉급생활자와 임금노동자, 백동화 시세 변동에 유연하게 대응할 수 없었던 상인과 자본가, 소규모의 농민과 수공업자 등

119) 전정해, 〈대한제국의 산업화 시책 연구—프랑스 차관 도입과 관련하여〉, 건국대학교 박사학위 논문, 2003, 129쪽.

120) "잡보", 《미일신문》, 1898년 7월 29일자.

121) 오두환, 《한국근대화폐사》, 한국연구원, 1991, 179쪽.

122) 오두환, 앞의 책, 196쪽.

소상품 생산자가 상당한 피해를 입었다.[123] 그리고 미곡가 상승으로 인한 수공업자의 생산 비용, 수입 비용 증가로 인한 외국산품 무역상의 경쟁력 약화, 환투기(換投機) 발생 등 다양한 부작용이 발생하였다. 즉 백동화 남주에 따른 인플레이션은 영세농·수공업자·소상인·노동자 등의 희생 위에 국가 자본 축적을 가속시켰다.

물론 백동화 발행은 그레섬의 법칙(Gresham's law)이 작용하는 가운데 일본 화폐의 진출을 저지하고 일화(日貨)에 대한 한화(韓貨)의 비가(比價)를 떨어뜨려 선진국 상품 수입에 장벽을 만들기도 하였다. 그리고 악화(惡貨)지만 한화가 발행되고 유통된다는 것 자체가 대한제국 정부의 화폐주권을 존속시켰다. 그러나 백동화 인플레이션에 따른 피해가 점점 커져가자 광무정권은 화폐개혁 및 중앙은행 설립이란 금융 근대화사업이 이루어지기 전에 백동화 남주로 인한 인플레이션의 폐단을 완화할 필요가 있었다. 이에 광무정권이 강구한 대책은 백동화 유통 지역 확대였다.

정부는 우선 1898년 7월에 신식 화폐와 엽전을 서로 태환(兌換)하여 장애 없이 통용하게 하고 8월에 본위화와 보조화 간의 교환조례를 반포하였다. 그러나 해관 은행인 일본 제일은행 지점에서는 엽전을 거부하고 은화 100원마다 가계(加計) 5원씩을 내도록 요구하였고 총세무사 브라운은 일본 지폐로 해관세를 납부할 것을 강요하였으므로 정부의 훈령은 시행되기 어려웠다.

이에 정부는 관리의 봉급을 백동화로 지급하여 백동화 유통 지역을 확장하고자 하였다. 그리고 1899년 하반기에 인삼을 매점하기 위해 20여만 원의 백동화를 개성에 송치(送致)하였고 황해도 오지까지 백동

---

123) 이승렬, 《제국과 상인》, 역사비평사, 2007, 69~72쪽.

화 유통을 확대하기 위해 노력하였다. 나아가 평안도의 조세금을 모두 백동화로 납부하게 하였다. 또한 1901년경 정부가 공납에 적동화·백동화를 사용하게 함으로써 그 유통 구역을 확장하고자 하였다. 함경도 지방관 봉급도 백동화로 지급하였다. 이러한 정부의 백동화 유통 장려에 힘입어 1901년에는 백동화 유통이 더욱 확대되어 경기도와 충청남북도 및 황해도 전부, 그리고 강원도·평안도 일부에까지 그 유통을 확대하기에 이르렀다.

한편, 정부는 1902년 3월 백동화 인플레이션의 주원인인 사주를 근절하기 위해 여러 대책을 강구하였다. 우선 법부와 경무청에서 사주자를 엄벌하며 사주 기계와 원료는 몰수하도록 엄칙하였고, 외부에서는 해관과 각 항의 감리가 밀수입을 철저히 수색하도록 영칙(令飭)하게 하였으며, 내부와 탁지부에서는 가계의 이익을 얻고자 사주전을 통용시키는 지방관을 적발하여 징계하였고, 모든 공전을 백동화로 수봉하도록 하였다.[124] 그리고 전환국에는 백동화를 정주(停鑄)하고 반환은화(半圜銀貨)를 주조하기로 의정하였다.[125]

그러나 당시 사주와 밀수입 대부분이 외국인, 특히 일본인과 관련되어 통제하기 어려웠다. 또한 영호남 지역의 지방관들은 조세금을 엽전으로 징수하고 백동화로 중앙에 상납하면 두 화폐의 가치 차이만큼 중간이득을 얻을 수 있었기 때문에 영호남 지역에서는 백동화가 유통되지 않았다. 그 결과 백동화와 엽전이 유통되는 지역이 각각 구분되었다. 그리고 일본 상인들은 광무정권의 백동화 유통 확대정책을 저지하고 나섰다.[126] 이처럼 백동화 유통 지역이 확대되지 않고 백동화 발행

---

124) 《주본존안(奏本存案)》(규 17704) 제7책, 주본 제45호. 광무 6년 3월 16일.

125) "화폐회의", 《황성신문》, 1902년 3월 19일자.

126) 오두환, 앞의 책, 241~247쪽.

이 계속 증가하면서 백동화 인플레이션은 그다지 진정되지 않고 지속되었다.

다음으로 정부는 제일은행권의 국내 유통을 저지하려 하였다.[127] 1902년 정부는 제일은행권이 일본의 통화가 아니라고 하여 각지에서 수수하는 것을 거절하도록 고시하였으며 이후에도 탁지부를 중심으로 제일은행권의 유통을 막으려 하였다. 일본 상인의 반발과 일본의 군함외교에 굴복하여 제일은행권의 유통을 허용하였지만 한국 민간의 제일은행권 수수 반대운동은 여전히 전개되었다.

또한 정부는 백동화 유통 지역을 확대하기 위해 화폐개혁 및 국고은행 설립에 온 힘을 기울였다. 정부는 마차주식회사(馬車株式會社)를 창립하여 운영하던 상인들과 접촉한 뒤 만민공동회 해산 뒤인 1899년 1월 29일 대한천일은행(大韓天一銀行)을 설립하였다.[128] 여기에는 상인 이외에 황실 측근 관료가 대거 참여하였다. 특히 황실과 정부의 지원이 절대적으로 작용하였다. 그리하여 대한천일은행은 이미 설립된 한성은행(漢城銀行)으로부터 조세금 운송 특권을 넘겨받았으며 해당 관할 지역은 더욱 확대되었다. 그리하여 상인들·세납차인(稅納差人)들이 저지르는 중간 수탈이 줄어드는 대신 탁지부는 대한천일은행이 징수한 조세금에 대해서는 언제든지 그 금액을 청구할 수 있게 되었다. 이는 취급 금액이 전체 지세액의 15퍼센트에 지나지 않았지만 점차 조세 징수율을 높이고 조세금을 안정적으로 확보할 수 있는 기반을 갖게 되었음을 의미한다. 그리고 대한천일은행이 황실 자금과 국고, 전환국 주조 화폐를 취급하면서 백동화 유통 지역이 확대되고 한상(韓商)들에

---

127) 앞과 같음.

128) 이승렬, 앞의 책, 90~103쪽.

게 다액의 상업 자금을 제공하였다. 특히 대한천일은행의 대출과 높지 않은 이자율은 한상들의 상업 경쟁력을 강화하여 한상들이 청상(淸商)·일상(日商)들과 대항하여 국내 상권을 유지할 수 있는 배경이 되었다. 결국 대한천일은행의 영업은 백동화 인플레이션을 진정시키고 한상들의 영업 경쟁력을 강화하였다.

또한 정부는 화폐주권을 지키기 위해 1903년 3월 '중앙은행조례'와 '태환금권조례(兌換金券條例)'를 공포하였다.[129] 물론 제정과정에서 지폐 유통에 따른 폐해를 들어 관료들이 거세게 반대하였다. 그러나 이 법률은 고종의 강력한 의지로 실시하게 되었다. 이에 총세무사 브라운과 일본공사는 양 조례에 대해 즉각 반대하며 해관세 수봉 항목을 문제삼았다. 특히 일본공사는 한국이 아직 중앙은행을 설립하고 태환금권을 발행할 계제와 설비가 갖추어 있지 않아 실효를 거둘 수 없으므로 양 조례 실시의 연기를 요청하였다. 이는 대한제국의 독자적인 화폐주권을 저지함으로써 대한제국의 금융화폐체계를 일본의 금융체제에 예속시키려 하였기 때문이다. 이에 정부는 중앙은행 자금을 마련하기 위해 러시아 노청은행(露淸銀行)과 벨기에에 차관을 교섭하고 전환국 설립에 관여한 마스다 노부유키(增田信之)에게 차관을 요청하였다. 그러나 일본의 방해와 러일전쟁 발발로 이러한 차관 도입은 수포로 돌아갔다.

3) 세출입의 변화

(1) 정부 재정의 세출입

1897년에서 1904년 러일전쟁 직전까지는 그 이전·이후 시기와 달리 국내외 정국이 잠시 안정을 찾는 가운데 근대적 예산제도가 자리잡는 시

---

129) 나애자, 앞의 글, 74~76쪽.

기다. 따라서 이때 정부 재정의 세출입 예산은 재정 상황을 대략이나마 반영하고 있다. 정부의 세출 예산을 살펴보면 〈표 2.1.7〉과 같다.

세출 예산의 전체 규모를 보면 1897년과 1898년에는 극단적인 긴축 예산으로 편성되었다. 이는 총세무사 브라운이 긴축 재정을 강력하게 밀어붙였기 때문이다. 이후 1899년과 1900년에는 이전대로 회복되었고 1901년에는 다시 팽창 예산으로 돌아섰다. 1899년을 고비로 광무정권이 개혁사업을 추진하면서 팽창 재정으로 서서히 전환하였기 때문이다. 1898년에는 호위대(扈衛隊)와 양지아문이, 1899년에는 원수부가, 1900년에는 표훈원(表勳院)이, 1901년에는 혜민원(惠民院)과 지계아문이 각각 신설되었다.

1901년 이후 세출 예산의 증가는 군부 예산에서 연유하였다. 광무정권은 1900년에 163만 원에 머물던 군부 예산을 1901년에는 359만 원으로 두 배 이상 증액하였고 러일전쟁 직전에는 518만 원으로 편성하였다. 광무정권이 러일 양국의 대립과 갈등을 우려하며 자국 국방력 강화에 예산을 지출하였기 때문이다.

경상부 세출과 임시부 세출의 비중을 보면 경상부 세출의 비중이 평균 90퍼센트 선을 유지하고 있었고, 나머지는 대부분 예비비였으며, 임시비는 매우 미미한 액수에 불과하였다. 이는 황실이 내장원을 중심으로 근대 개혁사업을 추진하는 가운데 정부는 주로 관리들의 봉급과 각 기관의 경상적 운영비로 예산을 지출하였던 것이다. 안정 위주의 확대 균형 예산이었다.

황실비의 경우 세출 예산은 증가하였지만 세출 예산에서 차지하는 비율은 여전히 10퍼센트 안팎을 유지하였다. 그리고 외부의 경우 광무정권이 열강 사이의 세력 균형정책을 유지하기 위해 외교활동을 적극 전개하면서 세출 예산이 급격히 증가하였다. 내부의 경우 행정비는 감

〈표 2.1.7〉 1897~1905년 정부의 세출 예산

단위: 원(元)

세출 항목		1897	1898	1899	1900	1901	1902	1903	1904	1905
경상부	황실비	560,000	560,000	650,000	655,000	900,000	900,000	1,000,000	1,200,000	1,454,000
	궁내부					61,039	257,017	261,032	327,541	323,556
	기로소							24,026	86,929	
	원수부				44,893	73,242	65,275	65,853	27,552	25,927
	의정부(내각)	25,636	32,016	35,506	37,884	38,298	37,510	38,730	61,188	59,778
	내부	990,305	1,010,947	1,020,988	1,036,461	982,599	973,410	980,533	990,948	893,487
	외부	78,718	132,396	166,743	236,122	244,552	288,838	278,198	287,367	510,834
	탁지부	869,727	882,485	2,037,907	879,300	764,324	578,736	1,665,716	2,741,999	3,525,491
	군부	979,597	1,251,745	1,447,351	1,636,704	3,594,911	2,786,290	4,123,582	5,180,614	4,852,175
	법부	37,815	46,853	38,925	56,313	56,774	57,520	56,702	63,967	68,671
	경무청	190,163	214,708	241,904	301,340	426,039	276,154	361,331	406,925	386,749
	학부	76,778	89,340	141,627	163,005	184,983	167,730	164,743	205,673	218,756
	농상공부	150,440	189,230	259,004	377,136	70,117	40,892	46,300	51,070	57,108
	중추원	8,468	9,712	25,628	17,128	17,152	17,128	18,580	19,396	17,834
	호위대			50,986	51,610	56,032	55,792	58,009	81,978	80,718
	양지아문			11,660	43,916	129,664	7,824			
	표훈원				22,160	22,345	18,457	20,993		
	통신원					398,080	374,910	461,935	637,648	472,540
	혜민원						6,446			
	지계아문						22,108	71,018		
	합계	3,967,647	4,419,432	6,128,229	5,558,972	8,020,151	6,932,037	9,697,371	12,370,795	12,947,624
임시부	국장비	90,000	70,000							
	궁내부								625,395	210,000
	의정부				1,903	1,903	720			3,300
	내부	130,000	34,400	36,200	53,300	54,300	50,800	50,800	53,288	37,288
	외부	480	480	480	480	480	480	480	480	
	탁지부	2,300								4,615,453
	농상공부		1,218	6,223	47,216	1,848	1,840	1,840	6,340	
	합계	222,780	106,098	42,903	102,899	58,531	53,840	53,120	685,503	4,866,041
예비금				300,000	500,000	1,000,000	600,000	1,015,000	1,158,000	1,300,000
세출 총계		4,190,427	4,525,530	6,471,132	6,161,871	9,078,682	7,585,877	10,818,611	14,214,298	19,113,665

· 출전: 이윤상, 〈1894~1910년 재정제도와 운영의 변화〉, 서울대학교 박사학위논문, 1996, 130~131쪽.

소하는 데 반해, 경무청 예산은 꾸준히 증가하였다. 탁지부의 경우 세관·전환국·국고금 운반비 국채가 큰 비중을 차지하였다. 임시부로 들어가야 할 국채를 제외하면 경상부 예산은 특별한 증감을 보이지 않았다. 1899년, 1903년, 1904년에 탁지부 예산이 급증한 것은 각각 을미차관·제일은행차관·군함차관을 함께 상환하여야 하였으므로 많은 예산이 책정되었다. 군부의 경우 전체 세출 예산에서 차지하는 비율이 평균 25퍼센트를 보이다가 1901년 이후에는 40퍼센트에 육박하고 있다. 1900년 청 의화단의 봉기와 열강들의 군사적 활동이 활발해지는 가운데 러일 간에 만한교환론이 본격화되면서 정부로서는 국방력 강화가 절실하였기 때문이다. 이미 1894년에 농민전쟁을 계기로 한 일본의 침략을 경험하였던 고종으로서는 제국주의 열강이 개입할 빌미를 주지 않기 위해 치안 강화가 무엇보다 중요하였다. 따라서 고종은 적극적으로 군사력 증강에 나서 군부 예산을 증가시킴은 물론 정부 세출 예산의 예비비나 내장원 자금까지 동원하여 군사비를 지원하였다. 그러나 러일전쟁 이후 군부 예산이 대폭 삭감되었다. 이는 일제가 대한제국의 국방력을 약화하기 위해 일본인 재정 고문관 메가타 다네타로를 통해 세입 부족을 명분으로 군부 예산을 삭감하였기 때문이다.

정부는 세출 예산 증가에 맞추어 세입 예산을 증액하였다. 〈표 2.1.8〉은 1897년에서 1905년 정부의 세입 예산 내역이다.

세입 예산은 대체로 조세·잡수입·주조화·전년도 세계 잉여 등으로 구성되어 있다. 세입의 대부분을 차지하는 조세는 지세를 중심으로 호세·인삼세·사금세·항세·잡세 등으로 이루어져 있으며 점차 그 비중을 높여갔다. 1897년에는 조세가 전세 세입의 약 67퍼센트를 차지하고 있었으나 1904년이 되면 98퍼센트에 이를 정도로 그 비중이 커졌다. 액수에서도 1897년 242만 원에서 1904년에는 1,401만 원으로 약 5.7배

〈표 2.1.8〉 1897~1905년 정부의 세입 예산

단위: 원(元)

세출 항목	1897	1898	1899	1900	1901	1902	1903	1904	1905
조 세	2,820,000	3,779,316	5,108,222	5,409,796	8,296,473	6,808,530	10,266,115	14,014,573	14,701,824
(지 세)	1,715,000	2,227,758	2,773,642	2,981,318	5,082,136	4,488,235	7,603,020	9,703,591	9,743,534
(호 세)	196,000	229,558	465,640	278,478	487,337	460,295	460,295	460,295	463,260
(인삼세)	150,000	150,000	150,000	150,000					
(사금세)	40,000	40,000	5,000	10,000					
(역도세)									210,000
(항 세)	495,000	750,000	800,000	800,000	850,000	850,000	850,000	850,000	1,700,000
(잡 세)	24,000	24,000	300,000	200,000	210,000	210,000	210,000	210,000	85,030
(기왕 연도 소속 수입)	200,000	358,000	613,940	990,000	1,667,000	800,000	1,142,800	2,790,687	2,500,000
관업 수입									257,500
잡수입	24,000	40,000	50,000	70,000	90,000	110,000	150,000	200,000	1,250
주조화	200,000	200,000	300,000	350,000	350,000	350,000	350,000		
전년도 세입 잉여	1,147,192	508,160	1,015,000	333,000	342,983	318,000			
차입금									
합 계	4,191,192	4,527,476	6,473,222	6,162,796	9,079,456	7,586,530	10,766,115	14,214,573	14,960,574

· 출전: 이윤상, 〈1894~1910년 재정 제도와 운영의 변화〉, 서울대학교 박사학위논문, 1996, 114쪽.
· 비고: 조세에는 지세부터 기왕 연도 소속 수입까지 포함했다.

증가하였다. 즉 세입 예산의 팽창은 거의 전적으로 조세 수입의 급증에 기인하였다. 다만 1902년에는 전년도인 1901년의 흉작으로 농작물이 감수되자 세출입 예산을 줄였다.

조세 수입 중에서도 그 비중이 압도적인 지세의 경우 지세액이 1900년에 전국적으로 1결당 최고 30냥에서 50냥으로 늘어났고 1902년에는 다시 전국적으로 1결당 최고 세액이 50냥에서 80냥으로 증가하였다. 지세율 인상에 따라 1901년과 1903년의 지세 수입 예산이 각각 그 전해에 비해 크게 증가하였다. 그러나 지세 수입 예산의 실질적인 증가는 실세액(과세액)의 변동에 따르기보다는 예산화율(실세액에 대한 예산액의 비율, 즉 징수 목표율)의 상승에 크게 의존하고 있다. 1897년 예산화율이 3분의 1이었던 데 반해, 1898년에는 10분의 5로 조정되었기 때문에 예산액이 약 1.5배 증가하였다. 이후 예산화율은 10분의 6 내지 100분의 65 정도로 결정되었다. 1896년 이후 정국이 안정되어 조세 징수율이 높아졌기 때문이다.

호세 수입도 증가하였다. 이 경우 지세와 달리 순전히 예산화율의 증가에 힘입었다. 예산화율이 1898년에 3분의 1로 결정되었던 것이 1899년에는 3분의 2로 결정되었던 것이다. 기왕 연도 소속 수입도 예산화율 인상으로 급증하였다. 그 밖에 잡세 수입도 예산화율 인상에 따라 증가하였다.

이에 반해 주조화는 세입 예산에서 차지하는 비중이 점차 낮아져가고 있었다. 수익이 많은 보조화(백동화)의 주조량은 증가하고 있었지만 그 수익 대부분이 황실로 들어갔기 때문에 예산에는 일정한 액수만 반영되었던 것이다. 또한 항세는 세입 중 가장 확실하였으나 총세무사 브라운과 일본 제일은행에서 담당하였고 실제 국고 수입액은 예산액에 미치지 못하였다.

따라서 정부는 예산화율 인상으로 실수입이 늘어나고 있었지만 주조화와 항세 수입을 대체할 세원을 확보하는 데 진력하였다. 호구 조사, 양전·지계사업, 지방관에 대한 결호전 상납 독촉 등을 통해 재정 수입을 늘리려 하였다. 또한 정부는 재정 지출을 줄이는 조치들도 취하였다. 그중 하나가 고급 관리들의 봉급을 삭감하는 조치였다. 1902년에는 관찰사·목사·부윤·군수 등 지방관의 부임 여비를 지급하지 않는 조치를 취하기도 하였다. 그리고 정부는 화폐를 주조하는 전환국이나 상대적으로 여유가 있던 내장원 또는 해관에서 자금을 빌려 급한 불을 끄거나 한국의 국고금을 취급하는 일본 제일은행 지점에서 단기차관을 들여왔다. 탁지부의 차입금 중에는 특히 내장원에서 빌려온 것이 많았는데, 그 상환은 탁지부가 직접 한 것도 있었지만 대개는 각 지방의 결호전을 내장원에 양도하는 외획방식이 사용되었다. 그럼에도 불구하고 정부 세출 예산의 대부분이 경상비여서 급격한 재정 위기를 초래하지는 않았다. 확대 균형 예산이었다.

(2) 황실 재정의 세출입

광무정권은 궁부분리 원칙에 따라 정부 재정과 황실 재정을 분리·운영하였다. 황실 재정은 다시 두 부문으로 나눌 수 있다. 하나는 정부로부터 황실비를 지급받아 내장원 직원들의 봉급과 기관 운영비 등 경상비에 지출되는 비용이고, 또 하나는 내장원을 중심으로 역둔토 도조(賭租)를 비롯한 각종 수입에 바탕하여 각종 사업에 지출되는 비용이다.[130)]

황실 재정은 1899년 이전의 경우 주로 정부가 지원하는 황실비에 의존하여 운영하였다면, 1899년 이후의 경우에는 내장원의 독자적인 수입에 근간하여 확대되기 시작하였다. 그리하여 1900년에는 내장원의 각종 수입이 고종의 수중으로 들어가 각종 사업에 지출되었다.

1899년까지의 내장원 수입은 10만 냥 정도에 지나지 않았다. 수입 항목도 내장원 직할 토지에서 징수한 도조로 한정되었다. 그러나 1900년 이후 내장원의 수입은 30만 냥으로 크게 증가하였다. 또한 역둔토 도조 수입과 함께 인삼세·어세·염세·선세·해세·포사세·식리전 등 각종 명목의 잡세가 내장원 수입으로 들어왔다. 그중 역둔토 도조가 내장원 수입에서 차지하는 비중이 가장 컸다. 그 밖에 당시 황실에는 전환국

---

130) 이윤상, 앞의 글, 1996, 159~204쪽.

에서 주조한 화폐와 홍삼 전매 수입금 등 내장원의 회계책에 기록되어 있는 것보다도 훨씬 많은 별도 수입이 있었다.

이 시기 내장원의 전체 수입과 지출을 비교하면 1896년에는 수입 6만 5,000냥, 지출 8만 4,000냥으로 약 2만 냥의 적자를 냈다. 이후 1897년부터 1899년까지는 수입과 지출이 대개 균형을 이루었다. 그리고 1900년 이후에는 수입이 큰 폭으로 증가하면서 흑자 폭이 점차 커졌다.

이 시기 내장원의 누적 잔액을 계산해보면 1896년 −1만 9,142냥, 1897년 −954냥, 1898년 −3,416냥으로 이때까지는 적자 상태였다. 그러나 각종 재원의 내장원 이속이 시작되는 1899년 이후에는 내장원 누적 잔액이 1899년 1만 6,687냥, 1900년 18만 냥, 1901년 약 90만 냥, 1902년 약 180만 냥, 1903년 약 660만 냥, 1904년 약 1,460만 냥으로 급격히 늘어났다.[131]

내장원 지출 중 가장 큰 비중을 차지하는 내입금(內入金)은 황제의 명령을 받아 일본의 감시를 피해 궁궐로 들여간 자금이었다. 1896년 내장원이 왕실 재정 담당 기구로 설치된 이래 1907년 일제에 의해 폐지될 때까지 전 기간의 지출을 종합하면 이처럼 용도가 밝혀지지 않은 내입금의 비율은 전체 지출의 37.8퍼센트에 달하였다. 이러한 내입금은 주로 내하(內下)·내탕(內帑)에 사용되었다. 인공양잠합자회사 자본금 2,000원 중에서 1,000원, 1901년 대한천일은행에 가계 전당 자본금으로 4만 원, 한성전기회사에 3만 원, 혜민원에 진휼비로 2만 원을 내하하였다. 1902년에는 승동(勝洞)에서 유동(鍮洞)으로 이사한 정신여학교에 교비로 당오전 1만 냥을 내하하였다. 1903년에는 흉년이 들어 쌀

131) 《회계책(會計册)》(규 19113), 매년말(每年末) 시재(時在).

이 부족하자 내탕미 수만 석을 풀었다. 그 밖에 한성병원 등에 내탕금을 하사하였다. 또한 의병 지원, 밀사 파견 등에도 지출되었다. 이처럼 내입금은 각종 회사 자본금이나 운영 자금, 학교와 병원 등에 대한 보조금, 진휼이나 행사비 등 정부 재정에서 지출하기 어려운 부문이나 일본의 감시를 피해 추진하여야 할 사업에 쓰였다.

그러나 이러한 노력도 러일전쟁과 이어서 체결된 을사늑약으로 인해 설치된 통감부의 황실 재정 정리 공작으로 수포로 돌아갔다. 이는 근대적 재정체계의 성립을 논하기에 앞서 재정주권의 피탈을 의미하였다.

4. 결어

재정개혁은 근대 주권국가의 공공행정 및 질서 유지, 영토 방위와 함께 산업화의 물적 기반을 조성하는 데 관건이었다. 특히 자본주의 경제체제를 수립하기 위한 선결 요건이었다. 따라서 동아시아 3국은 서구 열강의 경제 침략 속에서 부국강병을 실현하기 위해 재정개혁에 착수하였다. 특히 서구 열강과 한반도 주변국의 이중 압력에 처한 조선 정부의 김홍집 내각도 1894년 6월 20일(양력 7월 23일) 군국기무처 설치를 계기로 1894년 농민군의 부세개혁 요구에 응하면서 일본의 재정개혁 강요에 능동적으로 대처하고자 하였다. 물론 일본은 청일전쟁에서 승기를 잡자 차관 제공을 기화로 조선 경제를 일본 경제에 예속시킴으로써 조선을 일본의 '보호국'으로 삼고자 하였다.

그러나 김홍집 내각은 어윤중을 비롯한 시무개혁론자들을 중심으로 근대적 재정 시스템과 예산·회계 제도를 도입하는 가운데 조선 재래

부세개혁의 연장선에서 결호전제도를 시행함으로써 신분적 조세제도의 한계를 극복하는 한편, 조세 징수 능력을 제고하고자 하였다. 또한 지방 통치의 기본 단위인 지방관아의 재정도 일본식 지방세제도에 입각하여 개편하기보다는 각 군 경비 배정제도를 통해 개혁하고자 하였다. 일본식 지방세제도의 섣부른 도입이 농민층·상공인에게 적지 않은 부담을 안겨주는 무명잡세의 부활을 초래하지 않을까 우려하였기 때문이다.

또한 김홍집 내각은 조세 징수의 효율성을 높이기 위해 지방관으로부터 징세 업무를 박탈하는 대신 독자적인 징세 기구를 통해 조세를 수취하고자 하였다. 그러나 이러한 징세방식은 반개화파와 향리들의 반발로 소기의 성과를 거둘 수 없었다. 따라서 김홍집 내각의 재정개혁 노력과 한계는 최초로 세입과 세출 항목으로 편성된 예산안에도 고스란히 반영되었다. 일본 차관에 대한 의존도가 높고 정국의 극심한 변동으로 징수율이 여전히 낮았지만 예산안 편성을 통해 국가 재정 운영의 난맥상을 해소할 수 있는 제도적 근간이 마련된 셈이었다. 또한 식산흥업을 위한 예산 편성도 주목할 만하다. 그러나 김홍집 내각은 을미사변을 계기로 대일 의존 경향이 심화되고 유생층과 향리들의 반발로 정국을 주도하지 못한 가운데 아관파천으로 붕괴되었다.

이후 신정부는 갑오개혁의 비자주성을 강도 높게 비판하면서도 결호전제도와 회계법 관련 법령을 폐기하지 않고 오히려 보완하여 유지시켰다. 이는 신정부 역시 부국강병을 위한 재정개혁의 필요성을 절감하였기 때문이다.

그러나 1897년 대한제국 수립을 전후하여 정부는 개혁의 주도권을 두고 만민공동회의 도전에 직면한데다 탁지부를 정점으로 하는 재정 운영 시스템의 불안정성, 지방 하부 징수자들의 기득권 고수, 일본 제일은행을 배경으로 이루어지는 일본 상인의 침투 속에서 산업화의 물적 기반을 조성하여야 하는 딜레마에 빠졌다. 대한제국 정부는 '대한국국제' 제정을 통해 주권의 소재와 집행 형식을 성문화함으로써 권력 기반을 법제적으로 안정화하는 동시에, 재정 능력을 증대하고 재래의 소유권을 근대적인 법과 형식으로 공인하기 위해 양전·지계사업에 착수하는 한편, 수도 서울을 산업화의 중심 도시로 개조하기 위해 전기와 전차, 철도 등 다양한 사회간접자본시설을 부설하였다. 특히 이러한 산업화를 추진하는 과정에서 황실의 양 축이라 할 수 있는 궁내부와 내장원이 움직였다. 이들 기관은 열강의 외압 증대와 통치 시스템의 난맥 속에서 황제 주도의 산업화 시책을 뒷받침하는 식산흥업 기관이었다. 나아가 만성적인 적자 재정을 해소하고 화폐 금융 시스템을 구축하기 위해 대한천일은행을 지원하고 프랑스 차관을 끌어들이고자 하였다.

이에 일본은 러시아와 프랑스의 영향력 증대를 우려한 영국과 함께 대한제국의 산업화정책을 번번이 저지하였다. 특히 한반도를 둘러싼 러일 간의 각축이 1900년 이후 심각해지면서 대한제국의 국방 예산도 급증하였다. 이러한 변화는 대한제국 재정을 더욱 압박하였다. 그리하여 근대적 예산제도가 정착되어가고 있음에도 불구하고 산업화를 위한 물적 기반은 점차 약화하기에 이르렀다. 나아가 대한제국 정부는 열강들의 외압과 그에 따른 내부 취약성 노출로 인해 소기의 성과를 거두지 못하였다.

그러나 대한제국 정부는 1904년 러일전쟁 발발과 을사늑약 체결 이래 내장원 수입을 주권수호운동을 위한 용도에 중점을 두고 지출하기 시작하였으며 일본 역시 대한제국 정부의 주권수호운동을 원천적으로 봉쇄하기 위해 황실 재정을 정리하여 해체하고자 하였다. 통감부의 황실 재정 정리 공작은 대한제국이 주권국가로 나아가기 위한 최후의 물적 기반을 송두리째 박탈하는 조치였던 셈이다. 따라서 1910년 주권의 완전한 상실 이후 한국인 대다수는 재정주권을 되찾기에 앞서 무엇보다 국가주권 회복이 우선시되었다.

"제2절 2장과 3장",
서울특별시 시사편찬위원회, 《서울재정사》, 서울특별시, 2007 수정 보완

2장

1894년 농민군 진압자의 정국 인식과 정치적 행로의 분기

—《갑오군공록》 등재자를 중심으로

1. 서언

1894년 농민전쟁은 이듬해 1895년 1월 대둔산전투를 마지막으로 실질적인 종말을 고하였다. 이후 농민군 잔여 세력이 영학당(英學黨) 등을 조직하여 저항하였지만 이전의 농민전쟁만큼 기세를 드높이지는 못하였다.[1] 수많은 전투과정에서 농민군 지도자 중 대다수가 전사하거나 체포되어 처형되었을뿐더러 농민군 대다수가 관군·일본군의 대대적인 학살 및 민보군(民堡軍)의 치밀한 수색과 철저한 보복으로 전멸을 면하지 못하였기 때문이다.[2]

반면 농민전쟁이 기존의 사회질서를 위기에 몰아넣었던 만큼 군공을 세운 진압자들은 이인좌의 난이나 홍경래의 난의 사후 처리과정에

1) 이영호, 〈대한제국시기 영학당 운동의 성격〉, 《한국민족운동사연구》 5, 한국민족운동사학회, 1991(《동학과 농민전쟁》, 혜안, 2004 수록).

2) 박찬승, 〈동학농민전쟁기 일본군·조선군의 동학도 학살〉, 《역사와 현실》 54, 한국역사연구회, 2004 ; 신영우, 〈1894년 일본군의 동학농민군 학살〉, 《역사와실학》 35, 역사실학회, 2008 ; 박맹수, 〈일본군의 동학농민군 학살기록〉, 《한국독립운동사연구》 63, 한국독립운동사연구소, 2018.

서 볼 수 있듯이 출세가도를 달릴 수 있었다. 실제 이들 중 일부가 이러한 군공을 기회로 관직에 진출하여 고위 관직에 오르기도 하였다. 그러나 군공자들 중 일부는 정치적 부침을 거듭하여야 하였다. 우선 여러 군공자가 농민전쟁을 함께 진압하였다는 점에서 반농민군 정치세력으로서의 공통점을 지니고 있지만 각자가 자신들의 정치 노선과 경제적 이해관계를 달리하며 향후 정국의 변동 속에서 상호 대립과 갈등을 거쳐야 하였다. 특히 이러한 대립과 갈등은 농민전쟁 진압 이전부터 민족 모순과 계급 모순이 착종된 가운데 이미 내장되어 있었다는 점에서 향후 폭발할 가능성이 높았다. 다음으로 당시 조선 정국에 커다란 영향력을 미쳤던 일본과 러시아가 한반도 지배를 둘러싸고 벌인 정치적·군사적 대결 양상이 이들 군공자 각자의 행보를 규정하였다. 그것은 무엇보다 외세와 연계되거나 설령 거리를 둔다고 하더라도 권력투쟁이 이러한 정국을 추동하였기 때문이다.

따라서 이 글에서 검토할 진압자 개개인의 정치적 행로를 고찰함에 개개인이 살아온 삶의 이야기를 신변잡기식으로 정리하기보다는 개개인의 다양한 행보를 통해 정국의 변동을 미세하게 포착하는 데 중점을 두었다. 한편, 이 글은 거시적인 정치·경제·사회·이념 구조 속에서 인간 개개인이나 사회집단의 행동을 맥락화하는 방식에서 벗어나 역사의 주체라 할 인간 개개인의 행동을 분석의 주된 대상으로 삼아 인간 개개인의 행위를 설명하고자 하였다. 즉 한국 근대의 갈림길이 결정되는 농민전쟁 후 1910년 국망에 이르는 시기 동안 개개인이 주어진 상황 속에서 자신의 목적을 달성하기 위해 어떠한 전망 아래 여러 갈래의 대안적인 수단 중에서 나름대로 최적의 수단을 선택하였는가를 해명하는 작업인 셈이다. 결국 이러한 시도는 개개인의 운명도 그의 계산된 선택에 따른 주체적 행위에서 비롯되었다는 점에서 선택에 따른 책임 역시 면하지 못함을 강조하고자 한다.

끝으로 이 글에서 집중적으로 분석할 《갑오군공록(甲午軍功錄)》은 편찬 시기와 군공자 선별과정이 불분명하다는 점에서 이에 대한 사료 비판이 선행되어야 할 필요가 있다. 아울러 이 군공록에 여러 다른 이유로 등재(登載)되지 못하였지만 농민전쟁 진압과정에서 이두황(李斗璜)과 임병찬(林炳贊)같이 핵심 역할을 담당하였던 인물도 향후 정국의 변동 속에서 주목할 만한 행보를 보였다는 점에서 추적 대상으로 삼았다.

2. 《갑오군공록》의 편찬 경위와 등재 군공자의 특징

《갑오군공록》은 이전 시기 여느 군공록과 마찬가지로 국가가 군인들의 사기를 진작하고 충성을 장려하기 위해 작성한 포상 명단이다.[3] 군공록은 주지하다시피 멀리는 고대부터 편찬된 이래 전란과 변란이 잦았던 시기에 자주 편찬되었다. 가까이는 영조 연간 이인좌의 난, 순조 연간 홍경래의 난, 고종 연간 병인양요·신미양요 사후를 처리하는 과정에서 군공록이 편찬되어 승진과 포상의 기준이 되었다.

그러나 《갑오군공록》은 편찬 시기와 주체가 불분명하다.[4] 군공록에 연도 등 해당 사항이 기재되어 있지 않을뿐더러 이 문서에 대한 분석

---

3) 윤훈표, 〈조선초기 군공포상제의 개정과 신분이동〉, 《사학연구》 63, 한국사학회, 2001.

4) 규장각과 장서각에 각각 소장되어 있는 《갑오군공록》은 21쪽으로 이루어진 필사본이다. 규장각 소장본은 도서 번호가 '규 17185'이며 편찬 주체는 군부로 표기되어 있다. 장서각 소장본은 작성자가 이왕직실록편찬회 편으로 표기되어 있다는 점에서 일제 강점 후 실록 편찬과 관련하여 필사한 것으로 보인다. 다만 연대가 표기되어 있지 않아 정확한 편찬 연대를 확인할 수 없으나 일부에서는 1895년경으로 추정하기도 한다.

이 수반되지 않았기 때문이다. 물론 문서 제목이 농민전쟁을 진압한 군공자들의 명단임을 보여준다. 그러나 군공자 명단은 편찬 시점과 정국의 변동에 따라 얼마든지 바뀔 수 있다는 점에서 편찬 시기를 정확하게 확인할 필요가 있다. 특히 농민전쟁 직후 갑오 개화파 정권이 집권해 있는 동안 이를 반대하는 을미의병이 봉기하였는가 하면, 1896년 2월 11일(양력) 아관파천으로 개화파 정권이 무너지는 등 정국 변동이 극심하였다는 점에서 편찬 연대를 확인하는 작업이 선결 과제다. 단적인 예로 농민전쟁 진압에 앞장서 전과를 올린 이두황은 군공록에 누락되어 있다. 이는 그가 을미사변에 가담하였다가 아관파천 후 역적으로 규정되었기 때문이다. 반면 개화파 정권의 개혁에 반발하여 일어난 을미의병의 중심인물인 전 나주목사 민종렬(閔種烈)은 군공록에 등재되어 있다. 만일 군공록 편찬 시기가 아관파천 이전 시기였다면 이들은 군공록에 등재될 수 없었을 것이다.[5] 당시 상황을 예의 주시하였던 황현은《매천야록(梅泉野錄)》에서 1895년 당시 군공록 편찬 사정을 다음과 같이 서술하였다.

> 삼남의 선무사(宣撫使)와 초토사(招討使)를 폐지하고 경영(京營)에서 출정한 장병들도 모두 소환하였다. 동비(東匪)가 전국에 만연하여 이웃 나라의 원병을 동원하였으나 이제 겨우 진정되었다. 이것은 대체로 큰 난리인 것이다. 이때 강토를 지켰던 사람은 이승우(李承宇), 민종렬, 조원식(趙

---

5) 참고로 1895년 당시 이들 외 박봉양, 조원식 등도 군공록 작성과정에서 누락되었음이《동학당정토인록(東學黨征討人錄)》(규 17188)에서 확인된다. 그런데 이 자료에서도 이두황과 조희연이 누락되어 있다는 점, 그리고 후술하는 바와 같이 1900년경에 편찬된《갑오군공록》등재 명단과 다소 차이가 있다는 점에 비추어볼 때《동학당정토인록》은 아관파천 이후 1900년 이전에 작성된 것으로 보인다. 양자에 대한 정밀한 비교 검토는 이 글의 분석 범위를 넘어서는 까닭에 추후로 미룬다.

> 元植) 등이었고 초야에서 의병을 일으킨 사람은 박봉양(朴鳳陽), 맹영재(孟英在) 등이었다. 이들은 법에 따라 당연히 공훈이 있음을 기록하여 권장하여야 하였으나 그렇게 하지 않았으므로 식자들은 매우 가슴 아파하였다. 또 이때 시국이 새로 바뀌어 잠시도 한가로운 겨를이 없는데다 왜인들이 남모르게 국권을 장악하고 있으면서 우리 인민의 충의가 분발할까 두려워하여 기어이 이들의 명예를 더럽혀 가로막아서 그 일을 꺾고자 하였다. 그리고 시속배들은 왜인의 뜻에 맞춘 나머지 공훈을 기록하는 것에 한 번도 관심을 갖지 않았고 김홍집도 그러하여 식자들은 통탄스럽게 여겼다.[6]

이에 따르면 갑오 개화파 정권이 일본의 눈치를 보며 농민군을 진압하는 데 혁혁한 공을 세운 이승우, 민종렬, 조원식, 박봉양, 맹영재 등을 누락하였던 것이다. 당시 개화파 정권이 정국의 급격한 변동 속에서 자신의 정권과 일본에 반기를 들었던 이들 인물을 군공록에서 제외함으로써 민인에게 이들 인물의 기의(起義) 정당성을 알리고 싶지 않았기 때문이다.

따라서 군공록의 신뢰도를 높이고 정치적 의미를 파악하기 위해서는 《갑오군공록》 자체에 대한 사료 비판이 수반되어야 한다. 이 군공록은 언제 편찬되었나. 군공록 편찬 기준은 무엇이었고, 군공록 등재 과정은 어떠했나. 군공록에 누락된 인물은 누구인가.

우선 군공록 편찬 시기를 추정해보자. 문서 어디에도 작성 연도가 표기되어 있지 않아 작성 시점을 확정할 수 없지만 작성 시점을 추적

6) 황현, 《매천야록》 권2, 고종 32년 을미 ①(1895). "罷三南宣撫招討等使 京營出征將卒 幷次第召還 東匪之禍蔓延一國 至召隣援 僅能戡定 盖大亂也 守疆之臣 如李勝宇·閔鍾烈·趙元植 草野義旅 如朴鳳陽·孟英在者 法當錄勳以勸奬之 而不然 識者痛之 而是時朝局新換 日不暇給 倭人又陰搤國命 惟恐我人之忠義奮發 期欲汗衊而消沮之 時輩中其意 無一喙過問錄勳者 金弘集亦然 識者痛之."

할 수 있는 단서를 찾을 수 있다. 무엇보다 순무사 신정희(申正熙)가 1895년에 사망하였다는 내용이 기재되어 있다는 점에서 1895년 어느 시점 이후임을 짐작할 수 있다. 나아가 이두황이 전술한 바와 같이 이 군공록에 누락되어 있다는 점에서 편찬 시기는 그가 아관파천으로 말미암아 일본에 망명한 이후 시점임을 쉽게 추론할 수 있다.[7] 갑오 개화파가 집권한 아관파천 이전 시기였다면 이두황이 군공록에서 누락될 리가 없기 때문이다. 반대로 민종렬과 을미나주의병 중심인물들이 대거 등재되어 있다는 점에서 군공록 편찬 시기는 아관파천 이후임을 짐작할 수 있다.

물론 갑오 개화파 정권도 군공록 편찬을 소홀히 하지 않았다. 황현이 언급한 바와 같이 1895년에 군공록 편찬은 이미 이루어지고 있었다. 을미사변 이전부터 수시로 일선 지휘관들이 군공자들을 보고하는가 하면 군공 조사 작업에 들어가 1895년 8월 이 작업을 위한 기준이라 할 '군공조사규례(軍功調査規例)'가 마련되었다.[8] 이때 증빙 자료로 경력서를 조사소에 제출하도록 규정하였다. 경력서 서식은 다음과 같다.

> 某官姓名經歷書 右는 本官이 某年某月某日에 某營某官으로 某部下에 屬ᄒᆞ야 某月某日에 某處로부터 起程ᄒᆞ야 某地에 初到ᄒᆞ야 某賊을 偵探ᄒᆞ고 某地로 轉向ᄒᆞ야 所部某官에 指揮로 兵卒幾名을 領率ᄒᆞ고 某地로 出戰ᄒᆞ야 某賊을 某地에 遇ᄒᆞ야 賊魁某를 捕捉ᄒᆞ고 所得軍物이 幾何幾何오 軍糧이 幾包幾包며 殺傷이 幾名이며 俘獲이 幾名이라 卽日에 還軍ᄒᆞ고 또

7) 이두황의 경력과 활동, 망명에 관해서는 강효숙, 〈동학농민군 탄압 인물과 그 행적—미나미 코시로(南小四郞), 이두황, 조희연, 이도재를 중심으로〉, 《동학학보》 22, 동학학회, 2011, 138~145쪽; 홍일교, 〈장위영 영관 이두황과 장내리 파괴〉, 《동학학보》 28, 2013 참조.

8) 《관보》, 개국 504년 8월 5일~14일, 광고.

某月某日에 某地로 出戰ᄒᆞ야 (以下同上)某月某日에 某營令飭으로 某月某日에 起發ᄒᆞ야 某月某日에 京城에 凱旋ᄒᆞ고 同時效勞人員은 誰某誰某라 玆에 互相立証ᄒᆞ야 稟告홈.[9)]

공적 조서의 일반적 기준이라 할 대표적인 전과(戰果)는 물론 농민군 지도자 체포 실적, 노획 물자 등이 포함되어 있다. 이러한 공적 조사서의 양식은 허위(虛僞) 공훈자의 청원을 방지하기 위해 경력서의 서식을 강화한 것으로 보인다. 아울러 상관과 부하의 입증(立證)이 수반되어야 하였다. 그 실례가 1895년 9월 2일에 제출된 '운봉군 전주서 박봉양경력서(雲峰前注書朴鳳陽經歷書)'다.[10)] 이 경력서 내용에 따르면 경력서는 1895년 9월 2일에 군공조사위원총대(軍功調查委員總代) 군부협판 권재형에게 제출되었으며 입증인 두 명이 병기되어 있다. 그리하여 이들 공적 조사를 27책으로 묶었다.[11)] 그러나 이후 이들 서류가 어떻게 처리되었는지는 불확실하다. 아관파천 이후 정국의 소용돌이 속에서 이러한 공적 조서 편찬이 순탄하게 이루어지지 않았던 것으로 보인다. 다만 군공록의 직급을 보면 진압 직후 승진 또는 진급 현황이 반영되어 있다는 점에서 이때 수합된 경력서가 이후에 중요 근거 자료가 되었음은 분명하다.[12)]

그럼에도 불구하고 고종의 환궁을 앞둔 1897년 1월경 조사 결과가 다시 수합되어 군공 조사 책자가 군부로 이송되었다.[13)] 다만 1900년

---

9) 앞과 같음.

10) 국사편찬위원회, 《동학란기록(東學亂記錄)》 하, '운봉군전주서 박봉양경력서(雲峰郡前注書朴鳳陽經歷書)', 1959.

11) 《각부거조존안(各部去照存案)》 권1(규 17242), 1897년 1월 8일.

12) 《갑오군공록》은 순무사 신정희를 비롯하여 이겸래 등 많은 관리와 군인들이 진압 직후에 단행된 승진과 진급 현황을 반영하고 있다.

12월 27일 이호영이 개혁안을 제시하면서 “군공을 조사한 지 이미 여러 해가 되었는데도 한 사람도 표창하지 않았으니 어찌 돌아서서 원통하다고 탄식하지 않겠습니까?”라는 지적은 대한제국 수립 이후에도 군공록 편찬이 완료되지 않았음을 보여준다.[14] 그러면 언제 완료되었는가. 그 계기는 무엇인가.

우선 군공록 편찬을 매듭짓는 계기는 정부가 황제의 군권(軍權)을 강화하기 위해 군사들의 사기를 진작하고자 취한 여러 조치와 관련되었다. 육군 헌병대 편제를 지시하던 같은 날 1900년 5월 31일 황제의 조령이 이를 잘 말해준다.

> 몸을 바쳐 난리에 뛰어들어 나라를 위해 죽은 자에게 반드시 제사를 지내 보답하는 까닭은 신리(神理)를 위안하고 기쁘게 하며 또한 군사들의 사기를 고무하기 위한 것이다. 갑오년(1894) 이래 전사한 사졸(士卒)들에게 미처 제사를 지내주지 못하였으니 참으로 아쉬운 일이다. 생각건대 한곳에 몰려서 풀리지 못한 혼(魂)과 몹시 번뇌하는 백(魄)들이 의지하여 돌아가지 못해 갈 곳이 없고 슬프게 통곡하는 소리가 구천에 떠돌고 있지 않는지 어찌 알겠는가? 이렇게 말하고 보니 짐(朕)의 가슴이 아프다. 제사 지내는 일을 원수부로 하여금 품처(稟處)하게 하라.[15]

이 조령에 따르면 1894년 농민전쟁 이래 전사한 사졸들에게 제사를 지내주지 못하였음을 안타까워하면서 제사 행사를 원수부에게 맡기고 있음을 확인할 수 있다. 또한 이 조령은 후일 1900년 11월 10일 완공한

---

13) 《각부거조존안》 권1(규 17242), 1897년 1월 8일.

14) 《고종실록》 권 40, 고종 37년 12월 27일.

15) 《고종실록》 권 40, 고종 37년 5월 31일.

장충단 축조를 비롯한 정부의 장충표훈사업(獎忠表勳事業)과 관련되어 있다.[16)]

다음으로 고종은 장충단이 완공된 11월 10일 다음 날인 11월 11일에 다음과 같이 조령을 내렸다.

> 충성스러운 사람을 표창하고 절개를 지키는 것을 장려하여 대대로 죄를 용서하고 고아를 돌봐줌에는 나라의 떳떳한 법이 있다. 그런데 어떤 사람은 나랏일을 위하여 죽었으나 부모와 처자는 추위와 굶주림을 면하지 못하고, 어떤 사람은 몸이 원수의 칼날에 찔려 그만 목숨을 잃었으나 돌보아주지 않는다면 착한 일을 한 사람을 무엇으로 고무해주겠는가? 개국 503년 이래 장령(將領), 위사(衛士), 병졸, 액속(掖屬) 중에서 순절하였거나 부상 입은 사람이 없지 않았지만 표창하고 돌보아주는 은전(恩典)은 오늘에 이르도록 미처 베풀지 못하였다. 그러므로 매번 생각이 이에 미칠 때마다 가슴이 아파짐을 금할 수 없다. 원수부(元帥府)에서 세록표(世祿表)를 만들어서 등급을 나누어 시행하도록 하라.[17)]

이 조령에서 1894년 이래 장령, 위사, 병졸, 액속 중에 순절하였거나 부상을 당한 사람을 표창하고 돌보아주는 은전을 시행하겠다는 고종의 의지를 엿볼 수 있다. 그리고 이 표창사업을 추진하는 주체가 고종의 군사적 기반인 원수부임을 알 수 있다. 이러한 여러 사실에서 군공록이 1894년 이래 제대로 정리되지 못하였을뿐더러 이 사업이 1900년

---

16) 장충단 축조에 관해서는 이상배, 〈장충단의 설립과 장충단체〉, 《지역문화연구》 4, 세명대학교 지역문화연구소, 2005 ; 이민원, 〈대한제국의 장충사업과 그 이념—장충단과 모충단을 중심으로〉, 《동북아문화연구》 33, 동북아시아문화학회, 2012, 135~136쪽 참조.

17) 《고종실록》 권 40, 고종 37년 11월 11일.

장충사업과 연계되어 있음을 짐작할 수 있다.

그렇다면 당시 정국 상황에 비추어보았을 때 군공록에 등재되어 있는 인물들은 을미사변에 가담한 친일 급진개화파를 제외한 가운데 '의려(義旅)'들의 대다수를 차지하는 근왕주의 계열 인물들을 중심으로 구성되었다는 사실을 유추할 수 있다. 황현이 이미 언급한 대로 1895년에는 누락되었던 민종렬, 박봉양, 이승우, 조원식, 맹영재 등이 여기에 포함되어 있다는 사실이 이를 잘 말해준다. 따라서 농민군을 진압하기 위해 의려를 일으킨 지도자가 군공록에서 차지하는 비중이 높았다. 반면 장충단에 배향된 을미사변 전사자 홍계훈(洪啟薰)이라든가 농민전쟁 전사 군인인 염도희(廉道希, 진남영의 영관), 이영호(李璟鎬, 무남영의 영관), 김홍제(金弘濟, 통위영의 대관), 이학승(李學承, 장위영의 대관), 이종구(李鍾九, 진남영의 대관) 등은 군공록에 등재되지 않았다. 아마도 장충단에 배향되어 있는 인물은 제외된 것으로 보인다. 춘생문 주모자로 처형당하였다가 장충단에 배향된 이도철(李道徹)도 군공록에는 등재되어 있지 않다.[18]

끝으로《갑오군공록》에 등재되어 있는 권재형(權在衡)이 1903년 5월 권중현(權重顯)으로 개명하였다는 점도 유의할 필요가 있다.[19]

그렇다면《갑오군공록》편찬은 1895년에 1차로 수합된 경력서를 모본(母本)으로 삼았으되 장충단이 조성된 1900년 11월 이후 1903년 5월 사이에 완료되었다고 추정할 수 있다. 물론 황실에 대항하였던 이두황 등 친일파들은 제외되었다. 이 점에서《갑오군공록》편찬은 고종이 충군애국(忠君愛國)을 내세워 황실의 정치적 입지를 강화할뿐더러 일본

---

18) 이창식 외,《이도철과 춘생문의거》, 제천문화원, 2006.

19) 권재형의 활동과 행적에 관해서는 서영희,〈권중현·이지용, 개화론자·한일동맹론자의 변신과 행로〉,《내일을 여는 역사》19, 서해문집, 2005, 53~60쪽 참조.

의 침략에 맞서 군대의 충성심을 이끌어내는 표훈 작업의 산물이라 하겠다. 아울러 《갑오군공록》에 포함되어야 할 인물이 친일정치 성향과 고종 반대활동으로 배제되어 있다는 점에서 정국 변동의 추이를 제대로 파악하기 위해서는 군공록 누락자들도 군공록 등재자와 연계하여 검토할 필요가 있다.

3. 군공자의 계열별 정국 인식

농민전쟁 후 진압자들의 정치적 행로를 추적하기 위해서는 군공록에 등재된 진압자를 분석함은 물론 군공록에 등재되지 않은 진압자들도 분석할 필요가 있다.[20] 후자 역시 정국 변동과 연계하여 자신의 정치적 의도를 관철하고자 하였기 때문이다.

《갑오군공록》에는 총 409명의 이름이 등재되어 있다.[21] 여기에는 최고 지휘선에 있었던 정부 대신과 상급 지휘관, 일반 병사는 물론 민보군 지도자를 비롯하여 향리, 일반 민인도 포함되어 있다. 이들 모두가 군공자 최종 명단에 등재되었든, 등재되지 않았든 상급 지휘관과 민보군 지도자 중에 상당수가 농민전쟁 후 정국 변동에 민감하게 반응하면서 자신들의 의지를 실현하고자 하였다는 점에서 이들을 중심으로 정국 인식을 고찰하고자 한다.

20) 이 글에서 일컫는 '군공자'는 특별한 수식어가 없으면 《갑오군공록》에 등재되지 않은 군공자도 포함된다.

21) 조계자는 이 자료에 나오는 반농민군 세력의 대응을 통해 정토군공자의 인적 구성과 활동을 해명하였다. 다만 등재자 수를 409명이 아닌 406명으로 오기하였다. 이에 관해서는 조계자, 〈동학농민전쟁기 '정토군공자'에 대한 연구—《갑오군공록》과 《동학당정토인록》의 분석〉, 인하대학교 석사학위논문, 1995 참조.

이들 군공자는 각자 정치 노선을 달리하거나 농민전쟁을 진압하는 과정에서 내세웠던 명분이 상이하였다. 크게 범주화하면 정파별로는 두 계열로, 지향 목표별로는 세 계열로 나눌 수 있다. 여러 정치 세력을 정치집단과 지향 노선에 따라 도식화하면 〈표 2.2.1〉과 같다.[22)]

〈표 2.2.1〉 1894~1905년 지향 목표별 정치집단 현황

정파 / 지향 목표	민씨 척족	반민씨 척족	비고
복수보형	① 민용호 등	② 유인석 등	복수보형은 시해당한 명성왕후의 복수를 하고 단발하지 않은 채 신체를 보존한다는 뜻 : 유인석 의병 기치
	③ 이교충		
동도서기	④ 민영환 등	⑤ 이범진 등	
급진개화		⑥ 박영효 등	

· 비고: 정치집단은 정치 권력의 획득·유지, 정책 결정에 대한 영향력 행사 등 일정한 정치적 목표를 달성하기 위해 조직적인 활동을 하는 집단을 가리킴. 정파(政派)는 정치에서의 이해관계에 따라 따로따로 모인 무리를 가리킴.

①의 경우를 살펴보자. 이들 집단은 민씨 척족에 근간하여 복수보형(復讐保形)운동을 전개하였다. 갑오 개화파의 개혁에 반발한 관동의병장 민용호는 창의문에서 다음과 같이 밝히고 있다.[23)]

---

22) 정치 세력의 계열별 구분은 다음의 연구 성과에 근간하여 필자가 시도하였다. 관련 연구는 다음과 같다. 이상찬, 〈을미의병 지도부의 1894년 반동학군 활동〉, 《규장각》 18, 서울대학교 규장각, 1995 ; 〈1896년 의병운동의 정치적 성격〉, 서울대학교 박사학위논문, 1996 ; 〈1896년 의병과 명성황후 지지세력의 동향〉, 《한국문화》 20, 한국문화연구소, 1997a ; 〈갑오개혁과 1896년 의병의 관계〉, 《역사연구》 5, 역사학연구소, 1997b ; 〈1896년 환궁의병 운동의 전개 양상〉, 《한국문화》 30, 2002 ; 김상기, 〈1895~1896년 안동의병의 사상적 연원과 항일투쟁〉, 《사학지》 31－1, 단국사학회, 1998 ; 〈한말 양평에서의 의병항쟁과 의병장〉, 《역사와 담론》 37, 호서사학회, 2004 ; 배항섭, 〈나주지역 동학농민전쟁과 향리층의 동향〉, 《동학연구》 19, 동학학회, 2005a ; 〈1896년 나주 향리층의 의병주도와 그 배경〉, 《대동문화연구》 51, 대동문화연구원, 2005b ; 〈중·후기 의병전쟁 시기 나주지역 향리층의 동향〉, 《한국사학보》 23, 고려사학회, 2006 ; 오영섭, 《한국근현대사를 수놓은 인물들 1》, 경인문화사, 2007 ; 《고종황제와 한말의병》, 선인, 2007.

당시 김홍집·김가진·어윤중·장박·조희연·유길준 등이 열 개[十部]를 부르짖었다. 왜인과 더불어 화난(禍難)을 부채질하여 음력 11월을 정월로 삼고 신법(新法)을 창설하고, 일률적으로 왜국의 법제를 준수하여 문벌을 혁파하고, 남의 전답을 빼앗으며 균배(均排)라 칭하고, 대전회통을 폐지하고, 유교 경전을 금지하였다. 또 문묘를 훼손하고, 관제를 변경하여 8도를 나누어 23도(府－필자)로 삼았으며, 관리를 줄이고 진수(鎭守)를 혁파하였고, 복색은 검은색을 숭상하였으니, 여기에서 예의의 나라가 하루아침에 개와 양의 지역이 되었으며, 체발[단발]의 화난이 장차 일어나려 한다.[24]

하물며 금일 거병하고자 하는 까닭 역시 스스로 지키기 위함이 아니라 바로 국모의 원수에게 복수하려는 것이다. 대저 국모의 원수에게 복수하고 아비의 군대를 일으키는 것 역시 떳떳한 이치요, 대의다. 만약 누군가 말하기를 자식에게 어머니의 원수가 있는데, 아버지의 명을 기다린 후에 복수하라고 말한다면 어찌 자식이 어머니 원수를 갚는 것인가. 바로 지아비가 지어미의 원수에게 복수하는 것이다. 이것이 내가 재주와 역량을 헤아리지 않으며 시세를 따지지 않고 넓고 크게 결속하여 동지들과 더불어 기대하고 맹세하여 복수할 따름이다. 삼가 이것을 게시한다.[25]

이들 집단은 갑오 개화파가 추진하고 있던 지방제도 개편, 문벌 폐지, 관제 개편, 단발령 등이 일본의 제도를 본떠 견양(犬羊)의 땅으로 이끌고 있다고 인식하였다. 특히 갑오 개화파가 토지개혁을 추진한다고 우려하면서 이러한 개혁을 통해 전답을 탈취하려 한다고 단정지었다. 아울러 명성왕후 죽음에 대한 복수를 분명하게 제시하고 있다. 따

23) 이에 관해서는 이상찬, 앞의 글, 1995, 1996, 1997a, 1997b 참조.

24) 《관동창의록》, 1895년 9월 16일.

25) 앞과 같음.

라서 이들 집단은 민씨 척족에 기반하되 복수보형을 지향한 정치집단이라 하겠다.

②의 경우를 알아보자. 이들 집단은 농민군과 동학을 각각 '동비(東匪)'와 '좌도(左道)'로 인식하고 이들의 움직임을 성리학 질서에 대한 도전으로 간주하였다. 즉 동학이 유교적 명분을 훼손하고 농민군이 신분계급사상을 부정하고 있다는 것이다. 따라서 이들 집단은 부세제도와 신분제도, 토지제도를 개혁하려는 농민군의 지향에 반발하였다. 황현의 경우 민종렬의 반농민군활동을 적극 지지하면서 농민군을 '동비', '적', '적당'으로 규정하였다.[26] 나아가 농민군의 개혁운동은 단순한 민란이 아니라 정권 탈취에 뜻을 둔 반역운동으로 파악하였다. 그리하여 황현은 진압 이후에도 철저한 평비책(平匪策)을 강조하였다. 특히 농민군에 가담한 유생층을 철저하게 처단함으로써 유교적 왕조체제를 지키고자 하였다.

한편, 이들 집단은 갑신정변을 왕권을 넘보는 행위로 간주하였으며 근대개혁을 추진하는 갑오 개화파 정권에도 커다란 반감을 가졌다. 후일 제천 의병을 일으킨 유인석(柳麟錫)은 1894년 8월 도사(都事)이자 자부(姊夫) 이극렬에게 보내는 편지에서 다음과 같이 동학과 더불어 개화파에 대한 그의 인식을 밝히고 있다.

> 작금에 생긴 사실로 말하니 통곡이로다. 차라리 말하지 아니함과 같지 못하다. 위로는 개화당이 되지 말며 아래로는 동학당이 되지 말고 우리 부조의 자손이 됨을 족하게 여긴다. 오랜 벗과 인아(姻婭)를 구분하지 말고 서로 힘쓰는 것이 가할 뿐이다. 내가 매우 하잘것없을지라도 다만 남은

26) 김용섭, 〈매천 황현의 농민전쟁 수습책〉,《증보판 한국근대농업사연구 하》, 일조각, 1984.

인생은 바른 데서 살면서 바른 데서 죽는 것을 원한다.[27)]

이들 계열은 위로는 개화당이 되지 말고, 아래로는 동학당이 되지 말 것을 강조하였다. 그가 말하는 '우리 아버지·할아버지의 자손'이 된다는 의미는 기존 양반 중심의 신분계급질서를 바꾸지 않겠다는 의지를 단적으로 말해준다.

또한 이들 계열은 민씨 척족 세력 제거도 적극 고려하였다. 그중 민영준은 가장 먼저 척결하여야 할 대상이었다. 아울러 중간 수탈자인 이서층의 폐해를 일소하고자 하였다. 이 점에서 이들 집단은 복수보형을 추구하는 근왕주의 정치집단이라 하겠다. 물론 ① 및 ②는 농민군과 갑오 개화파에 대항할 때 협력관계를 유지하였다.

한편, ③은 지방관아의 이교층을 중심으로 구성되었으되 ① 및 ②와 신분적 기반을 달리하면서도 이들 양반과 연대하여 농민군을 진압하고 복수보형을 지향하며 의병을 일으켰다. 그중 대표적인 세력이 전라도 나주 지역 이교층이다. 이들 또한 주요 정치 세력은 아니었지만 향촌사회에서 부세 운영이라든가 향권 향방에 영향력을 미치는 세력으로 농민군의 개혁 노력을 좌절시키고자 하는가 하면, 갑오 개화파의 근대개혁 조치에 극력 반발하였다.[28)] 후자의 경우 갑오 개화파가 하달한 '결호전봉납장정'에 대해 "각 고을에서 걸핏하면 '복구한다'고 일컫고 이교배의 예료(例料)를 거리낌 없이 운반하여 옮기니"라고 할 정도로 개혁 조치에 불만을 품었다.

다음 ④와 ⑤는 ①, ②, ③ 집단들과 대립하면서도 타협하기도 하였

27) 《의암선생문집(毅菴先生文集)》 권6, 서, '여자부이도사 극렬(與姊夫李都事克烈)', 갑오 8월.

28) 나주 이교층의 동향에 대해서는 이상찬, 앞의 글, 1996, 159~167쪽; 배항섭, 앞의 글, 2005a, 2005b, 2006; 윤선자 외, 《나주독립운동사》, 나주시, 2015, 66~72쪽 참조.

다. 대립 지점은 근대개혁의 속도와 깊이였는데, 이 점은 근왕주의로 수렴될 여지가 컸다. 후일 《갑오군공록》 최종 명단에 정태완(鄭台完, 정석진鄭錫珍), 김창균(金蒼均), 김근환(金根煥), 양인환(梁仁煥), 이돈(李敦), 이돈기(李敦祺), 손상문(孫商文) 같은 나주 향리들이 등재되었음은 이 점을 잘 말해준다.[29] 즉 이들 집권층은 입헌군주제를 지향하는 독립협회·만민공동회 계열에 맞서면서 정치적 기반을 넓히기 위해 ①, ②, ③ 집단을 적극 포섭하였다. 1897년 고종의 환궁 이후 정국 운영에 영향을 미친 김병시(金炳始)는 다음과 같이 향리 집단을 변호하였다.

> 요즈음 본업(本業)을 잃은 사람이 많아서 안으로는 액속(掖屬), 이서(吏胥), 군졸(軍卒), 시민(市民)과 밖으로는 이례(吏隸), 향임(鄕任)으로서 하루아침에 뿔뿔이 흩어져간 자들이 무려 수만 명입니다. 그들이 걱정하고 원망하며 곤궁하게 지내는 것이 어찌 불쌍하지 않겠으며, 그들에게 항산(恒産)이 없는데 항심(恒心)이 있을 수 있겠습니까? 지금 옛날대로 모두 회복할 수 없겠지만 중앙과 지방의 각 관청으로 하여금 점차로 수습하여 빈자리를 채워나가도록 함으로써 위로하고 보살펴주는 조정의 뜻을 보이소서.[30]

이에 따르면 김병시는 농민전쟁으로 인해 뿔뿔이 흩어져 빈곤에 허덕이는 향리층을 대거 받아들여 체제를 안정시키고자 하였다.

끝으로 ⑥은 농민군의 개혁 요구에 공감하면서도 농민이 반일 항전을 내세우며 정치 주체로 등장하는 것을 극도로 경계하였다. 그러한 터에 보수파의 반발이 심해지고 일본군의 압력이 강해지자 농민군 진

---

29) 정태완의 이명(異名)은 정석진이다. 나주 호장으로서 동학농민군의 나주성 공격 때 목사 민종렬과 함께 방어하였다. 이에 관해서는 《금성정의록(錦城正義錄)》 갑편(甲編), 갑오 4월 25일 참조.

30) 《고종실록》 권34, 고종 33년 10월 12일.

압으로 선회하였다.[31)]

물론 농민들의 초기 동향에 대해서는 긍정적으로 인식하기도 하였다. 후일 갑오개혁을 실질적으로 주도하였던 어윤중은 1893년 3월 동학도들의 보은집회를 다녀온 뒤 농민들을 '민당(民黨)'이라 칭하기도 하였다.[32)] 당시 어윤중이 마주한 보은집회 농민들은 스스로 자신들의 집회를 다음과 같이 언급하였다.

> "저희의 이 집회는 조그마한 무기도 갖지 않았으니 이는 바로 민회(民會)입니다. 일찍이 여러 나라에도 민회가 있다고 들었고 조정의 정령(政令)이 백성과 나라에 불편한 것이 있으면 모여서 의논하여 결정하는 것이 근래의 일입니다. 어찌 저희를 도적의 무리[匪類]라고 지적합니까?"라고 하였습니다.[33)]

어윤중은 여타 관료들이나 양반들과 달리 동학도의 모임을 '난당(亂黨)' 또는 비류의 모임으로 지칭하지 않고 그들의 자칭대로 '민회'와 유사한 '민당'으로 칭하였던 것이다.

아울러 일반 관리들도 "전라 지방민이 폭동을 일으킨 것은 본래 지방 관리들의 탐욕과 학정에 기인한 것이며 그 책임은 민씨 일문에게 돌아오기 때문"이라고 언급하면서 사태의 원인을 날카롭게 파악하고

---

31) 이수룡, 〈갑오개혁은 농민전쟁과 어떤 관련이 있는가〉, 역사학연구소 1894년 농민전쟁 연구 분과, 《농민전쟁 이념의 인식과 쟁점》, 거름, 1994, 174~175쪽.

32) 국사편찬위원회, 《동학란기록》 상, '취어(聚語)', '선무사재차장계(宣撫使再次狀啓) 어윤중겸대(魚允中兼帶)', 1959. "綸音寄到臣在報恩郡祗受是白遣 本月初一日辰時量 臣帶同淸州營將白南奭報恩郡守李重益兵營軍官趙基命 弃奉綸音 馳往民黨聚會處 宣諭反覆 示以朝家寬大之恩是白乎則渠或有感極流涕者是白乎旀." 어윤중의 1893년 동학농민 민회에 대한 인식은 김태웅, 《어윤중과 그의 시대》, 아카넷, 2018, 209~210쪽 참조.

33) 국사편찬위원회, 앞의 책.

있었다.[34] 이러한 인식은 개화파나 민씨 척족 세력과 무관한 일반 관리들에서도 비롯되었다. 심지어 후일 을사늑약 때 음독자살한 우의정 조병세는 농민전쟁 직전 상황을 다음과 같이 언급하면서 부정부패 관리를 처벌할 것을 주장하였다.

> 오늘날 온 세상의 모든 관리는 부패하였다기보다는 도적일 뿐입니다. 우리나라 360개의 주, 군에서 360명의 도적을 키우고 있는 상황인데, 백성들이 어떻게 난을 일으키지 않을 수 있겠습니까. 난민들을 진정시키자면 반드시 도적들의 소굴을 뒤집어엎고 그 우두머리 몇 놈을 죽여 백성들에게 사과하여야 할 것입니다.[35]

조병세는 농민전쟁의 원인을 부정부패 관리들의 탐학에서 찾고 있다. 이러한 주장은 실질적으로는 당시 집권하고 있던 민씨 척족에 대한 비판이기도 하였다. 심지어 이들 개화파는 농민군과 연대하려는 구상을 지니고 있었다. 정교(鄭喬)는 《대한계년사(大韓季年史)》에서 "동도가 초기(初起)하였을 때 유길준, 김학우 등은 승기하여 민씨들의 집정을 타도하고 집권하고자 비밀리에 동도에 통모하였다"고 서술하고 있다.[36]

그러나 일본이 청일전쟁에서 승기를 잡고 갑오 개화파에게 농민군 탄압을 강요하면서 갑오 개화파는 동정적 인식에서 적대적 증오로 전환하고 농민군 전멸을 목표로 삼았다. 1894년 9월 정부는 교지를 다음과 같이 내렸다.

---

34) 《주한일본공사관기록》 1, 팔(八). 제방기밀신(諸方機密信) 이(二), (9) 淸國出援에 대한 韓國朝廷內의 不服黨의 運動과 袁氏의 密話(1894년 6월 8일).

35) 황현, 김종익 역, 《황현이 쓴 동학농민전쟁의 역사 오하기문》, 역사비평사, 1994, 150쪽.

36) 정교, 《대한계년사》, 갑오 10월조.

전교하기를 "민란(民亂)이 일어난 것은 관리들이 탐욕을 부리고 포악하게 구는 고통을 견디지 못한 데서 비롯되었다. 그 사정이 불쌍하므로 나라에서는 차마 토벌하지 못하고 오로지 무마하는 데만 힘썼다. 지금 듣건대 이 무리들이 도처에서 변란을 주동하면서 요사스러운 말로 무리들을 부추기고 현혹하며 무기를 훔쳐내어 성(城)을 공격하고 백성의 재물을 약탈하면서 전혀 거리낌이 없다고 한다. 지난번에 선무사를 나누어 보내고 계속해서 포고하였으나 미련하고 완고한 것들이 허물을 고치지 않고 고약한 반역 행위가 날로 심해지니, 이것은 양민으로 볼 수 없는 것들이다. 이제 장수에게 출사(出師)를 명하여 요사스러운 기운을 깨끗이 없애버리려 한다. 만일 해당 비도들이 무기를 버리고 귀순하여 각각 자기 생업으로 돌아가거나 혹은 그 두목을 잡아서 바치는 자는 죽이지 않고 논상(論賞)하겠지만, 만일 여전히 무리가 많다는 것을 믿고 복종하지 않고 감히 임금의 명령을 거역하거나 간혹 겉으로는 고치는 체하고 속으로는 고치지 않으면서 대중없이 이랬다저랬다 하는 자는 모두 사정없이 처단하겠다. 묘당(廟堂)에서는 이러한 뜻을 각 도(各道)의 도신(道臣)과 선무사로 하여금 비도들에게 선포하게 하여 후회하는 일이 없게 하라"고 하였다.[37]

이제 갑오 개화파는 농민전쟁 초기에는 농민들이 탐학에 못 이겨 일어났음을 인정하였지만 9월에 들어와서는 결국 농민군을 군기(軍器)를 약탈하고 백성을 약탈하는 비도(匪徒)로 매도하면서 농민 봉기를 국가를 전복하는 운동으로 규정하였다.

또한 갑오 개화파는 ①, ②, ③ 집단의 반개화파 운동에 대해서도 적극 대처하여 진압하는 데 힘을 기울였다. 춘생문 사건을 주도한 이도

37) 《일성록》, 고종 31년 갑오 9월 26일.

철 등을 모반율(謀反律)로 선고하며 바로 교형(絞刑)에 처하였다.[38] 또한 나주목사 민종렬은 농민군 진압에 혁혁한 공훈을 세웠음에도 불구하고 전술한 바와 같이 군공록에 등재하지 않았을뿐더러 승진시키지도 않았다. 갑오 개화파의 이러한 조치는 그가 민씨 척족과 연계되어 있다고 판단하여 견제하고자 하였기 때문이다.

4. 군공자의 정치적 향방과 행로의 분기

농민전쟁 진압 후 갑오 개화파는 일본의 지원 아래 위로부터의 개혁을 추진하였다. 이러한 개혁은 위정척사파와 향리들의 반발을 불러일으켰으며 을미사변과 단발령은 이들이 반개화운동을 일으키는 결정적 계기가 되었다. 그리하여 1896년 2월 아관파천 직전까지 복수보형을 기치로 내세운 명성왕후·근왕주의 계열과 나주 등의 이교층이 연대하여 반개화운동을 전개하였다. 이어서 동도서기적 근왕주의 계열이 러시아 등의 지원을 받아 춘생문 사건을 일으켰으며 아관파천을 계기로 이들 계열이 정권을 장악하였다. 이에 따라 개화파 정권 타도를 목표로 뭉쳤던 근왕주의 계열은 대오가 흩어져 반개화 세력이 약화되기에 이르렀다.

더군다나 신정권 역시 갑오 개화파의 부세개혁방식을 이어받은 까닭에 향리들의 반발은 여전하였다. 그리하여 정태완 등이 이끄는 나주 의병은 신정부와 충돌하였다.[39] 그 결과 향리 김창균과 그의 아들 김석

38) 《일성록》, 고종 32년 11월 15일.

39) 이상찬, 앞의 글, 1996, 160~164쪽.

현이 포살되었고 4월 12일 민종렬이 압송되었다. 나아가 4월 23일 정태완(정석진)이 임지에서 김병욱에게 체포되어 나주로 압송되고 성 밖에서 효수되기에 이르렀다. 물론 신정권은 을미사변에 가담한 친일 개화파를 역적으로 규정하고 단죄하고자 하였다. 이두황과 조희연 등이 대표적인 대상이었다.

이후 고종이 구본신참을 내세우고 환궁에 이어서 대한제국 수립을 선포하자 정국은 새로운 국면을 맞았다. 특히 광무정권은 서재필을 필두로 하는 입헌군주제 세력에 의해 압박을 받자 유생들의 지원을 이끌어내기 위해 을미 반개화운동을 전개하였음에도 불구하고 적극적으로 농민전쟁 진압에 참여한 의려들을 적극 복권시키기에 이르렀다. 앞서 언급한 장충단의 축조와 《갑오군공록》의 편찬은 그러한 노력의 산물이었다. 근왕(勤王)의 중심이라 할 군대의 사기를 높이는 한편, 근왕주의 유생들의 지지를 적극 끌어내려는 의도에서였다.

그러나 광무정권의 이러한 노력은 러일 간의 세력 균형이 붕괴되고 러일전쟁이 일어나면서 수포로 돌아갔다. 비록 유인석 등 유생 명망가들이 을미의병처럼 봉기하였지만 일본의 강력한 무력 앞에 궤멸을 당하여야 하였다. 반면 아관파천으로 망명길에 올랐던 이두황, 조희연 등 친일개화파 등은 1907년에 복권하여 출세가도를 달렸다. 이들은 일제의 대한제국 강제 병합에 적극 나서는가 하면 의병 탄압에도 진력하였다.

1894년 농민전쟁을 진압하는 데 힘을 모았던 반농민군 세력은 이처럼 갑오개혁과 을미사변, 단발령, 을미의병, 아관파천 등 정치적 사건을 거치면서 정치 노선과 이해관계의 차이로 인해 잠복해 있었던 상호 갈등을 표출하고야 말았다. 따라서 이들 각각의 인물들도 자신들이 나아가야 할 정치적 지향을 명확히 하면서 정국의 늪 속으로 빠져들었고 개인의 운명도 갈렸다.

〈부표 2.2.1〉은 등재 군공자든 누락 군공자든 이들 군공자 개개인을 앞에서 언급한 정치집단과 연계하여 그들의 출신, 경력과 향후 행적을 표로 만든 것이다. 여기에는 등재 군공자 409명 중 이후 정치적 사건에 연루된 주요 인물과 함께 극히 소수지만 누락 군공자 주요 인사도 포함시켰다. 다만 한국역사정보통합시스템을 검색하여 경력 사항이 정확하고 상세한 인물의 내역을 추출한 까닭에 군공자 대다수가 제외되었다. 그럼에도 불구하고 여기서 추출된 인물들은 나머지 인물들의 활동 경향을 대표할 정도로 주목할 만한 인물이며 경력 사항이 상세한 만큼 비중 있는 인물임에 틀림없다. 그리하여 해당 인물들을 〈표 2.2.1〉에 근거하여 정치집단별로 재분류하였다. 〈부표 2.2.1〉이 그것이다. 이에 〈부표 2.2.1〉에 입각하여 개개인의 정치적 행로를 추적하면 다음과 같다.

①, ② 집단의 인물은 아관파천 이후 장충단 건립을 전후하여 군공록에 등재될 정도로 대한제국 정부가 유념하였던 인물이다. 그러나 홍계훈, 이도철의 경우에서 볼 수 있듯이 일본에 의해 장충단의 제사가 중지되면서 반일 애국 군인으로서의 이미지가 대중들의 기억에서 사라졌다.[40] 국망과 더불어 친일파의 득세로 인해 이들은 어디에도 들어갈 자리가 없었던 것이다.

또한 김백선과 임병찬의 경우에서 볼 수 있듯이 각각 을미의병과 을사의병 등으로 인해 중앙정부로부터 배척되고 홀대받았지만 훗날 이 사건으로 인해 대한민국 정부로부터 독립유공 훈장이 추서되었다.[41]

---

40) 이민원, 앞의 글, 145쪽.

41) 김백선과 임병찬에 관해서는 각각 이상찬, 앞의 논문, 1997a, 385~387쪽; 김종수, 〈돈헌 임병찬의 생애와 복벽운동〉, 《전북학》 44, 전북사학회, 2014, 138~139쪽 참조.

그 밖에 강릉 민보장(民堡長)으로서 강릉 농민군을 진압하였고 후일 동진학교를 설립하였던 이회원,[42] 김개남 부대를 토벌하였으며 운봉 만성학교를 설립한 운봉 토호 박봉양의 경우가 대표적이다.[43] 이들은 농민전쟁 진압 후 계몽운동가로 변신함으로써 정국의 급격한 변동에도 불구하고 각자 자신의 지역적 기반에 근거하여 학교를 설립하면서 재지기반의 동요를 막을 수 있었다. 다만 관동의병에 가담하였던 이석범과 이국범은 계몽운동가로 변신하였고 1919년에는 3·1운동에 가담한 특이한 인물들이었다.[44] 지역사회의 대표 유림이자 명망가로서 자신에 대한 지역 주민의 기대를 모았던 인물로 추정된다. 반면 안중근의 아버지로 알려진 안태훈은 프랑스 천주교에 입교함으로써 개화파로부터의 탄압을 면하였고 후일 이른바 해서교안(海西教案)을 초래한 중심인물이기도 하였다.[45] 그 밖에 지평 민보군을 이끌었던 맹영재는 진압 직후 공을 인정받아 지평군수가 되었지만 단발령에 반발한 을미의병에게 살해당하였다.[46] 이후 그의 부하 지평 출신 신재정은 군공록에 등재되었지만 정작 자신은 제외되었다. 을미의병과 맞섰던 것이 이유가 아니었을까 추정된다.

---

42) 차장섭, 〈강릉 선교장의 형성과 발전〉, 《장서각》 39, 한국학중앙연구원, 2018.

43) 박봉양의 경우 1994년에 다시 공덕비가 건립될 정도로 여전히 지역사회에서 건재하다. 이에 관해서는 박준성, 〈8장 반역과 새로운 세상을 꿈꾼 산, 지리산〉, 송찬섭 외, 《옛길이 들려주는 이야기》, 한국방송통신대학교, 2017.

44) 이상찬, 앞의 글, 1995, 165~166, 173쪽; 양양문화원, 《양양 3·1만세 운동사》, 2019, 31~39쪽.

45) 오영섭, 〈개화기 안태훈(1862~1905)의 생애와 활동〉, 《한국근현대사연구》 40, 한국근현대사학회, 2007.

46) 황현, 《매천야록》 권2, 건양 원년 병신 ①(1896). 이와 관련해서는 박준성, 〈1894년 강원도 농민군의 활동과 반농민군의 대응〉, 동학농민혁명기념사업회, 《동학농민혁명의 지역적 전개와 사회변동》, 새길, 1995; 이상찬, 앞의 글, 1996, 203~204쪽; 정은경, 〈1894년 황해도·강원도 지역의 농민전쟁〉, 한국역사연구회, 《1894년 농민전쟁연구 4》, 역사비평사, 1995, 433~435쪽; 신영우, 〈강원도 홍천의 동학농민군과 풍암리 전투〉, 《동학학보》 37, 동학학회, 2015 참조.

⑥ 집단의 인물은 농민전쟁 진압과정에서 공훈을 세웠음에도 불구하고 군공록 최종판에 등재되지 못한 이들이 보인다. 조희연, 이두황의 경우 을미사변에 가담한 죄로 역적으로 규정되었기 때문이다.[47] 그만큼 친일 성향이 매우 강하였다. 1907년 이후 일본의 적극적인 후원에 힘입어 출세가도를 달렸다. 이두황은 전라북도관찰사까지 승진하였으며 사후 1929년 《고설악이두황옹추회록(故雪岳李斗璜翁追懷錄)》이 발간될 정도였다.[48] 그 밖의 인물은 을미사변에 가담하지 않았지만 광무정권 관료로 재직하면서도 일본과 돈독하였고 러일전쟁 이후 일본에 적극 협력하였다. 이승우, 구완희 등도 그러한 인물군에 해당된다.[49] 그런데 이민직의 경우 황현이 크게 비난한 인물로 시세에 맞추어 처세를 잘함으로써 농민군 지도자에서 박영효 추종자로 변신하였으며 나아가 일진회에 가입하기도 하였다.[50]

④, ⑤ 집단의 인물은 대한제국의 주요 관료로서 동도서기, 구본신참을 추진한 인물들이다. 그러나 그들 중 박제순과 권재형(권중현으로 개명)은 러일전쟁 후 친일파로 변신하여 을사오적이 되었다. 특히 권재형은 대한제국 수립과 '대한국국제' 제정에 법률적 근거를 제공하였던 근왕주의자였지만 러일전쟁을 전후하여 한일동맹론자를 거쳐 고종의 정치적·경제적 기반을 해체하는 데 앞장선 친일파로 전락하였다.[51] 다만 이기의 경우 전봉준과 협력하여 개혁을 추진하였건만 김개남의 반

---

47) 문일웅, 〈대한제국 성립기 재일본 망명자 집단의 활동(1895~1900)〉, 《역사와현실》 81, 한국역사연구회, 2011, 298~299쪽 참조.

48) 倉田逸次郎, 《故雪岳李斗璜翁追懷錄》, 文化商會, 1929.

49) 구완희의 경우 러일전쟁 당시 의주군수로 재직하면서 일본군의 병참을 적극 지원하였으며 하야시 곤스케(林權助)의 강력한 추천으로 경무사에 임명되었다. 황현은 그를 응견(鷹犬)으로 묘사하였다(황현, 《매천야록》 권4, 광무 9년 을사(1905)).

50) 황현, 《매천야록》 권6, 융희 원년 정미(속(續))(1907).

대로 여의치 않자 농민전쟁 진압에 힘을 보탰으며 후일 광무양전사업의 주요 실무자로 활동하였다.[52] 이후 일본의 침략에 맞서 황무지 개간권 반대운동을 벌였으며 을사오적 살해를 모의하기도 하였다. 후일 대한민국 정부는 그의 유공을 기려 독립장을 추서하였다. 또한 정기조는 황무지 개간권 반대운동을 벌였고 일진회 비판에 가담하기도 하였다.[53] 그의 능동적인 선택임이 분명하다.

끝으로 ③ 집단은 전형적인 이교 세력으로 근대개혁에 반발하여 나주의 경우에서 볼 수 있듯이 을미의병에 가담하였지만 일부는 재지 세력으로서 계몽운동을 전개하거나 일진회 배척에 앞장서기도 하였다. 이교와 동학 일부의 후예라 할 일진회는 1894년 농민전쟁 이래 구원이 남아 있었고 조세개혁을 둘러싸고 이해관계가 갈렸기 때문이다. 김근환(金根煥)의 경우 1909년 2월 나주군 민회를 조직하여 교육과 실업 진흥에 중점을 둔 계몽운동에 참가하였다.[54] 정창권은 '일진회배척위원회'를 조직하여 일진회 공격에 앞장섰다.[55] 또 다른 일부는 김창균(김창곤)의 차남 김복현(金福鉉, 김철金澈·金哲 이명)의 활동에서 볼 수 있듯이 전라남도 광주 3·1운동을 주도하였으며[56] 1921년에는 임야조사위원으로 활동하였다.[57] 그리고 김창균의 손자 김재호(金在浩)는 의열단에서

51) 김태웅, 〈대한제국기의 법제 교정과 국제 제정〉, 김용섭교수정년기념한국사학논총간행위원회, 《한국근현대의 민족문제와 신국가건설》, 지식산업사, 1997, 193~196쪽; 서영희, 앞의 글, 53~60쪽.

52) 김용섭, 《신정 증보판 한국근대농업사연구 Ⅱ—농업개혁론·농업정책(2)》, 지식산업사, 2004, 238~265쪽.

53) 황현, 《매천야록》 권4, 광무 8년 갑진(1904); 《통감부문서(統監府文書)》 6, 일(一). 헌병대기밀보고(憲兵隊機密報告), (678) 일진회 특별평의원회(一進會特別評議員會).

54) 《한국독립운동사 자료》 13, 의병편 Ⅵ, 칠(七). 융희 3년(1909).

55) 《주한일본공사관기록》 26, 오(五). 목포군산왕래(木浦群山往來)·부산마산왕래(釜山馬山往來), (2) 전주부(全州府) 불온의 정황 보고(1905년 3월 25일).

56) 윤선자, 앞의 책, 160~163쪽.

운영하던 조선혁명군사정치간부학교를 졸업하고 광복군과 함께 하남성 낙양 전선에서 일본군과 전투하였다.[58] 현재 지역사회에서는 이 집안 3대에 걸쳐 독립운동가를 배출한 가문으로 인식하고 있다.[59]

그 밖에 〈부표 2.2.1〉에는 포함시키지 못하였지만 정치에서 벗어나 여타 분야의 전문가로 변신한 인물들도 적지 않았다. 중인 출신으로 1885년 잡과에 입격한 이겸래(李兼來)의 경우 《갑오군공록》에는 순무별군관(巡撫別軍官)으로서 경기도와 충청도 여러 고을에서 세 차례 전공을 세웠다고 기록되었다.[60] 그는 훈련대에 근무하면서 우범선 주도 아래 을미사변에 가담하였다.[61] 그 뒤 이겸래는 휴직으로 조치되었고 1897년 7월 10일 종두의양성소(種痘醫養成所)를 수석으로 졸업하였다. 그리고 1898년 3월 외부 교섭국장에 임명되었다. 을사늑약 이후 교남교육회(嶠南教育會)의 핵심인물로서 《교남교육회잡지》 필진으로 활동하였다.[62] 다만 그가 을미사변에 가담하였는데도 어떻게 살아남아 《갑오군공록》에 등재되었는가에 대한 의문이 남아 있다. 공주와 서천 등지에서 농민군을 진압하였던 권종석(權鍾奭, 후일 권중석으로 개명)의 경우 1902년 산림과 사찰 및 성보(城堡)에 관한 사무를 담당하는 사사관리서(寺社管理署)의 책임자가 되었다.[63] 그런데 사사관리서가 실제로는

57) 《조선총독부관보(朝鮮總督府官報)》, 1921년 12월 26일, '임야조사위원회 공문'.

58) 윤선자, 앞의 책, 178~179, 393~398쪽.

59) "3대 독립운동 가족 하산 김철 선생 추모—나주 단발령, 광주 3·1운동, 임정 광복군 활약", 《나주신문》, 2017년 3월 13일자.

60) 《운과방목(雲科榜目)》(국립중앙도서관 소장).

61) 이겸래의 가계와 활동에 관해서는 김영경·박형우·노재훈, 〈제중원의학당 입학생의 신분과 사회진출—이겸래를 중심으로〉, 《의사학》 10-1, 대한의사학회, 2001 ; 황상익, 《근대의료의 풍경》, 푸른역사, 2013, 101~103쪽 참조.

62) 《관보》, 융희 4년 8월 13일, '학회상황조사(學會狀況調査)' ; 김영경·박형우·노재훈, 앞의 글, 67~69쪽.

근왕주의 세력의 주도 아래 사찰 재산 관리 및 승군의 재편성을 통해 황제권의 경제적·군사적 기반을 확충하고자 하였다는 점을 감안한다면 권종석은 근왕주의자로서 활동하였다고 볼 수 있다. 그는 훗날 헌병사령관을 역임하였으며 군대 해산과 더불어 해임되자 부여로 낙향하여 식산흥학활동을 전개하였다.

5. 결어

1894년 농민전쟁 이래 1910년 국망에 이르는 시기는 한민족 전체의 삶뿐 아니라 백성 개개인의 삶에 영향을 끼쳤던 중요한 시기였다. 특히 농민전쟁 진압에 가담한 인물들은 공훈의 대가로 출세가도를 달릴 가능성이 높아졌다. 그러나 진압자 내부 구성원들은 민족 문제와 계급 문제가 착종된 가운데 정치적·사상적 기반과 지향 목표가 상이한 까닭에 외세와 연계되기도 하고 끊임없이 상쟁하면서 각종 정치적 사건에 연루되었다. 민씨 척족과의 관계 여부, 조세 징수권을 실질상 장악한 향리층과 조세개혁을 추진한 갑오 개화파 정권의 충돌, 위정척사파와 급진개화파의 상쟁, 근왕주의 세력과 친일파의 대립·갈등 등이 심화되면서 인간 군상의 다양한 행로를 보여주었다. 그리하여 이들 각각의 정치집단은 을미의병과 춘생문 사건, 아관파천, 환궁운동 등을 거치면서 파란만장한 집단 생애사를 수놓았다.

한편, 광무정권이 군인과 유생, 일반 민인의 군왕에 대한 충성을 장

63) 권종석의 행적과 사사관리서에 관해서는 한동민, 〈대한제국기 불교의 국가관리와 사사관리서〉, 《중앙사론》 25, 한국중앙사학회, 2007 참조.

려하기 위해 장충단 건립을 추진하는 가운데 1895년에 수합된 군공 경력 서류를 모본으로 1900년경에 편찬된 최종판《갑오군공록》도 광무정권의 이러한 의도 속에서 집성된 군공자 명단이었다. 따라서 군공록에는 을미의병에서 활약한 반일의병 지도자들이 대거 등재된 반면, 농민전쟁 진압에 공훈을 세웠는데도 을미사변에 가담한 인물들은 제외되었다. 광무정권의 정치적 기반을 단적으로 보여주는 사례라 하겠다.

그러나 여기에 등재된 인물들 중 상당수는 일제의 배척과 탄압으로 인해 새로운 길을 모색하여야 하였으며 일부는 일제에 저항함으로써 대중의 뇌리에서 철저히 망각되어야 하였다. 반면 최종판 군공록에 등재되지 못한 친일 인물들은 1907년경 복권하여 출세가도를 달렸다. 이들 친일 인물이 취한 정치적 행보는 일제의 침략에서 비롯되었지만 그들 스스로가 일제의 사주를 적극 받아들였을뿐더러 능동적으로 협력한 결과이기도 하였다. 따라서 그들이 주권국가건설과 국권수호과정에서 쓰러져간 많은 민인의 희생과 1910년 국망에 대해 책임져야 할 몫이 적지 않다.

〈1894년 농민군 진압자의 정국 인식과 정치적 행로의 분기—
《갑오군공록》 등재자를 중심으로〉, 《역사교육》 153, 역사교육연구회, 2020 수정 보완

〈부표 2.2.1〉 농민전쟁 진압 이후 군공자의 경력

정치 집단	인물	농민전쟁 진압 당시 직책	관련 정치 사건	포상방식		
				군공록 공훈 표기	장충단 (1900)	1905년 이후 행적
①·② 집단	홍계훈 (?~1895)	장위영 영관 → 전라병사, 양호초토사	을미사변 당시 전사		1위 배향 *아관파천 직후 시호 하사 충의[주: 임난불망국왈충강이능단왈의(臨難不忘國曰忠强而能斷曰毅)]	1908년 장충단 제사 중지
	민종렬	나주목사로서 나주성 수성, 호남초토사	1896년 2월 나주의병 거의	실지운주(失志運籌) 경수고성(竟守孤城)		
	이도철 (1852~1895)	제천 출신, 의려	춘생문 사건으로 교살형		충민[주: 사군진절왈충사민비상왈민(事君盡節曰忠使民悲傷曰愍)]	1908년 장충단 제사 중지
	함은준	전 수문장	춘생문 사건에 연루, 경미하여 방면	모환당선(冒丸當先) 불고사생(不顧死生)		군대 해산 시 해직당함
	김백선 (?~1896)	지평 출신, 의려	1896년 제천의병 거의, 유인석에게 피살(민씨 척족 계열과 근왕주의 계열의 갈등)			대통령 표창(1968), 건국훈장 애국장 추서(1991)
	이회원 (이해수, 이수해, 1830~1909)	강릉 민보장, 강릉 대지주로 선교장 주인, 농민군 점거 강릉부 공격, 강릉부사로 임명	1896년 환궁운동을 주도한 민용호 의병에 군자금 제공	협동의려(協同義旅) 격파극적(擊破劇賊)		계몽운동 전개, 동진학교 설립(1908)
	이석범 (1859~?)	양양 유학(幼學)	1896년 관동의병에 좌군장으로 가담	분의모려(奮義募旅) 영동뢰안(嶺東賴安)		양양 현산학교장, 양양금융조합장, 도천면장, 3·1운동과 신간회에 관여
	이국범 (1869~?)	양양 유학		분의모려 영동뢰안		3·1운동에 가담, 보안법으로 징역 1년

①·② 집단	맹영재 (?~?)	지평 감역 출신으로 포군→경기소모군, 지평 현감 맹영재병제조사부임(孟英在并除朝辭赴任)	개화파로 변신, 이소응·이춘영 의병을 탄압, 이후 의병들에게 피살	맹영재를 따라간 지평 출신 신재정이 군공록에 등재됨		
	박봉양 (1837~?)	순무참모관 주서	동학군 가입 → 반농민군으로 변신, 김개남 농민군 격퇴, 이두황과 갈등(민영준 계열), 피체 1896년 의병 가입→ 반의병으로 변신, 1906, 1907년 의병과 내통하였다는 혐의로 수감 (《매천야록》)	창의수성(倡義守城) 살적무산(殺賊無算)		1907년 사립운봉 만성학교 설립, 교장으로 취임
	임병찬 (1851~1916)	옥구 향리 출신, 김개남 체포에 기여	1906년 태인 의병 주도, 이후 국채보상운동 관여		전쟁 직후 고사하여 포상 없음	1914년 대한독립의군부 결성(근왕주의), 피체, 거문도에 유배, 건국훈장 독립장 추서(1962)
	안태훈 (1862~1905)	황해도 신천군에 의려소 설치, 토호 세력	갑오정부는 안태훈의 군수미 사용을 문제삼음, 농민전쟁 진압에 대한 향촌의 비난을 피하기 위해 천주교에 입교(프랑스의 위세에 의존), 해서교안 야기	모사분의(冒死奮義) 산재모정(散財募丁)		아들 안중근이 1909년 이토 히로부미를 저격
	황송해	예천민		분신창솔(奮身倡率) 초평비당(勦平匪黨)		
	이현기	부안 유학		모의초비(募義勦匪) 우조군향(優助軍餉)		
	조희연 (1856~1915)	장위사로서 농민전쟁 시 관군에게 물자 보급	을미사변에 가담, 아관파천 후 망명			1907년에 복권, 궁내부 특진관, 중추원 고문

⑥ 집단	이두황(1858~1916)	양호우선봉, 청일전쟁 시 평양전투 참관	을미사변에 가담, 아관파천 후 망명			1907년 복권, 전북관찰사, 2011년 차길진이 전주 기린봉에서 묘지 발견
	최한백	동래통변	1894년 12월 일본영사관에서 군공 등재 요청	수종일군(隨從日軍) 노고불사(勞苦不些)		국채보상운동에 참여
	이승우(1841~1914)	홍주목사, 호연초토사	을미의병 진압	진민모용(鎭民募勇) 종수고성(終守孤城)		1909년 팔괘장 훈장 수여
	구완희(1876~1945)	유학 신분으로 양도순무영의 참모관	러일전쟁 시 의주군수로서 일본군 지원, 한일의정서 조인에 적극 참여	공산지역(公山之役) 효로파다(效勞頗多)		칙임관 2등
	현영운(玄暎運, 玄映運, 1868~?)	왜학 훈도의 아들, 게이오 의숙 졸업(1885)	철도원 회계과장, 엄비의 총애를 받음, 배정자의 남편, 조카가 소설가 현진건임	궁모시석(躬冒矢石) 효력일진(效力日陣)		러일전쟁 시 일본군 협조, 육군참장, 1914년 현재 경기도 양평군 소재 현영운 소유의 금광이 타인에게 팔림
	이민직	농민군 지도자(《매천야록》), 예산 전 부장(部將)	박영효 쿠데타 관여(1899), 부정 축재, 동학도로 몰아 탄압	출의모려(出義募旅) 부험초비(赴險勦匪)		
④·⑤ 집단	박제순(1858~1916)	충청감사		오삭위기(五朔危機) 진심어구(盡心禦寇)		을사오적
	이도재(1848~1909)	전라감사	단발령 거부 사직, 양지아문 총재관	호남일성(湖南一省) 뢰이부소(賴以復蘇)		이완용에 의해 실각, 1909년 사망
	권재형(권중현, 1854~1934)	군부협판	대한제국 국제 제정 주도			을사오적, 중추원 의원, 조선사편수회 고문
	이기(1848~1909)	구례 의려장, 애초에는 전봉준과 더불어 서울 진공, 김개남의 반대로 포기, 의려로 활동	어윤중에게 '전제망언' 건의, 1898년 양지아문이 설치되자 양지위원에 임명, 황무지 개간권 반대운동, 대한자강회 조직	모려수성(募旅守城) 형착비괴(詗捉匪魁)		대강자강회 조직(1906), 을사오적 주살 모의, 권중현 저격, 박제순 살해 계획, 진도 유배, 독립장 추서(1968)

	정기조	목천 소모진군관	황무지 개간권 허용 저지운동	소모주향(召募籌餉) 다뢰기력(多賴其力)		의병 토벌에 자원, 일진회 가입
③ 집단	정태완(정석진, 1851~1896)	나주 호장, 토호 세력	1896년 2월 거의, 3월 피살	팔삭전수(八朔戰守) 누립기공(屢立奇功)		
	김창균(?~1896)	나주 퇴교	1896년 이학상의진 좌익장으로 보성전투 중 전사	전수지제(戰守之際) 다유근로(多有勤勞)		애국장 추서(1995)
	김근환	나주 이(吏)		이차출전(二次出戰) 파유효로(頗有效勞)		1909년 나주 군민회 조직, 문명계몽운동 전개
	정창권	완영 집사	경무소 총순 역임	사신분용(舍身奮勇) 종불패뉵(終不敗衄)		'일진회원배척창의회' 회장

3장

법규 교정과 국제 제정

1. 서언

갑오·광무 개혁기에 주권국가의 건설 방략은 두 계통에서 논의되었다. 하나는 지주적 노선에서, 또 하나는 농민적 노선에서였다.[1] 이러한 양자 논의에는 처지와 방략이 달라 대립하면서도 주권국가의 지향이라는 점에서 상호 보완이나 합치될 수 있는 부분이 있었다. 이 시기 법규의 제정과 정비는 이 두 가지 점을 배경으로 진행되었다. 특히 광무 연간에는 정부가 갑오 개화파 정권의 개혁 법령과 규칙 등에 대한 교정(校正)을 통해 저간 입법상의 혼란을 줄이고 여러 법규를 체계화하려 하였다.[2] 독립협회를 비롯한 정치 세력들 역시 그러하였다. 이 시기 정권의 이념, 개혁 방향 및 여타 정치 세력의 이해관계가 그만큼 법규 교정에 절실하게 관련되어 있었던 것이다. 정체(政體) 수립의 문제는 말

1) 김용섭, 〈근대화 과정에서의 농업개혁의 두 방향〉, 《한국근현대농업사연구》, 일조각, 1992.

2) 법규 교정에 관해서는 김용섭, 〈광무년간의 양전·지계사업〉, 《증보판 한국근대농업사연구—농업개혁론·농업정책》, 일조각, 1984에서 광무개혁의 방향 설정과 관련하여 논급되었다.

할 나위도 없었다.

그럼에도 불구하고 이에 대한 연구가 그리 활발하지 못한 채 대한제국 국제(國制)를 조문에 매달려 풀이하는 데 그치고 있다. 더군다나 이들 연구 대부분은 군권(君權)과 민권(民權)의 대립이라는 기본 구도 아래 광무정권과 독립협회의 정치적 갈등에 초점을 맞춘 반면, 양자가 추진하였던 법규 교정 문제에는 별로 주목하지 않았다.[3] 그것은 법규 교정의 논리 및 의미를 간과하였을뿐더러 주권론(主權論) 일반의 문제를 심도 있게 다루지 못하였기 때문이다.

그러므로 대한제국기 법규 교정과 국제 제정은 재검토할 필요가 있다. 특히 황제 주도의 제국건설 방향이 그 과정에서 자리잡았기 때문에 더욱 그러하다. 여기에 '구본신참'의 방향 설정, 법규 교정을 둘러싼 여러 논의, 그리고 국제 제정의 필요성과 입법 문제를 정리하여야 할 까닭이 있다.[4]

---

3) 송병기, 〈광무년간의 개혁〉, 국사편찬위원회, 《한국사 19》, 탐구당, 1984 ; 신용하, 〈19세기 한국의 근대국가 형성문제와 입헌공화국 수립운동〉, 한국사회사연구회, 《한국의 근대국가형성과 민족문제》, 문학과지성사, 1986 ; 서영희, 〈1894~1904년의 정치체제 변동과 궁내부〉, 《한국사론》 23, 서울대학교 국사학과, 1990 ; 김신재, 〈개화기의 정체개혁론의 추이와 성격〉, 《동국사학》 28, 동국사학회, 1994 ; 나애자, 〈대한제국의 권력구조와 광무개혁〉, 《한국사 11》, 한길사, 1994 ; 서영희, 〈개화파의 근대국가 구상과 그 실천〉, 한국사연구회, 《근대국민국가와 민족문제》, 지식산업사, 1995. 다만 전봉덕, 〈대한제국 국제의 제정과 기본 사상〉, 《법사학연구》 창간호, 한국법사학회, 1974 (《한국근대법사상사》, 박영사, 1981수록)에서 법규 교정 문제가 논급되었다. 그러나 이러한 시각에서 크게 벗어나지 못한 가운데 개설적인 소개에 머물렀다. 반면 주진오, 〈19세기 후반 개화 개혁론의 구조와 전개—독립협회를 중심으로〉, 연세대학교 박사학위논문, 1995에서는 기존의 이러한 시각에서 탈피하여 국제 문제를 다루었다. 하지만 법규 교정 문제가 본격적으로 다루어지지 않아 입법상의 문제는 여전히 과제로 남아 있다.

4) 이 글은 대한제국 전 시기에 걸쳐 다루지 못하고 국제가 제정되는 1899년까지 다루었다. 지면 사정도 있겠지만 법규 교정의 방향과 기틀이 이 시점에 마련되었기 때문이다.

2. 신구 절충의 문제와 법규 교정

건양 원년(1896) 2월 11일 아관파천으로 갑오 개화파 정권이 무너지자 이에 대신하여 친러파를 비롯한 고종의 측근 세력이 정권을 장악하였다. 그럼에도 불구하고 고종은 조칙을 내려 경장의 계속을 선언하고 신료와 민서(民庶)가 이에 찬성할 것을 유시하였다.[5] 나아가 신정부는 보수 유생층과 이교층의 반대에도 불구하고 결호전제도라든가 지방제도개혁 등 여러 개혁을 지속적으로 추진하였을 뿐 아니라[6] 독립협회를 창설하는 데 주도적인 역할을 담당하였다.[7]

정부의 이러한 자세는 다소 점진적인 방식이지만 갑오개혁의 기본 방향을 그대로 계승하여 발전시키겠다는 의지를 드러낸 것이라 하겠다. 즉 갑오개혁기에 이루어진 재정·화폐 제도의 일원화 고수, 신분제·과거제 폐지의 확인과 지방제도개혁 등 일련의 조치는 갑오개혁의 연장선에 서 있는 것이다. 다만 권력구조의 문제는 '구본신참'의 원칙을 내세워 의정부제로 복귀하였다. 그러나 이 역시 근대적 회의체를 전제로 하여 운영되었다. 가령 고종은 의정부 회의를 주관하면서 '회의'라 불렀을 뿐 아니라 국사(國事)를 공제(共濟)한다고 표현하였다. 그리고 원임대신인 조병세 역시 이것을 정부로 파악하였다.[8] 《독립신문》

---

5) 《고종실록》 권34, 고종 33년 2월 16일.

6) 지방제도개혁의 경우 정부의 이러한 태도는 더욱 분명하였다. 가령 앞서 4월 3일에 지방제도조사위원에 임명된 군부주사 이승원이 지방 조사는 급무가 아니고 오히려 국가사업에 방해가 된다고 상소하자 이날 조칙을 내려 법부로 하여금 엄징케 하였을 정도였다(《일성록》, 건양 1년 2월 24일, 이하 음력). 이와 관련해서는 이상찬, 〈을미의병 지도부의 1894년 반동학군 활동〉, 《규장각》 18, 서울대학교 규장각, 1995, 145쪽 참조.

7) 주진오, 앞의 글, 81~105쪽 참조.

8) 《비서원일기(秘書院日記)》, 개국 506년 2월 14일(이하 음력). "仍教曰 今日卽會議也 雖原任大臣頭頭赴公 共濟國事 是所望也 (趙)秉世曰 此是 政府也 期有實效 無至貽羞 尤功願望也."

도 11월 19일자 논설에서 이를 적극 찬동하였다.[9] 따라서 정부의 이러한 개혁 조치는 갑오개혁과 마찬가지로 기존의 법전조차도 개편하여 근대법체계로 한 걸음 나아가려는 시도라 하겠다.

그러나 갑오개혁기 법규들은 확고하게 효력을 발휘하지 못하였다. 그 이유로는 이 법규들이 농민전쟁, 청일전쟁과 반개화파의 의병운동 등 일련의 사태와 맞물려 파급 범위와 정도가 매우 한정되었다는 점을 들 수 있다. 또 이 법규들이 급박하게 마련된 까닭에 의주(議奏)·부령(部令)·칙령(勅令) 등이 다양한 형태로 나열되어 있고, 심지어는 잦은 개정으로 인해 자체에서도 상호 모순될 여지가 있었다. 외부(外部)에서는 이를 두고 "다만 의정부 관제를 새로 제정한 것만 있고 기타 현재 규칙에는 일정한 규칙이 없다"[10]라고 지적할 정도였다. 특히 1897년 3월 전후 러일 간의 밀약 논의와 관련하여 심각성은 더하였다.[11] 왜냐하면 외부(外部)의 표현대로 독립국으로서 체통에 손상이 되기 때문이었다. 그래서 외부에서는 법규조사위원을 조속히 임명할 것을 의정부에 건의하는 한편, 의정 기준으로서 구본신참을 제시하였다.[12]

법규 교정 문제는 이처럼 대내주권을 확립할 뿐 아니라 대외주권을 확보하는 관건이 되었다. 독립협회의 경우도 사정은 마찬가지여서 법규 교정의 필요성을 역설하였다.[13] 이러한 인식은 정부 대신들의

---

9) "론셜",《독립신문》, 1896년 11월 19일자.

10) 《외무아문일기(外務衙門日記)》(규 17838) 건양 2년 3월 12일. "只有議政府官制之新定 而其他現在規則 姑無一定之規."

11) 러일 간의 논의 결과 1896년 5월 14일과 6월 9일에 베베르-고무라 각서와 로바노프-야마가타 의정서가 작성되었다. 이에 관해서는 최문형,《열강의 동아시아정책》, 일조각, 1979, 3~16쪽; 이민원,〈아관파천 전후의 한로관계: 1895~1898〉, 한국정신문화연구원 한국학대학원 박사학위논문, 1994, 74~77쪽 참조.

12) 《외무아문일기》, 건양 2년 3월 12일;《속음청사》 권8, 건양 2년 3월 22일. "他國爲我國事 議立協商之約 而初不與我國相議 此莫大之恥 且密約中財政駐兵任 官電信等事 皆憑他人措處 此非獨立之體 宜勵政圖治 日新進步 上下同心 著爲章程 參酌新舊 男選法規調査委員 趕速講究 奪定著式."

경우도 마찬가지였다. 원임대신 정범조(鄭範朝)는 다음과 같이 지적하였다.

> 근래에 법과 기강이 문란해져 옛 법은 폐지되고 새 법은 세워지지 않았으니, 법이 없는 나라라고 말할 수 있습니다. 비록 수령이 관청에 있다 하더라도 정사를 할 수가 없는데, 하물며 수령이 없는 고을이야 말해 무엇하겠습니까. 백성들의 고통이 날이 갈수록 더욱 심해지니, 어찌 불쌍하지 않겠습니까.[14]

이에 따르면 근래 법률과 기강이 해이해져 통치가 흔들리고 민생이 불안함을 지적하고 있다. 그리하여 그는 이러한 문제점을 해소하기 위해 장정(章程)을 간행(刊行)할 것을 주장하였다.[15]

나아가 의정 김병시는 구본신참의 원칙 아래 신구 법식의 절충을 통해 신구 법규의 모순과 혼란을 제거하여 개혁을 지속적으로 추진할 것을 주장하였다. 나아가 일편(一編)을 휘성(彙成)하여 법전을 편찬할 것을 주장하였다.[16] 이러한 논리는 전통 유자(儒者)의 논리이기도 하였다.[17]

그리고 고종은 궁내부 특진관 남정철(南廷哲)의 상주를 받아들여 "일소(一所)를 영설(另設)하여 신구전식(新舊典式)과 여러 법규를 절충하고 휘성일통(彙成一通)하라"는 조칙을 내렸다.[18] 이러한 조칙에 따라 처

---

13) "론셜", 《독립신문》, 1897년 3월 18일자.

14) 《비서원일기》, 개국 506년 2월 14일. "近來法網解紐 舊法廢棄 新法未立 可謂無法之國 雖守令在官 無以爲治 況此無官長之邑乎 民生困瘁 愈往愈甚 寧不哀矜乎."

15) 앞과 같음.

16) 《고종실록》 권35, 고종 34년 3월 16일.

17) 앞과 같음. "金炳始曰 …… 一夫信者 王政之大本世 故孔子曰 民無信不立 古昔帝王之治尙矣 毋論 雖如商鞅之富强霸術 先基於立木以取信 …… ."

소를 중추원(中樞院)에 두고 교전소(校典所)라 불렀다. 아울러 각부부원(各府部院)의 규제는 해당 관서에서 교전소에 선송(選送)하여 참량(參量) 휘성하도록 하였다. 의정 인원은 의정부 의정 김병시, 궁내부 특진관 조병세·정범조를 동 총재대원에, 의정부 찬정 김영수·박정양·윤용선과 의정부 찬정 외부대신 이완용을 동 부총재대원에, 고문관 샤를 르장드르(Charle Le Gendre), 클래런스 그레이트하우스(Clarence R. Greathouse), 브라운과 서재필 등을 동 위원에 임명하였다.[19]

그런데 여기서 주목할 점이 있다. 우선 고문관에 르장드르, 그레이트하우스 등 구미의 법률 전문가가 대거 임명된 점이다.[20] 이는 김병시의 언급대로 손익 차원에서 구미의 법제를 적극적으로 검토하겠다는 자세를 잘 보여주는 것이다. 둘째, 서재필이 임명되었다는 점이다. 물론 그가 미국 시민권을 갖고 있는 인사로서 정부의 대미 외교 강화 방침과 관련하여 임명되었음을 감안할 필요가 있다. 그러나 유생들이 서재필을 갑신정변의 주역이라 지목하고 격렬하게 반대하였음에도 불구하고 정부가 그를 임명하였다는 점은 매우 이례적이라 하겠다.[21] 이는 정부가 독립협회 창설을 주도하였다는 사실과 관련해볼 때 다양한 정치 세력의 결집을 통해 구미 외교를 강화하는 한편, 신구 절충의 문제를 해결하기 위해 독립협회 고문인 서재필을 적극적으로 참여시킨 것으로 보인다.[22]

---

18) 《비서원일기》, 개국 506년 2월 21일; 《조칙》(규 17708) 제4책.

19) 《비서원일기》, 개국 506년 2월 21일; 《박정양전집》 제3책 권12, '종환일기(從宦日記)'; "론셜", 《독립신문》, 1897년 3월 30일자.

20) 이에 관해서는 최종고, 《한국의 서양법수용사》, 박영사, 1982 참조.

21) 진사 정성우는 상소에서 서재필을 갑신정변의 주역으로 지목하면서 《독립신문》을 비난하였다. 아울러 갑오 신식관제를 시행하지 말고 선조의 구제를 회복할 것을 주장하였다(《비서원일기》, 개국 505년 5월 29일).

그리고 당시《독립신문》에서도 교전소 설치를 "죠션 인민의게 큰 경ᄉᆞ"라 하여 대서특필하면서 그 의의를 법치주의의 수립에서 찾고 있다. 그리고 이후에도 대대적으로 보도할 정도로 기대가 컸다.[23]

그 결과 4월 12일에 교전소 1차 회의가 경운궁에서 열려 박정양을 임시의장으로, 서재필을 참서관으로 하고 전문 16조 부칙 5조로 된 '교전소회의규칙'을 제정하였다.[24] 곧이어 4월 15일 교전소는 경운궁에서 2차 회의를 가졌다. 여기서 해소(該所) 지사원(知事員)과 기사원(記事員)을 개록(開錄) 주문(奏聞)하였다. 지사원으로는 중추원 의관 김가진, 법부협판 권재형, 외부협판 고영희, 한성판윤 이채연, 회계원 경 성기운, 중추원 의관 윤치호, 의정부 총무국장 이상재가, 기사원으로는 내부 지방국장 김중환, 학부 학무국장 한창수, 탁지부 재무관 김규조, 농상공부 참서관 서정직, 외부 번역관 박용규, 6품 권유섭, 9품 고의경 등이 임명되었다.[25] 여기서도 볼 수 있듯이 궁내부 관리를 비롯하여 의정부, 각 부서 대표자가 총망라되었을 뿐 아니라 실무자들이 대거 참여하였음을 알 수 있다. 특히 실무진에는 윤치호, 이상재 등의 독립협회 임원들도 참여하였다. 같은 회의에서는 관리 임명 관련 법률과 규칙이라든가 형법 시행 관련 조사 등을 강구하였다.[26]

그러나 5차에 이르는 동안 회의는 교착 상태에 빠졌다.[27] 5차 회의

22) F. H. 해링튼, 이광린 역,《개화기의 한미관계: 알렌 박사의 활동을 중심으로》, 일조각, 1973 ; 이원순, 〈한미 고빙 구미인 종감〉,《조선시대사논집: 안(한국)과 밖(세계)의 만남의 역사》, 느티나무, 1992.

23) "잡보",《독립신문》, 1897년 4월 22일자 ; "교젼쇼 의ᄉᆞ규칙",《독립신문》, 1897년 4월 24일자 ; "교젼쇼뎨일ᄎᆞ회의일긔",《독립신문》, 1897년 4월 27일자 ; "교젼쇼뎨삼호회의일긔",《독립신문》, 1897년 5월 1일자.

24) "교젼쇼뎨일ᄎᆞ회의일긔",《독립신문》, 1897년 4월 27일자.

25) 《비서원일기》, 개국 506년 3월 14일.

26) "잡보",《독립신문》, 1897년 4월 22일자.

가 4월 29일 경운궁에서 열렸는데, 여기에는 김병시, 조병세, 정범조, 민영준, 권재형, 윤치호, 김중환, 박용규 등이 대거 불참하였다. 그리고 참석자들 간에도 교전소 회의의 계속 여부를 둘러싸고 격론이 벌어졌다. 박정양을 비롯한 정부 관료들은 정회하자고 주장하였고 서재필과 이상재 등은 이를 반대하였다.[28] 결국 교전소 회의는 정부 관료 대다수의 의견으로 정회되고 말았다. 이러한 정회 소동의 이유는 명확하게 드러나고 있지 않다. 다만 한 달여 뒤 서재필이 윤치호에게 교전소 회의에서 자신이 고종의 '남용적인(abusing and abusive)' 권력을 제한하려 하였다고 말한 것으로 보아 정체(政體) 문제가 아닌가 한다.[29]

또 하나 건양 2년(1897) 4월 21일 유학(儒學) 김운락(金雲洛) 등이 올린 상소문에 주목할 필요가 있다. 이들은 박영효·유길준·조희연·김광식·장박 등의 갑오 개화파 인사들이 일본군을 끌어들여 내권(內權)을 탈취하였다고 맹비난하는 한편, 이들 무리가 외국의 입헌을 모방하여 신권을 강화하고 군권을 약화시켜 궁극적으로는 공화제로 나아갈 것이라고 우려하고 있다.[30]

따라서 교전소 회의의 중단은 바로 정체 수립을 둘러싼 정부 관료와 서재필 계열의 대립·갈등에서 그 이유를 찾을 수 있다. 결국 교전소는 5차 회의를 마지막으로 기능이 중지되고 말았다. 당시《독립신문》은 5월 11일 이러한 정회 사태를 보도하면서[31] 정부 관료들의 잇따른 사퇴를

---

27) 《교전소일기(校典所日記)》(규 18925).

28) 앞과 같음.

29) 《윤치호일기》 5, 국사편찬위원회, 1897년 7월 2일. 정체 문제에 대한 관심은 박영효의 '무자(1888) 상소문'에서 처음 보인다. 그는 군민공치(君民共治)라고 하여 제한군주정을 선호하였다. 독립협회 역시《대조선독립협회보(大朝鮮獨立協會報)》에 세계 각국의 정체를 장황하게 소개할 정도로 깊은 관심을 표명하였다(《대조선독립협회보》 2, 1896년 2월 15일). 관련 내용은 김신재, 앞의 글;서영희, 앞의 글 참조.

30) 《비서원일기》, 개국 506년 3월 20일.

비난하였다.[32)]

그럼에도 불구하고 입법 작업은 그대로 진행되었다. 특히 광무정권은 이러한 법규들을 체계화하려고 노력하였다. 그 방향은 갑오개혁의 법규 제정 방향과 맥락을 같이하였다. 대표적으로 1898년 2월에 반행(頒行)된《법규유편속일(法規類編續一)》을 들 수 있다. 그것은 건양 1년(1896) 1월에 반시한《법규유편》의 기본 체제에 입각하여 1895년 1월 이후 광무 2년(1898) 말까지 새로 제정한 여러 법규를 속록(續錄)하였다.[33)]

대강 살펴보면 관제문(官制門)·율령문(律令門)·규제문(規制門)·지방문(地方門)·경찰문(警察門)·재정문(財政門)·학제문(學制門)·군려문(軍旅門)·공상문(工商門)·체신문(遞信門) 등이었다. 비록 임시방편의 유편 형식으로 간행되었지만 재래의 육전체계와는 그 형식을 완전히 달리하였다. 같은 통치법이라 하더라도 종래의 육분주의(六分主義)를 버리고 근대적 법체계의 형식을 미숙하나마 띠고 있다. 내용 역시 정부 부서 위주의 행정법 테두리에서 다소나마 벗어나 일반 공법들의 내용들도 담고 있다. 가령 공업이나 체신 부문이 정부 부서와 별개로 수록되어 있다.

그리고 무엇보다 주목할 것은 신분법체계에서 완전히 벗어나 부르주아적 인민평등권을 전제로 하여 편찬되었다는 점이다. 따라서 이러한 규정집은 단지 관리들이 참고하는 데 그치지 않고 일반 민인이 항상 활용할 수 있도록 널리 반행하려 하였던 것이다.[34)]

그러나 여기에는 여전히 법규 교정의 필요성이 잠재되어 있을 뿐 아

---

31) "잡보",《독립신문》, 1897년 5월 11일자.

32) 정부는 4월 22일에는 김가진을, 4월 23일에는 김영수를, 4월 29일에는 민영준과 권재형을, 4월 30일에는 윤용선을 자원(自願)에 따라 각각 면직하였다(《일성록》, 개국 506년 3월 21일, 22일, 28일, 29일).

33) 《법규유편속일(法規類編續一)》(규 15434) 범례(凡例).

34) "體制矇然",《황성신문》, 1899년 3월 6일자.

니라 정체 수립의 문제 역시 풀어야 할 과제로 남아 있었다. 칭제건원 논의는 이러한 문제들을 복잡하고 다기하게 만든 계기로 작용하였다.

3. 칭제건원과 정체론의 전개

광무정권은 교전소 회의를 통해 법규를 교정하려 하다 좌절되자 칭제건원 논의를 계기로 문제의 실마리를 재차 풀려고 하였다. 그 계기의 단초는 이미 언급한 김운락 등의 상소에서 마련되었다. 즉 이들은 상소문에서 다음과 같이 주장하였다.

> 삼가 바라건대 폐하께서는 확실하게 용단을 내리시어 빠른 시일 내에 속히 의정부에 명하여 각부(部)의 대신(大臣)과 각국의 국사(國使)를 모두 불러 모은 다음 약장(約章)으로서 자주권에 온당치 못하거나 정규(政規)로서 지극한 정치를 하는 방책에 합치되지 않는 것과 외국인이 내정을 간섭하고 외국 군대가 제멋대로 경내로 들어오는 것 등 허다한 폐습을 일일이 개정하여 약조(約條)를 신설함으로써 평등권(平等權)을 확립하게 하소서. 그런 뒤에야 시의를 적절하게 참작하여 한 나라 왕의 훌륭한 법을 온전하게 하고 전국 백성의 숙원을 따라줄 수 있을 것입니다. 예악 법도와 전장문물(典章文物)을 순수하게 한결같이 바른 데서 나오게 한다면 사방의 어진 선비는 조정에 서서 벼슬하려 하지 않는 이가 없을 것이고 억조 백성은 모두 발 구르고 춤추며 큰 소리로 태평을 외칠 것입니다.[35)]

이에 따르면 이들은 조약장정 개정과 법규 교정을 통해 난국을 타개할 것을 역설한 것이다. 특히 이 상소문에서 이미 제기한 군권과 신권의 문제와 관련하여 이해할 때 군권 강화의 일환으로 칭제건원의 논리가 배태되어 있었다.[36] 그리고 이는 칭제건원 논의를 통해 본격화되었다.[37]

여기에는 전·현직 관료 외에 재야 유림들이 대거 참여하였다.[38] 심지어 입전(立廛) 시민(市民) 전 지사(知事) 정재승(丁載昇) 등도 칭제건원을 주장하였다.[39] 농상공부협판 권재형의 경우는 다음과 같이 칭제건원의 필요성을 역설하였다.

> 갑오경장 이후부터는 독립하였다는 명색은 있으나 독립한 실상이 없고, 국시(國是)가 정해지지 않아 백성들의 의혹이 마음속에 가득 차 있으니 이것은 무엇 때문이겠습니까. 우리나라 백성은 글만 숭상하여 나약한 것이 습성이 되고 남에게 의존하는 것이 습관이 되어 멀리로는 2000년, 가까이로는 500년 동안 중국을 섬기면서도 그것을 편안히 여겨 고칠 줄을 모르고 있습니다. 자주(自主)를 유지할 수 있다고 논하는 사람을 한 번 보

---

35) 《비서원일기》, 개국 506년 3월 20일. "伏願陛下 確定乾斷 不日函命于政府 大會各部大臣及各國使 凡約章之不便 於自主之權 政規之不合於至治之術者 與夫外人之干預內政 外兵之擅侵入境等許多弊習 一一改定 新設約條 以主平行之權 然後參酌時宜 以全一王之美法 以順八域之宿願 而使禮樂法度典章文物 粹然一出於正 則四方賢士 莫不願立於朝 以億兆黎庶 莫不蹈舞而呼太平矣."

36) 이전에도 군권 강화론이 제기되었다. 대표적으로 홍종우의 경우를 들 수 있다. 그는 1896년 아관파천 기간에 고종에게 황제 즉위식을 거행할 것을 상주하였다(菊池謙讓, 《近代朝鮮史 下》, 鷄鳴社, 1939, 478~481쪽). 이에 대해서는 조재곤, 〈대한제국기 홍종우의 근대화 개혁론〉, 《택와허선도선생정년기념 한국사학논총》, 일조각, 1992, 770쪽 참조.

37) 우선 전 승지 이최영의 경우를 필두로 칭제건원을 주장하는 상소가 연이어 올라왔다(《비서원일기》, 개국 506년 3월 30일. 이와 관련해서는 이민원, 〈칭제건의의 전개와 대한제국의 성립〉, 《청계사학》 5, 청계사학회, 1988, 276~277쪽 참조.

38) 그중 영남 유림들의 참여가 두드러졌다(《비서원일기》, 개국 506년 4월 24일, 9월 3일, 8일). 김운락 외 강무형·김두병·곽선곤 등이 바로 이들로서 남인의 군주관과 관련하여 주목할 필요가 있다(김준석, 《조선후기 정치사상사 연구—국가재조론의 대두와 그 전개》, 지식산업사, 2003 ; 정호훈, 〈백호 윤휴의 현실인식과 군권강화론〉, 《학림》 16, 연세대학교 사학연구회, 1994 참조).

39) 《비서원일기》, 개국 506년 9월 8일.

기만 하여도 대뜸 눈이 휘둥그레지고 혀를 내두르며 깜짝 놀라 마지않습니다. 옛날에만 그러했을 뿐 아니라 오늘날에도 뒷공론을 하는 자들이 있으니 그들의 편협한 국량과 좁은 소견은 괴이할 것이 없습니다만, 당장의 정사를 바로잡는 방도는 진실로 위의(威儀)를 바로잡고 의식의 수준을 높임으로써 민심을 흥기시켜 나아갈 방향을 제시하는 데 달려 있습니다.[40]

이에 따르면 칭제건원의 절박한 이유를 국시의 미정과 민심의 불안에서 찾고 있음을 확인할 수 있다.

이러한 주장의 취지는 칭제건원을 통해 국내주권을 확립하고 국외주권을 확보하자는 것이다. 우선은 국내주권의 확립이었다. 즉 일방(一邦)의 위명을 전주(專主)하는 것이다. 이를 '자주'라고 하였다. 그 주체는 군권(君權)이었다. 그래서 권재형은 자주를 천자가 나라의 근본법칙을 세워 천하를 다스리고 사민(斯民)에게 표준하는 것이라 이해하였다. 그리고 이러한 '자주'는 다른 한편으로는 국외주권 확보와도 밀접하게 관련되어 있었다. 즉 만국과 함께 세계 속에 서는 것이었다. 이 역시 주체는 군권이었다. 그러한 점에서 '자주'는 '독립'과 달랐다. '독립'은 중화지배질서로부터 탈피한다는 소극적인 의미에 불과하였다. 이에 반해 자주는 스스로 존호를 세우고 만국과 함께 평행지권(平行之權)을 향유한다는 적극적인 의미였다. 그래서 숭릉 령 이건용은 다음과 같이 단언하였다.

40) 《비서원일기》, 개국 506년 8월 29일. "自甲午更張之後 惟有獨立之名而無獨立之實 國是靡定 民疑滿腹 此曷故焉 我國之民 文弱爲性 依附成習 遠之二千年 近之五百年 服事中土 恬不知變 一見人能持自主之論者 輒張眼吐舌 愕胎不已 不推往昔爲然 抑赤處今日而尙 有卷議者 其局見偏窄 無足怪美 而目下矯正之方 亶在乎正威儀 尊膽視 使民心 得以聳動而有所趨向世."

갑오경장 이후 독립의 이름은 있으나 자주의 실은 없습니다.[41]

권재형 역시 다음과 같이 칭제건원의 의미를 부여하였다.

우리나라는 기자(箕子) 이래로 스스로 강하지 못하여 번방(藩方)의 제후국 지위를 면할 수 있던 적이 거의 드물었습니다. 삼가 생각건대 우리 태조대왕(太祖大王)께서는 영특한 자질로 문무(文武)의 덕을 겸비하시어 하늘로부터 명을 받아 왕업을 개창하였습니다. 또한 그 후로 우리 인조대왕(仁祖大王), 효종대왕(孝宗大王)과 같은 성신(聖神)이 서로 이어 능히 거듭된 아름다움을 맞이하였으나 사대(事大)하는 일에서는 한결같이 이미 만들어놓은 규례를 따랐으니, 주자(朱子)의 이른바 "통분함을 참고 억울함을 품고서 형세가 절박하여 부득이 그러한 것이다"라는 것이 이것입니다. 하늘의 운수는 순환하여 한 번 갔다가 돌아오지 않는 법이 없으니, 우리 폐하께서는 하늘이 낸 큰 성인으로서 세상에 드문 큰 업적을 이룩하여 지난날의 수치를 말끔히 씻고 우리 조종(祖宗)께서 이루지 못한 뜻있는 일을 능히 이루셨습니다. 이는 실로 우리나라가 생겨난 이후에 처음으로 있는 경사스러운 때이며 국가가 억만년을 내려가도록 누릴 끝없는 아름다움이 앞으로 여기에서 시작될 것이니, 참으로 아름답습니다.[42]

이에 따르면 조선은 이제까지 제후국으로서의 번봉국가였지만 이제

41) 《비서원일기》, 개국 506년 9월 4일. "甲午更張之後 有獨立之名 而無自主之實."

42) 《비서원일기》, 개국 506년 8월 29일. "惟我東方 自箕聖以來 不能自强 其能免夫藩封者幾希 欽惟我太祖大王 以英邁之姿 兼文武之德 受命于天 肇其王業 亦越我仁祖大王曁孝宗大王 聖神相承 克迓申休 而凡事大之節 一遵成規 朱子所謂忍痛含冤 迫不得已是也 天運循環 無往不復 惟我陛下以天縱之大聖 建不世之偉業 湔洗舊日之恥 克成我祖宗未就之志事 此實我東土肇判以後 初有之慶會 而國家萬億年無疆之休 其將基之於是矣."

는 황제국으로 승격하게 되었음을 역설한 것이다. 즉 조선은 중세 조공·책봉 질서로부터 탈피하여 근대 만국공법질서로 나아간 것이다. 그것은 기존의 중화지배질서를 부정하는 것이기도 하였다.[43)]

그런데 이러한 자주독립의 권리를 주장하는 데 두 가지 근거를 제시하였다. 하나는 전통적인 유학의 정치철학 아래서 태조 이성계의 '수어천명(受於天命)'을 들어 칭제건원을 정당화하려 하였다는 점이다.[44)] 또 하나는 당시 풍미하였던 이른바 '만국공법'의 국가주권이론을 적극적으로 활용하고 있다는 점이다. 특히 만국공법의 경우는 상소자들 거개에서 확인될 뿐 아니라 유력한 전거로 삼고 있어 주목할 만하다. 경상남도 유학 강무형(姜楙馨)의 경우도 그러하지만[45)] 농상공부협판 권재형의 경우는 "신은 일찍이 정위량(丁韙良)이 번역한 《공법회통》을 읽었습니다. 그 제86장에는 '임금이 반드시 제(帝)의 칭호를 가져야만 제(帝)라고 일컫는 나라들과 평등한 관계를 갖는 것은 아니다'라고 하였습니다. 신이 생각건대 이것은 자주의 왕국을 널리 가리켜 한 말입니다"[46)]라고 하는 바와 같이 요한 카스퍼 블룬칠리(Johann Kaspar Bluntschli)의 번역본 《공법회통》 제86장의 구절을 들어 '자주지왕국(自主之王國)'

---

43) 이와 관련해서는 정창렬, 〈근대국민국가인식과 내셔널리즘의 성립과정〉, 《한국사 11》, 한길사, 1994, 70~72쪽 ; 奥村周司, 〈李朝高宗の皇帝卽位について－その卽位儀禮と世界觀〉, 《朝鮮史研究會論文集》 33, 朝鮮史研究會, 1995 참조. 다만 후자의 경우는 주로 즉위 의례와 관련하여 이 문제를 다루고 있다. 중세 조공·책봉 질서에 관해서는 黃枝連, 《亞洲的華夏秩序—中國與亞洲國家關係形態論》, 中國人民大學出版部, 北京, 1992 ; 안정희, 〈조선초기의 사대론〉, 《역사교육》 64, 역사교육연구회, 1997 참조.

44) 천명사상은 은(殷)·주(周) 혁명을 정당화하려는 주에 의해 조성되었으며, 여기서 천자의 용어가 나온다(郭沫若, 《青銅時代》, 1946, 18~29쪽). 그러나 이는 다분히 주술적이고 의제적인 경향이 짙다.

45) 《비서원일기》, 개국 506년 4월 25일.

46) 《비서원일기》, 개국 506년 8월 29일. "臣曾讀丁韙良所譯公法會通 其第八十六章曰 國主非必有帝號 方與稱帝之國平行 臣以爲 此乃泛指自主之王國而言世."

으로서 칭제건원의 당위성을 역설하였다.[47]

그런데 여기서 권재형이 전거로 삼았던 《공법회통》이 1896년 5월 9일 학부 편집국에서 인출(印出)되었다는 점을 주목할 필요가 있다.[48] 그것은 학부 편집국장 이강직이 서(序)에서 밝히고 있듯이 이 책을 정부 대신뿐 아니라 일반 민인에게도 널리 알려 근대 국제질서를 절감하고 자주권을 확보하는 데 진력할 것을 강조하기 위해서였다.[49] 따라서 권재형을 비롯한 많은 이의 칭제건원 건의는 이러한 만국공법에 근거하여 군권 강화를 도모하는 한편, 근대 주권국가로 발돋움하려는 열망을 반영한 것이라 하겠다.

이러한 여론의 대세 속에서 1897년 8월 14일에는 의정부에서 연호를 건의하였고,[50] 다음 날 15일에는 광무(光武)를 연호로 삼았다.[51] 그리고 10월 3일에는 의정부 의정 심순택, 궁내부 특진관 조병세 등이 백관을 인솔하여 제호(帝號)의 존칭을 재청하였고 이에 고종이 수락하였다.[52] 10월 11일에는 환구단으로 나가 성생(省牲)하였으며 새 국호를 '대한(大韓)'으로 의정하고 환구단고유제문(圜丘壇告由祭文)과 반조문에서 '대한'으로 쓰게 하였다.[53] 그리고 10월 13일에는 태극전으로 나

---

47) 그 밖에도 제84장과 제85장을 소개하는 중 러시아, 일본, 터키 등 다른 나라의 사례를 들어 칭제건원의 당위성을 다시 한 번 강조하였다.

48) 이 책의 원제는 《Das moderne Völkerrecht der zivilisierten Staaten als Rechstbuch dargestellt》이며 저자는 보륜(步倫)이라 불렸던 블룬칠리로 독일의 대표적 국가법·국제법 학자다. 당시 이 책은 미래의 국제법, 특히 전시국제법 법전화의 초안으로 여길 정도로 국제적으로 높은 평가를 받았다(최종고, 〈개화기의 법학서 해제〉, 《개화기법학서》, 아세아문화사, 1980 ; 學陽書房 編, 《獨逸法學者事典》, 學陽書房, 東京, 1983, 33~37쪽).

49) 《공법회통》(규 고 5370-1) 서(序).

50) 《일성록》, 개국 506년 7월 17일.

51) 《일성록》, 개국 506년 7월 18일.

52) 의정부에서는 이전에도 제호를 다섯 차례 건의하였으나 그때마다 고종의 반대로 성사되지 못하였다. 결국 10월 3일에 가서야 고종은 황제 즉위를 수락하였다. 이와 관련해서는 이구용, 〈대한제국의 성립과 열강의 반응—칭제건원 논의를 중심으로〉, 《강원사학》 1, 강원사학회, 1985 참조.

가 수하(受賀)를 반조(頒照)하였다. 반조문에서는 고려의 삼한 통일, 태조 이성계의 위업, 독립 기초의 창건과 자주의 권리 등을 강조하였다.[54]

이와 같이 칭제건원은 대외적으로는 국외주권의 확보를 만방에 과시하는 동시에 러일 양국 간에서 중립 의지를 표명하는 한편, 대내적으로는 제한군주론을 배격하면서 국내주권을 확고히 다지기 위한 일환이었다.

그러나 독립협회의 반응은 냉담하였다. 이 시기 《독립신문》에는 이와 관련된 기사가 거의 보이지 않는다. 다만 칭제 논의가 거의 끝나갈 무렵인 10월 2일에 가서야 보이는데, 칭제 문제보다는 오히려 자주독립 문제를 거론함으로써 논급을 회피하였다.[55] 이러한 《독립신문》의 보도 자세는 당시 서재필의 뜻을 그대로 대변한 것이었다.[56]

따라서 광무정권의 칭제건원 단행은 박영효 계열의 만민공동회를 비롯한 여러 정치 세력 사이에서 정체(政體) 논쟁을 촉발하는 계기로 작용하였다.[57] 그것은 작게는 광무정권과 만민공동회의 주도권 쟁탈 양상으로 나타났지만, 크게는 이 시기 제국의 건설 방향을 두고 군권주도론과 신권주도론이라는 양대 노선의 대립과 갈등을 예고하는 것

---

53) 《일성록》, 개국 506년 9월 16일.

54) 《일성록》, 개국 506년 9월 18일.

55) 이에 관해서는 이민원, 앞의 글, 1988, 283~284쪽 참조.

56) 서재필은 당시 사장 겸 주필을 담당하였다. 이에 관해서는 신용하, 《독립협회연구》, 일조각, 1976, 1장 참조. 그러나 독립협회 회원 중에도 칭제건원에 동조하는 인사들이 존재하였다. 전 관료 신용진의 경우 《대조선독립협회보》에서 을미사변 주모자들을 비난하면서 존호를 바로잡을 것을 강조하였다(《대조선독립협회보》 18, 1897년 8월 15일). 아울러 서재필이 1898년 5월 14일 출국한 이후는 윤치호가 《독립신문》의 주필을 담당하였음을 유의할 필요가 있다.

57) 유인석과 김도현 등의 위정척사론자도 화이론에 입각하여 칭제건원에는 반대하였다. 그것은 칭제건원의 또 하나 근거인 만국공법질서를 거부하였던 데서 비롯되었다(《소의신편(昭義新編)》 속권1, 〈여송연재병선서(與宋淵在秉璿書)〉;《벽산선생문집(碧山先生文集)》 권1, 〈팔조소(八條疏)〉). 이와 관련해서는 이민원, 앞의 글, 1988, 279쪽 참조.

이기도 하였다. 그리고 러시아인 알렉세예프의 탁지부 고문 임명과 서재필의 중추원 고문 해고를 계기로 본격화되었다.

1897년 12월 13일 정부에서는 서재필에게 해고를 통보하였다. 그가 《독립신문》을 통해 알렉세예프 고빙 및 외부대신 조병식을 비난하였기 때문이다.[58] 특히 이러한 갈등은 러시아의 이권 침탈과 관련하여 증폭되었다. 1898년 2월 22일 독립협회 회원들이 독립관에 모여 윤치호의 동의 아래 독립협회장이자 중추원 1등 의관인 안경수(安駉壽)를 수서명(首署名)으로 올린 상소문에서 러시아 고문관 알렉세예프의 탁지부 고문 임명을 비난하면서 다음과 같이 법규 교정 문제를 제기하였다.

> 나라라고 일컬어지는 것은 전장(典章)과 법도(法度)가 있기 때문인데, 지금 우리나라는 전장이 있고 법도가 있다고 말할 수 있습니까. 구식(舊式)은 폐지하였다 하여 행하지 않고 신식(新式)은 정한 것이 있어도 행해지지 않고 있으니, 행해지지 않는다면 이것은 있으나마나 한 것입니다. 전장과 법도가 없으면 나라가 아니며, 나라가 이미 나라가 아니면 민심은 자연 다른 나라에 의지하게 될 것이고, 다른 나라도 자연스럽게 내정(內政)에 관여하게 될 것입니다.[59]

아울러 법규 교정과 정치 문제는 매우 밀접한 관련이 있음을 지적하였다. 그것은 '자주(自主)'와 '자수(自修)'의 문제였던 것이다. 그리고

58) 《외무아문일기》, 건양 2년 12월 13일;《주한일본공사관기록》 12, 삼(三). 본성왕복보고(本省往復報告), (16) 시정일반(施政一班)·임면일속(任免一束)·잡건(雜件) 보고 제34호(1897년 12월 27일).

59) 《비서원일기》, 광무 2년 2월 2일(양력 2월 22일) "夫邦國之稱 以其有典章法度也 現今我國 可曰有典章乎 有法度平 舊式焉 謂之廢止而不行 新式則雖有所定而赤不行 國旣非國 則人心自然依賴於他國 他國亦不期然 而干預內政." 그 밖에 《주한일본공사관기록》 1898년 2월 28일, 보고 제36호 참조.

《독립신문》도 이 내용을 대서특필하면서 법규 교정의 필요성을 강조하였고,[60] 3월 17일에도 계속하여 다음과 같이 또다시 법규 교정 문제를 제기하였다.

> 정부와 인민은 나라의 ᄌᆞ쥬 독립 권리를 즁히 녁히고 법률과 쟝정 규칙을 놉히 넉혀 다만 나라를 보존 홀ᄲᅮᆫ이 아니라 졈졈 국권이 쟝대 ᄒᆞ야 대한 명예가 텬하에 움즉이도록 일들을 ᄒᆞ며 직분들을 붉혀야 홀너라.[61]

그런데 이러한 제기는 두 가지 의미를 내포하고 있었다. 하나는 법규 교정 자체에 국한하여 교전소 회의를 중단한 이후 부진해진 교정 작업의 속행과 대외주권의 행사를 강력하게 촉구하였다는 점이다. 그리고 또 하나는 광무정권 약화에 목표를 두고 정국 운영의 주도권을 장악하는 계기로 삼았다는 점이다.

우선 전자는 윤치호－남궁억으로 이어지는 독립협회의 상층부 계열이 노력한 것으로 박영효－서재필의 만민공동회 계열이 시도한 후자와 달랐다.[62] 가령 윤치호는《독립신문》7월 21일자 논설에서 "황제 폐하의 칙령으로 설립한 협회를 욕되게 말고 아래로는 회원들의 명예를 손상하지 말며 어느 때까지든지 황실을 위하고 동포를 사랑하는 마음과 정성이 종시여일하게 하기를 깊이 바라노라"라고 하여 박영효 계열의 만민공동회 운동을 비판하고 있다.[63] 나아가 이 계열은 1898년 10월 관민공동회에서 개혁안 6조를 헌의(獻議)하면서 "외국인에게 의존하지 말고 관민이 마음을 같이하고 힘을 합쳐 전제왕권을 견고하게 할 일"

60) "독립협회 회원들의 샹쇼 쇼본을 좌에 긔직 ᄒᆞ노라",《독립신문》, 1898년 2월 24일자.

61) "론셜",《독립신문》, 1898년 3월 17일자.

62) 이러한 계열 구분은 주진오, 앞의 글에 의거하였다.

을 첫 조항으로 내걸었다.[64] 여기서 독립협회의 상층부가 전제왕권의 공고화를 통해 대내개혁을 추진하면서 국권을 강화하고자 하였음을 알 수 있다. 이와 같이 이들은 황제권의 강화를 전제로 개혁 입법의 가속화를 촉구하였다. 그러한 점에서 이 계열은 전제군주정을 현실적으로 수용하였던 셈이다.[65] 이러한 행태는 서재필이 《독립신문》 주필로서 제한군주정을 주장하였던 1896년 11월 22일자 논설과 달리[66] 윤치호가 주필로 재직하는 시기에 보도되었던 1898년 10월 29일자 별보에서 입헌군주정이 아닌 전제군주정을 주장한 사실에서 단적으로 확인할 수 있다.[67] 그것은 무엇보다 "무식하고 조약하고 애국할 마음이 없"는 민인의 만민공동회가 프랑스혁명과 달리 외세의 침입을 초래할 수 있다고 판단하였기 때문이다.[68]

광무정권이나 황국협회 역시 이러한 태도였다. 당시 비서 승(秘書 丞)을 역임하였던 홍종우를 비롯한 고종 측근 세력의 경우[69] 1898년 4월

---

63) "독립협회", 《독립신문》, 1898년 7월 21일자. 정부 자체도 독립협회와 만민공동회를 엄격히 구별하였다("勅語 獨立協會 旣有準許 而萬民共同 擅立名目", 《황성신문》, 1898년 12월 27일자). 유생들도 독립협회와 구별하여 만민공동회를 박영효의 당으로 인식하기도 하였다(박성수 주해, 《저상일월(渚上日月)》, 1898년 11월 30일(이하 음력), 서울신문사, 1993).

64) 《일성록》, 광무 2년 9월 16일; "관민 공동회 ᄉᆞ실", 《독립신문》, 1898년 11월 1일자.

65) 독립협회 정체론에 관해서는 논의가 많이 오갔다. 가령 입헌공화정, 영국형 입헌군주정, 프로이센형 입헌군주정, 전제군주정 등의 주장이 그것이다. 그러나 이러한 주장의 대부분은 독립협회와 《독립신문》 내에 존재하였던 다양한 정치 세력의 태도와 변화과정을 고려하지 않고 단선적으로 이해하려 한 데서 많은 문제점을 갖고 있다. 독립협회 정체론에 관한 논저로는 신용하, 앞의 글, 1986; 주진오, 앞의 글; 최덕수, 〈독립협회의 정체론과 외교론 연구〉, 《민족문화연구》 13, 고려대학교 민족문화연구소, 1978; 유영렬, 《개화기의 윤치호 연구》, 한길사, 1985 등 참조.

66) "론셜", 《독립신문》, 1897년 11월 22일자.

67) "대공동회", 《독립신문》, 1898년 10월 29일자. "우리나라는 단군 이ᄅᆡ로 젼뎨 졍치 ᄒᆞ는 나라이라 구미 각국 즁에 인민 공화 졍치니 민쥬 졍치 ᄒᆞᆫ다는 나라의 졍형과는 대단히 다르니 우리들은 남의 나라의 졍치 엇디케 ᄒᆞ는 것은 말ᄒᆞᆯ 것 업고 다만 우리는 모도 대한 ᄇᆡᆨ셩이니 대한 ᄇᆡᆨ셩의 직분만 직히여 우리나라 젼뎨 졍치 ᄒᆞ시는 대황뎨 폐하를 萬셰 무강 ᄒᆞ시도록 갈츙 보호ᄒᆞ여 들이며……"

68) "민권이 무엇인지", 《독립신문》, 1897년 7월 9일자.

16일 상소에서 각부(各府)의 고문과 외병의 주찰을 회판(會辨)하여 그 나라로 철환하게 하고, 도하(都下)의 개잔(開棧) 및 내지의 행상을 항구로 출송하며, 약장(約章)을 다시 정할 것을 요구하는 한편, 일률적으로 공법을 준수하게 하여 우리 자제(自制)의 권(權)을 온전히 할 수 있다고 주장하였다.[70] 이 역시 대내주권의 확립과 대외주권의 확보였던 것이다. 따라서 광무정권은 관민공동회의 주장을 받아들여 중추원 관제를 개정한다든가[71] 궁내부 소속으로 된 각 둔토 중 탁지부로부터 온 토지 및 어염선곽 등 여러 세금을 모두 탁지부로 환속하고 농상공부로부터 이래(移來)한 각 군의 광산 중 황실 소수(所需) 외는 농상공부에 환속할 것을 지시하거나[72] 역둔토를 탁지부에 귀속하고 군비는 예산에서 마련하게 하였다.[73] 아울러 조병식·유기환·민종묵·이기동·김정근 등 다섯 명의 교체와 헌의 6조를 수용할 것을 알렸다.[74] 이러한 일련의 과정은 광무정권과 윤치호 계열의 독립협회 상층부가 인식을 같이하여 공동보조를 취하였음을 반영한 것이라 하겠다. 《황성신문》 역시 이러한 자세를 견지하였다. 가령 정체 문제에 구애받지 않고, 독립의 기초를 세우고, 자주의 권리를 정할 것을 주장하였다.[75]

반면 박영효 계열은 앞의 경우와 달랐다. 이들은 만민공동회를 조직하여 서재필의 재류를 요청하거나,[76] 나아가 정체 문제를 본격적으로

---

69) 홍종우는 당시 광무정권에서 여러 관직을 거쳤으며 아울러 재야 유생이나 황국협회와 연대하여 만민공동회의 입헌군주정 수립운동에 강력히 맞섰다(조재곤, 앞의 글).

70) 《비서원일기》, 광무 2년 3월 26일.

71) 《일성록》, 광무 2년 9월 29일.

72) 《일성록》, 광무 2년 9월 30일.

73) 앞과 같음.

74) 정교, 《대한계년사》 권4, 광무 2년 11월 13일; "別報(萬民共同會再疎批旨)", 《황성신문》, 1898년 11월 15일자.

75) "론셜", 《황성신문》, 1898년 10월 28일자.

제기하였다. 6차 상소에서는 민권론을 거론하면서 신권 우위를 우회적으로 강조하였다. 1898년 11월 20일 고영근(高永根)을 대표로 삼아 6차 상소를 올렸는데, 그 내용은 다음과 같다.[77]

> 夫國以民爲本ᄒᆞ고 君以民主權ᄒᆞ야 百僚庶官을 皆爲治民而設則用人之際에 收議朝野가 政所以順天理合人情而使國勢日固君威日尊者其機在此ᄒᆞ오니 何有於民權之縱而君權之殺哉닛가 伏乞 陛下는 丞加猛省ᄒᆞᄉᆞ 凡內外勅任官事務緊重者를 先由聖簡ᄒᆞ샤 俯詢政府ᄒᆞ야 必有諸大臣署可多數然後에 主務 大臣이 乃可奉勅施行케ᄒᆞ샤 以此著爲定程焉ᄒᆞ소서.[78]

만민공동회는 민권을 빌미로 군왕의 인사권을 제한하려 하였으며, 나아가 장정으로 만들어 법제화하려 하였다.[79] 이러한 만민공동회의 요구는 박영효나 서재필이 추구하였던 제한군주정의 수립과 밀접한 관련이 있음을 잘 보여준다. 그것은 제한군주정을 수립하기 위한 방편이었다.

재야 유생층의 반론 역시 만만치 않았다. 그들도 이러한 만민공동회의 요구가 궁극적으로 제한군주정의 수립에 닿아 있다고 이해하였다.

---

76) "광무 이년 ᄉᆞ월 삼십일 만민공동회 총ᄃᆡ위원 최정식 정항모 리승만 졔씨가 젼 즁츄원 고문관 셔직필씨 각하에 ᄒᆞ엿다ᄂᆞᆫ 편지를 좌에 긔직 ᄒᆞ노라", 《독립신문》, 1898년 5월 5일자. 고종은 이에 대해 의정부 관제를 다시 개정하여 군권 강화의 방침을 굳히면서(《일성록》, 광무 2년 4월 30일) 서재필 당여의 이러한 조정 비판을 경고하였다(《일성록》, 광무 2년 5월 7일).

77) 고영근은 1894년 농민전쟁 때 대원군의 밀사로 김개남과 접촉하였다(《갑오약력(甲午略歷)》). 그리고 한때는 황국협회 부회장을 역임하는 등 정치적인 변신을 거듭한 인물이다("잡보", 《ᄆᆡ일신문》, 1898년 11월 2일자).

78) 《일성록》, 광무 2년 10월 7일.

79) 독립협회나 만민공동회는 인민을 계몽의 대상으로 여겨 인민의 정치 참여에 매우 부정적이거나 소극적이었다. 이들이 말하는 민권은 개화지식층의 참정권을 지칭한다("하의원은 급지 안타", 《독립신문》, 1898년 7월 27일자). 이와 관련해서는 최덕수, 앞의 글 참조.

심지어 유학 이문화 등은 만민공동회가 공화정을 수립하려 한다고 우려하였다.

> 대저 임금의 막중한 상벌(賞罰)의 권한은 신민(臣民)이 조금이라도 침범할 수 있는 것이 아닙니다. 그런데 저들은 구미(歐美) 국가의 공화(共和)정치를 우리의 전제(專制)정치의 옛 법에 옮기려 하며, 대신을 멋대로 쫓아내는 것을 식은 죽 먹기로 여기고 있습니다. 중추원 관원의 대략 과반수 정도가 관민회(官民會)에서 함께 계획하고 의논하여 임금의 권리는 위에서 깎이고 백성의 권리는 아래에서 높아졌으니, 이것이 공화정의 근거가 아니고 무엇이겠습니까. 이것이 첫 번째 죄입니다.[80]

더욱이 12월 20일 중추원에서 추천한 각부 장관 명단에 박영효와 서재필 등이 포함됨으로써 정국은 위기로 치달았다.[81] 재야 유생들의 반격 역시 더욱 거세졌다. 유생들은 박영효가 국사를 전단(專斷)할까 우려하였다.[82] 심지어는 당시 박영효·유길준·서재필 등이 모두 귀국하여 이미 서울에 도착하였다는 풍문이 무성하였다.[83] 그래서 전 도사 박동진은 독립협회 간부를 역률로 다스리고 독립협회를 혁파할 것을 주장하였으며, 갑오 이후의 신개(新改) 장정을 시행하지 말고 정부의 간능현량(幹能賢良)과 더불어 장정을 확립하고 각부 장정을 일체 개장하

---

80) 《비서원일기》, 광무 2년 10월 28일. "大抵君父之莫重威福 切非臣民之所可毫犯 而彼以歐美共和之政 欲移我專制舊規 擅逐大臣 視若茶飯常事 中樞院員額 約以分半 政府民會 同謀共議 君權削於上 民權隆於下 是非共和之欛柄而何哉 其罪一也."

81) 이때 추천된 인사는 민영준·민영환·이중하·박정양·한규설·윤치호·김종한·박영효·서재필·최익현·윤용구 등이었다("중추원 통첩", 《독립신문》, 1898년 12월 21일자; "별보", 《황성신문》, 1898년 12월 22일자).

82) 《저상일월》, 1898년 11월 13일.

83) 《저상일월》, 1898년 11월 15일.

여 대한정전(大韓政典)을 마련할 것을 청하는 등 갑오개혁 이전으로 회귀하려는 움직임마저 대두하였다.[84] 심지어 당시 독립협회 온건파 인사들이 별도로 창설한 《매일신문》도 양자의 극단적인 갈등을 우려하여 1898년 10월 29일자 논설에서 정부의 만민공동회 탄압을 비판하는 한편, 당시 열강의 간섭을 상기시키면서 "졍부든지 빅셩이든지 사름마다 이 형편과 이 경우를 도져히 씨닷고 보면 여간 죠고마흔 일노 관민간에 셔로 규각이 나지 안이 흘지라"하여 정부와 만민공동회의 상화(相和)를 요청할 정도였다.[85]

이와 같이 법규 교정 문제는 정체 수립과 관련하여 증폭되기에 이르렀던데다 여러 정치 세력의 이해관계와 맞물려 정국은 혼돈의 국면으로 빠져들었다. 그리고 이 과정에서 1898년 12월 25일 정부에 의해 만민공동회가 강제로 혁파되기에 이르렀다.

4. 법규 교정소 설치와 국제 제정

광무정권과 만민공동회의 대립은 칭제건원 문제를 넘어 법규 교정과 정체 수립 문제를 다시 한 번 현안의 과제로 부각하였다. 정부로서는 시급히 해결하여야 하였다. 《독립신문》 역시 마찬가지였다. 1899년 3월 4일자 논설에서는 우선 법규 교정과 준행을 강조한 뒤[86] 3월 21일자에서는 법규 교정과 대외주권을 상호 연관하여 역설하였다.[87] 나아가

---

84) 《고종실록》, 고종 36년 1월 1일. 이때 독립협회는 만민공동회를 포함하여 지칭한 것으로 당시 유생들에게 독립협회와 만민공동회는 정부의 경우와는 달리 동일한 단체로 비쳤다.

85) "론셜", 《미일신문》, 1898년 10월 29일자. 이와 관련해서는 문일웅, 〈만민공동회 시기 협성회의 노선 분화와 《제국신문》의 창간〉, 《역사와 현실》 83, 한국역사연구회, 2012 참조.

86) "새길죠타", 《독립신문》, 1898년 3월 4일자.

3월 24일자 기사에서는 "대한도 청국과 굿치 외국의 롱낙을 밧을는지"[88]라 하여 열강의 침탈을 우려하였다. 그래서 《독립신문》은 4월 12일 논설에서 형법과 민법 등의 제정을 통해 정부와 인민의 신뢰를 조성함으로써 황권을 존숭하고 국체(國體)를 보존할 수 있다고 주장하였다.[89] 이러한 주장은 《황성신문》의 경우도 마찬가지여서 1898년 9월 12일자에서 근대법 체계를 수립한 일본과 《대명률(大明律)》 체계를 고집하는 청의 사정을 비교하면서 법규 교정의 절박함을 토로하였다.[90]

정부 역시 이러한 문제의 심각성을 인식하여 법규 교정의 필요성을 절감하였다. 그 원칙으로 구본신참을 재차 확인하였다. 즉 고종은 전 학부대신 신기선의 별청의(別請議)에 따라 신구를 참작하여 전장과 법률 일체를 교정하도록 하였던 것이다.[91] 심지어 4월 29일에는 육전에 대한 대대적인 교정을 고려하고 있었다. 당시 《독립신문》에서도 정부의 이러한 방침을 상세히 보도할 정도로 깊은 관심을 표명하였다.[92] 광무정권의 이러한 방침은 기존의 《경국대전(經國大典)》 체계를 완전히 종식하고 근대법체계를 수립하려는 시도라 하겠다.

그러나 박영효 계열의 정치 세력은 만민공동회 혁파 뒤에도 정권탈취운동을 계속 전개해나갔다. 그들은 표면으로는 민권을 강조하면서도 내면으로는 제한군주정을 실현하기 위해 이준용(李埈鎔)을 추대하는 등 각종 쿠데타를 기도하였다.[93] 특히 만민공동회 회장 고영근은 추종자들을 사주하여 조병식과 신기선 등을 폭탄으로 테러하려다 미수

87) "증감홀일", 《독립신문》, 1898년 3월 21일자.

88) "한청 문제", 《독립신문》, 1898년 3월 24일자.

89) "학문과 법률", 《독립신문》, 1898년 4월 12일자.

90) "司法", 《황성신문》, 1898년 9월 12일자.

91) 《고종실록》 권39, 고종 36년 4월 4일.

92) "잡보", 《독립신문》, 1899년 4월 29일자.

에 그쳤다.[94]

이러한 정국의 위기 속에서 광무정권은 국권 강화의 일환으로 6월 22일 원수부 관제를 반하하였다.[95] 아울러 고종은 6월 23일 조서를 통해 전장제도가 득중(得中)하지 못하여 크게 경장할 것이라 하여 정부로 하여금 교정소를 권설(權設)하여 일정한 법규를 의립(議立)할 것을 지시하였다.[96] 《독립신문》 역시 6월 27일자에서 이 사실을 상세히 보도하였다.[97]

정부는 총재에 윤용선을 임명하고 위원은 각부부(各部府)의 주임관(奏任官) 중 네 명에 한하였다. 여기에는 법부 법무국장 신재영, 중추원 의관 김익승, 군부대신 관방장 한진창, 중추원 의관 한영복 등이 포함되었다.[98] 그 밖에 추가로 의정부 찬무 미국인 르장드르, 철도 감독 브라운, 종이품 미국인 그레이트하우스 등을 법규교정소 의정관에 차하하여 전장을 논의하게 하면서 신구를 참작하여 힘써 타선(妥善)하는 데 이르게 하라는 원칙을 제시하였다.[99] 그리고 의정부에서 경의주재(經議奏裁)한 것 중 전장 법률을 참작하여 교정하는 건은 정폐(停廢)하는 대신, 법률 규칙의 개정안을 법규교정소로부터 경의한 후에 직행 상주하도록 하여 그 기능을 대폭 강화하였다.[100]

또한 정부는 7월 5일 재차 조칙을 통해 교정소를 법규교정소로 변

---

93) 박영효는 이준용을 추대하여 쿠데타를 일으키기 위해 만민공동회를 이용하려 하였다(《일성록》, 광무 3년 3월 15일; "판결선고서", 《독립신문》, 1899년 4월 29일자).

94) "잡보", 《독립신문》, 1899년 6월 19일, 20일, 21일, 22일, 23일, 25일, 26일, 28일자; 정교, 《대한계년사》 권5, 1899년 5월 29일.

95) 《일성록》, 광무 3년 5월 15일.

96) 《일성록》, 광무 3년 5월 16일.

97) "관보", 《독립신문》, 1899년 6월 27일자.

98) 《일성록》, 광무 3년 6월 3일.

99) 《일성록》, 광무 3년 6월 25일.

경하고 총재에 의정 윤용선, 중추원 부의장 서정순, 궁내부대신 이재순, 궁내부 특진관 조병호와 윤용구, 학부대신 민병석, 의정부 찬정 권재형, 군부협판 주석면, 전권공사 성기운, 한성판윤 김영준을 모두 의정관으로 차하하여 즉시 회의하라고 지시하였다.[101] 법규를 교정하는 처소를 정동 새 대궐 포덕문 안 양제옥(洋制屋)으로 정하고 각부부 대신들이 법규 교정 의관이 되어 7월 10일 하오 3시에 회동하여 난상 의논하였다.[102] 그 결과 성균관 관제를 학부에서 개정하지 않고 교정소에서 일체 의정하였다.[103] 주임관·판임관 시험과 임명 규칙 역시 교정소에서 개정하도록 하였다.[104] 아울러 부(府), 부(部), 원(院), 청(廳)에서 지금 시행하는 규칙을 각기 받아서 교정하였다.[105] 물론《독립신문》에서는 중추원 기능 축소 등에 불만을 토로하거나[106]《대명률》적용을 비판하였다.[107] 그러나 법규교정소의 작업에 대해 다음과 같이 상당한 기대를 갖고 있었다.

> 우리는 대한정부를 위하여 크게 축슈ᄒᆞ며 대한 ᄇᆡᆨ셩을 되ᄒᆞ야 간절히 치하ᄒᆞ거니와 정부에서 이번에 교뎡식히시는 법률은 참으로 실시가 되게 ᄒᆞ기를 ᄇᆞ라노라.[108]

100)《고종실록》권39, 고종 36년 7월 10일.
101)《관보》, 광무 3년 7월 5일, '궁정녹사(宮廷錄事)'.
102) "법규교뎡",《독립신문》, 1899년 7월 11일자.
103)《관보》, 광무 3년 7월 19일.
104)《고종실록》권39, 고종 36년 7월 18일.
105) "교졍쇼조회",《독립신문》, 1899년 7월 21일자.
106) "엉거쥬춤",《독립신문》, 1899년 7월 24일자.
107) "민법론",《독립신문》, 1899년 8월 14일자.

이러한 여론에 힘입어 광무정권은 1899년 8월 17일 '대한국국제'를 반포하였다. 우선 국제 제정의 취지를 다음과 같이 설명하면서 국체 및 정체의 수립에 목적이 있음을 언명하였다.

> 이제 조칙을 받드니 본소(本所)에서 국제(國制)를 잘 상량하여 세워서 보고하여 분부를 받으라 하였으므로 감히 여러 사람의 의견을 수집하고 공법(公法)을 참조하여 국제 1편을 정함으로써 본국의 정치는 어떤 정치고, 본국의 군권은 어떤 군권인가를 밝히려 합니다. 이것은 실로 법규의 대두뇌이며 대관건입니다. 이 제도를 한 번 반포하면 온갖 법규가 쉽게 결정될 것이니 그것을 교정하는 데 무슨 문제가 있겠습니까?[109]

이와 같이 광무정권은 국제 제정을 통해 주권의 소재와 집행 형식을 명백히 규정하려 하였다.[110] 즉 권재형이 칭제건원 상소문에서 이미 주장한 대로 국체와 정체를 수립함으로써 군권을 중심으로 중세 번봉국가에서 근대 주권국가로 나아가려 하였던 것이다. 그리고 그 근거는 만국공법에서 구하였다. 끝으로 국제를 "법규의 큰 두뇌요, 큰 관건"이라 규정하고 있듯이 헌법으로 이해하고 있으며, 나아가 "천 가지 규율이 스스로 칼날이 맞어 대가 짜개질지니"라고 평가하고 있듯이 앞으로 이에 근간하여 근대법체계를 수립하겠다는 의지를 과시하고 있다. 이러한 취지는 '대한국국제'의 내용에 그대로 반영되었다.

---

108) 앞과 같음.

109)《일성록》, 광무 3년 7월 12일. "今伏奉詔勅 自臣所商立國制 登聞取旨者 乃敢撫取衆議 援照公法 擬定國 制一編 以明本國政治之爲何樣政治 君權之爲何等君權 此誠法規之頭腦大關鍵也 是制一頒 則千法萬規 自可迎刃而破竹 其於校正乎何有哉."

110) 유길준에 따르면 국체는 주권의 소재 여하를 말하고, 정체는 국가가 주권을 집행하는 형식을 이른다(유길준전서편찬위원회,《유길준전서 IV》, 일조각, 1971, 485~487쪽).

제1조 대한국(大韓國)은 세계 만국에 공인된 자주독립(自主獨立)한 제국(帝國)이다.

제2조 대한제국(大韓帝國)의 정치는 과거 500년간 전래되었고, 앞으로 만세토록 불변할 전제정치(專制政治)다.

제3조 대한국 대황제(大皇帝)는 무한한 군권(君權)을 지니고 있다. 공법에 이른바 정체(政體)를 스스로 세우는 것이다.

제4조 대한국 신민이 대황제가 지니고 있는 군권을 침손(侵損)하는 행위가 있으면 이미 행했건, 행하지 않았건 막론하고 신민의 도리를 잃은 자로 인정한다.

제5조 대한국 대황제는 국내의 육해군(陸海軍)을 통솔하고, 편제(編制)를 정하며, 계엄(戒嚴)과 해엄(解嚴)을 명한다.

제6조 대한국 대황제는 법률을 제정하여 그 반포와 집행을 명하고 만국(萬國)의 공통적인 법률을 본받아 국내의 법률도 개정하고 대사(大赦), 특사(特赦), 감형(減刑), 복권(復權)을 한다. 공법에 이른바 율례를 자체로 정하는 것이다.

제7조 대한국 대황제는 행정 각부(各府)와 각부(各部)의 관제와 문무관(文武官)의 봉급을 제정 혹은 개정하며 행정상 필요한 각 항목의 칙령을 발한다. 공법에 이른바 치리(治理)를 자체로 행하는 것이다.

제8조 대한국 대황제는 문무관의 출척(黜陟)과 임면(任免)을 행하고 작위(爵位), 훈장(勳章) 및 기타 영전(榮典)을 수여 혹은 박탈한다. 공법에 이른바 관리를 자체로 선발하는 것이다.

제9조 대한국 대황제는 각 조약국에 사신을 파송 주재하게 하고 선전(宣戰), 강화(講和) 및 제반 약조를 체결한다. 공법에 이른바 사신을 자체로 파견하는 것이다.[111)]

우선 제1조는 다른 나라에 종속하지 않고 대등하게 자국의 정책을 결정하는 자주독립국임을 성문화한 것이다. 주권론에서 말하는 대외주권으로서의 독립성을 말하는 것이기도 하다. 제2조와 제3조는 주권의 소재와 집행 형식을 언급한 것으로 국체와 정체를 규정한 것이다. 그것은 전제군주정으로 함축할 수 있다. 그런데 이러한 전제군주정은 주권국가의 다양한 국체·정체의 하나임은 두말할 필요가 없다.[112] 그리고 제4조부터 제9조까지는 이러한 국체와 정체에 근간하여 군권의 범위와 대상을 규정하였다. 이는 자주 조직권으로서 외부로부터 독립하여 자주적으로 국가 기관을 조직하고 국가 권력을 수권(授權)하는 권한을 명시한 것이라 하겠다. 가령 군 통수권, 입법권, 사면권, 관리임명권, 외교권이 포함되어 있다. 이와 같이 국제 제정은 국가 권력의 최고성과 독립성을 성문화한 것이라 하겠다.[113] 그러한 점에서 이는 단지 군권 강화라는 차원에 그치지 않고 근대 주권국가로 진입하려는 광무정권의 이념과 국가건설 방향을 법제면에서 규정한 것이다.

이어서 광무정권은 이러한 국제에 근간하여 1899년 9월 11일 청과 통상조약을 체결하였다. 그것은 호혜평등의 원칙에 입각하여 근대적 외교관계를 수립한 것이다.[114] 아울러 광무정권은 근대법체계 수립에

---

111) 《고종실록》 권39, 고종 36년 8월 17일.

112) 주권국가 성립 문제는 정부를 누가 장악하느냐에 따라 규정되는 것이 아니라, 일정한 영토에서 대내적으로는 국가 권력의 최고성을, 대외적으로는 국가 권력의 독립성을 실현할 수 있느냐에 달려 있다. 그러한 점에서 전제군주정 역시 근대 주권국가의 정체인 것이다. 유길준도 영국식 입헌군주정을 선호하나 현실적으로는 국민의 풍속과 나라의 형편에 따라 그 밖의 정체도 고려하였다(유길준, "제5편 정부의 종류", 《서유견문(西遊見聞)》).

113) 유길준의 경우 방국(邦國)의 권리를 크게 두 가지로 나누었다. 첫째는 내용(內用)하는 주권(국내 주권)으로 나라 안의 일체의 정치와 법령이 그 정부가 세운 헌법을 스스로 지키게 함을 말하며, 둘째는 외행(外行)하는 주권(국외 주권)으로 독립과 평등의 원리를 따라 외국과 교섭을 갖는 권리를 말한다(유길준, "제3편 방국의 권리", 《서유견문》).

114) 《고종실록》 권39, 고종 36년 9월 11일.

골몰하였다. 대표적인 예로 1900년 12월 8일 교정에 착수하여 1905년 4월 28일 반시한《형법대전(刑法大全)》이 그것이다.[115] 그런데 이러한《형법대전》이 근대적 국민 평등과 사적 소유권을 법제적으로 확립하고 있다는 점에서 갑오·광무 정권이 추구하였던 법규 교정 작업이 일단락되었음을 잘 보여준다.[116] 그리고 고종이 조칙에서 다음과 같이 밝히고 있듯이 시세 변화에 맞추되 구본신참에 입각하여 근대적 형법전을 갖추려 하였던 것이다.

> 형법(刑法)은 정치의 필수적인 수단이며 나라를 다스리는 데서 먼저 해야 할 일이다. 우리나라의 전헌(典憲)이 처음부터 갖추어지지 않은 것이 아닌데 옛날과 지금은 제정하는 것이 다르고 존폐 여부를 대중없이 하였으므로 백성들의 범죄가 더욱 많아지고 유사(有司)의 의혹도 차츰 깊어지기 때문에 짐은 속으로 개탄하였다. 이어 선왕(先王)들이 제정한 법을 근본으로 하고 외국의 규례를 참작하여 나라의 법을 뚜렷이 만들고 그 이름을《형법대전》이라 하여 온 나라에 반포하여 영원히 전하는 바이니 백성들은 두려운 것을 알게 될 것이고 유사(有司)는 준봉(遵奉)하기 쉬울 것이다. 아! 공경히 받들도록 하라.[117]

곧이어 민법전을 마련하기 위해 법률기초위원회를 구성하여 착수하

115)《고종실록》 권40, 고종 37년 12월 8일, 21일.

116) 이와 관련된 논문은 다음과 같다. 李丙洙, 〈韓國の近代化と《刑法大全》の頒示〉,《思想》 583, 岩波書店, 1973 ; 박병호, 〈구한국시대의 형사입법의 연혁〉,《한국법제사고》, 법문사, 1974 ; 최원규, 〈한말 일제초기 토지조사와 토지법 연구〉, 연세대학교 박사학위논문, 1994, 143~146쪽.

117)《고종실록》 권45, 고종 42년 4월 29일. "刑法爲政治之必須 奈有國之先務也 我國典憲 未始不備 而古今殊制 存廢無常 民生之犯科愈多 有司之疑眩滋深 朕心慨之 玆用本之先王成憲 參之外國規例 著爲一王之典 命名曰 刑法大全 頒示中外 永垂無窮 庶民生知所畏避 而有司易於遵奉 嗚呼 尙欽哉."

였다.[118] 그러므로 대한제국기 국제 제정은 갑오개혁 이래 추진해왔던 근대 주권국가의 수립운동을 일단락지었다 하겠다. 특히 정국 운영을 둘러싼 정체 논쟁을 종식하고 황제가 주도하여 주권국가를 건설할 수 있는 법제적 기틀을 제공하였다는 점에 주목하여야 한다. 그리고 이러한 기반 위에서 황제 주도의 제국건설사업이 전개되었다. 가령 이 시기를 전후하여 이루어진 양전·지계사업, 내장원 강화, 원수부·지방대 편제와 구미 각국과의 외교관계 확대와 주재공사 파견 등을 대표적으로 들 수 있다.

그러나 이러한 건설 방향은 전제군주정과 만국공법질서에 근간을 두고 있어 사회 내부의 통합과 러일 간의 세력 균형이 전제되어야 하였다. 그것은 이들 두 가지 여건이 변화함에 따라 대한제국의 진로 역시 변경되어야 함을 의미한다. 그리고 황제가 군권주도론에 입각하여 부국강병과 내장원의 재정 확충에 진력하는 한편, 중립화론에 더욱 골몰하게 되었던 까닭이기도 하였다.[119]

5. 결어

대한제국기에 법규 교정과 정체 수립 문제는 매우 중요하였다. 그것은 1894년 농민전쟁, 청일전쟁, 을미사변, 아관파천 등에서 야기된 일련

118)《고종실록》 권45, 고종 42년 5월 31일. "議政府參政大臣沈相薰 法部大臣李根澔奏 法律不備則政治不擧 而刑法大全 雖已頒布 至於民法 迄無一定之條規 有司之臣 聽理之際 眩於左右 矧兹民庶之昏瞀特甚者乎 生命財產之保護 原無制限 健訟寃訴之剖決 不得停當 良由是也 民法制定不容少緩 請自法部 另設法律起草委員會 以法律通曉之人 選定委員 竝將內外新規 斟酌損益 趕速起草何如 允之."

119) 대한제국 정부의 중립화론에 대한 구상과 추진에 관해서는 梶村秀樹, 〈朝鮮からみた日露戰爭〉, 《史潮》 7, 歷史學會, 1980 참조.

의 국가 위기를 극복하고 근대 주권국가로 나아가는 데 관건이었기 때문이다. 그리고 이 문제는 이 시기 독립협회, 만민공동회, 황국협회, 재야 유생 등 다양한 정치 세력의 이해관계와도 밀접하게 관련되어 있었다. 특히 정체 수립 문제는 더욱 그러하여 광무정권과 만민공동회 사이에서 전개된 일련의 정체 논쟁과 정치적 갈등이 증폭되기도 하였던 것이다. 이에 반해 법규 교정은 일부 보수 유생들을 제외하고는 여러 정치 세력이 조제(調劑)할 수 있는 여지를 남기고 있었다.

그러나 이 시기 러일 간의 세력 경쟁과 정국 운영을 둘러싼 정치 세력 간의 갈등은 정체 논쟁을 더욱 부추겼고, 나아가 또 한 번 국가적 위기를 초래하였다. 이에 정부는 칭제건원을 통해 정체 논쟁을 종식하고 군권주도론에 입각하여 근대 주권국가로 나아갈 수 있는 전기를 마련하였다. 아울러 법규 교정 작업을 통해 개혁을 지속시킬 수 있는 법적 기반을 구축하였고 궁극적으로는 일종의 헌법이라 할 수 있는 '대한국국제'를 제정하였다. 그것은 대외적으로는 중세 조공·책봉 질서로부터 근대 만국공법질서로, 대내적으로는 《경국대전》 체계에서 근대 법체계로 진입할 수 있는 여건을 조성하였음을 의미한다. 그러한 점에서 1905년 4월에 반시된 《형법대전》은 이 시기 법규 교정 작업의 최대 성과로 평가할 만하다.

광무정권의 이러한 노력은 자신의 기반이라 할 전제군주정과 만국공법질서가 당시 러일 간의 세력 균형과 밀접하게 관련되어 있다는 점에서 언제든지 무위로 돌아갈 여지가 컸다. 러일 양국의 세력 균형이 붕괴될 때는 대한제국 역시 동요하였던 것이다. 하지만 이러한 여건 속에서 광무정권이 법규 교정을 비롯한 각종 근대화정책을 수립하고 추진하였다는 사실은 이후 신국가건설 문제와 관련해볼 때 농민적 노선의 개혁 방향과 대립(對立)·보합(保合)하면서 전개되었던 지주적 노

선의 주권국가건설 방향이었음을 잘 보여준다.[120)]

〈대한제국기의 법규 교정과 국제 제정〉,
김용섭교수정년기념한국사학논총간행위원회 편,
《한국 근현대의 민족문제와 신국가 건설》, 지식산업사, 1997 수정 보완

120) 이러한 점에서 대한민국임시정부의 《임시헌장》 제8조에 보이는 "대한민국은 구황실을 우대함"이라는 조문을 주목할 필요가 있다(유광렬 엮음, 《항일선언·창의문집》, 서문당, 1975, 11~25쪽).

4장

정부의 프랑스 정책과 천주교
—왕실과 뮈텔의 관계를 중심으로

1. 서언

1897년 대한제국 수립부터 1904년 러일전쟁 직전 시기에 조선 사회와 천주교 측의 대립·갈등이라 할 '교안(教案)'이 집중 발생하였다.[1] 이는 문화상의 이질 문제, 천주교인의 지방통치체제 도전 및 정치적·경제적 특권에 대한 민인의 반발 등이 폭발적으로 표출되었기 때문이다.

이러한 교안은 이 시기 천주교의 급신장한 교세와 '양대인(洋大人)'에 의지하여 정치적·경제적 이익을 도모하기 위해 입교한 다수의 천주교도와 매우 밀접하였다.[2] 더욱이 교안 처리과정이 천주교 측에 유리하게 전개됨으로써 천주교 교세는 한층 강화되었고 교안의 심각성

1) 1886년부터 1906년 사이에는 교안이 305건 발생하였으며 그중 1897년에서 1903년에는 무려 161건이 일어났다. 전체 3분의 1에 해당되는 이 기간에 50퍼센트 이상의 교안이 발생한 셈이다. 특히 1899년 강경포교안, 1901년 이재수의 난, 해서교안 등 굵직굵직한 교안이 이 시기에 일어났다(장동하, 〈한말 교안의 성격〉, 《민족사와 교회사》, 한국교회사연구소, 2000).

2) 이원순, 〈조선말기 사회의 「교안」 연구〉, 《역사교육》 15, 역사교육연구회, 1973(《한국천주교사연구》, 한국교회사연구소, 1986 수록); 김양식, 〈1901년 제주민란의 재검토〉, 《제주도연구》 6, 제주도연구회, 1989.

은 더해갔다.

그리하여 근래 연구에서는 천주교라는 특정 교단과 향촌 지배 세력의 갈등 속에서 교안을 검토하기에 이르렀다.[3] 즉 프랑스 정부가 외교상에서 천주교의 전교(傳敎)를 지원하는 반면, 대한제국 정부가 외세의 간섭에 능동적으로 대처하지 못하는 가운데 천주교인들이 사회 세력으로 성장하여 기존의 향촌 지배질서를 흔들었다는 점을 교안의 근본원인으로 들고 있다. 이러한 주장은 호교론이든 민중운동론이든 천주교와 민인의 대립이라는 이분 대립 구도에 머물렀던 기존의 접근방식에서 벗어나 향촌사회 여러 세력의 동향을 집중 검토함으로써 교안 문제를 향촌사회 내부의 차원으로 심화, 발전시켰다고 할 만하다.

그러나 연구의 이러한 경향은 기존 연구와 마찬가지로 여전히 교안 문제와 외세 간섭에 초점을 두고 있어 광무정권의 구실은 전혀 반영되어 있지 않다. 특히 광무개혁과 교안은 별개의 문제였다. 정부는 존재하지 않고 오로지 외래 종교 및 이를 지원하는 외세와 토착 주민만이 우뚝 서서 극단적인 대립으로 치달은 셈이다. 결국 이는 광무정권의 여러 정책을 좀더 면밀하게 검토하지 못하는 요인으로 작용하였다.

이에 이 글에서는 광무정권의 대내외 정책을 염두에 두고 교안 문제에 접근함으로써 교안의 정치적·사회적 배경을 광무정권의 구실과 연계하여 검토하고자 한다. 다만 논의의 효율을 위해 왕실과 귀스타브 샤를 마리 뮈텔(Gustave Charles Marie Mütel)의 관계를 집중 검토하였다. 양자는 당시 조선과 프랑스를 대표하는 정치 세력이었기 때문이다.

---

3) 박찬식, 〈한말 천주교회와 향촌사회—'교안'의 사례 분석을 중심으로〉, 서강대학교 박사학위논문, 1995.

2. 정부의 대프랑스 외교 강화와 뮈텔

조불관계의 특수성은 천주교 전교 문제에 뿌리를 두고 있다.[4] 조불수호통상조약의 비준서가 난항을 겪다가 다른 나라의 경우보다 훨씬 늦은 시점인 1887년 윤4월 8일(양력 5월 30일)에 교환되었던 것은 이 때문이었다.[5] 천주교 전교 문제와 관련된 조항은 다음과 같다.

> 제4조 6항 법국인들은 통상항과 통상도시 주위로 100리 이내에 있는 지대에서 혹은 양국의 관계 당국이 공동 결정한 어떤 범위 내에서는 자유롭게 통행할 수 있다. 또한 불란서인들은 여행권[護照]을 소지한다는 유일한 조건하에서 조선 영토의 전역(全域)을 갈 수 있으며 여행할 수도 있다 …….
>
> 제9조 2항 …… 조선에서 학문을 연구하기 위해 어문, 과학, 법학 혹은 예술을 교회(教誨)하기 위해 조선으로 가게 되는 불란서인들은 체결국이 절원(切願)하는 친선의 증거로서 언제든지 원조와 지원을 받아야 한다. 법국으로 가는 조선인들도 동일한 편의를 향유한다.[6]

제4조 6항은 당시 조선이 외국과 맺은 조약에서 공히 보이는 국내 통행권 조항이다. 특히 여행권을 갖고 있는 경우에는 조선 전역을 돌아다닐 수 있게 되어 있다. 따라서 프랑스 교사들은 자유롭게 조선 내지를 여행할 수 있다. 그런데 제9조 2항에 보이는 '교회(教誨)'가 문제

---

4) 이에 관해서는 최석우, 〈한불조약의 체결과정〉, 한국정치외교사학회 편, 《한불외교사: 1886~1986》, 평민사, 1987 참조.

5) 〈조불수호통상조약〉, 1886년 6월 4일(국회입법조사국, 《구한말의 조약휘찬》, 1989 수록).

6) 앞과 같음.

였다. 이 자체가 매우 애매모호한 표현으로 조선과 프랑스가 전교의 자유를 명시하지 않은 채 전교의 자유를 암시하는 타협의 산물이었다.[7] 그러나 천주교 측으로서는 '교회'라는 표현 자체로는 만족할 수 없었다. 조불수호통상조약은 어디까지나 천주교 측의 '힘과 안전의 근원'에 지나지 않았던 것이다.[8] 그래서 뮈텔은 파리외방전교회에 보고하는 1891년도 문서에 다음과 같이 적고 있다.

> 우리에게 이 변화를 가져다준 조약에는 종교에 대한 말이 없는 것은 사실이지만, 우리는 불란서 국민으로서 보호를 받고 있습니다. 선교사들은 전국을 돌아다닐 수 있게 하는 통행증(정식 명칭은 호조)을 갖고 있는데, 우리는 마지막 장애가 제거되기를 기다리면서 이것을 널리 활용하고 있습니다.[9]

여기서 뮈텔은 '마지막 장애'를 언급하고 있는데, 그것은 바로 공식적인 전교의 자유를 말한다. 그러나 신교(信教)의 자유가 보장되지 않는 한 그 의미는 반감되었다.[10] 뮈텔은 그 심각성을 다음과 같이 보고하고 있다.

> 천주교에 대한 오래전부터의 편견과 박해에 대한 두려움도 남아 있습니다. 몇 해 전만 하더라도 천주교라는 이름이 하도 엄격히 금지되어 있었기 때문에 그것을 믿는 사람들에게 전에 그렇게도 많은 불행을 가져오게

---

7) 최석우, 앞의 글.

8) 명동천주교회, 《서울교구연보 I》, 1984, 65쪽.

9) 앞의 책, 103쪽.

10) 이원순, 〈한불조약과 종교자유〉, 《교회사연구》 5, 한국교회사연구소, 1987, 84쪽.

한 종교를 오늘날 탈 없이 신봉할 수 있다는 것을 사람들이 생각할 수 없을 지경입니다.[11)]

프랑스 신부의 전교는 사실상 허용되었지만 일반 민인의 천주교 입교는 탄압에 대한 두려움으로 여전히 제한되었던 것이다. 따라서 뮈텔에게는 신교의 자유가 화급한 과제로 인식되었다. 특히 파리외방전교회는 개신교의 경우와 달리 직접 선교방식을 고집하고 있었으므로 이 문제는 더욱 그러하였다.[12)]

한편, 조선 정부는 여전히 전교의 공식 허용에 소극적인 태도를 취하였다. 당시 동도서기 방책을 추구하는 정부의 정책상 이는 당연한 귀결이었다. 반면 프랑스 정부는 전교 문제를 매듭지으려고 조선 정부의 박해령을 폐지하려는 계획을 세웠다.[13)] 조불수호통상조약에서 애매하게 처리된 전교의 자유를 공식으로 보장받으려는 의도였다. 그러나 영국영사관에서는 이러한 계획이 오히려 조선 정부에게 효력을 상실한 옛날 박해령을 상기시켜 선교사들에게 허용하고 있는 사실상의 자유마저도 빼앗길지 모른다는 우려를 제기하였다.[14)] 뮈텔의 경우 프랑스공사관의 계획에 동의하면서도 분명하고도 유효한 서류를 충분히 손에 넣지 못할 경우를 우려하였다.[15)] 그래서 교안 문제를 사전에 예방

---

11) 명동천주교회, 앞의 책, 104쪽.

12) 노길명, 〈구한말 프랑스 선교사의 사회·문화활동—그 성격과 한계성을 중심으로〉, 《교회사연구》 5, 한국교회사연구소, 1987, 106~111쪽; 김정송, 〈뮈텔 주교의 조선 인식과 선교 방침(1890~1919)—정치·사회적 측면을 중심으로〉, 《성농 최석우신부 고희기념한국가톨릭문화활동과 교회사》, 한국교회사연구소, 1991, 571~574쪽; 신광철, 《천주교와 개신교—만남과 갈등의 역사》, 한국기독교역사연구소, 1998, 47~80쪽.

13) 《뮈텔 주교 일기》(이하 《일기》로 줄임), 1893년 1월 13일.

14) 《일기》, 1893년 1월 13일, 14일.

15) 앞과 같음.

하기 위해 교인들을 엄격하게 단속하여야 하였다.[16]

그러나 1894년 청일전쟁을 겪으면서 조선 정부의 이러한 태도에 변화가 나타났다. 조선 정부는 천주교 신부·신자 문제에 관대해지기 시작하였으며, 드디어 1894년 12월(양력 1895년 1월)에는 남종삼(南鍾三), 홍봉주(洪鳳周)를 사면하였다.[17] 뮈텔 주교는 이를 두고 "조선 조정의 자발적인 이 조처는 분명히 조선 조정의 새로운 경향이 매우 다행스러움을 말해주고 있다"라고 평가하였다.[18]

나아가 왕실은 정부의 이러한 조치를 넘어 뮈텔 주교와 접촉하려 시도하였다. 물론 천주교 측의 희망이기도 하였지만 실상은 왕실에서 매우 적극적인 태도를 취하였다.[19] 그것은 일본의 보호국화 방침에 반발하면서 러시아·프랑스 정부에 접근하고자 하였기 때문이다.

조선 왕실과 프랑스 정부의 비밀 접촉은 고종의 밀사 홍계훈과 뮈텔이 담당하였다. 홍계훈은 뮈텔을 통해 프랑스 정부의 조선 정책을 탐지하고자 하였으며,[20] 심지어는 프랑스 정부의 영향력 행사를 요구하였다.[21] 이에 대해 뮈텔은 3국 간섭 통고 3일 전인 1895년 4월 20일 홍계훈에게 러시아, 독일, 프랑스 3국이 시모노세키조약에 이의를 제기

---

16) 《일기》, 1894년 4월 16일.

17) 《고종실록》 권32, 고종 31년 12월 16일, 27일. 이때 김옥균, 박영효, 홍영식 등 급진개화파의 벼슬을 회복하는 조치가 함께 취해졌기 때문에 남종삼, 홍봉주에 대한 이러한 조처는 천주교에 대한 태도의 극명한 변화라기보다는 김홍집 내각 및 일본의 대프랑스 유화 제스처일 수도 있고, 아니면 여기에 편승한 왕실의 의도적인 대프랑스 접근 조치일 수도 있다. 둘 중 어느 것이든 이를 바라보는 천주교 측으로서는 과거의 멍에에서 벗어날 수 있는 기회로 여길 만하였다.

18) 《일기》, 1895년 1월 14일.

19) 뮈텔은 파리외방전교회에 보고하는 1895년 보고서에서 말하길 "나는 영광스럽게도 왕을 알현할 허락을 받았습니다. 아니 오히려 왕을 알현하러 오라는 부름을 받았다는 표현이 더 적절하겠습니다. 왕 자신이 나를 보고 싶다는 희망을 먼저 표하였기 때문입니다"라고 하였다. 명동천주교회, 앞의 책, 165쪽.

20) 《일기》, 1895년 4월 20일.

21) 앞과 같음.

할 것임을 알려주었다.[22] 그러자 홍계훈은 뮈텔에게 정치적 문제 해결에 필요한 중재 역할을 요청하였다.[23] 심지어 왕실에서는 뮈텔을 어떤 방식으로든 늘 접촉할 수 있는 방안을 찾고자 하였다.[24] 그것은 왕실이 프랑스 정부의 적극 개입을 유도하여 일본을 견제하고자 하였기 때문이다. 프랑스 극동함대 역시 조선에서 영향력을 증대할 좋은 기회라 판단하고 이를 활용할 것을 뮈텔에게 적극 권유할 정도였다.[25]

그리하여 홍계훈과 뮈텔이 수차례 접촉한 뒤[26] 고종은 1895년 8월 28일에 뮈텔을 접견하기에 이르렀다.[27] 왕실과 뮈텔의 최초 만남이었다. 여기서 고종은 친정 이후 천주교를 박해하지 않았다는 사실을 상기시키면서 자신의 천주교관을 피력하였다. 그리고 그 자리에서 프랑스 정부가 공사를 1급 공사인 전권공사(全權公使)로 올려줄 것을 요청하였다.[28]

조선 왕실의 이러한 접근 노력은 을미사변을 거치면서 더욱 빈번하였다. 일본이 을미사변을 계기로 조선 정부 내정에 더욱 깊숙이 관여

---

22) 앞과 같음.

23) 《일기》, 1895년 6월 4일.

24) 왕실에서는 뮈텔을 궁내부의 관리만을 담당하는 자리에 임명하고자 하였다(《일기》, 1895년 6월 11일).

25) 《일기》, 1895년 7월 7일.

26) 뮈텔은 1895년 10월 8일 그의 일기에서 다음과 같이 홍계훈을 회고하고 있다. "홍계훈은 천주교 실체를 깨치고 있는 뛰어난 사람이었다. 그는 내가 해주는 천주교에 관한 말을 관심 있게 들었으며, 내게 책들을 요청하기도 하였다."(《일기》, 1895년 10월 8일) 뮈텔의 이러한 진술은 홍계훈 개인에 대한 인식과도 연관되지만 왕실에서 뮈텔에게 공을 들여 접근하고 있음을 암시하는 것이기도 하다.

27) 《일기》, 1895년 8월 28일.

28) 1887년 6월 2일부터 1888년 6월 5일까지 당시 프랑스의 대조선 외교 사무는 러시아 대리공사 베베르가 관리하였으며 1894년 3월부터 2년간은 르페브르가 대리공사를 지내던 터였다. 《통리교섭통상사무아문일기(通理交涉通商事務衙門日記)》 11, 고종 24년 윤4월 11일;《구한국외교문서》 19권, 법안, 고대아세아문제연구소(이하 《법안》으로 줄임), 1969, 14~18호, 고종 24년 윤4월 8~11일;《법안》, 179~183, 197, 355~356, 416, 535호.

하자 표면으로는 이를 거부하지 못하면서도 내면으로는 적극 반대하였기 때문이다. 고종은 서구 열강의 개입을 요청하였고 서구 외교관들도 프랑스와 러시아가 일본의 조선 병합을 막기 위해 노력할 것이라고 답변하였다.[29] 프랑스 정부의 구실이 3국 간섭과 마찬가지로 또 한 번 주목되었던 것이다. 고종은 뮈텔에게도 프랑스 정부의 개입을 요구하였다. 이는 뮈텔에게 전교 문제를 풀 수 있는 호기였다. 프랑스 정부가 조선 내정에 개입하면 할수록 천주교의 교세가 확장되었기 때문이다. 뮈텔은 이를 두고 "그 옛날 하느님을 위해 밀입국하던 일이 생각난다. 이젠 정말 역할이 바뀌었다"라고 표현하였다.[30]

조선과 프랑스의 이러한 관계는 춘생문 사건과 아관파천을 겪으면서 더욱 분명해졌다. 이제 조선 왕실은 일본의 눈치를 보지 않고 프랑스 정부에 접근할 수 있었던 것이다. 뮈텔은 당시 일본의 신문 기사를 다음과 같이 소개하였다.

> 왕이 영세를 하고 가톨릭 신자가 되었다. 프랑스 주교 뮈텔은 자주 알현을 한다. 왕은 그를 극진히 대우한다. 며칠 후 왕은 가톨릭 교회에 기도를 하러 갈 것이다.[31]

일본 언론의 이러한 보도 내용은 악의가 섞인 과장 보도일 수 있지만, 다른 한편으로는 뮈텔이 조선 정국에서 차지하는 위상이 높아지면서 왕실에 미치는 영향력이 증대하고 있음을 의미하였다.

또한 국왕 측근 세력과 정부의 일부 대신은 왕실의 이러한 태도를

29) 《일기》, 1895년 10월 31일.

30) 앞과 같음.

31) 《일기》, 1896년 6월 16일.

지켜보면서 뮈텔을 자주 방문하여 호의를 표시하거나 청탁을 의뢰하였다. 법부대신 조병식은 여러 교안에서 천주교 쪽에 유리하게 처리하였고 대성당 입구로 쓰일 집을 매입할 수 있도록 주선하였다.[32] 심지어 자기 관직을 보전하기 위해 뮈텔에게 매달리는 추태까지 보였다.[33] 그 밖에 많은 고위 관료가 그러한 행태를 보였다. 따라서 이러한 관료들이 천주교를 지원하거나 교안을 처리하는 과정에서 천주교 신도들을 적극 옹호하였음은 당연하였다. 심지어 민인을 수탈하는 지방관들마저 프랑스 신부들의 개입을 우려하여 천주교 신도는 수탈 대상에서 제외하였다. 정부의 프랑스 정책과 뮈텔의 영향력이 이처럼 향촌사회의 질서를 동요시키고 있었던 것이다.

향촌의 일부 세력가와 민인은 이러한 세태를 보면서 천주교 입교를 적극 고려하였고 실제로도 입교하여 그 수가 증가하였다. 예전에는 매년 1,000명 정도 증가하였지만 1896년 이후에는 매년 2,000명에서 3,000명을 넘겼다.[34] 천주교에 대한 기대가 그만큼 컸기 때문이다.

이러한 기대는 천주교 교단 외부뿐더러 교단 내부에서도 그러하였다. 제주도는 이러한 기대가 그대로 드러났다. 1900년 5월 제주도에 온 마르셀 라크루(Marcel Lacrouts) 신부는 1900년 7월 뮈텔에게 보낸 서한에서 다음과 같이 요구하였다.

> 이 김경하(金經夏)라는 사람은 판결도 받지 않고 무기한으로 유배지로 보내졌습니다. 제가 주교님께 한 가지 '희한한 일'을 요구하는 것은 아니지만 주교님께서 그의 유배 기간을 줄이게 하거나 그 기간을 9년으로 정하

32) 《일기》, 1897년 2월 3일.

33) 《일기》, 1897년 2월 7일.

34) 박찬식, 앞의 글, 16쪽.

게 해주실 수 있다면 주교님께서는 큰일을 하시는 것이 되며, 그것은 제주의 신자들에게 상당한 충동을 주게 될 것입니다.

이 사람은 매우 영향력 있는 분으로 두 가지 일에서 우리를 도왔는데, 이 일로 하여 한 마을 전체가 김(김원영 – 필자) 신부의 집에서 교리를 배우도록 결심하게 되었습니다. 또 다른 마을에서는 한 선비가 만일 자기가 특별한 배려를 받게 된다면, 즉 자기 아들이 종교를 모욕한 죄로 목사에게 보내지지 않는다면 신자가 되겠다고 약속하는 편지를 어제 또 그에게 보내왔습니다. 어쨌거나 이 모든 일이 주교님께 합당해 보인다면 정말 주교님께 감사드리겠습니다. 저의 온전한 충실을 확신하며 이 모든 일을 주교님께 맡깁니다.[35]

라크루는 당시 김경하가 영향력을 행사하여 천주교를 도움으로써 한 마을 전체가 교리를 배우도록 결심하게 되었다든가, 한 선비의 아들이 신자가 되겠다는 편지를 김경하에게 보냈다는 이유로 그의 감형을 요구하였던 것이다.[36] 더욱이 라크루가 김경하의 유배 이유가 을미사변 사후 처리와 관련되었음을 알면서도 뮈텔에게 이러한 요구를 하였다는 것은 뮈텔이 광무정권에 영향력을 행사함으로써 감형이 얼마든지 가능하다는 판단에서 비롯되었을 것이다. 또한 라크루는 감형의

---

35) 《뮈텔문서》, 문서번호 1900 – 96, 1900년 7월 11일(제주선교100주년기념사업추진위원회, 한국교회사연구소 역·편, 《초기 본당과 성직자들의 서한 1 — 라크루 신부 편》, 천주교 제주교구, 1997, 29~30쪽 재인용).

36) 1896년 4월 흥선대원군파인 한성부 관찰사 김경하는 을미사변 때 명성왕후의 죽음을 알리는 방을 붙였다는 죄목으로 파면되어 제주도에 종신 유배되었다. 1907년에 이완용과 조중응의 건의에 따라 석방되었다. 이에 관해서는 《일기》, 1895년 4월 22일; 《고종실록》 권33, 고종 32년 9월 7일; 권34, 고종 33년 2월 23일, 4월 18일; 《사법조첩(司法照牒)》 2, 건양 원년 4월 17일; 《순종실록》 권1, 순종 즉위년 11월 28일; 《뮈텔문서》, 문서번호 1900 – 96, 1900년 7월 11일(제주선교100주년기념사업추진위원회, 한국교회사연구소 역·편, 앞의 책, 29쪽 재인용).

효과가 제주도 천주교도에게 미친다는 점을 감안하고 있었다. 뮈텔이 실제로 이러한 요구를 받아들이지는 않았지만 이 시기를 전후하여 유배인들을 비롯하여 향리, 시찰관 등이 천주교에 입교하였다는 점은 유의할 만하다.[37)]

그러나 대다수 관료는 천주교의 급신장과 천주교도의 폐해를 적극 비판하고 나섰다. 당시 장성군수 김성규(金星圭)는 이를 다음과 같이 지적하였다.

> 竊念天主教本旨도 亦在行善懲惡이ᄋᆞᆸ고 我政府許教條約이 元非許被越權ᄒᆞ야 使之虐民脅官이ᄋᆞᆸ거늘 挽近에 各地方無賴之輩가 一入彼教ᄒᆞ오ᄆᆡ 教師의 祖護를 憑恃ᄒᆞ야 不法을 恣行ᄒᆞ고 惡事를 任作ᄒᆞ며 邦憲을 汚壞ᄒᆞ고 國權을 侵損ᄒᆞ야 自謂教民은 朝鮮官員의 管轄이 아니라ᄒᆞ온바 官民이 亦認以爲然ᄒᆞ와 難言之事가 愈往愈甚ᄒᆞ오니 …… 傳教師 曹有道의 祖護罪人ᄒᆞ야 威脅守令하며 阿好匪娼ᄒᆞ야 毒害良民ᄒᆞ며 發牌發差ᄒᆞ야 任行捉拏ᄒᆞ며 指使其徒ᄒᆞ야 惡刑討索ᄒᆞ오며 做謊飭辭ᄒᆞ야 故尋釁端ᄒᆞᄋᆞᆸ난 諸件罪過를 一一聲明ᄒᆞ와 國境에 逐出ᄒᆞᄋᆞᆸ고 繼又訓飭各府各郡ᄒᆞ와 條約과 權限을 示明ᄒᆞ와 生靈을 拯救ᄒᆞ시고 國權을 維持ᄒᆞ시믈 伏望.[38)]

김성규는 프랑스 신부가 천주교도의 범죄를 비호하고 수령을 위협하는 행위를 비판하면서 이를 두고 국권(國權)을 위태롭게 하는 행위로 규정하고 있다. 이제 교안 문제는 향촌사회 차원을 넘어 국가의 주권을 침해하는 도전으로 보았던 것이다.

---

37) 유배인, 향리, 시찰관 등의 천주교 입교에 관해서는 박찬식, 앞의 글, 85~89쪽 참조.

38) 《법부래안(法部來案)》 책8(규 17795), 광무 2년 6월 7일.

그러나 왕실이나 고위 관료들은 이러한 우려를 하지 않았다. 오히려 이들 세력은 러일의 날카로운 대립과 영미의 정치 불개입 속에서 프랑스가 정치적으로는 일본을 견제하고 경제적으로는 식산흥업을 도와줄 수 있는 국가로 여겼다. 천주교에 대한 관용정책은 이처럼 정부의 프랑스 정책과 맞물렸던 것이다. 조선 왕실과 뮈텔의 유착관계는 이를 단적으로 보여준다. 천주교 신도가 교안을 빈번하게 야기함은 이러한 정치사회 여건의 당연한 산물이었다.

3. 프랑스계 자본의 도입 시도와 뮈텔

정부는 아관파천을 계기로 일본의 보호국화 위협에서 벗어나자 러시아와 프랑스 외교에 더욱 치중하는 한편 식산흥업, 곧 산업화에 힘을 기울였다.[39] 근대 경제체제를 건설하기 위해서는 산업화가 선결 과제였기 때문이다. 따라서 광무정권은 차관을 도입하여 산업화에 필요한 자금을 확보하고자 하였다. 고종이 1896년 러시아 정부에 300만 원의 차관을 요청한 것은 이 때문이었다. 그러나 러시아 자체도 대외 자본에 의존하였을뿐더러[40] 6월에 일본과 '모스크바의정서'를 체결하게 되어 러시아의 차관 공여는 사실상 불가능하였다.[41] 대신에 러시아 정부는 프랑스 정부에 이 사실을 알려 조선 정부와 프랑스 정부가 차관 도입 문제를 논의하도록 알선하였다. 조선 정부도 이를 기화로 프랑스

---

39) 이에 관해서는 전정해, 〈광무년간의 산업화 정책과 프랑스 자본·인력의 활용〉, 《국사관논총》 84, 국사편찬위원회, 1999 참조. 이 글에서 기술한 광무정권의 프랑스 자본·인력 활용 내용은 주로 이 논문에 의거하였다.

40) 전정해, 앞의 글, 4쪽.

정부에 접근하였다.[42] 이제 광무정권의 프랑스 정책은 정치외교 차원을 넘어 경제 차원으로 확대되었다.

한편, 프랑스 정부와 자본가들은 조선에 자본을 투자하고자 하였다.[43] 즉 프랑스는 러시아와 함께 청에서 획득한 철도부설권, 광산 개발권, 전신가설권 따위의 이권을 조선과 연계하여 이윤을 극대화하고자 하였다.

먼저 철도부설 문제가 조선 정부와 프랑스 정부 사이에서 본격적으로 논의되기 시작하였다. 그리하여 1896년 7월 10일에 서울-평양 간, 서울-의주 간의 철도 계약을 조인하였다.[44] 프랑스 피브릴사가 이들 철로를 부설하게 되었다.[45] 그러나 조선인에게만 허가해준다는 조선 정부의 방침 때문에 프랑스는 광산 하나만 채굴하게 되었으며 서울-목포 철도부설 논의는 진전되지 않았다.[46] 이에 프랑스 극동함대와 뮈

---

41) 러일 양국은 1896년 6월 니콜라이 2세 대관식을 계기로 '모스크바의정서'를 체결하였다. 공개 내용 1항에는 "러일 양국 정부는 조선의 재정난을 구하기 위해 조선 정부에게 과잉 지출을 삼가고 세출입의 균형을 이루도록 권고한다. 만약 긴급을 요하는 개혁의 결과로 조선이 외채가 필요할 경우 양국 정부가 합의하여 원조한다"는 문구가 들어 있었다. 따라서 러시아는 일본의 조선 내정 개입을 막기 위해 한국에 차관을 제공하는 것을 꺼렸다. 이에 관해서는 전정해, 앞의 글, 4쪽 ; 최문형, 《한국을 둘러싼 제국주의 열강의 각축》, 지식산업사, 2001, 208~216쪽 참조.

42) 물론 조선 정부는 자금을 확보하기 위해 미국과 일본에 차관 제공을 요청하기도 하였다. 그러나 이는 번번이 실패로 돌아갔다. 미국의 경우 미국신디케이트가 미국에서 자본을 구하지 못하였을뿐더러 영국, 러시아, 일본이 강력하게 반대하여 실패하였다. 일본의 경우 일본 제일은행의 자금 부족과 '모스크바의정서'가 걸림돌이었다. 전정해, 앞의 글, 7쪽 참조.

43) 청일전쟁에서 청이 패배하자 서구 열강의 중국 침투가 빨라졌다. 프랑스와 러시아의 경우 프랑스계 자본을 중심으로 설립된 러청은행이 주로 맡았다(姬田光義, 阿部治平 외, 편집부 옮김, 《중국근현대사》, 일월서각, 1985, 89쪽). 이는 조선의 경우에도 똑같이 적용되었다. 러시아 정부가 경의선 부설권을 얻기 위해 힘을 기울인 것은 경의선이 만주철도, 시베리아철도와 연계되어 유럽과 연결되기 때문이었다. 러시아에 자본을 많이 투자한 프랑스의 경우도 사정은 마찬가지였다. 전정해, 앞의 글, 9쪽 참조.

44) 《일본외교문서》 29권, 350호, 메이지 29년 7월 10일 ; 《일기》, 1896년 7월 10일.

45) 피브릴은 통킹만과 남중국에서 철도부설사업을 추진하고 있는 회사다. 장 끌로드 알랭, 〈고종재위기간의 불한관계〉, 한국정치외교사학회 편, 《한불외교사: 1886~1986》, 평민사, 1987, 94쪽.

텔은 러시아가 프랑스의 진출을 우려하여 방해한다고 판단하고 조선 왕실과 프랑스 정부 사이를 오가며 적극 중재에 나섰다.[47] 이때 뮈텔은 조선 정부 관리에게 일본인들의 경제 침략과 러시아 지배하에서 러시아의 용인을 끌어내면서 양국으로부터 조선을 독립시키는 길은 프랑스 자본의 진출을 받아들이는 것이라고 설득하였다. 또한 프랑스 자본가와 공사관 쪽에서는 이를 성사시키기 위해 뮈텔과 끊임없이 접촉하였다.[48] 뮈텔의 조선에 대한 영향력이 매우 크게 보였기 때문이다.[49] 조선 왕실 역시 환궁의 여건을 마련하기 위해 뮈텔을 통해 프랑스 정부의 개입을 요청하였다.[50] 그것은 프랑스가 러시아를 설득하는 일이었다. 그 결과 고종이 1897년 2월 20일에 환궁하기에 이르렀다.[51] 이어서 1897년 10월 대한제국이 수립되었다.

이러한 국면에서 황실은 더욱더 프랑스에 접근하기 시작하였다. 특

---

46) 《법안》 715호, 건양 원년 5월 31일; 《법안》 716호, 건양 원년 6월 1일; 《법안》 736호, 건양 원년 9월 30일.

47) 《일기》, 1896년 1월 15일.

48) 프랑스 자본가들과 기술자들은 국내에 들어오면 늘 뮈텔을 만나 대한제국 정부의 정책을 사전에 파악하고자 하였던 것으로 보인다. 그리고 이들 중에는 상당수가 대한제국 정부의 고문관으로 초빙되었다. 운남신디케이트의 대표 오귀스트 카잘리(Auguste Cazalis)의 경우 그가 뮈텔을 찾아오기도 하고(《일기》, 1900년 5월 11일) 뮈텔이 카잘리를 방문하기도 하였다(《일기》, 1901년 4월 18일). 라페리에르와 부르도의 경우 1900년에 서북철도국 기사로 고빙되었다. 이에 관해서는 이원순, 《조선시대사논집—안(한국)과 밖(세계)의 만남의 역사》, 느티나무, 1992, 302쪽; 전정해, 앞의 글, 26쪽; 김현숙, 〈한국 근대 서양인 고문관 연구〉, 이화여자대학교 박사학위논문, 1999, 283~287쪽 참조.

49) 대원군이 사람을 보내 고종과 화해하는 데 중재를 요청하기도 하였다(《일기》, 1897년 3월 7일). 또 부임 군수들이 부임 이전에 뮈텔을 찾아와 천주교도들과 갈등을 사전에 예방할 수 있도록 추천서를 요구하거나 선처를 부탁하였다(《일기》, 1901년 3월 3일, 5월 10일; 1903년 2월 5일).

50) 고종의 환궁은 정부 관료, 유생, 독립협회 등 사회의 다양한 계층의 요구이기도 하였다. 이에 관해서는 이민원, 〈아관파천 전후의 한로관계 1895~1898〉, 한국정신문화연구원 한국학대학원 박사학위, 1994; 이상찬, 〈1896년 의병운동 통설에 대한 비판적 검토〉, 《역사비평》 45, 역사비평사, 1998 참조.

51) 《고종실록》 권35, 고종 34년 2월 20일.

히 러시아 세력이 1898년 이후 공식적으로 퇴각하자 황실은 이러한 노력을 강화하였다.[52] 이는 대한제국 정부와 프랑스 정부 간의 실질적인 협력을 이끌어내었다. 황실은 프랑스 정부에게 프랑스의 제도, 법, 경험, 지식 등을 전수해달라고 요구하는 한편,[53] 프랑스 정부는 대한제국 정부에게 자본 진출을 위한 여러 기반의 조성을 요청하였던 것이다.[54] 여기에는 경의선 부설뿐 아니라 서울-목포 철도부설과 함께 광산 개발권 조항이 포함되었다.

이때 뮈텔은 프랑스 정부와 자본가들을 다음과 같이 대변하였다.

> 외국 자본가들이 이를 위해 조선에 자본을 투자하고 견고한 회사들을 파견하게 되므로 그들은 조선에 무관심할 수가 없으며, 특히 조선의 독립이 위협을 당한 경우에는 그들 국민의 이해관계가 위험에 처하게 되기 때문에 더욱 그렇다.[55]

뮈텔은 이처럼 조선의 독립과 프랑스계 자본의 투자를 연계시켰던 것이다. 이러한 설득 노력은 주효하여 황실이 관심을 보였다.

황실도 러시아와 일본의 간섭을 배제하고 빠른 시일 내에 산업화하기 위해서는 프랑스의 개입과 자본 투자가 절실하였다. 물론 광무정권도 산업화를 위한 자금 확보에 힘을 기울였다. 내장원의 설치와 운영은 이러한 노력의 하나였다.[56] 그러나 내장원의 수입은 소요 자금의 일부만을 감당하였고 그 밖의 부족 자금은 다른 방식으로 충당하여야 하

---

52) 최문형, 앞의 책, 240~243쪽.

53) 《일기》, 1897년 4월 2일.

54) 앞과 같음.

55) 앞과 같음.

였다. 더욱이 자금과 함께 기술 문제는 산업화정책을 추진하는 데 커다란 난관이었다. 이에 프랑스 정부는 자본의 투자를 강조하는 한편, 이에 연계된 행정, 사무, 기술 학교의 설립을 강조하였다.[57] 미국과 영국이 조선 문제에 소극적인 데 반해, 프랑스는 조선 문제에 깊숙이 관여하려 하였던 것이다.

1897년 10월 대한제국 수립을 전후하여 철도부설권 문제에 러시아와 프랑스가 깊이 관여하였다. 그리하여 1898년 2월에는 프랑스 자본가들이 철도 노선을 답사하고 석탄광을 찾아보기 위해 평양을 방문하였다.[58] 이때 뮈텔은 프랑스 자본가들과 기술자들이 광산 감독관인 이용익(李容翊)을 만날 수 있도록 주선하였다.[59] 이후에도 사정은 여전하여 프랑스공사관뿐 아니라 자본가들의 뮈텔 내방이 빈번하였고 이때마다 뮈텔은 자리를 만들거나 직접 대한제국 관리들을 찾아가 대변하였다.[60]

대한제국은 산업화정책을 실행하기 위해 차관 도입에 온 힘을 기울였다. 1898년 5월에 이용익이 프랑스 앵도신은행에 50만 달러의 차관을 요청한 것은 그러한 노력의 하나였다.[61] 광무정권이 화폐개혁을 추진하고자 하였으나 일본이 자체 사정으로 은화를 회수함으로써 그 자

---

56) 이에 관해서는 이윤상, 〈1894~1910년 재정 제도와 운영의 변화〉, 서울대학교 박사학위논문, 1996, 51~204쪽;양상현, 〈대한제국기 내장원 재정관리 연구—인삼·광산·포사·해세를 중심으로〉, 서울대학교 박사학위논문, 1997 참조.

57) 《일기》, 1897년 4월 2일.

58) 《일기》, 1898년 2월 7일.

59) 《일기》, 1898년 4월 29일.

60) 《일기》, 1896년 5월 23일, 7월 19일;1898년 2월 7일, 4월 28일, 6월 14일;1899년 5월 20일;1900년 2월 26일, 5월 11일, 12일;1901년 3월 26일, 4월 18일, 5월 22일, 8월 10일, 22일, 9월 21일, 12월 25일;1902년 2월 7일, 8월 13일.

61) 이에 관해서는 나애자, 〈이용익의 화폐개혁론과 일본제일은행〉, 《한국사연구》 45, 한국사연구회, 1984, 64쪽;오두환, 《한국근대화폐사》, 한국연구원, 1991, 236~237쪽;전정해, 앞의 글, 5쪽 참조.

금을 프랑스 은행에서 도입하고자 하였기 때문이다.[62] 그리고 이용익은 이를 성사시키기 위해 1898년 7월에 뮈텔을 방문하였으며[63] 이후에도 천주교에 호의를 보이면서 지속적으로 접촉하였다.[64]

1899년 6월에 황실은 피브릴사가 자본을 조달하지 못해 철도부설에 착수하지 못하자 약정대로 회수한 뒤 자력으로 서울–송도(개성) 간 철도를 부설하고자 하였다.[65] 다만 자금이 부족하여 프랑스 정부에 차관을 요청하였고 프랑스는 평양의 석탄광을 요구하였다. 그 결과 대한제국 정부의 산업화정책과 프랑스계 자본의 요구가 맞아떨어져 1900년 10월에는 라페리에르와 내장원경 이용익 간에 '경의선에 관계된 계약서'가 작성되었다.[66] 여기에는 프랑스 정부가 1899년 6월에 내세운 회수조건으로 자재와 인력을 프랑스로부터 들여온다는 조항이 들어 있었다. 이때 정부는 서북철도국과 광무학교를 각각 1900년 9월 5일과 9월 6일에 설립하여 철도부설과 광산 개발에 각각 대비하였다.[67] 그리고 1901년에는 운남회사(雲南會社)의 차관 및 안남미(安南米) 공급 계약이 체결되었다.[68] 비록 운남신디케이트의 대표 카잘리가 사망하여 당장 실행되지는 않았지만 이후 대한제국 정부는 프랑스인이 주도한 대

62) 일본은 1897년 3월 화폐법을 제정하고 10월부터 금본위제를 실시하였다. 그리하여 조선에서 유통되던 엔 은화를 모두 환수하여야 할 처지였고 대한제국은 차관 도입을 통해 화폐개혁의 위기를 극복하고자 하였다. 이에 관해서는 김현숙, 앞의 글, 216~217쪽 참조.

63) 《일기》, 1898년 7월 6일.

64) 이용익은 뮈텔을 자주 방문하여 천주교 신자가 되고 싶다고 말하거나(《일기》, 1897년 10월 5일) 중요 정책의 자문을 구하였다(《일기》, 1898년 7월 29일). 이는 그가 황실의 재정을 책임지고 있는 핵심 실무자라는 점을 염두에 둘 때 뮈텔에게서 호의와 지지를 끌어냄으로써 프랑스 정부로부터 차관을 도입하고 인력을 활용하고자 하는 황실의 의중을 반영한다고 하겠다.

65) 이에 관해서는 정재정, 《일제침략과 한국철도》, 서울대학교출판부, 1999, 78~89쪽 참조.

66) 전정해, 앞의 글, 13쪽.

67) 《관보》, 광무 4년 9월 5일, '포달(布達) 제63호'; 《관보》, 광무 4년 9월 6일, '칙령 제31호 광무학교 관제(礦務學校官制).'

68) 《법국운남회사로부터의 차관계약서》(규 23335, 23336), 1901년 4월 16일.

한신디케이트와 접촉하였다.[69] 정부는 차관 도입에 목표를 두었고 대한신디케이트는 금광 등의 개발에 관심을 갖고 있었던 것이다.

또한 프랑스 정부는 1900년 5월에 대한제국 정부가 로랑 크레마지(Laurent Crémazy)를 법률고문으로 초빙하도록 하게 함으로써 대한제국 정부에 영향력을 끼칠 수 있는 기회를 포착할 수 있었다.[70] 즉 그는 재임 중에《형법대전》제정에 참가하였으며 그 외 각종 활동을 벌여 프랑스 기술고문관을 초빙하게 하는 길을 열었다.[71] 이는 프랑스계 자본이 진출할 수 있는 여건이 마련되었음을 의미한다. 프랑스 정부는 고문관을 통해 서양의 제도와 과학기술을 전수하는 차원을 넘어서서 기업, 자본의 투자 등을 통해 실질적인 이익을 확보하고자 하였던 것이다. 프랑스공사관에 근무한 르페브르(G. Lefèvre)가 1901년에 서북철도국 감독으로 고빙될 뿐 아니라[72] 프랑스의 기술고문들이 서북철도국과 광무학교, 평양광산에 고빙되기에 이르렀다.[73] 프랑스 정부 역시 프랑스 자본가들의 투자사업에 부응하기 위해 1901년 5월 24일에 프랑스 공사 콜랭 드플랑시(Collin dePlancy)를 특명전권공사로 승격하였다.[74]

그러나 광무정권이 시도하였던 프랑스 자본 차관 도입 노력은 일본과 영국의 반대로 더 이상 소기의 성과를 거두지 못하였다.[75] 평양 탄

---

69) 1901년 12월 25일 대한신디케이트 협상 대표인 드 벨시즈 남작(Baron de Bellescize)은 뮈텔을 방문하여 한국어를 배워 대한제국 정부가 소유하고 있는 광산들의 소재에 관한 정보를 구하고 싶다고 하면서 한국어 선생을 구해줄 것을 요청하였다(《일기》, 1901년 12월 25일).

70) 이에 관해서는 홍순호, 〈대한제국 법률고문 L. Crémazy의 임명과정 분석〉, 《한국문화연구논총》 36, 이화여자대학교 한국문화연구원, 1981 ; 최종고, 〈로랑 크레마지〉, 《한국의 서양법수용사》, 박영사, 1982 참조.

71) 앞과 같음. 크레마지는 1901년 제주민란 재판의 회심관에 임명되어 재판에 관여하였다(의정부 편, 《기안(起案)》(규 17746) 5, 광무 5년 8월 9일).

72) 이원순, 앞의 책, 302쪽 ; 전정해, 앞의 글, 26쪽 ; 김현숙, 앞의 글, 283~287쪽 참조.

73) 앞과 같음.

74) 홍순호, 〈대한제국시대의 한·불관계〉, 《주제연구》 5, 이화여자대학교 한국문화연구원, 1984, 108쪽.

광 개발도 자연히 부진하였다. 하지만 광무정권은 여전히 산업화정책에 관심을 갖고 프랑스 측에 접근하였다. 자력 개발을 목표로 하되 프랑스 기술자를 고빙하여 부설하고자 하였다. 이때 이용익은 프랑스 정부에 기술자를 요청한 상태였다.[76] 그리하여 1902년 3월 8일 서울-송도 구간의 기공식이 거행되었다.[77] 여기에는 프랑스·러시아·일본 공사와 함께 프랑스 해군제독까지 참석하였다. 그리고 그 자금은 르페브르가 러시아와 프랑스에서 구하고자 하였으며 여의치 않자 대한제국 황실은 서북철도 자체를 담보로 공사를 진행하고자 하였다.

광무정권과 프랑스 정부의 이러한 관계는 러일전쟁을 앞둔 1903년에 들어와서 정치외교적으로 더욱 밀착되어갔다. 광무정권이 프랑스 파리와 러시아 페테르부르크에 궁내관 현상건(玄尙健)을 보내 러시아에 접근하면서 프랑스 역시 광무정권에 영향력을 끼칠 수 있는 여건을 확대할 수 있었다.[78] 그리고 이즈음에 천주교 신자가 급증하였다. 1901년에는 4만 6,860명이었는데, 1902년에는 5만 2,539명, 1903년에는 6만 554명이었다. 매년 이전보다 훨씬 많이 증가하였다.[79]

그러나 러일전쟁이 일어나면서 광무정권의 산업화정책은 종말을 고하였으며 대한제국 정부와 프랑스 정부의 밀월관계도 끝나고 말았다. 이제 한불관계는 새로운 국면으로 접어들었다. 하지만 황실은 여전히 뮈텔에 대한 기대를 버리지 못하였다.[80] 고종은 뮈텔에게 전세(戰勢)를 물어보았고 뮈텔은 자신과 천주교 신자들은 대한제국의 보호를 위해

---

75) 전정해, 앞의 글, 27~28쪽.

76) 이 장 각주 64) 참조.

77) "鐵道開工",《황성신문》, 1902년 2월 28일;《일기》, 1902년 3월 14일.

78) 이에 관해서는 서영희, 〈광무정권의 국정운영과 일제의 국권침탈에 대한 대응〉, 서울대학교 박사학위논문, 1998, 105~110쪽 참조.

79) 박찬식, 앞의 글, 16쪽.

기도하고 있다고 대답하였다.[81] 그리고 1905년 6월 11일 대한제국 황실은 조선(대한제국)과 외국이 맺은 조약 문서들을 뮈텔에게 보관하도록 하였다.[82]

한불관계는 이처럼 러일전쟁을 계기로 새롭게 조정되어야 하였다. 천주교의 위세도 마찬가지였다. 1904년에는 급증하였던 천주교 신자가 1905년에는 감소하였으며 1907년에 가서야 1904년 수준으로 회복되었다. 그러나 그 증가 속도는 이전에 비해 매우 낮았다.[83] 따라서 교안 문제도 국제정세의 변동과 광무개혁의 실패로 말미암아 그 심각성이 줄어들었다. 이후 교안이 눈에 띄게 줄어듦은 이 때문이 아닐까.[84] 이는 개신교가 일본을 지원한 영국과 미국에 힘입어 꺾이지 않는 점과 대비된다. 뮈텔은 1906년에 파리외방전교회에 다음과 같이 보고하고 있다.

> 영국 목사들은 자기 나라와 일본의 동맹관계를 자랑합니다. 미국 목사들은 일본과의 우호관계 등 일본 통감부의 호의를 예견할 수 있는 것이라면 무엇이든지 자기네 신도들에게 자랑을 합니다. …… 우리에게 폭력을 사용하는 일까지 없지 않습니다. 본인이 전라도를 방문하는 동안 사소한 일로 개신교 신도들이 천주교 신자들에게 덤벼들었습니다. 본인이 있는 동

---

80) 일본은 러일전쟁 초반부터 아관파천과 같이 고종이 프랑스공사관으로 피신하지 않을까 하는 걱정에 사로잡혔다. 이는 고종이 프랑스에 대단히 밀착되어 있음을 보여주는 단적인 예라 하겠다. 이에 관해서는 이창훈, 〈20세기 초 프랑스의 대한정책〉, 한국정치외교사학회, 앞의 책, 118쪽 참조.

81) 《일기》, 1904년 7월 21일.

82) 《일기》, 1905년 6월 11일.

83) 천주교 신자가 1904년에는 6만 4,070명, 1905년에는 6만 1,290명, 1906년에는 6만 3,340명, 1907년에는 6만 8,016명이었다. 명동천주교회, 《서울교구연보 Ⅱ》, 1905~1908년 통계, 1987 참조.

84) 박찬식, 앞의 글, 40쪽 ; 장동하, 앞의 글 참조. 박찬식이 교안 수를 추출하는 기준이 장동하의 경우와 달라 교안 수가 상이하지만 대체적으로 1904년 이후에는 교안 수가 급격하게 줄어들고 있다.

안은 협박만 하였으나, 본인이 그곳을 떠나자 페네 신부가 없는 틈을 타서 개신교 신도들이 무장을 하고 교우촌을 습격하여 신자 몇 명을 잡아갔습니다. 행정 당국에 고소하여 보호를 요청하였으나 당국은 움직일 기미를 보이지 않았습니다.[85)]

뮈텔은 여기서 과거 대한제국 황실의 호의와 프랑스 정부의 강력한 지원에 힘입어 마음껏 교세를 펼쳤던 '교안'의 시절을 회고하였을지 모른다. 천주교 측은 의지할 곳을 잃게 되었던 것이다. 더욱이 통감 이토 히로부미가 프랑스인 선교사들이 친로배일(親露排日)의 감정을 갖고 있는 한국인 신자에게 일본에 대한 증오심을 심어준다는 이유를 내세워 교황청에 다른 선교회 선교사들로 교체해줄 것을 요청할 정도였다.[86)] 이제 천주교 측은 자구책을 찾아야 하였고 그것은 일제와 타협하는 길이었을 것이다. 천주교 측이 소극적인 정교분리원칙에서 적극적인 정교분리원칙으로 나아간 것은 이 때문이었다. 그런데 이는 교안과 마찬가지로 한국인의 민족운동과 갈등하는 현실을 예고하였다.[87)] 이에 반해 개신교는 러일전쟁에서 일본을 도운 영국과 미국에 힘입어 일제 당국과 마찰을 빚지 않는 한 그 교세를 마음대로 펼칠 수 있는 기회를 포착하기에 이르렀다. 그러나 이 역시 한국인의 민족운동과는 거리를 두었다.[88)] 정교분리원칙이 이전보다 훨씬 엄격하게 적용되었던 것이다.

85) 명동천주교회, 앞의 책, 1987, 32~33쪽.

86) 윤선자, 《일제의 종교정책과 천주교회》, 경인문화사, 2001, 43쪽.

87) 이에 관해서는 윤선자, 〈일제의 한국 강점과 천주교회의 대응〉, 《한국사연구》 114, 한국사연구회, 2000 참조.

4. 결어

1896년에서 1903년에 교안이 집중적으로 발생하였다. 그런데 이 시기에는 조선·대한제국 정부 특히 왕실과 프랑스가 매우 밀착되어 있었다. 조선 왕실은 일본의 영향권에서 벗어나게 해줄뿐더러 산업화정책을 지원할 수 있는 국가로 프랑스를 염두에 두었고, 프랑스 정부는 천주교의 전교를 지원하고, 나아가 프랑스계 자본을 진출하도록 하기 위해 조선·대한제국 정부에 영향력을 행사할 필요가 있었다. 바로 그 중심에 뮈텔이 있었다. 그는 정교분리원칙에도 불구하고 천주교의 전교가 무엇보다 중요하였고 조국 프랑스 정부와 자본가들은 이러한 점에서 많은 도움이 될 수 있다고 판단하였다. 그가 프랑스 정부를 대신하여 왕실과 끊임없이 접촉하고 자본가들을 대신하여 조선 왕실과 접촉한 것은 이 때문이었다.

따라서 천주교 측의 영향력은 대단히 커질 수밖에 없었으며 천주교도 일부는 그 속에서 다양한 이해관계를 관철하려 하였다. 교안이 다른 시기보다 집중적으로 일어났음은 당연한 귀결일 수 있겠다. 즉 광무정권의 산업화 노력과 이를 위한 프랑스 정책 강화가 공식적이든 비공식적이든 천주교 관용정책으로 표출되었으며 급기야는 교안을 야기하였다. 그리고 교안이 빈번하게 발생한 것은 여전히 변하지 않는 역사적 조건 때문이었다. 1903년 12월 제주목 재판소 판사 홍종우가 1901년 제주교안을 구실로 프랑스 정부가 요구한 손해금을 제주민 개개인에서 징출하였음은 단적인 예라 하겠다.[89] 광무정권의 고충이 바

---

88) 이에 관해서는 윤경로, 〈일제의 초기 기독교정책과 한인 기독교계의 대응〉, 《한국사연구》 114, 한국사연구회, 2000 참조.

89) 《사법품보(司法稟報)》 39(규 17279), 광무 7년 12월 8일.

로 여기에 있었다. 또한 이러한 역사적 조건에서 교안은 천주교도이든 비천주교도이든 절감하여야 하였다.

그러나 러일전쟁에서 일본이 승리하면서 역사적 조건이 급변하였다. 프랑스는 러시아의 전면 퇴각으로 말미암아 정치적 타격을 입고 대한제국에서 물러나야 하였다. 천주교 역시 그 교세가 꺾여야 하였고, 교안은 더 이상 야기되지 않았다. 물론 영국과 미국의 지원을 받는 개신교에 밀렸다. 그러나 더 심각한 것은 개신교의 경우와 마찬가지로 교세를 유지하기 위해 일제의 종교정책에 순응함으로써 한국인의 민족운동과 다른 길로 나아갔다는 점이다.

〈한국 근대개혁기 정부의 프랑스 정책과 천주교—왕실과 뮈텔의 관계를 중심으로〉, 《역사연구》 11, 역사학연구소, 2002 수정 보완

5장

뮈텔의 정국 인식과 정치활동

1. 서언

조선 말, 대한제국기에는 나라 안팎의 여러 요인으로 정국(政局)이 매우 급격하게 요동을 쳤다. 특히 한반도 지배권을 확보하기 위한 청·러시아·일본 등 외세의 각축전은 굉장히 치열하였다. 아울러 한반도에 유입된 사상과 종교 역시 이러한 정세 변화와 밀접하게 연동되어 조선(한국) 사회에 미친 영향은 적지 않았다.

조선 사회와 천주교의 관계 양상도 두드러졌다. 예컨대 병인양요를 위시하여 제주교안, 안중근의 이토 히로부미(伊藤博文) 저격 사건 등 천주교와 직간접적으로 관련된 중요 역사적 사건이 일어남으로써 조선·대한제국 정부와 천주교는 마주 대할 수밖에 없는 국면에 자주 처하였다. 그리고 그 가운데 뮈텔이 있었다.

1890년 조선교구의 제8대 교구장에 취임한 뮈텔은 조선교구장으로서 전교와 신자들의 안정된 신앙생활을 최우선시하였다. 물론 조선·대한제국 정부와도 원만한 관계를 유지하고자 하였다. 그러나 그는 정치와의 거리를 두려 하면서도 조선 재래의 향촌사회 및 문화와의 충돌, 국내 정국의 변동, 자국 정부와의 관계 변화, 동아시아를 둘러싼 국제 질서의 급격한 변환, 개신교와의 경쟁 등 여러 요인을 고려하는 가운데 정치활동에도 역점을 두었다. 그것은 전교의 국내외적 여건을 개선하고 교세를 확장하는 데 반드시 거쳐야 할 과정으로 판단하였기 때문이다. 따라서 그는 당시 국내외 정세를 예리하게 인식하여 이를 활용하였을뿐더러 조선(대한제국)의 왕실은 물론 전현직 고위 관료들과도 긴밀히 접촉하였다. 이 점에서 뮈텔은 국제정세나 국내 정국 모두와 불가분의 관계를 맺고 있었던 셈이다.

이에 이 글은 이 시기 뮈텔의 정국 인식과 정치활동을 구체적으로 검토함으로써 국가와 종교, 정치와 종교라는 양자의 관계를 역동적으로 파악하고자 한다. 다만 여기서는 그의 이러한 활동을 두고 국가와 종교, 정치와 교회라는 대립틀에 맞추어서 긍정적으로 평가할 것인가, 또는 부정적으로 평가할 것인가 하는 이분법적 접근방식에 초점을 두지 않는다. 즉 이러한 대립 구도에 가두어놓고 접근하면 여타 요인들이 보이지 않을뿐더러 관련 사실마저도 역사적 맥락에서 이해하기보다는 이러한 구도에 맞추어 해석할 여지가 많기 때문이다. 따라서 이 글에서는 그의 활동이 그렇게 될 수밖에 없었던 여러 요인을 대한제국의 정국 변동, 고종 정부의 정국 인식 등과 연계하여 역사적 맥락에서 추출하고, 여기에 의미를 부여함으로써 그 시기 천주교의 역사적 위치를 체계적으로 이해하는 데 조금이나마 보탬이 되고자 한다.

끝으로 이 글을 집필하는 데 가장 많이 활용한 자료는 근래에 역주 작업을 마친《뮈텔 주교 일기》와 자료 총서 형식으로 발간되고 있는《프랑스외무부문서》임을 밝혀둔다.[1] 그중 전자는 뮈텔 자신이 직간접으로 접하였던 국내외 정보를 매우 상세히 기록하였을뿐더러, 자신의 구체적인 활동과 함께 미묘한 심리 상태도 치밀하게 묘사하고 있다는 점에서 그 시기 정국의 급격하고도 미세한 흐름은 물론, 뮈텔의 복합적인 내면 심리를 이해하는 데 결정적인 자료다.[2] 다만《뮈텔 주교 일기》와 매우 밀접한 〈뮈텔문서〉에 대한 검토는 필자의 독해 능력 미비와 미공간(未公刊)으로 인해 검토하지 못하였다. 후자는 프랑스 외무부에 소장된 자료로 국사편찬위원회에서 주한프랑스공사관, 영사관과 본국 외무부 사이에 오간 문서들을 수집·편집하여 번역한 자료집이다. 특히 이 문서군에는 프랑스공사나 영사가 파리외방전교회의 동향을 보고하는 기록물도 다수 포함되어 있다. 따라서 이 자료집은 대한제국기 한불관계사는 물론 뮈텔의 활동을 연구하는 데 매우 긴요한 자료다.

2. 갑오개혁 전후 정국 인식과 왕실 접촉

1890년 8월에 전보로 임명 사실을 통보받은 뮈텔은 1891년 2월 19일 3시에 부산에 도착하였다.[3] 그리고 서울에 들어오자마자 2월 24일 플랑시 공사를 방문하였다.[4] 당연한 만남이었다. 그런데 얼마 안 된 시점인 3월 6일 플랑시 공사와 함께 외무독판 민종묵(閔種默)을 방문하였

---

1) 뮈텔 주교, 한국교회사연구소 옮김,《뮈텔 주교 일기》1~8, 한국교회사연구소, 1986~2009; 국사편찬위원회,《프랑스외무부문서》, 2002~현재.

2) 뮈텔 주교 일기의 주요 내용과 성격에 관해서는 최석우, 〈뮈텔 주교 일기의 해제〉,《교회와 역사》103, 한국교회사연구소, 1984; 최종고, 〈구한말 주한 프랑스인 사회—《뮈텔 주교 일기》를 중심으로〉,《교회사연구》27, 한국교회사연구소, 2006 참조.

3) 《뮈텔 주교 일기》(이하《일기》로 표기), 1891년 2월 19일. 아울러 일자는《뮈텔 주교 일기》에 따라 을미개혁 이전에도 양력으로 표기하였다. 단, 특별한 경우에는 별도로 음력임을 밝혔다.

4) 《일기》, 1891년 2월 24일. 초대 공사 플랑시의 외교정책에 관해서는 장동하, 〈초대 주한프랑스공사의 외교정책과 한국 천주교회〉,《가톨릭 신학과 사상》39, 신학과사상학회, 2002 참조.

다.[5] 이어서 민종묵은 3월 21일 뮈텔을 찾아와 이미 전라감사로 임명된 민정식의 해임을 요구하지 말도록 프랑스공사에게 중재해줄 것을 요청하였다.[6] 1월경 대구에서 '불한당'에게 폭행을 당하고도 추방된 아실 폴 로베르(Achille Paul Robert) 신부 사건과 관련하여 경상감사 민정식의 파직 및 6개 조항의 수습 방안을 제시한 뒤였다. 이에 뮈텔 역시 이러한 만남을 피하지 않았다.

뮈텔은 이처럼 조선 정부의 고위 관료와 만나 담판함으로써 그가 중점을 두었던 신부의 전교활동 보호 또는 지원 그리고 천주교도들의 안정된 신앙생활 및 권익 보호 등을 위한 첫걸음을 내디뎠다. 여기에는 공사 또는 영사로 대변되는 프랑스 정부의 지원도 많은 도움이 되었다. 뮈텔 자신도 추측하고 있듯이 플랑시 공사의 요청으로 3월 24일 라 아스픽호 함장 주르네(Journet)가 제물포에 도착한 사실은 이를 잘 보여준다.[7] 포함외교(砲艦外交)의 한 양상을 볼 수 있다. 당시 프랑스 정부는 1801년에 체결된 정교협약(政教協約) 이래 천주교를 보호하는 '보교권(保教權)'을 행사하고자 하였던 것이다.[8]

한편, 뮈텔 주교의 이러한 노력에도 불구하고 향촌사회에서 천주교 신부의 전교활동과 천주교도들의 신앙생활은 보장되지 않았다. 향촌민인은 물론 지방관의 반발도 적지 않았기 때문이다.[9] 따라서 당시 조선 사회 분위기에 우려의 시선을 보내는 경우도 적지 않았다.

---

5) 《일기》, 1891년 3월 6일.

6) 《일기》, 1891년 3월 21일.

7) 《일기》, 1891년 3월 24일.

8) 최병욱, 〈프랑스 '보교권'과 청조의 기독교 정책〉, 강원대학교 박사학위논문, 2006.

9) 이에 관해서는 이원순, 〈조선 말기 사회의 '교안' 연구〉, 《역사교육》 15, 역사교육연구회, 1973(《한국천주교회사 연구》, 한국교회사연구소, 1986 수록; 박찬식, 〈한말 천주교회와 향촌사회—'교안'의 사례 분석을 중심으로〉, 서강대학교 박사학위논문, 1995; 장동하, 〈한말 교안의 성격〉, 최석우신부수품50주년기념사업위원회 엮음, 《민족사와 교회사》, 한국교회사연구소, 2000 참조.

이에 구미 선교사들은 이러한 분위기를 의식하였다. 영국인 월터 힐리어(Walter Hillier)의 경우 박해령을 폐지하게 하려는 프랑스공사 이폴리트 프랑댕(Hippolyte Frandin)의 계획을 위험시하며 이러한 시도가 오히려 효력을 상실한 옛날 법률에 대해 조선 정부의 주의를 환기하는 일이며 조선 포교지의 상황을 개선하기는커녕 오히려 악화시킨다고 판단하였다.[10] 또 그는 "의심 많은 조선 정부가 오히려 현재 선교사들에게 허용하고 있는 사실상의 자유마저도 빼앗아갈지 모른다는 두려움이 든다"고 하였다.

이러한 우려는 뮈텔의 경우도 마찬가지였다.[11] 그래서 그는 "박해령이 폐지되는 과정에서 분명하고도 유효한 서류를 충분히 손에 넣지 못할 경우다. 힘도 없고 바람직한 공표도 없을 때 생길 수 있는 일이다"라고 생각하며 유효한 서류를 확보하여야 할 방법을 강구하지 않을 수 없었다.[12] 우선 그는 신자들을 단속하는 조치를 취하기도 하였다. 그는 1893년 4월 16일 일기에서 다음과 같이 남겼다.

> [외부] 주사가 독판[조병직]에게 제기된 서너 건의 항의서를 내게 가져왔다. 여느 때와 마찬가지로 그 항의서들은 속임수가 드러나 보이는 거짓 말투성이였다. 그럼에도 불구하고 외교인들이나 혹은 어느 정도 호의적인 예비자들, 심지어는 조심성이라고는 없는 교우들로 인해 우리가 겪게 될 귀찮은 일을 방지하자면 어쩔 수 없는 일이므로, 나는 그러한 사건들이 일어난 지역의 교우들 앞으로 아주 엄한 편지를 썼다. 그것을 독판에

10) 《일기》, 1893년 1월 13일.

11) 뮈텔의 전교정책에 관해서는 장동하, 〈개항기 교회 재건운동과 교구장들의 선교정책〉, 《인간연구》 5, 가톨릭대학교 인간학연구소, 2003, 101~112쪽.

12) 《일기》, 1893년 1월 13일, 8월 14일.

게 전하니 독판은 그것을 읽고 대단히 만족스러운 태도였다.[13)]

뮈텔 역시 '조심성이라고는 없는 교우들'로 인해 정치적 파장이 일어날까 우려하였던 것이다. 특히 프랑댕 공사가 어떨 때는 적극적인 자세에서 소극적인 자세로 바뀌어 뮈텔의 적극적인 신자 보호활동을 우려하며 본국에 보고함으로써 뮈텔은 본인 의사와 달리 이처럼 신중한 입장을 취하기도 하였다.[14)]

그럼에도 불구하고 천주교의 위세를 단적으로 보여주는 사건이 일어나기도 하였다. 1893년 12월 말 한성판윤 이유인(李裕寅)이 뮈텔에게 행패를 부린 그의 하인들로 인해 파직되기도 하였다.[15)] 뮈텔이 천주교도와 일반 민인 사이에 갈등이 생겼을 때 무조건 신자들을 두둔하려 하였다는 점이다. 이는 프랑댕이 지적한 대로 파리외방전교회가 개신교와 달리 직접 전교활동에 역점을 두는 데서 비롯된 사안이기도 하였다.

특히 1894년 농민전쟁과 청일전쟁 이후 조선의 관료들은 국제관계의 중요성을 새롭게 인식하였을뿐더러 고종도 자신의 왕실을 지지해줄 다른 세력을 찾고자 하는 과정에서 프랑스의 존재를 중시하게 되었다. 그리고 뮈텔도 조선의 고위 관리들과 자주 만나려 노력하였다. 1895년 1월 27일에는 외무대신 김윤식, 궁내부대신 이재면을 만나기도 하였다. 특히 이 와중에 남종삼과 홍봉주가 신원(伸寃)되기도 하였다.[16)] 그리하여 선교사들에게 못된 짓을 하였다고 알려진 자들을 잡아

---

13) 《일기》, 1894년 4월 16일.

14) 프랑댕이 프랑스 외무장관에게 보낸 보고서(1892년 7월 10일), 《프랑스외무부문서》. 이와 관련해서는 장동하, 〈조선교구장 뮈텔 주교와 주한 프랑스 공사 프랑뎅의 갈등〉, 《가톨릭 신학과 사상》 45, 신학과사상사학회, 2003 ; 주진오, 〈'파리의 조선 무희 리진'의 역사성〉, 《역사비평》 93, 역사비평사, 2010 참조.

15) 조광, 〈고종황제와 뮈텔주교〉, 《경향잡지》 63, 한국천주교주교회의, 2004.

피해 보상을 요구하는 내용을 프랑스공사관을 통해 외아문(外衙門)에 전달하게 하기도 하였다.[17]

이러한 가운데 1895년 4월 20일 뮈텔은 고종과 명성왕후의 측근인 홍계훈을 만나 고종의 희망 사항을 간접적으로 전해 들을 수 있었다.[18] 그것은 프랑스의 개입을 뜻하는 것이었다. 물론 뮈텔은 명확한 답변은 하지 않았으나 시모노세키조약에 대한 유럽 열강의 반발 분위기를 전하기도 하였다. 아울러 홍계훈을 "이제까지 만나본 관계(官界)의 사람들 중 어느 누구보다도 솔직하고 명확한 사람인 것 같다"라고 평가하였다. 그의 이러한 평가는 여타 조선인 관료에 대한 냉정한 평가에 비하면 매우 후한 편이었다. 그리고 홍계훈의 방문을 고종과 명성왕후의 지시에 의한 것으로 파악하였다. 반면 4월 22일 일기에 박영효가 선교사들의 외부 사건 개입을 방지하라고 지시하였음을 적었다.[19] 박영효에 대한 반감을 갖고 있었던 셈이다. 그리고 다음 날인 4월 23일 러시아, 프랑스, 독일 3국은 일본 정부에게 요동반도를 반환할 것을 강력히 권고하였다.[20] 뮈텔이 프랑스 정부를 움직일 수는 없었겠지만 적어도 그가 왕실 쪽의 적극적인 접근을 중시하고 전교 여건의 개선을 위해 왕실 쪽으로 기울고 있음을 추론할 수는 있다.[21] 이는 뮈텔 자신이 정국의 흐름을 예의 주시하면서 고급 정보에 접하고 있었을뿐더러 이를

---

16) 《고종실록》 권32, 고종 31년 12월 27일(음력).

17) 《일기》, 1895년 2월 2일.

18) 《일기》, 1895년 6월 3일.

19) 《일기》, 1895년 4월 22일.

20) 《주한일본공사관기록》 8, 오(五). 구문전보왕복공(歐文電報往復控) 이(二), (1) 3국 간섭(三國干涉)의 각서 원문 통보(1895년 4월 25일).

21) 왕실과 뮈텔의 관계에 관해서는 김태웅, 〈한국 근대개혁기 정부의 프랑스 정책과 천주교 왕실과 뮈텔의 관계를 중심으로〉, 《역사연구》 11, 역사학연구소, 2002 참조.

왕실에 전달함으로써 왕실과 연결될 수 있는 고리를 스스로 만들어 나아가고자 하였음을 보여준다.

이후 강원도 횡성의 천주교도가 동학도들에게 도둑맞은 재산을 돌려달라고 청원하였지만 지방관들도, 내무아문(內務衙門)도 아무런 조치를 취하지 않는 가운데 홍계훈은 다시 뮈텔에게 정치적 중재 역할을 요구해왔다.[22] 뮈텔은 이러한 제안을 거절하였지만 정보 수집을 위해 동분서주하였다. 비록 자신의 능력을 낮게 표현하였으나 그의 표현을 빌리면 "할 수 있는 한 정보를 모아보았다."[23]

이어서 홍계훈은 프랑스공사관 주사 이베드로[李寅榮]를 통해 왕실의 어려운 처지를 타개하기 위해[24] 이인영의 제안대로 왕세자의 프랑스어 학습을 명분으로 궁내부 자리에 뮈텔을 임명할 것임을 전하기도 하였다.[25] 뮈텔 역시 극동함대 제독 보몽(Beaumont) 공작에게 조선 왕실의 의사를 전달하면서 함대의 방문을 요청하였다.[26] 이에 제독 역시 '프랑스의 영향력 증대'를 위해 8월 초순에 조사차 방문할 것을 약속하였다. 물론 뮈텔은 이러한 상황 전개에 '이것이야말로 부질없는 생각이 아닐까' 하고 의심하였다. 그러나 그는 이 편지 내용을 홍계훈에게 알려주었다. 이처럼 그의 발걸음은 왕실을 비롯한 정치권과의 교류 방향으로 옮겨가고 있었다.

한편, 홍계훈 말고도 왕실의 한 사람인 이재순(李載純)이 고종의 위

---

22) 《일기》, 1895년 6월 3일.

23) 《일기》, 1895년 6월 4일.

24) 이인영은 원래는 이속이었으나 프랑스어에 능통하여 1894년에 프랑스공사관의 통변이 되었다. 또한 이용익과 대단히 가까운 인사로 서북철도국 국장에 임명되었다. 이에 관해서는 《통감부문서(統監府文書)》 8, 삼(三). 한관인의 경력일반(韓官人ノ經歷一般), 한국 관인의 경력 일반(일자 미상).

25) 《일기》, 1895년 6월 11일.

26) 《일기》, 1895년 7월 7일.

기의식을 전하면서 뮈텔의 역할을 기대하였다.[27] 조선 왕실로서는 뮈텔이 고급 정치외교 비밀 정보를 알고 있을뿐더러 프랑스 정부와 연결시킬 수 있는 능력을 갖고 있다고 판단하였기 때문이다. 물론 뮈텔은 왕실의 이러한 집요한 접근에 지겨워하면서도 그 끈을 놓지 않았다.

이후 8월 18일에는 프랑스 극동함대 제독이 방문하자 따로 비밀회의를 가지면서 주한프랑스공사의 위치를 격상함으로써 프랑스 정부의 영향력을 강화하는 방안을 논의하는 데까지 진전되었다.[28] 그것은 단지 그들이 중재자 없이는 그러한 일을 할 수 없기 때문이었다. 드디어 이러한 논의 결과는 프랑스 정부 고위 인사는 물론 뮈텔이 고종을 알현할 수 있는 기회를 포착하는 데 보탬이 되었다.

1895년 8월 28일 고종은 뮈텔을 접견하면서 뮈텔의 목적이 조선 정부의 이익이라고 말하였다. 특히 고종은 다음과 같이 말하였다.

> 나도 잘 알고 있소. 더구나 천주교는 내가 직접 이 나라를 통치하면서부터는 더 이상 박해를 받지 않았소. 그 점에서는 나는 정말 아무 일도 하지 않았소.[29]

뮈텔 역시 화답하기를 다음과 같이 하였다.

> 전하, 제가 무슨 힘이 있고, 무슨 세력이 있겠습니까. 저는 단지 선교사일 뿐입니다. 그렇지만 저는 프랑스인이고, 프랑스인으로 살고 있습니다. 하지만 조선에서 살고, 조선에게 죽게 되어 있는 프랑스인입니다. 그러나

---

27) 《일기》, 1895년 7월 21일.

28) 《일기》, 1895년 8월 18일.

29) 《일기》, 1895년 8월 28일.

저는 정말 조선 사람이나 마찬가지지요. 비록 제 힘이 연약하긴 합니다만, 저의 선의는 대단합니다. 그러니 전하의 바람이 이루어지도록 성심껏 일하겠습니다.[30]

뮈텔이 자신의 능력을 겸손하게 표현하였지만 고종에 대한 지지 의사를 이처럼 분명하게 표현하였던 것이다. 한편, 고종은 프랑스에 큰 기대를 걸었으며 프랑스공사와 제독에게 이미 요청한 대로 프랑스 정부가 가능한 한 빨리 전권공사를 보내주기를 뮈텔에게도 다시 요청하였다.

왕실과 뮈텔의 만남은 당장 가시적인 성과로 나타났다. 뮈텔은 이베드로의 소개로 전주군수로 예정된 관리와 만났고 그로부터 소송 사건이 발생할 경우 선교사들과 잘 화합할 수 있는 사람이라는 인상을 받았다.[31]

이러한 인상은 프랑스공사관도 마찬가지로 감지하고 있었다. 당시 대리공사인 르페브르는 본국 정부 외무부에 뮈텔의 고종 알현 이후 조선 당국이 천주교 전교에 대해 여전히 취하였던 소극적 태도가 어느 정도 사라지리라 예상되며 천주교 선교회의 상황이 매우 양호하다고 보고하였다.[32] 나아가 이 호기를 이용하여 1859년 체결된 청불조약의 제13조 내용과 유사한 조항을 조불조약에 포함하도록 시도해보는 것이 적절하다는 판단을 제시하였다.[33]

그러나 이러한 분위기는 1895년 10월 8일 명성왕후 시해 사건이 일어나면서 가라앉았다. 왕실과 뮈텔을 연결해주던 홍계훈이 피살되었

---

30) 앞과 같음.

31) 《일기》, 1895년 9월 2일.

32) 국사편찬위원회, 《프랑스외무부문서》 7, 1895년 9월 10일, 르페브르 → 프랑스 외무부 장관.

기 때문이다. 뮈텔이 그를 두고 "천주교의 실체를 깨치고 있는 뛰어난 사람"이라고 평할 정도로 그의 빈자리가 크게 느껴졌다.[34] 물론 8일 이후인 10월 16일에 뮈텔은 다른 외교사절단과 같이 고종을 알현할 수 있었다.[35] 그러나 친일파의 감시가 매우 심하여 제대로 대화를 나눌 수 없었다. 단지 그는 고종에게 좋아질 가망이 있다는 답변만 하고 나왔다. 물론 이후에도 왕실 측에서 사람을 보내 프랑스 정부의 개입을 요청하였고 뮈텔도 이에 내면적으로는 자기의 역할을 높이 평가하지 않았지만 긍정적인 답변으로 일관하였다.[36] 한편, 고종의 정적이었던 대원군의 손자 이준용(李埈鎔)을 극비리에 만날 때 이준용 측이 오히려 뮈텔을 남모르게 안내하자 신부들이 몰래 입국하였던 옛 시절과 비교하면 처지가 완전히 바뀌었음을 절감할 수 있었다.

당시 뮈텔이 정치권을 대하는 심경을 1895년 11월 10일 일기에서 다음과 같이 밝히고 있다.

> 정부는 바로 가톨릭에 의해서 이 나라가 구원될 것이라는 점을 높이 평가하여 종교의 자유를 선포할 태세가 되어 있다고 한다. 그러한 평가는 정부가 표시하는 것 같은 온갖 선의에도 불구하고 나는 정말 결정적인 일보를 내딛기로 확정되었다는 사실 외에는 믿을 수가 없다. 내 생각에는 그들이 나를 기쁘게 해주어 내가 원하지도 않고, 또 들어갈 수도 없는 정계

---

33) "청불 천진조약 제13조: 제8조에 따라 날인한 여권을 지니고 내지로 들어가 선교하는 사람은 지방관이 필히 보호를 우대하여야 한다. 청국인으로서 천주교를 믿는 자는 조사를 금하며 처벌하지 않는다. 지금까지 천주교를 금하는 내용을 쓰거나 새긴 모든 명문(明文)은 어느 곳을 막론하고 모두 면제한다"(王鐵崖 編, 《中外舊約章彙編》(1), 三聯書店, 北京, 1957, 106쪽) 최병욱, 앞의 글, 49쪽 재인용.

34) 《일기》, 1895년 10월 8일.

35) 《일기》, 1895년 10월 16일.

36) 《일기》, 1895년 10월 20일.

로 나를 끌어들이려는 것 같다. 그렇기 때문에 나는 권한이 있는 사람에게 전하라며 아주 솔직하게 나의 의사를 밝혔다. 그는 내가 원한다면 틀림없이 총리대신이 나를 보러 올 것이라며, 총리대신을 만나보는 것이 어떻겠느냐고 한다. 그러고 싶은 마음은 전혀 없으나 누구든지 나를 보고 싶어 찾아온다면 여기서 맞아들일 것이요, 내가 가는 것이 더 수월하다고 판단되면 그를 보러 갈 것이라고 대답하였다. 내 개인적으로는 아무 일도 할 수 없고 정치는 전혀 알지 못하지만 누군가가 문의를 해오면 언제든지 그에게 솔직하고 명백하게 나의 사고방식을 이야기하면서 대답에 임할 것이다.[37]

뮈텔은 지나친 낙관을 경계하면서 정치활동에 적극 나설 생각은 없지만 굳이 정치권을 외면하려고도 하지는 않았다. 그것은 전교 여건의 개선과 신자들의 신앙생활 문제였기 때문이다. 그의 정치관은 정교분리, 정교일치와 별개로 당시 천주교회가 당면하였던 상황에서 비롯되었음을 보여준다. 그러면서 1895년 11월 28일 춘생문 사건의 실패에도 불구하고 조용히 아관파천을 기다리고 있었다.[38] 그 자신은 확신하고 있지 않았지만 프랑스와 러시아 내각이 일본의 조선 병합을 막고자 한다는 정보를 들으면서 조용히 정국의 반전을 기대하고 있었던 것이다. 물론 조선 정부가 러시아 및 일본과 등거리를 하여야 한다는 것이 전제였다. 그리고 그 속에는 조선 정부와 한국 천주교회의 새로운 관계들이 잉태되어 있었다.

37) 《일기》, 1895년 11월 10일.

38) 《일기》, 1895년 12월 1일; 1896년 1월 27일.

3. 광무개혁기 정치활동과 고종 정부의 후원

1896년 2월 11일 아관파천이 단행되었다. 여기에는 뮈텔의 역할이 적지 않았다. 당시 고종은 러시아에 몸을 내맡기는 것을 몹시 망설이는 가운데 뮈텔이 중재하여 아관파천이 성사되기에 이른 것이다.[39] 이러한 사실이 공개적으로 드러나지는 않았지만 뮈텔의 정치적 위상은 매우 높아졌다. 당대 최고 권력자인 민영준이 공금 횡령 배상 문제로 체포될 위기에 처하자 뮈텔에게 도움을 청할 정도였다.[40]

1896년 4월 15일 고종이 다시 뮈텔을 만날 것을 요청하였다.[41] 이에 뮈텔은 러시아나 정부 대신들에게 의혹을 살 수 있음을 이유로 들어 거절하였다. 이러한 가운데 일본 신문에서는 "왕이 영세를 하고 가톨릭 신자가 되었다"고 보도하거나 "프랑스 주교 뮈텔이 자주 알현을 한다"라든가 "왕이 그를 극진히 대우한다. 며칠 후 왕은 가톨릭 교회로 기도를 하러 갈 것이다"라는 등등의 보도를 하였다.[42] 그리고 실제로 뮈텔은 철도부설 문제로 극동함대 제독에게서 요청을 받고 외부대신에게 왜 철도부설권을 프랑스 피브릴사에게 제공하여야 하는지를 설명하기도 하였다.[43] 이에 관해 1896년 7월 15일자《뮈텔 주교 일기》에서 다음과 같이 상세히 적고 있다.

---

39) "르페브르 씨를 방문하였다. …… 왕은 러시아에 몸을 내맡기는 것을 몹시 망설였고, 그렇게 하기로 동의한 것은 아주 최근의 일이었다. 르페브르 씨는 슈페에르 씨로부터 '며칠 전 왕이 나에게 러시아공사의 제안에 대해 나의 의견을 물었으며, 그 제안을 은밀히 받아들이라고 내가 슈페에르 씨에게 조언해주었다'는 이야기 등 모든 것을 들었다고 하였다."(《일기》, 1896년 2월 13일).

40) 《일기》, 1896년 2월 15일.

41) 《일기》, 1896년 4월 15일.

42) 《일기》, 1896년 6월 16일.

43) 이에 관해서는 김태웅, 앞의 글 참조.

제독은 프랑스 업체에 허가해주는 것이 왜 조선에 유리한지를 나더러 대신에게 설명하게 하였다. 나의 설명인즉 "청일전쟁 이래 조선의 독립은 이름뿐이고 조선은 독립을 누려본 적이 없다. 일본인들과의 경쟁하에서 처음에는 조선의 독립이 러시아인들의 손으로 넘어갔다. 현 상황에서 조선은 훌륭한 지도자 없이는 독립을 견지하기 어려울 것이다. 그럼에도 불구하고 조선은 독립에 대한 관심을 포기해서는 안 된다. 자본이나 기타 이해관계를 조선에 도입하는 데 러시아보다 다른 나라의 것을 우대함으로써 그들 사이에서 조선을 보호하고 조선의 독립을 보전하게 할 완충 장치를 설치하여야 함을 조선은 깨달아야 할 것이다. 그런데 조선에 이렇듯 중대한 도움을 줄 수 있는 나라들 중에서 프랑스보다 더 나은 도움을 줄 수 있는 나라는 없으며, 또한 러시아의 동맹국이란 프랑스의 특징이 바로 프랑스를 러시아에 의해 조선에서 유리하게 받아들여지게 할 것이다." 그러자 대신은 이러한 이유를 완전히 알아들었고, 그래서 그의 동료 대신들에게 꼭 이야기하겠다고 대답하였다.[44]

즉 프랑스 제독과 뮈텔의 주장에 따르면 조선 정부가 프랑스 자본을 끌어들여 철도를 부설함으로써 프랑스의 지원을 받을 수 있다는 것이다. 나아가 뮈텔의 이러한 활동은 자국의 정교협약 이래 조국 프랑스의 정부와 기업의 이익을 대변함으로써 조선교구 천주교회가 프랑스 정부에게 지속적인 지원과 보호를 받을 수 있다는 판단에서 비롯된 것으로 보인다. 아울러 고종의 환궁 계획에 대해 조언을 아끼지 않았으며 프랑스공사관의 지원을 이끌어내기도 하였다.[45] 이처럼 뮈텔은 왕

44) 《일기》, 1896년 7월 15일.

45) 《일기》, 1896년 7월 27일, 8월 3일, 4일.

실의 정치적 조언자로 비칠 정도였다.

따라서 뮈텔의 정치활동은 천주교도의 권익을 보호하고 지원하는 활동으로 발전하였다. 천주교도들이 확보한 각종 소유권과 이권을 지키기 위해 프랑스공사관을 찾아가 부탁하거나 직접 관련 고위직을 만나 청원을 해결하기도 하였다.[46] 물론 프랑스공사관의 개입은 천주교도들의 민원 해결에 큰 지원이 되었다. 반대로 조선 정부 고위 관리들의 청탁도 프랑스공사관에 전달하여 관철하기도 하였다.[47] 심지어는 1896년 10월 학부대신 신기선이 교과서로 집필한 《유학경위(儒學經緯)》를 문제 삼아 다른 나라 공사들과 연대하여 정부가 신기선을 해직하도록 압력을 가하기도 하였다.[48] 물론 천주교도들이 사들인 산림천택(山林川澤)을 둘러싸고 궁내부와 불편한 관계로 지내기도 하였다.[49] 산림천택은 사유지가 될 수 없다는 왕실과 일반 민인의 판단 때문이었다.

그러나 이러한 불편한 관계도 1897년 2월 러시아와 일본이 맺은 비밀협정이 드러나면서 새로운 국면을 맞았다. 러시아에 의존하였던 조선 왕실이 배신감을 느끼고 프랑스 정부로 기울어졌다.[50] 특히 독립협회가 주동이 되어 전개된 반러 분위기는 정부로 하여금 러시아의 영향력에서 벗어나도록 이끌었다. 프랑스공사관 역시 이러한 분위기를 자국 정부에 보고할 정도였다. 이러한 가운데 궁내부와 프랑스공사관 사

---

46) 《일기》, 1896년 8월 13일, 14일, 31일, 9월 15일, 22일, 10월 21일.

47) 《일기》, 1897년 2월 6일, 7일.

48) 《프랑스외무부문서》 7, 1896년 10월 10일. 이에 관해서는 서영희, 《대한제국 정치사 연구》, 서울대학교출판부, 2003, 57쪽; 노용필, 〈천주교의 신앙 자유 획득과 선교 자유 확립〉, 《교회사연구》 30, 한국교회사연구소, 2008 참조.

49) 《일기》, 1896년 8월 31일, 9월 15~20일; 1897년 2월 21일; 《프랑스외무부문서》 7, 1896년 10월 21일, 플랑시 → 프랑스 외무부 장관.

50) 《프랑스외무부문서》 7, 1897년 3월 13일, 플랑시 → 프랑스 외무부 장관.

이에 화해 분위기가 연출되기도 하였다.[51] 심지어 1897년 4월 2일 프랑스공사관에서 왕실과의 비밀 접촉 자리에 뮈텔이 통역자로 참석하기를 요청하였다.[52] 당시 고종은 이 자리에서 러시아의 배신을 비난하면서 프랑스의 보호를 요청하였다. 당시 플랑시 프랑스공사는 다음과 같이 구체적으로 답변하였다.

> 청일전쟁이 끝나자 프랑스와 독일은 일본에게 요동에서의 철수를 요구하기 위해 러시아와 연합하였다. 그것은 결과적으로 조선에 대한 각별한 도움이 되었다. 그렇다고 프랑스와 독일은 그에 대한 무슨 보상이라도 받았는가? 예를 들면 작년에 한 프랑스 회사가 광산채굴권과 조선의 철도부설권을 요청하였을 때 그 요청에 응하였어야 현명하였을 것이다.[53]

이처럼 프랑스 정부는 정치적 관여를 넘어 자본 투자를 통해 조선 정부에 접근하고자 하였다. 그 결과 실제로도 1900년대 초 법률고문관 크레마지 등 15명의 프랑스인이 대한제국 정부의 요직에 고용되기도 하였다. 당시 외국인 고용인을 비교하면 일본에 못지않았다.[54] 그리고 이처럼 프랑스 자본과 인력을 끌어들이는 것이 조선 정부의 독립을 보장할 수 있는 방안임을 역설하였다. 끝으로 일본인과 청인의 경제 침투에 맞서서 직업학교 설립을 제안하였다.

이처럼 뮈텔의 정치적 위상이 높아지면서 청원도 많아졌다. 이러한

51) 《일기》, 1897년 3월 4일.

52) 《일기》, 1897년 4월 2일.

53) 앞과 같음.

54) 이원순, "제4장 한말 외국인 고빙문제 연구서설", 《조선시대사논집》, 느티나무, 1992 ; 김현숙, 〈한국 근대 서양인 고문관 연구〉, 이화여자대학교 박사학위논문, 1999, 50~55쪽 참조.

청원 중 객주주인권(客主主人權)의 확보를 지지해달라는 천주교도들의 요청도 있었다.[55] 그리고 그중 많은 청원이 뮈텔과 프랑스공사관의 중재 또는 개입으로 인해 관철되었다. 이 점에서 여러 지역에서 일어난 교안은 이와 무관하지 않다고 하겠다.[56]

한편, 뮈텔은 독립협회의 활동을 경계하면서 개신교의 진출에 우려하였다. 그는 1897년 8월 13일 일기에서 다음과 같이 독립관 집회에 대한 본인의 생각을 적고 있다.

> 오늘 오후 3시 독립관에서 공식 집회, 나는 여러 동료 신부와 함께 거기에 초대되었으나, 우리는 가지 않으련다. 온갖 류의 미국인들이 마치 자기들 나라에서처럼 거드름을 피우는, 효과도 없고 우스꽝스러운 의식이 벌어지는 곳이 바로 거기다.[57]

개신교에 대한 적대의식이 노골적으로 드러나 있다. 또한 뮈텔은 1898년 9월 1일 일기에서 다음과 같이 적고 있다.

> 헐버트 교수가 조선에 대표를 파견하고 있는 나라들을 차례차례로 들었는데, 프랑스는 빠뜨렸다. 고의적이었을까. 아니면 잊었던 것일까. 그가 받은 박수는 꽤 빈약하였다.[58]

55) 《일기》, 1900년 2월 8일.

56) 박찬식, 〈한말 교안과 교민조약—교회와 국가의 관계를 중심으로〉, 《교회사연구》 27, 한국교회사연구소, 2006, 61~65쪽 참조.

57) 《일기》, 1897년 8월 13일.

58) 《일기》, 1898년 9월 1일.

그의 이러한 기록은 그가 미국인 개신교 관련 인사들의 활동에 반감을 지니고 있음을 단적으로 보여준다고 하겠다.

또한 고종 정부가 천주교도들이 만민공동회 운동에 참여할지 모른다는 우려에 대해 1898년 12월 27일 일기에서 다음과 같이 적고 있다.

> 그 모든 것은 전혀 근거 없는 일이다. 우리 가톨릭 신자들은 우리의 동의 없이는 결코 그런 중대한 일을 하지 않을 것이다. 가까이서든 멀리서든 우리와 우리 신자들은 시위자들과 합류할 의사는 물론 그들과 투쟁할 의사도 없다. 우리는 이 한탄스러운 소동을 밖에서 지켜보며, 소란을 일으키는 소수의 사람으로 인해 궁지에 빠져 있는 정부를 한탄할 뿐이다.[59]

뮈텔은 천주교도들이 만민공동회 운동에 참가하지 않을 것이라고 확신하고 있다. 이러한 그의 자세와 인식은 고종 정부에게 커다란 지원으로 작용하였다. 양자의 관계는 이처럼 밀월관계였다.

그러나 이러한 밀월관계는 교안을 더욱 심각한 방향으로 이끌었다. 뮈텔도 인정하고 있듯이 황해도 해주에서 일어난 해주교안에 대해서는 1899년 10월 4일 일기에서 다음과 같이 적고 있다.

> 해주 사건이 해결되지 않고 있다. 우리의 개입이 도리어 군수의 기분을 상하게 해 사건을 더욱 복잡하게 만드는 결과만을 초래한 것으로 생각된다.[60]

그러면서도 제주교안 문제에는 강경하게 대처하였다. 정부의 강경

59) 《일기》, 1898년 12월 27일.

60) 《일기》, 1899년 10월 4일.

진압을 주문하였을뿐더러 제주교안 문제를 원만히 해결하려 하였던 대정군수 채구석(蔡龜錫)마저 다음과 같이 중형 선고를 요구하였다.

> 나는 공사에게 라크루 신부의 출석이 유죄 판결에 아무런 도움이 되지 않을 것임을 지적하였다. 현재로서는 비열한 인간에게 유죄 판결을 못 내리는 것은 증거 부족이 아니고 피고의 유죄 판결에 반대하는 청원을 뿌리치지 못하는 황제의 허약함 때문이다. 그렇기 때문에 나의 생각은 라크루 신부를 최후의 순간까지, 재판소로부터 긴급 요청이 있을 때까지는 부르지 않는다는 것이었다. 플랑시도 이러한 이유에 동의하였다.[61]

뮈텔이 채구석 군수에게 유죄가 되도록 온 힘을 기울이고 있음을 확인할 수 있다. 심지어 뮈텔은 프랑스 조국과 해병들에게 감사 인사를 하기도 하였다.

> 이제 본인은 오늘 아침에 본인이 시작한 말, 즉 우리의 프랑스, 멀리 있기 때문에 더욱 소중한 조국, 조국의 운명을 걱정하는 사람들, 프랑스를 대표하는 공사, 우리의 영광스런 육군과 해군, 우리 모든 교민 위에, 그리고 마침내는 교민과 선교사 모두가 국기 옆에서 조선에서의 프랑스의 영예를 지키면서 서로 손잡고 나아갈 수 있도록 하느님의 축복을 비는 바입니다.[62]

뮈텔이 의례적인 언사 속에서도 프랑스인으로서의 의무를 강조하고 있음을 확인할 수 있다.

---

61) 《일기》, 1901년 10월 18일.

62) 《일기》, 1901년 7월 14일.

이러한 가운데 1902년 2월 14일 영일동맹 체결 소식이 전해오자 뮈텔은 이후 추이에 대해 주시하였다.[63] 이어서 그는 영일동맹 조약 전문을 입수하였다.[64] 그의 예상대로 오랫동안 우려하였던 러일전쟁의 전주곡이라 생각하였던 것은 아닐까.

이에 황실 측에서 정치적 자문을 구하기 위해 이재순을 뮈텔에게 보냈다.[65] 일본인들의 소문대로 대한제국 정부가 러시아와 전쟁하는 일은 피하여야 한다고 조언하였다. 이후 러일전쟁이 발발하자 고종은 이재순을 통해 뮈텔에게 전세(戰勢)를 물어보았고 뮈텔은 이재순에게 대한제국의 보호를 위해 기도한다고 대답하였다.[66] 그런데 이러한 접촉도 이것이 마지막이었다.

4. 러일전쟁 후 국내외 정세의 변화와 새로운 방향의 모색

1904년 2월 8일 일본 함대가 여순항에 정박 중이던 러시아 함대를 선전포고 없이 기습 공격하면서 러일전쟁이 발발하였다. 이는 대한제국 정부와 뮈텔의 단절을 의미하였다. 그리고 1904년 6월 일본군의 전격적인 점령 아래 '교민범법단속조례(教民犯法團束條例)', 이른바 선교협약(宣教協約)을 체결하여야 하였다.[67] 이는 일반 민인과 천주교도 사이의 분쟁을 방지하기 위해 제정된 조례였지만 천주교회와 천주교도의 활

63) 《일기》, 1902년 2월 14일.

64) 《일기》, 1902년 2월 20일.

65) 《일기》, 1903년 12월 29일.

66) 《일기》, 1904년 7월 21일.

67) 이에 관해서는 이원순, 앞의 글, 1973 ; 노용필, 앞의 글 참조.

동 영역이 축소됨을 의미하였다. 특히 뮈텔은 신문 보도 내용과 달리 단속조례에는 선교사들이 부동산을 매입하고 소유할 권리를 인정하는 조항이 없음을 들어 서명을 거부하고자 하였다.[68]

그의 이러한 우려는 현실로 가시화되었다. 이후 뮈텔은 소유권 등기 문제, 일제의 토지 수용 문제를 해결하기 위해 통감부를 자주 드나들어야 하였다.[69] 이제 천주교도의 권익 보호에 앞서 교회의 재산을 수호하는 것이 급선무가 되었다. 고종 정부의 후원 아래 원만하게 처리되었던 문제가 통감부의 규제 속에서 시련을 맞은 것이다.

한편, 뮈텔에 대한 일본의 압박도 심해져갔다. 일본공사관의 비서관이 방문하여 천주교도이자 고종의 측근이었던 이세직(李世稷)의 행방을 문의하였으며,[70] 곧이어 이세직이 체포되기도 하였다.[71] 또한 1906년 5월 20일 일본 군인이 교회 안에서 웃고 떠들어 이를 제지하자 일본 군인들이 뮈텔의 등을 때리기도 할 정도였다.[72] 이에 뮈텔은 일본 군인들의 자존심을 건드리지 않는 방향으로 원만하게 해결하고자 하였다.[73] 심지어 뮈텔과 왕실을 연결해주었던 이베드로마저 생명을 위협받았다.[74] 그러면서도 뮈텔은 1906년 6월 11일 고종이 김요한을 통해 전달한 조약 문서 원본을 맡기도 하였다.[75]

한편, 1905년 정교분리법(政教分離法)이 프랑스 의회에서 통과됨으로

68) 《일기》, 1904년 6월 7일.

69) 《일기》, 1905년 4월 28일, 6월 14일; 1906년 3월 31일; 1907년 12월 4일.

70) 《일기》, 1905년 3월 10일.

71) 《일기》, 1905년 3월 14일.

72) 《일기》, 1906년 5월 20일.

73) 《일기》, 1906년 5월 23일.

74) 《일기》, 1907년 6월 19일.

75) 《일기》, 1906년 6월 11일.

써 1801년 교황 비오 7세와 나폴레옹 1세 사이에 맺어진 정교협약이 폐기됨에 따라 파리외방전교회는 프랑스 정부로부터 적극적인 지원을 받을 수 없게 되었다.[76] 즉 프랑스 정부는 프랑스 선교사들과 관련된 사무만을 처리하고 나머지 사항은 제외하였다. 을사늑약으로 공사관이 총영사관으로 위상이 낮아진데다 자국 정부로부터 지원과 보호가 줄어들게 된 셈이었다. 그리하여 당시 프랑스 총영사관은 이전과 달리 뮈텔의 요청을 방관하거나 무시하기에 이르렀다.[77] 이제 프랑스 총영사가 먼저 주교관을 방문하는 일은 없을뿐더러 한국 천주교회의 여러 현안에 소극적으로 대처하기에 이르렀다. 물론 뮈텔은 자국 정부의 처사에 항의도 하였다.

> "중국에는 가톨릭 선교지에 대한 보호가 존재하며 적어도 과거에 존재했었다. 그러나 조선에는 그러한 법도, 그러한 사실도 없었고 보호제도도 없다. 그러므로 프랑스영사관과 우리의 관계는 과거와 똑같다. 이러한 전통을 따라 당신이 부임하자 먼저 우리를 방문하지 않은 것이 이상하다. 내가 1890년에 주교로 이곳에 부임하였을 때 그러하였고, 또 나의 선임자들이 이곳에 도착하였을 때도 그러하였다"고 말하였다.[78]

뮈텔은 프랑스 정부의 적극적인 지원을 받고자 하여 이처럼 기존의 관계로 회귀하고자 시도하였다. 그러나 총영사는 뮈텔의 이러한 항의를 무시하는 가운데 전교의 보호보다는 프랑스 국익의 보전이 우선임

---

76) 이에 관해서는 최병욱, 앞의 글, 167~168쪽; 오병화, 〈프랑스혁명(革命) 시기 교회의 모습에 대한 연구〉, 광주가톨릭대학교 석사학위논문, 2011 참조.

77) 《일기》, 1906년 10월 22일; 1907년 6월 19일, 7월 15일, 8월 5일, 12월 24일.

78) 《일기》, 1906년 10월 22일.

을 강조하며 선교사 보호에 소극적인 자세를 취하였다. 심지어 총영사는 군대 해산 이후에는 구한국 군인들을 은신시켜주지 말 것을 노골적으로 요구하였다.[79] 이제 한국 천주교회는 대한제국과의 관계를 철저하게 단절하면서 이제 자력으로 이러한 난관을 헤쳐나가야 하였다.

그래서 뮈텔은 이전에는 초대하여도 방문하지 않았던 통감부 리셉션에 참석하였다.[80] 그리고 늘 천주교도가 일본 군인이나 다른 민인에게 괴롭힘을 당할까 전전긍긍하기도 하고 문제 해결에 직접 나서기도 하였다.[81] 심지어는 소네 아라스케(曾禰荒助) 자작을 방문하여 그에게 친일단체인 자위단(自衛團)에 한국인 가입이 가능하냐고 물어볼 정도였다.[82] 이러한 제안은 통감부가 한국인 천주교도의 의병 참여를 우려하면서 뮈텔을 압박하자 이를 모면하기 위한 과잉 대응에서 비롯되었다. 물론 친일적인 미국 컬럼비아대학 교수인 래드에게는 "나는 일본인들이 이 나라에서 그다지 좋은 일을 하지 않고 있다"고 별 거리낌 없이 말하기도 하였다.[83] 또 프랑스 총영사를 일본인의 노예라고 속으로 욕을 하였다.[84] 당시 뮈텔이 총영사에게 말했던 대화 내용은 이러하였다.

> 나는 다만 종교적인 교화사업을 하는 한 선교사일 뿐이다. 이러한 종교사업에 겉으로라도 공감을 표시해준다면 그 이상 우리에게 영예로울 것이 없을 것이다. 예를 들어 지금까지 모든 프랑스 외교관은 우리의 주일 미

---

79) 《일기》, 1907년 8월 5일.

80) 《일기》, 1906년 11월 3일 ; 1909년 3월 26일 ; 1910년 5월 17일.

81) 《일기》, 1906년 12월 4일, 12일, 13일.

82) 《일기》, 1908년 1월 10일.

83) 《일기》, 1907년 5월 1일.

84) 《일기》, 1907년 7월 15일.

사에 반드시 참석함으로써 우리에게 그러한 명예를 주었다. 그런데 벨랭 씨는 이러한 전통을 깨뜨려야 한다고 생각하였다. 바로 이것이 내가 그의 만찬 초대를 받아들이기를 주저하게 하는 것이다. 벨랭 씨는 미사 참례를 하지 않은 지가 20년이 넘었지만 주교들과 늘 자주 식사를 하였다고 대답하였다. 물론 그럴 수도 있겠으나 지금처럼 전통이 끊긴 상태는 아니었을 것이라고 대답하였다. 당황한 그는 아무 대답도 하지 못하였고, 그래서 대화는 다른 화제로 넘어갔다.[85]

프랑스 정부를 대표하는 총영사의 이러한 행태는 뮈텔로 대표되는 천주교 조선교구와 프랑스 정부의 불편한 관계를 여실히 보여주는 것이다. 그러나 뮈텔도 양자의 이러한 관계를 거부하고 기존의 밀월관계로 되돌릴 수 없는 상황임을 잘 알고 있었다.

이에 뮈텔은 새로운 돌파구를 만들어야 하였다. 그것은 1897년부터 오랫동안 구상해왔던 교육 부문이었다.[86] 이러한 구상이 본격화된 데는 1905년 을사늑약 이후 계몽운동에 진력하기 시작하였던 한국인 식자층의 영향도 있거니와 신도 교사를 양성하여야 하는 절박한 사정도 작용하였다. 1906년 8월 27일 '보통학교령(普通學校令)'으로 인해 교원 자격조건이 까다로워졌을뿐더러 각지에 사립학교를 운영하고 있는 천주교회로서는 더 이상 사범학교의 설립을 미룰 수 없었기 때문이다.[87] 특히 천주교도의 많은 자녀가 공립학교에 다니고 있는 상황에서 사범학교 설립 문제는 중요한 현안이 되었다.

그러나 당시 조선교구 형편상 사범학교 설립을 자력으로 추진할 수

85) 《일기》, 1907년 12월 24일.

86) 《일기》, 1907년 2월 4일.

87) 《관보》, 광무 10년 8월 31일, '칙령 제44호 보통학교령(普通學校令).'

없었다. 그는 1908년 1월 일본과 중국을 거쳐 유럽 등지의 관련 기관을 방문하여 사범학교 설립을 타진하였다.[88] 그중에는 프랑스, 이탈리아, 독일 등지의 여러 기관도 포함되었다. 그리고 1908년 7월 7일 그는 파리 뤼박 거리에 있는 파리외방전교회 신학교에서 자필로 드 바뇌(de Bagneux) 살레시오회 관구장에게 보내는 한 통의 문서를 작성하였다. 장황하지만 그의 논지가 잘 드러나 있다.

정치적 사건의 압박하에서 한국인들은 이 정치적 사건의 목적 혹은 희생양이었습니다. 1895년에 (청으로부터) 독립이 되고 1905년 11월에 일본의 보호령이 되자, 한국인들은 교육의 중요성을 깨닫게 되었고 방방곡곡에 학교를 세웠습니다. 우리의 지방 신자들은 학교 설립을 위해 희생을 감수하였습니다. 그리고 그들은 우리에게 신자 교사를 요청하고 있는데 저희에게는 없습니다. 개신교 교사들이 이 자리에 끼어들까 걱정하면서도 저희는 신자들에게 임시로 비신자 교사를 찾아줄 수밖에 없습니다. 따라서 가톨릭 신자 교사 양성을 위한 사범학교를 세워야 합니다. 또한 후일 나라의 지도층이 될 좋은 가문의 젊은이들(외교인일지라도)을 위한 상급학교 혹은 고등학교도 세워야 합니다. 이러한 면에서 아직은 확실한 것이 없는데, 대중이 우리에게 갖는 신뢰 덕에 우리는 성공을 기대해볼 수 있습니다.

우리가 개신교의 가공할 경합으로부터 침범당하고 있는 만큼 다양한 교육사업들은 더더욱 중요합니다. 가톨릭교회에는 프랑스인 선교사 46명과 사제 10명이 있는 반면, 개신교에는 미국인 선교사만 215명이며 그들

88) 뮈텔은 1908년 1월 24일 제물포를 출발하여 일본 시모노세키를 거쳐 일본 각지를 돌아다닌 뒤, 다시 중국 상해를 거쳐 3월 3일 프랑스 마르세유 항구에 도착하였다. 이후 8개월의 일정으로 이탈리아, 독일 등지의 관련 기관을 방문하였다. 그리고 1908년 11월 14일 신의주를 거쳐 귀환하였다. 상세한 일정은 해당 시기의 《일기》 참조.

은 우리의 예산보다 50배를 더 많이 씁니다. 또한 성공회도 많이 활동하고 있습니다. 개신교 신자들은 서울에 청년회(기독교 청년회)를 설립했는데, 사람들이 매우 많이 드나듭니다. 그들은 기독교 청년회에 우리 젊은 이들을 끌어들이려 심혈을 기울이고 있고 저희는 그들에게 대항하기 위해 무엇이라도 해야 합니다. 이 청년회의 위원회는 유럽의 작품을 조선말로 번역하고 출판하려는 목적으로 자신들의 뉴욕 본부에 지원을 호소하였고 25만 달러(125만 프랑)의 보조금을 거리낌 없이 신청하였습니다. 이것이 저희가 여러분께 보여드리는 사도직의 고군분투 현장입니다.[89)]

뮈텔은 한국 천주교 전교의 역사와 열악한 여건을 간략하게 소개하는 한편, 개신교와의 경쟁에서 우위를 점하고 조선교구의 기반을 안정시키기 위해서는 사범학교의 설립이 시급함을 역설하였던 것이다. 그리고 이러한 방문과정에서 뮈텔은 1908년 7월 23일 모리스 쿠랑(Morice Courant)의 안내로 조선 왕실의 책들을 열람하였다.[90)]

그의 이러한 노력은 헛수고로 끝나지 않았으니, 1908년 9월 18일 뮈텔은 장크트 오틸리앵 베네딕도회의 노르베르트 베버(Norbert Weber) 총아빠스(Archiabbas)를 만날 수 있었다.[91)] 이 자리에서 베버 총아빠스는 사범학교는 물론 직업학교도 필요하지 않겠냐는 역제안을 받았다. 그리하여 독일 베네딕도회 신부들이 한국에 입국하기에 이르렀다.[92)] 이후 그의 일과는 오랫동안 해왔던 공소 순시와 함께 베네딕도 학교 부지를

---

89) 뮈텔, 최용록 역, 〈조선에서의 학교 설립을 위한 보고서〉(1908년 7월 7일), 《교회와 역사》 384, 한국교회사연구소, 2007.

90) 《일기》, 1908년 7월 23일. 여기서 언급한 조선 왕실의 책은 프랑스군이 병인양요 때 강화도 외규장각에서 약탈한 도서를 가리킨다.

91) 《일기》, 1908년 9월 18일.

92) 《일기》, 1909년 3월 1일, 25일, 26일, 31일, 4월 1일.

찾는 일이었다.[93] 새로운 모색의 출발이었다.

그러나 교육을 통한 한국 천주교회의 유지·발전은 또 하나의 갈등을 맞이하고 있었다. 그는 1909년 10월 26일 《뮈텔 주교 일기》에서 안중근의 이토 히로부미 저격 사건을 다음과 같이 평하였다.

> 정치란 서글픈 것이다. 이토 공의 이번 암살은 공공의 불행으로 증오를 일으켜야 하였음에도 불구하고 그러한 모습은 일본인들이나 몇몇 친일파 한국인에게서만 보일 뿐이고 일반 민중에게는 오히려 기쁜 소식으로 받아들여지고 있을뿐더러 그러한 감정이 아주 전반적이다. 이토 공이 한국에 가져다준 모든 공적과 실질적 이익까지도 한국을 억압하려는 수단으로 간주되고 있다. 그 결과 1895년 10월의 왕비의 암살, 1905년 11월의 보호조약, 1907년 7월의 황제 퇴위 등이 모두 그의 책임으로 돌려지고 있다. 그러므로 그의 암살은 정당한 복수로 여겨져 모두가 기뻐하고들 있다.[94]

뮈텔은 당시 안중근의 이토 히로부미 저격 사건에 대한 한국인의 감정을 전하면서 복잡한 속내를 토로하고 있다. 그리고 그는 1909년 10월 28일 《뮈텔 주교 일기》에서 암살범 천주교인설에 대해 "결코 아님. 또 어떠한 천주교인도 스티븐스 암살에 가담한 일 없음. 뮈텔"이라는 문구로 전보를 치게 하였다.[95] 이는 항일민족운동의 방향과 한국 천주교회의 안정화라는 양 노선의 충돌을 예고하는 것이었다.

이어서 기관지 《경향신문》이 "금슈 굿흔 헌병"이란 표현으로 폐간

---

93) 이에 관해서는 최석우, 〈한국 분도회의 초기 수도생활과 교육사업〉, 《사학연구》 36, 한국사학회, 1983 ; 김정환, 〈한말·일제강점기 뮈텔 주교의 교육활동〉, 《한국근현대사연구》 56, 한국근현대사학회, 2011 참조.

94) 《일기》, 1909년 10월 26일.

95) 《일기》, 1907년 10월 28일.

위기에 몰리자 그것은 일본 헌병대를 가리키는 것이 아닐뿐더러 천주교는 원칙적으로 정부, 군인, 경찰 등 행정 당국 편이라고 말하였다. 그러나 일제의 압박은 계속 가해졌다. 통감부는 천주교 학교에서 사용 불허 교재인 《동국사략(東國史略)》을 교재로 쓴다고 통보하였다.[96] 심지어는 뮈텔과 플로리앙 드망주(Florian Demange) 신부를 위시하여 천주교 관계자들이 《조선망국사》를 준비하고 있고 이를 목적으로 각 도의 유생들에게 편지를 보낸다는 혐의를 둠으로써 한국 천주교회는 안팎으로 위기에 봉착하였다.[97] 드디어 일제의 강제병합을 앞두고 그는 1910년 8월 26일 일기에서 다음과 같이 적고 있다.

> 조약이 29일에 공포될 것이라 한다. 이와 같은 협상에서 전 황제와 현 황제가 얼마나 무기력하였는지 여실히 드러난다! '속국이 되느니 차라리 죽는 것'이 낫지 않은가? 천주님은 이 슬픈 상황에서 우리를 지켜주시기를![98]

이후 한국 천주교회는 국내외적으로 국가 및 정치와 단절되고 일제의 엄혹한 규제와 간섭이 수반되는 여건 속에서 일제의 현실 권력, 한국 민족, 한국 천주교회라는 세 가지 축의 새로운 관계 정립을 모색하여야 하였다.[99]

---

96) 《일기》, 1910년 7월 8일.

97) 《일기》, 1910년 8월 8일.

98) 《일기》, 1910년 8월 26일.

99) 이에 관해서는 윤선자, 《한국근대사와 종교》, 국학자료원, 2002 ; 김정환, 〈한말·일제강점기 한국 천주교회의 재편—뮈텔 주교의 재임기를 중심으로〉, 《역사와 담론》 57, 호서사학회, 2010 참조.

5. 결어

조선 말 고종 정부는 균세정책을 추구함에도 불구하고 대내적 기반은 물론 대외적 기반의 취약으로 말미암아 늘 정치적 위기에 시달렸다. 이에 왕실은 서구 열강을 끌어들여 특정 국가의 일방적 우위를 견제하려 하였다. 프랑스도 그러한 서구 열강의 하나였다. 한편, 1890년에 조선교구장으로 취임한 뮈텔은 조불수호통상조약에도 불구하고 취약한 전교와 천주교도들의 신앙생활 여건을 개선하는 데 중점을 두었다. 아울러 본국 정부와 긴밀한 협력체제를 구축하는 데 힘을 기울였다.

따라서 고종 정부의 프랑스에 대한 외교정책과 뮈텔의 전교 방향은 프랑스 정부의 동아시아 정책을 매개로 상호 부합될 수 있었다. 물론 뮈텔은 정국 변동의 소용돌이에 휘말리지 않기 위해 정치권과 거리를 두려 하였다. 그러나 이러한 취약한 여건을 개선하기 위해서는 본인 자신의 의지에서 비롯되었든, 프랑스 정부의 요구에 의해서든 정치활동에 적극 나설 수밖에 없었다. 또한 반독립협회(反獨立協會) 노선을 걸으면서 대한제국 황실과 정치적 행보를 같이하기도 하였다. 그 결과 그의 이러한 활동은 한국 천주교회의 성장을 가져오는 동시에 교안의 빈발을 초래하였다.

그러나 그의 활동 방향은 국외 정세와 국내 정국의 변동에 의존하여야 하기 때문에 결국 러일전쟁과 한국인 식자층의 교육계몽운동, 개신교와의 경쟁의식 등으로 말미암아 대한제국 황실과 거리를 두면서 교육 부문으로 옮겨가기 시작하였다. 그러면서도 통감부의 규제와 감시 속에 교회 조직과 재산을 보호하고 교육활동을 보장받기 위해서는 일제와 원만한 관계를 유지하면서 이 문제 해결에 집중하여야 하였다. 항일민족운동과 거리를 두어야 함은 물론이었다.

국가와 종교, 정치와 교회의 관계는 이처럼 당시 여러 정치·사회 세력들의 상호관계, 국제질서의 변화, 국내 정국의 변동과 맞물려 시기적으로, 단계적으로 늘 양상을 달리하며 변하여야 하였다. 뮈텔 역시 이러한 역사적 조건의 급격한 변화 속에서 한국 천주교회의 온존을 그 나름의 방식으로 도모하였던 것이다. 그러면 이러한 방식이 일제 강점 이후 민족적·사회적 요구라는 한국적 현실에 어떻게 관계를 맺었는가는 좀더 곰곰이 구명하여야 할 점이다.

〈조선 말, 대한제국기 뮈텔 주교의 정국 인식과 대정치권 활동〉,
《교회사연구》 37, 한국교회사연구소, 2011 수정 보완

6장

정부의 독일제국 인식과 주권국가체제 모색

1. 서언

19세기, 안으로는 농민들의 반봉건운동이 줄기차게 일어나고 밖으로는 서구 열강의 문호개방 요구가 점차 드세지는 가운데 조선 정부는 이러한 대내외적 위기를 극복하고자 노력하였다. 그것은 대원군 정권의 내수외양정책, 즉 안으로는 개혁을 통해 부국강병을 이룩하고 밖으로는 서양 세력을 물리쳐 왕조를 지키는 정책으로 나타났다. 그러나 이러한 정책은 외부세계와의 단절을 전제로 부국강병의 원동력을 오로지 내부에서만 구하여야 하기 때문에 그 실현은 불투명한데다 민족적 위기를 오히려 심화할 수 있었다.

1873년 대원군의 하야와 고종의 친정은 이러한 문제를 해소할 수 있는 실마리가 되었으며 1876년 조선 정부와 일본 정부가 체결한 조일병자수호조규를 비롯하여 서구 열강과 체결한 여러 조약이 그 분기점이 되었다. 즉 조선 정부의 통상개방정책이 부국강병정책과 짝하여 본격화되었다. 그런데 이러한 통상개방정책이 원만하게 추진되기 위해서는 전제조건이 충족되어야 하였다. 통상개방정책이 조선 정부의 부국강병정책을 촉진하여야 할뿐더러 적어도 충돌하여서는 안 된다는 점이었다. 하지만 조일병자수호조규와 청일 양국의 내정 간섭에서 볼 수 있듯이 조선 정부는 불평등조약의 가혹한 조건과 근린국가들의 팽창주의 정책을 감수하여야 하였다.

한편, 이러한 양자의 정책을 충돌 없이 추진하려면 조선 국가는 근대 주권국가로 갈 수 있는 대외적·대내적 여건을 조성하여야 하였다. 전자의 경우는 조선을 둘러싼 열강들의 침투를 효과적으로 막아내면서 중립화를 실현하는 일이었고, 후자의 경우는 헌법을 비롯한 근대 법령 등을 제정하여 주권의 소재와 집행방식을 법제적으로 규정하고 국내 정치체제를 근대화하는 일이었다. 그런데 이 두 가지 조건은 상호 연계되어 있어 정부로서는 이를 동시에, 또는 순차를 정해 추진하여야 하였다. 따라서 정부는 이러한 일을 소기대로 이루기 위해 세력균형론에 입각하여 열강과의 외교활동을 정력적으로 벌이는 한편, 당시 국제질서를 이론적·법제적으로 뒷받침하였던 만국공법 검토에 골몰하면서 서구 열강이 부국강병의 국가로 성장하는 과정을 추적하였다.[1]

이에 정부와 개신 식자층은 여타 서구 열강 못지않게 독일제국에 관심을 기울이고 독일의 현재 및 과거를 담은 정보 습득과 역사 소개에 몰두하였다. 독일의 경우 한반도에 대한 영토 야심이 없는데다 수백 년 이상의 분열을 견디고 통일을 성취한 신흥 강대국으로 비쳤기 때문이다. 특히 보불전쟁에서 프랑스를 꺾고 통일을 이루었다는 점은 조선

---

1) 오영섭, 〈개항 후 만국공법 인식의 추이〉, 《동방학지》 124, 연세대학교 국학연구원, 2004 ; 김태웅, 〈근대 개혁기 고종 정부의 서구 전장 탐색과 만국사 서적 보급〉, 이태진교수정년기념논총간행위원회, 《세계 속의 한국사》, 태학사, 2009 ; 한승훈, 〈19세기 후반 조선의 대외정책 기조와 그 실현—균세정책과 거중조정의 추진〉, 《한국근현대사연구》 83, 한국근현대사학회, 2017.

조야에 크게 영향을 끼쳤다. 나아가 정부가 중세 번봉국가에서 근대 주권국가로 성장하는 데 독일제국 정치체제의 연원과 계통은 주요 참고 대상이었다. 따라서 이 시기 정부와 독일제국 정부의 인적·물적 교류는 이러한 기반 위에서 촉발되었고 그 의미는 깊어졌다.

이 글은 이러한 문제의식 아래 1863년에서 1907년까지 정부의 독일제국 인식과 주권국가건설의 방향을 검토하는 가운데 한독 교류의 역사적 의미를 추출하는 단서를 찾고자 하였다. 주지하다시피 19세기 중엽에는 에른스트 오페르트(Ernst Oppert)가 말했듯이 조선은 이른바 '금단의 나라(Ein Verschlossenens Land)'로 상징되었다.[2] 그러나 19세기 말 대한제국은 지그프리트 겐테(Siegfried Genthe)의 말을 빌려 기행 스케치(Reiseschilderungen)를 할 만한 실사구시(實事求是)의 대상이 되었다.[3] 독일인의 이러한 인식 전환은 정부의 어떠한 정치적·역사적 지향 위에서 가능했을까.

2. 만국공법 인식과 독일 국가상의 변화

조선 정부가 서구 열강과 본격적으로 접촉한 것은 병인양요, 오페르트 도굴 사건 및 신미양요 등 일련의 충돌 사건들이었다. 이는 중영전쟁(1839)과 서구 열강의 북경 점령(1860)에 연속하여 일어난 사건이어

---

2) 홍명순, 〈19세기 말 독일인의 조선여행기 – 문화 간 커뮤니케이션 관점을 중심으로〉, 《외국어로서의 독일어》 27, 한국독일어교육학회, 2010, 157쪽.

3) 지그프리트 겐트, 권영경 옮김, 《독일인 겐테가 본 신선한 나라 조선, 1901》, 책과함께, 2007, 198쪽. "사실 대도시의 교통을 원활히 해주는 서양의 발명품을 이용한다는 점에서 서울은 아시아의 다른 대도시를 앞서고 있다. …… 베이징이나 도쿄, 방콕이나 상하이 같은 어떤 대도시도 서울처럼 전신과 전화, 전차와 전기를 동시에 갖추고 있는 곳은 없다."

서 조선의 조야에 끼친 영향이 컸다. 특히 서구 열강을 배척하게 된 결정적인 계기는 1868년 4월 오페르트의 남연군 묘지 도굴 사건이었다.[4] 오페르트 일행은 조선 정부에 통상 요구를 관철하고자 하여 대원군의 아버지인 남연군의 묘지를 파헤치는 패륜적인 행위를 저질렀던 것이다. 이는 병인양요로 서구에 대한 두려움이 커진 터에 문호개방의 요구를 거절할 수 있는 명분이 되었다. 비록 오페르트가 영국인, 미국인, 프랑스인과 같이 활동하여 독일인이라는 사실이 당시에는 알려져 있지 않았지만—오히려 조선인은 오페르트를 영국인으로 오해하기도 하였다—오랫동안 조선인의 가슴속에는 서양인에 대한 부정적인 인상이 남아 있었음이 분명하였다. 물론 독일인과의 만남이 이대로 끝난 것은 아니었다. 1870년 5월 독일인 300명과 일본인 50명을 태운 독일 상인의 배 '헤르타(Hertha)'가 부산 왜관 앞에 정박하였다가 조선 정부의 출항 요청을 받고 돌아갔다.[5] 그리고 이는 중앙정부에 보고되었다. 조선 정부가 독일 국가의 존재를 명확히 인식한 것은 이 때문이었다.

그러나 조선 정부가 1876년 부국강병의 수단으로 문호개방정책을 채택하고 조일수호통상조규를 맺으면서 이러한 인상과는 별개로 서구에 대한 새로운 인식들이 싹트기 시작하였다. 특히 1876년 수신사 김기수(金綺秀)가 일본을 다녀온 뒤 만국공법을 국내에 소개하자 고종을 비롯하여 조선 조야는 만국공법에 관심을 가지면서 서구 열강을 다른 시각으로 보기 시작하였다.[6] 특히 청 정부가 일본의 조선 침략을 견제하기 위해 서양과의 조약 체결을 권유하면서 조선 조야의 만국공법 인

---

4) 노계현, 〈오페르트의 남연군분묘 도굴만행과 한국의 조치〉, 《국제법학회논총》 27-1, 대한국제법학회, 1982.

5) 《동래부계록(東萊府啓錄)》 6(규 15105), 동치 9년(1870) 5월 5일.

6) 한철호, 〈제1차 수신사(1876) 김기수의 일본인식과 그 의의〉, 《사학연구》 84, 한국사학회, 2006.

식은 심화되기 시작하였다. 약소국 조선의 처지에서 만국공법은 세력균형을 통해 청 정부의 의도와는 달리 불평등조약 체제에서 벗어나 일본은 물론 청의 간섭을 배제할 수 있는 법제적 근거라고 여겨졌기 때문이다. 그리하여 유럽의 벨기에와 덴마크처럼 조선도 청일 양국의 틈바구니에서 침략을 받지 않는 나라로 성장하고자 하였다. 아울러 조선 조야는 만국공법의 한계도 명확하게 인식하고 있었다. 즉 당시 고위 관리였던 이유원은 류큐 왕국의 멸망에서 볼 수 있듯 일본이 류큐를 침략하였음에도 불구하고 서구 여러 나라가 원조하지 않았다는 점을 들어 만국공법의 문제점도 명확하게 지적하였다.[7] 하지만 일본의 침략 앞에 세력균형을 통한 부국강병의 필요성이 높아졌다. 1882년 미국, 영국, 독일과의 조약 체결은 이러한 방책에서 비롯되었다. 특히 이들 나라는 조선과 지리적으로 멀리 떨어져 있어 본래 다른 요구가 없을 것이라 판단하였다.

이후 정부의 이러한 문호개방을 통한 부국강병정책은 1882년 임오군란이라는 역풍을 맞았지만 고종을 비롯한 조선 정부는 조약 체결에 적극적인 자세로 임하였다. 정부의 당시 국제정세 인식과 방책은 다음과 같았다.

> 근년 이래로 천하의 대세는 옛날과 판이하게 되었다. 영길리(영국)·법국(프랑스)·미리견(미국)·아국(러시아) 같은 구미 여러 나라에서는 정교하고 이로운 기계를 새로 만들고 나라를 부강하게 만드는 사업에 최선을 다하고 있다. 그들은 배나 수레를 타고 지구를 두루 돌아다니며 만국과 조약을 체결하여 병력으로 서로 견제하고 공법으로 서로 대치하는 것이 마치

7) 김태웅, 〈이유원의 경세론과 국제정세 인식〉, 《진단학보》 128, 진단학회, 2017, 145~148쪽.

춘추열국시대를 방불케 한다. 그러므로 천하에서 홀로 존귀하다는 중화도 오히려 평등한 입장에서 조약을 맺고 척양에 엄격하던 일본도 결국 수호를 맺고 통상을 하고 있으니, 어찌 까닭 없이 그렇게 하는 것이겠는가? 참으로 형편상 부득이하기 때문이다.[8)]

당시 고종의 이러한 언설은 고종 정부가 만국공법의 시대가 약육강식에 바탕한 춘추전국시대의 재판(再版)으로 보았음을 보여준다.

한편, 정부는 만국공법 검토에 몰두하면서 유럽 각국의 역사에 관심을 기울였다. 특히 독일의 정치와 역사에 주목하였다. 당시 조선의 조야에서는 이미 김경수의 《공보초략》을 통해 독일제국의 문명개화를 알고 있던 터였다.[9)] 이어서 중국의 왕도(王韜, 1828~1897)가 찬집한 《보법전기》가 전파되어 읽히면서 독일을 신흥 강대국으로 인식하기 시작하였다.[10)] 즉 오랫동안 분열된 독일이 전통의 강대국인 프랑스를 이기고 통일을 이루는 과정에 주목하였다. 이러한 가운데 당시 통리아문 참의였던 묄렌도르프의 활약도 독일을 적극적으로 인식하는 데 커다란 영향을 끼쳤을 것이다. 그리고 1883년 11월 26일(음력 10월 27일) 대조선국 대군주와 대독일국 대황제 겸 대프러시아국 대군주 사이에 제2차 조독수호통상조약이 체결되었다.[11)]

이후 정부는 서구 열강의 정치, 경제, 사회, 문화, 역사에 지대한 관심을 갖고 여기에 적극 대응하고자 하였다. 조선 정부가 앞으로 나아

---

8) 《고종실록》 권19, 고종 19년 8월 5일.

9) 김경수, 《공보초략》, 1879(한은 14, 규장각한국학연구원 소장). 이와 관련해서는 송만오, 〈김경수의 《공보초략》에 대하여〉, 《전남사학》 9, 전남사학회, 1995 ; 백옥경, 〈개항기 역관 김경수의 대외인식 ―《공보초략》을 중심으로〉, 《한국사상사학》 41, 한국사상사학회, 2012 참조.

10) 《보법전기》(한중 5470, 규장각한국학연구원 소장).

11) 《고종실록》 권20, 고종 20년 10월 27일 ; 《구한국외교문서》 15, 덕안, 1883년 10월 30일.

가야 할 부국강병의 방략이 여기에 담겨 있을 것이라 판단하였기 때문이다. 어느 무과 시험 합격자 유진하(兪鎭夏)의 경우 1886년 12월 고종에게 군제개혁을 요구하며 서구 열강의 강병정책을 참조할 것을 역설하였다. 특히 그는 보불전쟁과 미국독립전쟁에서 소비된 재화가 매우 많다는 점을 지적하면서 전쟁 승리에 따른 배상금 확보가 국가 재정에 기여함을 강조하였다.[12] 이러한 그의 지적은 당시 일반 유생들도 독일제국이 군사 강대국임을 잘 인식하고 있었음을 보여주며 조선 정부의 강병 방향을 제시하였다고 하겠다.

그래서 정부는 박문국(博文局) 발간의 《한성순보》를 통해 청과 일본은 물론 서구 각국의 정치, 경제, 사회, 문화 사정을 일반 민인에게 소상히 알리고자 노력하였다.[13] 그중 독일과 프랑스의 관계에 깊은 관심을 보이면서 관련 내용을 자주 보도하였다. 당시 유럽의 국제정세를 소개하면서 독일의 군사력이 러시아와 프랑스를 능가하였다는 점을 강조하고 독일이 이미 프랑스를 이긴 경력도 아울러 보도하였다.[14] 나아가 독일의 군사력을 비롯하여 재정, 인구, 교육, 학술, 국세(國勢) 등 다양한 내용을 소개하면서 부국강병의 국가로 부각하였다.[15] 심지어 김옥균은 독일의 군제를 도입할 것을 권유하는 일본인 무예전문가 오자와 아이지로(小澤愛次郎)의 말을 경청하였다.[16] 아울러 《한성순보》는 연속하여 독일의 해군, 함대, 군비 등을 상세히 보도하였다.[17] 조선 정

12) 《승정원일기》, 고종 23년 12월 22일. "臣竊伏念國家之强弱盛衰 專在於兵卒之精與不精 兵卒一懈 外寇窺覗 實是治國常有之患 以今日天下事勢言之 則尤有異於他日矣 彼英米法德俄之擅名稱富於世者 亦以此故 昔普法之戰 英米之戰 費財不知幾億萬 而終有弱償强費之例 是亦由兵而保財者也."

13) 한보람, 〈1880년대 조선정부의 개화정책을 위한 국제정보수집 —《한성순보》의 관련기사 분석〉, 《진단학보》 100, 진단학회, 2005.

14) "德法不相容", 《한성순보》, 1884년 1월 18일자.

15) "德國誌略의 續稿", 《한성순보》, 1884년 4월 25일자.

16) 《윤치호일기》, 1883년 1월 3일.

부와 식자층에게 당시 독일제국은 강병의 국가로서 표본으로 삼을 만하였다. 미국이 부유한 나라라고 한다면 독일은 징병제를 통해 병력을 확보한 강대한 나라로 비쳤던 것이다.[18] 당시 조선 조야의 이러한 인식은 묄렌도르프가 독일인 군사교관을 고빙하려는 시도에 영향을 미쳤을 것이다.

이러한 인식은 1885년 3월 영국의 거문도 점령 사건으로 말미암아 새로운 양상으로 발전하였다. 당시 조선 정부는 청을 비롯하여 미국, 일본 등에 중재를 요청한 가운데 독일 정부에도 비밀 서신을 보내 중재를 요청하였다. 당시 독일은 멀리 떨어져 있는 나라였지만 영국과 러시아의 대립을 중재할 수 있는 나라라고 여겼기 때문이다.[19] 또 묄렌도르프의 경우 한반도를 둘러싼 청과 일본의 날카로운 대립을 해소하기 위해 러시아, 청, 일본이 공동으로 보장하는 조선 중립화안을 제시하였으며, 곧이어 조선 주재 독일부영사 헤르만 부들러(Hermann Budler)가 한반도의 중립화안을 제시하였다.

한편, 조선 정부는 독일의 산업에도 깊은 관심을 기울였다. 독일의 철도 실태를 보도하거나[20] 인천에 독일의 세창양행이 묄렌도르프를 매개로 사무소를 열도록 하였다.[21] 심지어는 독일인으로 상무를 대신 처리하고 있는 에드바르트 마이어(Edward Meyer)를 호조참의로 임명하

17) "德國의 海軍", 《한성순보》, 1884년 3월 27일자.

18) "구미의 징병법", 《한성순보》, 1884년 2월 7일자. "독일의 병제 역시 국민을 병으로 삼아 민간에 두기 때문에 군인 아닌 사람이 하나도 없고, 한시도 훈련받지 않는 때가 없다. 그 방법은 의사가 각 도시나 고을을 돌면서 장정을 정밀히 선발해서 합격하면 입영시켜 3년을 훈련시킨 다음에야 비로소 귀가하게 하고 결혼을 허락한다. 10년 후에야 겨우 병역을 면하는데, 그러한 군사의 수효가 얼마인지 모른다. 또 그뿐 아니라 이른바 선졸(羨卒)이란 것이 있는데, 그 인원이 정졸(正卒) 10만이면 그보다 많은 수십만의 선졸이 있다. 그래서 짧은 시간 내에 수천, 백만의 군사를 조달할 수 있으니 이러한 병제는 각국이 대동소이하여 여러 번 기술할 필요가 없다."

19) 《고종실록》 권22, 고종 22년 4월 8일.

20) "德國의 鐵道", 《한성주보》, 1887년 7월 18일자.

였다.[22] 이는 독일의 우수한 상공업 기술을 적극 수용하고자 한 노력의 일환이라 하겠다.

정부의 이러한 독일 인식은 군사, 경제 등에 국한되지 않고 정치, 제도, 역사로 확대되기 시작하였다. 1886년 당시 고위대신 김윤식은 박문국에서 《만국정표》를 간행하도록 하였다. 이는 다른 나라의 정치, 경제, 사회, 문화 등을 참고하여 부국강병의 방도를 찾겠다는 의도 아래 영국의 《정치연감》을 번역하여 국내에 일목요연하게 소개하고자 한 연감이었다.[23] 특히 이 책은 각국의 정치체제를 소개하는 데 중점을 두었다. 그리하여 각국의 정치체제를 크게 군주전제정, 군민동치, 공화정치로 구분하였다. 그중 러시아는 전제제치, 영국은 입헌왕치, 미국은 공화정치, 게르만(독일)은 입헌제치라고 소개하였다. 물론 아시아, 아프리카, 남아메리카 각국의 경우도 소개하였다. 독일의 경우 과거 수백 년간 세습제가 없어 통일이 안 되었다는 점을 강조하며 독일의 통일과정을 기술하였다. 또한 헌법 제정, 군무 교섭 양권이 황제에게 집중되어 있음을 강조하였다. 이어서 정치제도, 교육, 학교 현황, 면적과 인구, 통상과 공업 등 다양한 분야에 걸쳐 독일의 상황을 소개하였다. 덧붙여 문맹자 비율이 유럽에서 제일 낮음을 밝혔다.

한편, 묄렌도르프도 훗날 술회하고 있듯이 당시 조선 국가의 이상적인 정치체제로 절대주의 체제를 상정하였다.[24] 물론 그는 고종의 과단

---

21) 조흥윤, 〈세창양행(世昌洋行), 마이어, 함부르크 민족학박물관〉, 《동방학지》 48, 연세대학교 국학연구원, 1985 ; 이배용, 〈개항 이후 독일의 자본침투와 세창양행〉, 《한국문화연구원논총》 48, 한국문화연구원, 1986; 이영관, 〈독일 세창양행과 구한말 조선의 근대화 현실〉, 《한국사상과 문화》 76, 한국사상문화학회, 2015.

22) 《고종실록》 권24, 고종 24년 4월 28일.

23) 박문국 편찬, 《만국정표》, 1886. 《만국정표》의 편찬 경위와 의미에 관해서는 이민석, 〈1886년 박문국의 《만국정표》 출간과 세계지리 정보의 유통〉, 《한국사연구》 166, 한국사연구회, 2014 참조.

24) 파울 게오르크 폰 묄렌도르프, 신복룡·김운경 역, 《묄렌도르프문서》, 평민사, 1987, 104쪽.

성 부족을 들어 노론 중심의 내각제를 주장하였다. 그러나 그의 이러한 주장이 궁극적으로 절대주의 체제에 중점을 두고 있다는 점에서 훗날 정치체제를 둘러싼 논의에 영향을 미쳤을 것임은 분명하였다. 특히 그가 법률가로서 국가정치체제를 둘러싸고 후임 고문관이었던 오언 데니(Owen Denny)와 논쟁하였다는 점에서 그의 주장은 고종을 비롯하여 군주 중심의 개혁을 추진하였던 인사들에게 영향을 끼쳤을 것이다.

이후 조선인의 독일 인식은 1896년 러시아 황제 대관식에 참석하기 위해 독일을 잠시 들렀던 민영환의 여행기에도 다음과 같이 단적으로 드러나고 있다.

> 오후 11시에 기차를 바꾸어 타고 독일을 떠났다. 프랑스와 싸운 이후로 부강이 계속되어 날로 향상되니 누구라도 능히 이에 비교할 수 없다. 학교가 정밀하고 아름다우며, 육군은 굳세고 정예하고, 의술·음률도 더 이상 이 정도에 이를 수 없다. 각국의 모든 학자들은 비록 이미 졸업했어도 반드시 이 나라에서 교정을 받은 연후에야 가히 세상에 나갈 수 있다.[25]

민영환의 눈에 들어온 독일은 군사 대국을 넘어 학술과 과학, 교육이 최고로 발달한 나라로 다가왔던 것이다. 그가 황제 직속의 최고 군령 기구로서 1899년 6월 원수부를 설치하는 데 중요한 역할을 하였을 뿐더러 1900년 독일인 프란츠 에케르트(Franz Eckert)를 초빙하여 군악대 창설과 국가(國歌) 제정을 주도하였던 것도 이와 무관하지 않다.[26]

---

25) 민영환, 조재곤 편역, "1896년 5월 17일", 《해천추범(海天秋帆)》, 책과함께, 2007, 55쪽.

26) 김원모, 〈에케르트군악대와 대한제국애국가〉, 최영희선생화갑기념한국사학논총, 《최영희선생화갑기념 한국사학논총》, 탐구당, 1987 ; 조재곤, 《민영환 — 대한제국의 마지막 숨결》, 역사공간, 2014, 129~147쪽.

3. 대한제국 수립과 독일 정치체제 인식

1894년에 일어난 농민전쟁은 이전 시기와 이후 시기를 가르는 중요한 사건이었다. 이 사건을 시발로 이전까지 정부가 추진해왔던 위로부터의 개혁이 지니는 문제점—근대개혁에 필요한 자금을 모두 농민들에게 전가할 수 있도록 구조화된 정치체제의 모순 등—이 전면적으로 드러났을뿐더러 갑오개혁과 청일전쟁에서 승리한 일본의 내정 간섭으로 말미암아 조선 정부는 정치체제 자체를 개혁하여야 하였다. 그것은 일본의 의도대로 종래 왕조국가의 핵심이었던 국왕을 사실상 정치 운영에서 배제함으로써 자국의 간섭과 침략을 용이하게 할 수 있는 입헌군주제를 수립하는 방향이었다. 그러나 이는 러시아, 프랑스, 독일 등의 3국 간섭으로 말미암아 잠시 좌초되었고 이어서 터진 1896년 고종의 아관파천으로 말미암아 수포로 돌아갔다.

고종은 다시 정국 운영의 중심으로 대두하면서 갑오개혁기에 산만하게 제정된 법규를 비롯하여 각종 제도를 재정비하기 시작하였다. 그 방향은 옛것을 근본으로 삼고 새것을 참고한다는 '구본신참'이었다. 즉 왕실이 정국의 주도권을 쥐고[舊本] 부국강병을 추진하는[新參] 방식이었다. 또한 이 시기에는 러시아와 일본이 한반도를 둘러싸고 밀약을 논의할 정도로 조선 국가의 운명이 외세의 손아귀에 넘어갈 위기에 처해 있었다. 따라서 대내적인 개혁을 추진하고 대외적인 위기를 극복하기 위해서는 상공업을 발전시키고 군사력을 증강하는 한편, 근대법체제 수립을 통해 대내주권을 확립하고 대외주권을 확보하는 일이 관건이었다.

이에 정부는 1897년 2월 정부 관료와 독립협회 인사를 대거 참여시켜 교전소를 설립하였다. 구본신참의 원칙 아래 신구 법식의 절충을 통해 신구 법규의 모순과 혼란을 제거하여 개혁을 지속적으로 추진하고자 하였다.[27] 여기에 르장드르, 그레이트하우스 등 구미의 법률 전문가들을 대거 참여시켰다. 손익(損益)의 차원에서 구미의 법제를 적극적으로 검토하겠다는 정부의 의지였다. 또한 갑신정변의 주역인 서재필을 위원으로 임명함으로써 법규 교정사업을 안정적으로 추진하고자 하였다.

그러나 정부의 기대와는 달리 교전소는 5차 회의를 거치는 동안 공황 상태에 빠지고 말았다. 그것은 군권론(君權論)과 신권론(臣權論)의 대립이었다. 정부 관료는 군권을 중심으로 법률을 교정하려고 한 반면, 독립협회 인사는 신권을 중심으로 법률을 교정하고자 하였기 때문이다. 이에 정부는 또 다른 방식을 구사하며 이러한 난국을 돌파하고자 하였다. 그것은 칭제건원론(稱帝建元論)이었다. 군주를 황제라 칭하고 연호를 정한다는 것이다. 그 계기는 1897년 3월(음력) 유생 김운락을 비롯한 전현직 관료들의 상소였다.[28] 이들은 조약장정의 개정과 법규 교정을 통해 난국을 타개할 것을 주장하였다. 여기에는 전현직 관료, 재야 유림 외에 시전 상인도 참여하였다. 농상공부협판 권재형의 경우는 칭제건원의 절박한 이유를 국시의 미정과 민심의 불안에서 찾았다.[29]

이러한 주장의 취지는 칭제건원을 통해 국내주권을 확립하고 국외주권을 확보하는 것이었다. 무엇보다 국내주권의 확립이 선결 과제였다. 즉 일방(一邦)의 위명(威命)을 전주(專主)하는 것이다. 이를 '자주'라

27) 김태웅, 〈대한제국기의 법규 교정과 국제 제정〉, 김용섭교수정년기념한국사학논총간행위원회, 《한국 근현대의 민족문제와 신국가건설》, 지식산업사, 1997.

28) 《비서원일기》, 개국 506년 3월 20일(음력).

29) 《비서원일기》, 광무 원년 8월 29일(음력).

하였다. 그 주체는 군권이었다. 다른 한편으로 이러한 '자주'는 국외주권의 확보와도 밀접하게 관련되었다. 즉 만국과 함께 세계지중(世界之中)에 서는 것이었다. 이 역시 주체는 군권이었다. 그러한 점에서 '자주'는 '독립'과 달랐다. '독립'은 중화지배질서에서 탈피한다는 소극적인 의미에 불과한 반면, 자주는 스스로 존호를 세우고 만국과 함께 평행지권을 향유한다는 적극적인 의미였다. 이러한 점에서 청이 몹시 우려하였던 현실, 즉 조선 정부가 '자주'를 논하며 제국이라 칭하는 동시에 일본이 주장하는 '독립'의 허구성을 직시하고 '자주국'인 근대적 주권국가로 나아감을 예고한다 하겠다.

자주독립의 권리를 주장하는 데 두 가지 근거를 제시하였다. 우선 전통적인 유학의 정치철학 아래서 태조 이성계의 '천명을 받았음'을 들어 칭제건원을 정당화하려 하였으며 당시 풍미하였던 이른바 '만국공법'의 국가주권이론도 적극적으로 활용하였다. 특히 후자의 경우는 상소자 대다수에서 확인될 뿐 아니라 유력한 전거로 거론되어 주목할 만하였다. 이 점에서 1896년 5월 학부 편집국에서 국한문혼용체로 번역하여 간행한《공법회통》의 영향이 컸다. 이 책은 독일의 국가법·국제법 학자 블룬칠리가 저술한 책으로 당시 미래의 국제법, 특히 전시국제법(戰時國際法) 법전화(法典化)의 초안으로 여길 정도로 국제적으로 높은 평가를 받았다.[30]

한편, 칭제건원론자들은 칭제건원의 법률적 근거와 함께 세계사적 근거를 제시하였다. 의관과 문물 모두 송이나 명을 계승하고 있다는 점에서 오스트리아와 독일이 로마를 계승하여 황제를 칭호로 정함과

30) 윤영실, 〈헨리 휘튼과 J. C. 블룬칠리의 네이션 개념과 마틴의 번역서《만국공법》·《공법회통》— 국제법과 식민주의적 폭력, 네이션 개념의 관계를 중심으로〉, 《민족문학사연구》 69, 민족문학사연구소, 2019.

이치가 같다는 것이다. 그것은 1897년 9월 26일 외부협판 유기환(兪箕煥)의 상소에서 잘 드러난다.

> 구라파에서 황제라고 부른 것은 나마(로마)에서 시작되었으며 그 후 일이만(게르만)은 나마의 계통을 이어 그 위호를 사용하였고, 오지리(오스트리아)는 나마의 옛 땅으로서 황제라 불렀고, 덕국은 일이만 계통을 이어 마침내 황제로 칭호를 정하였습니다. 우리나라 삼천리 국토는 절로 세계상의 한 구역이 되는데다 중국과 접하고 있는 관계로 의관과 문물이 모두 명의 제도를 따랐으니 그 계통을 이어서 위호를 정하더라도 안 될 것이 없습니다. 또한 청과 우리나라는 똑같이 동양에 있으니 덕국과 오지리가 나마의 계통을 이어받은 것과 다름없습니다.[31]

즉 독일과 오스트리아가 각각 로마의 계통을 이어 황제 칭호를 썼듯이 조선도 청과 마찬가지로 송·명의 계통을 이어 황제 칭호를 쓸 수 있다는 것이다. 이 점에서 송·명은 일개 특정 국가가 아니라 동아시아 보편문화를 유지, 발전시켜온 문화 그 자체였으며 대한제국은 이를 계승한 제국이었다.

그런데 조선 조야의 이러한 인식은 독일 역사에 대한 관심과 지식에서 비롯되었다. 즉 조선 정부의 관료와 식자층은 이미 1897년에 학무국이 간행한 영국의 역사가인 로버트 매켄지(Robert Mackenzie)의 《태서신사》 언해본을 통해 독일의 근대 역사와 정치 등에 대한 지식을 습득한 터였다.[32] 특히 나폴레옹전쟁 패배 이후 프러시아가 절치부심을 통

31) 《비서원일기》, 광무 원년 1897년 9월 1일(음력).

32) 유수진, 〈대한제국기 《태서신사》 편찬과정과 영향 연구〉, 고려대학교 석사학위논문, 2012 ; 김태웅, 《신식 소학교의 탄생과 학생의 삶》, 서해문집, 2017, 137~138쪽.

해 부국강병정책을 추진하던 사정, 프러시아 재상 비스마르크(Bismarck)의 행적 및 보불전쟁 승리 등은 당시 조선인들에게 커다란 영향을 끼쳤다. 또한 이 책은 보통학교 교재로 사용되었으며 시험 문제로도 출제되었다. 평양보통학교의 시험 문제는 다음과 같았다.

> 보법전쟁에 보국은 어찌해서 승리하였으며, 법국은 어찌해서 패배했는가.[33]

조선 정부와 개신 식자층은 이처럼 부국강병을 목표로 하되 독일의 정치와 역사를 자국 내부의 요구와 연계하여 정리하고 이를 국민에게 계몽한 결과, 드디어 1897년 10월 11일 대한제국이라는 근대적 주권국가의 출발을 맞기에 이르렀다.

이후 대한제국은 이러한 독일 인식에 바탕을 두고 독일과의 교류에 역점을 두었다. 우선 덕어학교(德語學校)의 설립 목적에서 알 수 있듯이 독일어를 공부하는 목적은 독일의 군제(軍制)를 배우는 데 있었다.[34] 나아가 겐테가 강조하고 있듯이 덕어학교 출신 현홍식이 "특출한 재능으로 젊은 나이인데도 최근 문을 연 베를린 주재 조선영사관의 공사서기관"으로 임명되었다.[35] 대한제국이 세계 일원의 주권국가로 나아가려는 시도 속에서 양국은 상호 협조하에 양성한 덕어학교의 졸업생을 매개로 주권국가로서 만나기에 이른 것이다.[36]

또한 1901년 대한제국 정부는 군악대 창설의 필요성을 느껴 독일제

33) "學部訓令續", 《황성신문》, 1898년 11월 5일자.

34) "學校盛宴", 《황성신문》, 1898년 9월 17일자. "英文은 萬國商會上에 通用ᄒᆞᄂᆞᆫ 語이오 法文은 國際上에 盛用이오 至於 德文ᄒᆞ야는 軍法과 軍制에 매우 緊要하여 세계에 제일이라 ᄒᆞᆯ만하오."

35) 현홍식에 관한 정보가 덕어학교 졸업생 명부에 기재되어 있지 않아 이 인물에 대한 면밀한 추적이 필요하다.

36) 지그프리트 겐트, 앞의 책, 236쪽.

국 정부에 군대음악가를 요청하였다. 독일의 군대와 군악이 대한제국 군사력 강화에 도움이 된다고 판단하였기 때문이다. 그 결과 에케르트가 군악대장으로 초빙되었다.[37] 그는 1901년 2월 군악대를 창설하였고 대한제국의 국가를 처음 작곡하고 연주하였다. 그리하여 그는 1902년 11월 그간의 공로를 인정받아 대한제국 정부로부터 태극훈장을 받았다. 비록 덕어학교 운영과 군악대 창설이 군사력 강화에 초점을 두고 있었지만 결과적으로는 대한제국과 독일제국 사이의 문화 교류를 촉진하는 가교가 되었다. 그 밖에 많은 독일인이 고빙되어 한국 근대문화를 발전시키는 데 이바지하였다.[38] 이러한 교류 속에서 겐테를 비롯한 일부 독일 식자층도 여타 서양인 식자층과 달리 새롭게 변신하는 대한제국의 실상을 다음과 같이 기술하였다.

> 지금까지 조선에서 일어났던 그 어떤 역사적인 것보다 더 중요한 무언가가 이곳에서 준비되고 있으며, '신선한 아침'을 독점하고 있다고 믿는 이 나라에 자유롭고 새로운 세계의 입김, 진정 신선한 아침에서 오는 평화로운 새 시대의 길이 바로 이곳에서 조용히 준비되고 있는 사실을 말이다.[39]

이에 따르면 겐테는 대한제국이 주권국가 수립을 위한 세계화와 산업화를 추진하고 있는 분위기를 '신선한 아침'으로 압축하고 있다.

한편, 1899년 6월 독일 친왕 하인리히가 동아시아 국가를 방문하던 차에 대한제국 서울을 방문하고 고종을 예방하여 양국 간의 친선을 도

---

37) 유진영, 〈대한제국 시기 독일인 군악대장 프란츠 에케르트(1852~1916)의 활동에 관한 연구〉, 《독일연구》 23, 한국독일사학회, 2012.

38) 최종고, 《한강에서 라인강까지: 한독관계사》, 유로, 2005, 167~186쪽.

39) 지그프리트 겐트, 앞의 책, 236쪽.

모하였다.[40] 친왕은 독일인 카를 발터(Carl Walter)가 경영하는 강원도 금성군 당현금광도 들렀다. 아울러 대한제국 정부는 러일의 충돌을 우려하여 독일에 촉망하는 바가 있었다. 이에 대한제국 정부는 하인리히 친왕을 극진하게 대접하였다. 하인리히 친왕은 조선의 국궁에 깊은 관심을 표명함으로써 서양 문물에 밀려 스러져가던 조선 국궁이 부활하는 데 도움을 주었다.[41] 1905년 이후에도 한국의 개신 식자층은《보법전기》출판을 통해 여전히 독일을 '보불전쟁에서 승리하였으며 분열된 나라를 통일시킨 강대국'으로 인식하면서 대한제국의 부활을 꿈꾸었다.[42] 그 밖에 유길준은 1908년 보불전쟁의 전사라 할 프리드리히 대왕의 7년전쟁사를 담은《보로사국후례두익대왕칠년전사(普魯士國厚禮斗益大王七年戰史)》번역을 통해 후발국가로서 부국강병에 성공한 모범을 한국인에게 알리고자 하였다.[43] 그리하여 이 시기 계몽운동에서도 무기를 숭상하는 교육이 필요함을 다음과 같이 설파하면서 독일을 주목하였다.

> 뎌 독일 련방국을 볼지어다 ᄒᆞᆫ 번 싸홈에 오디리와 ᄀᆞᆺ치 강ᄒᆞᆫ 나라를 이긔엿스며 두 번 싸홈에 법국과 ᄀᆞᆺ치 강ᄒᆞᆫ 나라를 이긔여 국셰를 뎌와 ᄀᆞᆺ치 굉장ᄒᆞ게 ᄒᆞ야 구라파쥬 젼폭에 걸닐 것이 업시 횡힝홈은 엇지 그 무긔의 교육을 슝샹ᄒᆞᆫ 원인이 아니리오 분발심이 팅즁ᄒᆞᆫ 인민을 비ᄉᆞ막의 웅걸ᄒᆞᆫ 졍략으로 고등ᄒᆞ야 용밍스러이 진보케 ᄒᆞᆫ ᄭᆞ닭이니 이것은 즉 독일국의 실디샹 독립이 셩립되기 젼에 그 국민의 뇌슈 속에 발셔 독립ᄒᆞᆯ

---

40) 《구한국외교문서》16, 덕안, 1899년 6월 2일, 3일; "친왕 향동", 《독립신문》, 1899년 6월 13일자.

41) 김형국, 《활을 쏘다: 고요함의 동학, 국궁》, 효형출판, 2006, 74~75쪽.

42) "광고", 《황성신문》, 1907년 4월 13일~7월 16일자.

43) 유길준 역술, 《보로사국후례두익대왕칠년전사》, 황성신문사, 1908.

정신이 텰셕ᄀᆞᆺ치 굿엇스니 그 졍신은 무엇을 닐음이뇨 ᄒᆞ면 무긔를 슝샹ᄒᆞ는 것이라.[44]

이에 따르면《대한매일신보》필진은 한국 민족이 독일처럼 무기를 숭상하여 군사력을 강화함으로써 국권을 수호할 것을 강력하게 주문하고 있다.

물론 일본제국주의가 1905년 11월 대한제국의 외교권을 강탈하면서 대한제국과 독일제국의 교류는 자연히 중단되었다. 그러나 고종을 비롯하여 많은 개신 관료와 식자층은 일본과 연결되지 않은 독일제국에 한 가닥 희망을 품고 대한제국의 주권수호 노력에 힘을 보태줄 것을 요청하였다.[45] 결과적으로 동아시아에 대한 독일제국의 '절대적인 무관심'과 만국공법의 허구성 앞에 이러한 희망이 깨졌는데도 조선인에게서 다른 대안이 쉽게 나올 수 없었기 때문이다. 오늘날 독일에 대한 부국강병의 이미지는 이렇게 만들어졌다.

4. 결어

오늘날 한국인의 독일 국가상(國家像)은 부국강병으로 표상된다. 그것은 어느 시점 일순간에 만들어진 이미지가 아니다. 특히 '강병' 이미지는 '라인강의 기적'에서 도출될 수 없다. 물론 제1·2차 세계대전을 일

44) "론셜 무긔를 슝샹ᄒᆞ는 교육의 필요홈",《대한매일신보》, 1908년 4월 14일자.

45) 김기석 편,《고종황제의 주권수호 외교》, 서울대학교 한국교육사고, 1994, 28~31쪽; 이태진,《일본의 한국병합 강제 연구—조약 강제와 저항의 역사》, 지식산업사, 2016, 193쪽; 정상수,〈일본의 한국 강제병합과 강대국들의 대응 1895~1910년〉,《서양사연구》42, 서울대학교 서양사연구회, 2010, 131~136쪽.

으킨 군사 대국의 이미지가 현대 한국인에게 영향을 끼쳤음은 부정할 수 없다. 그러나 이러한 이미지 역시 이전 시기 한국인의 독일 인식과 무관할 수 없다. 그것은 무엇보다 근대 한국인이 맞닥뜨린 대내외 위기 국면을 돌파하여 주권국가로 나아가는 도정에서 신흥 주권국가로서 모범으로 삼아야 할 독일을 발견하였기 때문이다. 즉 고종 정부와 개신 식자층은 프로이센이 프랑스 나폴레옹 군대의 침략으로 무너졌음에도 불구하고 단기간에 사회 주도층의 부국강병 기획과 독일 민족의 단결을 통해 보불전쟁에서 승리하였음에 주목하였다. 고종 정부와 개신 식자층이 《보법전기》를 비롯한 독일 관련 저작물을 유포하고자 하였음은 이를 잘 보여준다. 나아가 고종 정부와 개신 식자층은 독일에 대한 이러한 이미지를 민인에게 전달하며 주권국가상(主權國家像)을 구체적으로 공유하고자 하였다.

독일에 대한 이러한 이미지는 1910년 국망 후에도 한국인의 뇌리에 남았다. '강병' 이미지가 1950년대와 1960년대 '라인강의 기적'이라는 이미지와 착종되어 다소 약화되었는데도 현대 한국인에게 독일이 '강병' 이미지로 다가오는 것은 부국강병을 통한 주권국가의 수립에 대한 근현대 한국인의 오랜 염원과 떼려야 뗄 수 없다.

〈고종 정부의 독일제국 인식과 근대정치체제 모색〉,
《역사교육》 150, 역사교육연구회, 2019 수정 보완

7장

러일전쟁기 한국인의 역부 징발 대응과 전쟁 인식

1. 서언

러일전쟁은 러시아와 일본의 국가적 운명을 가르는 역사적 분기점이었다.[1] 러시아는 전쟁을 계기로 혁명의 소용돌이에 휘말렸고 끝내는 1917년 차르체제에서 인류 최초의 사회주의 체제라 할 소비에트공화국으로 전환되기에 이르렀다. 한편, 일본은 청일전쟁에 이어 러일전쟁에서 승리하면서 동아시아의 패권국가는 물론 서구 열강과 어깨를 나란히 하는 제국주의 국가로 발돋음하였다. 그렇다면 전쟁의 당사국이 아닌 대한제국은 어떻게 되었는가. 주지하다시피 대한제국은 일본의 승리와 이어서 벌어진 일본의 침략으로 인해 국망의 고통을 감수하여야 하였다.

그러나 러일전쟁 연구는 전쟁 당사국을 중심으로 자국의 역사 전개 방향 및 근현대사의 성격과 관련하여 전쟁의 기원과 배경, 전개과정과

1) 와다 하루키, 이웅현 옮김, 《러일전쟁 기원과 개전 2》, 한길사, 2019, 1207~1212쪽.

성격, 영향 등을 중심으로 진행되었다.[2] 반면 전쟁의 당사자가 아니어서 전투에 참여하지 못하면서도 인적·물적 피해를 감당하였을뿐더러 인력과 물자를 제공하여야 하였던 한국인들이 겪었던 역사적·정치적·경제적 삶은 국망사에 가려진 나머지 좀처럼 주목받지 못하였다. 물론 철도부설에 따른 역부 징발이라든가 황무지 개간 문제와 관련하여서는 다루어졌다.[3] 아울러 일부 연구자는 드물게 전쟁 지역 민중의 비참한 삶에 초점을 맞추어 그들의 피해 상황을 추적하였다.[4] 특히 젠더사의 관점에서 여성들의 피해를 구체적으로 해명하였다.[5] 다만 피해 현황 규명에 치중한 나머지 지역 민중의 전쟁 인식 및 동향과 연계하여 그것이 지니는 역사적 의미까지는 나아가지 못하였다. 또 일반 민인의 처지에서 이들 문제가 지닌 경제상, 생활상 의미가 종합적으로 검토되지 않았다. 즉 전쟁은 왜 발발하였는가, 전쟁은 어떻게 전개되었는가, 전쟁의 전개과정에서 대한제국 정부의 대응은 어떠했는가라는 질문은 전쟁 중에 한국인은 어떤 체험을 하였는가, 특히 일제의 통계에 따르면 평안도 지역만 하더라도 14만 명 이상이 역부로 징발된 이들 평안도 주민은 전쟁 중에 어떤 행태를 보였는가라는 질문으로 보완될 필요가 있다.[6] 그것은 이후 이들 한국인이 각자 상이한 삶을 살아가는 데

2) 최근 국내 학계에서는 조재곤이 러일전쟁의 발발과 추이를 고찰하는 가운데 러일전쟁 연구의 동향과 시각을 정리하였다(조재곤, 《전쟁과 인간 그리고 '평화'—러일전쟁과 한국사회》, 일조각, 2017, 18~29쪽).

3) 신용하, 〈구한말 보안회의 창립과 민족 운동〉, 《사회와 역사》 44, 한국사회사학회, 1994; 정재정, 《일제침략과 한국철도(1892~1945)》, 서울대학교출판부, 1999, 167~370쪽.

4) 조건, 〈일제 '한국주차군' 경리부의 활동과 한국민의 대응(1904~1910)〉, 동국대학교 석사학위논문, 2005.

5) 차경애, 〈러일전쟁 당시의 전쟁견문록을 통해서 본 전쟁지역 민중의 삶〉, 《중국근현대사연구》 44, 중국근현대사학회, 2010.

6) 조재곤, 앞의 책, 104쪽.

영향을 미쳤기 때문이다. 즉 척사 유생층, 민중 의병, 계몽주의자, 일반 상공인, 하층민, 일진회원 등 정치집단과 사회 세력의 다양한 동향은 이러한 전쟁 체험 및 인식과 무관하지 않은 것이다. 전쟁은 이들 각자에게 어떻게 비쳤는가.

그리하여 이들 각각은 청일전쟁을 겪으면서 오랫동안 간직하였던 중화주의 세계관이 무너진 데 이어 러일전쟁의 전개과정과 귀결을 바라보면서 정신적 아노미에 빠졌다. 즉 이들 각자의 행위를 규제하는 공통의 가치나 도덕적 규범이 상실된 혼돈 상태를 맞기에 이르렀다. 결코 도달할 수 없을 듯한 자주적 주권국가의 건설에 동참할 것인가, 아니면 국가가 그들의 삶을 지켜주지 못하는 현실에서 코앞에 다가올 듯한 일제 문명사회로의 진입을 수동적으로 바라볼 것인가. 한편에서는 일본의 '힘'에 압도되어 《황성신문》의 경우에서 볼 수 있듯이 일본의 '동양평화론'에 솔깃하기도 하였고,[7] 심지어 일진회처럼 '문명개화'를 위해 적극적으로 일본에 협력하기도 하였다.[8] 다른 한편에서는 임진왜란 이래 누적되어왔던 반일의식이 1894년 농민전쟁과 청일전쟁, 을미사변을 거쳐 내재화되는 가운데 전쟁에 따른 물가 앙등, 일본의 역부 징발 등 경제적 고통과 인적 피해를 직간접적으로 체험하면서 반

---

7) 안정임, 〈대한제국전기 언론계의 대외인식 연구—〈황성〉·〈제국신문〉을 중심으로〉, 이화여자대학교 석사학위논문, 1991; 홍순권, 〈을사늑약 전후 개화지식인들의 정국인식과 대응〉, 《한국독립운동사연구》 24, 한국독립운동사연구소, 2005; 박정심, 〈황성신문의 '동양' 인식에 관한 연구〉, 《한국철학논집》 59, 한국철학사연구회, 2018.

8) 1894년 농민전쟁 진압에 앞장섰던 이두황은 평양에서 벌어진 청일 양군 교전 시 일본군을 수행하며 정찰 및 정보 제공에 혁혁한 역할을 담당하였다. 그 뒤 그는 부일 협력의 길로 나아갔으며 1910년 이후 전라북도 장관을 지내기도 하였다. 이에 관해서는 倉田逸次郎, 《故雪岳李斗璜翁追懷錄》, 文化商會, 1929; 강효숙, 〈동학농민군 탄압 인물과 그 행적—미나미 코시로, 이두황, 조희연, 이도재를 중심으로〉, 《동학학보》 22, 동학학회, 2011, 143쪽; 홍일교, 〈장위영 영관 이두황과 보은 장내리 파괴〉, 《동학학보》 28, 동학학회, 2013, 16~32쪽; 편집부, 〈이두황〉, 《친일인명사전》, 민족문제연구소, 2012 참조.

일 민족의식이 고양되기도 하였다.

그렇다면 이러한 체험의 실체는 무엇인가. 그리고 이들 각자는 직접적이든 간접적이든 자신의 체험을 어떻게 기억으로 전환, 공유하면서 일본이 펼쳤던 정치 선전과 길항관계를 맺으며 펼쳤는가. 특히 "우리와 무관하게 보이는 전쟁이 왜 우리 땅에서 일어났는가", "왜 그러한 비참함이 초래되었는가", "우리는 살아남기 위해 누구 편에 서야 하는가"라는 의문과 갈등이 식자층은 물론 일반 민인에게서 어떻게 나오게 되었을까.

이 글은 역부 징발을 둘러싼 한국인의 전쟁 체험을 중심으로 그들이 이러한 체험을 공식적이든 비공식적이든 어떤 기억으로 전환시켜갔는지를 추적함으로써 한국인들이 이후 자신이 취한 자세와 움직임의 사회심리적 근거를 찾고자 한다. 다만 다양한 정치집단과 사회 세력 전부를 포괄할 수 없으므로 당시 한국인 일반의 직간접적인 체험에 영향을 미쳤던 신문의 역부 징발 기사, 식자층의 일기와 언설 등을 중심으로 이 문제에 접근하되 하층민은 아니지만 상공인층의 전쟁 인식을 엿볼 수 있는 지규식(池圭植)의 《하재일기(荷齋日記)》도 검토하여 일반 민인의 전쟁 인식 단면도 검토하고자 한다. 다만 일본군의 토지 수용 문제는 군사 거점 및 병참기지건설, 철도부설, 척식 이민과 연계되어 있어 이 사안은 별도로 다루고자 한다.[9]

9) 러일전쟁 이후 일제의 군용지 수용과 한국민의 저항에 관해서는 홍일교, 앞의 책, 16~32쪽; 김윤미, 〈일본 해군의 남해안 해역조사와 러일전쟁〉, 《한국민족운동사연구》 99, 한국민족운동사학회, 2019 참조.

2. 일본군의 역부 징발 강행과 한국 민중의 동향

러일전쟁을 직접 체험한 지역민은 한반도 북부인 함경도와 평안북도 주민들이다. 이들 지역은 러일 양군이 직접 격돌하여 전투를 치른 곳이었기 때문이다. 무엇보다 평안북도 정주(定州), 안주(安州) 등지는 러일 양국 군대가 왕래하던 지역이어서 지역민들이 '유리전패(流離顚沛)'할 정도였다. 정주 주민의 호소문대로 "이미 갑오년의 병혁을 겪었고, 다시 갑진년의 병란을 만나 고을의 형세는 더욱 흩어졌으며, 민생 또한 병들고 곤궁한 것이 극심합니다. 이미 부서진 집을 수리할 방법이 없고, 흩어진 백성이 언제 돌아올지 모르는 고을은 고을이 될 수 없으며, 흩어진 백성은 백성이 될 수 없는 것"이었다.[10] 순안과 그 주변의 경우도 마찬가지였다. 당시 종군기자로 참가하였던 잭 런던(Jack London)도 조선 멸시관을 갖고 있었는데도 조선인들이 지녔던 공포감과 불안감을 자신의 르포에 다음과 같이 남겼다.

> 4,000명에서 5,000명 정도의 주민이 살고 있던 순안은 지금 거의 텅 비어 있다. 이미 문과 창문이 없어지기 시작했고 집안은 횅하다. …… 그 마을 주민들뿐만 아니라 그 주위에 살고 있는 주민들도 벌써 피난을 가버린 후였다. 그들은 10년 전 중국군이 들어왔을 때 병사들이 마을을 장악하는 것이 무엇을 뜻하는지 알게 된 것이다. 이번에는 러시아 정찰대가 왔다 돌아갔고 그 뒤를 이어서 일본군이 들어온 것이다. 역사의 소용돌이를 겪으면서 주민들은 산으로 은신처를 옮겼다.[11]

10) 《주한일본공사관기록》24, 삼(三). 잡찬(雜纂), (14) '별책 보고서 반려 건'(1904년 6월 10일) 별지 2 '정주군 동부 도용하 서부 김복현 등이 제출한 상건 피해상황과 복구 요구 등'(1904년 7월 8일).

이들 주민은 이처럼 전쟁 발발 이전에 청일전쟁의 상흔을 안고 이미 전쟁에 대한 공포와 유언비어로 불안에 떨어야 하였다. 상황(商況)이 쇠퇴하고 곡채(穀債)가 점차 올라 각 상점이나 마을에 자금이 융통되지 못하고 상품 저당도 거절되는 판국이었다.[12] 또 화적이나 활빈당이 활보하면서 마을 부호를 습격할 것이라는 풍문도 돌았다.[13] 그 피해는 무엇보다 겨울나기가 쉽지 않은 빈민에게 고스란히 전가되었다. 여기에 일본 미쓰이 물산회사 등이 일본군의 식량, 연료, 마초 등을 마련할 요량으로 전라북도관찰사에게 이들 물자를 준비해달라고 요청할 정도였다.[14] 이에 정부는 민심의 소요를 안정시키고자 지방민에게 러일전쟁은 양국 간의 일로 우리 정부와는 상관없다고 고시하며 함부로 피란을 가거나 전장을 관광하지 말고 생업에 힘쓰라고 경고하였다.[15] 심지어 일본공사가 와언을 퍼뜨리고 선동하였다는 이유로 한국인을 처벌하기까지 하였다.[16]

나아가 전쟁이 발발하자 역부들이 전장으로 끌려가 지뢰밭을 밟는 시험 도구로 이용된다든가 단발을 강요한 뒤 일본 군대에 편입한다는 각종 유언비어가 돌았다.[17] 당시 이러한 소문이 한국인들에게 널리 퍼졌던 것은 무엇보다 전쟁 발발 직후 2월 23일 일본 정부가 강요한 한일의정서 제4조항 때문이었다. 즉 일본군은 "제3국의 침해에 있거나

---

11) 잭 런던, 윤미기 옮김, 《잭 런던의 조선사람 엿보기: 1904년 러일전쟁 종군기》, 한울, 2011, 121~122쪽.

12) "貧民情態", 《황성신문》, 1904년 1월 25일자.

13) "賊警騷擾", 《황성신문》, 1904년 1월 21일자.

14) "軍需責備", 《황성신문》, 1904년 2월 11일자.

15) "警使告示", 《황성신문》, 1904년 2월 11일자.

16) "浮言處罰", 《황성신문》, 1904년 2월 11일자.

17) 《기안(起案)》 9, "내부와 외부에 러일전쟁의 노역자 응모에 관한 훈령 초안을 보내는 통첩(1904년 9월)"; "內部訓令", 《황성신문》, 1904년 9월 6일자.

내란 때문에 대한제국 황실의 안녕과 영토의 보전에 위험이 있을 경우에는 대일본제국 정부는 속히 임기 필요한 조치를 행함이 가함. 이에 대한제국 정부는 우(右) 대일본제국의 행동을 용이함을 위하여 십분 편의를 제공할 일"이라는 조항에 의거하여 대한제국 정부와 지방관에게 군용지와 물자·인력 동원을 요구할 수 있었다.[18] 인부와 우마는 군수 물자를 운송하는 데 매우 중요한 인적·물적 수단으로 인식하였기 때문이다. 이는 비전투 지역인 한반도 배후 지역을 겨냥하여 후방 경계와 병참을 통한 후방 지원을 의미하였다.

한편, 일본군은 한일의정서 강요에 앞서 이미 러일전쟁 선전포고를 앞둔 1904년 2월 6일 군대와 군수품을 수송한다는 명분을 내걸고 경의철도를 일본군용철도로 부설한다고 결정한 데 이어 2월 21일 임시군용철도감부(臨時軍用鐵道監部)를 설립하여 경의철도를 속성으로 완공하고자 하였다.[19] 그것은 일본군이 러일전쟁에서 병력과 군수품을 원활하게 수송함은 물론 장차 만주로 침략하는 데 중요한 철도라 할 동청철도(東淸鐵道) 및 관외철도와 접속하고자 함이었다.[20] 임시군용철도감부는 일본군 산하 철도대대와 공병 5개 대대로 구성하여 편성되었으며 속성으로 조기 완공하고자 온갖 수단을 강구하기에 이르렀다. 이는 경의철도부설에 필요한 인력 동원도 철도 부지 확보와 함께 긴급한 과제로 떠올랐으며 일본 군부가 군사력을 배경으로 한국인 역부를 징발할 것임을 예고한다고 하겠다.

그런데 철도 부지의 강제 수용과 역부 징발은 일본 내각에 앞서 일

---

18) 최덕수 외, 《조약으로 본 한국근대사》, 열린책들, 2010, 565~577쪽.

19) 정재정, 앞의 책, 101쪽.

20) 《주한일본공사관기록》 22, 육(六). 장곡천·환산·스티븐스에 대한 訓令及對韓施設綱領並加藤增雄傭聘契約, (1) '일본 정부의 대한(對韓) 시정 방침 훈령 시달(示達) 건'(1904년 7월 8일).

본 군부의 강력한 요구였다.[21] 일본군은 자국 경제의 인플레이션 가능성을 줄이기 위해 청일전쟁과 달리 현지 조달 원칙을 적극 관철하고자 하였기 때문이다.[22] 이러한 사실은 《관보》 1904년(광무 8년) 3월 8일 호외를 통해 공포되었으며 《황성신문》 2월 29일자에 이미 보도된 터였다. 따라서 역부 징발은 평안도와 함경도에 국한되지 않고 경부철도 및 경의철도 연변과 연계되어 전국적으로 확대되었다. 매일 징발당한 역부의 후일 집계에 따르면 안주의 경우 매일 1만 6,000여 명이 역부로 징발당하였다. 심지어 의주군(義州郡) 비현면(枇峴面) 장리(場里)는 리 단위인데도 1만 7,000여 명이 역부로 징발당하였다.[23]

이에 한국인 남성들은 정부의 명령을 따르지 않고 식구를 데리고 멀리 도망갔다. 평안북도 정주의 경우 성내 호수 223호 중 농민이 남아 있는 집은 네다섯 채에 지나지 않았다.[24] 전쟁 중에 비적과 화적이 이 틈을 노려 마을에 출몰하여 습격할 것이라는 소문이 나돌았다. 특히 평안북도 주민들은 자신들의 주거지가 10년 전 청일전쟁의 전장이었기 때문에 불안과 공포는 여타 지역보다 훨씬 컸다. 이에 전쟁의 당사국이 아닌 나라의 국민으로서는 전쟁터와 떨어진 전쟁 당사국인 러일 국민보다는 자신의 생활을 위협하는 이러한 전쟁에 훨씬 민감할 수밖에 없었다. 그런데도 이들 주민은 전쟁에 대한 공포 때문에 자신의

---

21) "京義間道路 本屬貴國交通上緊要者 不待多論 在前聞有時加修繕 挽近無聞 該道因以破損 甚爲旅行者困苦 不啻一般通行之不便 寔甚我軍交通上困難 是以我軍隊望切修繕也 査此道寔係貴國交通要路 當加修繕俾便公益 非徒貴政府之職責 亦有我軍隊希望 務圖修繕方法爲盼 以右治道事 據我軍隊調査自京城至安州 第一期修繕方略 別記添呈."(《내부래거문(內部來去文)》 16, '한성과 의주 간 도로를 보수하기 위한 인부 동원은 농번기를 지나서 함이 마땅하다는 조복'(1904년 7월 2일)).

22) 조건, 앞의 글, 20~21쪽.

23) 大江志乃夫, 《日露戰爭の軍事史的硏究》, 岩波書店, 東京, 1976, 554~555쪽; 차경애, 앞의 글, 11쪽 〈표 2〉 재인용.

24) 《주한일본공사관기록》 24, 삼(三). 잡찬, (14) '별책 보고서 반려 건'(1904년 6월 10일).

속내를 드러낼 수 없었다. 오히려 전쟁 초기에는 불신과 무관심이 뒤섞인 태도를 보이며 러시아군이나 일본군에 대해 아무 말도 하지 않으려 하였다.[25] 평양의 경우 성안이 전쟁터가 될까 우려하여 장정과 역부를 제외하고는 성을 빠져나갈 정도였다.[26] 의주의 경우도 의주군수 구완희의 보고에 따르면 러일전쟁 터와 근접해 있어 인가가 무너졌으며, 전답은 황폐화되었고, 주민들은 대거 피란을 갔다.[27]

그러나 전쟁이 자신의 경제적 피해로 나타나자 다른 태도를 보이기 시작하였다. 우선 전쟁 자체가 농민경제에 지대한 영향을 미쳤기 때문이다. 러시아군과 일본군이 끼친 피해가 적지 않았다. 러시아군의 미곡과 우마 수탈에 못지않게 일본군의 수탈 역시 컸다.[28] 당시 정부와 농민들은 일본 군인과 이들을 따라온 일본 상인을 각각 '불법 징발자', '가축 도둑'으로 고발하였다. 그리고 이들 주민이 전투 지역을 피해 '유리전패'하였음은 일본군을 따라 평안도 일대를 정탐하였던 흑룡회(黑龍會) 회원인 혼마 규스케(本間九介)도 인정하였다.[29]

이들 주민은 역부 작업에 대한 두려움에 앞서 당장 농사를 지을 시기에 역부로 동원됨으로써 한 해 농사를 망칠지도 모른다는 불안감이 컸다.[30] 1904년 6월 현재 이 지역에서 역부로 징발된 주민은 10만 명

---

25) 와다 하루키, 앞의 책, 1169쪽.

26) "只存役丁",《황성신문》, 1904년 3월 2일자.

27) 《주한일본공사관기록》 22, 삼. 한관왕복부한인관계(韓官往復附韓人關係) (58) '의주 지방의 러일전쟁 상황 보고'(1904년 5월 1일).

28) 《주한일본공사관기록》 24, 삼. 잡찬, (14) '별책 보고서 반려 건'(1904년 6월 10일).

29) 혼마 규스케는 《니로쿠신보(二六新報)》 특파원 출신으로 현양사와 흑룡회 회원이기도 하다(혼마 규스케, 최혜주 역주, 《일본인의 조선정탐록—조선잡기》, 김영사, 2008). 또한 일본 정부로부터 마닐라(馬尼剌) 반도를 원조할 음모를 품고 있다는 혐의를 받고 있었으며 1899년 6월 서울에서 사진업을 영업하였다(《주한일본공사관기록》 14, 칠(七). 각영사관전보내신(各領事館電報來信), (106) '本間久介 渡韓 陰謀行爲 警戒라는 外務大臣命 轉電'). 이후 그는 통감부 관리로 채용될 정도로 탐정활동을 인정받았다.

이상으로 추정된다.[31] 의주 경우만 하더라도 3만 명에 이르렀다. 비록 역부 고가(雇價)가 지급된다고 하더라도 농민들은 역부 징발이 자신의 생활 기반을 송두리째 흔들어놓는다고 판단하였던 것이다. 특히 농사일로 매우 바쁜 시기에 강제 징발은 반일의식을 자극하기에 앞서 자신의 생존 근거를 앗아가는 조치로 비쳤다. 황해도 신천 같은 비전투 지역도 해주·재령과 같이 일본 병참 요로에 소재해 있어 철도 부역은 물론 병참 수송까지 맡게 되어 농사를 아예 포기하여야 하였다.[32] 실제로 전투 지역은 물론 역부 징발 지역의 농사는 흉작을 면하지 못하였다. 반면 혼마 규스케는 청천강 이북 흉작의 원인을 전쟁이 아니라 농민들이 역부 고가에 취해 농사를 게을리한 행태에서 찾았다.[33] 그럼에도 불구하고 혼마 규스케 역시 종자가 러시아군과 일본군의 말먹이로 징발되면서 파종량 자체가 매우 적었고 파종기를 놓쳤음은 인정하였다. 심지어 관아 규모가 작아 농가마저 일본 군대의 숙영지로 징발당하였다.[34] 농민들은 일본군들을 매일 접하며 온갖 궂은일을 해주는 것이 싫어 종기 환자에게서 떨어지려는 듯 자기 집을 떠나야 하였다. 그리고 일본군에게 달걀과 닭을 도둑맞기도 하였다.[35] 또한 일본 상인들은 우마 불법 징발, 미곡 무상 약탈을 자행하였다. 심지어 한 일본 상인은 군표 2원으로 소 70마리를 구매하려다가 발각되기도 하였다. 혼마 규스케의 말대로 일본 상인의 농간이 적지 않았던 셈이다.

더욱이 일본인이 해당 지역에 나타나 역부를 강력하게 요청한 뒤 한

---

30) "役夫難處", 《황성신문》, 1904년 8월 5일자.

31) 《주한일본공사관기록》 24, 삼. 잡찬, (14) '별책 보고서 반려 건'(1904년 6월 10일).

32) "信川民情", 《황성신문》, 1904년 8월 15일자.

33) 《주한일본공사관기록》 24, 삼. 잡찬, (14) '별책 보고서 반려 건'(1904년 6월 10일).

34) 앞과 같음.

35) 잭 런던, 앞의 책, 7쪽.

국인 순교와 동행하여 마을을 뒤지자 농민들의 반발이 커졌다.[36] 일본군 군량의 경우 한국인 주무자 말고 일본군 병참원이 나란히 이동하였다.[37] 심지어 길거리에서 만나는 농민들도 잡아서 역부로 편입시키기까지 하였다. 전쟁은 단지 병사들의 해당 지역 전투에만 국한되지 않았다. 그것은 병력 수송과 물자 운송을 위한 물적(우마 포함)·인적 징발을 초래함은 물론 철도부설과 치도(治道)를 비롯한 인프라 조성을 촉진하였다. 또한 이 과정에서 가혹한 징발과 침탈이 비전투 지역에서도 자행되었다. 즉 전쟁 이전에도 경부철도부설 공사로 인해 많은 한국인 역부가 일본인 청부회사에 고용되었지만 자발적인 형태를 띤 반면, 전쟁 발발 이후에는 일본군 사령부에 의해 자발적인 형태가 아닌 강제적인 형태로 동원되었다.

이에 농민들은 일본 군대를 원수처럼 인식하였다.[38] 물론 일본군 앞에서는 적대감을 노골적으로 표출하지 못하였다. 그들은 겉으로는 공경하는 체하면서 실제로는 꺼리어 멀리하였다. 혼마 규스케의 표현대로 '경원주의(敬遠主義)' 자세를 취하였다.[39] 더욱이 지방관들과 관속들이 역부 동원에 편승하여 중간이득을 부당하게 가로챘다.[40] 심지어 전쟁터임에도 불구하고 지방관들이 자신들의 징수 실적을 올리기 위해 농민들을 압박하였다.[41] 예컨대 의주군수 구완희는 일본군 대접 명목

36) "巡檢作弊", 《황성신문》, 1904년 8월 25일자.

37) "役夫供給", 《황성신문》, 1904년 2월 24일자.

38) 《기안》 9, '내부와 외부에 러일전쟁의 노역자 응모에 관한 훈령 초안을 보내는 통첩'(1904년 9월); "內部訓令", 《황성신문》, 1904년 9월 6일자.

39) 《주한일본공사관기록》 24, 삼. 잡찬, (14) '별책 보고서 반려 건'(1904년 6월 10일).

40) 《기안》 9, '내부와 외부에 러일전쟁의 노역자 응모에 관한 훈령 초안을 보내는 통첩(1904년 9월)'; "嗚乎西北之民", 《황성신문》, 1904년 3월 4일자.

41) 《주한일본공사관기록》 24, 삼. 잡찬, (14) '별책 보고서 반려 건'(1904년 6월 10일).

으로 관내 부호들에게서 어용금(御用金) 1만여 원을 갈취하였으며 미납자는 투옥하였다. 또한 일본군을 지원한다고 징발하고는 대다수 미곡을 빼돌려 부를 축적하기도 하였다. 이처럼 대한제국 황제의 명령을 받았다든가 일본군 원정을 돕는다는 핑계로 수탈한 지방관은 적지 않았으며 이들의 이러한 행위는 일본군을 배경으로 이루어졌다. 당시 철산과 정주에서는 농민 봉기가 일어났지만 구성에서는 일본군의 주둔으로 일어나지 못하였다. 일본인 기록자 스스로도 일본군이 '폭관(暴官)의 수호자'로 비쳤다고 기록하였다. 또한 일본군 어음은 지역경제를 교란하는 데 영향을 미쳤다.[42] 당시 한화(韓貨)의 거래가 일본 화폐의 반값 이상에 해당한다는 점에서 한화 1원에 대한 일본군 군용 어음 50전 교환 비율은 한국인 경제에 타격을 주었다.[43] 물가 앙등은 명약관화한 일이 되어버렸다. 그 밖에 패장배(牌長輩)가 역부 고가를 줄여서 지급하기도 하였다.[44] 심지어는 역부들이 일본을 뒷배삼아 마을에서 행패를 부리기도 하였다.[45]

그러한 가운데 한국인 역부와 일본인 역부 사이에서 충돌이 일어났다. 예컨대 1904년 6월 12일 전쟁터는 아니었지만 금산 경부철도 공사장에서 일어난 한일 노동자 간의 충돌은 이를 잘 보여준다.[46] 또한 일본인 역부가 한국인 역부를 구타하거나 소란을 피우기까지 하였다.[47] 이에 일본 측에서는 이러한 민족 갈등의 원인을 무뢰한 한국인이 공사

---

42) 군용 어음 유통이 초래한 통화 시스템 왜곡에 관해서는 조재곤, 앞의 책, 124~133쪽 참조.

43) 《주한일본공사관기록》 23, 이(二). 전본성왕(電本省往) 일·이·삼, (205) '군용 수표 취급에 관한 건'(1904년 3월 3일);《주한일본공사관기록》 24, 삼. 잡찬, (14) '별책 보고서 반려 건'(1904년 6월 10일).

44) "雇價促償", 《황성신문》, 1904년 5월 12일자; "雇價不足", 《황성신문》, 1904년 5월 2일자.

45) "役丁行弊", 《황성신문》, 1904년 5월 12일자; "何故暴行", 《황성신문》, 1904년 6월 6일자; "役夫滋弊", 《황성신문》, 1904년 6월 8일자; "役夫惡弊", 《황성신문》, 1904년 6월 9일자.

46) "韓日激戰", 《황성신문》, 1904년 6월 23일자.

장에 들어와 선량한 역부들을 선동하여 작업을 고의로 방해하였다고 진단하였다.[48]

심지어 금산군수 이해성(李海成)이 1904년 4월 소관 내 철도 공사를 방해하였다는 이유로 징계를 받기도 하였다.[49] 당시 그는 한국인의 재산을 보호하기 위해 일본 헌병사령부와 일본 청부회사에 대항하였던 것으로 보인다. 그는 포천군수로 전근한 뒤에는 농사철을 이유로 역부 동원에 신중을 기하기도 하였다.[50]

또한 한국인 역부들의 이러한 반발은 러일전쟁 중에 부설되는 경의철도와 뒤를 이은 일본의 이른바 황무지 개간권 요구에 맞서서 반대운동을 결집하는 동력이 되었다. 그 밖에 일본 스스로도 인정하고 있듯이 전쟁에 따른 흉작, 일본 군용 어음과 한화의 환산 비율, 통화량 증가에 따른 인플레이션의 고통이 적지 않았다. 혼마 규스케의 조사에 따르면 평안북도 정주의 경우 쌀은 전쟁 이전에 비해 1.4배 가까이 올랐다.[51] 콩 역시 두 배가량 올랐다.

그런데 한국인들이 이러한 위기의식을 공유하는 데는 무엇보다 러일전쟁 이전에 창간된《황성신문》,《제국신문》과 함께 전쟁 중에 창간된《대한매일신보》의 관련 기사 보도가 미친 영향이 적지 않았다. 당시 정부 훈령이나 신문에서는 역부 징발을 두고 '일본군용역부모집사(日本軍用役夫募集事)'라고 불렀다. 식자층은 물론 일반 민인도 이들 신문을

47) "役夫打巡",《황성신문》, 1904년 7월 20일자.

48) 《주한일본공사관기록》 22, 일. 경부철도일건서류(京釜鐵道一件書類), (73) '경부철도 지방 분요 사건 일부 책임의 각 지방관 및 한민 전가'(1904년 7월 7일).

49) 《주한일본공사관기록》 22, 일. 경부철도일건서류, (27) '금산군수 이해성의 경부철도공사 방해 사실 예거와 엄징 요구'(1904년 4월 27일);"妨工請懲",《황성신문》, 1904년 5월 3일자;"役夫惡弊",《황성신문》, 1904년 6월 9일자.

50) "農務可念",《황성신문》, 1904년 7월 28일자.

51) 《주한일본공사관기록》 24, 삼. 잡찬, (14) '별책 보고서 반려 건'(1904년 7월 8일).

매개로 역부 징발의 부당성과 토지 피탈 정보를 그때그때 공유하면서 다른 지역민의 전쟁 체험을 공유하기에 이르렀다. 심지어 이들 민인은 역부 징발을 두고 자신들을 끌고 가 지뢰를 밟게 하는 시험 대상으로 삼는다거나 부역하다가 죽는다는 소문에 민감하였다.[52] 그것은 대한제국 정부의 대외정책 향방과 무관하게 전쟁의 참상과 피해를 직접적 또는 간접적으로 체험하게 함으로써 불안과 공포가 극에 달하였다. 경기도 이천에 거주하는 상공업자 지규식도 예외가 아니었다.[53] 그는 1904년 8월 23일(음력 7월 13일) 자신의 일기에 다음과 같이 적었다.

> 역부 모집 일로 동회에서 의논을 모았으나, 자원자가 1명도 없어서 실지에 의거하여 관에 통보하였다. 그러나 일인이 반드시 좋게 처리할 이치가 없고 각처에서 들리는 소문으로는 강제로 모집하는 폐단에 이르기까지 하다고 하니, 이 동도 어찌 이런 걱정을 면할 수 있겠는가? 그러므로 저녁을 먹고 난 뒤 온 동이 대회를 열어 어려운 속사정을 설명하고, 역부 1명을 동정(洞庭)에 바쳐서 후환을 막는 것이 어떻겠는가? 하니 모두 좋다고 하였다. 또 만일 일본 사람이 갑자기 들어와서 아무개를 잡아가면 온 동이 모두 모여 잡아가지 못하게 하기로 약속을 정하고 마쳤다.[54]

지규식이 거주하는 경기도 이천군 분원(分院) 마을에서도 역부를 차출할 수 없어 돈으로 해결하고자 하였음을 확인할 수 있다. 나아가 주민이 역부로 강제로 징발되면 완력으로 거부하고자 하였음도 보여주고 있다.

---

52) "훈령각도",《대한매일신보》, 1904년 9월 7일자.

53) 박은숙, 〈경기도 분원마을 지도자 지규식의 외세 인식과 그 변화(1894~1910)〉,《한국인물사연구》26, 한국인물사연구소, 2016, 259쪽.

54) 지규식, 이종덕 역,《국역 하재일기》7, 1904년 7월 13일(음력), 서울시사편찬위원회, 2009, 137쪽.

물론 대한제국 정부와 일본은 이러한 소문을 유언비어로 치부하면서 확산을 막고자 노력하였다.[55] 그러나 이러한 집단 심리는 얼마든지 외세에 대한 불안, 정부에 대한 불신을 넘어 스스로 문제 해결의 주체로 나아갈 가능성을 담지하고 있었다.

그 밖에 일본군의 위세에 편승한 일본 상인의 침투도 적지 않았다. 이들은 일본 군대를 따라다니며 일본 수건, 비누, 치약, 칫솔, 면도칼 등 일본 잡화를 한국인 농민들에게 판매하였다. 일본 상인에게 전쟁은 판로 확장의 기회가 되었던 것이다.[56]

3. 역부 징발의 실상과 한국 민중의 저항

정부는 1904년 8월경 역부 동원의 강제에 따른 여러 부작용을 인식하고 자발적 고용을 적극 모색하였다. 즉 종전에 일본군 사령부가 대한제국 외부에 요청한 뒤 지방관이 역부를 동원하거나 일본군 사령부가 직접 역부를 모집하는 기존의 방식을 변경하여 오쿠라쿠미(大倉組) 등 일본 청부회사가 역부의 자발적인 지원을 받아 고용하는 형태로 역부를 동원하고자 하였다.[57] 이때 모집 역부는 8,000명이며 임금을 매일 한 명당 1원 50전씩 지급하였다. 물론 순교 사령배가 저지르는 중간 작간을 방지하기 위해 자세히 관찰하여 엄금하도록 하였다.[58] 또한 부

---

55) "譏察訓令",《황성신문》, 1904년 8월 24일자.

56) 《주한일본공사관기록》 24, 삼. 잡찬, (14) '별책 보고서 반려 건'(1904년 7월 8일).

57) "募役雙訓",《황성신문》, 1904년 8월 13일자; "募役揭榜",《황성신문》, 1904년 8월 15일자. 당시 임시군용철도감부가 직접 역부를 징발하는 방식에서 토건회사에 청부하는 방식으로 바꾼 것은 한국인 역부의 저항도 커다란 요인이기도 하거니와 감독자 수 부족과 철도 자재의 공급 지연도 중요 요인이었다(정재정, 앞의 책, 223쪽).

설(浮說)로 역부 모집을 방해할 경우에는 엄벌에 처한다고 하여 한국인의 역부 모집 방해를 사전에 막고자 하였다. 이러한 모집방식 변경으로 민인의 반발은 수그러지는 듯하였다.[59]

또 일본 헌병사령부는 1904년 8월 대한제국 정부 내부에 중국 안동현(安東縣) 지방 공역에 필요한 역부를 모집할 것을 요구하였다.[60] 전관(專管) 모집 주체는 청부회사인 오쿠라쿠미였다. 여기에는 여타 지역의 경우와 마찬가지로 마을에서 모군(募軍)도 내지 못하고 대체할 금액도 낼 수 없는 빈민들이 역부로 징발되었다.[61] 다만 8월 일본군 병참소는 농사철임에도 불구하고 정주군수에게 봉황성까지 운반할 한국인 역부 1,000명을 요구하기도 하였다.[62]

정부의 이러한 역부 모집 방침 변경은 사실상 한국인의 동향을 예의 주시하던 주한일본공사관의 자문을 받아 일본 헌병사령부가 내린 판단에서 비롯되었다.[63] 한국인의 민심이 애초에 일본식 개화를 원하였다가 역부 동원 문제로 인해 러시아식 개화로 돌아서고 있다는 한국인의 문견록이 영향을 미쳤다. 이에 따르면 이른바 친러파가 퍼뜨린 유언비어로 인해 한국인들이 역부로 징발당하면 전쟁터로 끌려가 총알받이가 된다든가 지뢰밭에 들어가 실험 대상이 된다는 풍문을 믿고 있었기 때문이다.[64] 그리하여 일본 헌병사령부가 대한제국 정부에 역부

58) "募役揭榜",《황성신문》, 1904년 8월 15일자; "嚴飭犯殺",《황성신문》, 1904년 8월 15일자.

59) "募役致擾",《황성신문》, 1904년 8월 16일자.

60) "請撥役夫",《황성신문》, 1904년 8월 9일자; "역부청발",《대한매일신보》, 1904년 8월 10일자; "가련셔민",《대한매일신보》, 1904년 8월 27일자; "의쥬보고",《대한매일신보》, 1904년 9월 21일자; 김용구, 〈한국 인부 모집의 건〉,《한일외교미간극비사료총서》7, 아세아문화사, 1995, 304~308쪽.

61) "가련셔민",《대한매일신보》, 1904년 8월 27일자.

62) "役夫難處",《황성신문》, 1904년 8월 5일자.

63) "募役訓電",《황성신문》, 1904년 8월 16일자.

를 요청한 가운데 오쿠라쿠미 등 청부회사가 헌병사령부의 의뢰를 받은 뒤 지방 통치 기구의 협조를 받아 역부를 모집하였다. 따라서 헌병사령부가 역부 동원의 발주 기관인 셈이었다.

한편, 정부는 러일전쟁을 일본이 동양평화를 지키기 위한 불가피한 전쟁임을 강조하면서 역부 동원에 따른 지방관의 중간 수탈 방지를 약속하고 역부의 자발적인 참여를 종용하였다.[65] 그럼에도 불구하고 8월 중순에 이미 민란의 조짐이 나타났다. 일본군 병참부의 역부 요청으로 인해 김포, 양천, 파주 등지에서 불온한 움직임이 감지되었다.[66] 역부 모집방식이 변경되었는데도 고가가 오히려 떨어지면서 농민들이 자원하지 않자 다시 징발하려는 악순환이 지속되었기 때문이다. 황해도 평산, 금천의 경우 고가가 백동화 60전으로 떨어졌는데, 식대 60전을 지출하고 나면 남는 것이 없었다.[67] 더욱이 물가가 올랐기 때문에 역부 고가는 역부생활에 별로 도움이 되지 않았다. 당시 역부 징발방식이 폐지되었는데도 지방의 사정은 여전하였다. 1904년 9월에 기안된 정부 보고서는 이를 잘 보여준다.

> 近聞地方流來之說 則募集之際에 多般脅勒이 其端이 不一ᄒᆞ야 或强排面里에 戶歛雇立ᄒᆞ며 或多發吏校에 橫行村閭ᄒᆞ야 憑藉討索에 怨讟이 朋興ᄒᆞ며 或爲官長者 操縱存拔에 因緣誅求ᄒᆞ야 以致衆憤莫遏에 民擾踵起ᄒᆞ니[68]

---

64) 《주한일본공사관기록》 22, 삼. 한관왕복부한인관계, (75) '노일전중(露日戰中) 한국 민심 동요 상황을 견문한 무명인의 기록.'

65) 《기안》 9, "내부와 외부에 러일전쟁의 노역자 응모에 관한 훈령 초안을 보내는 통첩"(1904년 9월); "■禁勒募", 《황성신문》, 1904년 8월 27일자; "飭禁勒募", 《황성신문》, 1904년 8월 29일자.

66) "募役致擾", 《황성신문》, 1904년 8월 16일자.

67) "募役景狀", 《황성신문》, 1904년 8월 20일자.

강제 징발이 지속되고 여기에 편승한 지방 관속의 수탈이 여전하자 민란의 조짐이 보였던 것이다. 심지어 일본군의 삼엄한 경계 속에서도 민란이 속출하였다. 그만큼 역부 징발에 대한 민인의 반발이 컸던 것이다.

그럼에도 불구하고 이러한 반발 분위기에 아랑곳없이 1904년 8월 20일 경기도 용인에서 헌병 두 명이 군수와 서기를 대동하고 역부 징발에 나서자 용인 군민 4,000명에서 5,000명이 관아에 들이닥쳐 군수를 일제의 앞잡이로 간주하고 역부 징발에 저항하였다.[69] 이어서 경기도 가평에서도 일본 헌병의 강제 모집에 저항하며 사발통문을 돌렸다.[70] 또 역부 모집 일로 경기도 진위(振威)와 고양, 교하 등지에서 민란이 일어났다.[71] 지역 대소 민인이 관아에 들어가 투석하였고 관속은 모두 도피하였다. 황해도 안악군에서도 역부 300명 내에 100명을 모집하여 삼화항으로 보낼 예정이었는데, 농민들이 자원하지 않을뿐더러 소요로 번질 지경이었다.[72] 이어서 1904년 9월 14일 경기도 시흥에서 역부 동원에 대한 반발로 민란이 일어났다.[73] 이날 시흥에서는 수천 명의 주민이 역부 강제 동원에 반발하여 시위하였고, 심지어 일본군에 맞서 싸웠다. 그 과정에서 친일 군수와 일본인 두 명이 살해되었다.[74] 또 10월

---

68) 《기안》 9, "일본군의 인부 모집을 정지하였는데도 폐단이 심하니 관찰부에 명하여 탐학한 지방관을 징치할 것"(1904년 9월 28일).

69) "용인민요", 《대한매일신보》, 1904년 8월 25일자.

70) "가평군보", 《대한매일신보》, 1904년 8월 23일자.

71) "진위민요", 《대한매일신보》, 1904년 8월 24일자; "高陽民擾", 《황성신문》, 1904년 8월 29일자; "交河民擾", 《황성신문》, 1904년 9월 1일자.

72) "安岳電訴", 《황성신문》, 1904년 9월 10일자.

73) 《사법품보(을)》 47, "김원록 외 세 명의 시흥군 소요 사건에 대한 질품"(1905년 4월 17일). 이와 관련해서는 망원한국사연구실, 《한국근대민중운동사》, 돌베개, 1989, 183~184쪽 참조.

74) 후일 1905년 4월 군수에게 돌을 던졌던 김원록에게는 교형을, 봉기 때 통문을 돌렸던 민용훈과 동임 성우경, 하주명 등 세 명은 역종신을 선고하였다("擾民照律", 《황성신문》, 1905년 4월 19일자).

3일 황해도 곡산에서 역부 징발에 반대하여 곡산 민인이 일본인 일곱 명을 살해하는 사건이 일어났다.[75] 곡산 민란의 경우 그 원인은 일본인 청부업자 여섯 명이 평산 남천점(南川店) 병참부(兵站部) 공함(公函)에 근거하여 작성된 지방관 공문을 갖고 올 때 역부 800명을 배정받았다는 이유로 순교(巡校)를 대동하고 마을을 돌아다니다가 곡산 민인의 공격을 받았던 것이다.

이처럼 정부의 방침은 현실과 동떨어져 있었다. 물론 정부는 자원자 위주로 역부를 모집하라는 공문을 내려보냈다.[76] 그러나 이러한 정부 방침에도 불구하고 강제 동원은 좀처럼 개선되지 않았다. 황해도 신천의 경우 각종 역부 징발로 고을 전체에 남자가 없을 정도여서 농사를 짓지 못하였다.[77] 그리하여 상인들마저 신천에 들어오지 못하게 되었다. 오히려 정부는 역부 동원에 불만을 품고 민란을 일으킨 주모자들을 강력하게 처벌하였다.[78] 곡산의 경우 일본 헌병대가 출동하여 한 명을 살해하였으며 상해자는 12명에 이르렀다.[79]

역부 동원이 형식적으로나마 자발적인 모집에 의한다고 하더라도 역부들은 늘 위험에 노출되어 있었다. 화약 발파 등 위험 작업에 수시

---

75) "谷山民擾",《황성신문》, 1904년 10월 3일자;《의정부래거문(議政府來去文)》 10, "시흥군 소요 사건의 조사 현황과 조치를 보고"(1904년 10월 20일);《사법품보(을)》 45, "황해도관찰사 김학수가 수안군의 소요 원인과 일본인 피살 및 군민들의 상해사건 보고."(1904년 10월 30일);《법부래안(法部來案)》 책 7·12, "법부에서 곡산군민들의 일본인 철도 역부 습격·피살 사건을 조사하여 외부에 조회"(1904년 11월 25일, 28일);《사법품보(을)》 47, "김원록 외 세 명의 시흥군 소요 사건에 대한 질품"(1905년 4월 17일).

76) 《기안》 10, "관찰사 사목을 정하여 보내니 시행할 것."(1904년 10월 12일)

77) "信川民情",《황성신문》, 1904년 8월 15일자.

78) 《기안》 10, "소요 사건의 주동자를 경찰서와 재판소에서 다스려 보고하게 할 것."(1904년 10월 19일)

79) 《사법품보(을)》 45, "황해도관찰사 김학수가 수안군의 소요 원인과 일본인 피살 및 군민들의 상해사건 보고."(1904년 10월 30일)

로 동원되었기 때문이다.[80] 당시 정부 역시 민심의 동정을 우려하였으나 일본의 강력한 요구에 역부를 동원하는 데 협조하였다. 그리하여 일부 지역에서는 한국인 역부 사망자가 다수 발생하기도 하였다.[81] 또 전쟁터가 평안도에서 만주로 이전되면서 전쟁의 직접적인 피해가 발생하지는 않았으나 경의철도 노선과 연접한 각 군(郡)은 정거장 부지와 역부 징발로 분위기가 심상치 않았다.[82] 특히 지방관의 각종 수탈이 자행되는 가운데 역부 징발은 민란의 도화선이 되었다. 경기도 진위군의 경우 지방관들과 관속들이 온갖 부정을 저지르면서 역부 징발에 작간이 일어나자 민란이 일어났다.[83] 그 밖에도 경남 창원에서 일본 군용철도부설로 역부들과 주민들이 반발하여 민란이 일어났다.[84]

또한 군수가 군용 역부 모집 일을 두고 향장의 지나친 토색을 막으려 하자 일본 병참부가 군수를 압거하기까지 하였다.[85] 또 청부회사 직원이 양천군에 통감부 공문을 갖고 와서 고양지 철도 개량 공사에 역부 500명이 필요하다고 향장, 순교, 서기 등을 협박하였다.[86] 또 청부회사 직원이 마을에 며칠간 머물면서 매일 토색하였다.[87]

한편, 1904년 8월 정부의 약속에도 불구하고 역부 고가가 계속 하락하는 가운데 1905년 5월경 황해도 금천군의 경우 한국인 역부 고가가

---

80) 《내부래거문》 16, "일본공사의 서울과 의주 간 도로 중 의주와 안주 간 도로 개수 시 필요한 인부·석공·폭약 등 요구에 대한 조복."(1904년 9월 7일)

81) "役夫壓死", 《황성신문》, 1904년 8월 13일자.

82) 철도 역부 징발에 관해서는 정재정, 앞의 책, 307~327쪽 참조.

83) "振擾顚末", 《황성신문》, 1904년 11월 4일자.

84) "慶察馳報", 《황성신문》, 1904년 11월 19일자.

85) "淵倅被押", 《황성신문》, 1904년 12월 19일자.

86) "陽川告悶", 《황성신문》, 1905년 5월 24일자.

87) "交涉妥辦", 《황성신문》, 1905년 6월 13일자.

1원 50전에서 70전으로 하락하였다.[88] 더욱이 역부 배정이 더욱 많아져 폐농의 지경까지 이르렀다.

이러한 사정은 평안도에만 국한되지 않았다. 함경도 주민 역시 이러한 피해를 입었다. 일본군이 북진하면서 원산항을 통해 물자를 하역하였고 이들 주민이 이를 여러 일본군 주둔지에 보급하여야 하였기 때문이다. 각종 군사시설이 들어서고 군량 운송이 빈번해지면서 역부 동원이 커지자 폐농에 이르렀다.[89] 이곳 역시 고가가 크게 하락하였다는 것이 민심을 소란하게 만든 요인이었다. 따라서 많은 농민이 도망갔고 일본군은 강제 징발에 적극 나섰다.

황해도 주민의 사정도 마찬가지였다. 일본 병참부 군인이 통역과 함께 황해도 금천군의 어느 마을에 들어와 철도 역부를 모집하는 과정에서 향장을 체포하고 일반 민인을 잡아갔다.[90] 당시 지방관은 국제법 위반이라고 항의하였지만 소용없었다.[91]

일본군의 이러한 요구는 각 군의 규모와 상관없이 무차별적이었다. 평안남도 덕천과 같이 작은 고을도 여지없이 과다한 역부를 징발해갔다.[92] 그리하여 일본군의 이러한 징발은 시간이 흐를수록 강화되었다. 비록 주차 일본군 사령부와 지방 통치 기관 사이에 역부 계약이 체결되어 자발적인 모집을 권장한다고 하더라도 우천 시 등에도 출역을 강요하였으며, 심지어 지방관이 해당 역부를 처벌하도록 하였다.[93] 고가도 이전 시기에 비해 1원 50전에서 60전으로 하락하였다. 이러한 비용으

---

88) "金川報告", 《황성신문》, 1905년 5월 3일자.

89) "各道情況", 《황성신문》, 1904년 5월 27일자; "咸南情況", 《황성신문》, 1905년 5월 15일자.

90) 정재정, 앞의 책, 307~327쪽.

91) "江察報告", 《황성신문》, 1905년 6월 27일자.

92) "泰川報告", 《황성신문》, 1905년 7월 10일자.

93) "役夫契約", 《황성신문》, 1905년 8월 10일자.

로 모집할 수 없게 되자 각 군에 강제 배정하여 차출하고자 하였다.[94]

지방관은 이 비용을 마련하기 위해 각 군 주민에게 해당 비용을 전가하였다. 해주군의 경우 역비의 민간 징렴이 40만 냥에 이를 정도였다.[95] 평안남도 순천군의 경우 대립전(代立錢)이라 핑계를 대고 1인당 8냥 5전씩 징수하기도 하였다.[96] 또한 각 군이 자체적으로 비용을 마련할 수 없어 탁지부와 협의하기도 하였으며[97] 군수가 호전(戶錢)으로 고가를 충당하기도 하였다.[98] 일본군은 자신들의 병참 비용을 한국의 일반 민인과 정부에 전가한 셈이었다.

드디어 일본군은 대한제국 정부를 협박하여 1905년 4월에 제정된 형법 제676조에 따라 역부가 고가를 인상할 목적으로 선동하거나 방해하는 것에 태 30을 처하기로 하였다.[99] 역부의 정당한 임금 인상 요구를 원천적으로 봉쇄하고자 하였던 것이다. 그리하여 역부의 생활은 나락으로 떨어졌다. 1906년 4월 평안북도 의주의 역부들은 자신들의 경제 상태를 다음과 같이 진술하면서 간곡하게 고가 인상을 요구하였다.

役夫所費言之 則一日之三時食價가 葉爲六兩也요 又有草鞋南草等用二兩之錢 則合計爲八兩可費之錢이온딕 今以人夫發給之一日雇價段은 不過爲銅錢幾分也 以此之費와 以此之雇로 比諸見害가 其爲不少ᄒᆞ야 民情之拂

94) "西民呼冤",《대한매일신보》, 1906년 3월 7일자;《각관찰도(거래)안(各觀察道(去來)案)》1, "경의선 철도부설에 동원되어 생활이 어렵게 된 의주 군민의 연명 상소"(1906년 4월 8일);"西民哀訴",《대한매일신보》, 1906년 5월 8일자.

95) "海察報告",《대한매일신보》, 1905년 8월 25일자.

96) "順民何罪",《황성신문》, 1905년 9월 8일자.

97) "修築請費",《황성신문》, 1905년 9월 12일자.

98) "鐵役費民斂",《황성신문》, 1905년 11월 17일자.

99) 《관보》, 광무 9년 4월 29일, '법률 제3호 형법'.

鬱이 從以益深ᄒᆞ야 民莫奠居에 請願如是이옵기 玆에 據實報告ᄒᆞ오니 査照後 役雇物價를 依時勢確定ᄒᆞ야 使無民寃之意로 別般交涉ᄒᆞ시와 期圖方便之政이 恐合民事이오니 亟降指令處分ᄒᆞ시믈 伏望.[100]

물가가 날이 갈수록 상승하여 생활비를 압박하는 반면, 고가는 제자리에 머물러 파산지경에 이르렀기 때문에 고가를 시세에 맞추어 인상해달라고 요망하였던 것이다.

그러면 한국인 역부가 불법적으로 징발당하는 현실에서 역부 징발의 대상에서 벗어나 있던 식자층은 이러한 현실을 어떻게 인식하였을까.

4. 식자층의 착종된 전쟁 인식과 민중의 의병 참여

식자층의 전쟁 인식은 일반 민인과 반드시 일치하지 않았다. 무엇보다 일기와 야사로 남은 이들 기록물의 상당수는 주로 전투 지역에서 벗어나 있거나 징발 대상에서 제외되어 직접적인 고통을 당하지 않았기 때문이다. 윤치호의 경우 자신의 일기를 통해 정국의 동향, 일본과 러시아, 고종 정부에 대한 모순적인 심경을 자주 밝히고 있는 반면, 일반 민인의 전쟁 체험에 공감하는 내용은 찾아보기 힘들다. 시흥 민란과 곡산 민란을 두고 일본인들이 자신들의 군대 둔영지를 설치할 수 있는 구실로 삼은 것을 비판하면서도 다음과 같이 한국 일반 민인의 반일 감정이 심화되는 것을 우려할 뿐이었다.

---

100) 《각관찰도(거래)안》 1, "경의선 철도부설에 동원되어 생활이 어렵게 된 의주군민의 연명 상소"(1904년 4월 8일).

열등한 지위의 군중·백성들을 압박하던 시흥군수 박우양(朴嵎陽)이 몇 주 전 백성에게 살해되었다. 일본인 노동자 2명도 군중에게 살해되었다. 강제적인 노동자 동원이 그 원인이었다. 며칠 전 곡산에서 군중이 일본인 7명을 살해했다. …… 이런 일련의 봉기 사건은 모두 조선 각지에서 일어나는 반일 감정의 징후다. 일본인은 이런 봉기 사건을 그다지 걱정하고 있지 않은 것 같다. 왜냐하면 이런 봉기 사건은 자신들이 조선 각지에 일본군의 둔영지를 설립할 수 있는 구실을 제공해주었기 때문이다. 이 일은 감탄할 만한 결실을 낳았다. 하지만 웬일인지 일본인이 머지않아 이렇게 무자비한 방식으로 수백만 명의 조선인을 분노하게 만든 것에 대해 후회할 것이라는 생각이 든다.[101]

윤치호는 관료를 지냈음에도 불구하고 철저하게 관찰자의 처지에서 사건의 경과와 영향을 담담하게 기술할 뿐이었다. 그 자신이 이 문제를 해결하려는 노력은 보이지 않는다. 그 뒤 역부 징발과 관련된 내용은 찾기 어렵다. 반면 그는 7월 16일 일기에서 일본의 철도부설과 교량건설, 황무지 개간, 식수사업 등에 대해 다음과 같이 피력하고 있다.

일본인이 관리하는 모든 철도가, 바위 사이로 닦은 새 도로의 모든 족적이, 그렇게 해서 다리가 놓이지 않았던 개울 위로 놓인 모든 다리가, 개척된 모든 황무지가, 새로 심은 나무 하나하나가, 이 세계의 진보에 명백한 자산이 된다. 오직 조선인의 감정만이, 일본인의 지배라는 모험을 유감스럽게 생각할 것이다.[102]

---

101) 《윤치호일기》, 1904년 10월 5일.
102) 앞의 책, 1905년 7월 12일.

윤치호는 문명계몽론자로서 일본을 대한제국에 문명시설을 이식하는 주체로 인식하면서 한국인의 반일의식을 감성적인 배타주의로 치부하고 있다.

이러한 인식과 자세는 당시 제주도로 유배당하였던 김윤식도 마찬가지였다. 그는 1904년 3월 2일 자신의 일기에 일본의 대러시아전쟁은 세계 최초의 의로운 전쟁으로서 동양을 진동시켰다고 적었다.[103]

황현 역시 척사 유생인데도 일본의 군사적·경제적 침략은 시야에 들어오지 않았다. 시흥 군민의 민란을 기술하면서 시흥군수의 중간 수탈만 문제삼았다.[104] 오히려 일본인이 각 도에서 역부를 모집하던 일을 폐지하였다는 기사를 《매천야록》에 옮겨 기술하였다.[105] 다만 130만 냥을 착복한 평양군수 팽한주(彭翰周)가 일본공사관의 비호 아래 일본 군대를 지원하였다는 이유로 파면되지 않았음을 기술하였다. 이러한 현실 인식은 당시 역부 징발의 구조적 배경을 전혀 파악하지 못한 채 표면적으로 드러나는 지방관의 탐학에만 주목하였기 때문이다.

《황성신문》의 경우 역부 동원에 따른 지방관의 탐학은 성토하였지만 일본군의 역부 징발에 대해서는 동양평화와 한일 정부의 동맹을 강조하며 일본군의 행위 자체는 비판하지 않았다.[106] 심지어 일본군의 엄격한 군율 기강을 러시아군의 기강 해이와 견주어 찬양할 정도였다. 나아가 전쟁의 발발과 전개과정에서 일어나는 이른바 활빈당, 동학당 등 '적당(賊黨)'의 활보를 깊이 우려하였다. 동문동종론(同文同種論), 한

---

103) "俄國爲歐洲專制君治之國 政事腐敗 獨其貪人土地之性 世守不變 爲萬國之所仇疾 今與日本開戰 人無不幸其敗北 爭助日人 日人此戰 可謂世界初有之義戰 非徒震動東洋 其光榮輝映全球."(김윤식, 《속음청사》 권11, 국사편찬위원회, 광무 8년 3월 2일)

104) 황현, 《매천야록》 권4, 광무 8년 갑진(1904) ③, 16. 시흥 민란.

105) 황현, 《매천야록》 권4, 광무 8년 갑진(1904) ③ 18. 일본인의 각 도 인부 모집 폐지.

106) "嗚呼西北之民", 《황성신문》, 1904년 3월 4일자.

일 연대론에 몰입한 나머지 지방관의 역부 운용 미숙을 민란의 주된 원인으로 꼽았던 것이다. 그리하여 농사철을 피하고 무업유식(無業遊食)의 백성을 초모하였다면 이러한 민란에 이르지 않았을 것이라고 주장할 정도였다.

나아가《황성신문》은 1904년 8월 18일 논설 "논역부모집사건(論役夫募集事件)"에서 역부 징발의 폐단을 인식하면서도 한일 양국이 일체 군사상 수용(需用)에 일본군의 요구가 있으면 응하여야 한다는 조약을 상기시키며 부득불 상부상조하여야 함을 역설하였다.[107] 같은 날 외부가 일본공사관에 조회하는 내용을 인용하며 일부 식자층이 동양 대세를 알지 못하고 민심을 선동하고 있다고 보도하였다.《대한매일신보》도 여전히 일본에 방조(傍助)하는 방침을 지키는 가운데 역부 징발이 농사철과 어긋나므로 실업자들을 일자리 확보 차원에서 역부로 보낼 것을 주장하였다.[108]

또한 전 시종 이유형은 의정부에 올리는 헌의서에서 한일 동맹의 중요성을 강조하고 역부 징발을 둘러싼 유언비어를 비판하는 가운데 대한제국 지방대에서 공병(工兵), 화병(火兵, 밥 짓는 병사), 치중병(輜重兵, 병참병, 군수 운송 책임을 맡은 군사)을 차출한다면 역부 징발의 폐해가 없을 것이라 주장하였다.[109] 이 역시 한일 동맹을 전제로 삼아 역부 징발의 폐해를 줄이자는 주장인 셈이다. 심지어《대한매일신보》도 일부 한국인이 일부러 고집을 부림에 일본이 후한 고가로 모집하는 것은 옳지

107) "論役夫募集事件",《황성신문》, 1904년 8월 18일자.《황성신문》은 8월 18일에도 역부 문제를 재론하는 가운데 지방관의 중간 수탈을 비판하며 병정충역(兵丁充役)의 소문을 유언비어라고 치부하였다.

108) "론셜 젼쟁이 농사에 상좌됨이라",《대한매일신보》, 1904년 8월 16일자; "역부문제",《대한매일신보》, 1904년 9월 8일자.

109) "李氏議書",《황성신문》, 1904년 8월 23일자; 황현,《매천야록》권4, 광무 8년 갑진(1904).

못하다고 비판하였다.[110]

반면 일본이 1904년 5월 대한방침(對韓方針), 대한시설강령(對韓施設綱領) 등을 내세우며 6월 6일 대한제국 정부에게 황무지 개간권을 넘기라고 요구하자 《황성신문》의 평기자는 자신의 신문사 논설진과 다르게 한국인의 황무지 개간권 반대 상소운동에 호응하여 일본인의 황무지 개간권 장악 시도를 반대하는 한편, 일본이 보호 핑계로 군대를 주둔하고 화를 미쳐 사변을 양성하고 있다며 그 증거로 역부 징발을 들었다.[111] 일본 정부가 내세우는 동양평화론이 허구임을 인식하고 주권을 수호하고자 하였던 것이다. 또 역부 징발도 일제 침략의 일환으로 인식한 것은 자연스러운 변화였다.

식자층 내부에서 보이는 인식의 이러한 균열 조짐은 러일전쟁을 일본의 '의전(義戰)'으로 인식하였던 김윤식에게서도 나타났다. 그는 일본의 무차별적인 군사적·정치적·경제적 침략을 전해 듣는 가운데 1904년 8월에 체결된 제1차 한일협약과 고문정치 소식을 접한 뒤 기존의 일본의전관(日本義戰觀)을 포기하였을뿐더러 대한제국이 주권을 상실해가고 있음을 인식하였다.[112] 특히 일본군이 한국인 역부들을 징발하여 중국 요양(遼陽) 지역으로 데려간다는 소식을 기록하면서 지방사회가 이에 반발하여 민란의 조짐이 있음을 언급하였다. 이전만 하더라도 일본군의 역부 징발을 담담하게 기술하였으나 8월을 분기점으로 부정적인 평가로 바뀌었던 것이다. 지규식도 사정은 마찬가지여서 일본에 대한 경계심이 커져갔다.[113] 식자층 내에서 일본을 우호적으로 바

110) "론셜 한국에 일본 위력이라 전호 계속", 《대한매일신보》, 1904년 9월 6일자.

111) "請質政府諸公(續)", 《황성신문》, 1904년 6월 30일자.

112) 김윤식, 《속음청사》 권11, 광무 8년 8월 11일, 25일. 이와 관련해서는 조경달, 최덕수 옮김, 《근대 조선과 일본》, 열린책들, 2015, 203쪽 참조.

라보는 시각에 균열이 야기되었음을 짐작할 수 있다.

한편, 1904년 7월 혁신 유생들은 황무지 개간권 요구 반대와 역부 징발 반발 분위기를 이용하여 의병을 모집하기에 이르렀다.[114] 당시 서울 의병소(義兵所)는 격문에서 황무지(산림천택) 개간 문제와 역부 징발 문제를 지적하였다. 나아가 발통자(發通者) 김기우(金箕祐)는 심문 조서 작성과정에서 대한제국 정부가 토지와 민인을 유지, 보호하지 못하였기 때문에 자신의 생존권을 스스로 지키기 위해 기의(起義)하고자 하였음을 다음과 같이 당당하게 밝혔다.

> 이 모든 일이 민국의 앞날에 관계되는 바가 있기 때문에 비록 빈천한 무명 인사라 할지라도 그 일에 나서기를 싫어하면서 묵묵하게 모든 것을 삼키고 말하지 않으려는 것은 옳지 못한 일이다. 하물며 이 황급하고 중요한 일에서야. 만약 정부에서 토지와 인민을 과연 능히 유지 보호할 수 있다면 우리는 잔약하고 열등한 백성으로서 다만 각자의 생업에 임해 미리 의논할 바가 없을 것이고, 지금 외인들의 각종 청구는 아침에 허가하면 저녁에 시행하게 하여 이것을 알기를 상시의 일과 같이 생각하며 조금도 뜻에 거리끼지 않고 이 같은 극단 지경에 이르렀으니 어찌 한마디도 하지 않고 헛되이 즐기어 빠져들겠습니까?[115]

이에 따르면 국가가 국토를 수호하지 못하고 인민의 생활을 보호하지 못한다면 인민 스스로가 정치적·사회적 발언을 통해 자신의 생존

---

113) 박은숙, 앞의 글, 259쪽.

114) 김윤식, 《속음청사》 권11, 광무 7년 7월 12일.

115) 《주한일본공사관기록》 24, 이(二). 외부래(外部來) 일·이, (47) '배일상소자 김기우 등의 진술서 및 관계 회답문 송부 건.'

권을 보장받도록 노력하여야 함을 역설하고 있다. 초보적이나마 인민 생존권을 주장하고 있는 셈이다.

의정부 참찬 허위(許蔿)는 1904년 8월 말 하야시 곤스케(林權助) 일본 공사를 수차례 만나거나 일본군 사령부를 방문하였다. 이 자리에서 철도 역부 징발로 인한 피해를 정식으로 제기하면서 무업(無業) 한국인의 자발적인 지원을 유도할 것을 요청하였다.[116] 이후 러일전쟁에서 승리한 일본이 본격적으로 대한제국을 식민화하려는 작업에 착수하자 허위는 1908년 13도 의병부대 군사장(軍師長)을 맡았다.[117] 척사 유생이 일반 민인의 전쟁 체험을 자신의 문제로 내재화하면서 국권수호운동에 적극 나서기에 이른 것이다.

이에 《황성신문》 역시 1904년 11월 25일 논설 "서고동포(誓告同胞)"에서 이전 시기 논조와 달리 일본의 대러시아전쟁이 대한제국 정부와 동포의 희생 속에서 치러지고 있음을 부각하고 있다.

> 嗟我二千萬同胞여 我韓이 現當日▣交戰之局하야 實國家興亡之機關이오 人民艱危之厄運也라 今夫日▣之搆兵이 其關係난 在韓淸兩國이오 若對擧韓淸兩國則我韓이 尤有絕大關係하니 日本이 倡疆土保全과 獨立扶植之論하고 與我議定約書하니 形式觀之면 洵天下之義擧也라 然而其實際注意난 豈眞擧全國之生靈하야 只供遼野之犧牲하며 竭全國之財力하야 徒快俄人之屍骸하고 空然博得義旅之虛榮하며 空然扶植韓國之獨立焉而已乎아.[118]

116) "참찬담화", 《대한매일신보》, 1904년 8월 30일자; "조쳐득당", 《대한매일신보》, 1904년 8월 31일자. 이와 관련해서는 조재곤, 〈왕산 허위의 관직생활과 항일투쟁〉, 김희곤 외, 《왕산 허위의 나라사랑과 의병전쟁》, 구미시·안동대학교박물관, 2005, 124~125쪽.

117) 신용하, 〈허위의 의병활동〉, 《나라사랑》 27, 외솔회, 1977, 63~64쪽.

118) "誓告同胞(前号續)", 《황성신문》, 1904년 11월 25일자.

이에 따르면 러일전쟁 직후 일본이 벌인 황무지 개간권 요구, 고문정치 실시 등을 목도하면서 일본의 침략성을 인식하기에 이른 것이다.

또한《황성신문》은 대한제국 동포들이 스스로 반성과 경계를 통해 힘을 합쳐 애국할 것을 주문하였다.[119] 비록 역부 징발 자체는 언급하고 있지 않지만 당시《황성신문》역시 일제의 보호국화 방침에 위기감을 절감하였던 것으로 보인다.

나아가《황성신문》은 일본의 침탈을 고발하는 식자층의 각종 기고문과 호소문을 적극 게재하였다. 당시 평안남도 순천 출신 시무학교 학생 이희경(李喜儆)은 일본이 철도부설을 핑계로 묘지를 파헤치고 토지를 약탈하는 것을 비판하였다.[120] 특히 일제의 재정권과 경찰권의 장악을 지적하면서 대한제국이 폴란드의 운명과 같다고 하였다. 또 여중룡(呂中龍), 강원형(姜遠馨), 우용택(禹龍澤) 등이 일본공사관에 투함(投函)한 글을 1905년 6월 21일자 신문에 게재하였다.

> 其陸地則 南自釜馬兩港으로 西至龍灣之界히 鉄路電線이 縱橫貫通ᄒᆞ야 以握大陸上交通之權ᄒᆞ고 其所經沿道에 必廣占地段ᄒᆞ야 韓人之田畓 家屋 墳墓 森林을 靡不毁破 鑿掘ᄒᆞ고 儼成日本之村落庄土호ᄃᆡ 猶且不足ᄒᆞ야 三南 兩西曠衍膏沃之土를 稱云買收ᄒᆞ고 以狙謀譎計로 强占白奪ᄒᆞ야 據爲己有者ㅣ 以億萬計오 其他 山河市場에 可以殖利營業者ᄂᆞᆫ 亦必設計騙取ᄒᆞ야 糚占靡遺ᄒᆞ니 可憐韓國之民은 擧皆蕩產敗業에 流離渙散ᄒᆞ야 哀號翻怨ᄒᆞ며 搥胷踣地ᄒᆞ니 天乎有知면 豈忍爲斯며 又其敷設時所需役夫ᄂᆞᆫ 强迫農民에 驅入役地를 如犬羊之鞭扑而凌踏之ᄒᆞ고 又其雇金은 十不給一

119) "論合群 愛國子寄函",《황성신문》, 1904년 11월 30일자; "論合群 愛國子寄函",《황성신문》, 1904년 12월 1일자.

120) "寄書[續]順川郡私立時務學校生徒李喜儆",《황성신문》, 1905년 4월 13일자.

ᄒᆞ야 哀此貧民이 飢疲莫振일ᄉᆡ 所以 謀避紛紛ᄒᆞ야 負戴奔竄ᄒᆞ니 十室九空에 人烟이 蕭瑟ᄒᆞ고 氣像이 愁慘ᄒᆞ며 關北一路ᄂᆞᆫ 偏被兵役之苦ᄒᆞ야 生息이 幾絶ᄒᆞ니 全國生靈이 俱被魚肉之慘이라.[121]

여기서도 일제가 철도를 부설하는 과정에서 많은 토지를 약탈하고 농민들을 강박하여 역부로 징발하는 현장을 고발하였다. 특히 고가가 10분의 1도 지급되지 않아 많은 농민이 기근에 시달리고 있음을 폭로하고 있을뿐더러 일본 군정 아래 함경도의 열악한 사정을 전하였다. 《황성신문》의 이러한 보도 태도는 기고문을 통해 사안의 심각성을 독자에게 알려줄뿐더러 《황성신문》이 일본의 각종 침탈을 동양평화론에서 접근하고 있지 않음을 보여준다고 하겠다.

《대한매일신보》도 1905년 일제의 고문정치가 본격화되자 일본의 침략정책을 비판하기 시작하였다.[122] 우선 포츠머스조약 체결로 전쟁이 종료되었음을 언급하고 한국 사회를 옥죄고 있는 일본군의 군율을 환수하기를 요청하였다. 특히 일본 정부가 자국민을 고역에 사용하기를 꺼리고 한국민을 징발하였음을 지적하면서 온갖 농간을 부린 일본 청부회사의 철수를 지적하였다. 또 철도공사와 항만공사가 자금 부족으로 중단될 것이니 일본 자국민을 철수시킬 것을 요구하였다. 나아가 《대한매일신보》는 일본군의 역부 징발을 두고 다음과 같이 혹평하였다.

近日黃海平安兩道地方人民의 嗷嗷怨咨가 愈益狼藉ᄒᆞ야 足히 天地之氣를 感傷ᄒᆞᆯ지니 實로 至慘至悲ᄒᆞ도다 大抵人類中에 最賤者ᄂᆞᆫ 奴隷로ᄃᆡ 오

121) "投日公舘書[續]", 《황성신문》, 1905년 6월 21일자.

122) "日本이 將何以爲之", 《대한매일신보》, 1905년 9월 21일자.

히려 眠食을 自由ᄒᆞ거날 今에 韓民은 日人의 驅使를 被ᄒᆞᆷ이 眠食을 自由치 못ᄒᆞ니 奴隷보다 尤賤ᄒᆞᆫ 者오 獸畜中에 最多服勞者ᄂᆞᆫ 牛馬로ᄃᆡ 오히려 休息ᄒᆞᄂᆞᆫ 暇隙이 有ᄒᆞ거날 今에 韓民이 日人의게 服役ᄒᆞᆷ은 暫時休息을 不得ᄒᆞ니 牛馬보다 尤勞ᄒᆞᆫ 者니 世界上에엇지 如此히 可憐可悲ᄒᆞᆯ 者가 有ᄒᆞ리오 其事實을 言之ᄒᆞ면 自昨年以來로 銕路修築과 軍需輸運과 家屋營造ᄒᆞᄂᆞᆫ 諸般工役에 該道人民을 勒募使役ᄒᆞ되 所謂雇錢은 一日所給이 二十五戔에 不過ᄒᆞᆫ則食費도 不足ᄒᆞ고 各村各里에셔 募軍發送之費ᄂᆞᆫ 千百兩으로 計ᄒᆞᄂᆞᆫ지라 就中黃州兼二浦等地에셔ᄂᆞᆫ 韓民을 驅使ᄒᆞ되 晝役夜役에 暫不許息이라ᄒᆞ니 牛馬도 夜則休息ᄒᆞ거날 韓民은 牛馬와 同視를 不得ᄒᆞ니 此엇지 人類의 能히 堪耐ᄒᆞᆯ바리오.[123)]

이에 따르면 역부를 징발하여 부려먹음이 우마보다 심하다고 비판하면서 고가가 1일 20전에 불과하여 식비도 충당하지 못하며 노동 시간이 주야를 가리지 않았다고 지적할 정도였다. 나아가 《대한매일신보》는 한국 민인의 말을 빌려 러일전쟁이 끝난 뒤에도 일본의 토지 약탈과 역부 징발은 좀처럼 줄지 않아 촌에 살면 도적 때문에 살 수 없고, 읍 근처에 살면 일본이 전답과 가옥을 약탈하고 마초(馬草)와 철로 역부를 성화같이 독촉한다고 하며 일본의 토지 약탈과 역부 징발을 꼬집었다.[124)] 그리하여 한국인이 이러한 지경에서 벗어나려면 다음과 같이 국권을 수호하여야 한다고 역설하였다.

近日黃海平安兩道地方人民의 嗷嗷怨咨가 愈益狼藉ᄒᆞ야 足히 天地之氣

123) "驅使漢人이 甚於牛馬", 《대한매일신보》, 1905년 11월 8일자.
124) "天擇物競論", 《대한매일신보》, 1906년 1월 4일자.

를 感傷홀지니 實로 至慘至悲ᄒᆞ도다 大抵人類中에 最賤者ᄂᆞᆫ 奴隷로ᄃᆡ 오히려 眠食을 自由ᄒᆞ거날 今에 韓民은 日人의 驅使를 被홈이 眠食을 自由치못ᄒᆞ니 奴隷보다 尤賤ᄒᆞᆫ 者오 獸畜中에 最多服勞者ᄂᆞᆫ 牛馬로ᄃᆡ 오히려 休息ᄒᆞᄂᆞᆫ 暇隙이 有ᄒᆞ거날 今에 韓民이 日人의게 服役홈은 暫時休息을 不得ᄒᆞ니 牛馬보다 尤勞ᄒᆞᆫ 者니 世界上에 엇지 如此히 可憐可悲홀 者가 有ᄒᆞ리오 其事實을 言之ᄒᆞ면 自昨年以來로 銕路修築과 軍需輸運과 家屋營造ᄒᆞᄂᆞᆫ 諸般工役에 該道人民을 勒募使役ᄒᆞ되 所謂雇錢은 一日所給이 二十五戔에 不過ᄒᆞᆫ則食費도 不足ᄒᆞ고 各村各里에셔 募軍發送之費ᄂᆞᆫ 千百兩으로 計ᄒᆞᄂᆞᆫ지라 就中黃州兼二浦等地에셔ᄂᆞᆫ 韓民을 驅使ᄒᆞ되 晝役夜役에 暫不許息이라ᄒᆞ니 …… 今에 大韓國人이 姑先日人의 虐待를 不被ᄒᆞᆫ 者가 曰我則倖免이면 足矣라ᄒᆞ고 或曰此ᄂᆞᆫ 全國關係라 我一箇人의 心力으로 何足爲有無리오ᄒᆞ고 互相恬視ᄒᆞ야 人人如是ᄒᆞ면 竟無一人救難者니 全國人民이 其有能獨保安全者乎아 大韓人民은 試思ᄒᆞ라 韓인과 日인이 其手耳足目과 心志性情은 一也어날 韓인은 何故로 凌虐을 受ᄒᆞ고 日인은 何故로 壓制를 行ᄒᆞ나뇨하면 國의 强弱이 不同ᄒᆞᆫ 所致니 國이 弱ᄒᆞ야도 如此ᄒᆞᆫ 虐待를 受ᄒᆞ거든만일 國이 亡ᄒᆞ면 何如ᄒᆞᆫ 虐待를 受ᄒᆞ깃ᄂᆞᆫ가 國家의 權利ᄂᆞᆫ 卽인民의 權利오 國家의 命運은 卽인民의 命運이라 故로 其國이 他國과 同等이된 然後에야 其民이 他民과 同等이 되나니 大韓인民이 此等慘狀을 免코져ᄒᆞ면오직 國權을 維持ᄒᆞᄂᆞᆫ데 在ᄒᆞ니아 모죠록 愛國血誠으로 同心奮發ᄒᆞ고 同力扶起ᄒᆞ야 國權을 回復ᄒᆞ고 民命을 保全ᄒᆞ기로 十分盡力홀지어다 如其不能이면 二千萬同胞가 擧皆牛馬와 如히 驅使를 被ᄒᆞ고 宰割를 當ᄒᆞ리니 目下現狀을 不見ᄒᆞᄂᆞᆫ가 嗚呼라 其念之哉며 勉之哉ᆫ져.[125]

125) "驅使韓人이 甚於牛馬", 《대한매일신보》, 1905년 11월 8일자.

이에 따르면 서북 지역의 주민들이 일본군에게 우마보다 혹사당하는 현실을 비판하면서 '2,000만 동포'가 국권을 유지하는 주체로 호명되기 시작하였다. 이러한 '2,000만 동포'라는 명칭은 1904년 7월(음력) '일인 황무지 개간사업 획책 반대 격문'에서 언급된 이래 다시 여기서 호명된 것이다.[126] 이제 '2,000만 동포'는 특정 지역의 주민이 아닌 한반도 주민 전체를 포괄하는 명칭이자 추상적인 관념상의 동포를 넘어서서 생존권을 수호하여야 할 경제공동체로 부각되었음을 의미한다. 나아가 한국인이 외국인과 동등하게 생활하기 위해서는 국권 유지가 필수임을 역설하면서 한국인 스스로가 힘을 기르고 단결할 것을 주문하고 있다.

또한 《대한매일신보》의 사장 어니스트 토머스 베델(Ernest Thomas Bethell)은 1905년 정계 소식을 전하면서 본인이 영국인임에도 불구하고 한국 만중(萬衆)의 을사 매국노에 대한 비판에 동조하며 일본의 동양평화론이 지닌 허구성을 지적하였다.[127] 또한 일본 군용 목적으로 토지를 적절한 대금을 지불하지 않고 강제로 수용하였을뿐더러 역부를 늑모(勒募)하는 일본의 불공정 행동이 열강의 이익에 반하는 것임을 언급하였다.[128] 이는 일본의 경제 침탈을 영국 등 열강의 이해관계를 이용하여 저지하고자 한 것으로 보인다.

《황성신문》과 《대한매일신보》의 논설진을 역임하였던 박은식(朴殷植)은 훗날 《한국통사(韓國痛史)》에서 일본군의 역부 징발을 다음과 같이 기술하였다.

---

126) 《주한일본공사관기록》 22, 삼. 한관왕복부한인관계, (74) '황무지 문제 반대로 인한 의병 거사건'(1904년 9월 10일).

127) "政界消息", 《대한매일신보》, 1906년 1월 9일자.

128) "更論均商", 《대한매일신보》, 1906년 2월 17일자.

일본병이 북진하면서부터 평안남북도 및 함경·황해·경기 각 도는 모두 군수물자 운반과 철도공사, 군수품의 조달·독촉으로 피로하였으며, 잠시도 쉬는 날이 없었고, 군마의 먹이인 통·풀 그리고 계란, 소의 주구가 날마다 갖가지 방법으로 성행했다.[129]

나아가 1905년 9월 13도 유생 대표들은 일본의 군용지 약탈, 화폐 정리사업, 전신, 우편 약탈 등을 비판하며 일본의 보호국화 책동에 저항하였다.[130] 여기에는 철도 부지 약탈과 함께 무상에 가까운 고가로 역부를 징발하는 행태가 포함되었다.[131] 이후 1906년 5월 최익현이 무성서원(武城書院)에서 의병을 일으킬 때 일본 정부가 신의를 저버린 16가지 죄를 드는 가운데 열 번째로 "역부를 강제로 모집하여 소에게 채찍질하고 돼지를 몰아치듯 하면서 조금이라도 마음에 거슬리면 풀이나 왕골을 베듯 죽였"다고 하여 역부 징발을 강력하게 비판하였다.[132] 그리고 11월 이토 히로부미에게 보내는 글에서 토지 약탈과 함께 역부 징발을 강력하게 비판하였다.[133]

반면 일진회를 비롯한 일부 문명계몽론자는 민인의 이러한 반향을 비판하였다. 그들은 1905년 11월 6일 전 국민에게 호소하는 글에서 '선진'과 '문명'을 외치며 다음과 같이 러일전쟁 기간에 벌인 자신들의 자발적인 역부활동을 피력하였다.

---

129) 박은식, 이장희 역, 《한국통사 하》, 박영사, 1983, 84쪽.

130) 《주한일본공사관기록》 24, 십일(十一). 보호조약 1~3, (10) '한국의 현 시국 문제에 대한 소감을 전국에 호소한 선언서 송부 건', '일본의 대한 침투 조약 사례 열거 통박한 유생 대표 통문.'(1905년 11월 6일)

131) "大韓十三道儒生", 《대한매일신보》, 1905년 9월 26일자.

132) 최익현, 《면암집(勉菴集)》 권4, 연보.

133) "大韓十三道儒生金東弼氏等이 伊藤候에게", 《대한매일신보》, 1905년 11월 11일자.

앞서 일러 양국의 교전에 아국이 일본과 연맹하고 러시아를 적국으로 삼은 일은 조칙에 일성과 같이 명백하다. 우리 정부가 무능 무력하여 일병도 낼 수 없이 이를 원조하니 어찌 부끄러워하여야 할 바 아니더냐. 연유로 우리 일진회원이 홀로 미력을 다하여 일병행군의 편의를 의논함으로써 혹 역부가 되어서 종사하고 경의철도 공역에 이면수력(以勉輸力)하며 북진군에 향미 운반을 누만(累萬) 회원이 대오를 조직하여 일심 노고에 신산(辛酸)을 마다하지 않다가 치사상(致死傷) 수백 명이라는 다수를 내고 기치미공(期致微功)하니 실로 우리 회원은 2,000만 동포를 대신함을 바라 동포 국에 신의를 표하는 계(획)이오. 또 우리 회원이 항상 일본 관민을 대하면 실진호의자(實陳好意者)는 선진(先進) 때문이오. 우리 동맹국의 의를 좋아해서이다. 별무타의(別無他意) 이것만 세간벽견자류(世間僻見者流)와 간세 잡배(奸細雜輩)는 눈 밖의 사람은 창귀(倀鬼)라 하고 심지어 우리 회를 부르기를 망국적이라 이름하여 우리 회를 말하길 매국노라 하니 심책하지 않을지라도 어찌 그 전도(轉倒)가 심한가. 인연(因緣) 사회(斯會)하여 교언휼계(巧言譎計)로 위로 총명을 덮고 아래로 우민을 미혹하여, 즉 국교를 상하고 인의를 파하기에 이르러 가국멸망을 초치하는 자가 어찌 망국의 적이 아니며 또 매국노가 아닌가. 우리 당의 주의본령(主義本領)은 공명정대하여 일월(日月)과 같고 또 무엇을 두려워할 것이며 또 무엇을 부끄러워할꼬. 오호라, 우리 2,000만 동포여 이 다난한 시기에 이르러 세계의 대세를 살피고 동양의 시국에 비추어서 우리나라의 정형을 보니 다시 두말할 것 없다. 독립 보호와 강도 유지는 대일본 황제의 조칙을 세계에 공포하였으니 다시 의심할 필요가 없다. 우리 당은 일심동기(一心同氣)하여 신의로써 우방과 교의하고 성의로써 동맹에 대하여 그 지도에 따르며 그 보호에 의거하여 국가 독립을 유지함으로써 안녕 행복을 영원 무궁하기로 이에 감히 선언 이고(以告)하나이다.[134)]

이에 따르면 일반 민인이 역부 징발에 반발하거나 저항하는 가운데 일진회는 오히려 선진과 문명을 내세우며 '2,000만 동포'를 대신하여 역부로서 활동하였을뿐더러 일본군 군량미 운반에 지대한 공헌을 하였음을 자랑스럽게 여겼다. 그리고 일진회원들은 민란이 일어났던 곡산으로 달려가 무상으로 노동력을 제공하였다.[135] 나아가 일본 청부회사 아리마쿠미(有馬組)로부터 받아야 할 임금을 일본군 휼병부(恤兵部)에 기부하거나 일어학교(日語學校) 창립비로 헌금하기도 하였다.[136]

그러면 당시 자산가와 식자층이 두려워하였던 활빈당은 역부 징발에 어떻게 반응하였을까.

활빈당은 러일전쟁 중에 이 전쟁을 일본의 침략전쟁으로 인식하면서 주된 관심사를 대내적인 사회 문제에서 점차 대외적인 민족 문제로 옮겨갔다. 예컨대 활빈당은 철도부설에 동원할 인부 모집 장소를 습격하여 부역에 인부들을 동원하지 못하도록 저지하였다.[137] 개중에는 철도 역부 출신도 다수 보였다.[138] 그리고 이들 중 일부는 의병으로 전환하여 항일운동을 전개해나갔다.[139] 대표적으로 박석여(朴錫汝) 의병이 경기도 죽산과 안성 등지에서 의병을 일으키며 관아를 공격하여 군기

134) 《주한일본공사관기록》 24, 십일(十一). 보호조약 1·3. (10) '한국의 현시국 문제에 대한 소감을 전국에 호소한 선언서 송부 건.'(1905년 11월 6일)

135) "無雇服役", 《황성신문》, 1904년 11월 16일자.

136) 《주한일본공사관기록》 21, 칠. 육해군왕복(陸海軍往復) 일진회, (33) '진보회원의 철도공사, 군아, 공공 경영사업에 무가출역자 대책에 관한 건.'(1904년 11월 16일)

137) "령남적경", 《대한매일신보》, 1904년 10월 4일자;《동래항보첩(東萊港報牒)》 7, 광무 9년 3월 6일. 이와 관련해서는 박찬승, 〈활빈당의 활동과 그 성격〉, 《한국학보》 10-2, 일지사, 1984(《근대이행기 민중운동의 사회사》, 경인문화사, 2008, 447~449쪽); 박재혁, 〈한말 활빈당의 활동과 성격의 변화〉, 《역사와세계》 19, 부산대학교 사학회, 1995, 501~502쪽 참조.

138) 정재정, 앞의 책, 349쪽.

139) 조동걸, 〈의병운동의 한국민족주의상의 위치 상〉, 《한국민족운동사연구》 1, 한국민족운동사학회, 1986, 29쪽; 김순덕, 〈경기지방 의병운동 연구: 1904~1911〉, 한양대학교 박사학위논문, 2002, 20쪽.

(軍器)를 빼앗았다.

또한 일부 민인은 역부 징발 거부 분위기에 고무되어 의병을 조직하고 항일운동에 나섰다. 이미 이러한 조짐은 역부 징발이 강화되는 1904년 6월 이후 나타나기 시작하였다.[140] 일부 지역에서는 척사 유생들을 중심으로 통문이 경기 일원에 나돌기 시작하였다. 강원도관찰사 보고에 따르면 의병들이 통문을 돌려 일본인의 황무지 개간권 요구와 역부 징발을 거부하면서 이를 저지할 수 있는 포군(砲軍)을 조직하여 서울로 진격하자는 것이었다.[141] 8월에는 역부 징발이 심하였던 평안남도 숙천군에서 주민들이 의병을 조직하고 민인의 창의를 호소하면서 일본군 병참부를 습격하기도 하였다.[142] 12월 이후에는 평안북도 의병들이 역부 징발에 적극 참여한 일진회원을 공격하기 시작하였다.[143] 여기에는 대한제국 군인 출신뿐 아니라 주사, 향장 등 하급 관리들이 위정척사론자 유인석이 설립한 종유계(宗儒契)와 연계하여 참가하였다.[144] 참혹한 전쟁을 겪었던 지역 관리들과 주민들로서는 일진회가 자신의 이익을 위해 전쟁을 이용하는 매국집단으로 비쳤기 때문이다. 이후 평안북도 의병을 시발로 여타 지역에서도 많은 의병이 일진회 공격에 적극 참여하기 시작하였다. 이는 일반 민인의 러일전쟁 체

---

140) 김순덕, 앞의 글, 17~20쪽.

141) "匿名稱義",《황성신문》, 1904년 9월 15일자;"의병통문",《대한매일신보》, 1904년 9월 16일자.

142) 평안남도 숙천군 선리 거주자 양희두, 나희정과 관리 거주자 양기룡, 김종록과 원흥리 거주자 최사정, 이경화와 청량리 거주자 김준홍(또는 김윤홍), 이응몽, 우내순과 우기순 형제 등이 주동자로 체포되었다. 이중 우내순과 우기순 형제, 김준홍(김윤홍), 이응몽, 나희정이 8월 28일 총살당하였다("永柔報告",《황성신문》, 1904년 9월 5일자;"五民銃殺",《황성신문》, 1904년 9월 8일자). 이와 관련해서는 신용하, 〈한말 의병운동의 기점에 대한 신고찰〉,《한국근대민족운동사》, 일조각, 1988, 6쪽 참조.

143) "平北義兵",《황성신문》, 1904년 12월 19일자;"請戢義兵",《황성신문》, 1905년 1월 11일자: "내부던훈평복",《대한매일신보》, 1905년 1월 14일.

144) "柳氏倡義",《황성신문》, 1904년 12월 19일자.

험과 매우 열악한 처지에 입각하여 자신의 상황을 타개하면서 자신의 생존권과 경제 주권을 지키고자 하는 구국의 의병으로 성장하였음을 보여준다.

5. 결어

러일전쟁은 한국 민인의 삶에 커다란 영향을 미쳤다. 이들 민인은 전쟁에 직접 참가하지 않았지만 일본군의 병참을 물적·인적으로 지원하여야 하였을뿐더러 군용철도를 부설하는 데 징발당하였기 때문이다. 이것이 일반 민인이 체험하여야 하였던 전쟁의 실체였다. 따라서 이들은 러일전쟁을 자신의 생존권을 위협하는 요인으로 인식하고 도망치거나 저항하였다. 물론 일본군 사령부와 대한제국 친일 정부는 징발방식에서 자발적인 모집방식으로 변경하려 하였지만 이를 뒷받침할 경제력이 미비하였기 때문에 강제 징발은 여전하였다.

이에 한국 민인은 철도 연변이라든가 주둔군 부근 지대에서 적극적인 방식으로 역부 징발에 저항하였다. 반면 식자층은 동양평화론과 한일 동맹론에 기대어 역부 징발의 폐단을 제대로 인식하지 못하고 오로지 지방관의 중간 수탈만 비판하였다.

그러나 일본인들이 황무지 개간권 요구를 비롯하여 재정·화폐 주권을 침해하자 다수 식자층은 역부 징발을 비롯한 일본의 군사상, 경제상 침탈을 비판하기 시작하였다. 다만 일진회는 선진과 문명을 내세워 일본의 역부 징발에 협조하였다. 따라서 한국인 내부에서 전쟁 체험은 상이한 방향으로 분화되었으며 내부 갈등도 격심해졌다.

그러나 전쟁이 끝난 뒤에도 역부 징발을 비롯한 일본의 침탈 행위가 지속되자 한국인 사이에서 전쟁에 대한 체험이 공유되면서 일진회를 제외한 다수 식자층과 일반 민인은 일본의 침탈을 자신의 생존권을 빼앗고 경제주권을 가로막는 요인으로 파악하기 시작하였다. 여기에는 척사 유생이든 계몽주의 식자층이든 일진회를 제외한 다수의 식자층이 적극 가담하였다. 아울러 일부 민인은 활빈당 운동을 통해 일본의 경제 침탈에 맞섰으며, 나아가 의병전쟁을 통해 경제공동체 의식의 기틀을 마련해가기 시작하였다. 한국인의 전쟁 체험은 한국 내부의 갈등을 가속화하는 측면도 있었지만 다수의 공감대가 마련되는 계기를 제공하였다. 이제 대다수 한국인은 법제상, 정치상 주권국가를 상실해가고 있었으나 경제상, 심리상 근대 민족으로 결집하고 있었던 것이다.

한편, 일본은 러일전쟁 수행과정에서 청일전쟁과 달리 다수의 한국인을 물자 운송과 각종 노역에 강제 동원하는 전례를 만들었다. 군(郡) 또는 마을 단위로 역부를 차출하도록 강제하였다. 노역에 나오지 않으면 연대 책임 아래 엄벌에 처한다는 발포는 이를 단적으로 보여준다. 그리하여 일본의 이러한 행태는 일제 말 전시체제 아래에서 한국인을 강제로 연행한 역사의 원형을 보여주었다.[145]

또한 일본은 전쟁 수행과정에서 수많은 자국민을 전쟁터로 몰아넣어 많은 목숨을 앗아갔을뿐더러 엄청난 전비를 갚기 위해 자국민으로부터 대중 수탈적인 간접세를 통해 더 많은 세금을 거두어들였다. 게다가 이에 저항하는 어떠한 사회운동도 용납하지 않고 가차 없이 탄압하였다.

이처럼 러일전쟁은 대다수 한국인의 삶을 고통의 나락으로 떨어뜨리는 가운데 일본을 민주주의 체제가 아닌 천황 전제 체제로 몰아갔

145) 조경달, 앞의 책, 209쪽.

다. 이제 동아시아의 공생과 평화는 점차 멀어져갔고 갈등과 전쟁의 그림자는 점차 짙어갔던 것이다.

〈러일전쟁기 한국인의 역부 징발 대응과 전쟁 인식〉,
정재정, 도노무라 마사루 편, 《역사 화해를 위한 한일 대화 역사편》,
동북아역사재단, 2020 수정 보완

8장

김대희의 현실 인식과 일본 침략론

1. 서언

대한제국 시기는 국가가 존망의 갈림길에 있던 때였다. 그만큼 이 시기의 지식인들, 특히 일본 유학생 출신들은 그들의 학문적 기반과 현실의 괴리로 말미암아 고뇌와 혼돈이 매우 컸다. 즉 그들은 일본 유학과 계몽운동을 통해 근대 문명과 제국주의 침략이라는 외부세계의 두 얼굴을 목도하였을뿐더러 그 두 가지를 동시에 내재화하여야 하는 형국에 처하였다. 그리하여 그들은 근대 주권국가를 수립하는 과정에서 주역으로 활동할 수도 있었지만 제국주의 침략의 첨병으로 활약할 여지도 많았다.

일본 유학생 출신 대부분은 문명개화론에 기울어 있었다. 나아가 제국주의 침략을 문명화의 길로 파악하였다. 1905년 이전에는 민권(民權) 신장이라는 명분 아래 대한제국 정부를 비판하였고, 이후에는 실력 양성이라는 이름 아래 각종 계몽활동을 통해 그들의 존재조건을 재생산해갔다. 물론 1907년 고종의 강제 퇴위와 군대 해산이라는 실질적 국망 앞에 그들의 노선은 흔들렸다. 민권 신장을 통한 진보라는 명분은 사실상 종말을 고하였고 실력양성론도 그 전망이 불투명하였기 때문이다. 그러나 그들은 일본의 문명 세례로 성장하였으므로 그들의 실력양성론은 일제 침략과는 별개로 작동하였다.

반면 개신유학자(改新儒學者) 일부는 문명개화론을 대신하여 국수보전론(國粹保全論)을 내세움으로써 일제에 맞서 싸울 수 있는 사상적 근간을 확보하였다.[1] 그들의 학문적·사회적 기반은 일본 유학생과 달리 전통사회 내부에 뿌리를 두었기 때문이다. 그러나 이러한 사상적 근간은 오로지 자기 전통에 대한 성찰에서만 비롯된 것이 아니었다. 이는 근대세계에 대한 과학적 인식과 연계되어 있었다.

이러한 가운데 안국선(安國善)과 김대희(金大熙)는 일본 유학생 출신이었지만 그들 모두 본질을 인식하고 있었던 터라 제국주의 논리를 그대로 받아들이지는 않았다. 근대세계의 안국선의 경우《금수회의록(禽獸會議錄)》을 통해 제국주의 침략을 우회적으로 비판하였다. 그러나 이러한 비판 대상은 일본 제국주의라기보다는 일반적인 제국주의였고 궁극적으로는 자기 내부의 비판에 중점을 두고 있었다. 그러므로 제국주의 비판의 초점은 흐렸고 그 강도는 희석되었다.[2] 한편, 안국선과 매우 밀접한 김대희의 경우는 동일한 학문 기반과 처지에도 불구하고 일본 침략의 본질을 인식하고 침략 양상을 구체적으로 지적하였다. 이

---

1) 김태웅,《한국근대 지방재정 연구—지방재정의 개편과 지방행정의 변경》, 아카넷, 2012, 395~398쪽.

2) 학계 일반에서는《금수회의록》의 이러한 특징을 들어 안국선의 제국주의 비판의식을 강조하기도 하였다(김윤식·김현,《한국문학사》, 민음사, 1973, 248~278쪽). 반면 일각에서는 안국선의 비판 대상이 일반적인 제국주의인지, 아니면 일본 제국주의를 가리키는지 분명하지 않을 뿐 아니라 1910년 이후에는 안국선이 일제의 문명화 논리를 적극 받아들였음을 들어 학계 일반의 견해를 정면으로 비판하고 있다. 김경옥, 〈후기 신소설과 전기 신소설의 연계성—안국선의《금수회의록》과《공진회》를 중심으로〉,《외국문학》1997년 봄호, 열음사, 1997 ; 김태웅, 〈1915년 경성부 물산공진회와 일제의 정치선전〉,《서울학연구》18, 서울학연구소, 2002, 155~157쪽.

점에서 그는 문명개화 계열로 분류될 수 있을지라도 일본 인식에서는 국수보전 계열과 유사한 점이 많았다. 특히 그가 서구 사회과학 도입기에 중요한 위치를 차지할 만큼 주목할 활동을 벌였다는 점에서 그의 논설이 문명계몽 계열의 식자층에 못지않게 국수보전 계열의 식자층에게 끼친 영향은 결코 적지 않았다.[3] 그중 그가 1907년에 집필한《이십세기조선론(二十世紀朝鮮論)》은 1909년 7월 일제가 치안을 방해한다는 이유로《월남망국사(越南亡國史)》,《금수회의록》등과 함께 발매 반포를 금지할 정도였다.[4]

이 글은 대한제국기 김대희의 현실 인식과 일본 침략론을 검토함으로써 이 시기 계몽운동 내부에서 분화하는 여러 계열의 사상적 연계와 이론적 기반을 시론적이나마 구명하고자 한다. 특히 김대희가 1907년을 기점으로 대두하는 국수보전 계열의 현실 인식과 사상적·이론적 모색에 어떻게 영향을 끼쳤는지에 중점을 두었다. 따라서 이 작업이 소기대로 이루어진다면 김대희가 일본 유학생 출신이라는 태생적 한계에 갇히지 않고 이 시기 계몽운동의 새로운 활로에 실마리를 만들어 주는 과정을 추적할 수 있을 것이다.

2. 문명개화와 국가 교제의 갈등

김대희는 1878년 경기도 과천현 하북면(下北面) 신촌분리(新村分里, 현재 노량진)에서 김석집(金奭集)의 장남으로 태어났다. 그는 가정 수학을 마

3) 이기준,《한말서구경제학도입사연구》, 일조각, 1985, 248~278쪽.

4) 《관보》, 융희 3년 5월 7일, '내부 고시 제27호.'

친 뒤 1895년 5월 열일곱 살에 관비 유학생으로 발탁되어 일본의 게이오의숙(慶應義塾)에 입학하였고 이듬해 보통과를 졸업하였다.[5] 이때 그는 간첨(幹籤)을 맡아 학생 간부로 활동하기도 하였다.[6] 이어서 1897년에 사립도쿄상업학교에 입학하였다. 그곳에서 한진용(韓震用)과 함께 상업학을 전공하였고 1900년 3월에 졸업하였다.[7] 이 점에서 그의 학문적 소양이 일본 유학 기간에 구축되었음을 확인할 수 있다. 특히 어린 나이에 일본에 유학하여 서양 학문을 접하였다는 점에서 그는 자기 내부의 지적 전통보다는 서양 학문에 깊이 경사되었을 것이다.

그는 곧이어 귀국하여 한성학교(漢城學校)의 후신인 낙영학교(樂英學校) 교사로 근무하였다.[8] 만일 아관파천으로 김홍집 내각이 무너지지 않았다면 그는 귀국 후 곧바로 관직에 나아갔을 것이다.[9] 그러나 정부의 관비 유학생 감시가 심해지고, 심지어 1897년에는 소환령까지 내려진 상태에서 이를 따르지 않고 학업에 임하였던 터라 교직에 자리를 잡은 것도 무척 운이 좋은 편이라 하겠다.

그러나 러일전쟁 발발 직후인 1904년 12월 농상학교(農商學校) 교관으로 전임하여 근무하다가[10] 1906년 8월에 의원 면관되었다.[11] 그러나

---

5) 김대희의 약력은 주로 이기준, 앞의 책, 248~251쪽; 안용식, 《대한제국관료사연구 Ⅲ》, 연세대학교 사회과학연구소, 1995; 《대한제국관료사연구 Ⅳ》, 연세대학교 사회과학연구소, 1996에 의거하였다. 다만 자료 부족으로 그의 가계 내력에 대해서는 확인할 수 없었다. 그 밖에 갑오개혁기 도일(渡日) 유학생에 관해서는 마스타니 유이치, 〈갑오개혁기 도일유학생 파견정책과 유학생 출신의 사회진출〉, 고려대학교 석사학위논문, 2012 참조.

6) 차배근, 《개화기일본유학생들의 언론출판활동연구 I 1884~1898》, 서울대학교출판부, 2000, 180쪽.

7) 《친목회회보(親睦會會報)》 5, 〈친목회일기(親睦會日記)〉, 1894년 1월 17일; 외부, 《학부거래문(學部去來文)》 9(규 17798), 광무 4년 8월 8일; 외부, 《학부거래문》 11(규 17798), 광무 8년 9월 5일.

8) "廣告", 《황성신문》, 1900년 10월 27일자.

9) 이에 관해서는 박찬승, 〈1890년대 후반 도일 유학생의 현실 인식—유학생 친목회를 중심으로〉, 《역사와 현실》 31, 1999, 한국역사연구회, 150~151쪽 참조.

당시 면관되는 사정과 농상학교 학생들의 청원에 따르면 그의 뜻에 따라 면관되지 않은 것으로 보인다.[12)] 당시 김대희는 부득이한 사정으로 강의 시각을 조정해달라고 하였으나 일본인 교장은 그를 공사 구분도 하지 못하는 인물로 매도하며 면직하였던 것이다. 당시 일본은 대한제국의 상업 경쟁력을 약화하기 위해 상과를 폐과하려던 차에 한국인 학생들에게 근대 상업 교과 전수에 힘을 기울였던 그를 물러나게 한 것이었다.[13)] 이후 농상공학교의 상과를 대신하여 1907년 오쿠라 기하치로(大倉喜八郎)가 설립한 선린상업학교로 대체되었다.[14)] 또한 그는 1906년 12월에 농상공부 기수(技手)로 임명되었지만[15)] 얼마 안 되어 그 직책을 그만두고 보성관(普成館) 번역원(飜譯員)으로서 경제학 관련 서적을 번역하거나 집필하였다. 이어서 광신상업학교(廣信商業學校) 교사와 대동상회(大東商會) 이사를 지내기도 하였다.[16)] 교단에 몸담고 있으면서도 상업활동을 시작한 것이다. 특히 광신상업학교는 서울 내외 객주들이 주도하여 설립한 광신교역회사(廣信交易會社)와 밀접하였으며 김대희는 이 학교를 설립하는 데 힘을 보탰다.[17)] 아울러 대동상회의 이사를 맡은 가운데 보성전문학교의 월간지 《야뢰(夜雷)》 간행에 오영근(吳泳

10) 《관보》, 광무 8년 12월 31일; 의정부, 《조회(照會)》 2-4(규 17823), 광무 8년 9월 7일; 의정부, 《조회》 2-7(규 17823), 광무 9년 5월 4일.

11) 《관보》, 광무 10년 9월 24일; "敍任及辭令", 《대한매일신보》, 1906년 9월 25일자.

12) "상업학도청원", 《황성신문》, 1906년 4월 18일자; "상업과공폐", 《대한매일신보》, 1906년 4월 19일자.

13) 국립서울대학교 개학 반세기역사편찬위원회, 《국립서울대학교 개학 반세기사 1895~1946》, 서울대학교·서울대학교총동창회, 2016, 337~339쪽.

14) "善隣設校", 《대한매일신보》, 1907년 3월 15일자; "農付善隣", 《대한매일신보》, 1907년 3월 20일자; "商校認許", 《황성신문》, 1907년 3월 30일자; "善隣商業學校", 《황성신문》, 1907년 4월 1일자; "商校科目", 《황성신문》, 1908년 2월 27일자.

15) 농상공부, 《농상공부거첩존안(農商工部去牒存案)》 10(규 18152), 광무 10년 12월 15일.

16) "廣告", 《황성신문》, 1906년 12월 25일자; "大東刊誌", 《대한매일신보》, 1907년 1월 12일자; "商計活動", 《대한매일신보》, 1907년 2월 6일자; "大東商會", 《황성신문》, 1907년 2월 6일자.

根)·유문상(劉文相)·현공렴(玄公濂)과 함께 관여하였다.[18] 이 잡지는 창간호가 남아 있지 않지만 해학 이기의 "야뢰보서(夜雷報序)", 광고와 이후 간행물에 따르면 국권 회복에 기여하기 위해 상공업과 과학기술 위주로 하되 국민계몽에 역점을 두었다.[19] 또 그는 1909년 부기일어전습소(簿記日語傳習所)를 차려 후학 양성에 힘을 기울였다.[20]

한편, 1907년 2월 김대희는 국채보상운동 기성회 발기인으로 참여하였다.[21] 수전소(收錢所) 중에는《야뢰》를 발간하였던 보성관 내 야뢰보관(夜雷報館)이 있었다.[22] 이때 그는 국채보상운동과 함께 여자교육회 등 각종 계몽단체에서 강연 등으로 분주한 나날을 보냈다.[23] 그리고 1910년 6월 30일 학부 편집관 보(編輯官補)로 들어갔다가 1910년 7월 주사로 승진한 뒤 8월 경술국치를 맞이하였다.[24] 그즈음《신찬농업교과서(新撰農業教科書)》를 일본인들과 함께 편찬하였다.[25] 그러나 1911년 4월 보성전문학교 강사로 상업학을 강의한 것으로 보아 그사이에 관직을 그만둔 것으로 보인다. 이후 그의 행적은 확인할 수 없다. 이미 그는 1909년 4월 통감부의 감시를 받으며 "국정(國情)에 관해 매우 강개(慷慨)하였던

---

17) "商學起發",《대한매일신보》, 1906년 11월 20일자;"商校廷社",《황성신문》, 1906년 12월 3일자;"教師廷聘",《황성신문》, 1906년 12월 6일자;"광신교소식",《대한매일신보》, 1906년 12월 8일자. 광신교역회사에 관해서는 전우용,《한국 회사의 탄생》, 서울대학교출판문화원, 2011, 142, 193, 201, 262, 275쪽 참조.

18) "雜誌發刊",《대한매일신보》, 1907년 1월 31일자.

19) 이기, "야뢰보서",《해학유서(海鶴遺書)》;"夜雷始發",《대한매일신보》, 1907년 2월 6일자;"夜雷報新刊廣告",《황성신문》, 1907년 2월 8일자.

20) "學員募集廣告",《황성신문》, 1909년 2월 20일자.

21) "국채보상기성회취지서",《황성신문》, 1907년 2월 25일자.

22) 앞과 같음.

23) "女會討論",《대한매일신보》, 1907년 3월 20일자.

24) 안용식,《대한제국관료사연구 IV》, 1996, 35쪽;"三氏陞等",《대한매일신보》, 1910년 7월 2일자.

25) 福島百歳·押切祐作·김대희,《신찬농업교과서》, 동문서림, 1911.

자"로 파악되고 있었고 이는 그가 조선총독부 관료로 들어가지 못한 이유이지 않았을까 추정된다.[26] 그의 국채보상운동 경험과 계몽운동은 이를 잘 보여준다.

김대희의 이러한 이력은 안국선과 비교된다. 즉 안국선이 한때 항일 성향이 강한 보성관 번역원으로 근무하던 1907년경에 김대희도 안국선과 함께 근무하며 서적을 번역하였다. 그러나 이후에는 안국선이 재정 관리로 활약한 뒤 드디어 일제 아래에서 청도군수를 지낸 반면, 김대희는 그러하지 않았다.[27] 그는 주로 강단과 저술활동을 통해 그의 이념을 전파하고자 하였다. 그리하여 여기저기에서 그의 글을 찾아볼 수 있다. 대표 저술로는 고종 퇴위와 군대 해산 직후인 1907년 9월에 발간된 《이십세기조선론》과 함께 《상업범론(商業汎論)》, 《응용상업부기학(應用商業簿記學)》 등을 들 수 있다.[28] 그 밖에도 각종 잡지에 글을 발표하였으며 강연활동을 벌였다.[29]

김대희의 현실 인식론은 《이십세기조선론》에 집중적으로 나온다. 이 책의 발간 시점은 1907년 9월로 고종의 강제 퇴위가 이루어진 뒤였다. 그렇다면 김대희는 을사늑약을 겪고 고종의 강제 퇴위를 앞두고 이 책을 집필한 셈이었다. 그만큼 그의 현실 인식을 잘 보여주고 있다.

---

26) 《통감부문서》 6권, 일(一). 헌병대기밀보고(憲兵隊機密報告), (253) '김대희의 《이십세기조선론》 기고 정보 건.'(1909년 4월 9일)

27) 안국선의 이력에 관해서는 최기영, 〈안국선(1879~1926)의 생애와 계몽사상 상·하〉, 《한국학보》 63·64, 일지사, 1991 참조.

28) 김대희, 《이십세기조선론》, 최병옥(발행자), 1907 ; 《상업범론》, 보성관, 1907 ; 《응용상업부기학》, 의진사, 1909.

29) "勸告于商業會議所實業家諸君", 《야뢰》 1-1, 1907 ; "勸告于商業會議所實業家諸君(二)", 《야뢰》 1-2, 1907 ; "大韓의 進步", 《야뢰》 1-6, 1907 ; "韓日交際及其將來", 《야뢰》 1-6, 1907 ; "國力", 《대동학회월보(大同學會月報)》 3, 1908 ; "庶民銀行設立必要", 《기호학회월보(畿湖學會月報)》 11, 1909. 이에 관해서는 이행훈, 〈문헌해제, 김대희, 《이십세기조선론》〉, 《개념과 소통》 14, 한림과학원, 2014 참조.

그의 현실 인식을 뒷받침하는 근간은 사회진화론이다.[30] 이 시기 대부분의 지식인이 수용하였던 핵심 이론은 '우승열패(優勝劣敗)'와 '약육강식(弱肉强食)'에 관한 것이었다. 김대희의 경우도 마찬가지였다.[31] 또한 이는 국가유기체설(國家有機體說)과 결합되어 있다.[32] 즉 김대희도 "인역유기체(人亦有機體)요, 국가역유기체(國家亦有機體)로되"라는 전제 아래[33] 이 시기 지식인들과 마찬가지로 경쟁의 주체를 국가로 보고 있다. 개인의 자유보다는 국가의 자존이 더 중요한 문제였다. 그래서《이십세기조선론》은 국가를 중심으로 펼쳐지고 있다.

그는 국가의 요소를 토지, 인민, 군주(君主)로 파악하고 있다.[34] 이러한 파악은 여타 문명개화론자들과 달랐다. 이들은 군주 대신 주권을 설정한 데 반해[35] 김대희는 주권 대신 군주로 파악한 셈이다. 이러한 인식은 일제의 침략 앞에 주권의 구체적인 인격을 군주라고 파악하였을뿐더러 전제군주제를 인정하려 하였던 것으로 보인다. 이는 문명개화론자들이 늘 강조하는 민권의 성장, 입헌군주제의 실현과 거리를 둔 것이다.[36] 또 국가의 기원을 약육강식의 논리로 파악하여 국가의 명

30) 이 시기 사회진화론의 수용과 영향에 관해서는 이광린, 〈구한말 진화론의 수용과 영향〉,《세림한국학논총》1, 세림장학회, 1977 참조

31) 사회진화론의 영향이《이십세기조선론》곳곳에서 보인다.

32) 국가유기체론의 수용과정과 영향에 관해서는 박성진,《사회진화론과 식민지사회사상》, 선인, 2003, 72~73쪽 참조.

33) 김대희,《이십세기조선론》, 2쪽.

34) 앞의 책, 1쪽.

35) "國家의 槪念",《서북학회월보》16, 서북학회, 1908.

36) 그의 정체론은 직접 확인할 수 없다. 다만 그가 "君은 臣民을 赤子와 如히 愛ᄒᆞ고 臣民은 君國을 其家其父와 如히 敬ᄒᆞ야 君臣이 盡義然後에 其國이 保全ᄒᆞᆯ 것이어ᄂᆞᆯ"이라 하여 전통적 군신관에 기대고 있다(김대희,《이십세기조선론》, 57쪽). 이에 반해 대부분의 문명개화론자는 전제군주제를 압제의 제도로 보는 한편, 입헌군주제를 문명의 제도로 보았다. 김도형,《대한제국기의 정치사상연구》, 지식산업사, 1994, 95~108쪽; 정숭교, 〈한말 민권론의 전개와 국수론의 대두〉, 서울대학교 대학원 박사학위논문, 2004, 63~69쪽.

수(命數), 즉 장단은 자기 동작 여하에 달려 있다고 설명하고 있다.[37] 그러나 여기에는 진보하지 않으면 멸망한다는 전제가 깔려 있다.[38]

그러면 그는 진보를 어떻게 인식하고 있는가. 우선 국가는 형체와 정신으로 구성되어 있는데, 이를 조성·운전하는 주체는 국민이라는 점을 강조하고 있다.[39] 즉 국가 성쇠는 국민 전통(全統)의 체력과 정신력이 관건이었다. 그렇다면 국민의 체력과 정신력을 진보, 발달하게 한 원인은 무엇일까. 그는 국가가 개인의 집합체라는 점에서 개인이 그의 사회활동력과 경쟁심에 따라 진보하듯이 국가도 외국과의 교제와 국민 간의 경쟁을 통해 발전하고 있음을 언급하고 있다.[40]

여기서 그의 독특한 논리인 '교육적 교제(交際)'가 보인다.[41] 즉 교제의 필요성을 강조하면서도 외국과 무조건적으로 교제하는 방식을 거부한다. 특히 조선 같은 약자가 강자와 교제할 때 매우 신중히 접근할 것을 강조한다.

> 국민이 유치하여 진보치 못함에 우등민족과 과도히 교제할진댄 국민 발육이 오히려 퇴보하고 국가경제는 대단히 난(亂)해지며 하나도 이익은 그에게 빼앗기고 둘도 그 이익을 빼앗긴다.[42]

한마디로 우등민족과의 과도한 교제는 국민교육의 퇴보와 국가경제의 교란을 야기한다는 것이다. 그리하여 교제 범위의 광협과 거류 외

---

37) 김대희, 《이십세기조선론》, 1~3쪽.

38) 앞의 책, 4쪽.

39) 앞의 책, 6쪽.

40) 앞의 책, 7쪽.

41) 앞의 책, 22~23쪽.

42) 앞의 책, 11쪽.

인의 허여한 권리 등은 그 나라 그때에 따라 정할 것을 주장하였다.[43] 치외법권과 거류 조계지 문제를 인식하고 있었던 셈이다. 이 점에서 일반적인 문명개화론자와 인식을 달리하였다. 그에게 국가 존립의 비결은 세계 만국의 형세를 살피고 그 방향을 명백히 하며 그 동정으로 말미암아 진퇴 거취를 정하고 변환출몰(變幻出沒)하여야 할 것이었다.

또한 세계사에서 각국의 교제를 유형별로 나누어 교제의 이익과 손해를 논하였다.[44] 그의 주장에 따르면 유럽 국가 간의 국가 교제 및 유럽 국가와 아시아, 아프리카 국가 간의 교제는 매우 다르다. 즉 전자의 경우는 호상 경쟁, 호상 이익, 호상 진보였지만 후자의 경우는 약소국의 멸망을 예고하는 것이었다. 그리고 그 원인으로 과도한 교제를 언급하였다. 그 예로 하와이의 인구 감소와 국가 멸망을 들고 있다. 또한 이는 다른 약소국에만 국한되는 것이 아니라 바로 조선의 경우에도 해당함을 덧붙이고 있다. 일종의 망국론을 주장한 셈이다. 이러한 주장은 국수보전 계열에서는 보이지만 문명개화 계열에서는 좀처럼 찾기 힘든 논리다. 문명개화 계열의 대표 인사라 할 이승만(李承晩)의 경우 통교로 인한 통상도 피차에 이익이 될 것이라 하여 적극적인 교제론·통상론을 주장하였다.[45]

그 밖에 이러한 논리에서 김대희는 이집트의 멸망을 들고 있다.[46] 이 경우에도 과도한 교제와 왕의 무능, 잘못된 정책을 꼽고 있다. 그중 수에즈운하의 무리한 개발, 철도·전선의 대공사를 빼놓지 않고 있다. 결

43) 앞의 책, 11쪽.

44) 김대희, 《이십세기조선론》, 12~27쪽.

45) 이승만, 《독립정신》, 1910(활문사, 1946), 300~301쪽. 이에 관해서는 김도형, 앞의 책, 77~78쪽 참조.

46) 김대희, 《이십세기조선론》, 37~50쪽.

국 이러한 사업이 외채 누적에 따른 재정 적자를 이끌어 국가의 쇠망을 가져왔다는 것이다. 그는 이러한 사업의 문제점을 다음과 같이 지적하고 있다.

> 이러한 개발사업은 모두 국리국익을 증진하는 것이로되 이들 사업은 주(走)함에도 반드시 그 나라의 지형과 상공업의 형편 등을 상세히 심찰(審察)하여야 한다.[47]

그에 따르면 운하 개발, 철도부설, 전신 가설 등의 사업에 앞서 자기 사회의 조건과 국내 산업의 형편을 고려하였어야 한다는 논리다. 또한 외채 위험과 함께 영사 재판권 등이 이집트를 멸망시킨 원인이라고 보았다. 요컨대 이집트 멸망의 원인을 국왕과 국민이 구주문화에 취혹하여 '문명의 노예'가 된 데서 찾고 있다. 또한 이집트의 경우를 우리에게 적용하여 "우리나라가 금일 외국인의 해독을 받아 장래 일이 어떻게 변천할지 가히 알 수 있다"라고 할 정도였다. 특히 이 점에서 여타 문명개화론자와는 확실히 다른 노선을 견지하고 있는 셈이다.

물론 김대희도 멸망의 원인을 제국주의에게만 돌리지 않는다. 인도의 경우를 예로 들며 왕조의 쇠퇴, 제후의 내홍, 국민의 유약 등을 제시하고 있다.[48] 그리고 그 근저에는 언어 풍속의 다양, 기후의 극렬과 토지의 풍요, 카스트제도가 도사리고 있음을 강조하였다.

이러한 현실 인식은 조선의 경우 매우 복잡한 양상을 띠고 있다. 즉 조선은 개항 이전에 망국의 요소를 이미 지니고 있었다는 점을 강조하

47) 앞의 책, 47쪽.

48) 앞의 책, 27~37쪽.

고 있다. 우선 동방 끝에 있는 소소한 영토라는 지리적 불리함을 논급하면서 그 원인을 조선이 중국 및 일본과 교제가 매우 적은 데서 찾았다.[49] 그것은 조선왕조 개창 이래 타국과 교제가 매우 적었음을 지적하는 말이다. 그리고 정부의 무능력과 국민의 국가의식(國家意識) 부재를 신랄하게 비판하였다.[50] 오로지 중국에 대한 사대의식(事大意識)에 사로잡혔다는 것이다. 또한 교육의 부재도 말하고 있다.[51] 한마디로 고담준론(高談峻論)과 시작송서(作詩誦書)에 지나지 않은 셈이다. 아울러 국민의 성질이 천혜의 풍부와 양반의 토호, 도적의 횡행으로 나태해졌다는 점을 주장하였다.[52] 그러면서도 공예의 발달과 농상의 발달을 들어 조선 사회가 절대적으로 정체된 것이 아니라는 점을 강조하였다.[53] 오히려 지배층의 착취를 주목하였다. 그 밖에 사회의 부패를 들었다.[54]

하지만 그는 개화의 폐해도 언급하였다.[55] 가령 평등주의와 자유주의를 모범으로 삼아 외국 궐련초를 핀다거나 빈천자(貧賤者)가 부귀자(富貴者)를 능욕 경멸하며 치부(致富)는 협잡을 통해서 한다는 것이다. 또 외국어를 아는 자는 자국의 단점을 자세히 주달하여 외인의 호의를 얻으려 한다는 점이다. 그러나 이러한 현상은 민인을 계몽하여야 한다는 논리를 변화시키지는 않는다. 오히려 그에게 보이는 민인은 망국을 초래하는 존재였기 때문에 민인은 여전히 계몽의 대상인 셈이다.

---

49) 앞의 책, 51~52쪽.

50) 앞의 책, 52~53쪽.

51) 앞의 책, 53~54쪽.

52) 앞의 책, 55~56쪽.

53) 이러한 지적은 1908년 4월 《대동학회월보》에 실린 "국력(國力)"에도 보인다(《대동학회월보》 3, 대동학회, 1908).

54) 김대희, 《이십세기조선론》, 56~60쪽.

55) 앞의 책, 58~60쪽.

그러므로 그도 문명개화론자와 마찬가지로 실력양성론을 유일한 방법으로 보았다. 물론 그 역시 폭동을 전면 부인하지는 않는다. 그러나 그는 제일 먼저 실업에 힘쓰고 다음으로 교육에 힘씀으로써 국가 실력과 국민정신이 완전한 후에 제3의 수단으로 폭력을 쓸 수 있음을 언급하였다.[56] 이러한 지적은 여타 문명개화론자들이 폭력 자체를 전면 부인할 뿐 아니라 의병운동을 적극 진압하여야 한다는 주장과 비교할 때 독특한 점이다.[57] 그러나 그 역시 폭동이 최후 수단이라고 강조한다는 점에서 폭동을 현실적인 방안으로 생각하지 않았다. 그래서 그는 막연하지만 국민의 정신 배양을 강조할 수밖에 없었다. 예컨대 약육강식의 국제질서에 비추어 헤이그 특사 사건을 비판하면서 그는 다음과 같이 단언하고 있다.

> 금일 國權이 無홈에 至홈은 決코 日本을 怨恨할 것이 아니라 其罪ㄱ 我國民 無精神혼딕 在호니 自由를 得려호랴거던 精神을 培養홈이 第一上策이라 호노라.[58]

그는 국권 상실의 원인을 국민정신의 부재에서 찾기 때문에 국권 회복의 길은 국민정신의 배양에서 나온다고 보았던 것이다. 이처럼 그는 제국주의 근대질서를 그대로 용인하는 가운데 실력 양성을 통한 국권 회복을 강조하였다. 그러나 일본 침략을 문명화과정으로 인식하는 동시에 국가 생존의 위협으로 간주하였음도 주목하여야 할 점이다.

---

56) 앞의 책, 62~63쪽. "愚者의 動은 敏者의 利가 되ᄂ니 一便에 利되면 一便에 害됨은 天理之定數라 政治外交上 暴動을 勿論ᄒ고 動은 皆害니 實力믄 養ᄒ면 國權은 自然 回復이오 暴動도 實力이 有ᄒ야 能成ᄒᄂ니라."

57) 이에 관해서는 김도형, 앞의 책, 88~94쪽.

58) 김대희, 《이십세기조선론》, 63~64쪽.

3. 일본 침략론

김대희는 이처럼 여타 문명개화론자와 달리 일본의 침략을 문명개화로만 보지 않았다. 그 자신이 경제학자인데다 침탈의 실상을 누구보다 잘 알고 있었기 때문이다. 이러한 인식은 일본 유학 시절에 이미 보였다. 그가 쓴 글은 아니지만 유학생 학우회 회장을 지냈고 1906년 인쇄소 보성사를 설립한 신해영(申海永)은 일본의 조선 침략을 다음과 같이 우려하였다.[59]

> 某國(일본을 가리킴—인용자)이 壬辰後에 啀怨을 抱臧ᄒᆞᄃᆞ가 二十三年前에 時局을 先覺ᄒᆞ고 通商條約을 叵結맺ᄒᆞ되 三港口로 爲始ᄒᆞ야 漁獵의 産利와 米穀의 貿易을 專橫ᄒᆞ고 沿海測線을 恣意로 ᄒᆞ며 政略兵權으로 兩度着手ᄒᆞᄃᆞ가 失敗ᄒᆞᆫ 후 現今 政閣으로 主唱ᄒᆞ야 貨幣를 通用輸送ᄒᆞ며 京釜鐵道를 準備企待ᄒᆞ고, 內地雜居를 無限要求ᄒᆞ야 全國財政을 囁竭ᄒᆞ려ᄒᆞ며, 英이 東洋을 墻壁으로 認顧ᄒᆞᄂᆞᆫ 勢를 挾ᄒᆞ야 把臂協論ᄒᆞ고…….[60]

그는 사회진화론에 경사되었음에도 불구하고 세계정세와 일본의 침략정책을 인식하고 있었던 것이다. 따라서 김대희도 이러한 인식 기반 위에서 일본의 침략을 과학적으로 분석하여 그 피해를 우려하고 있었다. 더욱이 이러한 인식에도 불구하고 1905년 이후에는 사회진화론의 한계에 부딪쳐 일본 유학생 출신 중 대부분이 친일 관료로서 일신의

---

59) 신해영은 같은 유학생 출신인 조제환과 함께 중서동에 보성사를 설립하였다("普社設置", 《황성신문》, 1906년 7월 9일자). 신해영의 이력과 활동에 관해서는 박찬승, 앞의 글; 김소영, 〈대한제국기 '국민'형성론과 통합론 연구〉, 고려대학교 박사학위논문, 2010, 150쪽 참조.

60) 신해영, "환성옹의 담"(변화 본질의 사대 중요), 《친목회회보(親睦會會報)》 5, 대조선일본유학생친목회, 1897.

영달을 꾀하였던 반면,[61] 김대희는 다른 일본 유학생 출신들과 달리 그의 견해를 고수한 채 이후에도 일본 침략론을 견지하였다.

우선 그는 일본의 문명 발달 연원을 다음과 같이 파악하였다.

> 日本은 本來 四十年前에는 社會가 進步치 못ᄒᆞ야 三綱五倫을 不知ᄒᆞ고 物質的 文明도 皆是我國으로 學得ᄒᆞᆫ 者이로되 其程度가 甚히 卑低ᄒᆞ야 但只 武氣ᄆᆞᆫ 崇尙ᄒᆞ던 野蠻國이러니 歐洲와 交通ᄒᆞᆫ 後 長足의 進步ᄅᆞᆯ 致ᄒᆞ야 今日 極東天地에서 傍若無人ᄒᆞ야 征淸攻俄에 兩得勝戰ᄒᆞ매 我上에 何人이 在ᄒᆞ랴 ᄒᆞ고 自稱爲之一等國이라 ᄒᆞ며 揚揚自得ᄒᆞ야 十手所指와 十目所視ᄅᆞᆯ 喩昧不知ᄒᆞᄂᆞᆫ 國이라.[62]

일본의 문명개화가 일본 고유의 내재에 있기보다는 구주(歐洲)와 접촉하여 진보한 결과로 보고 있다. 이어서 일본의 전근대 역사를 다음과 같이 부연 설명하고 있다.

> 大蓋 日本國은 亞細亞洲東端海中에 位在ᄒᆞᆫ 島國으로 昔日 交通의 便이 未開ᄒᆞ얏실 時에 連陸ᄒᆞᆫ 朝鮮도 淸國文明에 不及ᄒᆞ얏거던 況乎絶陸ᄒᆞᆫ 島國에 文明이 傳入ᄒᆞ얏시랴 學術技藝 其他 百般의 事業制度ᄅᆞᆯ 皆我로 學得ᄒᆞ고 皆我의 紹介ᄅᆞᆯ 因ᄒᆞ얏시ᄂᆞ 交通往來가 甚히 稀少ᄒᆞ야 交際的 敎育을 受ᄒᆞᆷ이 我國보다도 至小ᄒᆞ고 其亦 日本國土가 廣大ᄒᆞ얏더면 其中에서 交際競爭이 生ᄒᆞ야 進步가 不少ᄒᆞ고 또ᄒᆞᆫ 早速ᄒᆞ얏실 것을 此亦 不能ᄒᆞ고 兼ᄒᆞ야 人類ᄂᆞᆫ 靈物이라 自然으로 發達ᄒᆞ야 北은 陸奧로 西ᄂᆞᆫ 九州

---

61) 박찬승, 앞의 글, 154쪽.

62) 김대희, 《이십세기조선론》, 89~90쪽.

에 至ᄒᆞ기까지 人煙이 切斷ᄒᆞᆫ 處가 稀少ᄒᆞ고 交通도 漸開ᄒᆞ야 文化가 進步ᄒᆞ랴 ᄒᆞᆯ 時에 鎌倉의 封建時代로 되야 士農工商의 區別을 立ᄒᆞ고 階級制度ᄅᆞᆯ 設ᄒᆞ야 人民의 希望心을 抑壓ᄒᆞ고 競爭心을 感却ᄒᆞᆯ뿐더러 武族이 四方에 割據ᄒᆞ야 交通通商을 妨害ᄒᆞᆷ이 實로 多ᄒᆞ야 測量키 難ᄒᆞ도다.[63]

일본이 전근대에는 조선에 비해 결코 앞서지 않았다는 것을 강조하고 있다. 즉 그는 일본에 대한 절대적 열등감에 매몰되지 않았다. 오히려 그는 이러한 기반 위에서 우리를 보호하는 일본국을 넘어서 우리의 자유를 압탈(押奪)하는 일본국, 아국(我國) 동포(同胞)와 민족을 장차 진멸(盡滅)하게 할 일본국으로 인식하였다.[64]

당시 문명개화론자의 대표인 이승만과 국수보전론자의 대표인 신채호의 경우를 보자. 우선 이승만의 일본관은 다음과 같다.

외국인을 원수갓치 역임이 제일 위태한 것이니 이는 어두운 백성들이 항상 까닭업시 남을 미워하는 폐단이라. …… 당초에 천주교인을 업시하려다가 병인양요를 만들엇고, 갑신임오에도 일본인을 몰아내려다가 란리를 일으켜 큰 화를 당하엿으며, 갑오년에 동학이 일허나 외국인을 몰아낸다하다가 동양이 대란하게 만들엇나니…….[65]

이승만은 제국주의 침략 자체를 문명화의 중요 수단으로 인식하고 있었던 셈이다. 반면 1908년에 보인 신채호의 일본관은 이와 달랐다.

---

63) 앞의 책, 89~90쪽.

64) 앞의 책, 90쪽.

65) 이승만, 앞의 책, 300~301쪽.

當日俄開戰之始ᄒᆞ여 日皇陛下의 宣戰詔勅과 外務大臣의 公布列國ᄒᆞᆫ 文字가 豈不曰擁護韓國之獨立에셔 保全韓國之疆土乎아 終乃 韓國之獨立이 變改ᄒᆞ야 保護를 受ᄒᆞ얏고 疆土保全이 無效ᄒᆞ야 侵佔을 多被ᄒᆞ얏스되…….[66)]

신채호는 일본의 침략을 보호와 문명화로 인식하지 않고 한국의 독립을 변개하고 강토를 빼앗는 행위로 보았다. 이 점에서 김대희의 이러한 일본관은 여타 문명개화론자와 완전히 궤를 달리함으로써 이후에 대두할 국수보전론자의 일본관에 가까웠다.

이어서 그는 일본의 침략을 구체적인 예를 들어 하나하나 폭로하고 비판하였다. 우선 은행의 경우다.

銀行이른 者ᄂᆞᆫ 資本金融上에 唯一의 機關이 되야 金錢의 集散ᄒᆞᄂᆞᆫ 場이라 …… 然而第一銀行으로 言ᄒᆞ면 韓國中央金庫의 任을 當ᄒᆞ야 無邊으로 使用ᄒᆞ며 新貨鑄造權과 紙幣發行權을 有ᄒᆞ고 我韓國經濟上에 無上의 最要地位에 占在ᄒᆞ얏시니 我韓全國經濟金融上 諸般事ᄂᆞᆫ 盡皆第一銀行에 繫ᄒᆞ얏고.[67)]

은행이 오로지 일본 상인의 은행으로서 조선의 경제와 금융을 완전히 장악하였음을 보여주고 있다. 그는 제일은행의 본질을 인식하고 일제가 어떻게 조선의 경제와 금융을 장악해 들어왔는가를 파악하였던 것이다.

66) 신채호, 논설 "東洋主義에 대한 批評", 《대한매일신보》, 1908년 8월 8~10일자.

67) 김대희, 《이십세기조선론》, 95~96쪽.

또 철도의 경우 문명화의 수단보다는 침략의 수단으로 이용되고 있음을 인식하였다.

> 鐵道ᄂᆞᆫ 交通上에 至大한 效力이 有ᄒᆞ야 一國文運에 非常ᄒᆞᆫ 利益을 與ᄒᆞ거마ᄂᆞᆫ 我國에 日本人이 敷設ᄒᆞᆫ 鐵道로 見ᄒᆞ면 停車場基地로 擴大ᄒᆞᆫ 土地ᄅᆞᆯ 占領ᄒᆞ고 地價ᄂᆞᆫ 時勢보다 至小히 與ᄒᆞ야 其地主ᄂᆞᆫ 自來의 生活이 一朝에 困窮ᄒᆞ야 其形이 可憐이요 鐵路沿邊도 亦然ᄒᆞ야 取土ᄒᆞᆫ다 ᄒᆞ고 人民의 田土ᄅᆞᆯ 任意로 取用ᄒᆞ야 其田畓을 無用케 ᄒᆞ며 或村民의 家에 突入驚人ᄒᆞ며 近處 樹木은 任意折取ᄒᆞ고 或有些少犯罪者면 不以相當法律處之ᄒᆞ고 直以棒杖으로 打如禽獸ᄒᆞ야 見其幾死然後에야 快而笑止ᄒᆞ고 視若仇讎ᄒᆞ니 他國의 來ᄒᆞ야 打其主人이 開明人之所爲乎아.[68]

김대희는 철도가 자본주의 문명사회에서 지니는 의미를 인식하고 있었는데 일본의 철도부설이 조선 사회에 미치는 악영향을 냉철히 분석하였던 것이다. 특히 일본의 철도부설에 따른 침략 행위를 "타국이 들어와 그 주인을 때리니 개명인이 할 바가 아니다"라고 신랄히 비난하였다. 그래서 그는 철도를 "일본에ᄂᆞᆫ 勢力線이오 조선에ᄂᆞᆫ 亡國線"이라 하였다.[69] 그리고 이러한 행위를 "40년 전 野蠻의 本性이 발현한 것"이라 하여 일본 침략 자체를 야만으로 보았다.[70] 그 밖에 군용지의 폐단, 경무(警務)의 실태 및 조일무역의 문제점을 낱낱이 고발하였다.[71]

나아가 김대희는 일본과 교제하지 않았어야 하였다고 강조하기도

---

68) 앞의 책, 96쪽.

69) 앞의 책, 97쪽.

70) 앞의 책, 96쪽

71) 앞의 책, 98~105쪽.

하였다.[72] 왜냐하면 일본과 통상조약을 맺음으로써 일본은 진보가 빨라지고 우리는 퇴보하게 되었으며, 결국은 신조약이니 신신조약이 나왔다고 판단하였기 때문이다. 이러한 인식은 일본과의 교제를 통해 따라가려 하였던 문명개화론자와 다르다 하겠다. 즉 독립협회 인사들과 어용선(魚瑢善), 오성모(吳聖模) 같은 유학생 출신들을 비롯한 문명개화론자들이 자유주의 개방경제론에 입각하여 외국과 무조건으로 교제하는 방식을 강조하였던 데 반해,[73] 김대희는 이러한 교제의 본질을 인식하고 문명개화론자의 자유주의 외교통상정책을 반대하였던 것이다. 그것은 그가 당시 일본 경제학계에 영향을 끼쳤던 독일 역사학파의 국민주의 경제학에 영향을 받은 것으로 보인다.[74]

물론 김대희는 국가의 위기를 야기한 원인을 일본에게서만 찾지 않았다. 교육의 부재, 사회의 부패, 국민정신의 나태 등 우리 내부의 역량을 문제삼았다.[75] 그러나 그는 일본의 침략을 보호무역론의 관점에서 분석하였다. 즉 일본의 침략은 일본 국내의 경제적 문제에서 비롯되었음을 강조하였다.[76] 일본의 토지가가 조선보다 높은 점이나 인구 밀도 문제, 이자율 등은 그런 예다.[77]

---

72) 앞의 책, 106~107쪽.

73) 이기준, 앞의 책, 55~57쪽 ; 주진오, 〈독립협회와 대한제국의 경제정책 비교 연구〉, 《국사관논총》 41, 국사편찬위원회, 1993, 126~128쪽 ; 정승교, 앞의 글, 73~79쪽.

74) 김대희가 여타 문명개화론자의 자유주의 개방경제론에서 탈피할 수 있었던 요인을 김대희 저작물만 가지고는 확인할 수 없다. 다만 당시 일본 경제학계가 독일 역사학파의 국민주의 경제학에 크게 영향을 받는 상황이었고 김대희가 수학하였던 사립도쿄상업학교의 교장이 일본의 신역사학파의 거두였던 와다가키 겐조(和田垣謙三)였음을 감안할 때 그는 영미 자유방임주의 학파보다는 독일 역사학파의 영향을 받았을 것으로 보인다. 이에 관해서는 이기준, 앞의 책, 250쪽 ; 정윤형, 《서양경제사상사연구》, 창작과비평사, 1981, 131~153쪽 ; 테사 모리스 스즈키, 박우희 옮김, 《일본의 경제사상》, 솔, 2001, 82~86쪽(Tessa Morris－Suzuki, 《A History of Japanese Economic Thought》, Routledge, 1989) ; 김균·이헌창 편, 《한국 경제학의 발달과 고려대학교》, 고려대학교출판부, 2005, 48~50쪽 참조.

75) 김대희, 《이십세기조선론》, 50~60쪽.

그래서 김대희는 얼치기 문명개화론자가 아니었다. 우선 일본어나 배워보고자 하는 작자들의 생각을 "걸인적·노예적 사상"이요, "독립 자존할 사상"이 아니라고 주장하였다.[78] 대신에 조선어 사용을 강조하였다. 조선어 쓰기를 부끄럽게 여기고 일본어를 쓰는 풍조를 무정신자(無精神者)의 소위요, 일본에 경복(敬服)하는 일본적 정신을 배양하는 자라고 비판하였다. 또한 당시 학정 참여관으로 들어온 시데하라 다이라(幣原坦)의 일본어와 일어독본(日語讀本)의 교수(教授)를 조선의 소아(小兒)를 일본적 정신으로 귀화하게 하려는 것으로 보았다. 이 점에서 국수보전 계열의 인사들보다 앞서서 문명개화론이 내포하고 있는 동화주의의 위험성을 비판하였던 것이다.[79]

또한 일본의 침탈로 말미암아 조선인의 경제와 생활이 빈곤해짐을 지적하였다.[80] 조선인 사망자는 많아지고 생산자는 줄어든다는 것이다. 그 대신에 서울의 주요 거리는 일인과 청인이 장악해 들어오고 있음을 주장하였다. 그의 말대로 '일본인의 천지'가 되고 있다는 것이다. 그래서 그는 도덕과 경제를 말하며 일본어를 가르치지 말고 장려한 국민정신을 배양할 것을 강조하였다.[81] 즉 농상공 실업 장려, 국민정신 즉 교육 배양을 통해 자유를 얻을 수 있다는 것이다. 이를 위한 농상공

---

76) 그는 당시 가나이 노부루(金井延) 같은 일본 경제학자들이 일본 국내의 빈곤과 인구 과잉을 고치기 위해서는 해외 팽창이 필요하다고 강조하였던 사실을 익히 알고 있던 터였다. 이에 관해서는 테사 모리스 스즈키, 앞의 책, 92~93쪽 참조.

77) 김대희, 《이십세기조선론》, 108~111쪽.

78) 앞의 책, 64~65쪽.

79) 국수보전 계열이 문명개화론의 동화주의 위험성을 비판한 시점은 1908년 이후였다. 이 점에서 김대희의 이러한 비판은 국수보전 계열의 동화주의 비판을 뒷받침하는 논리로 발전한 것으로 보인다. 국수보전 계열의 이러한 경향은 김도형, 앞의 책, 408쪽 참조.

80) 김대희, 《이십세기조선론》, 74쪽.

81) 앞의 책, 113~131쪽.

실업 부흥을 위해 전통의 계(契)라든가, 각업성단(各業成團), 흥업단(興業團), 절검과 활동, 제조법 학습 등에서 대책을 찾았다. 그리하여 신문 계몽을 통해 식산흥업, 도덕 확장, 인민의 안락생활, 자유로운 천부와 능력을 활용할 수 있는 절차와 방법을 찾을 것임을 강조하였다. 물론 국민 일체가 전제되어야 하였다.

또한 그의 일본 침략론은 국수보전론자들에게 영향을 끼쳤다. 비록 김대희가 일본 유학생 출신이라는 한계를 지니고 있었지만 제국주의의 본질을 인식한데다 이러한 인식의 기저에는 타국의 망국 경험과 함께 과학적인 분석이 깔려 있었기 때문이다. 따라서 이러한 인식은 1907년 고종 퇴위와 군대 해산을 거쳐 국수보전론이 등장할 수 있는 이론적 기반을 만들어주었다고 하겠다.[82] 국수보전 계열의 대표 신문인《대한매일신보》는 제국주의의 침략을 과학적으로 인식하기에 이르렀다.

> 盖 鐵道가 文明殖産의 利器이 아님은 아니나 自國人의 手에 在호면 文明도 可히 開發호며 殖産도 可히 振興호려니와 至若外國人의게 在혼자야 外國의 文明은 益益 啓發홀지언뎡 自國에야 何가 有益호며 外國의 殖産은 益益振興홀지언뎡 自國에야 何가 有益호리오.[83]

철도가 문명의 이기(利器)임에도 자국·외국의 소유 여부에 따라 각각 개발과 침략의 수단이 될 수 있음을 지적한 것이다. 철도부설에 대

---

82) 정숭교는 국수보전론이 등장하는 계기로 고종의 퇴위와 군대 해산을 들고 있다(정숭교, 앞의 글, 126~142쪽). 그러나 이러한 설명은 외적 요인을 지적하는 데 그칠 뿐 구본신참론이 자기 내적 전통 위에서 어떤 이론과 연계하여 국수보전론으로 발전해갔는지는 설명하지 못한다. 이러한 점을 감안할 때 김대희가 바로 개신유학자가 구본신참론에서 국수보전론으로 나아갈 수 있는 이론적 기반을 제공하였다고 하겠다.

83) "飜譯家의게 一告홈",《대한매일신보》, 1909년 1월 9일자.

한 이러한 인식은 이전에는 보이지 않던 경우로 이미 철도의 폐해를 지적한 김대희의 인식과 매우 흡사하다.

또한 국수보전 계열은 일본인의 상업 침투가 한국인의 몰락을 야기하였음을 다음과 같이 간파하였다.

> 經濟狀況이 日困ᄒᆞᆫ 중에 兼此韓國內日人商民의 競爭力이 如斯ᄒᆞ거날 此韓國同胞의 商業界 雄飛時代ᄂᆞᆫ 오히려 其期가 無ᄒᆞ야 全國商業界의 利益이 畢竟 彼의 掌握에 歸ᄒᆞᆯ 섇이오.[84]

일본인의 상업 침투가 한국인 상업계의 웅비시대를 열어주기보다는 완전히 막아버렸음을 언급한 것이다. 나아가 국수보전 계열은 1909년 말에서 1910년 초 한국인들의 지방세 반대투쟁을 목도하면서 통감부의 재정정책을 조세 수탈을 위한 식민지정책이라고 비판하였다.[85] 신채호는 국민이 주체가 되어 국민경제의 이러한 전도(顚倒)를 바로잡을 것을 역설하였다.[86]

결국 국수보전 계열의 이러한 인식과 활동은 자기 학문의 전통에 바탕을 두면서도 김대희 같은 국민주의 경제학자의 근대 인식과 연계하는 가운데 한국인의 민족운동을 자기 내면으로 수용하려는 노력의 소산이었다. 다시 말해 국수보전론이 근대적 인식체계로 나아가는 데 김대희의 《이십세기조선론》을 비롯한 각종 저술이 이론적 기반을 제공하였음을 보여준다고 하겠다.

---

84) "實業界의 韓日人競爭 續", 《대한매일신보》, 1910년 5월 4일자.

85) 이에 관해서는 김태웅, 《한국근대 지방재정 연구》, 아카넷, 2012, 394~409쪽 참조.

86) "二十世紀 新國民 續", 《대한매일신보》, 1910년 2월 27일, 3월 1일, 2일자.

4. 결어

김대희는 1895년 관비 유학생 출신으로 게이오의숙과 사립도쿄상업학교에서 상업학을 비롯한 경제학을 공부하였다. 이 점에서 여타 유학생 출신과 마찬가지로 문명개화론에 경도되었다. 자기의 내적 기반이 취약한 가운데 서구의 근대 문명에 압도될 수밖에 없었기 때문이다. 그래서 그 역시 정부의 무능력, 지배층의 착취와 국민의 국가의식 부재를 신랄하게 비판하면서 식산흥업과 국민정신의 배양을 강조하였다.

그러나 그는 제국주의 침략을 문명개화 그 자체로 인식하지 않았다. 그는 유학 기간에 독일 역사학파의 국민주의 경제학을 접한데다 제국주의 정치경제의 본질을 인식한 터였다. 특히 하와이, 인도, 이집트 등의 식민지화과정에 대한 정치경제적 분석을 통해 적극적 외교 통상론의 문제점을 직시하였다. 그리고 일본의 침략을 과학적으로 분석하여 국가경제에 끼치는 악영향을 주장하였다. 한마디로 이러한 외교 통상론을 국망을 초래하는 결정적 요인으로 파악하였다. 이른바 그의 교육적 교제론과 보호무역론은 이러한 인식에서 비롯되었다. 또한 입헌정체론을 지향하였음에도 불구하고 국가의 요소를 토지, 인민과 함께 군주로 파악함으로써 당시 국망의 위기를 극복할 수 있는 주체를 막연한 주권에서 찾지 않고 인민과 군주에서 구체적으로 찾으려 하였던 것이다.

김대희는 이처럼 문명개화론에 경사되면서도 독일 역사학파의 국민주의 경제학 이론에 입각하여 여타 문명개화론자와 달리 제국주의 외교통상정책의 본질을 인식하고 있었다. 따라서 그가 국수보전론자로 전화할 수 없었음에도 불구하고 개신유학자들이 근대 국제질서와 제국주의의 본질을 인식하여 국수보전 계열로 발전할 수 있도록 근대적 인식체계를 제공하였다. 즉 그는 제국주의 침략의 첨병도, 국수보전 계열의 중심도 될 수 없는 경계인(境界人)이었지만 국수보전 계열이 내적 전통에 바탕하면서도 근대 정치경제학적 인식을 통해 현실을 예리하게 분석할 수 있을뿐더러 민족운동을 전개할 수 있는 추동력을 제공한 지식인이었다.

요컨대 김대희의 현실 인식과 일본 침략론이 제국주의 침략에 대한 정치경제학적 분석에 근간을 두었다는 점에서 그의 인식체계는 역사적 경험과 민족 정서에 바탕한 항일민족운동론을 한 단계 진전시켰다. 이 점에서 비록 그는 경계인으로 남았지만 이후 민족운동 계열에 근대사회를 분석할 수 있는 과학적 이론을 제공한 셈이었다.

〈대한제국기 김대희의 현실 인식과 일본 침략론〉,
공종구·이혜자·장영철 외, 《경계인을 통해서 본 동아시아인의 근대풍경》,
선인, 2005, 수정 보완

9장

조선 말, 대한제국기 제언정책의 추이와 지역사회의 동향

－1908·1909년 황해도 연안 '남대지 사건'을 중심으로

1. 서언

동아시아에서 전근대사회는 농업을 근간으로 하는 사회로 논농사가 차지하는 비중이 낮지 않았다. 그래서 지역사회와 국가는 농법 개량, 개간 장려와 함께 수리시설의 확대·수보에 역점을 두었다. 특히 조선 왕조는 사회체제를 유지하고 조세를 안정적으로 수취하기 위해 국가 차원에서 수리시설의 개발·수축을 통해 적절하게 관개하고 배수하는 데 힘을 기울였다.[1] 조선 시기의 제언사(堤堰司)는 국가의 이러한 방침을 단적으로 보여준다.[2] 아울러 고을 수령이 지역사회와 연계하여 수리시설 개선 등 농업 문제에 깊숙이 관여함은 당연하였다.[3] 물론 이 과

1) 이광린, 《이조수리사연구》, 한국연구원, 1961；김용섭, 〈조선 후기의 수도작기술－이앙과 수리 문제〉, 《아세아연구》 18, 1965(《증보판 조선후기농업사연구 Ⅱ》, 일조각, 1990 수록)；〈조선 초기의 권농정책〉, 《동방학지》 42, 연세대학교 국학연구원, 1984(《한국중세농업사연구》, 지식산업사, 2000 수록)；이태진, 《한국사회사연구》, 지식산업사, 1986；염정섭, 《조선시대 농법 발달 연구》, 태학사, 2002.

2) 《증보문헌비고(增補文獻備考)》 권216, 직관고(職官考) 3, 부(附) 제언사(堤堰司)；《만기요람(萬機要覽)》, 재용편(財用篇) 5, 제언(堤堰).

정에서 국가는 농민층의 역농(力農)활동과 지주층의 인적·물적 동원을 기대하였다.

그런데 수리시설의 수축은 개간활동과 매우 밀접하여 개간지 확보에 수리시설이 전제되었다. 수리시설을 확보하지 않고는 개간활동을 적극 벌일 수 없기 때문이다.[4] 그러나 일각에서는 개간활동이 수리시설의 수축을 방해하였으며, 나아가 수리시설을 훼파하는 경우도 적지 않았다.[5] 즉 정부는 제언의 수축과 관리에 역점을 두고 여러 권세가의 모경(冒耕)에 따른 지역민들의 피해를 줄이려고 하였던 반면, 왕실을 비롯한 여러 권세가는 제언을 훼파하고 모경하여 지대 수입을 올리는 데 힘을 기울였다. 따라서 제언의 수축과 관리는 국가 차원에서 뒷받침되지 않으면 안 되었다.[6]

이처럼 제언 수축 문제는 수리 이용방식 자체에 국한되지 않고 개간지 확보 등 소유권 문제와 연계되어 있어 이를 둘러싸고 외부의 세가(勢家) 지주와 지역민, 왕실 및 정부의 이해관계가 엇갈리면서 충돌할 소지가 늘 컸다. 특히 농민층의 소유의식이 성장하고 있던 터라 처지가 상이한 계층 간의 대립, 이를 풀기 위한 국가의 조정 문제가 매우 시급한 과제로 부각되었다.

물론 조선 후기 이래 '산림천택 여민공지(山林川澤 與民共之)'의 이념이 지주제 확대, 교환경제 발달과 함께 사적 소유권의 성장으로 인해 약화되고 있었다.[7] 그러나 수리시설은 지역민들의 농민가족경영을 지

---

3) 최원규, 〈조선 후기 수리기구와 경영문제〉, 《국사관논총》 39, 국사편찬위원회, 1992.

4) 송찬섭, 〈17·18세기 신전개간의 확대와 경영형태〉, 《한국사론》 12, 서울대학교 국사학과, 1985, 247~261쪽.

5) 이광린, 앞의 책, 139~145쪽; 염정섭, 앞의 책, 346쪽.

6) "堤堰 守令每歲春秋報觀察使修築 新築處啓聞 諸邑堤堰內外面 多植雜木 勿令決毁 堤堰及裨補所林藪內伐木耕田者 杖八十 追利沒官"(《속대전(續大典)》, 호전(戶典), 전택(田宅))

탱하는 근본이었기 때문에 여타 산림천택 시설에 비해 공공적 성격이 뚜렷하였다.[8] 특히 규모가 큰 제언시설의 경우 소규모 수리시설과 달리 신축하거나 수보(修補)하는 과정에서 지역민들의 많은 노동력과 높은 수준의 토목기술이 요구되었기 때문에 제언의 공공적 성격이 더욱 강화되었다. 아울러 제언이 제 기능을 다하려면 사실 신축보다 유지·관리가 중요하기 때문에 지역민의 역할이 컸으며 당연히 공공적 성격도 두드러졌다.[9] 따라서 제언을 수축하고자 하는 대다수 지역민과 개간지를 확보하려는 지주층의 갈등이 전면화할 가능성이 높았으며 그만큼 정부의 개입 강도도 결코 낮지 않았다.

이 점에서 1909년 5월 황해도 연안군에서 일어난 '남대지 사건(南大池 事件)'은 이러한 역사적·경제적·사회적 여러 문제를 함축적으로 잘 보여준다. 즉 이곳에서 개간을 추진하였던 부재 권세가와 이를 극력 막으려 하였던 지역민들이 정면으로 충돌하면서 사회 문제로 비화하였다. 특히 정부가 1905년 이후 일제에게 주권을 단계적으로 빼앗기면서 지주층에 대한 통제력이 떨어질뿐더러 일제의 미간지(未墾地) 침탈이 본격화되었고, 그 와중에 이 사건이 발발하였다는 점은 제언 수훼(修毁)를 둘러싼 지주층과 농민층의 재래적인 갈등을 넘어서서 이러한 갈등을 조정할 수 있는 국가 권력의 약화와 오히려 이러한 갈등을 조장하는 외세의 수리정책을 여실히 보여준다. 따라서 이 글이 남대지의 수보와 개간 문제를 주로 다룬 사례 연구지만, 이를 둘러싸고 벌어지

---

7) 김선경, 〈조선 후기 산림천택 사점에 관한 연구〉, 경희대학교 박사학위논문, 1999, 45~55쪽.

8) "蓋祖宗朝重水利 坊坊谷谷 多築堤堰 以爲農民蒙利之地"(《숙종실록》 권41, 숙종 45년 8월 계축); "農功專在水利 古者 溝洫陂澤之政 卽務稼穡備水旱之本也 天雖閼澤地 旣貯水 則農不失時 民蒙其利."(《일성록》, 순조 15년 2월 20일)

9) 정치영, 〈《여지도서》를 이용한 조선 후기 제언의 지역적 특성 연구〉, 《대한지리학회지》 43-43, 대한지리학회, 2008, 625쪽.

는 이해관계의 착종 및 충돌과 더불어 지역사회의 동향을 검토하면 조선 말, 대한제국기 제언정책의 경제사회적 의미를 파악할뿐더러 일제하 수리조합의 역사적 성격을 전망할 수 있을 것이다.

2. 고종 대 이전 제언정책과 남대지 수훼 문제

남대지는 조선 3대지(大池)의 하나로 황해도 연안군에서 남쪽으로 30리(약 12킬로미터) 떨어진 곳에 자리하며 동부면, 신성면, 남부면에 걸쳐 있다.[10] 많은 물이 모여 마르지 않는 곳으로 둘레가 27리(약 11킬로미터)다.[11] 북쪽은 치지(哆池), 동쪽은 고만(高灣), 서쪽은 청초호(青草湖), 남쪽은 주한정(晝寒亭)이라 부르며 네 곳을 아울러 와룡지(臥龍池)라고도 한다.[12] 그 수축의 기원은 정확하게 파악할 수 없지만[13] 이미 고려 문종 때 재축(再築)하였던 사실로 보아 고려 이전에 수축되었을 것이다.[14] 한편, 저장한 물로 민전(民田)이 이익을 보는 것이 수천 석을 낙종(落種)하거나 1,000여 결을 내려가지 않는 면적이었다.[15] 그래서 정부나 지역사회는 수리시설을 유지하고 보수하는 데 힘을 기울였다.

---

10) 농상공부 농무국, 《제언조사서(堤堰調査書)》, 1909, 137쪽.

11) 《증보문헌비고》 23, 여지고(輿地考) 11, 산천 5, 황해도, 연안. 《황해도전지(黃海道全誌)》(한국학중앙연구원 소장, 1898)에 따르면 둘레가 20리 120보(약 8킬로미터)다.

12) 홍원섭, 《태호집(太湖集)》(규 4598) 권4, 장(狀), 남지장(南池狀).

13) 철종 5년(1854) 당시에 철종은 남대지가 수축된 지 1,000년이 지났음을 언급하고 있다(《국조보감(國朝寶鑑)》 권88, 철종조 2, 철종 5년).

14) 《신증동국여지승람(新增東國輿地勝覽)》 권43, 황해도 연안도호부, 산천, 와룡지. 이와 관련해서는 이경식, 《고려 전기의 전시과》, 서울대학교출판부, 2007, 152~153쪽 참조.

15) 《해서읍지(海西邑誌)》(규 1271, 1871), 연안(延安), 와룡지(臥龍池) ; 홍원섭, 앞의 글.

〈그림 2.9.1〉 황해도 연안군 남대지

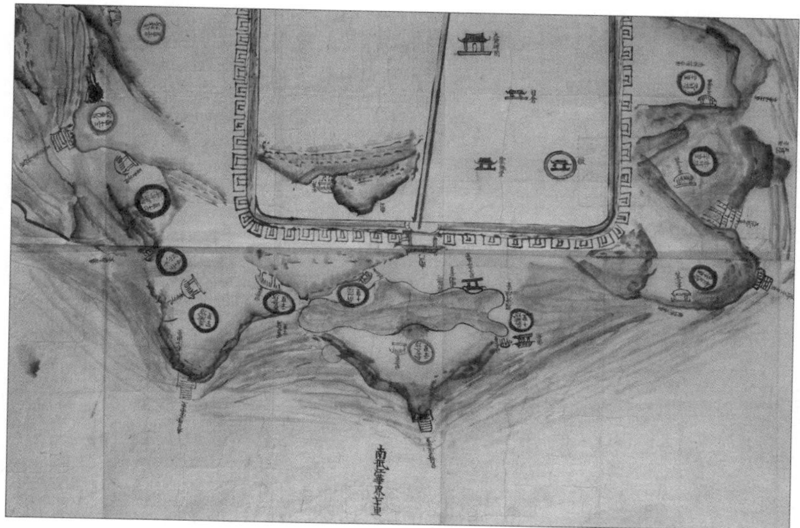

· 출전:《조선 후기 지방 지도(朝鮮後期 地方地圖)》, 황해도 연안(규10540).

이러한 노력은《경국대전》, 호전 전택조(田宅條)의 "제언은 수령이 매년 봄과 가을에 관찰사에게 보고하고 수축한다"라는 방침 아래 다음과 같은 사항을 준수하도록 제정한 법령에 근거하고 있다.

> 새로 쌓은 곳은 임금에게 보고하여야 한다.
> 각 고을 제방의 안팎 양면에는 잡목을 많이 심어서 터지지 않게 하며 제방과 비보소(裨補所)의 산림구역 안에서 벌목을 하거나 토지를 경작한 자에게는 형장 80대를 치고 거기서 얻은 수익은 관청에서 몰수한다.[16]

정부는 이처럼 수리시설의 확충을 권장하는 한편, 수리시설 주변이

16) 《경국대전》, 호전, 전택조.

경작지로 바뀌는 것을 극력 억제함으로써 수리시설의 유지·수축에 만전을 기하였다. 나아가 제언사를 설치하고 낭청을 파견함으로써 왕실을 비롯한 관리들, 토호들의 모경(冒耕)을 엄금하고자 하였다.[17] 이는 '산림천택 여민공지'의 이념에 근간하여 민인이 수리시설을 공동으로 이용할뿐더러 이를 공유하는 것을 보장하여야 하기 때문이다.[18]

한편, 왕실이나 일부 세가들은 둑을 허물어서 관개와 배수 기능을 하지 못하게 한 뒤에 그 안의 토지를 경작지로 활용하고자 하였다.[19] 이곳은 산에서 씻겨 내려온 유기물이 축적되어 매우 비옥하였기 때문이다. 그래서 세조 연간에 영응대군(永膺大君)과 권람(權擥)이 연안부사의 도움으로 이 저수지를 논으로 만들기도 하였다.[20] 이후 성종 6년(1475)경에 제언사가 폐지되자 궁방을 비롯하여 관리들과 토호들도 그 틈을 타서 무려 200여 결이나 개간하였다.[21] 반면 제언 아래에서 물을 공급받으면서 농사를 짓던 농민들의 경작지 3,000여 결은 결코 혜택을 볼 수 없었다. 이후에도 권세가들의 이러한 시도는 계속 이어졌으니 성종 20년(1489)에도 무논으로 만들려고 시도하였다.[22] 이에 정부는 세가들의 이러한 불법 행위를 엄금하였을뿐더러 농민들의 경작도 마찬

---

17) 앞과 같음.

18) 이에 관해서는 이경식, 〈산지공유의 전통과 그 도괴—국사를 통해 본 환경인식: 사례1〉, 《사회과학교육》 3, 서울대학교 교육종합연구원 사회교육연구소, 1999 참조.

19) 이민우, 〈19세기 수리시설의 사점과 수세 갈등〉, 《한국사론》 55, 서울대학교 국사학과, 2009, 68~69쪽.

20) 《성종실록》 권45, 성종 5년 7월 병인. 그 밖에 여타 제언에서도 궁방을 비롯한 세가들의 이러한 침탈은 계속 이루어졌다.

21) 제언사가 폐지된 시점은 성종 6년 3월경으로 보인다. 그 이유는 명확히 알 수 없지만 제언사가 아문(衙門)이 아니라 유사(有司)라는 점, 그리고 이 시기에 남대지 수축에 따른 농민들의 과도한 요역으로 말미암아 폐단이 커졌다는 점에서 제언사가 폐지된 것으로 보인다(《성종실록》 권53, 성종 6년 3월 기사;《성종실록》 권53, 성종 6년 3월 경오;《증보문헌비고》 권216, 직관고(職官考) 3, 부(附) 제언사).

22) 《성종실록》 권233, 성종 20년 10월 갑인.

가지로 엄금하였다.[23] 특히 정부는 이러한 작답(作畓)을 경계하는 과정에서 고려 문종 때 남대지의 재축과 관련하여 흑룡(黑龍)이 출현하였다는 전설을 인용하였다.[24] 이러한 인용은《동국여지승람(東國輿地勝覽)》에 근거하였다는 점에서 정부의 수리시설에 대한 수축 방침을 지지하는 근거가 될 뿐 아니라 해당 지역 농민들의 정서를 반영한다고 하겠다.[25]

그러나 수조권적 토지분급체계가 무너지는 가운데 왕족을 비롯하여 세가 양반들이 산림천택을 사점(私占)하고자 하는 시도에 정부의 이러한 방침은 일관되게 유지되지 못하였다.[26] 우선 왕족과 세가 양반들이 사급을 받는 과정에서 제언을 훼손하여 작답하기도 하였다. 남대지의 경우도 예외가 아니었다. 예컨대 연산군 11년(1505)에는 왕이 장녹수에게 남대지 주변의 개간지를 사급(賜給)하여 농장이 형성되기도 하였다.[27] 그리하여 남대지에서 물을 공급받는 민전들이 피해를 입었다. 심

---

23) 《성종실록》 권260, 성종 22년 12월 기미.

24) "鄭錫堅又啓曰 延安南大池 名曰臥龍池 在府南五里 周二十里許 引流灌漑者甚多 每冬月池氷拆裂 或縱或橫 邑人謂之龍耕 以卜翼年豐歉 橫則豐 縱則水 不拆裂則歉 我太宗命有司每歲春秋致祭 又高麗文宗時以池中膏腴可耕 賜興王寺 其年大旱 邑人翰林學士李靈幹奏請 還築之 黑龍現其日 果大雨 歲大熟 此雖近於怪誕 然載在勝覽 本是舊物 千古不可廢 一朝欲治爲水田 今使大臣往審之 臣謂斷不可廢 上曰 此言果是, 勿使大臣往觀之."(《성종실록》 권233, 성종 20년 10월 갑인)

25) 흑룡 전설은 이후에도 전해져 연안 읍지에 늘 실렸다(《해서읍지》(규 1271, 1871), 연안, 와룡지; 《황해도전지》(한국학중앙연구원 소장, 1898), 연안, 와룡지). 20세기에 들어와서는 1903년부터 편찬에 들어간 《증보문헌비고》에도 실렸다(《증보문헌비고》 23, 여지고(輿地考) 11, 산천 5, 황해도, 연안). 아울러 흑룡 전설은 1909년 남대지 사건을 앞두고 《황성신문》 1909년 9월 2일자에 소개되었다. 그리고 남대지 사건 당시 농상공부 서기관은 흑룡 전설을 미신이라고 비판하였다(《황해도남대지사건(黃海道南大池事件)》(국가기록원 소장), 1909년 6월 10일, 황해도 경무부장→내부 경무국장).

26) 이에 관해서는 이경식, 〈17세기 토지절수제와 직전복구론〉, 《동방학지》 54·55·56, 연세대학교 국학연구원, 1987, 446~456쪽; 〈조선 전기 지주층의 동향〉, 《조선전기토지제도연구 Ⅱ》, 지식산업사, 1998 참조.

27) 《연산군일기》 권59, 연산군 11년 9월 임인. 그 밖에 연산군이 출가하는 휘순공주를 위해 합덕의 제언을 사급하려 하자 신료들이 백성들의 몽리를 들어 반대하였다(《연산군일기》 권44, 연산군 8년 5월 계유).

지어 중종반정 이후 장녹수가 사급을 받은 땅이 신료들의 반대에도 불구하고 충훈부(忠勳府)로 넘어가기도 하였다.[28]

물론 중종은 신료들의 거듭된 요구에 결국은 개간지를 환진(還陳)하기로 결정하기도 하였다.[29] 이후 중종은 수세를 목표로 진황 개간을 장려하는 차원에서 남대지를 민인에게 절급하여 경식(耕食)할 것을 전교하기도 하였다.[30] 이 역시 신료들이 관개의 이익이 개간의 이익보다 큼을 들어 반대하여 관철되지 못하였다.

그러나 이러한 원칙은 번복을 거듭하였다. 예컨대 광해군 19년(1620) 제안대군방(齊安大君房)이 절수하여 작답하였다가 3년 뒤인 인조 원년(1623)에 환진되기도 하였다.[31] 그러나 2년 뒤에는 제안대군의 사저라 할 수진궁(壽進宮)의 수본(手本)으로 인해 다시 작답하기도 하였다.[32] 그리하여 효종 3년(1652) 10월 이전만 하더라도 입안(立案)되어 있었다.[33] 왕실이 결국 왕실 자체의 사적인 이익을 지키기 위해 정부의 수리정책을 스스로 부정하고 궁방을 비호하였던 것이다.[34]

---

28) 《중종실록》 권2, 중종 2년 1월 임오.

29) 《중종실록》 권2, 중종 2년 1월 무술.

30) 《중종실록》 권40, 중종 15년 8월 임오.

31) 《황해도전지》(한국학중앙연구원 소장, 1898), 연안, 와룡지.

32) 수진궁은 한성부 중부 수진방에 소재한 제안대군의 사저로서 대군이 훙거한 후에 그 사판을 이곳에 봉안한 이래로 봉작을 받지 못한 왕자, 대군 또는 결혼하지 못한 공주, 옹주 및 사속이 없는 후궁 등의 제사를 봉향하였다. 이에 관해서는 조선총독부 임시재산정리국, 《임시재산정리사무요강(臨時財産整理事務要綱)》, 1911, 21~23쪽 ; 和田一郎, 《朝鮮土地地稅制度調査報告書》, 1920, 578~579쪽 ; 조영준, 〈조선 후기 궁방(宮房)의 실체〉, 《한국학》 31-3, 한국학중앙연구원, 2008, 275~289쪽 ; 〈19세기 왕실재정의 위기상황과 전가 실태: 수진궁 재정의 사례분석〉, 《경제사학》 44, 경제사학회, 2008, 50~52쪽 참조.

33) 《효종실록》 권9, 효종 3년 9월 무자.

34) 당시 궁방은 양전상무주진황지(量田上無主陳荒地), 양안외가경지(量案外加耕地)인 진전(陳田), 노전(蘆田), 해택지(海澤地), 이생지(泥生地), 산림 외에 폐제언(廢堤堰)을 절수 대상지로 삼았다. 이에 관해서는 박준성, 〈17·18세기 궁방전의 확대와 소유형태의 변화〉, 《한국사론》 11, 서울대학교 국사학과, 1984, 188~190쪽 참조.

효종 연간에 들어오면 정부의 이러한 방침은 다시 견지되었다. 효종 3년(1652) 궁가(宮家)에 입안된 남대지의 사정을 조사하여 홍주(洪州)의 합덕제(合德堤)와 함께 혁파하였다.[35] 이어서 현종 3년(1662) 1월 제언사를 복설하면서 제언 내 모경 금지를 강화할 수 있었다.[36] 하지만 얼마 안 되어 이러한 조치는 실효를 거두지 못하였다.[37] 궁방은 물론 군문과 아문에서도 모경하였다.[38] 남대지의 경우 숙종이 수진궁의 절수 요청을 신료들과 황해감사의 반대에도 불구하고 허락함으로써 수진궁은 숙종 13년(1687) 6월 남대지 일부를 진전(陳田)으로 만들어 절수할 수 있었다.[39] 곧이어 사헌부에서 '왕자무사지정(王者無私之政)'을 주장하며[40] 궁방에서 민인의 관개 이익을 빼앗는 것을 반대하자 숙종은 또다시 남대지 절수를 환수하고 다른 곳을 정급(定給)하였다.[41] 하지만 수진궁은 숙종 29년(1703) 10월 남대지의 주위 풍문내(風文乃)·산전(山前)·

---

35) 《효종실록》 권9, 효종 3년 9월 무자, 10월 신유, 11월 갑술.

36) 《현종실록》 권5, 현종 3년 1월 경인;《현종실록》 권9, 현종 4년 8월 경술;《비변사등록(備邊司謄錄)》, 현종 3년 1월 18일.

37) "大司諫李慶億等啓曰 近日朝家政令 常患有始無終 各道堤堰 實爲民事之本 上年別設堤堰司 使之禁冒耕修舊築 令都事按驗 成籍上送 意非偶然 而各道多不奉行 冒耕自若 況今飢饉之荐臻 恒由於旱乾 水利不可不盡力 請發遣御史巡審 罪其不奉法官吏 上令問于廟堂處之."(《현종실록》 권9, 현종 4년 8월 경술)

38) 송찬섭, 앞의 글, 236~237쪽.

39) 《황해도연안부복재수진궁절수남대지자소두금월내고지지독고현지중타량성책(黃海道延安府伏在壽進宮折受南大池自小頭禽月內古之至獨古峴池中打量成冊)》(규 18372). 숙종 10년(1684)에 남대지의 물이 말라 저수량이 십수 보에 지나지 않았던 것도 절수의 여건이 될 수 있겠다(《숙종실록》 권15, 숙종 10년 7월 무진).

40) '왕자무사지정(王者無私之政)' 또는 '인군무사지정(人君無私之政)'의 연원과 의미에 관해서는 이경식, 앞의 글, 1987, 489~495쪽;양택관, 〈조선전기 왕실의 토지소유와 경영〉, 《한국사론》 53, 서울대학교 국사학과, 2007, 17쪽 참조.

41) "憲府啓曰 延安南大池分漑民田 將至千石落種之地 而摘取蓮子 以爲逐年御藥之供 今此淑媛房請受之地 乃壽進宮曾所折受 而因其時査啓 還爲入陳 已多年所 道臣歷擧其不可劃給之意 該曹覆啓亦有防塞之請 而猶且持難 必爲曲許 豈不有歉於王者無私之政乎 請還收曾前入陳七結 仍屬該宮之命 上從之 令該宮更定他處."(《숙종실록》 권33, 숙종 25년 8월 무자)

두금산전(頭禽山前)을 전답으로 만들어 절수할 수 있었다.[42] 이러한 절수는 단지 수진궁에만 국한되지 않았다. 그 밖의 궁방은 물론 아문도 폐기되거나 보수하지 않은 제언을 '건방축(乾防築)'이라 하여 절수하였기 때문이다.[43] 특히 숙종 45년(1719)에 마침내 '복구가 불가능한' 폐언(廢堰)의 경간(耕墾)을 허용하되 세(稅)를 받는 것으로 결정함으로써 사실상 모경 자체를 공인하기에 이르렀다.[44] 이처럼 남대지를 비롯한 제언을 수축할 것인지, 개간지로 전환하여 활용할 것인지를 둘러싸고 궁가, 아문, 세가를 한편으로 하고, 농민들을 다른 한편으로 하여 오랫동안 심히 논란이 되는 가운데 궁방과 아문에서는 제언 표내(標內)를 절수의 대상으로 삼았다.

그러나 영조 대를 거치면서 이러한 방침은 번복되었다. 영조 6년(1730)경에는 제언 표내에 모경하는 행위를 금지하되 범하는 자는 장 80으로 치죄하고 이득은 관에 몰수하도록 하였다.[45] 또한 봄가을로 제언을 수축하되 폐언이라 하더라도 계문하지 아니하면 개간을 허락하지 않도록 하였다. 영조 7년(1731)에는 비변사의 당상 한 사람을 제언 당상으로 차출하였다.[46] 그리하여 제언을 없애고 민인의 경식(耕食)을

---

42) 《황해도연안현복재수진궁절수남대지변전답개타량성책(黃海道延安縣伏在壽進宮折受南大地邊田畓改打量成冊)》(규 18373). 수진궁이 남대지 일부를 절수할 수 있었던 것은 왕실 재정을 통제하고자 제정한 숙종 21년(1695) '을해정식(乙亥定式)'에도 불구하고 산림천택 무주지는 여기서 예외였기 때문이다. '을해정식'에 관해서는 이경식, 앞의 글, 1987, 507~508쪽; 송양섭, 《조선후기 둔전연구》, 경인문화사, 2006, 100~110쪽 참조.

43) "禮曹參議李寅燁所啓 大臣 以勸農事陳達 而小臣 曾以監賑御史書啓中 堤堰申飭事 有所陳達矣 自古甚重水利 而祖宗朝 亦爲深慮 各道築堤貯水者 非止一二處 而年久之後 廢而不講 各衙門諸宮家 稱以乾防築 從而折受 諸道堤堰蒙利之處 皆廢棄 誠爲可惜 況今春雨頻下 前頭之事 尤爲可慮 今雖節晩 各別申飭 以爲貯水灌漑之地 何如 上曰 申飭可也."(《비변사등록》, 숙종 26년 2월 29일)

44) 《비변사등록》, 숙종 43년 8월 14일. 이와 관련해서는 이태진, 앞의 책, 348쪽 참조.

45) 《만기요람》, 재용편 5, 제언, 제언사.

46) 《영조실록》 권29, 영조 7년 5월 병자.

허락해줄 것을 청한 경상감사를 비변사의 요구대로 중추(重推)하기도 하였다.[47] 이는 이러한 길이 열리면 토호가 모점(冒占)하여 자기 소유로 삼는 폐단이 일어날까 우려되었기 때문이다. 그만큼 당시 감사들이나 수령들이 제언의 수치(修治)보다는 개간 경식에 비중을 두었던 것이다.[48] 이어서 영조 32년(1756) 5월에는 비변사 낭관을 파견하도록 조치를 취하였다.[49] 심지어 영조 36년(1760)에는 남대지를 작답한 중관(中官)을 영불서용지죄(永不敍用之罪)로 치죄하거나[50] 절수를 엄금하였다.[51]

한편, 정부는 제언의 준설에도 힘을 기울였다. 남대지의 경우 홍수로 인해 토사가 쌓이자 영조 46년(1770)에 작답하지 않고 다시 준설하였다.[52] 이때 영조는 준설의 이유로 민인이 관개의 이익을 잃은 것을 들었다.[53] 아울러 수축 경비에 따른 민인의 고통을 염려하면서도 훗날 철종 연간에 상기하고 있듯이 "백성들을 괴롭히려는 것이 아니라 실로 백성들을 위한 것임(非苦民 實爲民)"을 강조하였다.[54] 나아가 정부는 여러 도에 수시로 "제언 수치는 백성의 이익을 위한 급무(修治堤堰爲利民之急務)"라고 엄칙하였다.[55] 이는 '산림천택 여민공지'의 이념에서 비롯

---

47) 《영조실록》 권51, 영조 16년 3월 무진.

48) 당시 사관은 사론을 통해 감사들과 수령들 중에 제언의 수치에 힘쓰지 않아 제언이 다 묻혀 없어지고, 심지어는 백성이 경작하여 먹도록 허가하고, 둔전을 만들기를 청하는 자가 많았음을 언급하고 있다(《영조실록》 권49, 영조 15년 6월 정축).

49) 《영조실록》 권29, 영조 7년 7월 기미;《영조실록》 권87, 영조 32년 5월 병자.

50) 《비변사등록》, 영조 36년 3월 2일.

51) 《비변사등록》, 영조 38년 5월 19일.

52) 《비변사등록》, 영조 46년 4월 27일, 5월 16일, 7월 15일;《영조실록》 권115, 영조 46년 7월 기미.

53) 《영조실록》 권115, 영조 46년 7월 기미.

54) 《일성록》, 철종 5년 6월 13일;《국조보감》 권88, 철종조 2, 철종 5년. "教曰 延安南大池疏鑿事 向因廟堂草記想已行會 而此池之爲民蒙利 爲千餘年之久 英廟下教中 非苦民實爲民之辭教 在今日所當仰述者也 諸般施措 自有庚寅已例 而鋤後穫前農隙始役事 甚便好 至於動民之際 雖曰雇用 萬一有 藉此 存拔誅求 騷擾之弊 則此實苦民也 惕念擧行 期有實效之意 自廟堂更爲措辭行會."

55 홍원섭, 앞의 글.

되었다. 이에 7월 7일부터 7월 15일 사이에 황해감사 홍양한(洪良漢)의 지휘 아래 연안, 배천, 평산, 해주, 금천 다섯 고을이 각각 준설을 분담하였고 고을 주민들 2만 7,748명이 각각 2, 3일 동안 진흙을 파거나 둑을 높이 세우는 데 동원되었다.[56] 이는 "제언은 곧 백성을 위해 이익을 조성하는 일"이었기 때문이다.[57] 그리고 그 비용은 환곡 이자로 충당할 수 있었다.[58]

나아가 정조 2년(1778)에는 '제언절목(堤堰節目)'을 제정하여 제내모경자(堤內冒耕者)를 대부와 평민을 가리지 않고 모두 전가사변(全家徙邊)하고 수령 중 봉행할 수 없는 자는 법령을 위반한 법조문[制書有違之律]으로 적용하도록 하였다. 나아가 궁가와 아문의 절수처가 있거나 토호간민(土豪奸民)들이 모경할 우려가 크면 모경처를 모두 원상 복구하고 옛날 제방에 나란히 나무를 심어 별도로 계한(界限)을 정함으로써 다시는 모경하지 않도록 하였다.[59] 한편, '소착지도(疏鑿之道)'와 '보축지정(補築之政)'을 강구하여 '소민관개이앙지공(小民灌漑移秧之功)'을 다하려 하였다.

그러나 남대지는 얼마 안 되어 다시 준설하여야 할 만큼 제언으로서의 기능을 하지 못하였다. 즉 토사로 꽉 차 있어도 수치(修治)를 하지 않아 겨우 한 개 물길만 남고 수백 석의 몽리처(蒙利處)가 야답(野畓)으로 변하고 말았다.[60] 1810년대경 정약용이 여타 저수지와 더불어 남대

---

55) 홍원섭, 앞의 글.

56) 홍양호, 《이계집(耳溪集)》 권14, 기(記), '연안남대지소준기(延安南大池疏濬記)'.

57) "堤堰是爲民興利之事 則役民爲之 事固當然."(《정조실록》 권48, 정조 22년 6월 을미)

58) 환곡 모조를 통한 수축 경비의 조달방식은 이후에도 견지되었다. 정조 22년(1798) 익산 벽골제의 수축 경비도 이러한 방식으로 마련되었다(《정조실록》 권48, 정조 22년 6월 을미).

59) 《비변사등록》, 정조 2년 정월 13일. 이와 관련해서는 이태진, 앞의 책, 347~348쪽; 최원규, 앞의 글, 225~226쪽 참조.

지도 앙금이 앉아 막혀버렸음을 비판하였다.[61] 심지어는 못이 토사로 채워져 있어 연실(蓮實)마저 진상하지 못할 정도였다.[62] 한편, 토호들이 궁방과 아문을 대신하여 모점하고 기간(起墾)하기에 이르렀다.[63] 물론 대규모의 인력 동원에 따른 폐단이 적지 않아 수축에 많은 어려움이 따랐다. 그래서 철종 4년(1853) 동쪽 수구(水口)가 큰물로 무너져 터지자 정부 차원에서 적극 개입하였다. 즉 정부는 연안부사 이정악(李挺岳)과 별감 송시정(宋時鼎)으로 하여금 영조 46년(1770) 경인례(庚寅例)에 따라 7월 28일부터 윤7월 24일까지 총 27일간 다섯 고을을 조발(調發)하고 큰 돌을 운반하여 개축(改築)하게 한 끝에 남대지를 수축할 수 있었다.[64] 여기에는 연인원 6만 1,151명, 수축 경비 1만 2,290냥 2전이 투입되었다. 이를 위해 비변사 구관곡 중 절미(折米) 4,000석을 취용하였다. 아울러 이후 제언의 유지·관리를 위해 쓰고 남은 돈과 내수사 모경답조작전(冒耕沓租作錢), 준지고(濬池庫) 환징전(還徵錢) 세 항목의 돈을 합친 2,835여 냥과 감영의 영문전(營門錢) 164여 냥을 환곡으로 매석 세 냥으로 작전한 1,000석을 이른바 준지곡으로 만들었다. 다시 이를 원곡으로 삼아 부역에 참여한 다섯 고을에 환곡으로 똑같이 분급하고 여기서 매년 나오는 모조로 100석을 남대지 소준(疏濬)의 수용(需用)에 충당하였다.[65] 물론 다섯 고을에서 동원된 노동력은 대가를 지급

60) 《정조실록》 권50, 정조 22년 11월 기축;《해서읍지(海西邑誌)》(1871), 연안, 와룡지.

61) "我邦大陂 又有咸昌之空骨堤 隄川之義林池 德山之合德池 光州之景陽池 延安之南大池 今皆淤塞 此守令者之責也."(《목민심서》, 공전(工典), 천택(川澤)). 그 밖에 《일성록》, 순조 15년 2월 20일 참조.

62) 《비변사등록》, 순조 34년 5월 30일;《일성록》, 순조 34년 5월 30일.

63) 앞과 같음.

64) 《비변사등록》, 철종 5년 6월 8일, 13일;《해영구폐절목(海營捄弊節目)》(규 40), '연안남대지소준절목(延安南大池疏濬節目)'(1854);《해서읍지》(1871), 연안, 와룡지;《철종실록》 권6, 철종 5년 윤7월 을미.

하는 고용(雇用)일지라도 수축사업을 빙자하여 마음대로 넣고 빼어 주구(誅求)와 소요가 일어날 것을 걱정하였다. 이처럼 남대지의 수축은 정부가 자금을 투여하여 이루어졌지만 이후 제언의 유지·관리에 따른 경비는 다섯 고을 주민이 부담을 지고 있었다는 점에서 남대지는 공공적 성격을 띠지 않을 수 없었다. 따라서 남대지의 경우에서 보이는 이러한 경향은 세가들이나 아문이 보처럼 작은 규모의 수리시설들을 신축하거나 수축하는 가운데 이를 사점하여 수세를 징수하는 경향과는 판연히 다르다.[66] 나아가 정부가 1862년 임술민란을 수습하는 과정에서 제정한 '삼정이정절목(三政釐正節目)'에는 제언을 비롯한 여러 수리시설 표내에서 모점 잠경(潛耕)하여 수원이 마르는 일이 없도록 하는 규정을 두었다.[67]

왕실과 정부, 세가 지주층과 농민층이 이처럼 남대지의 이용방식을 둘러싸고 첨예하게 대립하였지만 국가의 소농민경영을 안정화하려는 노력이 점차 두드러지는 가운데 제언의 유지·관리에 투입되는 경비를 지역 주민들이 부담하면서 남대지의 공공적 성격이 여타 수리시설과 달리 강화되어갔다.

3. 고종 정부의 제언정책 방향과 남대지 수보

정부의 제언정책은 고종 연간에 들어오면서 새로운 단계로 진입하였

65) 《해영구폐절목》(규 40), '연안남대지소준절목'(1854).

66) 수리시설의 사점과 이에 따른 수세의 징수에 관해서는 최원규, 앞의 글, 240~243쪽 ; 이민우, 앞의 글, 73~83쪽 참조. 훗날 일제 역시 보가 공유임에도 불구하고 사설하였다는 점에서 사유적 성격을 인정하고 있다(朝鮮總督府, 〈水利ニ關スル舊慣〉, 《朝鮮總督府月報》 3권 6호, 1913, 16쪽).

67) 국사편찬위원회, 《임술록(壬戌錄)》, 1971, 333~334쪽. 이와 관련해서는 이민우, 앞의 논문, 112쪽 참조.

다. 우선 고종 초기 《대전회통》을 보완하기 위해 편찬된 관서사례(官署事例)인 《육전조례(六典條例)》에서는 제언 표내를 경간하는 행위를 금지하는 규정을 두었다.[68] 이러한 조치는 1862년 '삼정이정절목'의 해당 규정을 법제 차원에서 정비함으로써 현실로 가시화되었다. 특히 해당 구역을 특정하였으니 남대지를 비롯하여 합덕제, 공검지, 벽골제 등 큰 제언이 그 대상이었다. 이러한 법령화는 자연재해 등의 여러 곡절에도 불구하고 '제언 표내 모경 금지'의 원칙 아래 법령 차원에서 구체화되었음을 단적으로 보여준다.

1876년 국교 확대 이후에도 정부는 이전과 마찬가지로 개간지 확대와 함께 수리시설 개선에 관심을 기울였다.[69] 하지만 정부의 관심만큼 수축사업이 지속되지는 않았다. 남대지의 경우 금령이 있음에도 불구하고 수년 전부터 기답(起畓)한 곳이 많았다.[70] 정부는 황해감사에게 작답지를 도로 낱낱이 파내고 이전대로 못을 만들고 본래 못의 넓이가 줄어들지 않도록 지시하였다.[71] 먼저 고종은 모간모경(冒墾冒耕)을 일체 엄금하도록 지시하였다.[72] 아울러 이 공사에 드는 비용은 환곡인 준지곡(濬池穀)의 모전(母錢) 6,343냥가량을 우선 쓰고 그 밖에 모자라는 액수는 철종 3년(1852)의 전례대로 의정부에서 관리하는 각종 환곡 중에서 2,000석 정도를 가져다 쓰도록 하였다.[73]

---

68) '堤堰標內 勿許耕墾 洪州合德堤 咸昌恭儉池 金堤碧骨堤 安南南大池 卽最著者.'(《육전조례》, 호조(戶曹), 토전(土田))

69) 이영학, 〈개항기 조선의 농업정책—1876~1894년을 중심으로〉, 김용섭교수정년기념한국사학논총간행위원회, 《한국근현대의 민족문제와 신국가건설》, 지식산업사, 1997, 45~49쪽.

70) 《일성록》, 고종 26년 8월 15일.

71) 《고종실록》 권26, 고종 26년 8월 무자, 12월 기해; 《일성록》, 고종 26년 8월 15일; 《승정원일기》, 고종 26년 12월 28일.

72) 《일성록》, 고종 26년 12월 28일.

73) 《고종실록》, 고종 27년 윤2월 갑인; 《승정원일기》, 고종 27년 윤2월 14일.

그러나 정부의 이러한 노력이 실효를 거두지 못하자 오히려 남대지 아래에서 경작하던 연안 주민들이 고종 27년(1890)에 민란을 일으켰다.[74] 그리하여 당시 강령현감 이승룡(李承龍)은 이를 해결하고 절목을 정하여 수습하고자 하였다.[75] 이후 정국이 소용돌이치면서 이곳은 금령에도 불구하고 다시 개간되어 논으로 변하였다. 이에 1895년 7월 남대지를 재차 준설하고자 하였으나 남대지 주변 다섯 고을이 1894년 농민전쟁을 겪은데다 궁벽한 여름철로 인해 환곡 이자를 제대로 받지 못한 까닭에 준설을 추진하지 못한 것으로 보인다.[76]

이후 정부는 1894년 농민전쟁과 청일전쟁, 아관파천 등으로 농업 전반에 대한 개혁정책을 추진하지 못하다가 1897년 대한제국 수립을 전후로 하여 정국이 안정되면서 농업 문제에 힘을 기울였다. 특히 정부는 수령을 매개로 농업을 장려하는 방식에 그치지 않고 중앙관리가 지방에 내려가 농업 전반을 주관하도록 하였다. 정부는 1897년 9월 8일 사검위원(查檢委員) 이원식(李元植)을 남대지에 보내 4표장광(四表長廣)을 도본(圖本)으로 만들고 부근지의 관개 몽리(灌漑蒙利), 전답 규모, 연안군 권재(權災)와 이포(吏逋) 등의 여러 폐단을 조사하도록 하였다.[77]

나아가 1897년 10월 대한제국의 성립에 이어 1899년 8월 '대한국국제'가 반포되면서 전제군주정 체제가 본격화되자 황실은 개간 문제에

---

74) 연안 민란의 원인을 정확하게 파악할 수는 없지만 제언 수축에 따른 요역의 폐단에서 기인한 것으로 보인다. 1890년에 일어난 경상도 함창 민란의 경우 해당 지역의 제언인 관남지를 준설하는 과정에서 부과된 과중한 요역이 봉기 원인의 하나였다. 이와 관련해서는 송찬섭, 《관남지에 묻힌 함성—한말 함창 고을의 농민항쟁을 찾아서》, 서해문집, 2003, 46~55쪽 참조.

75) 《연안남대지수세절목》(신묘 광서 17년 정월 성책). 김상기, 〈한말 양평에서의 의병항쟁과 의병장〉, 《호서사학》 37, 호서사학회, 2004, 147쪽 재인용.

76) 《공문편안(公文編案)》 21, 을미 각읍거관(各邑去關) 해서(海西), "연안군의 남대지 준역의 세액 수렴에 관한 건", 1895년 7월 9일;《훈령존안(訓令存案)》 1, '남대지준역사 보고에 관해 연안에 내린 지령', 1895년 7월 8일.

직접 관여하여 개간지 확대에 힘을 기울였다.[78] 1899년 2월 7일 궁내부 소속 내장사 아래 수륜과를 설치한 것은 이 때문이었다. 수륜과의 업무와 조직을 보여주는 '궁내부소속내장사수륜과장정(宮內府所屬內藏司水輪課章程)'은 다음과 같다.

> 제1조 국내고조황폐지지(國內高燥荒廢之地)에 수륜(水輪)을 부설하며 축동굴포개척(築垌掘浦開拓) 관개할 사.
>
> 제2조 과장은 해과 사무를 감독하며 개척 각처를 수시 순심(巡審)할 사.
>
> 1. 과장이 순심할 시에는 해과 사무를 기사가 서리(署理)할 사.
>
> 제3조 기사는 과장의 지휘를 받아 목공(木工), 철공(鐵工)과 상토(相土), 측수(測水), 산술(算術) 따위를 전임(專任)할 사.
>
> 제4조 주사는 과장의 명을 받아 수륜 기무(機務)와 일절 문부(文簿)에 종사할 사.
>
> 제5조 수륜과 사무소는 상의사조방(尙衣司朝房)으로써 정할 사.
>
> 제6조 원액 직원(原額職員) 외에 각부군(各府郡)에는 위원 약간 인을 기술한숙인(技術嫺熟人)으로 과장이 천보(薦報) 임명할 사.
>
> 1. 위원은 각부군에 토지 형편을 사검하여 본과에 보고하며 개척 사무를 감동할 사.
>
> 2. 위원이 각부군에 전왕(前往)하는 시에 본부 훈령을 체유(帶有)하고,

---

77) 《역토소관사원훈지존(驛土所關査員訓指存)》(규 17896) 6, '연안군 사검위원 여비 이감에 관한 건', 광무 원년 9월 8일. 이중 권재(權災)는 중앙에서 재난을 당한 고을을 임시로 재난 지역으로 지정하는 것을 말한다. 즉 1835년과 1851년 해일로 연안군 여덟 개 지역이 황폐화된 뒤 1862년과 1874년 급재 조치로 900여 결이 조세 감면을 받았지만 1895년 다시 조세를 납부하게 되었다. 이에 관해서는《공문편안》2, 고종 31년 10월 9일;《공문편안》52, 보고서 황해도관찰사 김가진 제11호보, 광무 2년 1월 27일 참조.

78) 이에 관해서는 이영호, 〈일제의 식민지 토지정책과 미간지 문제〉,《역사와 현실》56, 한국역사연구회, 2000, 295~300쪽.

사무가 지방관에게 유관한 경우에는 조회 판리(辦理)할 사.

제7조 개척 때에 분묘 50보 내에는 침월할 수 없을 사.

제8조 각궁, 각영(各營), 각사(各司), 각부(各府), 각군(各郡), 소속공토(所屬公土)가 등기(等棄)하여 황폐자(荒廢者)는 아울러 수의(隨宜) 개척하여 본과에 부속할 사.

제9조 한광(閑曠)하여 등기한 곳은 일례로 기간(起墾)할 사.

제10조 인민이 만일 자본을 내어 개척할 경우에는 본과 인허를 받은 뒤에 시행할 사.

제11조 개척 관개처 수세(收稅)는 과장이 과원을 파정(派定)하되 본과 세칙에 따라 종렴(從廉) 작정(酌定)하여 본사(本司)에 납부할 사.[79)]

수륜과의 업무가 주로 수차를 설치하여 관개할뿐더러 이를 활용하여 개간지를 확대하고 관리하는 데 중점을 두었음을 확인할 수 있다. 그리고 각 궁방에서 개별적으로 개간지를 확대하던 방식을 넘어서 황실이 직접 각부군 등의 지방 통치 기구에 의존하여 개간사업을 일원적으로 추진하는 한편, 수륜과는 자체적으로 해당 관련 전문 기사는 물론 수륜과장이 각부군에 위원 몇 명을 기술한숙인으로 추천하여 임명하게 하였다. 이들 위원은 각부군에 토지 형편을 사검한 후에 본과에 보고하며 개척 사무를 감동(監董)하는 일을 맡았다.[80)] 아울러 수륜과가 관개처에서 염가로 직접 수세함으로써 수세 징수의 폐단을 줄이고 황실 재정을 늘리려는 의도를 엿볼 수 있다. 물론 민간의 개간활동을 장려하는 한편, 인허가권을 장악함으로써 민간의 개간지사업을 통제하

---

79) 《고종실록》, 고종 36년 2월 7일;《관보》, 광무 3년 2월 9일, '궁내부소속내장사수륜과장정'.

80) 《관보》, 광무 3년 2월 9일.

고자 하였다. 그러나 수륜과장정에서는 고종 초기 《육전조례》 호전의 규정과 달리 제언 표내를 경간하는 행위를 금지하는 규정을 두고 있지 않다. 이는 황실이 소농민의 관개 이용보다는 개간지 확대에 중점을 두고 있음을 보여준다.

그렇다고 황실이 남대지의 피폐를 방치하지는 않았다. 1901년 8월과 9월 축동파원(築垌派員)을 파견하여 소착(疏鑿) 축동(築垌)하도록 하였다.[81] 아울러 해당 지역 부군 신기답(新起畓)은 일일이 훼파하고 수축 작업은 빨리 준공하도록 하였다. 이때 작업 인력으로 해당 지역 부근 다섯 읍에서 민정을 발하되 경비는 해당 지역 주민들에게 배당하지 않고 연안군 공전 중에서 획급하여 지출하도록 하였다.[82] 그러나 연안군은 공전 중의 일부를 강화 진위대 군수비(軍需費)로 획급하기로 되어 있어 정부는 이 비용을 타군에서 부담하도록 조치하였다. 여기에는 경비를 원활하게 조달할 수 있도록 힘을 기울인 경리원의 역할이 컸다.[83] 물론 다른 한편에서는 이전 시기와 마찬가지로 수리시설 수축에 따른 잡음이 끊이지 않아 영솔인 등이 민간을 토색하여 고가를 투식하는 일도 벌어졌다.[84]

나아가 1902년에는 수륜과를 수륜원으로 승격하여 인원과 부서를 확대하였다.[85] 관련 내용은 다음과 같다.

81) "辭令", 《황성신문》, 1901년 8월 23일자; 《궁내부래문(宮內府來文)》 63, 통첩, 광무 5년 8월 20일; 《궁내부래문》 64, 통첩, 광무 5년 9월 28일.

82) "池役請費", 《황성신문》, 1901년 10월 29일자; 《공문편안》 94, 연안군, 광무 5년 11월 4일; 《훈령조회존안》 81(규 19143), 1907년 1월 14일.

83) 《훈령조회존안》 81(규 19143), 1907년 1월 14일.

84) "訴推討索", 《황성신문》, 1902년 4월 16일자; "論說 盍思洑渠陂池之利", 《황성신문》, 1902년 6월 9일자.

제26조 궁내부 소속 직원 중 수륜과를 수륜원으로 개칭하여 내장원 다음에 두고 총재 1인 칙임 부총재 1인 칙임을 증치하고 감독과장 이하는 잉구(仍舊)하되 수륜 사무에 관(管)하여 각 부부원청(府部院廳)에 평행 조회하고 각 관찰사에게 훈령할 사를 첨입하며 경위원 다음에 관리서(管理署)를 증치하여 직원을 좌같이 둠이라.

이는 수륜 업무가 내장원 산하 개별과가 처리하는 업무를 넘어 내장원 다음가는 부서로서 추진하는 중요사업으로 승격되었음을 의미한다. 특히 개간허가권을 둘러싸고 농상공부와 갈등을 빚어온 터에 각 부부원청에 평행 조회할 수 있을 정도로 개간 업무의 주도권을 행사할 수 있게 되었다.[86]

이어서 1902년 11월에는 수륜원 관제를 다음과 같이 개정하였다.

제26조 궁내부 직원 중 수륜원 관제를 좌같이 개정함이라.

수륜원 국내고조황폐지지에 설계관개(設械灌漑)하고 진황지처에 상토기간(相土起墾)하며 축언개보(築堰開洑)와 굴포소결(掘浦疏決)과 확용(碻舂)과 종상양잠(種桑養蠶) 등에 일절 사무를 전관하니 직원은 좌같이 둠이라.

총재 1인 칙임

부총재 1인 칙임 수시 증감

감독 2인 칙임

---

85) 《관보》, 광무 6년 4월 15일, '포달 제80호로 궁내부관제 중 수륜과를 수륜원으로 개칭하고 관리서를 증치하는 건.' 이에 관해서는 서영희, 〈1894~1904년 정치체제 변동과 궁내부〉, 《한국사론》 23, 서울대학교 국사학과, 1990, 375~376쪽 참조.

86) 이영호, 앞의 글, 2000, 297쪽.

서무국장 1인 주임 2등국이니 원내 각항 사무를 장판(掌辦)하고 각과 사무를 동칙(董飭)할 사.

수륜과장 1인 주임 기계 제조와 확용부설(確舂敷設)함을 관할 사.

제언과장 1인 주임 폐언모경을 금하며 축언굴포를 장(掌)하여 기간관개(起墾灌漑)함을 관할 사.

공상(公桑)과장 1인 주임(奏任) 상목(桑木)을 종식(種植)하여 잠업 확장함을 관할 사.

사계(司計)과장 1인 주임 각항 세액과 원중경용(院中經用)을 관할 사.

기사 10인 주임

주사 11인 판임

기수 12인 판임 수시 증감[87)]

개정된 수륜원 업무를 이전의 수륜과 업무와 비교하면 그 업무가 확대되었음을 확인할 수 있다. 조직의 확장과 직원의 승급이 단적으로 나타난다. 특히 개간사업을 넘어 뽕나무 재배를 비롯하여 기계 제조로까지 확대되고 있다. 특히 규정상 종래 수륜과에서 누락되었던 폐언모경 금지 업무를 제언과장이 처리하고 있을뿐더러 담당 과장을 지정하고 있다. 이는 역대 국왕이 표방해왔던 '제언 표내 모경 금지'를 담당 관리들이 전담하여 실질적으로 수행함으로써 농민층의 몽리를 보장하고자 한 정책이라 할 수 있다.

이러한 정책 방향은 11월 26일 《관보》에 게시된 '수륜원장정'에 구체적으로 나온다. 이중 장정을 구체적으로 뒷받침하는 '수륜원 규칙' 제10조는 이를 단적으로 규정하고 있다.

87) 《관보》, 광무 6년 11월 20일, '포달 제91호 궁내부관제중수륜원관제.'

제10조 구폐제언(久廢堤堰)을 준축저수(濬築貯水)하여 백성으로 하여금 이익을 입게 하고 모경 전답은 일절 엄금할 사.[88]

이는 수륜과에 제언의 유지 관리 업무에 대한 구체적인 조항이 없었던 터에 수륜원에 새로 이 업무를 부과함으로써 황실의 제언정책 방향을 잘 보여준다고 하겠다. 즉 수륜원이 종래 역대 정부의 제언정책을 계승하여 준축저수에 출자하는 한편, 모경을 엄금함으로써 여민공리(與民共利)하고자 하였던 것이다. 그런데 이때 남대지를 비롯한 많은 제언이 내장원 관할이 되었다는 점에서 내장원이 권세가들의 모경 침탈을 막아낼 수 있는 근거지가 될 수 있었다.[89] 이어서 규칙 제17조 2항은 다음과 같다.

일. 제언보량(堤堰洑梁)을 본원에서 수축하여 몽리처답토(蒙利處畓土) 매 두락에 상등은 조(租) 1두요, 중등은 7승이요, 하등은 5승으로 정할 사.

수륜원은 이와 같이 동(垌)·언(堰)·보(洑)·량(梁)을 수축하여 몽리처답토에서 마지기당 상등은 조 1두, 중등은 7승, 하등은 5승을 징수함으로써 황실 재정 수입을 증가시킴은 물론 이를 기반으로 다시 수리시설을 수축할 수 있게 되었다.

이와 같이 내장원은 재정 확충을 위해 수세징수권 확보에 힘을 기울이면서도 제언의 수축 및 관리를 위해 출자하는 한편, 권세가들의 모경 침탈을 억제하는 역할을 수행하였다. 반면 내장원은 제언 운영에

88) 《관보》, 광무 6년 11월 26일, '수륜원규칙.'

89) 朝鮮總督府, 〈水利ニ關スル舊慣〉, 《朝鮮總督府月報》 3권 4호, 1913, 11쪽.

직접 관여하지 않고 수령과 향촌사회의 공동 이용에 맡겼다. 더욱이 제언은 국유지가 아니라 내장원 관할 구역에 지나지 않았다. 남대지의 경우 권세가들의 침탈이 있을 즈음 황실의 기지입표(基地立標)로 삼자는 주장이 나오기도 하였다.[90]

한편, 언론계에서는 수륜원의 사업 성과가 미진함을 비판하면서도 황실의 제언 수축 방침을 적극 견인하고자 하였다. 《황성신문》의 경우 1902년 6월 9일자 "봇도랑과 방죽의 이점을 더욱 생각하라(益思洑渠陂池之利)"라는 제목의 논설에서 다음과 같이 주장하였다.

> 我邦陂池之最入者는 有金堤之碧骨堤와 古阜之訥堤와 益山全州之間黃登堤와 咸昌之恭檢池와 堤川之義林池와 德山之合德池와 光州之慶陽池와 永柔之德池와 延安之南大池等이 皆陂池之巨者而有大利於一方ᄒᆞ야 此皆自羅濟乙代로 極一國之力而成築ᄒᆞ고 高麗以來로 至國朝히 屢加修築ᄒᆞ야 未世蒙利也러니 今皆廢缺湮塞ᄒᆞ니 計其功則不過千夫一朔之役이오 語其利則特爲萬民無窮之益이어늘 …… 目今生民之流離顉顑이 實由於旱暵饑饉之厄則▣鑿隄防之功을 不容不汲汲經濟ᄒᆞ야 免致臨渴堀井之悔矣어늘.[91]

여기서는 김제의 벽골제, 고부의 눌제, 익산 전주의 황등제, 함창의 공험지, 제천의 의림지, 덕산의 합덕제, 광주의 경양지, 영유의 덕지와 함께 남대지의 몽리성(蒙利性), 유구성(悠久性)을 소개하는 한편, 수축에 따른 경비는 따지지 말고 민인의 이익을 위해 수축하여야 함을 역설하고 있다.

---

90) 《훈령조회존안》 81(규 19143), 1907년 1월 14일, 농상공부대신 → 궁내부대신.

91) "益思洑渠陂池之利", 《황성신문》, 1902년 6월 9일자.

고종 정부는 황실이 중심이 되어 제언 수축에 이와 같이 힘을 기울임으로써 수세 수입원을 확보할뿐더러 지역 농민들의 농업경영을 지원할 수 있게 되었다. 이는 황실이 정부를 대신하여 수리정책을 입안하고 실행에 옮기고 있음을 보여준다.

4. 을사늑약 이후 제언정책 변화와 지역사회 동향

1) 제언정책 변화와 외지 권세가들의 남대지 개간 시도

대한제국 정부가 1905년 11월 을사늑약으로 실질적인 주권을 빼앗기고 일제가 내정에 관여하면서 정부의 제언정책도 변경되어야 하였다. 우선 러일전쟁 직전인 1월 18일에 수륜원이 혁거되고 2월 5일 농상공부로 이관되었다.[92] 이는 개간권이 수륜원과 대립하고 있던 농상공부로 넘어갔음을 의미하였다. 또한 일제의 황무지 약탈이 시작되는 가운데 한국인 지주들을 중심으로 개간 열풍에 휩싸였다.[93] 여기에는 일본인들의 활동도 주효하였다. 이들은 한국척식주식회사 등을 설립하여 황무지 개간 확보에 혈안이 되었다.[94]

이러한 분위기는 남대지를 둘러싼 개간 문제에서도 감지되었다. 1906년 7월 황무지 개간 허가권이 지주들의 개간활동을 견제하였던 궁내부에서 일제에게 장악된 농상공부로 넘어감으로써 일본인은 물론

92) 《관보》, 광무 6년 2월 5일, '주본 전 수륜원·전 평식원을 농상공부로, 전 관리서를 내부로 이속시키되 그 용관을 감하하는 건'; 광무 8년 1월 21일, '포달 제111호 궁내부관제 개정.'

93) 일본인들은 1904년 대한제국이 제정한 외국인 소유 금지 법률 조항을 교묘히 피하기 위해 황무지 개간권을 요구하였다. 이에 대해 보안회를 중심으로 황무지 개간권 반대운동이 전개되었다. 이와 관련해서는 이영호, 앞의 글, 2000, 300~302쪽 참조.

94) "日本人의 韓國拓殖會社", 《황성신문》, 1906년 9월 26일자.

한국인 지주들의 개간활동이 용이해질 수 있었다.[95] 이에 1906년 12월 훗날 친일단체인 대정친목회(大正親睦會)를 이끌었던 예종석(芮宗錫)이 개성 거주자 이윤식 등과 더불어 남대지 개간 허가를 청원하였다.[96] 그 밖에도 대표적인 민씨 척족의 한 사람인 민영기(閔泳綺)를 비롯하여 독립협회 계열의 홍긍섭(洪肯燮) 등이 참여하였다. 이 점에서 이들 청원자는 일본과 매우 가까운 인사들로 구성되어 있음을 확인할 수 있다.

특히 이 청원자 중에서 '일진회 내 농업회사 대표'로 참여한 홍긍섭을 주목할 필요가 있다.[97] 그는 과거에 독립협회에서 활동하였으며, 중추원 의관을 지냈고, 훗날 일진회의 평의장과 부회장을 맡게 될 인물이었다. 그리고 개간권 청원 직전 시기인 1904년 6월 중추원에 헌의하는 문건을 통해 일제의 황무지 개간권 탈취 시도에 맞서 회사를 설립하여 한국인에게 개척권을 주어 황무지를 개척하자고 제안하였다.[98] 또한 그는 황실이 일제의 황무지 개간권 탈취를 막기 위해 설치한 어공원(御供院)을 속히 없애라고 주장하는 한편,[99] 진황지를 모두 농상공부에 부속시켜 관할하게 할 것을 강조하였다.[100] 그의 이러한 주장은 표면적으로는 일제의 황무지 개간권 탈취 시도를 좌절시키는 데 기여한 것으로 보인다. 하지만 실제로는 어공원을 해체함으로써 황실의 미간지에 대한 권리를 약화하고 한국인 지주들의 미간지 개간권 확보를 지원하는 한편, 농상공부가 통감부 지휘 아래에 있다는 점에서 일본인

95) 《관보》, 광무 10년 7월 30일, '궁내부령 제4호(宮內府令第4號) 토지개간(土地開墾)에 관한 건.'

96) 예종석은 훗날 예속 자본가로서 대표적인 친일단체 대정친목회에서 이사와 회장을 역임하였다. 국사편찬위원회 한국근현대인물자료 http://db.history.go.kr/ 참조.

97) 경무국, 《폭도에 관한 편책》, '남대지사건취조'(국사편찬위원회 소장, 국가보훈처 디지털자료).

98) 최창희, 〈황무지개척권 반대운동〉, 국사편찬위원회, 《한국사 43》, 탐구당, 1999 참조.

99) 어공원에 관해서는 이영호, 앞의 글, 302~303쪽 참조.

100) "疏首延請", 《황성신문》, 1904년 6월 25일자; "紳士疏本", 《황성신문》, 1904년 6월 27일자.

들의 황무지 개간권 탈취를 보장하는 측면이 농후하다. 물론 그의 주장에 따라 정부가 일본의 황무지 개간권 탈취에 맞서 농광회사(農鑛會社)를 설립할 수 있었다. 그러나 이미 언급한 바와 같이 그의 주장이 국토 수호 차원에서라기보다는 미간지에 대한 황실의 권리 약화와 한국인 지주들의 개간권 확보에 중점을 두었다는 점에서 향후 일본의 개간권 탈취에 연결될 여지가 컸다.[101] 이는 남대지 수훼를 둘러싸고 이 지역 농민들과의 커다란 갈등을 예고하는 것이기도 하였다.

아울러 청원자들의 실질적인 배후라 할 민영기는 청원자 이윤식을 대리인으로 내세운 인물로[102] 황해도관찰사 등 지방관을 두루 역임한 뒤 중추원 의관, 육군부대신 등을 거쳤으며 1905년 7월부터 1907년 5월까지 탁지부대신을 역임하였다.[103] 또한 1889년경 남대지를 침탈하려다 실패한 어느 민씨 척족의 뜻을 이어받아 남대지 개간에 관심을 기울였던 인물로 알려졌다.[104] 따라서 청원 당시 청원자들의 배후에서 대한제국 정부와 통감부에 영향력을 행사할 수 있는 자리에 있었던 셈이다. 특히 남대지 사건이 본격적으로 전개되는 시점인 1908년에는 동양척식주식회사 부총재를 지냈다.[105]

이들 청원자의 주장을 보면 군자정(君子亭) 흥룡소(興龍沼) 바깥의 개

101) 1905년 11월 이후 홍긍섭은 일진회의 중추인물로서 을사늑약을 지지하는 문안을 고치는 데 관여하였다. 아울러 홍긍섭이 활동하였던 일진회는 1906년 3월 일제의 농공은행 설립에 일조하였다. 이에 관해서는 김종준, 《일진회의 문명화론과 친일활동》, 신구문화사, 2010, 91, 94쪽 참조.

102) 1908년 6월 청원자들이 내부 경무국장에게 연안 군민 대표들이 군민을 선동하였다는 죄로 처벌해달라는 청원서에서 민영기가 청원자 중 가장 앞에 배열, 표기되어 있다. 이에 관해서는 경무국, 앞의 책, '청원서' 참조.

103) 《고종실록》 권48, 고종 42년 7월 8일 ; 고종 44년 5월 25일.

104) 《황해도남대지사건》, 1909년 4월 14일, 황해도 경무부장→내부 보안과장, 별지.

105) 민영기는 1910년 일제의 강제 병합 후에는 조선귀족령(朝鮮貴族令)에 따라 남작의 작위를 받았다. 1911년 총독부 중추원 고문이 되었으며, 1923년 이왕직장관으로 발탁되었다. 또한 공적으로 자작의 작위를 올려 받았다. 국사편찬위원회 한국근현대인물자료 http://db.history.go.kr/ 참조.

간을 허가해달라는 내용이었다. 이는 당시 국내는 물론 외국인 사이에서 농상공부의 인허를 칭하며 우선 측량하고 장차 논으로 개간하려는 자가 한둘이 아니었던 상황과 밀접하였다.[106] 이에 농상공부는 군자정 전방 약 40정보(약 39만 6,700제곱미터)를 저수지로서 존치하고 기타 부분 약 130정보(약 128만 9,000제곱미터)를 허가하였다. 이 제언이 황실의 소관임에도 이렇게 개간하고자 하는 것은 황실의 권력이 약화된 데 따른 결과였다.[107] 반면에 궁내부에서는 지주를 비롯한 이권배의 침탈을 면하기 위해 남대지를 '황실의 기지입표'로 하는 것이 좋겠다는 의견이 나왔다.[108] 그래서 궁내부는 농상공부의 개간 허락을 타당하지 않다고 비난하는 한편, 농상공부에 연안군 남대지는 황실기지(皇室基址)이니 개간을 청원하여도 인허를 금단하라는 조회를 발송하였다.[109] 이에 통감부의 지휘를 받는 농상공부는 이러한 조회에 따라 이윤식(李允植)에게 개간을 인허한 인장(認狀)을 격수상송(繳收上送)하겠다는 뜻을 궁내부에 올렸다.[110] 궁내부와 농상공부가 개간권 허가를 둘러싸고 극한 대립에 이른 셈이었다.

한편, 예종석 등은 1907년 5월에 다시 연안군 남대지 부근 공기처(空棄處)를 개간하고자 하니 인허해달라는 청원서를 제출하였다. 그들은 개간이 본인들만의 이익을 위한 것이 아니라고 주장하며 개간 이후 1,000석이 수확될 곳을 양안에 획정하여 황실에 상납할 것이라고 제안

---

106) 《훈령조회존안》 81(규 19143), 1907년 1월 14일.

107) 앞과 같음.

108) 앞과 같음;《제도국산림서류(制度局山林書類)》(규 21908), 1907년 3월 4일, 농상공부대신→궁내부대신.

109) 《훈령조회존안》 81(규 19143), 1907년 1월 14일;《제도국산림서류》, 1907년 2월 20일, 궁내부대신→농상공부대신.

110) 《제도국산림서류》, 1907년 3월 4일, 농상공부대신→궁내부대신.

하였다.[111] 〈그림 2.9.2〉는 청원자들의 개간권 청원에 대한 농상공부의 허가 사항을 보여주는 도면이다.

〈그림 2.9.2〉와 관련 자료를 보면 이들 청원자가 1907년 5월 2차로 청원할 당시에는 갑(甲), 을(乙), 병(丙) 자리에 제방을 수축하여 내부를 경작지로 만들려고 하였다. 아울러 (イ 제방)에 자리하였던 제방을 허물고 물을 빼 이쪽 역시 개간하려 하였던 것으로 보인다.

이에 궁내부는 청원대로 허시하나 남대지 용소 정계는 범입하지 말라는 지령을 내렸다.[112] 이때는 궁내부 역시 일제 고문에게 장악되어가던 시기였기 때문에 개간권을 전면 부정하지는 못하였던 것이다. 나아가 궁내부는 황해도관찰사에게 연안군 남대지 부근 공한처를 개간하도록 인허하였으니 개간 시 저희(沮戱)함이 없도록 하라는 훈령을 내렸다.[113] 그러면서도 궁내부는 연안군수에게 보낸 지령을 조회하였다.[114] 나아가 연안군 남대지 용소의 경계를 정하기 위해 위원을 파송하니 도본(圖本)대로 정계하고 개간 시 용소를 범입하지 못하게 하라는 훈령를 내렸다.[115] 이어서 궁내부는 이러한 청원이 남대지를 두 번 침범하거나 외국인에게 양도할 폐단이 있거든 일체 금단한 후 형지(形止)를 보고해올 것을 연안군에 훈령하였다.[116] 이는 개간 허가권을 실제로는 박탈당하면서도 마지막까지 지주층의 부당한 개간활동과 일본인의 침탈을 우려하였기 때문이다.

반면 일진회를 이끌었던 송병준(宋秉畯)이 1907년 5월 28일 농상공

111) 《제도국산림서류》, 1907년 5월, 개성부 이윤식 청원.

112) 《제도국산림서류》, 1907년 5월 20일, 궁내부대신.

113) 《제도국산림서류》, 1907년 5월 21일, 궁내부대신→황해도관찰사.

114) 《제도국산림서류》, 1907년 5월 22일, 궁내부대신→농상공부대신.

115) 《제도국산림서류》, 1907년 5월 27일, 궁내부대신→연안군수.

116) 《제도국산림서류》, 1907년 6월 26일, 궁내부대신→농상공부대신.

〈그림 2.9.2〉 남대지 지형도

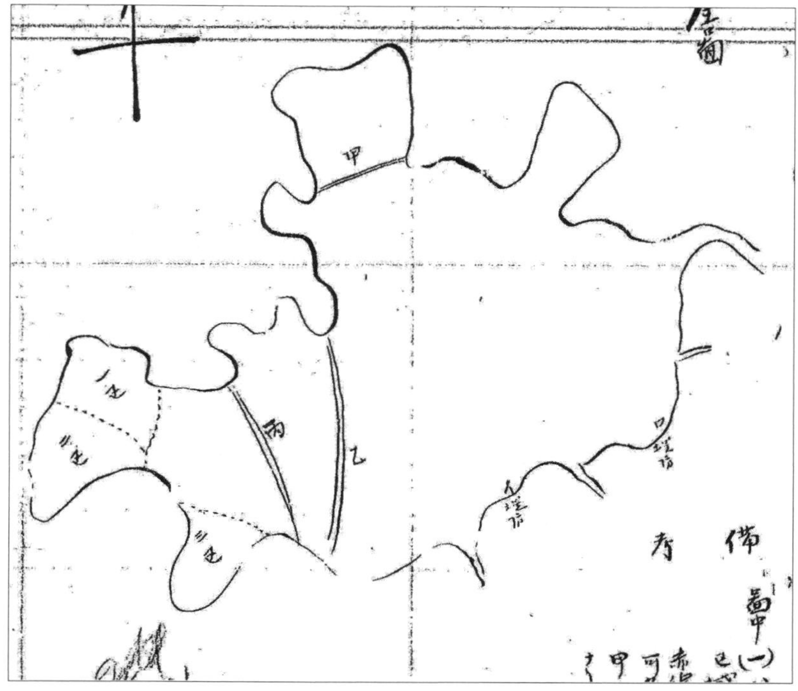

· 출전 : 《황해도남대지사건》, 1909, 국가기록원 소장. 4. 14. 황해도 경무부장 → 내부 보안과장.
· 비고 : 도면 중 (一), (二), (三) 구(區)는 이윤식에게 허가해준 구역임. 갑, 을, 병은 작년(1908) 이가(李哥) 등이 제방한 것임.

부대신으로 내각에 입각하면서 농상공부는 궁내부의 지시를 다른 방식으로 받아들였다. 궁내부가 용소 정계에 침범하는 것에 우려를 표시하였다면 농상공부는 오히려 개간을 장려하는 쪽에 비중을 두고 있었다. 나아가 당시 송병준이 제실소유(帝室所有) 국유재산조사국 위원장에 취임하면서 제실 재산을 정리하기 시작하자[117] 궁내부의 위상은 대단히 낮아졌고 농상공부의 위상은 높아졌다.[118] 따라서 미간지, 진황지, 역둔토 등 황무지 개간권에 관심을 가졌던 일진회원과 개간 청원자들은 송병준에게 그러한 기대를 걸면서 개간 추진에 박차를 가하였다. 남대지 개간 청원도 이러한 기대에서 비롯되었을 것이다. 특히 통감부가 1907년 7월 '국유미간지이용법(國有未墾地利用法)'을 제정, 공포하면서 누구든지 농상공부의 허가를 받기만 하면 황무지는 물론 소택지(沼澤地) 같은 미간지 등을 개간할 수 있게 된 것이다.[119)]

그러한 가운데 이윤식 등 청원자들은 1908년 3월 남대지 개간에 착수 기공하였다.[120)] '국유미간지이용법'에 따르면 이미 허가를 받은 경우 3개월 내에 개간권 인증을 다시 청원하면 기존의 권리가 인정될뿐더러[121)] 국유미간지를 핑계로 개간을 적극 추진할 수 있었기 때문이다.[122)] 그러나 농상공부가 뎨김(題音)에서 남대지를 허가 범위 안에서 개간하라고 하였는데도 개간자들은 남대지 범위를 범하면서 민유지를 침범하였다. 이에 연안군민들이 내쫓으려 하였지만 순사들의 보호에 힘입어 개간하기 시작하였다. 반면 지역 농민들은 회집하면 의병으로 몰릴까봐 회집하기가 만만치 않았다.[123)] 당시 일제의 의병 탄압으로 인해 농민들의 일상적인 권리수호운동도 위축되었던 것이다. 반면 친일 지주들은 이러한 분위기를 틈타 그들의 개간지 확보 작업을 벌여나갔다.

---

117) 일제의 제실재산정리국에 관해서는 이상찬, 〈일제침략과 「황실재산정리」(1)〉, 《규장각》 15, 서울대학교 규장각, 1992 참조.

118) 김종준, 앞의 책, 222쪽.

119) 《관보》, 광무 11년 7월 6일, '법률 제4호 국유미간지이용법.'

120) 경무국, 앞의 책, '청원서 송부의 건'(1908년 6월 5일).

121) 경무국, 앞의 책, '국유미간지이용법' 제15조. 당시 농상공부는 예종석 등이 개간권을 다시 청원하자 연안군민의 동정에 예의 주시하면서 고민에 빠졌다. 그러나 결국 이후 상황의 전개를 보았을 때 허가한 것으로 보인다.

122) 국유미간지 이용에 관해서는 이영호, 앞의 글 참조.

123) "開墾否認", 《황성신문》, 1908년 5월 30일자.

2) 지역 주민들의 개간취소운동과 통감부의 남대지 국유화 결정

민영기 등 권세가가 일진회와 연대하여 남대지 개간권 허가를 청원하자 연안 지역사회는 충격에 빠졌다. 이에 전 연안군수이자 이곳 부호로서 신성면(薪城面)에 거주하였던 명범석(明範錫)이 남대지 개간 공사가 전체 공정의 절반을 넘어서는 시점인 1908년 5월 27일자로 단자를 만든 뒤 통문을 작성하여 각 면에 돌렸다.[124] 그는 통문에서 남대지를 일반 인민이 공공(公共)으로 점익(霑益)하였음을 강조하였다. 특히 명범석의 조부가 60년 전에 고을 관아와 함께 남대지를 준설하였고 1898년에는 명범석 자신이 군수로 부임해와 서울 세력가에게 늑봉당한 수세를 민간에게 환급하였다는 점을 상기시켰다.[125] 또한 개간자들의 개간사업은 군민의 생명과 재산은 돌아보지 않고 한 개인의 이익을 차지하려는 속셈이라고 비판하였다. 나아가 개간자의 행위는 공법, 민법의 죄가 되고 만민 공익을 침탈하는 행위라고 규정하였다. 아울러 개간사업을 중지하고 남대지를 보전할 방침을 세울 것을 요청하였다. '개간허가취소운동'이라 하겠다.[126] 이어서 명범석 일행은 1908년 6월 2일 시장에서 수십 명을 모았고 군민들이 이를 따라 역부와 감독자를 쫓아냈다.[127] 최초의 물리적 충돌이었다. 여기에 참여한 사람들은 연안군 면장을 비롯한 인물들이었다. 이에 개간권 청원자들은 바로 당일 6월 2일 방해자들이 공익과 국법을 멸시하였다고 하며 내부 경무국에 명범석을 체포하고 참가자들을 엄칙 해산해줄 것을 요청하는 청

---

124) 경무국, 앞의 책, '남대지사건취조'(1908년 6월 30일).

125) 군수 시절 그의 이러한 행적은 사실로 보인다("黃海道管下郡守治蹟", 《황성신문》, 1899년 1월 31일자).

126) 《황해도남대지사건》, 1909년 4월 14일, 황해도 경찰부장→내부 보안과장.

127) 경무국, 앞의 책, '남대지사건취조'(1908년 6월 30일).

원서를 제출하는 한편, 개간사업이 지속적으로 추진되도록 지원할 것을 요청하였다.[128)]

그러나 연안군민들은 이에 굴하지 않고 개간 작업자들을 내쫓고 1908년 6월 22일 청원서를 연안군수에게 제출하였다. 청원서의 서두는 다음과 같다.

> 엎드려 생각하건대 농업이라는 것은 천하의 큰 근본이요, 민생의 이익이라. 이로써 강천(江川)의 보(洑)를 쌓아서 물을 끌어들이고 원야(原野)에 못을 파서 물을 저장하여 토지관개(土地灌漑)의 이익을 편하게 하는 고로 농업의 이득으로서 민의 목숨이 사는 것이라.[129)]

이러한 언설은 '산림천택 여민공지'의 원칙을 내세우면서 남대지의 공공성에 초점을 맞춘 것이라 하겠다. 아울러 삼국시대(신라) 이래 연안군민들이 2,000년 동안 못을 파서 남대지를 조성하였음을 강조하였다. 나아가 남대지는 군민이 급가매득(給價買得)하여 준착제방(濬鑿堤防)하여 저수한 민유지임을 밝히면서 개간 청원자들의 황무지 주장을 반박하였다. 이러한 민유지는 몽리자의 공동 소유이므로 개인 소유의 사유지가 아니라 몽리자의 대다수인 지역 주민의 공유를 의미했다.[130)] 아울러 남대지는 '만민의 공공 이익을 일대이원(一大利源)하는 저수지임을 주장하여 '산림천택 여민공지'의 원칙을 재확인하는 한편, 예종석과 이완식(이윤식과 동일 인물)이 일시적인 권력을 등에 업고 연안군민의 생명과 재산을 빼앗는다고 비난하였다. 이는 남대지 수폐 문제를

128) 앞의 책, '남대지사건취조'(1908년 6월 2일).

129) 앞의 책; "以一害萬", 《황성신문》, 1908년 6월 5일자.

공공성에 입각하여 전군(全郡)의 생명과 일인일가(一人一家)의 천탈(擅奪)로 대립시킨 셈이었다. 끝으로 남대지 주변에서 벌이는 내국인 및 외국인의 기답(起畓)을 일체 금단하는 한편, 군민들의 제언 수축을 허가해줄 것을 청원하였다.

한편, 황해도관찰사는 연안군의 이러한 사태를 접하면서 그 시말을 파악하도록 지시하였고 연안군수는 남대지가 고저심천(高低深淺)의 구별이 없어 한구석이라도 작답하게 되면 전 제언에 걸쳐 저수할 수 없음을 보고하면서 개간 사항을 자세히 조사하여 추후 다시 보고하겠다고 답변하였다.[131] 지역사회에서도 남대지 개간의 심각성을 파악하고 신속하게 대처하고자 하였음을 알 수 있다.

그런데 이들 군민은 이러한 청원서를 연안군수에게 제출하면서 당시 막강한 영향력을 행사하였던 서울의 통감부, 농상공부에 앞서 궁내부에 전보하도록 요청하였다. 물론 이후에는 서울의 통감부, 농상공부, 기타 관청 등에 사람을 보내 이 문제의 해결을 청원하였다.[132] 그럼에도 불구하고 군민들의 이러한 요청은 당시 궁내부의 위상이 하락했는데도 궁내부가 권세가들의 개간권 탈취 노력을 '산림천택 여민공지'라는 원

---

130) 일제가 조사한 "수리에 관한 구관(舊慣)"을 보면 제언을 소유관계에 따라 관유 제언과 민유 제언으로 나눈 뒤 민유 제언을 공유 제언과 개인 소유 제언으로 구분한다. 이때 공유 제언은 몽리자의 공동 소유에 속하는 제언이며 실제로 존재하였음을 그들 스스로 인정한다(朝鮮總督府, 〈水利ニ關スル舊慣〉, 《朝鮮總督府月報》 3권 4호, 1913, 10~11쪽). 다만 일제는 제언의 신축·수축이 국가의 공공사업으로 계획되었기 때문에 국가가 제언을 백성에게 되돌려주지 않는 한 공유는 있을 수 없다는 전제 아래 일본의 경우와 달리 조선에는 이러한 공유 제언이 별로 없다고 주장하였다. 이는 제언을 국유화할 목적으로 일제가 '산림천택 여민공지'의 이념을 의도적으로 무시한 것으로 보인다. 아울러 일제 스스로 조사하여 인정하고 있듯이 제언을 실질적으로 관리하는 제언감고(堤堰監考)는 보주(洑主)와 마찬가지로 몽리자의 호선(互選)에 의해서 선출되었다(朝鮮總督府, 〈水利ニ關スル舊慣〉, 앞의 책, 25~26쪽). 조선 전통의 국유·공유에 대한 일제의 인식은 차후 별고로 다룰 예정이다.

131) 《황해도남대지사건》, 1908년 6월 6일, 황해도 경무부장→내부 경무국장, 첨부 문서.

132) 경무국, 앞의 책, '연안군 남대지에 관한 청원 서류.'(1908년 6월)

칙에 입각하여 저지할 수 있다고 본 것이다. 실제 이미 언급한 바와 같이 당시 궁내부가 농상공부의 청원자 옹호 방침을 지속적으로 제한하려 하였다는 점은 연안군민들에게 깊은 인상을 주었으리라 짐작된다.

한편, 정창훈(鄭昌薰)을 비롯한 연안군민은 서울로 직접 올라와 제실재산정리국에 네 번 청원하였을 뿐 아니라[133] 내부 경무국에도 청원서를 제출하였다.[134] 여기서도 그들은 "남대지는 연안군이 공동(公同)하여 양전미답(良田美畓)을 착성(鑿成)한 지(池)"라고 주장하면서 "공동으로 공세(供稅)한 지 2,000여 년이 되었"음을 강조하였다. 그리하여 제실재산정리국에서는 남대지를 옛날 그대로 일반 군민이 보수(保守)하게 하는 한편, 경무국에서도 연안군 주재 순사에게 전칙(電飭)하여 연안군민의 축동(築垌)을 극력 보호해달라고 요청하였다.

이에 통감부는 결세도총안(結稅都總案)을 열람하여 금경지(禁畊地) 31결 76부 6속이 있음을 확인하고 민유지로 인정한 뒤 기경을 정지하는 한편, 탁지부에 이첩하여 조사관을 파견하도록 하였다.[135] 탁지부는 통감부의 이러한 요청에 따라 조사관을 파견하여 남대지의 범위, 결안(結案), 관개 몽리 면적을 조사하였다.[136] 나아가 예종석과 이윤식이 제언을 파괴한 것을 부당하다고 판단하는 반면, 다음 해 농사의 시급함

---

133) 당시 제실재산정리국 산하의 농림과에서는 보언(洑堰)을 비롯하여 제신 전답을 관리하고 있었다. 이에 관해서는 이상찬, 앞의 글, 141쪽 참조.

134) 경무국, 앞의 책, '청원서에 관한 건류'(1908년 7월 7일).

135) 경무국, 앞의 책, '연안군 남대지에 관한 청원 서류'(1908년 6월).

136) 경무국, 앞의 책, '연안군 남대지에 관한 청원 서류'(1909년 5월). 이러한 탁지부의 조사활동은 당시 농상공부대신 송병준과 대립관계에 있었던 이완용의 영향력이 미친 것이 아닌가 짐작된다. 당시 《황성신문》 1908년 6월 5일자에 총리대신 이완용이 연안군민의 억울함을 미리 알고 농상공부대신과 교섭하여 개간권 청원자들의 청원을 인허하지 못하게 하고 있다는 기사가 수록되어 있다("開墾否認", 《황성신문》, 1908년 5월 30일자). 또한 송병준 자신도 내각에 입각한 뒤 일진회 측의 요구에 많은 부담을 느끼고 이권 제공에 소극적인 자세를 취하고 있었다. 이에 관해서는 김종준, 앞의 책, 222~224쪽 참조.

을 염려하며 수문을 설치하고 제방을 도로 쌓으라고 신칙하였다. 이는 개간권 청원자들의 개간 시도가 좌초되는 한편, 지역 주민의 주장이 관철됨을 예고하였다.

연안군민들은 정부와 통감부의 이러한 조치에 고무된 가운데 1908년 10월 군민 대표자와 면장 40명이 개간취소운동의 성공을 위해 서약하였다.[137] 이어서 1908년 12월 남대지를 준척(濬滌)하며 훼거한 제언을 수축하기 위해 26개 면의 면장과 중민(衆民)의 서명을 받아 남대지가 군민의 소유임을 증명할 것을 요구하는 신청안을 결수장부와 함께 제출하였다.[138] 이 신청안에는 남대지가 군민 소유임을 입증하는 데 필요한 남대지 내부의 자호와 부수, 세액 총계, 사표(四標) 내역, 남대지 둘레, 면적, 이용 목적, 몽리 면적 등이 기재되어 있었다. 또한 측량 결과 면적이 62만여 평이어서 1만 624호에 분배하면 가호당 59평 3홉(약 196제곱미터)임을 밝히고 있다.

한편, 연안군민들은 준역소(濬役所)를 설치하여 남대지를 스스로 관리하고자 하였다. 이러한 준역소는 기존의 향회와 달리 군민 대표와 면장, 향교 임원들로 구성되었다.[139] 이는 수리계장(水利契長)이나 제언도감(堤堰都監)으로 대표되는 기존의 몽리집단(蒙利集團)과 행정 조직인 면장협의체가 상호 결합함으로써 개간권취소운동을 확산시켜나갈 수 있음을 보여준다.[140] 특히 면장들은 면회의 추천을 받았을 가능성이 높기 때문에 면민의 의사를 대변한다는 점에서 그러한 경향이 두드러진

---

137) 《황해도남대지사건》, 1909년 5월 21일, 황해도 경무부장→내부 경무국장, 별첨 서약문.

138) 경무국, 앞의 책, '연안군 남대지에 관한 청원 서류'(1909년 5일).

139) 《황해도남대지사건》, 1909년 5월 21일, 황해도 경무부장→내부 경무국장, 별첨 서약문.

140) 수리계장과 제언감고에 관해서는 朝鮮總督府, 〈水利ニ關スル舊慣〉, 《朝鮮總督府月報》 3권 6호, 1913, 24~28쪽 ; 최재석, 앞의 책, 358~370쪽 참조.

다고 하겠다.[141] 그리하여 명범석을 비롯한 면장들은 이러한 조직에 기반하여 각 면에 통문을 돌리고 제언을 수축하고자 하였다. 이때 대면(大面)은 140명에서 150명, 소면(小面)은 70명에서 80명씩 역부를 제공하도록 하였다.[142] 따라서 준역소는 군민들의 의사를 결정하고 행동으로 옮기는 실질적인 자치 기구로 보인다.

그러나 연안군민들의 이러한 신청안은 그들의 기대와 달리 농상공부가 거부한 반면, 이윤식과 예종석 등이 허가받은 개간권을 취소하지 않은 채 일정 부분을 조정하여 확인해주었다.[143] 즉 농상공부의 주장에 따르면 남대지 경계를 이전에는 황무지라 하여 청원자들에게 허가하였는데, 지금은 남대지 경계를 침범하지 말고 제언 바깥 3개소에 대한 개간을 허가한다는 것이다. 그런데 문제는 연안군민들이 제기하고 있듯이 3개소가 위치한 장소다. 이미 언급한 바와 같이 남대지는 고저심천의 구별이 없어 특정 지역을 개간하게 되면 여타 부분도 제언으로서의 기능을 상실하게 된다. 따라서 개간권 청원의 부당성을 전제하지 않는다면 그 밖의 다른 조치는 연안군민들에게 아무런 의미가 없는 셈이었다. 이에 24개 면민이 서약하고 역계(役界)를 분정하여 단체를 결성하였다. 그러나 농상공부나 청원자들은 연안군민들의 행동에 아무런 반응도 보이지 않는 가운데 연안군민들을 공언무실자(空言無實者)로 몰아갔다.

연안군민들은 이와 같이 그들의 기대와 달리 정부의 방침이 개간권 청원자에게 유리하게 돌아감을 인지하자 1909년 2월 19일 다시 한 번

141) 연안의 경우를 직접 확인할 수는 없지만 1908년 당시 송화(松禾), 안악(安岳), 장련(長連)의 경우에는 면장 체임 시 각 해당 면에서 면회를 열어 중의를 수렴하여 면장을 선택한 뒤 군수에게 추천하였다. 이에 관해서는 度支部 司稅局,《面ニ關スル調査》, 1908, 10쪽 참조.

142) "延安郡守莊明成氏가 莅任數朔의 薄廩을 捐ᄒᆞ야 學校를 振興ᄒᆞ며",《황성신문》, 1909년 6월 13일자, 광고.

143)《황해도남대지사건》, 신청서(1909년 2월 19일).

내부 경무국에 청원하면서 예종석과 이윤식을 체포해줄 것을 요청하였다.[144] 이는 개간을 저지하기 위한 부득이한 청원이었다.

그러한 가운데 해주농공은행에서 오래 근무하였던 실업가 출신의 장명성(莊明成)이 1909년 2월 18일 연안군수로 부임하면서 연안 지역사회도 동요하기 시작하였다.[145] 그는 각 면에 훈령을 내려 공함(公函)을 압수하고 준역소를 혁파하여 제언 수축을 막았다.[146] 이에 군민들이 그를 만나고자 하였으나 그는 처음부터 거절하였다. 그리고 장명성은 예종석과 이윤식의 부탁을 받은 끝에 개간을 반대하던 대표인물 목원동(睦源東)을 비롯하여 주동인물을 체포하였다. 당시 연안군수 장명성이 개간자를 옹호하고 있다는 비난이 일었다. 그러나 정부나 통감부는 아무런 반응을 보이지 않았다. 오히려 《황성신문》에서는 장명성이 지역의 사립학교에 기금을 출연하여 지역교육에 이바지하고 있다고 보도하였다.[147]

이에 1909년 5월 정창훈(鄭昌薰)과 목원동 등 86명이 연안군민 대표로서 연서하여 내부에 청원서를 제출하였다.[148] 여기서 군수 장명성을 지목하여 개간 문제의 원인을 제공하였다고 비난하였다. 아울러 예종석과 이윤식 등이 남대지를 황무지라 칭하고 농상공부에 무고하여 인허를 받아 개간사업을 벌이고 있음을 비판하였다. 특히 농상공부에서는 뎨김에서 남대지를 침범하지 말라고 하였음에도 불구하고 개간자

144) 앞과 같음.

145) "十五郡守",《황성신문》, 1909년 2월 23일자;"叙任及辭令",《황성신문》, 1909년 2월 24일자.

146) 경무국, 앞의 책, '연안군 남대지에 관한 청원 서류'(1909년 5월);"延安郡守莊明成氏가 莅任數朔의 薄廩을 捐ᄒᆞ야 學校를 振興ᄒᆞ며",《황성신문》, 1909년 6월 13일자.

147) "海道延安郡私立鳳南學校義捐金",《황성신문》, 1909년 5월 2일자;"延安郡守莊明成氏가 莅任數朔의 薄廩을 捐ᄒᆞ야 學校를 振興ᄒᆞ며",《황성신문》, 1909년 6월 13일자.《황성신문》의 이러한 보도 태도는 1908년 6월 5일자 보도 태도와 사뭇 다르다. 즉 이전 보도에서는 연안군민의 개간 중지 청원활동을 담담하게 보도한 데 반해, 6월 13일 보도에서는 신랄하게 비난하고 있다.

148) 경무국, 앞의 책, '연안군 남대지에 관한 청원 서류'(1909년 5월).

들이 남대지 범위를 범하면서 민유지를 침범하였다고 주장하였다. 이에 군수 장명성은 서울로 올라가버렸으며 황해도관찰사, 경찰부장, 평산군 헌병분견소관구장, 농상공부 서기관 등이 명범석 등의 행적을 조사하기 시작하였다. 이어서 준역소를 혁파하였다.[149]

이러한 상황에서 1909년 5월 16일 이윤식이 수문 공사를 위해 남대지 장소에 도착하였다.[150] 이때 주민들이 공사 도구를 운반하는 역부들을 목격하였다. 그리고 600명의 주민이 운집한 가운데 일부 주민은 출장을 나온 일본인 관리들에게 폭행을 가하기 시작하였다. 여기서 이윤식, 농상공부 주사 일본인 두 명 외 다섯 명이 사망하였다. 그리하여 일본 헌병대와 경찰이 출동하였다. 그러나 당시 이 자리에는 명범석이 없었다. 이에 일본인 경무부장은 그를 형사처벌할 수 있는지를 다각도로 검토하였다.[151] 여기에는 출판법 위반을 비롯하여 협박 취재 성립, 폭동죄, 구타죄 등이 포함되었다. 그러나 개간사업이 원만하게 진행되는데다 배후 조종자로 추정되는 명범석이 연안군의 유력가임에도 불구하고 평산군으로 은거하면서 그의 명성이 실추되었다는 판단에 따라 처벌하지 않고 행정처분에 맡겨 처리하고자 하였다.

이어서 통감부는 5월 22일에 헌병을 보내 명범석을 설유하였고[152] 5월 29일에는 농상공부 서기관을 보내 개간 경위를 면장과 유지, 민인에게 설명하였다. 이에 따르면 통감부가 남대지를 국유지라고 결정하였음에도 불구하고 명범석 등이 본인들의 야심을 채우기 위해 연안군

149) "延安郡守莊明成氏가 莅任數朔의 薄廩을 捐ᄒᆞ야 學校를 振興ᄒᆞ며", 《황성신문》, 1909년 6월 13일자.

150) 《황해도남대지사건》, 1909년 5월 17일, 황해도 경무부장→내부 경무국장, 경무국장→총무장관(내부 차관).

151) 《황해도남대지사건》, 1909년 6월 10일, 황해도 경무부장→내부 경무국장.

152) 《황해도남대지사건》, 1909년 5월 23일, 농무국장→내부 경무국장.

민들에게 통감부가 민유지로 인정하였다고 왜곡하여 알리고 군민들을 선동했다는 것이다.[153] 나아가 명범석 일파가 운동비(運動費)와 수문 공사비 명목으로 받은 돈으로 자기들의 배를 불렸다고 매도하였다. 또한 개간자의 조급한 행위도 비판하면서 통감부가 대한제국 폐정(弊政)을 개혁하고 '인민의 이익'을 중시하는 기관임을 역설하는 한편, 1908년 9월 '국유미간지이용법'에 근거하여 이윤식, 예종석 등의 청원서에 대한 검토를 거쳐 해당 지역을 실사한 끝에 1908년 12월 개간권을 허가해주었음을 밝히고 공사를 방해하지 말 것을 강조하였다. 그러면서도 그는 군민들의 개간권취소운동으로 개간 면적이 군자정 앞 약 40정보로 협소해져 지역 주민들의 관개에 장애가 되지 않을 것이라고 단정하였다. 통감부의 이러한 개간 대상지 축소 결정은 서기관이 설명한 대로 연안군민들의 취소운동에 따른 결과이기도 하거니와 통감부가 장차 수리 개발을 위해 제언 보존의 필요성을 인정하였기 때문이다.[154] 끝으로 피허가인들의 개간사업을 감독하기 위해 관리를 출장시킬 것을 언명함으로써 연안 군민들의 불만을 무마하고자 하였다. 아울러 통감부는 개간반대운동을 주도하였던 명범석을 체포하지 못한 채 징역 7년형을 선고하였다.[155]

당시 《황성신문》은 통감부의 이러한 처리방식을 적극 동조하면서

153) 《황해도남대지사건》, 1909년 6월 10일, 황해도 경무부장→내부 경무국장. 농상공부 서기관의 이러한 주장은 개간권취소운동 주동자의 주장과 사뭇 달라 진위를 확인할 필요가 있지만 관련 자료 부족으로 구체적으로 파악할 수 없다. 다만 일제가 국유지로 규정하면서 남대지의 소유관계를 정리하고자 하는 의도를 엿볼 수 있다.

154) 통감부는 장차 일제의 농업 개발에 필요한 농업용수의 부족을 우려하여 일찍부터 제언 등 관개 시설 조사에 착수하였다. 특히 1908년 6월 각 부윤과 군수에게 훈령을 내려 각지의 제언 명칭과 그 소재를 조사하게 하였으며, 이어서 관개 면적, 수축 보존의 방법 등에 대한 조사 작업에 들어갔다. 이에 관해서는 横山正夫, 《復命書》, 1905 ; 농상공부 농무국, 《제언조사서》, 1909, 1~2쪽.

155) "延安郡守莊明成氏가 莅任數朔의 薄廩을 捐ᄒᆞ야 學校를 振興ᄒᆞ며", 《황성신문》, 1909년 6월 13일자 ; '明氏處役', 《황성신문》, 1909년 7월 20일자.

남대지 사건이 이른바 연안군 인민 대표 최광익(崔光翼)의 말을 빌려 명범석을 비롯한 지역 유력가의 선동에서 비롯되었음을 다음과 같이 보도하였다.

> 本郡居 明範錫은 素以富豪之民으로 郡守를 曾經훈 人이라 其黨 鄭昌薰 睦源東 金彰鎭 劉聖五 等 四人으로 連腸ᄒ고 本郡南大池開墾事에 對ᄒ야 京部에 呼訴ᄒ야 該池를 民有로 認許를 承出ᄒ야 開墾을 禁遏훈다 ᄒ며 京費는 渠之自當이라 ᄒ고 郡民代表라 自鳴ᄒ며 挺身出頭ᄒ야 昨年陰六月以後로 上部의 屢次 呈訴ᄒ다가 畢竟 認許도 承出치 못ᄒ고 境內人民의게 聲言ᄒ기를 認許狀이 將次 下來훈다 ᄒ며 這間訴費가 三千三百九十餘圜이라 ᄒ고 一萬六百二十四戶의 每戶三十二錢式 分排督捧홀 時의 各面面長을 招來ᄒ야 私設法門ᄒ고 敺之囚之ᄒ며 勒捧훈 金額이 一千七百餘圜이오 其餘一千六百餘圜은 于今 것 督刷쓴 不啻라 該南大池를 濬築훈다 稱ᄒ고 濬役所를 設施ᄒ고 各面面長의게 公函ᄒ야 大面은 役夫一百四五十名式 小面은 七八十名式 分排ᄒ야 不顧農務ᄒ고 赴役을 督促홀ᄉ 所以로 一郡之民은 廢農홀 境遇에 至ᄒ야 怨聲이 漲天훈지라.[156]

통감부는 한마디로 명범석을 비롯한 지역사회 유력가들이 치부와 개인적 야심을 위해 군민들을 선동하였다고 비난하고 있다. 이는 조선 정부와 대한제국 정부가 견지하였던 소민관계이앙(小民灌漑移秧)의 방침을 부정하는 가운데 통감부가 일본인·한국인 자산가들과 이해관계를 같이하면서 일부 식자층과 많은 농민이 지켰던 '산림천택 여민공

156) "延安郡守莊明成氏가 莅任數朔의 薄廩을 捐ᄒ야 學校를 振興ᄒ며", 《황성신문》, 1909년 6월 13일자.

지'의 원칙을 폐기할뿐더러 준역소를 자율적으로 운영하려던 방침을 매도하였음을 보여준다.

반면에《황성신문》은 연안군민들의 개간권 취소 요구를 거부하면서 1909년 남대지 사건의 원인을 제공한 연안군수 장명성을 12월 22일자 보도에서 다음과 같이 평하였다.

> 延安郡守 莊明成氏ㄴ 有明ᄒᆞᆫ 實業家라 海州農工銀行設立時委員으로 監事 理事에 責을 負擔하고 銀行에 五六年勤務하얏고 公立海州普通學校學務委員 私立海同學校財政監督으로 延安郡守를 敍任하얏ᄂᆞᆫᄃᆡ 力除痼瘼하야 民皆安堵하고 熙明 德義 兩學校가 財政이 乏絶하야 廢止홈을 憤歎하야 鳳南學校를 私立하고 金百圜을 捐捧補校하니 境內人士感發하야 爭自捐補에 補助金이 千餘圜에 達하얏고 日本人教師를 雇聘하야 熱心興學ᄒᆞᆫ다더라.[157]

장명성을 이와 같이 식산흥업과 계몽운동에 헌신한 인물로 묘사함으로써 한국인 자산가들의 미간지 개간활동을 계몽운동 차원에서 지원할 수 있는 논거를 제공하고 있다. 이는 정부가 그토록 경계하였던 외국인의 미간지 탈취를 용인할 수 있게 해주었다.

한편, 통감부는 이처럼 '남대지 사건'을 수습하는 과정에서 남대지를 국유지라고 공포해버렸다.[158] 이러한 조치는 당시 제언을 둘러싸고 국유, 민유(공유 포함)가 논란이 있던 차에[159] 먼저 결정한 것으로 이후 일제의 제언 소유관계를 국유로 처리할 전망을 예고한 것이라 하겠

157) "延倅治績",《황성신문》, 1909년 12월 22일자.

158)《황해도남대지사건》, 1909년 5월 29일, 농상공부 서기관 발언.

159) 한국중앙농회, 〈제2회 농업기술관회의 결의사항〉,《한국중앙농회보》, 1909년 12월, 7쪽.

다.[160] 그리고 실제로도 이후 제언의 관행을 조사할 때 제언을 대개 공유시설물이 아니라 국유시설물로 결정하였다.[161] 이 점에서 통감부의 이러한 국유지 결정은 '산림천택 여민공지'의 이념 아래 지역 주민이 제언을 공동으로 이용하고 관리하는 방식과 함께 소유관계의 공유 원칙을 전면적으로 부정하는 처사였다. 그리하여 1910년 이후 일제는 이러한 국유지 결정에 입각하여 제언 관리에 적극적으로 관여할뿐더러 수리시설을 장악할 수 있는 발판을 마련할 수 있었다. 아울러 1906년에 이미 설립된 수리조합은 이러한 일제의 의도 속에서 한국인 지역 농민들의 수리조합활동을 제약하는 한편, 일제의 통제와 감독 속에서 일본인 대지주와 한국인 대지주 위주로 수리조합을 운영할 수 있는 근거를 확보할 수 있게 되었다.[162] 이는 일제가 한국의 농업 관리체계를 장악함은 물론 한국인 농민들의 활동을 지속적으로 통제할 수 있게 되었음을 의미하였다.

요컨대 '남대지 사건'의 전개과정과 이를 처리하는 통감부의 처리 방침에서 드러나듯이 이 사건은 통감부의 수리정책이 향후 취할 방향과 함께 장차 소작인은 물론 자영농과 일부 중소지주를 포함한 지역 주민들의 활동 방향을 예고하는 시금석이 되었다. 그리고 양자의 국유·공유를 둘러싼 소유관계의 대립, 갈등은 수리조합 운영과 제언의 이용방식을 둘러싼 문제로 옮겨가면서 새로운 차원으로 발전할 터였다.

---

160) 수리시설의 국유 판정을 둘러싼 논란은 남대지의 경우에만 국한되지 않고 이후 다른 지역에서도 분쟁으로 비화하였다. 《조선토지조사사업보고서(朝鮮土地調査事業報告書)》에 따르면 이러한 분쟁은 토지 조사 사업과정에서 203건에 달하였다(조선총독부임시토지조사국, 《조선토지조사사업보고서》, 1918, 165쪽).

161) 朝鮮總督府, 〈水利ニ關スル舊慣〉, 《朝鮮總督府月報》 3권 6호, 1913, 14~16쪽. 이에 관해서는 이애숙, 〈일제하 수리조합의 설립과 운영〉, 《한국사연구》 50·51, 한국사연구회, 1985, 322쪽 참조.

162) 이애숙, 앞의 글, 321~323쪽; 박명규, "제9장 수리 체계의 변화와 지주, 농민, 식민지 권력", 《한국 근대 국가 형성과 농민》, 문학과지성사, 1997, 352~355쪽.

그럼에도 불구하고 '산림천택 여민공지'의 이념은 이전 시기와 달리 표방되지는 않았지만 수리조합 설치 이전에는 지역 주민 스스로가 농업용수를 관리하고 통제하였다는 기억을 통해 일제하 대다수 농민의 뇌리에 잔존하였으며,[163] 나아가 사회주의 농업 강령과 연결되어 농민운동의 방향에 영향을 미쳤을 것이다.[164] 그리고 이는 1960년대와 1970년대 농촌사회에서 이루어지고 있었던 수리시설의 이용 관행 속에 기저로 깔렸을 것이다.[165]

5. 결어

'남대지 사건'은 1908년 6월부터 1909년 5월 사이에 황해도 연안군민과 남대지 개간 주도 세력 사이에 두 차례에 걸쳐 충돌한 분쟁 사건이다. 분쟁의 직접적인 계기는 지주지를 확대하고자 하는 권세가 지주들과 이권을 챙기려는 일진회가 연대하여 남대지를 개간하려는 시도에서 찾을 수 있다.

그러나 이러한 분쟁의 원인은 단지 당시에 첨예하게 부딪친 경제적 이해관계의 대립에서만 비롯되지 않았다. 이는 근대 이전부터 '산림천

163) 박명규, 앞의 책, 348~352쪽.

164) 1930년대에 제시한 사회주의 농업 강령에는 일제의 수리조합사업을 비판하면서 "과거의 천연관개수를 빼앗는 것에 의해 농민으로부터의 토지××의 농구로 되었을 뿐이다"라고 하여 '산림 및 하천의 국가 및 '소비에트'에 의한 관리, 그리고 농민의 이익을 위한 사용', '수리사업의 확장과 국가에 의한 관리, 수리조합비의 전폐' 등의 조항이 들어 있다(金浩永, 〈朝鮮に於ける土地問題〉, 《朝鮮に於ける土地問題》, 東京: 勞動者書房, 1930, 21~22, 76~77쪽(朴慶植 編, 《1930年代朝鮮革命運動論》, 朝鮮問題資料叢書 第7卷, アジア問題研究所, 東京, 1982 수록). 이에 관해서는 지수걸, 《일제하 농민조합운동 연구》, 역사비평사, 1993, 140~141쪽 참조.

165) 최재석, "제5장 수리집단", 《한국농촌사회연구》, 일지사, 1975, 358~373쪽.

택 여민공지'의 이념 아래 각기 다른 경제적·정치적 처지에서 제언의 이용방식과 소유관계를 둘러싸고 대립하거나 충돌해온 역사적 내력에서 연유하였다.

먼저 정부와 대다수 농민을 포함하는 지역 주민은 모경을 금지하고 제언시설을 수축함으로써 제언을 공동으로 이용하고 공유할 수 있는 여건을 지속적으로 조성하려 하였다. 반면 궁가와 일반 세가들은 교환경제의 발달과 농법의 발전 속에서 지주지를 확대하기 위해 제언을 훼손하고 표내 모경에 힘을 기울였다. 특히 이는 숙종 45년(1719)에 '복구가 불가능한' 폐언의 경간을 허용하고 세금을 받는 것으로 결정하는 데서 절정을 이루었다.

그러나 양자의 이러한 대립과 갈등은 조선 후기 내내 사회 문제로 비화되었지만 '산림천택 여민공지'의 기본 원칙은 원리상 준수되었을 뿐 아니라 현실에서도 구현되어가고 있었다. 영조 연간에 들어와 제언 표내 모경으로 인한 제언의 훼손이 극한에 달하였다고 판단하고 제언 표내 모경을 엄금하는 한편, 제언 준설과 수축에 역점을 두었다. 특히 정부의 이러한 방침은 영조 46년(1770) 남대지 준설과정에서 잘 드러났을 뿐 아니라 제언 수축의 전범을 만들어냈다. 즉 정부가 제언의 준설과 수축을 기획하고 출자하되 지역 주민이 제언을 관리하고 유지하는 데 필요한 경비를 분담하였으며, 정부가 수령을 통해 제언을 감독하되 지역 주민은 농업용수를 공동으로 이용하고 자율적으로 운영하였다. 공동 이용과 공동 소유가 이와 같이 결합되어 구현되었던 것이다.

정부의 이러한 제언 표내 모경 금지 방침과 제언 수축방식은 근대개혁기에 들어와서도 지속되었다. 물론 황실은 재정 확보 차원에서 제언 등의 수리시설에서 수세를 징수하기 위해 이러한 수리시설을 궁가 소관으로 돌리고자 하였다. 그러나 이러한 노력은 정부를 대신하여 수리시설을 직접 신축·수축함으로써 농업경영 기반을 확충하는 데 중점을 두었을 뿐 지역 농민의 공공 이용과 공유를 부정하는 것은 아니었다.

그러나 일부 권세가는 일제의 침략 속에서 황실 권력이 약화되자 황실과 대립하였던 일진회와 연대하여 제언 등을 훼손하고 개간지를 확보하려 하였다. 조선 후기 권세가들의 지주지 확대 노력의 연장선이라 하겠다. 특히 일제는 한국의 산업을 장악하려고 '산림천택 여민공지'의 이념을 철저히 배제하면서 남대지를 비롯한 제언 등을 국유화하고자 하였다. 제1차 '남대지 사건'이 외부 권세가와 연안군민의 분쟁이었다고 한다면, 제2차 '남대지 사건'은 외지 권세가와 이들을 지원한 통감부와 연안군민의 분쟁이었다. 특히 후자는 남대지의 국유와 공유를 둘러싼 분쟁이었다. 비록 이 사건이 통감부의 직접적인 개입과 개간지 축소로 인해 잠시 소강 상태를 보였지만 이후 1920년대와 1930년대에 전개된 황해도 연백(연안, 백천) 주민의 수리조합 설치 반대운동과 토지 불매운동 등에는 영향을 미쳤을 것이다.[166] 그리고 그것은 과거와 단절되지 않는 역사적 전통과 수리시설의 공공성에서 연유하였다. 이는《동아일보》가 1937년 9월 29일에서 보도하고 있듯이 '남대지 사건' 전후 이래 외부 권세가들의 끊임없는 침탈 시도에도 불구하고 이 지역 주민들의 지속적이고 필사적인 반대운동에 힘입었다. 이때도 주민들이 반대 이유로 제시한 것은 외부 세력, 즉 일본인 농장회사를 비롯하여 일본인 대지주, 한국인 대지주 등 지역 외부 대지주들의 대부와 불하 문제였다.

166) 1920년대와 1930년대 황해도 지역 수리조합운동에 관해서는 박수현, 〈1920~1930년대 황해도지역 수리조합반대운동〉,《한국민족운동사연구》24, 한국민족운동사학회, 2000, 385~386, 392~393, 401~404쪽 참조.

유서 깊고 연고가 있는 곳을 폐지하고 개간하는 것은 애석할 뿐 아니라 설사 개간을 하게 된다면 오래된 연고자에게 대부나 불하하는 것이 옳고 이권배의 일부 개인이나 연고 없는 단체에게 대부 혹은 불하하는 것은 부당하다는 것이다.[167)]

연안군민들은 '남대지 사건'에서 견지하였던 공유론이나 민유론에 근거하고 있지 않지만 오랫동안 남대지를 관리하고 이용해왔던 몽리자로서 남대지 개간을 여전히 반대할뿐더러 설혹 대부하거나 불하하더라도 지역 주변 주민의 연고에 근거하여 주민들이 대부받거나 불하를 받아야 함을 역설하고 있다.

그러나 이후 수천 주민의 극력 반대에도 불구하고 1937년 9월 남대지 60여 만 평은 황해수리조합에 양여되고 말았다.[168)] 이제 농민들의 물 이용은 수리조합의 관리 아래에 들어갔다. 그러한 가운데 일부가 개간되면서 남대지의 물을 식수로 사용해왔던 연백군의 나진포(羅津浦) 주민 2,000여 명이 음수(飮水) 기근을 맞기에 이르면서 대공황에 빠지게 되었다.[169)]

〈조선 말, 대한제국기 제언정책의 추이와 지역사회의 동향—1908·1909년 황해도 연안 '남대지 사건'을 중심으로〉, 서울대학교 규장각한국학연구원, 《대한제국기 황실재정 공문서 자료집—연구 논문》, 민창사, 2012 수정 보완

167) "유서 깊은 남대지 황해 수조에 양여", 《동아일보》, 1937년 9월 29일자.
168) 앞과 같음; 《조선총독부관보》, 1938년 4월 14일, '고시 제328호'.
169) "나진포 음수 기근 이천 명 주민 곤란", 《동아일보》, 1938년 2월 21일자.

제3부

3·1운동과 한국인 학생의 내면세계

1장

3·1운동 만세 시위 관립전문학생들의 내면세계

1. 서언

한국 역사학계는 일찍부터 3·1운동의 규모와 참가 계층의 구성을 두고 거족적(擧族的) 민족운동(民族運動)이라고 규정하였다.[1] 이 운동에는 200만 명이 넘는 한국인이 참여하였으며 그중 농민층을 제외하고는 교사, 학생, 종교인 등 이른바 식자층이 가장 많이 수감되었다.[2] 당시 인구 비율을 감안하면 이들 식자층의 비율이 가장 높은 셈이었다. 물론 이러한 식자층 안에서도 학생들이 많았음은 당연하였다.

그런데 여기서 의아한 점은 당시 관립전문학생은 사회적으로 가장 우수한 엘리트집단으로 인정받았을 뿐 아니라 장래가 촉망되는 인재

1) 한우근, 〈(개설) 3·1운동의 역사적 배경〉, 동아일보사, 《3·1운동 50주년 기념논문집》, 동아일보사, 1969, 15쪽; 김성식, 《일제하 한국학생운동사》, 정음사, 1974, 84~85쪽; 조민, 〈제1차 세계대전 전후의 세계정세〉, 한국역사연구회·역사문제연구소 엮음, 《3·1운동 70주년 기념논문집 3·1민족해방운동 연구》, 청년사, 1989, 41쪽.

2) 3월 1일 이후 4월 30일까지 피검자 총수 2만 6,713명 중 학생이 2,037명으로 전체에서 8퍼센트를 차지하였다. 이에 관해서는 김대상, 〈3·1운동과 학생〉, 동아일보사, 《3·1운동 50주년 기념논문집》, 동아일보사, 1969, 311쪽 참조.

로 비치는 상황에서 이들 전문학생 수감자 수가 적지 않다는 것이었다.[3] 특히 이들 전문학생이 일제로부터 각종 특혜를 받으며 우대받는 한국인 집단이었다는 점을 감안할 때 이러한 현상은 특이점으로 비쳤다. 따라서 이들 전문학생의 3·1운동 만세 시위는 역사학계의 주목을 받을 만하였다.

하지만 이러한 주목은 찻잔 속의 미풍에 지나지 않아 오로지 고등보통학교나 사립전문학교에 재학한 학생들로 옮겨갔다.[4] 관립전문학생들은 일제가 세운 관립학교에 다니는 학생으로서 사립전문학생들과 달리 온갖 일본화교육과 특혜를 받으며 출셋길을 달리는 사회적 존재라는 고정 관념이 당대에도 강했거니와 해방 후 학계에서도 결코 불식되지 않았고, 더욱이 관립학교 학생들에 대한 당국의 통제가 사립학교에 비해 심하여 학생들이 시위에 참여하기 어렵다고 판단했기 때문이다.[5] 나아가 한국근대사 연구계는 한국근대 학생운동의 전통을 사립학생 위주로 전형화하는 가운데 관립전문학생들은 학생운동과는 무관한 존재로 인식하면서 이들 학생의 활동을 치지도외(置之度外)하였다.[6] 물론 학생운동 연구가 사건별, 학생단체별, 지역별로 접근함으로써 운영

---

3) 서대문형무소 수감 학생 71명 중 12명이 관립전문학교 학생이었다. 이에 관해서는 김용달, 〈3·1운동기 서대문형무소 학생 수감자의 역할과 행형 분석〉, 《법학논총》 31-2, 단국대학교 법학연구소, 44~45쪽 참조.

4) 1919년 3월 10일까지 만세 시위에 참가한 학생들의 소속 학교를 보면 관공립학교가 85개인 데 반해, 일반사립학교 및 종교계 학교는 135개라는 통계 수치가 사립학교 위주의 연구를 촉발하였을 것이다(조선총독부 학무국, 《騷擾と學校》, 1920). 특히 3·1운동 준비과정에서 중요한 역할을 수행한 중앙학교와 선교사의 역할을 강조하는 주장이 두드러진 나머지 사립학교가 관립학교에 비해 더욱 주목을 받았다. 이와 관련해서는 김대상, 앞의 글; 최형련, 〈3·1운동과 중앙학교〉, 동아일보사, 《3·1운동 50주년 기념논문집》, 동아일보사, 1969; 마삼락, 〈3·1운동과 외국인선교사〉, 동아일보사, 《3·1운동 50주년 기념논문집》, 동아일보사, 1969; 김호일, 《한국근대 학생운동사》, 선인, 2005, 100~109쪽.

5) 정래수, 〈충남지역 항일학생운동 연구(1910~1930년대)〉, 충남대학교 박사학위논문, 2001, 34~35쪽.

방식과 밀접한 학교 차원의 운동을 포착할 수 없었음도 관립전문학교 학생들의 동향을 주목하지 않은 요인이었다. 따라서 3·1운동에서 이들 학생이 벌인 주도적인 역할이라든가 적극적인 참여는 특이하고 개인적인 성향으로 치부되었다.

그러나 이들 관립전문학생은 조직적이고 집단적인 행동을 전개하였고 일부 지도급 학생들은 한국인 전체 학생들의 만세 시위를 주도하였다는 점에서 관립전문학생의 참여 동기를 검토할 필요가 있다. 이러한 작업은 3·1운동을 민족운동이나 민족자결주의의 자기장(磁氣場)이라는 거시적 틀 속에 가두지 않고 그들과 주변 환경의 이해관계, 역사적·사회적 기반과 이러한 집단행동 경험이 이후 학생들의 삶에 미친 영향을 파악하는 데 유효할 것이다. 이에 이 글에서는 3·1운동 만세 시위를 주도하였거나 참여한 관립전문학생들의 내면세계를 해명하고자 한다. 이러한 내면세계는 만세 시위라는 집단행동을 초래하는 여러 요인, 가령 일제 당국으로부터 제공받은 각종 지원 및 졸업 이후 진로의 상대적 안정성, 그리고 민족차별에 따른 진로 전망의 불투명, 국내외 정세 인식, 주변 가족과 지역사회의 영향에 따른 민족 정체성 문제와

6) 가장 최근에 나온 독립운동사 개설서에서는 3월 5일 학생층 독자의 서울역 시위에 주목하면서 연희전문학교 학생 강기덕과 보성법률상업전문학교 학생 김원벽이 학생 시위를 주도한 것으로 서술하고 있다(한국독립운동사연구소, 《한국독립운동의 역사》, 독립기념관, 2013, 112~113쪽). 그러나 학생운동사 연구의 개척자 김성식은 경성의학전문학교 학생 한위건이 3·1운동 준비과정에서 보성전문학교 졸업생인 주익보다 적극적이었으며 2·8독립선언을 국내에 알려준 장본인이었음을 밝히고 있다(김성식, 《일제하 한국학생운동사》, 정음사, 1974, 110쪽). 특히 이 과정에서 경성의학전문학교에 재학 중이던 나창헌이 일본 도쿄 2·8독립선언에 참여하였다는 점도 주목할 필요가 있다(장석흥, 〈나창헌의 생애와 독립운동〉, 《한국학논총》 24, 국민대학교 한국학연구소, 2002, 121~122쪽). 또 3월 5일 시위에 앞서 3월 4일 오전 배재고등보통학교 기숙사 회합을 소집한 인물 역시 한위건이었다(金正明 編, 〈尹益善等事件判決文〉, 《朝鮮獨立運動》 1, 東京: 原書房, 1967, 831~852쪽). 그리고 최근 연구에 따르면 한위건이 탑골공원에서 독립선언서를 낭독한 장본인으로 알려졌다(신용하, 〈제2장 제4절 3·1운동과 서울〉, 서울특별시, 《서울항일독립운동사》, 2009, 326쪽; 황민호, 〈제2장 무단통치와 서울〉, 서울역사편찬원, 《서울2천년사—27 일제강점기 서울의 항일운동》, 2015, 129쪽).

만세 시위 이후 벌어지는 일제의 처벌과 불이익에 대한 손익계산이 복잡하게 얽혀 있는 사유 공간이라는 점에서 집중 분석의 대상이다. 다만 이 글에서는 당시 한국인 학생의 내면세계를 엿볼 수 있는 자료가 매우 희귀하기 때문에 구속된 관립전문학교 출신들의 신문(訊問) 조서라든가 배포 유인물, 3·1운동 이후에 소설 형식으로 발표되었거나 수기 형식으로 남겨진 자료를 활용하였다.

2. 일제의 차별적 교육 시책과 관립전문학교 운영 기조

1910년대 일제는 조선의 문명화를 내세워 각종 '교화'사업을 벌였지만 여타 부문과 마찬가지로 교육 부문에서도 '교화주 일본'과 이에 '순종하는 조선인'이라는 구도를 유지하기 위해 민족차별 방침에 중점을 두었다.[7] 이는 한국인과 일본인이 각각 입학하는 초등학교, 중등학교 명칭과 학제에서도 잘 드러났다. 한국인은 보통학교(4년제) – 고등보통학교(4년제)인 반면, 일본인은 소학교(6년제) – 중학교(5년제)였다. 여기에는 한국인을 피지배자, 일본인을 지배자로 육성하려는 의도가 담겨 있었다. 일제 상층부의 이러한 구상은 중간 수행자인 대구공립보통학교 교장 하나다 가나노스케(花田金之助)의 다음과 같은 주장에서 노골적으로 드러나고 있다.

> 양자(소학교와 보통학교 – 옮긴이)는 모두 일본인과 조선인 간의 융화를 목적으로 설립되었다. 즉 소학교에서는 조선인의 지도자가 될 만한 자질과

7) 권태억, 《일제의 한국 식민지화와 문명화》, 서울대학교출판문화원, 2014, 103쪽.

품성을 늘 아동에게 부여하고 있으며, 보통학교에서는 황은(皇恩)의 지극함을 보이며 국어(일본어)의 보급과 덕성의 함양에 노력함으로써 제국 신민이 될 자질과 품성을 갖추게 하여 부지불식간에 동화의 과실을 거두는 것이다.[8)]

이에 따르면 일본인은 한국인을 지도할 만한 자질과 품성을 갖춘 지배자로서, 한국인은 제국 신민으로서의 자질과 품성을 갖춘 피지배자로서 설정하고 있다. 교육은 민족별 계급 재생산의 도구였던 셈이다.

따라서 일제는 1910년 8월 대한제국 강점에 이어 1911년 '조선교육령'을 제정할 때 궁극적으로는 한국인의 일본인화에 목표를 두면서도 '시세와 민도'를 내세워 고등교육은 도외시한 채 오로지 한국인의 초등교육과 실업교육에만 중점을 두었다. 이른바 내지연장주의(內地延長主義)보다는 점진적 동화주의의 실현에 초점을 맞추면서 차별교육을 실행하고자 하였다. 1910년 당시 학무과장이었던 구마모토 시게키치(猥本繁吉)는 '교화의견서'에서 '조선인' 교육의 기본 방침을 다음과 같이 밝히고 있다.

조선 민족의 교육에서 시설해야 할 것은 …… 당분간 주로 초등교육 및 직업교육으로 충분함을 분명히 할 것. …… 초등교육은 주로 일본어를 보급하는 기관으로 급진적으로 하는 것을 피하고 오로지 옛 그대로 민도에 상응하는 간단한 것으로 시설한다. …… 직업교육은 초등교육을 이어받아 그것을 완성하는 것으로 한다. …… 초등교육 이외의 교육시설은 그들의 생업에 직접 관계되는 것에 한해 착실 온건한 교육을 주도록 하여 제

---

8) 花田金之助, 〈內鮮人の融化と教育〉, 《朝鮮教育研究會雜紙》 42, 1919. 3, 45~46쪽.

국 통치하에서 행복한 생활을 향락하게 하는 방향으로 그들을 지도하는 것이 중요하다. 일부의 동화론자와 같이 일본처럼 여러 종류의 고등한 학교를 주어 문화의 급격한 발달을 꾀하는 것은 그들을 더욱 생활난으로 빠지게 하고 나아가 제국의 화평을 해하기에 이른다.[9]

이는 일제가 내지연장주의에 입각하여 고등교육을 실시하기보다는 점진적 동화주의에 입각하여 보통교육, 실업교육 위주의 차별적 교육을 실시하고자 하였음을 보여준다.

한편, 일제하 농공 분업체제에서 일본 본국은 상공업 위주로 발전시키는 반면, 조선은 농업, 임업, 수산업 등 1차 산업 위주로 발전시키는 데 주안을 두면서 양자의 경쟁관계를 조성하지 않으려고 하였다. 당시 일본 내각과 제국 의회 유력자의 주요 의론을 전하였던 《신한민보(新韓民報)》의 보도에 따르면 다음과 같다.

같은 식민지로 말할지라도 혹 자본을 다져 공업을 일으킬 공업 식민지도 있으며 혹은 본국에 물품을 발매할 상업 식민지도 있으나 조선은 다만 농업 식민지에 지나지 못하니 고로 농업 식민지에 대하여는 고등교육을 베풀 필요가 없으며 조선 인민은 다만 좋은 농민이 되게 하였으면 넉넉하며 농업상 지식만 있었으면 그 외에 한문이나 혹 고등 학술은 필요치 아니할 뿐만 아니라 도리어 극해가 될 줄 믿노라.[10]

---

9) 《식민지 조선교육정책 사료 집성(植民地朝鮮教育政策史料集成)》(영인본) 69, 별집(別集), '교화의견서(教化意見書)', 대학서원, 1990. 이와 관련해서는 강명숙, 〈일제시대 제1차 조선교육령 제정과 학제 개편〉, 《한국교육사학》 31-1, 한국교육사학회, 2009, 18~19쪽; 나카바야시 히로카즈, 〈1910년대 조선총독부의 통치논리와 교육정책—'동화'의 의미와 '제국신민'화의 전략〉, 《한국사연구》 161, 한국사연구회, 2013, 212~215쪽 참조.

10) "日人의 韓國處置論", 《신한민보》, 1911년 8월 9일자.

일제는 자국의 산업 발전을 염두에 두면서 한국은 이를 뒷받침하는 원료 공급지 역할에 한정하려 하였던 것이다. 따라서 농업, 임업, 수산업 등 1차 산업을 위한 하급기술자 양성에 초점을 두었다.

이에 일제는 1910년 8월 강점 직후 대한제국기에 고등교육 기관이었던 법학교와 성균관, 관립외국어학교를 폐지하였다.[11] 또한 관립사범학교는 '학통(學統)의 분립(分立)'을 피하고 '경비의 절약'을 꾀한다는 명분으로 폐지하고, 대신에 경성고등보통학교 임시교원양성소를 설치하였으며(1911), 궁극적으로 동교 사범과 설치로 매듭지었다(1914).[12] 농상공학교는 조선교육령 공포를 전후하여 일반 실업학교가 아닌 부속학교로 격하되었다.[13] 예컨대 관립농림학교는 조선총독부 권업모범장 부속 농림학교로 격하되었으며(1910), 농상공학교(1904)는 농상공부 관립공업전습소(1907)를 거쳐 조선총독부 중앙시험소 부속 공업전습소(1912)로 전환되었다.[14] 의학교 역시 대한의원 부속 의학교(1909)를 거쳐 조선총독부 의학강습소로 격하되었다(1910).[15] 이 점에서 1910년대 전반(前半)에는 실상 전문학교가 거의 없는 셈이었다. 다만 법학교(1909)에서 전환된 경성전수학교(1911)는 학제 내 전문학교는 아니었지만 여타 실업학교와 달리 입학 자격을 "고등보통학교를 졸업한 자 또는 이와 동등 이상의 학력을 가진 자"로 규정함으로써 이미 전문학교 '수준'의 교육을 행하는 학교로 인정받고 있었다.[16] 무엇보다도 경성전

11) 임광수 엮음, 《정통과 정체성: 서울대학교 개교 원년, 왜 바로 세워야 하는가》, 삶과 꿈, 2009, 146~147쪽.

12) 안홍선, 〈경성사범학교의 교원양성교육 연구〉, 서울대학교 석사학위논문, 2004, 13~20쪽.

13) 임광수, 앞의 책, 142~145쪽.

14) 정인경, 〈일제하 경성고등공업학교의 설립과 운영〉, 《한국과학사학회지》 16-1, 한국과학사학회, 1994, 33~41쪽.

15) 서울대학교병원 병원역사문화센터, 《사진과 함께 보는 한국 근현대 의료문화사 1879~1960》, 웅진지식하우스, 2009, 85쪽.

수학교 학생들을 식민지 법제 확립과 법률 집행의 실행자, 그리고 한국인의 순응, 의무를 이끌어낼 당사자로 양성하고자 하였기 때문이다.

이후 일제는 1910년대 후반에 들어와 척식(拓殖)의 첨병인 재조선 일본인 자제의 진학 욕구를 충족시키고 호러스 그랜트 언더우드(Horace Grant Underwood) 등 미국 선교사 계열의 대학 설립에 맞서 주도권을 잡기 위해 이들 관립학교를 전문학교로 승격하기에 이르렀다.[17] 형식상 고등교육이 시작되는 동시에 일본인 중심의 전문학교 교육이 자리잡도록 여건을 조성하였다. 그 결과 경성의학전문학교와 경성공업전문학교가 1916년부터 이미 일본인이 학생 총수의 3분의 1 이내에 입학할 수 있도록 조정하였다. 이는 한국인 학생이 거주 인구에 비해 취학률이 매우 낮아지게 됨을 예고하였다. 이후 이러한 취학률은 재조 일본인이 많아질수록 더욱 낮아졌다. 특히 전문학교 졸업 이후 진학에서도 한국인 학생은 일본인 학생에 비해 불리한 조건을 감수하여야 하였다. 왜냐하면 학제상 한국인 학생(보통학교 4년 – 고등보통학교 4년)이 일본인 학생(소학교 6년 – 중학교 5년)보다 3년이 모자라기 때문에 이후 진학에서 불리함을 면할 수 없었다.

따라서 일제의 이러한 교육 시책 방향은 한국인 학생의 이해관계와 충돌할 수밖에 없었으며 궁극적으로 한국인 학생을 갈등의 늪으로 유도하는 변수로 작용하였다.

---

16) 《조선총독부관보》, 1911년 10월 20일, '제115호 경성전수학교규정'; "경성전수학교", 《매일신보》, 1916년 1월 1일자. 이와 관련해서는 김호연, 〈일제하 경성법학전문학교의 교육과 학생〉, 한양대학교 석사학위논문, 2011, 11쪽 참조.

17) 김태웅, 〈일제하 관립전문학교의 운영 기조와 위상 변화—제1차·제2차 교육령 시기 '서울대학교 전신학교'를 중심으로〉, 연세학풍단·김도형 외, 《연희전문학교의 학문과 동아시아 대학》, 혜안, 2016.

3. 일제의 우대정책과 피차별의식의 착종

관립전문학생들은 늘 일제의 우대정책과 민족운동의 당위성 사이에서 갈등하여야 하였다. 3·1만세 시위 참여로 경성의학전문학교에서 퇴학을 당한 이의경(李儀景, 필명 이미륵)은 그의 성장소설《압록강은 흐른다》에서 3·1운동을 앞두고 학우 사이에 오간 대화를 다음과 같이 기술하고 있다.

> "우리들이 참가한 것이 관청에 드러나는 날에는 처벌을 받는다는 것을 생각해봤니?"
>
> "물론 나도 그걸 생각하고 있어."
>
> "우리들은 더욱 심할 거야. 관립학교에서 공부하고 있는 우리들은 그 고마움 때문에 결코 정치적 시위에 참가해서는 안 될 것이야."
>
> 이제야 우리들이 참가해야 되는지 안 해야 되는지의 큰 문제가 나타났다. 우리들은 아무런 의무도 지우지 않고 우리들에게 고상한 학문을 가르쳐주는 학교가 고마웠다. 우리들에게 국비로 여러 가지 관광을 시켜주었고, 또 유명한 학자며, 승려, 정치인에게 안내해주었다.
>
> 익원(작가의 친구)은 오랫동안 입을 다물고 심사숙고하였다.
>
> "어떻게 해야 된다고 생각하니?"
>
> 그가 물었다.
>
> "나도 모르겠어!"[18]

여기서 학생들은 일제 당국으로부터 받은 각종 혜택과 시위 참여

---

18) 이미륵, 전혜린 옮김,《압록강은 흐른다》, 범우사, 2000, 161쪽.

를 두고 고민하고 있음을 확인할 수 있다. 여기서 말하는 혜택이란 근대 학문의 수혜, 관비(官費)를 통한 각종 지원 등을 가르킨다.[19] 당시 관립전문학교는 수업료가 사립학교에 비해 상대적으로 저렴하여 한국인 학생들도 응시하여 합격하면 무난히 졸업할 수 있었다. 심지어 우등 졸업생은 관비를 지원받아 유학할 수 있는 특전까지 부여받기도 하였다. 따라서 이들 학생은 주변인들에게 선망의 대상이었기 때문에 선민의식(選民意識)이 대단하였다. 당시 여러 신문에서는 관립전문학교 합격자와 졸업자 명단을 대서특필하여 사회적 관심을 불러일으켰다.

한편, 이들 학생의 내면세계 끄트머리에는 '반(半)왜놈'이라는 콤플렉스가 자리잡고 있었다. 왜놈의 학교에 다니는 반일본인이라는 한국인 사회의 질시를 느껴야 하였던 것이다. 당시 한국인 대다수는 관립전문학생들을 선망의 시선으로 바라보면서도 비난의 시선을 거두지 않았다. 물론 이러한 이중 시선의 대상에는 관립전문학생들도 포함되어 있었다.

> 우리 내지[朝鮮]에서는 망국한 뒤에 제국주의자의 문화말살정책과 노예교육의 결과로 인하여 우리의 고유한 민족문화는 조금도 발전될 여지가 없고 점점 삭감을 당할 뿐이다. 필자의 중학시대를 회상해보면 사립학교는 일종 특별한 색채가 확실히 있었다. 관립학교에서 배우지 못하고 듣지 못하는 것을 사립학교에서는 배우고 들을 수 있었다. 이러한 상태는 근래까지도 계속되었다. 일본 역사 시간으로 과정표에는 쓰여 있지만 그 안

---

19) 후대의 통계지만 1920년대 세브란스의학전문학교를 졸업하기 위해서는 수업료가 최소 1,700여 원인 데 반해, 경성의학전문학교의 수업료는 1년 3학기 35원에 지나지 않았다(경성의학전문학교, 《경성의학전문학교일람》, '경성의학전문학교학칙', 1924, 49쪽. 세브란스의학전문학교 학비에 관해서는 박윤재, 〈일제하 의사계층의 성장과 정체성 형성〉, 《역사와 현실》 63, 한국역사연구회, 2007, 183쪽 참조).

에서 한 시간이나 두 시간은 한국 역사를 필기해가며 배우고 있었다. 역사 선생은 늘 경찰서에 불려만 다니면서도 열심으로 강의하였다. 이러한 사실은 대개 사립학교의 통례였다. 〈조선어〉 시간에는 관립학교에서 배울 수 없는 자세한 문법과 강의를 들을 수 있었다. 이 외에도 상학 시간에는 은연히 민족의 의식을 고취시키기에 노력하는 선생이 많았다. 교과서는 일본 것이라도 설명은 늘 우리 국어로 하여왔다. 오년제로 된 뒤에는 왜 당국이 강제로 전부 일어로만 교수하라고 하였지만 완전히 실행하지는 않았다. 언제든지 일본 사람이라고 말하고 내지인이란 말은 하지 않았다. 또 지금은 더욱 심하지만 그때에도 친일파가 아닌 사람의 자녀이거나 빈한한 사람의 자녀는 관립학교에서 받지 않았다. 그래서 사립학교는 실학 문제의 해결에 있어서도 중대한 의의가 있는 것이며 이것은 오늘날에 이르러 더욱 그러하다."[20]

이에 따르면 관립학생들은 사립학생들과 달리 한국의 언어와 역사가 아닌 일본의 언어와 역사를 배움으로써 민족의식을 지니지 못한 '반왜놈'이었던 셈이다. 그리하여 3·1운동 전야에 시위운동이 상당히 준비되었는데도 이들은 일부를 제외하고 이러한 준비과정에서조차 소외되기까지 하였다. 주변에서 이들 관립전문학생을 신뢰하지 못하였기 때문이다. 따라서 관립전문학생은 스스로 위축되어 사회·민족 문제에 대한 무관심으로 일관할 소지가 컸다. 특히 이의경이 언급한 대로 관립학교의 엄격한 징계 처분 역시 민족운동에 대한 이들 학생의 기피를 더욱 조장하였다. 1915년 4월 일제가 제정한 '전문학교규칙(專門學校規則)' 제12조에 '성행불량(性行不良)'과 '학칙 기타 학교 명령 위반'을 이유

20) 多恨生, 〈우리의 교육은 우리 손으로〉, 《韓民》 12, 中華民國 上海 韓民社, 1937년 3월 1일자.

로 해당 학생을 퇴학시킬 수 있는 조항을 설정하였기 때문이다.[21] 실제로 경성의학전문학생 길영희(吉瑛羲)는 학교에서 자신이 주의인물(注意人物)로 취급될 것을 우려하여 현주소에서 전출(轉出)하기까지 하였다.[22] 또한 학업 평가에 대한 압박감도 시위 참여를 주저하게 만드는 요인으로 작용하였다. 결국 시위에 참가한 함태홍(咸泰鴻)과 같은 학생은 두 차례나 낙제하여 만세 시위 계획에는 귀를 기울이지 않으려 하였다.[23]

그러나 그들이 여타 한국인에 비해 유리한 조건에 있다고 하더라도 일제의 민족차별 시책에서는 자유로울 수 없었다. 이는 당장 입학관리제도와 학교생활에서 절감하게 하는 피차별의식(被差別意識)이었다.

1916년 당시 경성의학전문학교의 경우 일본인은 지원자 67명 중 25명이 입학한 데 비해, 한국인은 지원자 261명 중 50명만 입학하였다.[24] 일본인 학생의 합격률이 37.3퍼센트인 데 반해 한국인 학생의 합격률은 19.2퍼센트에 지나지 않았다. 더욱이 조선총독부는 경성의학전문학교 설립으로 더 높은 수준의 교육을 제공할 수 있다고 선전하였으나 학교 직원 수가 일본의 동급 학교 직원 수에 비하면 10분의 1도 안 되었다.[25] 심지어 교수 세 명, 조교수 한 명은 의전 의학강습소에서 임시로 변통하더라도 교원 수를 그대로 유지하는 수준에 지나지 않았다. 더욱이 경성의학전문학교에는 부속병원이 없어 임상 실습은 물론 임상 강의도 조선총독부 의원에서 받아야 하였다. 3·1운동 당시 피체된

---

21) 《조선총독부관보》, 1916년 4월 1일, '부령 제28호 경성의학전문학교 규칙.'

22) 국사편찬위원회 엮음, "길영희 신문조서", 《한민족독립운동사자료집》 17(삼일운동 Ⅶ), 1994, 177쪽.

23) 국사편찬위원회 엮음, "함태홍 신문조서", 《한민족독립운동사자료집》 15(삼일운동 Ⅴ), 1991. 192쪽

24) "專門校在學者數", 《매일신보》, 1916년 7월 19일자.

25) 박윤재, 〈한말·일제 초 근대적 의학체계의 형성과 식민 지배〉, 연세대학교 박사학위논문, 2002, 193~194쪽.

길영희를 비롯한 많은 한국인 학생이 신문과정에서 자백한 내용에 따르면 일본과 달리 학교에 설비가 제대로 되어 있지 않아 고등학문을 할 수 없다고 불만을 토로하였다.[26] 나아가 참정권의 미부여, 언론·집회·결사의 금지, 고등관리로의 진출 불가능을 언급할 정도였다.[27] 이러한 사정은 여타 관립전문학생들도 마찬가지였다. 당시 일제 당국도 한국인 학생의 이러한 불만과 불안한 전망을 학생들이 만세 시위에 참여한 이유로 꼽았다.[28]

한편, 일상적인 차별 역시 한국인 학생들에게 모멸감을 안겨주었다. 일제 강점 이후 고등교육 기관의 격하를 상징적으로 잘 보여주는 것은 무엇보다 모자 형태였다. 대한제국기 시절에는 학생들이 전문학생을 상징하는 각모(角帽)를 착용하였는데, 이때부터는 중학생을 상징하는 환모(丸帽)를 써야 하였던 것이다. 특히 총독 데라우치 마사타케(寺內正毅)가 각모를 착용한 학생을 두고 "거만한 단계"라고 질책하며 속히 환모로 바꾸도록 지시함으로써 한국인 학생들의 자존심은 상할 대로 상하였고 "학과를 쉬게 하는 대소동"이 일어나 종로경찰서장이 중재에 나설 정도였다.[29] 무엇보다 1916년 부속 의학강습소에서 경성의학전문학교로 승격되었음에도 불구하고 한국인 학생들은 여전히 환모를 써야 하였다. 교모 문제는 사소한 문제일 수 있으나 전문학생이 착용하는 각모를 착용하지 못한다는 점에서 한국인 학생의 자존심을 자극하였다.

26) 국사편찬위원회, "길영희 신문조서", 앞의 책, 1994, 177쪽.

27) 앞과 같음.

28) 金正明 編, 앞의 책, 〈附 2〉 騷擾と學校, 854쪽.

29) 최규진, 〈이의경의 삶을 통해 본 식민지 시대 지식인의 한 모습〉, 서울대학교 석사학위논문, 2011, 37~38쪽.

그러나 관립전문학생들의 이러한 피차별의식이 만세 시위를 유발하는 요인으로 작용하려면 좀더 능동적인 요인이 추가되어야 하였다. 그것은 민족 정체성의 환기와 더불어 정의와 평화로 대표되는 인류의 보편적 가치에 대한 공감이었다. 이는 민족자결의식으로 구현되었다.

4. 관립전문학생의 민족 정체성 환기와 민족자결의식

1919년 3·1운동에는 많은 관립전문학생이 참여하였으며, 심지어 운동을 주도하기까지 하였다. 당시 체포되어 재판에 회부된 수만 보더라도 사립전문학생 수를 훨씬 능가하였다.[30] 이때 시위에 참가하였던 이의경은 자신의 참여 동기를 《압록강은 흐른다》에서 다음과 같이 회고하고 있다.

> 그(시위 참가 결정) 뒤 우리는 오랫동안 우리의 유구한 문화와 우리 조상의 문화유산에 대해서 이야기하였고, 또 일본놈은 얼간이나 다름없다고 말했다. 우리들은 맨 처음 발명된 인쇄 활자며, 거북선, 도자기기술, 특별한 종이와 우리들 조상이 이 세계의 누구보다도 먼저 발견하였던 여러 가지에 대해서 이야기하였다. 비교적 말이 없고 조용한 성격인 [허]익원까지도 오랫동안 다른 사람들의 이야기를 듣고 난 다음,
>
> "잘 됐어, 하자!"
>
> 이렇게 결론을 내렸다.[31]

---

30) 구속된 관립학교(경성고등보통학교 포함) 학생은 사립학교의 학교당 평균 5.7명의 세 배 이상으로 학교당 평균 19.7명이었다(김호일, 앞의 책, 111~112쪽).

31) 이미륵, 앞의 책, 162~163쪽.

결국 이들 전문학생을 만세 시위로 이끈 요인은 유구한 역사 속에서 발견한 문화유산에 대한 자부심과 정체성이었다. 이들 학생은 차별의 장벽을 넘어 독자적으로 입지(立地)할 수 있는 근거를 자신의 역사와 문화에서 찾은 것이다. 예컨대 경성의학전문학생 김창식(金昌湜)은 신문과정에서 "고래로 역사를 가지고 있는 나라이므로 독립을 하고자 한다"라고 진술하였다.[32)]

당시 한국인 학생들은 1910년 이후 일제의 식민사관 주입에도 불구하고 한민족의 유구한 역사와 독창적 문화를 어린 시절부터 학습함으로써 자부심이 매우 대단하였다. 예컨대 '세계 최초의 인쇄 활자'는 프랑스 서지학자 모리스 쿠랑(Maurice Courant)이 1901년《한국서지(韓國書誌)》에서 소개한《직지심체요절(直指心體要節)》 인쇄본을 가리키는데, 당시 한국인 학생들은 이러한 정보를 학교나 신문을 통해 습득하였다.[33)] 또 거북선은 이순신 장군이 제작한 거북선을 말하는데, 이는 많은 학생이 충무공 이순신의 임진왜란 승리를 알고 있었음을 방증한다.[34)] 따라서 이들 전문학생은 우수하고 독창적인 한민족의 후손이자 왜군을 격파한 이순신 장군의 후예로서 일제의 무단 통치와 차별정책을 수용할 수 없었던 것이다. 그리하여 이들 학생은 "그렇지만 우리들도 우리 전 민족에 관계되는 일이 생긴다면 같이 해야지"라는 제안에 다들 동의하였다.[35)]

그런데 이러한 역사 인식은 대한제국기 자국사교육의 산물이라는

---

32) 국사편찬위원회 엮음, "김창식 신문조서",《한민족독립운동사자료집》15(삼일운동 V), 1991, 192쪽.

33) 이미륵, 앞의 책, 162쪽.

34) 앞의 책.

35) 앞의 책.

점에 주목할 필요가 있다.[36] 또 국망 이후 일제에 의해 학교에서 한국사교육이 폐지되었는데도 학생들은 부모나 지역사회에서 자국사를 배우거나 전해 들었다. 따라서 관립전문학교에 입학한 한국인 학생들은 다음과 같이 일제가 수립한 일본화정책의 취지를 잘 알고 있었다.

> 나는 가끔 자정이 넘도록 책을 들고 앉아 있었다. 학과는 전보다 훨씬 어려웠고 시간은 짧아졌다. 우리들은 일본말을 배우고 모든 학과가 일본어로 바뀌었기 때문이다. 역사를 우리는 다시 배우지 않으면 안 되었다. 한국이 독립하였던 시대에 일어난 모든 사건을 없애려 하였던 것이다. 한국민족을 자기 본연의 고유한 역사를 가진 민족으로 여기지 않고 오래전부터 일본 나라에 공물을 바쳐야 하는 특이한 민족으로밖에 보지 않았기 때문이다.[37]

이에 따르면 당시 한국인 학생의 눈에는 일제의 이러한 역사 말살정책이 일본화정책의 일환으로 비쳤다.

나아가 관립전문학생들은 이러한 역사 인식을 배양해준 학교가 대한제국 정부가 설립한 '위국학부(爲國學府)', 곧 각종 전문학교임을 잘 알고 있었다. 3·1운동 이후에도 한국인 언론은 대한제국기 전문학교의 내력과 역사적 의미를 다음과 같이 보도하고 있다.

> …… 한동안은 위국학부(爲國學府)로 일음이 잇섯담니다 대한광무 십일년 이월에 당시 광무 황뎨 측령(光武皇帝勅令)으로 이 세상에 나온 나(공업전

36) 한국 근대개혁기 역사교육에 관해서는 김태웅, 《신식 소학교의 탄생과 학생의 삶》, 서해문집, 2017, 134~138쪽 참조.

37) 이미륵, 앞의 책, 112쪽.

습소 - 필자)는 대한데국 농상공부 직활로 그때 일음이 관립공업뎐습소(官立工業傳習所)이였지요 그때 나와 가치 나온 동무로는 이압헤 잇는 의학전문(醫學專門)과 수원 잇는 고등농림(高等農林)이 아님닛가 그 당시 모든 것으로 퇴페되여 가는 우리나라를 위하야 공업지식을 전국 총준자데들에게 가르치여 공업을 게발식히려고 하엿던 거니 나의 목뎍이엿지요.[38]

즉 당시 기성세대든 청년 학생이든 1910년 국망 이전 학교교육을 경험하였거나 이에 관한 기억을 전승받은 한국인 대다수는 전문학교가 대한제국기 교육입국(敎育立國)에 입각하여 설립된 '위국학부'임을 익히 알고 있었던 것이다. 이어서 한국인 언론에서 이러한 학교는 "구한국시대부터 행림계(杏林界)의 준재(俊才) 등을 양성하기 위해 한국 정부에서 설립한 역사 깊은 학교"라고 소개하였다.[39] 따라서 이들 학생은 1910년 이후 일제의 식민교육을 받았음에도 불구하고 1910년 이전 주권국가 시절 국민교육체제를 경험하면서 민족 정체성을 이미 함양하였던 것이다. 이에 참가 학생들은 신문과정에서 만세 시위 동기를 묻는 질문에 "조선인의 의무"를 갖고 "조선 사람으로서" 참가하게 되었음을 밝히고 있다.[40] 그것은 한국인의 진로가 일본인의 침탈과 차별로 불투명하다고 판단하였기 때문이다. 경성의학전문학생 나창헌(羅昌憲)은 만세 시위에 참여하게 된 동기를 다음과 같이 밝히고 있다.

한위건으로부터 듣기 이전부터 나의 생각으로는 조선 사람과 일본 사람이 완전히 동화할 수 있다면 그 이상 좋은 일은 없겠으나 현재의 상황하

---

38) "門牌의 來歷談(12), 光武皇帝勅令으로 官立工業傳習所", 《동아일보》, 1926년 1월 19일자.

39) "資格教授轉任으로 京城醫專學生動搖", 《조선일보》, 1926년 5월 15일자.

40) 국사편찬위원회, "김영희 신문조서", 앞의 책, 1994, 176쪽.

에서는 그대로 간다면 조선 사람은 생존 경쟁에 패하여버릴 것이라고 생각하고…….[41]

이에 따르면 나창헌이 자신의 혐의를 완화하여 형량을 줄이려는 의도에서 동화정책의 긍정성을 언급하였지만 실상은 한국인이 일제의 식민정책으로 인해 생존 경쟁에서 도태될 수밖에 없다고 인식하였던 것이다.[42] 그러면서도 그는 "조선 사람이 독립의 희망을 가지고 있다는 것을 세상에 알리게 되면 독립이 될 것"이라고 전망하였다.[43] 그리하여 앞으로도 계속 독립운동을 할 생각이 있는지 묻는 일본인 판사의 질문에도 현재와 같은 상태가 지속된다면 계속 실행할 것이라고 당당히 밝혔다.[44]

그런데 이들 학생의 민족 재발견은 일제에 대한 배척만을 의미하지는 않았다. 이들은 정의와 인도, 평화에 근거하여 독립의 보편적 근거를 확보하고자 하였다. 경성의학전문학생 김창식은 신문조서에서 "정의와 인도에 기하여 독립을 할 생각이다"라고 밝혔던 것이다.[45] 이는 보편적 정의와 평화에 기반하여 개별성을 확보하려는 노력의 소산이다. 이들 아래 또래였던 경기고등여자보통학생들마저 고종 인산일을 맞이하여 일본인 교사가 설파하였던 정의의 허구성을 다음과 같이 논박하였다.

---

41) 국사편찬위원회 엮음, "나창헌 신문조서", 《한민족독립운동사자료집》 15(삼일운동 V), 1991, 214쪽.

42) 나창헌의 생애와 독립운동에 관해서는 장석흥, 〈나창헌의 생애와 독립운동〉, 《한국학논총》 24, 국민대학교 한국학연구소, 2002 ; 조철행, 《의열투쟁에 헌신한 독립운동가 나창헌》, 역사공간, 2015 참조.

43) 국사편찬위원회 엮음, "나창헌 신문조서"(제1회), 앞의 책, 213쪽.

44) 앞의 책, 214쪽.

45) 국사편찬위원회 엮음, "김창식 신문조서", 앞의 책, 192쪽.

"무엇이 어째, 그 정의니 인도니 하는 말은 누구에게 배웠니? 세상이란 다 그렇지. 덕국(德國, 독일)이 악하다 하지마는 덕국 자신으로 보면 정의다."

"선생님, 만일 세상에 정의라는 것이 있다 하면 대다수의 희망하는 바를 공평한 마음으로 판단해주는 것이 당연하지요?"

"그렇고말고."

"그러면 어떤 나라가 남의 속국이 된 것이 심히 분해서 그 국민 전체가 독립을 열망한다면 시켜주어야 하지요?"

"그렇지…… 아하, 알았다. 그러나 나는 정치가가 아니니까 그런 방면 일을 몰라." 한 적도 있다.[46]

한국인 여학생이 보편적 정의에 입각하여 민족자결주의를 주장하는 것에 대해 일본인 교사는 자신의 논리적 모순을 절감하고 논전을 회피하고자 함을 확인할 수 있다. 그리고 이러한 민족자결주의는 궁극적으로 평화에 접속되었다. 당시 두 번이나 낙제하였던 경성의학전문학생 함태홍마저 학생 시위 주동자였던 한위건의 만세 취지와 방법에 다음과 같이 공감하였다.

나는 독립선언을 하는 데 대하여 반드시 성공할 가망이 있으며 어디까지나 끝까지 한다고 한다면 찬성하지 않을 리가 없으나 무릎을 꿇고 좌절한다는 것은 여자나 아이들이 하는 일이며 다만 배일사상(排日思想)을 나타내는 것과 같은 일이라면 나는 찬성할 수 없다고 말하였다. 그런데 한위건은 이 독립선언을 한다는 데 대하여는 경솔히 한 사람이나 두 사람으로서 이룰 수가 없다. 그 성명은 일일이 알지 못하나 다수의 유명한 인사

46) "여학생 일기(心園女史)", 《독립신문》, 1919년 10월 14일자.

들이 이를 주창하고 있는 것으로서 결코 배일사상과 같은 것이 아니다. 그리하여 이 차제에 일본의 압박정치의 기반을 벗어나서 조선을 독립시키는 것은 극히 평화로운 수단방법에 의하고 일본인에 대하여는 어디까지나 후의로서 대하고 조선의 독립을 계획하며 일본과 조선이 서로 제휴하여 백인의 동점(東漸)을 방지하고, 동양의 평화는 물론 세계의 평화를 꾀하지 않으면 안 된다고 말하였다. 나는 그때까지는 두 차례나 낙제하고 있었으므로 다만 열심히 공부를 할 뿐으로 아직까지는 찬성한다든가 찬성하지 않는다든가 하는 생각은 가지고 있지 않았다. 이상의 이야기를 듣고 처음으로 독립운동이 있다는 것을 믿고 찬성의 의사를 표현하게 된 것이다.[47]

결국 관립전문학생들은 고조선 시기 이래 독립국가 대한제국에 이르기까지의 오랜 역사적 경험에 기반하여 민족 정체성을 환기하는 동시에 이러한 개별성을 정의와 인도에 입각한 보편성으로 승화, 발전시킴으로써 궁극적으로는 동양평화와 세계평화로 나아가는 근거를 발견하기에 이른 것이다.[48] 이는 "금일 본인의 소임은 다만, 자기의 건설이 있을 뿐이요, 결코 타의 파괴에 있지 아니하도다"에서 밝히고 있듯이 민족자결주의를 보편적 정의와 인도에 결합하려 하였던 3·1독립선언서의 취지가 학생들의 내면세계에 충일되는 과정이기도 하였다.

나아가 학생들은 자신의 이러한 인식과 취지를 일반 대중에게 알리기 위해 각종 유인물을 작성하여 유포하였다. 이 유인물에는 3·1독립선언서와 달리 학생이 직접 내용을 작성하였다는 점에서 그들의 내면세계가 반영되어 있다. 우선 현재 진행되고 있는 국내 상황에 대한 정

---

47) 국사편찬위원회, "함태홍 신문조서", 앞의 책, 192쪽.

48) 박헌호·류준필 편집, 〈제1부 이념과 시각〉, 《1919년 3월 1일에 묻다》, 성균관대학교출판부, 2009.

보와 국제정세를 낙관하는 자신의 인식을 일반 대중과 공유하고자 하였다. 3월 24일에 유포된 유인물은 다음과 같다.

> 3월 23일 오후 7시 경성부 내외 수십 개소에서 각각 수천의 군중이 독립 만세를 부르고 한성 내외 산천을 진동시켰다. 해삼위에 있는 동포 2만 명이 200여 대의 자동차를 잡아타고 선언서를 배부하며 독립만세를 부르고 각국 영사관을 방문하였다. 북간도에서는 무장한 독립군 1,500명이 재류 동포와 합세하여 독립선언을 하고 시내를 횡행하며 만세를 불렀다. 하얼빈에서는 수천 명의 거류 동포가 독립을 선언하고 만세 소리를 높이며 축하 행렬을 하였다. 몽고에서는 독립을 선언하고, 강화회의 위원 2명을 파리로 파견하였다.[49]

이 유인물을 통해 주도 학생들은 국내외 한국인들의 만세 시위와 국외 독립군활동은 물론 몽골의 독립과 파리강화회의 소식을 전달함으로써 국내 민중들에게 희망을 전파하고자 하였음을 확인할 수 있다. 그런데 이는 단지 선전에 그치지 않고 주도 학생 자신이 국내외 정세를 낙관하고 있음을 보여주기도 한다.

그렇다고 이들 학생은 독립을 수동적으로 성취하는 데 그치지 않았다. 이들은 만세 시위를 지속적이고 강렬하게 진행함으로써 독립을 쟁취할 수 있음을 다음과 같이 강조하였다.

> 우리들은 정신상으로 언론, 출판, 신앙의 3대 자유를 박탈당하고 정의 인도와 민족자결의 천명하에 서서 독립을 선언하는 청년 남녀가 포살되었

49) 국사편찬위원회 엮음, "3·1 독립선언 관련자 공판 시말서, 판결", 《한민족독립운동사자료집》 19(삼일운동 IX), 1991, 191쪽.

다. 우리 민족 대표 33명이 독립선언을 한 이래 용감하게 죽어간 수천의 동포와 형벌로 옥중에서 신음하는 수만 명의 동포는 누구를 위한 것인가. 우리들 동족을 위한 것이다. 정의 인도와 민족자결의 천명을 받은 평화세계에 유독 우리 민족만이 박멸되고 고통을 받는 것은 통분을 금할 길이 없다. [고목사회(枯木死灰)]가 아닌 민족, [농조부어(籠鳥釜魚)]가 아닌 동포는 생에 대한 박멸을 앉아서 감수할 것인가. 그렇지 않으면 조국을 위하여 먼저 가신 분들을 위로하고 후생을 교도하여 최후의 한 사람, 최종의 일각에 이르기까지 결사의 각오로서 주저하지 말고 맹진 노력하여, 필생의 관문에 도착하라.[50]

이에 따르면 학생들 자신이 세계정세를 정의와 인도, 민족자결주의의 시대로 인식하고 일제의 갖은 폭력적 탄압에도 최후의 일인까지 분투할 것을 강조하고 있다. 그런데 서두에서 밝히고 있다시피 이러한 대방향은 언론, 출판, 신앙의 자유라는 민주주의의 대원칙에 입각하고 있음을 제시하고 있다. 여기서 이들 학생의 내면세계에는 민족자결을 뛰어넘어 민주주의를 구현하고자 하는 욕망이 담겨 있음을 확인할 수 있다.

그리하여 이들 학생은 조선 독립의 보편적 근거를 다음과 같이 제시하면서 만세 시위에 동참할 것을 역설하였다.

조선 독립은 세상의 공도(公道)이고 인류사회의 정칙(正則)이다. 누가 감히 이를 방해할 수 있으리. 활발하고 용감한 우리 삼천리의 강산 2천만의 동포여 태극기를 손에 들고 활동하라. 노유를 불문하고 조선 독립운동에 총출동하라. 묵묵히 좌시하고 있는 자는 천벌을 면하지 못하리라.[51]

---

50) 앞의 책.

여기서 주목할 점은 만세 시위의 주체가 삼천리강산에 거주하는 2,000만의 동포이며 이들이 국가의 상징이라 할 태극기를 들고 독립 쟁취에 힘써야 할 것을 강조하고 있다는 것이다. 특히 만세 시위에 참가하지 않는 자는 천벌을 면치 못할 비동포(非同胞)로 간주하고 있다.

나아가 이들은 자신들의 궁극적인 목표가 완전한 독립임을 강조하면서 일각에서 제기되는 자치론을 배격하는 유인물을 뿌렸다.[52] 그들로서는 이러한 자치론이 3·1운동 주도층의 목표를 동요하며 혼선을 초래하지 않을까 우려하였던 것이다.

한편, 3·1만세 시위가 실패로 돌아갔음에도 불구하고 일부 전문학생은 실력 양성의 방향을 모색하면서 자신들의 역사적 체험을 내면세계에 담으려 하였다. 예컨대 1924년 경성의학전문학교를 졸업한 한국인 학생은 모두 49명(일본인 21명 포함)이었는데, 이들은 자기들만의 졸업 앨범을 만들었다. 이름은 '형설기념(螢雪記念)', 일본인 학생들이 주도권을 쥔 관립학교에서 극심한 민족차별을 받으면서도 꿋꿋하게 학업에 힘써 졸업에 성공한 그 감격스러운 느낌을 표현한 것이었다. 또한 이 49명 졸업생 중에서 훗날 아홉 명의 의학박사가 나온 만큼 '형설'이라는 어휘와 잘 부합되었다. 졸업생들은 졸업 앨범에 한국 지도를 넣고 자기 고향 지점 위에 이름을 올렸다. 자신과 고향에 대한 애정을 당당하게 표현한 것이다. 아울러 공부하던 상머리를 비춘 '형설'만이 아니라 작지만 민족의 미래를 비출 '형설'이 되고자 하는 소망과 의지를 밝혔다. 졸업생들의 민족의식은 이 앨범의 머리말에도 잘 나타나 있다.

---

51) 앞의 책, 192~193쪽.

52) 이정인, 〈3·1운동기 학생층의 선전활동〉, 《한국독립운동사연구》 7, 1993, 한국독립운동사연구소, 173~174쪽.

심술 많은 서모(庶母, 일본)에게 때로 죄 없는 구박을 받고 불쌍한, 외로운 형제들, 옛 어미나(한국) 생각하고 머리를 맞대고 울어본 적이 몇 번이며, 등을 때려서 밖으로 쫓아낼 때 젓 먹던 힘을 모아 반항한 적이 몇 차례냐![53]

따라서 3·1운동 이후 일제의 관립전문학생에 대한 감시와 통제가 더욱 강화되고 학생운동의 주축이 사립학교 학생 쪽으로 점차 옮겨가는 과정에서도 이들 관립전문학생은 민족의식을 내면화하고 일본인들과의 학업 경쟁, 농촌계몽과 각종 시민 강연, 학교시설 확충운동, 학교 승격운동 등 다양한 방식으로 일제의 이중적인 고등교육 시책에 대응해나갔던 것이다.[54]

요컨대 관립학교의 애국적 전문학생들은 관립학교로 상징되는 엘리트 코스의 길을 포기하고 만세 시위에 참여하였다. 그만큼 그들은 일제 통치정책의 모순을 인식하고 민족자결의식으로 충일하였던 또 하나의 청년 식자층이었다.

5. 결어

지금까지 3·1만세 시위에 참가한 관립전문학생들의 내면세계를 검토하였다. 그 내용을 요약하면 다음과 같다.

3·1만세 시위에는 농민층 못지않게 식자층의 참여가 적지 않았다. 특히 이들 식자층 중 학생층은 참여에 그치지 않고 시위를 주도하기도

53) 서울대학교 병원사 편찬위원회,《꿈, 일상, 추억: 서울대학교 병원 130년을 담다》, 서울대학교 병원, 2015, 74~75쪽 재인용.

54) 김태웅, 앞의 글, 2016.

하였다. 이에 학계에서는 일찍부터 이들 학생의 활동과 행적을 주목해왔다. 그러나 대부분의 연구는 주로 사립학교 학생에 초점을 맞추었다. 그것은 관립학교가 특성상 일제의 통제가 심한데다 출셋길을 달리고자 하였던 학생들이 공부하는 곳이라는 고정관념이 강하였기 때문이다. 그때나 지금이나 관립전문학교를 바라보는 시선이 결코 곱지 않았던 것이다. 물론 학계에서는 관립전문학생 중 일부 인물에 주목하였다. 그러나 이러한 관심도 관립학교와 연계되기보다는 개인적인 차원에 국한하여 검토하는 데 그쳤다. 따라서 관립전문학생들이 3·1만세 시위에서 벌인 활동은 실상과 달리 낮게 평가되었으며 그 의미도 매우 축소되었다.

하지만 이들 관립전문학교 학생 가운데 일부는 일제의 우대정책에도 불구하고 저류에 흐르는 차별정책을 인식하였다. 물론 출셋길이 보장된 듯한 코스는 이들 학생을 끊임없이 갈등의 늪으로 몰아넣었다. 반왜놈이라는 한국인 사회의 따가운 시선은 이를 단적으로 보여준다. 3·1만세 시위를 앞두고 이들 학생이 참가 여부를 놓고 깊은 고민에 빠진 것도 이러한 배경 때문이었다. 그러나 일제가 강점 직후 중등학교 수준으로 격하된 관립전문학교를 1916년에 예전의 전문학교 수준으로 되돌려놓았음에도 불구하고 일본인 우대의 전문학교로 전환함으로써 한국인 학생의 반발을 불러일으켰다. 더욱이 한국인 학생은 일본인 학생과 달리 열악한 여건 속에서 교육을 받았고 참정권 미부여, 언론·출판·결사의 금지, 고등관리로의 진출 불가능으로 인해 많은 불만을 품고 있었다. 심지어 일제의 동화정책으로 말미암아 한국인은 생존 경쟁에서 도태될 수밖에 없음을 인식하기도 하였다.

한편, 이들 학생은 국망으로 인해 민족 정체성 교육을 받지 못하였지만 기성세대를 통해 한국 역사의 유구성과 문화의 우수성을 전해받은 터라 일제의 한국 역사 말살정책에 대해 반감을 지니고 있었다. 이는 관립전문학교 한국인 학생의 내면세계에 민족 정체성의 저류가 흐르고 있었음을 보여준다. 따라서 일부 학생은 후일 3·1만세 시위 참여 동기를 묻는 질문에 "조선인의 의무"를 갖고 "조선 사람으로서" 참가하게 되었음을 밝히고 있다. 나아가 이들 학생은 3·1운동이 내세운 정의와 인도를 체화하여 민족자결주의를 적극 주장하였다. 즉 관립전문학생들은 고조선 시기 이래 독립국가 대한제국에 이르기까지 형성된 오랜 역사적 경험에 기반하여 민족 정체성을 환기하는 동시에 이러한 개별성을 정의와 인도에 입각한 보편성으로 승화, 발전시킴으로써 궁극적으로는 동양평화와 세계평화로 나아가는 근거를 발견하기에 이른 것이다. 또한 이들 학생은 배포된 유인물을 통해 민족자결을 뛰어넘어 민주주의를 구현하고자 하였다. 그리하여 1920년대 이들 학생은 청년운동을 비롯한 여러 민족·사회·문화 운동의 기수로서 다양한 역할을 수행하였다.[55]

〈3·1운동 만세 시위 관립전문학생들의 내면세계〉,
이태진·사사가와 노리가쓰 공편, 《3·1독립만세운동과 식민지 지배체제:
3·1운동 100주년 기념 한일공동연구》, 지식산업사, 2019 수정 보완

55) 이에 관해서는 김호일, 앞의 책, 117~280쪽; 소영현, 〈3·1운동과 '학생' – '학생 – 청년'의 담론적 재편성 고찰〉, 《현대문학의 연구》 39, 한국문학연구학회, 2009, 295~302쪽; 김태웅, 앞의 글, 2016, 252~257쪽 참조.

2장

보통학교 학생의 만세 시위 참가 양상과 민족의식의 성장

1. 서언

3·1운동은 거족적인 민족운동의 분수령이었다. 참가 인원이 무려 200만 명가량이었으며 농민층을 비롯한 다양한 계층이 참여하였다. 그래서 일찍부터 3·1운동의 배경과 주체적 계기, 전개과정, 그 의미에 대해 많은 연구가 이루어졌다. 특히 주도층과 참여층에 대한 연구가 많은 성과를 이루었다.[1] 그러나 이들 연구는 주로 민족 대표 33인과 청년 학생층에 초점을 맞춘 나머지 농민, 노동자, 보통학교 학생 등에 대해서는 별로 주목하지 않았다. 그중 보통학생에 대해서는 일부 개설적인 연구를 제외하고는 전무하다시피 하였다.[2] 이들 보통학생의 연령이 매우 낮은데다 교사들의 적극적인 지도로 참여하였다고 여겼기 때문이다.

---

1) 김창수, 〈3·1독립운동의 민족사적 위상—3·1독립운동의 연구사와 과제〉, 《상명사학》 10·11·12, 상명사학회, 2006.

2) 김태웅, 《우리 학생들이 나아가누나: 소학교 풍경, 조선 후기에서 3·1운동까지》, 서해문집, 2006, 157~169쪽; 평화문제연구소, 〈역사가 숨쉬는 공간 26: 보통학교 학생들의 만세운동 "2일간의 해방" 안성 3·1운동기념관〉, 《통일한국》 292, 평화문제연구소, 2008.

그러나 당시 학생들의 재학 연령이 높았을뿐더러 학생들 스스로 한국남녀소년단을 조직하여 파리강화회의에 독립을 진정하는 '한국아동읍혈진정서(韓國兒童泣血陳情書)'를 제출하기도 하였다. 나아가 3·1운동이 일제에 의해 강제로 진압된 뒤에도 보통학교 학생들은 일제의 교육정책과 일본인 교사의 차별에 반대하여 동맹휴학을 벌이기도 하였다. 따라서 한국인 보통학교 학생들(이하 보통학생으로 줄임)의 만세 시위 체험이 이후 학생들의 의식세계에 영향을 미쳤으리라 짐작된다.

이에 이 글은 이들 한국인 보통학생이 3·1운동 직전 처하였던 교육환경을 일별(一瞥)한 뒤 이들 학생의 내면세계와 3·1운동 만세 시위 참여의 상관성을 추적하고자 한다. 나아가 이들 학생의 시위 체험이 3·1운동 이후 이들의 내면세계에 미친 영향을 분석하고자 한다. 이들 학생 일부가 192, 30년대 청년으로 성장하면서 민족운동의 인적 기초로서 학생운동은 물론 사회운동을 전개하였기 때문이다.

2. 만세 전야 보통학교 학생의 내면세계

일제는 1910년 8월 대한제국을 강점한 뒤 1911년 '조선교육령'을 제정할 때 궁극적으로는 한국인의 일본인화에 목표를 두면서도 '시세(時勢)와 민도(民度)'를 내세워 고등교육은 도외시한 채 오로지 한국인의 초등교육과 실업교육에만 중점을 두었다. 이른바 내지연장주의보다는 점진적 동화주의의 실현에 초점을 맞추면서 차별교육을 실행하고자 하였다. 그리하여 일제는 고등교육에 비중을 두지 않고 보통교육·실업교육 위주의 우민화교육을 실시하고자 하였다.

우사미 가쓰오(宇佐美勝夫) 내무부 장관은 1912년 4월 공립보통학교 교장강습회에서 다음과 같이 부연 설명하고 있다.

> 현재 교육의 중심, 바꾸어 말하면 교화의 중심은 공립보통학교에 있다. 그러므로 여러분의 임무는 오로지 학교의 내용을 충실히 하고 교화를 지방에 보급함으로써 총독정치의 목적을 완수하는 데 있다. 공립보통학교의 경영은 총독부가 가장 중시하는 바로서 여러분의 임무가 참으로 중차대하다. …… 보통학교는 그 목적이 결코 졸업생들을 중학·대학 등 계급 향상을 좇아서 학술 연구를 추구하려는 것이 아니다. 공립보통학교를 졸업하면 곧바로 실무에 종사하여 성실, 근면, 노역을 싫어하지 않고 국어[일본어]에 능통하며 상당한 정도의 실제적인 지식·기능을 지닌 충량한 신민을 양성하는 것을 목적으로 한다.[3]

이어서 1913년 4월 조선공립보통학교 교원강습회에서는 1913년 4월 "보통학교 교육은 예비교육이 아니고 완성교육을 행하는 것으로 학교를 졸업하면, 곧 성실, 근면, 실무에 복종하고 충량한 국민으로서 신민의 본분을 다하도록 지도하라"고 훈시하였다.[4] 즉 한국인 학생들은 상급학교에 진학하지 말고 근면 착실하게 노동을 통하여 의식주를 편안하게 하고, 집안을 일으키고 나라를 부유하게 하는 '양민(良民)'이 되도록 지도하여야 한다는 것이었다.

한편, 일제는 시세와 민도에 맞는 교육을 실시한다는 구실로 짧은 기간의 학제를 마련하고 각급 학교의 수업 연한을 단축하여 한국인에게는 되도록이면 적은 비용으로 가장 낮은 교육을 실시하도록 하였다.

---

3) 조선총독부, 《조선교육요람(朝鮮教育要覽)》, 1915, 26쪽.

4) 《조선총독부관보》, 1913년 6월 4일, '宇佐美內務部長官訓示要領'.

곧 수업 연한이 보통학교 4년, 고등보통학교 4년, 여자고등보통학교 3년, 실업학교 2년 또는 3년, 전문학교 3, 4년이라는 단축된 학제로 나타났다. 그리하여 한국인 자제들의 초등 및 중등 교육 기간은 8년제로, 일본인들의 초등 및 중등 교육 기간은 11년제로 되었다. 일제가 이처럼 같은 초등 및 중등 교육임에도 불구하고 한국인 학교와 일본인 학교의 차이를 크게 둔 것은 일본 본국과 한반도의 농공 분업체제의 실현이라는 전제 속에서 한국을 일본의 단작 농업 지대(單作農業地帶), 즉 원료 공급 지대로 설정하고 이에 필요한 인자들을 양성하고자 하였기 때문이다.[5]

또한 일제는 통감부 통치 시기와 마찬가지로 강제 병합 이후에도 일본화교육에 중점을 두고 학교교육과 학생들의 의식 및 일상생활을 장악하고자 하였다. 그리하여 무력 강점이라는 현실을 배경삼아 일본어를 한국인이 반드시 배워야 할 '국어'로 규정하고 일본어교육을 강화하였다. 또한 수신교육 역시 노골화하여 일본의 복종문화, 일본식 생활방식을 적극적으로 한국인 학생들에게 주입하고자 하였다. 반면 한국인의 민족의식을 일깨울 수 있는 역사와 지리는 학교교육에서 배제한 채 수신과 일본어 교육을 통해 오리엔탈리즘과 식민사관에 의해 왜곡된 한국의 역사와 문화를 한국인 학생들에게 주입하도록 하였다. 그 밖의 다른 과목도 일제의 이러한 방침을 구현하는 데 기여하였음은 물론이다.

이러한 가운데 한국인 학생이 주로 재학하였던 공립보통학교의 초창기 취학률은 침략교육에 대한 우려와 한국인들의 기피로 낮았지만

---

5) 정연태, 〈1910년대 일제의 농업정책과 식민지 지주제—이른바 〈미작개량정책〉을 중심으로〉, 《한국사론》 20, 서울대학교 국사학과, 1988, 417~427쪽; 김근배, 〈일제 시기 조선인 과학기술 인력의 성장〉, 서울대학교 박사학위논문, 1996, 129쪽; 박지원, 〈1910년대 일제의 중등 농업학교 운영과 조선인 졸업생의 진로〉, 《역사교육》 130, 역사교육연구회, 2014, 162~170쪽.

일제가 판임문관임용자격제도를 마련하면서 1910년대 중반에는 학력을 인정받지 않았던 민립학교와 달리 높아졌다.[6] 관료 등 공직으로 나아가는 데 학력을 요구하는 일제의 학력주의(學歷主義)가 더욱 심화되는 현실에서 한국인 학부형들과 학생들이 마냥 일제의 공립보통학교 취학정책을 거부할 수는 없었기 때문이다. 그리고 한국인 스스로 자주독립과 신국가건설을 염두에 둘 때 근대적 시무를 중심으로 구성되어 있는 근대 교과목을 학습할 필요성이 제기되었다. 그리하여 1910년대 전반에는 취학률이 낮고 취학 연령이 높았던 반면, 1910년대 후반에는 취학률이 높아지고 취학 연령이 낮아졌다.

이는 이미 예견되었던 상황으로 1911년 5월에 제출된 충주보통학교 일본인 교원의 보고에 잘 드러난다.

> 기존에 (보통)학교를 졸업하면 모두가 나중에 급여를 받을 수 있는 학교에 입학하려고 했고 …… 학생에게도 그 부모에게도 앞으로 관리가 될 것을 희망해서 입학한 자가 많았다. 일부 학생은 내지인에게 접근해서 입신의 길을 얻으려고 하고 수비대, 우체국 또는 은행 등의 고원 자리가 있는 것을 듣고 알선을 의뢰하는 등 교감을 졸업생의 직업소개소처럼 생각했다. 이러한 상태에 대해 (보통)학교가 실업사상이 발달하게 하고 근로의 습관을 양성하려 노력한 결과 …… 졸업생들에게 이전처럼 근로를 싫어하는 분위기가 없어졌다. …… 그러나 아직도 졸업생 중에는 내지인 상인의 도제가 돼 앞으로 좋은 상인이 되려거나 목수 견습생이 되려거나 또는 과자 제조법을 연구하려고 하는 자는 절무하니 옛날의 풍습에서 벗어나지 못하고 있다고 말해야 한다.[7]

---

6) 나카바야시 히로카즈, 〈1910년대 공립보통학교 취학 욕구의 구조—학력의 자격화에 주목하여〉, 《역사교육》 136, 역사교육연구회, 2015.

졸업생들은 교육이 신분 상승의 주요 통로인 전통시대의 연장에서 학교를 인식하면서 대우와 급여가 낮은 실업계 취직보다 상급학교 진학을 선호하였다.

그 결과 일제가 요구하는 일본어 해독자가 늘어나고 일본식 훈육을 내면화한 학생들이 증가하기 시작하였다. 이들은 일본의 의례에 맞추어 조회에 참가하였으며 천황에 대한 숭배심을 키우기도 하였다. 심지어 관공서에 취직하여 입신출세를 꿈꾸기도 하였다. 한국인들 중 극히 일부지만 그들이 "상급학교에 진학하지 않으면 도저히 사회에 나갈 수 없다는 생각"을 하게 되었다는 점에서 일제가 관공립학교를 한국 사회에 정착시키려는 노력이 결실을 맺기에 이른 것이었다.[8)]

훗날 1932년 1월 8일 도쿄에서 천황을 향해 폭탄을 던진 이봉창도 1910년대에 빈곤으로부터 탈출하기 위해 '신일본인'이 되고자 하였던 인물이다.[9)] 그는 1911년 서당을 그만두고 천도교가 인수한 문창학교에 입학하였지만 일제의 교육 시책이 관철되는 가운데 식민지 조선에서 살아가기 위해 일본어를 학습하는 데 열중하였다. 그가 일본어를 잘할 수 있었던 이유도 여기에 있었다. 그가 3·1운동 만세 시위에 가담하지 않음은 자연스러운 일이었다. 가정 형편이 궁핍하였던 그는 일본인 상점 점원으로 취직하여 가족을 먹여 살려야 하였기 때문에 그의 말대로 "아무것도 의식하지 못하였다." 이러한 사정은 훗날 대역 사건으로 종신형을 받았던 박열이나 사회주의 운동에 적극 가담하였던 조봉암도 마찬가지였다. 박열의 경우 그의 진술대로 "일본인의 생활이 비교적 개화되어 있는 것을 보고, 일본인이 경영하는 학교에 들어가고

---

7) 조선총독부내무부학무국, 《(보통학교·실업학교)학사상황보고요록》, 1912, 9~10쪽.

8) 도요다 시게카즈, 〈조선인교육에 다음 2, 3가지 비견을〉, 《조선교육》 6-6, 1923. 3, 225쪽.

9) 배경식, 《식민지 청년 이봉창의 고백》, 휴머니스트, 2008, 42쪽.

싫어져서, 서당에서 함창공립보통학교로 전학하였다."[10] 또 강화공립보통학교를 졸업한 조봉암의 경우도 다음과 같이 자신의 어린 시절을 회고하며 민족의식과 멀었음을 고백하였다.

> 나는 스물이 되도록 공부도 못 하면서 그저 살기에 바쁘고 곤궁해서 나라니 민족이니 하는 일은 어른들에게서 간혹 얻어들었어도 별로 깊은 감명을 받지 못하였고 그저 어떻게 하면 직업을 가지고 어른들 모시고 살아갈까 하는 것뿐이었습니다.[11]

빈농의 아들로 태어난 그는 하루하루 연명하기도 바빠 오로지 생활상의 문제를 해결하는 데만 골몰하였던 것이다.

하지만 일제의 교육 방침이 수립된 지 얼마 안 되어 난관에 봉착하면서 사회 문제에 무관심하였던 이들은 민족 문제에 점점 다가가기 시작하였다. 우선 한국인 학생들의 취직이 제한되어 있는 현실에서 보통학교 취학률의 증가는 실업자의 증가를 예고하였다. 나아가 이들 한국인 학생은 보통학교 졸업으로는 취직하기 힘들어지는 여건에서 고등보통학교 진학이나 일본 유학을 통해 이러한 난관을 타개하려 하였지만 이 역시 실업의 악순환 사태를 가중할 뿐이었다. 이봉창의 경우 보통학교를 졸업하였지만 가정 형편상 상급학교로 진학하지 못했기에 그의 진로는 상점 점원, 약국 점원 등 하급 사무직 등에 국한될 수밖에 없었다.[12]

한편, 일제의 점진적 동화주의 자체가 모순에 차 있었기 때문에 학

10) 도쿄 지방재판소, 《제3회 신문조서》, 1914년 1월 30일; 김삼웅, 《박열 평전》, 가람기획, 1996, 90쪽 재인용.

11) 조봉암, 〈나의 정치백서〉, 정태영 편, 《조봉암과 진보당》, 한길사, 1991, 365쪽 재인용.

12) 배경식, 앞의 책, 48쪽.

생들의 반발 역시 적지 않았다. 일부 학생은 동화주의가 전제하고 있는 한국인과 일본인의 평등성이 결코 현실에서 이루어질 수 없는 모순임을 인식하고 적극적으로 민족차별 문제를 제기하였다. 박열의 경우 근대식 교육에 매료되어 보통학교로 전학하였지만 얼마 안 되어 일제의 교육 방침에서 모순을 발견하였다. 예컨대 일본인 소학교가 한국인 보통학교보다 우선순위에 있고, 학교에서 조선어 사용을 금하며, 조선의 지사나 위인에 관한 것은 물론 대한제국 황제에 관한 것조차 조금도 언급되지 않는 것에 대해 회의를 품었다.[13] 특히 일제의 민족차별은 훗날 학교를 졸업하고 사회에 나갈 어린 학생들에게 깊은 충격을 주었다. 박열 역시 예외가 아니었다.

> 당시 나는 어린이였지만 실제로 사회를 보면, 일본인과 조선인은 평등하며 동포라고 하였지만 조선인은 차별적이고 불평등한 대우를 받고 있었다. 조선인 공무원은 직무상 중요하고 높은 지위에 앉는 일이 불가능하고, 일본인 관리보다 봉급도 적고, 승진도 늦고, 또 일본인이 경영하는 상점에서는 조선인 손님에게 도량이나 눈금을 속이고 있었고, 작은 노동자 간에도 일본인과 조선인을 차별 대우하고 있었다.[14]

어린 한국인 보통학생들의 눈에도 한국인은 일본인에 비해 차별을 받으며 불평등한 삶을 영위하고 있었다.

나아가 일부 학생은 일제 강점 한국의 현실을 타개하고 민족독립에 관심을 가지며 향학열을 불태웠다. 학생들은 곧잘 일본인 교사와 논쟁

13) 도쿄 지방재판소, 《제3회 신문조서》, 1914년 1월 30일 ; 김삼웅, 앞의 책, 90쪽 재인용.

14) 앞과 같음.

을 벌이기도 하였다. 다음은 개성제1공립보통학교에서 일본인 교사와 한국인 여학생들이 벌인 논전의 한 장면이다.[15)]

일인 선생은,

"그렇다. 그런데 일본은 우리나라가 아니냐. 그러니까 내지와 조선과 합병한 날이라고 한다. 일본과 우리나라와 합병했다고 하면 무식하다고 남이 웃는다."

"왜 일본이 내지로 변했나요?"

"변한 게 아니라 천황 폐하 계신 곳을 존칭하는 곳이다."

"그러면 세계 각국은 다 일본을 내지라고 하나요?"

"아이, 아직도 세상일을 모르니까 그렇구나. 조선은 일본 안에 있는 조선이니까 그렇지. 우리나라 안에서는 서로 내지라는 말을 쓴단 말이다. 비겨 말하면 서울 같은 데서는 행랑것들이 큰댁이라고 하는 것과 같단 말이다."

"그게 무슨 말씀이에요? 그러면 우리는 일본 사람의 행랑것들이에요?"

"그런 것이 아니다. 비겨 말하면 그렇다는 말이지. 그렇게 성낼 게 무어냐? 집에 가서도 어머님께랑 그런 말씀을 말아라."[16)]

한국인 여학생들은 일본인 교사가 언급한 '내지'라는 개념을 집중 시비하면서 겉으로는 일본인과 한국인의 평등을 강조하면서 실제로는 민족차별을 정당화하는 일본인의 차별 시책을 신랄하게 비판하고 있다. 이 여학생들은 상급학교에 진학하여도 이러한 민족의식을 상실하

15) 이와 관련해서는 이상경, 〈상해판《독립신문》의 여성관련 서사연구—〈여학생 일기〉를 중심으로 본 1910년대 여학생의 교육 경험과 3·1운동〉,《페미니즘연구》10-2, 한국여성연구소, 2010 참조.

16) "여학생일기",《독립신문》, 1919년 9월 27일자.

지 않고 스스로 고양시켰다.

여기에는 한국인 교사의 역할이 컸다. 당시 박열을 가르쳤던 함창공립보통학교 한국인 교사 이순의(李舜儀)는 졸업식을 앞둔 1916년 3월 학생들을 학교 뒷동산 숲속에 모아놓고 다음과 같이 고백하였다.17)

> 나를 용서해라. 나는 일본이 우수하고 일본이 조선을 하나로 묶어 다스리는 것이 당연하다고 너희들에게 가르쳤다. 반면 조선은 못나고 힘없는 나라로 일본에 합쳐져야 마땅하다고 가르쳐왔다. 그런 것들은 모두 거짓이었다. 내 목숨을 지키려고 비겁한 마음에서 내가 이제까지 너희들에게 마음에도 없는 거짓 교육을 했다. 조선의 역사를 존중하지 않으면 안 된다. 일본의 교사는 경찰서의 형사나 다름없다. 조선은 일본보다 훨씬 더 오랜 역사를 가진 나라다. 조선 민족은 일본 민족보다 훨씬 우수한 문화를 지켜왔다. 조선인으로 태어난 것을 자랑스럽게 여겨라.18)

이순의 교사는 여태까지 일본인 교장의 압력에 마음에도 없는 거짓 교육을 한 것을 뉘우친 것이다. 교사의 이러한 고백은 보통학생들에게 큰 충격으로 다가왔다.19) 박열이 후일 이날을 기억한 것은 그날의 큰 충격이 그의 진로에 영향을 미쳤기 때문이다. 특히 일본인 교사가 경찰서 형사나 다름없다는 주장은 일제의 교육을 전면 거부할 수 있는 근거가 되었다. 나아가 한국인 교사 일부는 한국의 역사가 매우 유구함을 강조함으로써 한국인 학생들이 일제가 강조해왔던 강제 병합의

---

17) 이순의는 1915년부터 1917년 사이에 함창공립보통학교에 재직하고 있었다(《조선총독부급소속관서직원록(朝鮮總督府及所屬官署職員錄)》, 1915, 1916, 1917년).

18) 도쿄 지방재판소, 《제3회 신문조서》, 1914년 1월 30일; 김삼웅, 앞의 책, 90쪽 재인용; 안재성, 《박열, 불온한 조선인 혁명가》, 인문서원, 2017, 21쪽 재인용.

19) 김인덕, 《극일에서 분단을 넘은 박애주의자 박열》, 인문서원, 2017, 21쪽.

역사적 근거를 통째로 부정하기에 이르렀다.

요컨대 이봉창의 경우에서 볼 수 있듯이 당시 상당수 한국인 보통학생들은 개인적 욕망으로 인해 일제 당국의 근대화 시책을 받아들이면서도 박열처럼 자신의 체험과 교사의 영향을 받아 일제의 일본화정책과 한국인 차별 방침에 대해서는 반감을 품었던 것이다. 그리고 이러한 복합적인 내면세계는 후자가 더욱 노골화되면서 점차 배일의식으로 승화하였다. 그리하여 보통학생들은 만세 시위에 적극 참여하였다.

3. 만세 시위 참여 양상

고종의 장례식이 거행되었던 1919년 3월 3일 보통학생들은 장례 행렬과 시위에 참여하기 위해 모두 등교하지 않았다. 동맹휴교를 한 것이다.[20] 이날 오후 2시 개성에서 호수돈여학교 학생들이 만세를 부른 뒤 5시 30분에는 15, 6세가 안 된 어린 보통학생과 소년 수백 명이 모여 충절의 상징인 선죽교에서 만세를 부르기 시작하였다.[21] 이들은 "우리 조선은 독립일세"라는 구호를 부르면서 만월대로 올라가고 일단은 반월성에서 정거장을 향하여 만세를 부르며 내려왔다.

이에 일제는 보통학생들이 중등학교 학생들의 영향을 받아 시위에 참여할 것을 우려하여 3월 7일부터 3월 15일까지 임시 휴교 조치를 단

---

20) 이하 학생들의 만세 시위 중에서 전거가 달려 있지 않은 것은 이병헌 편저, 《3·1운동비사(秘史)》, '각 지방 의거 사건', 시사시보사출판국, 1959, 853~995쪽; 정세현, 《항일학생민족운동사연구》, 일지사, 1975, 145~147쪽; 독립운동사편찬위원회, 《독립운동사자료집》 6, '조선소요사건상황', 1978, 835쪽; 박은식, 김도형 옮김, 《한국독립운동지혈사(韓國獨立運動之血史)》, 소명출판, 2008, 200~209쪽에 근거하여 서술하였다.

21) "각지소요사건", 《매일신보》, 1919년 3월 7일자.

행하였다.[22] 이들 학생의 동요를 예방하고자 하였기 때문이다. 얼마 안 되어 경성부에서 시위가 잠잠해지자 3월 13일 매동공립보통학교를 시작으로 3월 15일 사이에 교동공립보통학교, 다동공립보통학교, 어의동공립보통학교, 인현공립보통학교, 수하동공립보통학교, 정동공립보통학교, 미동공립보통학교 등 8개교를 개학하도록 하였다.[23]

그러나 지방의 어린 학생들은 각지에서 독립만세를 부르며 시위를 계속하였다. 3월 6일 인천공립보통학교 3, 4학년 학생들이 교사가 자리를 비운 사이 학교에서 나와 인천공립상업학교 학생들과 함께 시가지를 돌아다니며 만세를 불렀다. 특히 18세로 나이가 많은 김명진(金明辰)은 동맹휴교를 주도하면서 통신선을 절단하기까지 하였다.[24] 3월 7일 오전 10시 시흥공립보통학교 학생들도 전부 동맹휴교를 하고 만세를 부르며 부근 촌락으로 시위행진을 하였다.[25] 같은 날 오후 3시경 당진 면천공립보통학교 학생 약 200명이 태극기를 선두에 세우고 만세를 부르며 시위운동을 하다가 경찰의 제지로 해산되기도 하였다. 이어서 서울 교동공립보통학교 학생들이 3월 8일 수업이나 칙어 암송을 거부하고 시위를 전개하였다.[26)]

3월 11일에는 안성 동항리 양성공립보통학교 학생들이 한국인 선생

---

22) 경성부청, 《경성부사(京城府史)》 3, 1941, 736쪽.

23) "普校全部開學", 《매일신보》, 1919년 3월 18일자.

24) 독립운동사편찬위원회, 〈김명진 등 판결〉, 《독립운동사자료집》 5(3·1운동재판기록), 1973, 1009~1014쪽. 이와 관련해서는 김용달, 〈3·1운동기 학생층의 역할과 행형 분석〉, 《법학논총》 31-2, 단국대학교 법학연구소, 2007, 44쪽 참조.

25) "騷擾事件의 後報", 《매일신보》, 1919년 3월 10일자.

26) 재한선교사보고자료 [Presbyterian Church Documents: Presbyterian Church, USA Board of Foreign Missions. Korea, Independence Movement, selected correspondence, 1919 – 1920 (Reel No.72 – 3) – MF]의 [March 1st Independence Movement, 1919~1920 (3)]. 국사편찬위원회 삼일운동 데이터베이스 http://db.history.go.kr/samil, 2021년 1월 1일 확인.

님들을 따라 만세를 불렀다.[27] 만세 시위는 이후 3월 하순부터 안성 지역 전체로 퍼져나갔다. 노약자를 제외한 안성 주민 2,000여 명이 시위에 참가하였는데, 일본 주재소, 우편소 등 일제의 기관을 공격하고 일장기를 불태우기까지 하였다.[28] 이어서 일본인 상점과 고리대금업자를 공격하였으며 경부선 철도를 차단하려 하였다. 보통학생들의 만세 시위가 3·1운동 3대 시위의 하나인 안성 시위를 이끌어내었던 것이다. 또 이날 충남 당진에서도 산천공립보통학교 학생 200여 명이 태극기를 들고 시위운동을 벌였다.[29]

3월 12일에는 강화 읍내 보통학교에서 3, 4학년 학생이 모두 모여 칠판에 태극기를 그리고 만세를 부르며 운동장으로 나갔다. 다음 날에는 여학생 80여 명이 학교에서 독립만세를 불렀다.[30] 또 이날 아산에서도 온양공립보통학교 학생 30명이 독립만세를 불렀다. 3월 13일 전북 임실군 둔남면 오수면에서는 보통학생들이 장날을 이용하여 기독교도, 천도교도와 함께 시장을 돌아다니며 대한독립만세를 연호하였다.[31] 3월 14일에는 아산공립보통학교 학생 100여 명이 시장을 돌아다니며 태극기를 들고 독립만세를 부르자 시민들도 뒤따랐다.[32] 또 이날 전라남도 영광공립보통학교 학생들 120명이 태극기를 들고 시장을 돌

---

27) "騷擾事件의 後報", 《매일신보》, 1919년 3월 15일자. 이와 관련해서는 이정은, 〈안성군 원곡·양성의 3·1운동〉, 《한국독립운동사연구》 1, 1987, 156쪽; 허영란, 〈만세시위의 다원적 의미와 지속되는 지역공동체—안성군 3·1운동의 새로운 이해〉, 《역사와 현실》 113, 한국역사연구회, 2019, 269쪽 참조.

28) 허영란, 〈3·1운동의 지역성과 집단적 주체의 형성—경기도 안성의 사례를 중심으로〉, 《역사와 경계》 72, 부산경남사학회, 2009.

29) "騷擾事件의 後報", 《매일신보》, 1919년 3월 26일자.

30) "騷擾事件의 後報", 《매일신보》, 1919년 3월 16일자.

31) "騷擾事件의 後報", 《매일신보》, 1919년 3월 22일자.

32) "騷擾事件의 後報", 《매일신보》, 1919년 3월 20일자.

아다녔고 졸업생들이 군중을 이끌고 시위를 벌였다.[33] 인천공립보통학교 학생들도 태극기를 들고 시위에 나섰다.[34] 3월 16일 오전 11시 정읍군 태인 장날 학생 60여 명이 태극기를 들고 만세를 부르며 시장을 지나가자 시장에 모인 사람들과 각 동리 주민들이 이에 호응하여 수천 명이 함께 만세를 부르고 시위운동을 하였다. 그리하여 시장의 각 상점과 노점 전부 문을 닫았다.[35] 3월 18일에는 진주공립보통학교 교사가 태극기를 들고 선두에 서서 일반 군중을 지휘하며 시내를 돌았다. 학생들은 등교를 거부하는 한편, 일본 천황의 교육칙어를 찢어버리고 만세를 부르며 운동장에서 시위행진을 하였다. 또 이날 경상북도 봉화 대성공립보통학교 교사와 학생 약 30명이 시위를 주도하였다.[36] 3월 19일에는 전라북도 고창공립보통학교 학생들이 이날 시위를 계획하였다가 사전에 발각되어 미수에 그쳤다.[37] 3월 20일 충북 괴산에서는 괴산공립보통학교 학생 35명이 독립만세를 높이 부르면서 시장으로 이동하는 가운데 수천 명의 군중도 만세 시위에 동참하였다.[38] 3월 22일에는 함경남도 홍원 어린아이 수백 명이 태극기를 들고 만세를 부르면서 인근을 돌아다니다가 해산당하였다. 이 일을 모의한 이들 중 가장 나이 많은 자가 17세 소년이었다. 또 이날 서울 아현공립보통학교 학생들도 저녁 7시에 학교 운동장에 모여 독립만세를 불렀다.[39]

3월 23일에는 공립보통학교 졸업식이 예정되어 있던 경성의 정동공

---

33) "騷擾事件의 後報", 《매일신보》, 1919년 3월 19일자.

34) "騷擾事件의 後報", 《매일신보》, 1919년 3월 18일자.

35) "騷擾事件의 後報", 《매일신보》, 1919년 3월 21일자.

36) "騷擾事件의 後報", 《매일신보》, 1919년 3월 24일자.

37) "騷擾事件의 後報", 《매일신보》, 1919년 3월 26일자.

38) "騷擾事件의 後報", 《매일신보》, 1919년 3월 24일자.

39) "騷擾事件의 後報", 《매일신보》, 1919년 3월 25일자.

립보통학교와 어의동공립보통학교에서 학생들이 졸업식장에서 만세 시위를 벌였다.[40]

그중 눈길을 끄는 일은 어린 학생들이 어른들처럼 조선 독립의 의지를 세계만방에 알리려고 노력하였다는 점이다. 만세 시위가 시작된 뒤 채 10일도 안 된 3월 10일 한국남녀소년단(韓國男女少年團)이 파리강화회의에 독립을 진정하는 '한국아동읍혈진정서'를 제출하였다. 그들은 다음과 같이 호소하였다.

> 다만 빈손과 빈주먹으로 부르짖는 아이뿐이오니 세계에 정의 인도를 주장하시는 많은 국민들이여, 우리들 소학생은 여러분들 앞에 슬프게 고하는 것은 상제는 어질고 사랑하샤 허약한 망국민족은 긍휼히 여기시는 이 마음을 본받아 조그마한 정의로 한국의 독립을 도와주어 일인(日人)의 흉악한 칼끝을 막아 우리 유한한 한인으로 조금 그 생명을 연장케 하여 주시옵소셔. 그렇다면 상제께서 또한 여러분들의 의로운 용기를 허(許)하시고 여러분들을 복으로 허하시고 복으로 돌이켜 도와주시리니 바라옵나니.[41]

비폭력방법으로밖에 할 수 없는 어린 보통학생의 처지에서 정의와 인도의 실현을 위해 세계 여러 나라가 지원해줄 것을 간절하게 호소하고 있다. 이 글에는 어린 학생들의 의로운 뜻과 굽힐 줄 모르는 용기가 잘 드러나 있다.

그 밖에 영암, 포천, 순천, 신흥, 안주, 입석, 자산, 한천, 부산, 함안, 통영 등에서도 공립보통학교와 서당의 어린 학생들이 시위를 벌이고

---

40) "卒業式日에 學童이 呼萬歲", 《매일신보》, 1919년 3월 26일자.

41) 국사편찬위원회, 《한국독립운동사자료》 4, 임정편Ⅳ, 1974, 250쪽.

동맹휴교를 하였다. 이제 만세 시위는 중등학교, 전문학교 학생들만의 일이 아니었다.

일부 지역에서는 보통학생들이 시위를 주도하기도 하였다. 부안군에서는 줄포공립보통학교 학생들이 장날을 이용하여 태극기 수백 매를 만들어 군중에게 나누어주고 만세를 부르며 시위행진을 하다가 해산당하였다. 무주에서는 무주공립보통학교 학생이 선두에 서서 무주 뒷산에 봉화를 올리자 각 면, 각 동에서 일제히 불을 놓고 만세를 불렀다. 함경남도 신포에서는 공립보통학교 학생 마희일 외 다섯 명이 3월 1일은 독립기념일이라며 태극기를 게양하고 기념사를 작성하여 네다섯 곳에 붙이다가 체포되었다. 군산공립보통학교에서는 재학생 70여 명이 동맹하여 연서로 퇴학원을 제출한 뒤 밤중에 불이 나 교실이 다 타버렸다. 또한 경성 전동공립보통학교 학생 네 명은 겨우 11세에서 12세 나이로 "보통학교는 대한의 아이들을 모아 노예의 재물로 삼으려는 장소"라고 외치며 교실 유리창을 깨뜨리기도 하였다.[42] 일제에 대한 저항의 표시였다.

심지어 고등공립보통학교 시험을 치러 갔던 학생들이 시위를 주도하기도 하였다. 예컨대 대구고등보통학교 입학 시험 때문에 대구를 방문하였다가 대구 시위를 목격하고 돌아온 내성공립보통학교 학생 이구락(李龜洛)은 동교생 및 교사와 상의한 뒤 태극기를 제작하고 시위 계획을 세웠다.[43] 이들 학생은 장날 시위 직전에 체포되었지만 그 의기와 애국열은 대단하였다.

그러나 일제는 어린 학생들의 시위에 별로 신경쓰지 않았다. 며칠

42) 박은식, 앞의 책, 325쪽.

43) 경상북도경찰부, 류시중 외 역주, 《국역 고등경찰요사》, 선인, 2010, 93쪽.

후에는 평온을 찾으리라고 예상하였고 학교 문을 다시 열었다. 하지만 학생들은 아무도 오지 않았다. 가게 문은 여전히 굳게 닫혀 있었다. 공공 기관에 고용된 노동자들도 일하러 나오지 않았다. 그중 어린 학생들의 등교 거부가 가장 당혹스러운 일이었다. 어느 대규모 공립보통학교에서는 학생들에게 졸업식 행사에 참가하여 졸업증서를 받아가라고 애원하였지만 학생들은 일제의 교육을 거부한다는 취지에서 학교에 등교하지 않았다. 이에 일제는 졸업식을 구실로 학생들을 학교로 끌어내고자 하였다. 다음은 프레더릭 아서 매켄지(Frederick Arthur McKenzie)가 어느 보통학교 졸업식 풍경을 묘사한 내용이다.

> 학생들은 수그러진 것 같았으며, 관리와 저명한 일본인 내빈들이 임석한 가운데 졸업식이 시작되었다. 귀중한 졸업장을 학생 각자에게 수여하였다. 그런 다음 열두어 살쯤 되는 학생회장이 단상으로 올라가서 학교 선생들과 당국에 감사를 표하는 연설을 하였다. 그는 깍듯이 예의를 갖추는 듯하였다. 절할 때마다 90도로 하였고, 경어를 길게 늘어놓는 품이 마치 경어의 발음을 좋아하는 것같이 보였다. 귀빈들은 기분이 좋았다. 그런데 갑자기 엄숙한 식장의 분위기는 끝장이 나고 말았다. "이제 이것만을 말씀드려야겠습니다"고 그 소년은 말의 끝을 맺었다. 그의 목소리가 달라졌다. 그는 몸을 바로 폈다. 그의 눈에는 결의가 보였다. 지금 그가 외치려는 소리가 지난 며칠 동안 수많은 사람의 목숨을 앗아갔다는 것을 그는 똑똑히 알고 있었다. "우리는 한 가지를 더 여러분께 부탁드리겠습니다." 그는 품속에 손을 넣더니, 태극기를—그것을 가지고만 있어도 죄가 되는 것을—꺼내었다. 그 기를 흔들면서 그는 소리쳤다. "우리나라를 돌려주시오. 대한 만세! 만세!"
>
> 소년들이 모두 자리를 박차고 일어섰다. 저마다 옷옷 속에서 태극기를

꺼내어 흔들면서 외쳤다. "만세! 만세! 만세!" 그들은 이제 겁에 질린 내빈들 면전에서 소중한 졸업장을 찢어, 땅바닥에 던지고는 몰려나갔다.[44)]

그리하여 4월에 들어와서도 일부 지역에서 보통학생들이 시위에 참가하였다. 4월 2일 경기도 안성군 죽산면에서는 죽산공립보통학교 학생들이 조직적으로 준비한 끝에 교내 시위를 시작하자 만세 참가자가 늘어났다.[45)] 4월 8일 부산진에서는 공립보통학교 졸업생과 재학생이 시위를 주도하려다 사전에 일제에게 발각되기까지 하였다.[46)] 그리고 3·1운동이 일제의 탄압으로 소강 국면에 접어드는 7월 평안북도 박천군에서는 보통학생들이 독립만세를 외쳤으며 일제는 강제로 해산하고 그 주모자 20여 명을 체포하여 엄중히 취조하였다.[47)]

그리하여 일제는 1919년 말 3·1운동 만세 시위에 참여한 학생들의 현황을 정리하는 비밀 문건에 공립보통학교 학생들의 참가 현황도 수록하였다. 〈표 3.2.1〉은 만세 시위에 참가한 보통학교 전체 학생 수다.

우선 만세 시위에 참가한 보통학생의 참가율은 전체 재학생 대비 4퍼센트에 이르고 있다. 당시 한국인 총인구에서의 참가율이 10퍼센트였음을 고려할 때 낮은 비율일 수 있지만, 일제의 일본화교육을 받았고 나이가 어리다는 점을 감안하면 결코 낮은 비율이라 할 수 없다. 특히 공립보통학교 학생의 참가율보다 높은 사립학교 학생들의 참가율을 합치면 보통학생들의 비율은 더욱 높아진다.[48)] 아울러 3·1만세 시위의

44) F. A. 맥켄지, 이광린 역, 《한국의 독립운동》, 일조각, 1969, 182쪽.

45) 황민호, 〈안성 읍내와 죽산 지역 3·1운동의 전개〉, 《한국민족운동사연구》 46, 한국민족운동사학회, 2006, 72~75쪽; 허영란, 앞의 글, 2009, 164~169쪽.

46) "騷擾事件의 後報", 《매일신보》, 1919년 4월 12일자.

47) 박은식, 앞의 책, 326쪽.

〈표 3.2.1〉 만세 참가 보통학교와 학생

도별	학교 수	참가 학교 수	재학생 수(a)	참가 학생 수(b)	b/a(%)
경기	65	10	12,569	519	4.13
충북	21	1	3,345	13	0.39
충남	47	4	7,137	10	0.14
전북	42	6	6,693	352	5.26
전남	38	4	6,579	224	3.40
경북	49	6	6,441	232	3.60
경남	43	14	7,490	655	8.74
황해	28	3	3,994	210	5.26
평남	42	4	10,230	522	5.10
평북	40	4	8,604	455	5.29
강원	30	1	5,848	70	1.20
함남	25	6	4,209	45	1.07
함북	25	5	4,290	116	2.70
합계	495	68	87,379	3,422	3.92

· 출전 : 조선총독부 학무국, 《騷擾と學校》(국회도서관 소장), 1921, 9~10쪽 ; 金正明 編, 《朝鮮獨立運動》 1, 原書房, 1967 수록.
· 비고 : 표 제목의 '만세'는 원문서에서 '소요(騷擾)'로 표기됨.

중심지인 서울(경기도 중심)의 비율이 낮지 않거니와 경상남도, 평안남북도와 전라북도의 비율이 여타 지방에 비해 매우 높음을 확인할 수 있다. 그 이유는 현재의 자료 상태와 다양한 변수로 인해 구명하기 어렵지만 당시 지방 주민의 참여 열기와 비례하지 않을까 짐작된다. 평안도의 경우 보통학생들의 참가율과 전체 사망자 및 수감자의 비율이 공히 높다는 점이 이러한 추론을 가능하게 한다.[49] 경상남도의 경우도

48) 《騷擾と學校》에 따르면 사립학교의 경우 초등학교와 중등학교가 합쳐 있어 초등학교만 별도로 추출하기 어렵다. 그리하여 사립초중등학생의 참가율을 산출하였다. 이에 관해서는 조선총독부 학무국, 《騷擾と學校》(국회도서관 소장), 1920, 11~12쪽 참조.

사정은 마찬가지다.

한편, 이들 만세 시위에 참가한 보통학생들의 연령대는 취학 연령에 비추어 8세 이상으로 추정할 수 있다. 물론 당시 학교에 늦게 입학하는 학생들의 수치를 감안하면 훨씬 높을 수 있다. 만세 시위를 주도하였던 일부 학생의 경우 10대 후반이기도 하다. 자료 부족으로 직접 파악하기는 힘들지만 이들 학생의 취학 평균 연령을 통해 대략 짐작할 수 있다. 지방별로 차이가 있지만 1915년 《조선총독부통계연보》에 따르면 학생의 평균 연령은 1학년은 11.4세, 4학년은 15.1세다. 따라서 만세 시위에 참가한 학생 대다수는 10대 전반으로 추정된다.[50] 참가율이 높았던 평안남도의 경우 입학 연령이 10.7세에 불과하였다.

이처럼 만세 시위에 참가한 보통학생은 공사립 불문하고 10대 전반의 나이에도 불구하고 청장년 세대와 함께 만세 시위에 적극 참가하였다. 이는 만세 시위 체험을 통해 이들 학생의 민족의식이 성장할 가능성이 높아졌음을 의미한다.

4. 한국인 보통학생의 만세 체험과 민족의식의 성장

한국인 보통학생들에게 3·1만세 시위 체험은 내면세계에 어떻게 각인되었을까. 양자의 관계를 명확히 보여주는 자료를 찾기는 어렵다. 다만 만세 시위과정에서 나타난 학생들의 행위를 통해 만세 시위 체험이 그들의 내면세계에 영향을 미쳤으리라 추정할 수 있다.

---

49) 지역별 참가 현황과 피해 상황에 관해서는 박은식, 앞의 책, 192~198쪽 참조.

50) 조선총독부, 《조선총독부통계연보》, 1915.

우선 이러한 상관성은 그들이 벌인 만세 시위 행위에서 찾아볼 수 있다. 학생들이 국가의 자주독립과 주권을 표상하는 태극기를 들고 만세를 불렀다는 점이 이를 단적으로 보여준다. 예컨대 한 여학생은 오른손에 태극기를 들고 만세를 부르다가 일본인 순사에게 오른손이 잘리자 왼손으로 태극기를 들고 만세를 불렀다.[51] 태극기는 대한제국의 주권을 상징하는 표상물로서 이 여학생은 태극기를 통해 강탈당한 국가를 되찾겠다는 주권 회복 의지를 보여주었다.[52]

또한 어린 학생들은 기성세대나 교사들의 주도 아래 시위에 참가하기도 하였지만 일부 학생은 주권의식을 갖고 스스로 태극기를 그리기도 하였다. 황해도 안악군의 경우 일본인 순사가 참가 학생들의 배후에 기성세대가 있다고 간주하고 참가 학생들에게 태극기를 낡은 신문지에 그릴 것을 요구하자 이들 학생은 신성한 국기를 낡은 신문에 그리는 것을 거부하고 백지에 태극기를 단번에 그려냈다.[53] 이들 학생이 태극기를 그릴 수 있었던 것은 예전부터 태극기를 눈여겨보아왔다는 사실을 단적으로 보여준다.

이제 학생들은 태극기가 이미 사라져버린 망국의 국기라는 퇴행적인 인식에서 벗어나 태극기를 민족의 표상이자 주권 회복의 상징으로 여길 정도로 민족의식을 내면화하기에 이르렀다. 태극기의 부활은 민족의식의 부활인 셈이었다.

아울러 이들 학생은 스스로가 단군의 자손이라는 혈연의식을 지니고 있었다. 이러한 혈연의식은 단지 인종적 동일성을 넘어 역사공동체

---

51) 박은식, 앞의 책, 324쪽.

52) 대한제국기 태극기의 상징성에 관해서는 목수현, 〈망국과 국가 표상의 의미 변화: 태극기, 오얏꽃, 무궁화를 중심으로〉, 《한국문화》 52, 규장각한국학연구원, 2011, 154~160쪽 참조.

53) 박은식, 앞의 책, 326쪽.

를 아우르는 민족의식으로서 만세 시위 참가에 영향을 미쳤다. 예컨대 평안북도 자성군의 학생 수십 명은 자신들이 '단군 할아버지의 혈손'이며 '대한의 국민'임을 강조하였다.[54] 이는 일제의 통치 정당성을 부정하는 역사적·정치적 근거인 셈이었다.

심지어 마산의 12세 보통학생은 일본인 경찰의 총탄에 맞아 죽어가면서도 "왜놈의 치료는 받지 않겠다"고 하며 일본인 의사의 치료를 거부하였다.[55] 학생의 이러한 행위는 일본을 적국으로 간주하고 적극적으로 저항하겠다는 의사를 보여준다.

그렇다면 당시 만세 시위에 참가한 보통학생들은 자신들의 시위 행위를 어떻게 해석하였을까. 예컨대 어느 여학생은 일본인 경찰의 엄한 신문에 참가 이유와 의미를 다음과 같이 당당하게 밝혔다.

> "너는 무슨 이유로 기를 들고 기뻐 좋아하느냐?"
>
> "잃은 물건을 다시 찾은 까닭에 좋아합니다."
>
> "무슨 물건을 잃었지?"
>
> "우리 대한민족이 대대로 전해온 삼천리 금수강산입니다."
>
> 일본인 순사가 소리를 지르면서
>
> "너 같은 어린것이 무엇을 알아서 그것이 좋다고 하느냐?"
>
> 어린아이는 다시 온화한 말로 대답하였다.
>
> "당신은 정말 지식이 없군요. 전날 우리 어머니가 작은 바늘을 잃고 반나절이나 찾아서 다시 갖고 기뻐하는 빛이 얼굴에 드러났습니다. 더구나 삼천리 금수강산이 다시 우리 것이 되었는데, 어찌 즐겁지 않겠어요?"

---

54) 앞의 책.

55) 앞의 책, 325쪽.

일본 순사도 감복하여 눈물을 흘렸다.[56]

이 글을 통해 태극기와 국토로 표상되는 국가를 되찾겠다는 주권국가의 의식이 학생의 내면세계에 자리잡고 있음을 알 수 있다. 특히 이 학생은 자신의 만세 시위 행위를 '대한민족'이 오랫동안 삶의 공간으로 살아오던 금수강산을 회복하는 행위라고 규정하고 있다. 이는 유구한 역사와 삶의 공간으로서 국토를 한민족의 역사적·공간적 기반으로 인식하였기 때문에 가능하였던 것이다. 여기서 대한제국기 주권의식을 체화한 한국인 교사들과 기성세대가 학생들에게 끼친 영향이 적지 않았음을 확인할 수 있다.

그리하여 어린 학생들까지 식민지 노예교육을 거부하고 오히려 서당에 입학하는 경향이 나타나기까지 하였다. 훗날 독립운동가로 성장한 윤봉길의 경우 여섯 살 때 서당을 다니다가 3·1운동 직전 해인 1918년 덕산공립보통학교에 입학하였으나 만세 시위 이후 학교를 그만두고 인근 마을 오치서숙(烏峙書塾)에서 사서삼경(四書三經)을 공부하였다.[57] 그것은 여타 한국인 학부형들과 마찬가지로 윤봉길의 부모도 윤봉길을 공립보통학교에 보내고 싶어하지 않았기 때문이다. 또 경상남도 하동에서는 보통학교 입학자가 한 명도 없었으며 4월 말에는 출석자가 40퍼센트 정도밖에 안 되었다. 심지어 경남 양산에서는 학부모들이 보통학교에 다니는 자녀에게 휴학을 종용하기까지 하였다.[58] 그리하여 만세 시위 이후 학교교육을 기피하여 많은 지방에서 한문 서당이 융흥하였고, 그 결과 1910년대 후반에 높은 비율로 증가하던 보통학교 취학생이

56) 박은식, 앞의 책, 323~324쪽.

57) 윤남의, 《윤봉길 일대기》, 정음사, 1975, 9~30쪽.

58) 한국역사연구회·역사문제연구소, 《3·1민족해방운동 연구》, 청년사, 1989, 380쪽.

1919년에는 주춤하였다.[59] 서울 시내의 경우 1918년 4월 신학기 입학자가 1,953명에서 1919년 신학기에는 800여 명으로 감소하였다.

한국인 학생들은 공립보통학교에서 다시 공부하게 된 이후에도 그날을 잊지 않고자 하기 위해 한국과 일본이 교전하는 전쟁놀이를 할 때면 한국이 일본을 이기는 것으로 만들었다.[60] 그리하여 경기가 끝나면 학생들은 일제히 '대한만세'를 높이 외쳤다. 그러면 옆에서 이를 구경하던 사람들이 순식간에 몰려와 수천 명이 일제히 환호하며 시가지를 행진하였다.

이에 공립보통학교 일본인 교장들은 한국인 보통학생들을 회유하고자 하였다. 3·1운동 이후 이 사건을 정리하여 보고서를 제출하였던 역사학자 박은식은 다음과 같이 예화를 전하고 있다.

> 또 하루는 교장이 학도들을 회유하면서 "한국과 일본은 형제 사이이다. 형제끼리 친목하지 않으면 복이 없고 화만 있을 뿐이니, 우리들은 마땅히 친목을 더욱 돈독히 해야 할 것이다"고 하였다. 이에 대해 한 학생이 고개를 들고 대꾸하기를, "감히 묻겠는데, 먼저 태어난 사람이 형입니까, 아니면 나중에 태어난 자가 형입니까"라고 하였다. 교장이 "물론 먼저 태어난 사람이 형이다"고 하자 다시 학생이 "우리 한국이 탄생한 지는 4,250여 년이 되었고 일본은 2,200여 년입니다. 그렇다면 우리 한국이 형이 되고, 종가가 되는 것이 명분에 옳고 순리입니다. 반드시 이와 같이 된 이후라야 친목을 말할 수 있을 것입니다"라고 하였다. 교장은 아무 말도 못 하고 부끄러워했다.[61]

---

59) 앞과 같음;조선총독부,《조선총독부통계연보》, 1918, 1919.

60) 박은식, 앞의 책, 326쪽.

61) 앞의 책, 205~206쪽.

일본인 교장이 일본인과 한국인의 뿌리는 같으며 일본이 형이라고 하는 일선동조론(日鮮同祖論)을 내세우자 한국인 학생들은 이러한 주장의 논리적 모순을 지적하면서 3·1운동의 정당성을 강조하고 있다.

요컨대 보통학생들은 언어공동체 의식, 혈연공동체 의식, 역사공동체 의식을 자각하기 시작하였다. 그것은 근대민족으로서의 정체성과 민족자결주의가 자리잡아가면서 국권 회복에 대한 관심이 높아가고 있음을 보여준다. 나아가 학생 스스로가 여타 기성세대 및 마을 주민들과 함께 만세를 외치면서 민족공동체의 구성원으로 동일시하기에 이르렀다.

이에 한 일본인 보통학교 교사는 어린 학생들이 시위에 참가하는 모습을 보며 다음과 같이 탄식하였다.

> 우리가 오리 새끼를 키워 물에 놓아주었구나. 10년간의 노력이 하루아침에 허사로 돌아갔다.[62)]

이는 곧 일제가 강점 전후 본격적으로 추진하였던 일본화 식민교육이 수포로 돌아간 사실을 실토한 것이었다.

또 당시 한 일본 경찰 간부는 어린 학생들이 시위에 참가하는 모습을 보면서 착잡하고 불안한 심정을 다음과 같이 토로하였다.

> 특히 조선인이 다수 집단이 되어 국기를 앞세워 만세 소리를 크게 지르면서 관헌의 지시 명령에 대항하거나 폭행 소요를 감행한 당시의 인상은 그들 생도·아동의 뇌리(腦裏)에 새겨져 부지불식간(不知不識間)에 나쁜 감화

62) 앞의 책, 202쪽.

를 주게 되었음은 물론 교사·생도 또는 부형으로서 소요에 가담한 자가 있었으므로 그 자녀에 대한 감화가 어떠하였을 것인가. 여기에 깊이 생각이 미치면 두려움을 느끼지 않을 수 없다.[63]

3·1운동에 참여한 경험과 한국인들의 활동이 학생들에게 미친 영향은 이처럼 컸다. 그것은 이른바 '불온 사조'에 따른 독립에 대한 열망, 일제 교육에 대한 반감에 따른 취학자·입학자 감소, 일본인 교사에 대한 '반항심 조성' 및 '존경심 감퇴' 등으로 나타났다.[64]

그리하여 10월경 각 학교에서는 동맹휴학을 하고 일본어를 외국어 교과로 바꾸어 시수를 줄일 것을 주장하였다.[65] 특히 학생들은 아침 조회 시간에 일본 교과서를 폐지하라고 요구하였다. 이어서 교과서 폐지를 거부하는 교장이 알지 못하도록 교실에 들어가 일본 교과서를 모두 파기하고 학교에 등교하지 않을 것을 통보하였다. 그중 일부 학교에서는 교과목으로 조선의 역사와 조선 창가를 요구하기도 하였다.[66] 차별에 대한 비판을 넘어 한국인 본위의 교육을 요구하는 목소리가 높아지면서 일제의 두려움은 곧 현실이 되었다.

그리하여 1920년대 각급 학교의 많은 한국인 학생이 동맹휴학을 벌이며 교원배척운동을 벌여나갔는데, 그중 보통학생들의 교원배척 동맹휴학이 매우 치열하였다. 동맹휴학의 원인은 생도에 대한 교사의 구

63) 독립운동사편찬위원회, 《독립운동사자료집》 6, '조선소요사건상황', 1973, 829~830쪽.

64) 앞의 책, 835~836쪽.

65) 박찬승, 〈1920년대 보통학교 학생들의 교원 배척 동맹휴학〉, 《역사와 현실》 104, 한국역사연구회, 2017 ; 김광규, 〈일제강점기 직원록과 신문자료를 통해 본 교원 배척 동맹휴학의 양상〉, 《역사교육》 143, 역사교육연구회, 2017.

66) 유용식, 《일제하 교육진흥의 논리와 운동에 관한 연구—1920년 전반기를 중심으로》, 문음사, 2002, 253~254쪽.

타나 처벌, 교사의 실력 부족과 불친절, 무성의, 불공정, 교사의 좋지 못한 품행, 학생에 대한 무리한 처벌, 조선 역사나 창가를 가르치지 않는 것, 교장이나 교사의 민족차별의식에 대한 반발 등이었다.[67] 보통학생의 내면세계에 어느덧 민족의식이 발현되기 시작한 것이다.

한편, 청년세대를 비롯한 기성세대는 3·1운동 만세 시위 기간에 보여준 보통학생들의 활동을 목도하면서 소년운동의 필요성을 절감하였다. 이돈화는 만세 시위 직후인 1921년 《개벽》을 통해 보통학생을 포함한 소년의 중요성을 다음과 같이 강조하였다.

> 우리가 10년 혹은 수십 년 후의 새 조선을 건설키 위함에는 그 준비를 지금으로부터 시작하지 아니하면 안 된다 하면 우리는 장래의 우리 조선을 위하야 장래의 조선민족인 저들의 아동을 우리의 현재보다 더욱 중요히 보며 지극히 중대하게 생각하야 그들의 장래를 위하야 주밀(周密)한 용의를 가지지 아니하야서는 아니됩니다.[68]

이들 세대는 소년을 민족의 흥망을 결정짓는 세대라고 여기고 그들의 장래를 열어줄 수 있는 기반을 마련하고자 하였다. 이러한 인식과 방향 제시는 후일 소년운동의 이론적 나침반으로 작용하였다.[69]

이처럼 3·1운동 만세 시위에서 드러난 보통학생들의 활동은 이후 한국인 학생 본위의 교육을 근간으로 한 동맹휴학운동과 소년운동의 밑거름이 되었으며, 나아가 민족·사회 운동을 이끌고 나갈 주역들을 키우는 자양분으로 작용하였다.

---

67) 이에 관해서는 박찬승, 앞의 글 참조.

68) 이돈화, 〈새조선의 건설과 아동문제〉, 《개벽》 18, 1921, 23쪽.

69) 김정의, 《한국소년운동사》, 민족문화사, 1992, 41~45쪽.

5. 결어

지금까지 3·1만세 시위 때 보통학생들의 참가 양상과 그들의 내면세계를 검토하였다. 그 내용을 요약하면 다음과 같다.

우선 이들 학생의 참여 배경을 파악하기 위해서는 이들을 둘러싼 교육 환경을 일제의 교육 방침과 당시 학제 및 이를 뒷받침한 식민 통치 전략과 연계하여 고찰할 필요가 있다. 일제는 기본적으로 한국인이 일본 문화를 내면화하도록 점진적 동화주의에 입각하여 한국인의 일본인화를 추진하면서도 한국인을 최하급 농민노동자로 양성하는 데 힘을 기울였다. 이는 통치체제의 안정을 도모하는 한편, 본국-식민지 농공 분업체제를 유지하는 데 매우 중요하였다. 일제는 여기에 부합한 식민지 인간형을 양성하기 위해 보통학교 교육을 일본 본국과 달리 4년제 완성교육이라는 단축된 학제로 구현하는 한편, 한국인에게 보통학교가 계층 사다리로 보일 수 있도록 학력주의 세계를 점차 구축해갔다.

이에 한국인 학부모는 일제하에서 근대교육을 받으면서 학력을 쌓을 수 있는 유일한 학교체제를 거부하지 못하는 가운데 입신출세를 위해 보통학교에 자식들을 취학시켰다. 그 결과 일제가 요구하는 일본어 해독자가 늘어나고 일본식 훈육을 내면화한 학생들이 늘어나기 시작하였다. 훗날 독립운동가의 대명사가 되었던 이봉창을 비롯한 많은 학생도 가난과 무지에서 벗어나기 위해 일제의 교육을 적극 수용하였다.

그러나 일제의 이러한 교육 방침은 소기의 성과를 거두기에는 많은 문제점을 안고 있었다. 무엇보다 일제가 정치, 사회, 경제, 문화 등 여러 방면에서 한국인을 차별하였기에 한국인은 보통학교를 졸업하더라도 관료를 비롯하여 많은 직종에서 일본인에게 밀려나야 하였다. 비록 한국인이 이러한 차별을 극복하고자 상급학교에 진학한다고 하더라도 사정은 나아지지 않았다. 한국인에게는 일본인과 달리 실업의 악순환이 가중될 뿐이었다.

한편, 한국인 일부는 일제의 동화주의가 전제하고 있는 한국인과 일본인의 평등이 결코 현실에서 이루어질 수 없는 모순임을 인식하고 적극적으로 민족차별 문제를 제기하였다. 나아가 학생들은 일부 한국인 교사들의 지도 속에서 자신의 정체성을 유구한 역사와 우수한 문화에서 찾으며 강제 병합의 정당성을 부정하기도 하였다. 훗날 많은 보통학생이 만세 시위에 참여한 이유 중 하나가 여기에 있다.

3·1만세 시위가 일어나고 얼마 안 된 3월 3일 일부 보통학생이 개성 호수돈여학교 학생들의 시위에 이어 선죽교에서 만세를 불렀다. 이어서 보통학생들의 시위도 기성세대의 시위에 발맞추어 전국적으로 확산되었다. 심지어 경기도 안성에서는 보통학생들이 해당 지역의 시위를 촉발하기까지 하였다. 재학생 대비 참가자의 비율이 4퍼센트에 이를 정도였다. 이러한 비율은 당시 한국인 전체 인구 대비 참가자의 비율 10퍼센트에는 미치지 못하였지만 이들이 연소한데다 학부형의 보호를 받고 있었음을 감안하면 매우 높은 비율이다. 일제가 이들의 참가 현황을 통계표로 작성한 것도 보통학생들의 시위 양상을 심각하게 인식하였음을 방증한다. 이들 학생은 단지 기성세대에 이끌려 수동적으로 참여한 것이 아니었다. 자신의 인생에서 중대한 이력이 될 졸업식장에서 시위 계획에 맞추어 조직적으로 참여하여 만세를 불렀으며 스스로 태극기를 제작하기까지 하였다. 나아가 이들은 한국남녀소년단을 조직하여 파리강화회의에 독립을 진정하는 '한국아동읍혈진정서'를 제출하였다. 이들 학생은 비폭력방법으로밖에 할 수 없는 어린 보통학생의 처지에서 정의와 인도의 실현을 위해 세계 여러 나라가 지원해줄 것을 간절히 호소한 것이었다.

한국인 보통학생들의 이러한 만세 시위 참여와 활동에는 교사와 기성세대의 민족의식이 미친 영향이 적지 않게 녹아 있다. 보통학생들은 만세 시위과정에서 자주독립과 주권을 표상하는 태극기를 제작하거나 이를 들고 거리를 행진하였다. 또 일부 보통학생은 자신이 '단군 할아버지의 혈손'이며 '대한의 국민'임을 강조하였다. 이러한 행위는 대한제국과 이를 표상하는 태극기가 이미 사라져버린 국가와 그 국기라는 퇴행적인 인식에서 벗어나 단군의 후예라는 혈연의식과 맞물려 각각 주권 회복의 대상이자 민족의 표상으로 다가왔음을 보여준다. 이들 보통학생의 내면세계는 이러하였다.

따라서 보통학생들의 만세 시위 체험은 일제 당국에게 충격으로 전해졌다. 그들의 우려대로 1910년대 그들이 줄기차게 추진해왔던 점진적 동화주의 교육이 성과를 거두기는커녕 오히려 한국인 학생들의 반발로 인해 좌초를 맞기에 이르렀다. 그것은 1920년대 보통학생들이 민족차별 교육을 거부하며 한국인 본위의 교육을 요구한 교원배척 동맹휴학에서 단적으로 드러났다. 기성세대 역시 학생들의 만세 시위에 자극을 받아 소년운동을 전개하기 시작하였다. 요컨대 보통학생들의 만세 시위 체험은 궁극적으로 민족·사회 운동의 주역들을 키우는 자양분으로 작용하였다.

〈3·1운동 만세 시위 한국인 보통학교 학생의 참가 양상과 민족의식의 성장〉
이태진, 사사가와 노리가쓰 공편, 《3·1독립만세운동과 식민지 지배체제:
3·1운동 100주년 기념 한일공동연구》, 지식산업사, 2019 수정 보완

보론1

인권사상의 전개와 3·1운동

1. 서언

1919년 3월 1일을 시발로 한반도와 간도 일대에서 일어난 3·1운동은 다양한 계층이 참가한 거족적인 민족운동이었다. 이 운동은 대한민국임시정부의 수립을 이끌어냈을뿐더러 군주정 체제에서 민주공화정 체제로 나아가는 결정적인 계기가 되었다.[1] 대한민국임시정부의 헌법이라 할 1919년 4월 임시헌장과 9월 임시헌법은 이를 잘 말해준다. 특히 이들 헌법에는 인민의 참정권을 비롯하여 신교(信敎), 언론, 출판, 결사, 신체, 소유의 자유 등 여러 기본권 등이 규정되어 있다. 그리고 이러한 권리들은 성별, 귀천, 계급의 구분 없이 보편적으로 부여되었다.

그런데 이들 기본권 조항은 학계에서 3·1운동에 비해 별로 주목받

1) 신용하, 《3·1운동과 독립운동의 사회사》, 서울대학교출판부, 2001, 295~310쪽; 김육훈, 《민주공화국 대한민국의 탄생》, 휴머니스트, 2012, 109~121쪽; 김정인, 《독립을 꿈꾸는 민주주의: 민주주의 개념으로 독립운동사를 새로 쓰다》, 책과함께, 2017, 18~30쪽; 박찬승, 《대한민국의 첫 번째 봄 1919》, 다산초당, 2019, 287~320쪽; 한인섭, 《100년의 헌법》, 푸른역사, 2019, 46~73쪽.

지 못한데다 구미 헌법의 영향을 받아 제정된 것으로 파악되었다.[2] 또한 이러한 권리는 서구사회의 민주주의 개념이 수용되어 반영된 것으로 이해되고 있다.[3] 물론 이러한 권리는 일본을 통해 서구의 인권에 접한 갑신정변 세력의 개혁 시도 및 독립협회 세력의 민권운동에서 그 시원을 찾아볼 수 있다. 그러나 그들 세력이 추구한 민권의 실체가 무엇인지, 그리고 이러한 민권이 해방된 개인을 주체로 삼는 인권과 동일한 것인지, 또 민권운동이 국민 일반이 누려야 할 참정권과 어떠한 관계에 있는지에 대해서는 주목하지 않았다. 그리하여 신체와 생명의 권리, 형정(刑政)체계의 변화 등이 조선 후기 이래 점차 실현되고 있음에도 불구하고 참정권이 3·1운동을 지나서 '대한민국 임시헌장'에서 구현될 수 있었던 역사적·사회적 기반을 구명하는 데까지는 이르지 못하였다.

이 글은 인간의 기본 권리라 할 인권이 동서양을 막론하고 비약적으로 신장되지 않고 자신의 전통사상과의 끊임없는 상호 침투와 길항 속에서 점진적으로 신장된다는 점, 인권의 이러한 신장은 남녀, 자본가, 노동자, 농민, 빈민, 청년, 소수자 등 다양한 사회구성원이 시대적·사회적 당면 과제로 인식하되 각자의 전망을 갖고 적극적으로 노력한 결과라는 점을 염두에 두고 한국 근대 인권사상의 역사적 기반과 전개과정을 해명하고자 한다. 이를 위해 이 글에서는 인권을 제약하였던 신분제가 동요되는 조선 후기부터 중간 결절점(結節点)이라 할 1919년 대한민국임시정부의 임시헌법 제정에 이르기까지 인권운동의 전개과정과 이를 뒷받침한 인권사상의 단계적 특성을 검토한다. 그럼으로써 한

2) 김철수, 《헌법개정, 회고와 전망》, 대학출판사, 1986, 19~22쪽.

3) 최장집, 《한국 민주주의의 조건과 전망》, 나남, 1996, 20쪽 ; 윤순갑, 〈한말 한국 사회에서 민주주의 수용〉, 《대한정치학회보》 15-3, 대한정치학회, 2008, 300~301쪽.

국 근대 인권사상의 발전 경로와 그 특성을 역사적 맥락에서 파악할 수 있을 것이다.

2. 인권사상의 역사적 기반

1) 조선 후기 민사·형정의 변화와 인권의식의 맹아

조선시대 대다수를 구성하는 민인은 근대국민의 원형으로 이전 시기와 달리 선한 본성을 지닌 천민(天民)으로 인식되고 '동포(同胞)', '동류(同類)'라고 불렸다. 그러나 양반관료는 여전히 이들 민인을 교화하고 형벌을 가할 대상으로 인식하였다.[4] 이들 민인이 스스로 도덕을 실천할 수 있는 능력이 열등하다고 판단하였기 때문이다. '위민통치(爲民統治)', '민본이념(民本理念)'의 실상은 이를 잘 보여준다. 따라서 양반관료는 민인을 교화하기 위해 직접 나서는 한편, 스스로 도덕적 실천을 통해 민인의 모범이 되어야 하였다. 그것은 민인이 권리의 주체가 될 수 없음은 물론이고 정치의 주체가 될 수 없음을 반증한다. 중세 신분제는 이를 단적으로 보여준다.

그러나 왜란과 뒤이은 호란의 후유증은 이러한 양반 중심의 통치신분질서에 균열을 불러왔다. 국가는 전비(戰費)를 조달하거나 대기근을 극복할 자금을 마련하기 위해 공명첩(空名帖)을 마구 발급함으로써 신분제 질서를 약화하였으며 농민들에 대한 부담을 가중하여 민본이념의 한계를 드러냈다.

이에 인조 7년(1629) 이충경(李忠慶)을 지도자로 삼은 천민층이 정부

4) 이석규 편, 《'민'에서 '민족'으로》, 선인, 2006, 43~63쪽.

에 저항하였다.[5] 반란에 참가한 이들 천민은 노비제를 혁파하고 부세제도를 개혁하며 잔혹한 형벌을 폐지할 것을 요구하였다. 이러한 요구는 양반 중심의 통치체제를 뒷받침하는 신분제와 부세제도의 부정을 의미하였다. 특히 이러한 신분제를 폭력적으로 유지하는 데 활용하였던 형벌제도를 폐지해달라는 주장은 신체형 위주의 전근대 형정체제를 부정하는 셈이었다. 비록 이충경의 난은 관군에 의해 진압되었지만 노비들을 비롯한 천민층의 저항은 지속되었다. 17세기 노비들은 광범하게 도망하거나 도적으로 변신하여 양반들을 괴롭혔다.[6] 심지어 일부 노비는 자신의 상전을 살해하기까지 하였다.[7]

또한 농업생산력 증대와 교환경제의 발달에 힘입어 일부 상민도 재산을 축적하여 신분적 제약에서 벗어나고자 하였다. 이들은 국가에 곡물을 바쳐 양반으로 상승하고자 하였으며 족보를 위조하여 양반층으로 편입하고자 하였다. 심지어 노비 중 일부는 이러한 여러 방법을 통해 양반층으로 상승하기도 하였다.[8] 정약용은 이러한 추세를 "온 나라가 양반이 되고 있다(通一國爲兩班)"라고 표현할 정도였다.[9] 아울러 이들 신흥 세력의 일부 자제는 기존 지배질서와 부딪치면서 억울한 일이 많아지자 자신들의 권리를 지키기 위해 서당에 출입하였다.[10] 이들은 서당에서 문자를 익히고 소장(訴狀) 서식(書式)을 배운 뒤 자신들의 의사를 표현하면서 자신들의 억울함을 호소하였다. 이에 국가와 양반지배층

---

5) 김종수, 〈17세기 군역제의 추이와 개혁론〉, 《한국사론》 22, 서울대학교 국사학과, 1990, 168~169쪽.

6) 권내현, 《노비에서 양반으로, 그 머나먼 여정—어느 노비가계 2백 년의 기록》, 역사비평사, 2014, 64~67쪽).

7) 심재우, 〈18세기 옥송의 성격과 형정운영의 변화〉, 《한국사론》 34, 서울대학교 국사학과, 1995, 86쪽.

8) 전형택, 〈19세기 초 내시노비의 혁파〉, 《한국사론》 4, 서울대학교 국사학과, 1978, 194~197쪽; 권내현, 앞의 책, 82쪽.

9) 정약용, 《여유당전서》 1, 권14, '발고정림생원론(跋顧亭林生員論)'.

은 향촌 통제를 강화하는가 하면 도망 노비를 잡아 본거지로 돌려보내는 노비추쇄사업을 벌여 기존의 신분질서를 고수하고자 하였다. 오가작통법을 강화하고 노비추쇄도감을 부활한 것은 이 때문이었다.[11)]

그러나 정부의 이러한 노력은 허사로 돌아갔다. 효종 연간에 실시한 노비추쇄는 10만 명 이상의 실공노비(實貢奴婢)를 밝혀낼 수 있을 것으로 기대하였으나 1만 8,000여 명의 누락자를 밝혀내는 데 그쳤다. 오가작통법 역시 자연촌을 파악하는 데 한계가 적지 않아 정부의 예상과 달리 부작용만 야기하고 실효성은 떨어졌다. 오히려 상민층과 천민층은 각종 민원을 제기하며 기존 향촌 지배질서에 저항하였다. 미륵신앙의 확산과《정감록》의 유포는 이를 잘 말해준다.[12)] 또한 농민층과 천민층은 각종 탈춤과 판소리, 문학 작품 등을 통해 인간의 욕망을 드러내고 양반의 위선과 신분제의 문제점을 풍자하였다.

영조 정부는 이처럼 농민들과 천민들의 저항에 봉착하자 기존의 형정제도를 개선하는 방향으로 선회하였다. 1728년 추노(推奴), 징채(徵債)를 가탁하여 사사로운 체형을 가하는 자에 대한 처벌 규정을 마련하였다.[13)] 또 법률에 위반되는 형장(刑杖)을 사용하다가 죄인이 사망한 경우에는 용서하지 않았으며 감옥도 3법사와 외방의 군현 등을 제외하고는 규정에 없는 감옥의 설치를 허락하지 않았다. 이는 사적인 구속을 금지하겠다는 의도를 담고 있다. 또 옥수(獄囚)에 대한 비명치사

---

10) 전경목,〈조선후기에 서당 학동들이 읽은 탄원서〉,《고문서연구》48, 한국고문서학회, 2016, 265~270쪽.

11) 오영교,《조선후기 향촌지배정책 연구》, 혜안, 2001, 36, 226~238쪽.

12) 정석종,《조선후기사회변동연구》, 일조각, 1983, 29~35쪽; 백승종,〈18~19세기《정감록》을 비롯한 각종 예언서의 내용과 그에 대한 당시대인들의 해석〉,《진단학보》88, 진단학회, 1999, 289~290쪽.

13) 심재우, 앞의 글, 113~119쪽.

(非命致死)를 우려하여 옥을 청소하고 가족이 없는 경우에는 관아에서 옷과 양식을 지급하라고 지시하였다. 아울러 수령의 남형(濫刑)을 규제하고 토호의 사형(私刑)에 대한 통제를 강화하였다. 이는 형정의 공평성과 '억강부약(抑强扶弱)', '혜민속리(惠民束吏)'의 방침을 발전시키고자 하였음을 보여준다. 그리하여 목숨을 보전해준다는 이유로 아무런 거리낌 없이 자행되었던 신체형의 대표라 할 자자형(刺字刑)은 공식적으로 폐지되었고 신체를 훼손하는 어떠한 형벌도 용납되지 않았다.[14]

이어서 정부는 형정제도를 개선하기 위해 법령 제정 작업에 나섰다. 1746년에 편찬된 《속대전(續大典)》은 이를 단적으로 말해준다.[15] 종래 예치(禮治)에 의한 군현 내부의 처리를 점차 배제하고 법치(法治)에 의한 국가의 처리로 전환하고자 하였다. 대표적으로 자의성이 다분히 담겨 있는 사형을 금지하고 압슬형(壓膝刑), 난장형(亂杖刑) 등 각종 악형을 엄금하여 신체형을 제한하였다. 또한 노비를 함부로 죽일 경우 처벌한다는 규정이 포함되었으며 빚을 진 사람의 자녀를 노비로 삼는 채무노비제도를 금지하였다. 이러한 조치는 1801년 6만여 명의 공노비를 혁파할뿐더러 1886년 노비세습제를 폐지하는 역사적 기반을 제공하였다. 물론 이러한 일련의 조치에는 노비를 종량(從良)하여 부세를 수취하는 것이 노비 관리에 따른 이익보다 크다는 정부의 판단이 작용하였다.

그러나 《속대전》의 한계 역시 만만치 않았다. 노비가 가장(家長)을 고할 수 없는 《경국대전》의 원칙이 고수되었다. 또 주인이 죄 없는 노비를 죽인 경우에도 장(杖) 60, 도(徒) 1년에 지나지 않았으며 죄가 있

14) 김백철, 《탕평시대 법치주의 유산》, 경인문화사, 2016, 214쪽.

15) 심재우, 앞의 글, 132~140쪽.

는 노비의 경우에는 장 100이라는 《대명률》의 원칙이 지켜졌다. 아울러 주인이 노비를 살해한 경우 검시(檢屍)하지 않았다. 특히 "진사에 합격한 자는 형장을 치지 말 것"과 "선비를 이룩한 자는 도적을 다스리는 형벌을 시행하지 말 것"이라 하여 지배층 중심의 형정체계가 유지되는 반면, 일반 민인의 인권은 비약적으로 향상되지 못하였다.

요컨대 영·정조 연간 형정 정비는 지배층의 일정한 양보를 통한 체제 재정비에 그친 까닭에 수금(囚禁)과 체형이 여전히 문제가 되었던 것이다. 이에 1862년 임술민란에서 농민들은 이러한 신분적 형정체계에 반발하여 사형(私刑) 폐지를 요구하기도 하였다.[16] 또한 참형과 효수제도는 일반법인 《대명률》이 특별법인 《경국대전》과 달리 갑오개혁 직전까지 적용되는 한 유지되었다.[17]

한편, 민인의 소원(訴冤) 제기를 제도화하고자 하였다.[18] 예컨대 《속대전》에 따르면 고을 백성이 수령의 명에 따라 형장을 맞아 죽은 경우에 격쟁하면 관찰사로 하여금 조사하게 하여 죄가 수령에게 있으면 수령을 처벌하게 하였다. 그리하여 민인의 억울한 사정을 듣기 위해 상언[격쟁]뿐 아니라 신문고가 복설되었고 순문(詢問)까지 함께 운영되었다. 정조 대에는 사안에 따라 상언과 격쟁으로 분화되기에 이르렀다. 이는 이러한 소원제도가 국가의 소민 보호 차원에서 마련되었다는 한계에도 불구하고 양반들이 독점하였던 언로(言路)가 점차 민인에게 열리기 시작하였음을 의미한다.

16) 망원한국사연구실 19세기 농민항쟁분과, 《1862년 농민항쟁》, 동녘, 1988, 69쪽.

17) 조지만, 《조선시대의 형사법 — 대명률과 국전》, 경인문화사, 2007, 346~347쪽.

18) 한상권, 《조선후기 사회와 소원제도 — 상언·격쟁 연구》, 일조각, 1996, 31~83쪽.

2) 인권의식의 태동

조선 후기에 인권의식은 무엇보다 최하층 신분인 노비에 대한 인식의 변화에서 나타났다. 조선왕조의 개창과 함께 국왕의 처지에서 왕권을 강화하기 위해 천인천민론(賤人天民論), 즉 "노비가 아무리 천하다고 해도 하늘이 낸 백성"이라고 설파하는 가운데[19] 양반들은 자신의 물적 기반을 유지하기 위해 노비세습제를 고수하였다. 하지만 조선 후기에 이르러 노비세습제에 대한 비판이 제기되었다.

우선 실학의 비조(鼻祖)라 할 유형원과 이익이 노비세습제를 비판하면서 이를 폐지할 것을 주장하였다. 비록 이러한 주장은 정부가 수용하지 않았지만 일부 식자층이 공감하였으며 1801년 국가의 공노비 해방에 영향을 미쳤다.

이와 같은 실학자들의 비판 대상은 노비세습제에 그치지 않고 일반 민인에게 적용되는 형벌제도 전반으로 확대되었다. 안정복의 경우 당시 노비세습제와 함께 형벌제도를 비판하였다. 특히 연좌제를 비판하면서 벌은 그 죄를 지은 당사자 선에서 그쳐야지 일가친척이나 추종자에까지 미치는 것은 부당하다고 하였다.[20] 또 일부는 청춘과부 재가 금지를 비판하기도 하였다.

이러한 개선론은 점차 중세 민인의 위상 문제로 확대되었다. 그것은 무엇보다 맹자가 주장한 민귀군경설(民貴君輕說)에 대한 관심에서 잘 드러났다.[21] 물론 맹자의 이러한 주장은 문자 그대로 백성이 가장 귀하다라는 뜻을 갖고 있음에도 불구하고 당시 통치자에게 백성은 어디까

19) 최이돈, 〈조선초기 천인천민론의 전개〉, 《조선시대사학보》 57, 조선시대사학회, 2011, 11~20쪽; 최원하, 〈여말선초의 '노비—천민' 인식과 그 양면성〉, 서울대학교 석사학위논문, 2020, 5~17쪽.

20) 홍정근, 〈조선후기 학자 순암 안정복의 주체적 사유〉, 《한국철학논집》 19, 한국철학사학회, 1988, 191~192쪽; 박지현, 〈《만물유취》 〈추관문(秋官門)〉과 순암 형법관의 기초〉, 《한국실학연구》 35, 한국실학학회, 2018, 63~64쪽.

지나 통치의 공동 주체가 아닌 대상으로서 귀하다는 뜻으로 이해되었다.[22] 즉 조선왕조 통치자들은 맹자의 이러한 언설이 나오게 된 배경을 언급하면서 당시 군주가 백성을 소와 양처럼 보았기 때문에 맹자가 이치만 말하고 분수(分數)는 말하지 않았다고 하면서 주자의 말을 빌려 "본분으로 말하면 임금이 귀중하고 천리로 말하면 백성이 귀중하다"는 주장을 폈다.[23]

그러나 실학자 정약용은 기존의 이러한 본분설(本分說)을 배척하고 맹자의 민귀군경설을 적극적으로 해석하였다. 즉 정약용은 '원목(原牧)'과 '탕론(蕩論)'에서 통치자는 백성을 위해 존재하는 것일 뿐 백성이 통치자를 위해 존재하는 것이 아님을 강조하였다.[24] 나아가 태초에는 백성들뿐이었으나 백성의 필요에 의해 통치자를 추대한 것이라고 역설하면서 아래서 위로(下而上)의 선거제 방식을 말하였다. 심지어 백성의 저항권도 인정하여 "그를 붙잡아 끌어내리는 것도 다중이요"라고 하였던 것이다. 그것은 그가 "인간의 선과 악은 기질의 청탁(淸濁)과 관계없다"라는 점을 사례로 들어 '본연지성(本然之性)'과 '기질지성(氣質之性)'으로 이원화한 성리학적 인성론의 이론틀 자체를 부인하였기 때문이다. 이러한 주장은 기존의 민본주의와 위민론에서 내세웠던 불평등한 민인, 통치 대상으로서의 민인, 저항권이 없는 민인의 위상을 전복하는 논리를 담고 있다고 하겠다. 이러한 주장은 맹자의 민본주의적 사상에서 진일보하여 민인을 평등한 존재를 넘어 정치의 주체로 인지

21) 고희탁, 〈'유교'를 둘러싼 개념적 혼란에서 벗어나기〉, 《신아세아》 23-2, 신아시아연구소, 2016, 155쪽.

22) 장현근, 《관념의 변천사: 중국사를 만든 개념 12가지》, 한길사, 2016, 301~305쪽.

23) 《선조실록》 권15, 선조 14년 1월 신묘.

24) 《여유당전서》 2, 권10, '원(原)', '원목(原牧)'; 《여유당전서》 2, 권11, '논(論)', '탕론(蕩論)'.

하였을뿐더러[25] 참정권, 저항권까지 인정하였다.[26] 그렇기 때문에 근대적 민권사상의 원형, 주권 재민적인 민권 사상이라고 높이 평가할 수 있다.[27]

다만 위에서 아래로의 논리를 전면 부정하지 못하고 추대의 논리가 윤리적 차원에 머무른 나머지 정치 일반론으로 발전되지 못하였다는 한계가 있다.[28] 다시 말해 민인에 대한 군왕의 의무가 곧 군왕에 대한 민인의 수동적 권리로 비침으로써 정약용의 이러한 주장은 개인의 자유로부터 출발하는 근대적 인권사상이 아니라 민본주의의 연장선상에 있는 민권사상이었다. 인간의 상호관계를 전제로 설정되는 인륜을 통한 인권의 보호인 셈이었다. 그리하여 말년의 저술인 《경세유표》에서는 군권의 근거를 하늘에서 찾았다. 하늘이 군왕을 세웠고 하늘이 시킨 일을 군왕이 대신하는 것이므로 만조백관은 군왕을 정점으로 보좌하여 마음을 다하는 것이 급절한 일이라 하였다.[29] 민인이 정치의 주체로서 나아가는 데는 많은 난관이 따랐다.

---

25) 조광, 〈정약용의 민권의식연구〉, 《아세아연구》 56, 고려대학교 아세아문제연구소, 1976, 103쪽 ; 임형택, 〈다산의 '민(民)' 주체 정치사상의 이론적·현실적 근거〉, 강만길 외, 《다산의 정치경제 사상》, 창작과비평사, 1990, 64~75쪽.

26) 조종환, 〈다산 정약용의 주체의식 고찰〉, 《동양학연구》 3, 단국대학교 동양학연구소, 1997, 24~25쪽 ; 김태영, 〈다산 경세론에서의 왕권론〉, 《다산학》 창간호, 다산학술문화재단, 2000, 218~220쪽 ; 이지형, 〈《매씨서평》 해제〉, 《역주 매씨서평》, 문학과지성사, 2002, 39쪽 ; 백민정, 〈정약용 정치론에서 권력의 정당성에 관한 물음—제명과 후대 논의에 대한 재성찰을 중심으로〉, 《철학사상》 29, 서울대학교 철학사상연구소, 2008.

27) 근래 학계에서는 정약용의 만년 저작으로서 대표적인 유교 경전의 재해석이라 할 《매씨서평》을 둘러싸고 다양한 견해를 제시하며 논쟁하고 있다. 일각에서는 이 책을 통해 '실학'의 허구성이 드러났다고 주장하는 반면, 다른 일각에서는 실학에 대한 기존의 주장을 발전시키고 있다. 필자는 실학 전반을 평가할 처지가 아니어서 후대론(候戴論)에 국한하여 본다면 이러한 주장이 정약용이 젊은 시절에 저술하였던 탕론의 연장선에 있다고 판단한다. 이와 관련해서는 이지형, 앞의 글과 백민정, 앞의 글 참조.

28) 김용헌, 〈정약용의 민본의식과 민권의식〉, 《퇴계학》 12-1, 안동대학교 퇴계학연구소, 2001, 96~97쪽.

29) 김진호, 〈다산 정치사상에 대한 민권 이론 비판〉, 《국학이론》 23, 한국국학진흥원, 2013, 371쪽.

한편, 양란 후 정부가 《소학(小學)》 보급을 통해 여성들을 가부장 가족질서에 적극 포섭하고자 하였음에도 불구하고 일부 여성 식자층은 이러한 기회를 활용하여 성리학을 연구하였다. 18세기 여성 성리학자 임윤지당은 "하늘로부터 받은 성품에는 남녀차별이 없다"라고 하여 가부장적 차별관을 타파하고자 하였다.[30] 즉 그의 이기심성설(理氣心性說)은 사람과 만물이 각각 모습과 성질은 달라도 근원은 모두 이(理)에 근거하고 있음에 주목하여 사물 간의 평등을 강조하면서 성인(聖人)이 되는 데 남녀 간의 차이가 없다는 근거로 삼았다. 심지어 일부 식자층 여성들이 남녀의 양성평등을 주장하였다. 그 밖에 일반 민인 신분의 일부 여성은 사회경제적 변동 속에서 가정이라는 울타리에서 벗어나 시전(市廛)에 참여하거나 장시를 출입하였으며 면포 공업에 종사하는 임금노동자로 활동하였다.[31] 이러한 추세는 여성들이 가족이라는 사적 범주에서 벗어나 점차 사회 속의 공적 존재로 전환하면서 자아실현에 눈을 뜨기 시작하였음을 의미한다.

3. 인권의식의 변화와 서구 인권사상과의 조우

1) 동학농민·의병의 인권인식

19세기 전반 세도정치 아래에서 지배층의 수탈이 심화되고 서구 열강의 침투가 본격화되자 경주의 몰락 양반인 최제우는 동학(東學)을 창시하였다. 동학은 서양 세력과 연결된 서학을 배격한다는 뜻에서 붙여진

30) 유영희, 〈임윤지당의 철학 사상〉, 《한중인문학연구》 19, 한중인문학회, 2006, 439~444쪽.

31) 김민수, 〈개항기 면업을 통해 본 국내시장의 발전: 근세 동아시아 경제사의 수정주의적 입장과 '한계형 상업화' 모델〉, 연세대학교 석사학위논문, 2015, 111~123쪽.

이름이다. 동학은 '사람이 곧 하늘(人卽天)'이라는 사상을 내세워 인간의 존엄성과 평등성을 강조하였다.

이러한 주장은 맹자의 "사람은 모두 요순이 될 수 있다(人可皆爲堯舜)"라는 주장에 바탕을 두되 "백성도 모두 요순이 될 수 있다(民可皆爲堯舜)"라고 하여 요순이 될 수 있는 주체의 범위를 확대한 것이다.[32] 즉 맹자의 시대에는 인(人)의 범주에 농민이나 노비가 포함되지 않았으나 최제우의 인(人)에는 기존의 지배층은 물론 농민, 노비 등의 민인 모두가 포괄되었다. 이후 동학은 여전히 붕괴되지 않은 신분제로 신음하고 있는 농민과 노비의 족쇄를 푸는 데 역점을 두고 "비록 아무리 빈천한 사람이라도 정성만 있으면 도를 닦을 수 있느니라"라고 설파하였다.[33] 이 점에서 동학은 백성의 군자화·양반화를 추구하였다고 하겠다. 그것은 인권의 가장 중요한 기반이라 할 평등의 실현을 의미한다.

나아가 동학은 여성의 권리 실현에도 관심을 기울였다. 제1대 교주 최제우는 여성도 동학에 입도하면 군자가 될 수 있다고 포교하였다. 동학이 여성에게 능동적인 종교인의 역할을 기대하였던 것은 여성도 성인이나 군자가 될 수 있는 평등한 사회적 존재라는 인식을 갖고 있었기 때문이다. 제2대 교주 최시형은 여성이 한 집안의 주인으로서 온갖 중요한 역할을 수행하였음을 강조하면서 여성을 남성과 동등한 종교인으로 대우하였다. 이는 여성의 군자화를 의미하였다.

그리하여 1894년 농민군이 봉기하였을 때 그들이 제시한 폐정개혁안은 이러한 방향을 구체적으로 실현할 수 있는 내용으로 구성되었다. 오지영의 초고본 《동학사(東學史)》에 수록되어 있는 '정강(政綱)' 중에

32) 김상준, 《유교의 정치적 무의식》, 글항아리, 2014, 35쪽.

33) 천도교중앙총부, 《천도교경전》, 1993, 311쪽.

인권과 관련된 항목은 다음과 같다.

> 인명을 남살한 자는 버힐 사.
>
> 천민 등의 군안은 불지를 사.
>
> 종 문서는 불지를 사.
>
> 백정의 머리에 폐낭이[패랭이]를 벗기고 갓을 씌울 사.[34]

물론 1894년 농민전쟁 이전에도 국가 차원에서 인명에 대한 불법적인 살상을 제한하였으며 노비의 지위를 향상하고 일부 공노비를 해방하였다. 그럼에도 불구하고 불법적인 살상과 신분제 굴레는 여전히 남아 있었는데 농민군은 불법적인 살상을 엄격하게 처벌하고 사노비들을 해방하며 백정 등 천인들의 대우를 개선하고자 하였다. 그리하여 갑오개혁이 진행되던 1894년 6월 28일 군국기무처에서는 공사 노비의 제도를 일체 혁파하여 인구(人口)의 판매를 금지한다는 조치를 공포하였다. 또 역인(驛人), 창우(倡優), 피공(皮工)의 면천을 모두 허가한다고 공포하였다. 특히 1894년 정부와 화약을 맺으면서 이때는 청춘과부의 재가를 허락해달라고 요구하였는데, 이러한 요구 사항은 매우 혁명적인 조항이었다.[35] 동학농민군이 양성평등을 내세우며 신분제를 폐기함과 동시에 여성의 삶을 옥죄던 빗장을 풀고자 하였던 것이다. 이 때문에 조선시대에 법으로 여성의 재혼을 막지 않았음에도 후손들의 관직 진출을 제한하여 실질적으로는 금지되어 있었던 재혼이 허용될 수 있는 길이 열리기에 이르렀다. 그중 일찍 남편을 여의어 경제적으로 가

---

34) 오지영, 초고본《동학사》.

35) 오지영,《동학사》, 영창서관(永昌書館), 1940, 126쪽. 이에 관해서는 김태웅,〈1920·30년대 오지영의 활동과《동학사》간행〉,《역사연구》2, 역사학연구소, 1993 참조.

장 열악하였던 청춘과부의 재혼이 허용됨으로써 여성의 사회적·경제적 지위를 높일 수 있었다. 따라서 동학농민군의 이러한 폐정개혁안은 농민층을 비롯하여 천민층의 폭넓은 공감을 얻었고 그들의 광범한 참여를 이끌어냈다. 그리고 여성들의 의식에도 영향을 미쳤다.

이에 천민집단이 전투를 주도하는 부대도 등장하였다. 백정 출신 남계천(南啓天)은 대접주로 활약하면서 관노비 이춘경의 도움을 받아 전라도 고창을 점령한 데 이어 집강소에서 활약하였고 양반 공격의 선봉에 섰다.[36] 나아가 제2차 봉기 때에는 노비 지도자가 이끄는 부대가 전면에 나서기도 하였다. 심지어는 양반을 위협하여 노비 문서를 빼앗아 소각하기까지 하였다. 당시 구례에 거주하고 있던 재야 선비 황현은 천민들의 이러한 신분해방운동을 극렬하게 비난하였다.[37] 나아가 노비들의 이러한 신분해방운동은 갑오개혁에 영향을 미쳐 개혁과정에서 신분제가 법제적으로 폐지되기에 이르렀다.

한편, 여성들도 일부가 직접 전투에 참가하여 정부군과 일본군에게 처형되기도 하였고 정부군의 대포에 물을 부어 정부군의 군사력을 약화하기도 하였다.[38] 여성들 스스로 농민전쟁을 통해 그들의 지위를 향상하고 권리를 신장하고자 하였던 것이다.

2) 개화파의 인권사상 수용과 갑오개혁

조선에서 서구의 기본권사상이 최초로 알려진 것은 《한성순보》 제14호(1884년 3월 9일) 〈미국지략속고(美國誌略續稿)〉다. 이 글에는 후쿠자와 유키치가 펴낸 《서양사정(西洋事情)》 초편 권1의 '아미리기합중국사기

---

36) 장영민, 《동학의 정치 사회 운동》, 경인문화사, 2004, 189, 462쪽.

37) 황현, 김종익 역, 《황현이 쓴 동학농민전쟁의 역사 오하기문》, 역사비평사, 2016, 381~384쪽.

38) 김정인, 《민주주의를 향한 역사: 시대의 건널목, 19세기 한국사의 재발견》, 책과함께, 2015, 203쪽.

(亞米利加合衆國史記)'에 근거하여 미국의 역사와 정치 등이 소개되어 있으며 그중 '독립격문'에서 권리가 "불역(不易)의 통의(通義)"로 번역되어 있다. 그리고 공통된 의를 뜻하는 통의란 "자유를 추구하고 생명을 보호하는 것"이라고 적시하면서 사람은 누구나 세상에 태어나는 동시에 불역의 통의를 받고 있는데, 억조가 모두 평등하다고 하고 그 통의는 '구자유보생명(求自由保生命, 자유를 구하고 생명을 보호한다)'이라 하여 인력으로써도 제한할 수 없으며 귀신도 빼앗을 수 없는 천부의 권리임을 선언하고 있다. 또 사람이 정부를 세우는 것은 이러한 통의를 보호하는데 목적이 있으므로 통의를 보전하지 못하면 국가라 하더라도 진정한 국가가 아니며 정부라 하더라도 진정한 정부가 아니라고 설명하였다.

이어서 급진개화파의 핵심이라 할 박영효는 갑신정변 실패 후 1888년 일본에 망명해 있는 동안 고종에게 올린 건백서에서 통의, 즉 '권리'라는 개념을 제시하면서 인간이 정부를 세운 근본 취지는 기본 권리를 실현하고자 하는 욕구에서 비롯된 것이며 정부는 군주를 위해 설립된 것이 아니라고 주장하였다. 또한 국가를 구성하는 개개인의 인권을 국권 못지않게 소중하게 여겨야 하며 인권 보전을 위한 백성의 각성과 정치적 행동을 촉구하였다.[39] 심지어는 그의 '인권론'에서 민권이 보장되지 않으면 국권도 위태로우며, 민권 침해 요소를 제거하고 국가를 진작하며 국권 회복을 시도하기 위해서는 반드시 먼저 인권 회복에서 출발하여야 한다고 주장하였다. 이어서 그는 조선의 여건을 감안하여 국가 권력으로부터 민권을 보전하고 향상하는 방안을 다음과 같이 구체화하였다. 우선 그는 정부 관리들의 부당한 권력 행사에 의한 민인

39) 김현철, 〈박영효 《1888년 상소문》에 나타난 민권론의 연구〉, 《한국정치학회보》 33-4, 한국정치학회, 2000, 15쪽.

의 피해를 방지하며 민인에게 어느 정도 자유를 부여할 것을 주장하였다. 둘째, 민권 신장을 위한 제도적 개혁으로서 근대적 재판제도의 채택, 혹독한 형벌의 폐지, 연좌제 금지 및 지배계층의 사적 폭력 행사 금지 등을 주장하였다. 셋째, 조선 정부가 법령 제정을 통해 과부의 재혼을 금지하는 관습을 없애줄 것을 요구하였다. 넷째, 남자와 여자, 남편과 아내의 권리가 균등하기 때문에 가정 내 부인의 지위 향상을 위해 조혼 및 축첩의 금지, 남편의 아내 폭행 금지 등의 개혁 방안을 제시하였다. 끝으로 여성도 남성과 마찬가지로 여섯 살이 되면 소학교와 중학교에서 수업을 받을 수 있도록 할 것을 주장하였다.

한편, 유길준도 《서유견문》을 통해 신체와 생명의 권리, 재산권, 영업의 권리, 집회의 권리, 종교의 권리, 언론의 권리, 명예의 권리 등을 명시함은 물론 여성이 남녀평등권을 보장받고 제대로 행사하려면 교육을 받아야 한다고 하였다.[40]

그러나 이들 개화파의 천부인권론에 근간을 둔 기본권 주장은 문명개화론을 통한 부국강병을 실현하기 위한 단초이자 조선 전통의 정치체제를 바꾸는 수단에 지나지 않았다. 이들이 궁극적으로 실현하고 싶었던 것은 국왕의 권력을 제한하는 군민공치(君民共治), 즉 입헌군주정이라는 권력체제의 수립이었다. 즉 중국, 일본과 마찬가지로 '권력'에 대한 정치적 관심이 '권리'의 문제에 대한 사회적 관심을 압도하였다.[41] 관권에 대비되는 민권이 국민의 생명 및 재산권의 보호에 중점을 둔 인권보다 빈번하게 쓰인 것은 이 때문이었다. 따라서 이후 정국의 주도자들도 '권력'을 '권리'보다 우선시하고 개인의 권리 보장보다는 집

40) 유길준, 허경진 옮김, 《서유견문》, 서해문집, 2004, 424쪽.

41) 신우철, 〈우리 헌법사에서 기본권의 의미〉, 《역사비평》 96, 역사비평사, 2011, 63쪽.

단의 권익 신장에 중점을 두었다.

그럼에도 불구하고 이러한 기본권 주장은 조선 후기 이래 민인의 권리 확보 투쟁과 형정정책의 변화 속에서 서구의 기본권 사상을 수용한 결과여서 갑오개혁기 각종 법령 제정에 부분적으로 적용되었다. 특히 박영효가 제2차 김홍집 내각에 참여하면서 그의 이러한 주장은 현실로 옮겨졌다. 그리하여 형조, 한성부, 사헌부, 의금부 등 여러 기관에 분산되어 있던 재판 업무가 재판소라는 기구로 일원화된 점, 행정과 사법의 분리라는 근대적 재판제도의 도입에 따른 판사와 검사 등 사법관 등장, 형사 재판에서 수사와 재판의 분리, 잔혹한 고문 폐지, 연좌율 폐지, 능지형·참형 등 잔혹한 형벌 폐지가 단행되었다.[42] 그리고 종래의 유형(流刑)과 도형(徒刑)을 징역형(懲役刑)으로 대치하고 민사 재판과 형사 재판의 분리에 따라 민사소송과 형사소송을 분리하였다. 또한 재판관의 자의에 따라 행사하였던 구래의 재판 절차나 형벌제도를 법정주의(法庭主義)로 대치하였고 형벌 완화를 위해 재판관이 정상을 참작할 여지를 중시하는 규정을 두었다. 이는 인권사상이 사법제도개혁에 반영된 결과였다.

이러한 개혁 기조는 1894년 12월 홍범14조를 통해 강화되었으며 그 과정에서 인권을 개선하고자 하는 노력이 가시화되었다. 우선 제13조에서 "민법과 형법을 엄격히 제정하고, 감금과 징벌을 남용치 않음으로써 인민의 생명과 재산을 보호한다"고 하여 인민의 기본권을 보장하고자 하였다. 또 제14조에서 "문벌을 가리지 않고 널리 인재를 뽑아 쓴다"고 하여 인민의 공무담임권을 보장하였다. 비록 이러한 인권 신장 노력이 일본 고문관의 간섭을 계기로 이루어졌음에도 조선 사회를 개

42) 도면회, 〈갑오·광무연간의 재판제도〉, 《역사와 현실》 14, 한국역사연구회, 1994, 228~236쪽.

혁하고자 하는 여론에 부합되었다는 점에서 그것이 미친 정치사회적 파급력은 적지 않았다. 이후 이러한 추진 방향에 따라 각종 제도가 구체적으로 마련되었다.

3) 독립협회의 인권계몽사상

갑오개혁은 정부의 적극적인 의지와 개혁 관료들의 노력에 힘입어 소기의 목표를 달성하는 듯하였다. 그러나 청일전쟁과 이어진 일본의 내정 간섭, 반개화파의 저항 속에서 인권 개선 노력은 지지부진하였다.

우선 노비제도가 폐지된 후에도 신분차별의식이 여전히 남아 있어 일부 양반은 노비를 소유하거나 매매하였다. 또한 군수와 관찰사는 개혁 이전과 마찬가지로 여전히 제1심 또는 제2심 판사로 임명되었는데, 이들 대다수는 아직 근대적 재판 절차에 대한 소양이 부족하여 구래의 방식대로 상부에 보고하지 않고 재판을 진행하였다. 아울러 지방관의 재판에 불복하는 민인이 고등재판소에 상소할 때 첨부해주어야 하는 판결문을 부주의나 고의로 첨부해주지 않아 고등재판소에서 서류 불비로 상소가 기각되는 사례도 적지 않았다. 그 밖에 증거 없이 자백에만 의거하여 형사 재판을 진행하는 경우도 허다하였다.

이에 1896년에 창립된 독립협회는 평등권은 하늘이 준 권리이므로 누구에게도 사람을 사고팔 권리가 없다고 주장하면서 노비 소유와 매매를 맹렬하게 비판하였다.[43] 그리고 여전히 노비를 소유한 사람들에게 노비를 풀어주어야 상전도 노비제라는 신분적 질곡에서 해방될 수 있다고 설득하였으며, 심지어는 남북전쟁에서 미국 북부가 승리한 것도 노예해방 때문이었음을 역설하였다.

---

43) "론셜",《독립신문》, 1897년 10월 16일자.

한편, 독립협회는 《독립신문》을 통해 인권의 중요성을 역설하는 가운데 무죄 추정의 원칙과 재판의 공정을 강조하고 사법 행정의 문제점을 개선할 것을 촉구하였다. 특히 국민에게 인권의식을 심어주기 위해 천부인권론을 자주 상세하게 소개하였다. 예컨대 "백성마다 얼마큼 하나님 주신 권리가 있는데 그 권리는 아무라도 빼앗지 못하는 권리요"와 같이 자유와 권리에 관한 여러 논설을 통해 기본권의 중요성을 강조하였다.[44] 반대로 독립협회의 민권론을 비판하는 주장에 대해서는 수구 세력의 반동으로 치부하였다.[45] 또한 《제국신문》은 1898년 10월 6일 논설에서 "민권이 곧 국권"이라고 하면서 국민의 권리를 신장하면 저절로 만국공법이 시행된다고 주장하였다. 나아가 이들 독립협회 세력은 정부의 노륙법(孥戮法, 죄인의 스승, 아들, 남편, 아비를 죽이는 법)과 연좌법 부활을 기도하던 각료 일곱 명을 퇴진시키기 위해 노력하였다.[46]

그러나 독립협회는 천부인권론의 적용 대상을 민인 전반으로 삼으면서도 참정권은 식자층에 한정하였다. 즉 식자층이 아닌 일반 민인이 자유와 권리의 관념을 지나치게 강조함으로써 방종이나 무질서로 기울어질까 두려워하여 참정권의 확대를 경계하였다. 이에 이들에게 참정권을 주어 하의원을 실시하는 것은 도리어 위태하다고 극언하였다. 그 이유는 "하의원이라 하는 것은 백성에게 정권을 주는 것"인데 "우리나라 민인은 몇백 년 교육이 없어서 정부가 뉘 손에 들든지" 또는 "어느 나라 속국이 되든지 걱정"을 하지 않기 때문이다. 교육받지 않은 우민의 정치 참여는 매우 위태롭게 보였던 셈이다.[47] 즉 민권이 개인의

44) "론셜", 《독립신문》, 1897년 3월 9일자.

45) "독립협회상쇼", 《독립신문》, 1897년 10월 25일자.

46) 신용하, 《독립협회연구》, 일조각, 1976, 346~347쪽.

47) "하의원은 급지 안타", 《독립신문》, 1898년 7월 27일자.

천부적 권리 또는 재산권을 의미할 때는 보호의 대상이 되지만, 참정권을 의미할 때는 반대하였다.[48] 그것은 메이지 정부가 추진하였던 의회 개설방식을 따라 천부인권론을 인정하되 실제로는 교육을 통해 참정권의 주체인 민인을 양성할 준비 기간이 필요하다는 것이었다. 다만 그들이 지방관의 부당한 권력 행사를 감시하고 법치가 실현될 수 있도록 노력하는 것은 허용되었다.[49] 이러한 자세는 1905년 을사늑약 이후에도 견지되었다.

한편, 독립협회는 동학이나 의병활동에서 나타나는 민인의 저항권을 인정할 수 없었으므로 의병을 떼를 지어서 재물을 약탈하는 비도(匪徒)로 인식하였다. 즉 "못된 관인을 방어하는 도리는 전국 인민이 일심으로 법률과 의를 밝혀 시시비비를 의론하는" 것이지 "민란을 일으키는 것"에 있지 않으니 불법적으로 저항하지 말 것을 강조하였다.[50] 따라서 독립협회는 민인 대중의 정치 참여를 극도로 꺼려하여 지방지회 설치에도 부정적이었다.[51] 만민공동회의 중심인물이었던 이승만의 경우도 마찬가지였다. 그는 러일전쟁 직후에 집필하기 시작한 《독립정신》에서 동학란을 적대시하면서 우리 정부가 진압하지 못해 외세가 개입하였다고 서술하였다. 심지어 청의 간섭을 비판하면서도 일본 정부는 조선의 독립을 위해 청과 오랫동안 협상하였다고 주장하였다.[52]

이처럼 독립협회가 설정한 인권의 범주와 개념은 계층별로 달랐다.

---

48) 정용화, 〈서구 인권 사상의 수용과 전개〉, 《한국정치학회보》 37-2, 한국정치학회, 2003, 81쪽.

49) "론셜", 《독립신문》, 1896년 11월 17일자; "론셜", 《독립신문》, 1897년 8월 12일자; "하의원은 급지 안타", 《독립신문》, 1898년 7월 27일자.

50) "론셜", 《독립신문》, 1897년 8월 12일자.

51) 최덕수, 〈독립협회의 정체론 및 외교론 연구—독립신문을 중심으로〉, 《민족문화연구》 13, 고려대학교 민족문화연구소, 1978, 212쪽.

52) 이승만, 김충남·김효선 풀어씀, 《독립정신》, 동서문화사, 2010, 219쪽.

정치에 참여할 수 있는 권리이자 인권에서 가장 상위에 위치하는 참정권은 오로지 식자층, 자산가층에게만 부여되는 권리였다. 반면 식자층과 자산가층에게 부여되는 민권은 입헌정치에 따라 군권을 제한하는 정치적 권리였다. 이 점에서 이들의 민권론은 '시민사회 부재(不在)의 조숙(早熟)한 민권론(民權論)' 또는 '전기적(前期的) 민권론(民權論)'이라 할 만하다.[53] 또 '자유'와 '민주'를 대립적으로 인식하여 '자유'를 주장한 반면, '민주'는 억제하려는 자유주의적 민권론에 충실하였다.

또한 여성의 인민화과정에서 독립협회는 분수령 역할을 담당하였다. 독립협회는 《독립신문》에 여성의 계몽과 교육을 강조하는 논설을 싣고 이를 실천하기 위한 여성운동을 후원하였다. 아울러 남녀평등의 근거로 여성 역시 남성과 마찬가지로 총명함이 존재한다고 보았다.[54]

그러나 여성에 대한 교육은 아들을 키우고 남편을 내조하기 위한 수단에 지나지 않았다. 즉 독립협회는 여성교육의 궁극적인 목표가 미래의 훌륭한 아내와 어머니를 위한 것이므로 남성교육과 똑같이 중요하다고 여겼다. 심지어 여성교육은 국가에 필요한 남자를 양성하기 위해 필요한 것이라고 주장하였다.[55] 즉 양처현모론(良妻賢母論)의 발현이었다.[56] 이러한 경향은 여성을 민인의 일원으로 파악하면서도 가부장질서와 국가공동체에 포섭된 애국부인상(愛國婦人像)으로 표상하였다.

그 밖에 독립협회는 노비제 잔재 청산과 함께 백정차별 반대에 앞장섰다. 1898년 10월 29일 독립협회가 주최한 관민공동회 둘째 날, 대회

---

53) 정숭교, 〈한말 민권론의 전개와 국수론의 대두〉, 서울대학교 박사학위논문. 2004, 79쪽.

54) "론셜", 《독립신문》, 1898년 1월 4일자.

55) EDITORIAL, 《The Independent》, sept. 19, 1896.

56) 윤소영, 〈근대국가 형성기 한·일의 '현모양처'론—그 공통점과 차이점을 중심으로〉, 《한국민족운동사연구》 44, 한국민족운동사학회, 2005, 97~102쪽.

장인 윤치호의 취지 설명, 의정대신 박정양의 보고가 끝난 뒤 백정 출신 박성춘이 회원 대표로 개막 연설을 할 정도였다.[57)]

독립협회와 만민공동회의 인권에 대한 인식은 이승만의 저서《독립정신》에 실린 "미국 백성의 권리 구별"에서 최종 귀결점을 보여준다.[58)] 여기서 생명, 재산, 종교, 언론, 출판, 집회 등의 내용을 미국 연방헌법 수정의 권리장전을 통해 상세히 소개하면서도 대한제국에서는 교육을 통해 활력을 회복하기 전까지는 어떤 제도나 주의(主義)도 세울 수 없다고 단언하였다.[59)] 이미 언급한 바와 같이 독립협회 창립 이래 민권이란 수동적으로 관리들의 탐학으로부터 인민의 생명과 재산을 보호하는 것이었을 뿐, 개화되지 못한 인민의 정치 참여는 배제되었던 것이다.[60)] 그가《제국신문》 1903년 1월 19일자에서 밝힌 대로 "동등 대접 사람의 권리는 학문에서 생기나니 학문이 없으면 권리가 무엇인지 모를지라"라고 한 데서 알 수 있듯이 식자층이 아닌 대다수 민인의 참정권은 오랫동안 유보될 권리였다.[61)] 이러한 논리는 이승만과 같은 미국 유학생 출신 박처휴(朴處休)가 5, 6개월 유학 경험을 살려《대한매일신보》 1905년 12월 23일자에 기고한 글에서도 뚜렷하게 구현되었다.[62)] 그 역시 무식한 자는 인류[정치]에 참여할 수 없다고 단언하였다.

---

57) 정교,《대한계년사》, 1898년 10월 29일.

58) 이승만, 앞의 책, 72~74쪽.

59) 앞의 책, 82쪽.

60) 이나미,《한국 자유주의의 기원》, 책세상, 2001, 123~126쪽.

61) "論說, 국권을 보호홀 방칙",《제국신문》, 1903년 1월 19일자.

62) "잡보",《대한매일신보》, 1905년 12월 23일자.

4) 국권론과 민권론의 갈등과 국수보전론의 등장

(1) 러일전쟁 이전 정체론의 갈등

대한제국이 아관파천을 거쳐 1897년 10월 수립되자 독립협회는 헌법 제정을 둘러싸고 광무정권과 대립하였다. 독립협회는 일본과 마찬가지로 의회 설립을 통해 서양과 같은 근대 국민국가를 만들겠다는 희망을 품고 국가의 최고 권력을 견제하고자 하였던 것이다.

그런데 독립협회내에서도 국체를 둘러싸고 견해가 양쪽으로 갈렸다.[63] 하나는 박영효·서재필이 주도한 만민공동회 계열로 정부 관료들의 전제군주정안을 거부하고 제한군주제정의 수립을 주장하였다. 또 하나는 윤치호·남궁억이 주도한 독립협회 상층부로 그들은 서재필이 출국한 뒤 독립협회를 이끌면서 정부와 대립하기보다는 협조하여 국권을 수호하고 민권을 신장하는 데 노력하였다.

전자는 1898년 4월 만민공동회를 조직하여 정부의 이러한 방침을 정면으로 반박하고 상소운동을 전개하였다. 이들 정치 세력은 정부의 수용 조치에도 불구하고 만민공동회 이름으로 상소운동을 전개하면서 독립협회 회원들을 옭아매는 데 앞장섰던 사람들을 처벌해달라고 주장하였다. 또한 정부에 압력을 가해 민권을 구실로 황제의 인사권을 제한하려 하였다. 게다가 만민공동회 계열은 광무정권이 경계하였던 박영효와 서재필을 각부 장관으로 추천하였으며, 심지어는 박영효의 사주를 받아 정부 관료를 테러하거나 쿠데타를 기도하기도 하였다.

이들 세력은 1898년 3월 만민공동회를 조직한 뒤 정부가 추진하였던 러시아인 알렉세예프 고빙을 비난하고 일부 정부 대신의 사퇴를 종

63) 주진오, 〈19세기 후반 개화 개혁론의 구조와 전개: 독립협회를 중심으로〉, 연세대학교 박사학위논문, 1995, 144~155쪽; 김태웅, 〈대한제국기 법제 교정과 국제 제정〉, 김용섭교수정년논총위원회, 《한국근현대의 민족문제와 신국가건설》, 지식산업사, 1997, 192~201쪽.

용하면서 독립협회를 정치단체로 탈바꿈시켰다. 이에 정부가 서재필을 고문직에서 해임하고 출국 조치를 취하자 독립협회는 1898년 봄부터 전제군주정을 추진하였던 고종과 정부를 상대로 상소, 집회, 시위 등의 방식을 동원하여 의회 개설, 즉 대의제 실시를 촉구하는 운동에 돌입하였다. 제1차 만민공동회의 성공 이후에는 독립협회 지도자들을 중심으로 공개적으로 의회 개설 문제를 논의하였다. 4월 3일에는 제25회 토론회 주제로 '의회원을 설립하는 것이 정치상에 제일 긴요하다'를 채택하여 본격적인 계몽과 공론화에 나섰다.[64] 독립협회의 의회 개설운동에 놀란 대한제국 정부는 대의제 정부를 세우는 것은 시기상조고 정부의 행정을 감시하는 자문 기관을 설치하는 것이 합당하다는 의견을 표명하였다.

한편, 독립협회의 상층 지도부는 1898년 10월 관민공동회를 개최하여 헌의 6조를 결의하고 고종에게 올렸다. 즉 이들 세력은 전제 황권의 공고화를 통해 대내개혁을 추진하면서 대외주권을 강화하고자 하였던 것이다. 관민공동회 직후에 공포된 '중추원 신관제'에 따르면 중추원은 법률과 칙령의 제정 폐지 개정에 관한 사항 등을 의논하는 입법권을 갖는 등 상원으로서의 심의 기능을 갖추고 있었다. 또한 행정부 정책에 대한 심의권, 행정부 건의에 대한 자문권, 건의권 등을 갖고 있었다. 의관은 정부가 추천한 25명과 독립협회가 선출한 25명으로 구성하기로 되어 있었다. 특히 인권과 관련하여 넷째 조항 "지금부터는 무릇 중대한 죄인을 별도로 공개하여 공평하게 심판하되 피고에게 자세히 설명하여 끝내 조복(調服)한 뒤에야 시행할 일"은 매우 주목할 만하였다. 그러한 점에서 독립협회 상층부는 국권론에 바탕한 전제군주정을

64) "잡보", 《독립신문》, 1898년 3월 29일, 4월 9일자.

수용하였던 셈이다.

그러나 이러한 타협은 얼마 안 되어 결렬되었다. 만민공동회 계열이 민권론을 내세워 신권 우위를 우회적으로 강조하면서 만민공동회를 전개하였기 때문이다.[65] 만민공동회는 상소운동을 통해 민권을 구실로 황제의 인사권을 제한하려 하였으며 장정(章程)으로 만들어 법제화하려 하였다. 이러한 만민공동회의 요구는 박영효나 서재필이 추구하였던 제한군주정의 수립과 밀접한 관련을 맺고 있음을 잘 보여준다. 그리고 여기서 지칭하는 민권은 식자층과 자산가층만이 누릴 수 있는 참정권이었다. 이에 이들 계열은 박영효의 귀국을 강력하게 요구하며 광무정권의 위기의식을 자극하였다. 한편, 농민전쟁에 참여하였던 잔여세력은 만민공동회 운동이 척왜·척화 지향이 매우 미약하다고 판단하여 참여하지 않았다.[66] 이는 만민공동회 세력이 농민층의 반외세 요구를 대변하기보다는 민권 그 자체에 몰입한 도시민의 권력투쟁으로 파악하였기 때문이다.[67] 그 결과 만민공동회 운동은 도시를 넘어 농촌을 포함하는 전국적인 운동으로 확산되지 못하였다.

이에 정부는 만민공동회의 목표가 공화정 수립에 있다고 비판한 재야 유생층의 주장을 적극 수용하여 1898년 12월 25일 황국협회와 함께 만민공동회를 강제로 혁파하기에 이르렀다. 물론 이 과정에서 국권론에 입각하여 하의원을 주장하였던 황국협회와 만민공동회의 충돌이 결정적인 계기였다.

이어서 1899년 8월 광무정권은 러일 양국의 대립과 일반 민인의 국

---

65) 김태웅, 앞의 글, 1997, 200쪽.

66) "虛張聲勢", 《황성신문》, 1898년 11월 23일자. 이와 관련해서는 정창렬, 〈한말 변혁운동의 정치·경제적 성격〉, 정창렬저작집간행위원회 편, 《민중의 성장과 실학》, 2014, 199쪽 참조.

67) 《윤치호일기》, 1898년 11월 6일자.

정 안정 요구를 명분으로 삼아 헌법이라 할 '대한국국제'를 공포하고 정국 주도권을 장악하였다. 이는 국권론의 승리였다. 즉 제4조에 따르면 황제의 군권을 침손하거나 침손하고자 한다면 신민의 자격을 상실당하도록 규정하였다. 그것은 무엇보다 외세에 위협을 받고 있는 현실에서 취한 고육지책이었다. 그러나 정치적 권리가 이처럼 보류되었음에도 불구하고 이후 근대적 국민평등과 사적 소유권을 법제적으로 보장하는 장치가 마련되어갔다. 1900년 12월 교정에 착수하여 1905년 4월 공포된《형법대전》이 이를 잘 말해준다.[68]

(2) 러일전쟁 이후 민권론의 부활과 국수보전론의 등장

광무정권의 근대 주권국가 수립 노력은 러일전쟁을 거치면서 좌초되었다. 대신에 일본의 군사력 앞에 국가 권능이 약화되면서 그동안 숨죽이고 있던 민권론이 러일전쟁을 전후로 다시 고개를 들었다.

그 선두는 일진회였다. 1904년 8월에 조직된 일진회는 황실의 안녕을 견고히 할 것, 정부는 정치를 개선할 것, 군정과 재정을 바로잡을 것, 인민의 생명과 재산을 보호할 것 등 4대 강령을 발표하였다.[69] 물론 여기에는 천부인권론이 깔려 있어 인민이 스스로 자신의 권리를 지켜야 한다고 보았다. 그리하여 일진회는 독립협회의 대중적 한계를 극복하고 그들이 내세운 인민의 생명·재산 보호 강령을 실현하기 위해 지방관에 대한 지역민의 불만을 적극 수용하였으며 민인의 재산권을 수

---

68) 李丙洙, 〈韓國の近代化と《刑法大全》の頒示〉, 《思想》 583, 東京: 岩波書店, 1973 ; 문준영, 〈대한제국기 형법대전의 제정과 개정〉, 《법사학연구》 20, 한국법사학회, 1999 ; 정진숙, 〈1896~1905년 형법 체계 정비에 관한 연구—《형법대전(刑法大全)》제정을 위한 기초 작업을 중심으로〉, 《한국사론》 55, 서울대학교 국사학과, 2009.

69) 이인섭, 《원한국일진회역사(元韓國一進會歷史)》 1권, 문명사, 1911, 5쪽 ; "一進會錄(前号續)", 《황성신문》, 1904년 9월 8일자.

호하는 데 앞장섰다. 또한 독립협회와 달리 그들의 지역적 기반이라 할 지회의 설치와 활동에 적극적이었다.[70] 그 결과 일진회는 내장원의 수탈에 시달렸던 민인의 지지를 이끌어내고 자신들의 세력을 강화하면서 정국의 주요 정치 세력으로 성장할 수 있었다. 이 점에서 일진회가 학식과 자산이 턱없이 부족한 민인의 민권 신장에 노력하고 있음을 보여준다고 하겠다.

그러나 독립협회 상층부가 일진회를 구성하였던 데서 짐작할 수 있듯이 이들은 민인의 생명과 재산 보호에 초점을 두면서도 일반 민인의 참정권에 대해서는 부정적이었다. 즉 이들은 우민관(愚民觀)이 전제된 바탕에서 '주권재민'이나 '국민'에서의 '민'은 사실상 일반 백성 모두를 가리키는 것이 아니라 단지 황제나 관인과 대비되는 존재로서 정치 참여의 권한을 보유하였다고 인정되는 일부 계층에 한정하였다.[71] 요컨대 일진회 상층부에게 민인은 동원의 대상이었을 뿐 정치 참여의 주체가 아니었다.

일제가 1906년 3월 통감부를 설치하고 대한제국 황제 권력을 결정적으로 약화하자 일진회는 관리의 탐학으로부터 민인의 권리를 보호하자는 차원을 넘어 관직 진출을 요구하고 경제적 이권을 도모하는 데 중점을 두었다.[72] 나아가 민권이 보장되는 문명국가를 건설하기 위해 일본을 돕는다는 의견을 적극 개진하였다. 민권을 국권보다 우선시하고 있었기 때문에 민권 보장을 위해 국권의 손상을 감수할 수 있다는 민권 지상주의의 한계를 잘 보여준다. 이어서 일진회는 통감부를 공격

---

70) 김종준, 〈진보회 일진지회의 활동과 향촌사회의 동향〉, 《한국사론》 48, 서울대학교 국사학과, 2002.

71) 정숭교, 앞의 글, 67쪽.

72) 김종준, 앞의 글, 61쪽.

하기보다는 내각 대신들에 대한 비판을 통해 자신들의 입지를 강화하고자 하였다. 이 점에서 이들 일진회 세력이 내세우는 민권은 어디까지나 광무정권을 공격하고 권력구조에 참여하는 데 필요한 구실이었던 것이다.

반면 1905년 5월 중순 입헌정치를 추진하기 위해 조직된 헌정연구회는 민권운동을 전개하면서도 국권론의 자기장(磁氣場)에 머물렀다. 국가의 주권은 군주와 의원이 나누어 가지며 의원(議院)은 여기에 참여할 수 있는 의원(議員)들로 구성되어야 함을 강조하였다. 또한 앞으로 야기될 위험에서 국가를 구할 수 있는 것은 헌법의 제정이라고 주장하였는데, 이때 국가의 위험이란 외세의 침략보다 오히려 민권 확대에 의한 공화제를 가리켰다. 물론 이들 역시 국민의 의무와 권리를 논하고 있는데, 여기서 국민의 권리는 하늘에서 준 것이며 사람이 사람되는 본분이니 이것을 잃으면 사람됨을 얻을 수 없다고 하며 천부인권론을 강하게 주장하였다.[73)]

따라서 헌정연구회에서는 의회의 설치 등을 통해 민권 확대를 도모하면서도 그것이 결코 공화제와 같은 체제 변혁적인 상태에 이르는 것은 막아야 한다고 주장하였다. 그 점에서 헌정연구회의 입헌군주제는 군주 중심의 국권론적인 위치에 머물렀다.

그러나 일진회나 헌정연구회든 이를 계승한 대한자강회든 이들 단체의 구성원은 생명과 재산을 중심으로 일반 민인의 천부인권을 인정하되 참정권은 우민관에 입각하여 식자층·자산가층의 고유 권리임을 주장하였다.[74)] 그것은 천부인권론을 소개하는 《황성신문》 1905년 8월

---

73) 현채, 《유년필독석의(幼年必讀釋義)》 2권, 1907, 31~43쪽.

74) 윤대원, 〈한말 일제 초기 정체론의 논의 과정과 민주공화제의 수용〉, 《중국근현대사연구》 12, 중국근현대사학회, 2001, 65~67쪽.

4일자 논설 "천연적 품유(天然的稟有)"에서 언급하고 있듯이 인류의 '천연적 품유'의 2대 성질은 자유와 동정이며, 천부한 자유와 인격의 권리를 말한다.[75] 따라서 천연의 자유를 깨닫는 자는 문명 국민으로서 정치적으로 직접 행동할 수 있는 데 반해 국민의 사상이 몽매하여 천부의 자유라는 권한을 알지 못하면 오직 국가에 복종하는 의무만이 생기며 정치에 대한 권능, 곧 참정권은 없다고 하였다. 그리하여 대한협회의 이론가였던 윤효정은 의회에 진출할 대의사(代議士)를 "신저작가·신번역가·신문가·잡지가·소설사 등 문필가, 유학생, 망명 정치가, 사립학교 설립자 및 교수, 상회 은행의 주무 인원, 척식회사 위원, 주주 등 정견과 학문이 있으며 자산이 있을 뿐만 아니라 경험이 풍부한 신사(紳士)며 학사(學士)며 지사(志士)"들로 한정하였다.[76] 또한 이들 민권론자는 인민의 자치정신을 키우기 위해 자산가 위주의 지방자치제 실시와 민인에 대한 계몽활동이 매우 중요함을 역설하였다.[77] 다만 전자는 민권을 구실로 광무정권을 무너뜨리는 데 중점을 둔 반면, 후자는 전제군주국 대한제국의 체제를 보전하기 위해 입헌정치가 필요하다고 주장하였다. 심지어 대한협회의 대표적인 논객인 김성희도 윤효정과 마찬가지로 최대의 현안은 "속히 폭도를 진무하며 양민을 구제"하는 것이라 하며 의병에 대한 조속한 진압을 요구하였다.[78] 일제의 주권 탈취에 대한 민인의 저항권을 인정하지 않고 교육에 의한 계몽을 강조할 뿐이었다.

---

75) "論說 天然的稟有", 《황성신문》, 1905년 8월 4일자.

76) 윤효정, 〈아회(我會)의 본령(本領) 십이월통상회(十二月通常會)〉, 《대한협회회보》 9, 1908년 12월호.

77) 오가키 다케오, 〈일본의 자치제도〉, 《대한자강회월보》 4, 1906년 11월호.

78) 김성희, 〈국민적 내치 국민적 외교〉, 《대한협회보》 4, 1908년 7월호.

이러한 주장은《황성신문》계열도 마찬가지였다. 1907년 7월 고종의 강제 폐위를 목도한 의병들이 전국적으로 봉기한 이후에도《황성신문》은 민권의 보편적 가치를 중시한다는 점에서《대한매일신보》와 달리 대한협회의 정치적 견해에 동조하였다. 국민의 자유 권리와 국가의 독립 권리는 단순한 순환관계가 아니어서 병렬적으로 설립하는 것이며[79] 민력(民力)과 민지(民智)를 개발하여야 국가가 흥할 수 있다는 것은 동서고금의 역사적 사실이라고 설파한 것이다.[80] 반면 고종의 강제 퇴위로 의병의 봉기가 격렬해지던 1907년 8월 말에도 즉자적 대응으로서의 폭동은 상황을 더 악화시킬 것이라고 보았다.[81] 1908년 4월에는 대한협회 김명준(金明濬)의 연설을 소개하였는데, 본래 민권은 인권을 지칭하는 것이나 관권에 대비하여 민권이라 한다고 정의를 내렸다. 이러한 언설은 사실 모호한 표현인데, 보편적 인권의 가치는 인지하고 있으나 현실적으로 중요한 것은 관권에 대응하는 민권 개념임을 드러내고 있다고 하겠다. 1908년 4월 11일 대한협회 통상총회 연설을 소개하는 평의원 김명준의 글에서 "종래부터 우리에게는 관권의 남용과 민권의 공백이 문제"라고 할 정도였다.[82]

이에 미국에서 조직된 공립협회는 이들 민권론자를 두고 "30년 이래로 명색 개화당이 허다하지만 평등 자유를 주창하여 국민을 제성함을 힘쓰지 아니하고 다만 정부를 전복하고 자기의 권리만을 확장하고자 한다"고 비판하였다.[83] 그러면서도 국가=임금의 의식을 부정하고 민권사상에 기초한 입헌의 필요성과 국체의 개념성 확립을 역설하면

---

79) "論說 權利와 義務의 相須",《황성신문》, 1907년 9월 5일자.

80) "論說 保國論(續)",《황성신문》, 1907년 5월 9일자.

81) "論說 又一告暴動者",《황성신문》, 1907년 8월 31일자.

82) 김명준, "雜報 民權의 如何",《황성신문》, 1908년 4월 18일자.

서 국민의 저항권을 주장하였다.[84] 그리하여 이를 뒷받침하는 국민의 권리로 국민투표권, 탄핵권, 언론 집회, 출판, 사상, 신체, 천도의 자유 등 기본권을 내세웠다.[85]

또한 1907년 7월 일제가 고종을 강제로 퇴위시킨 뒤 대한제국 군대를 해산하고 사법 경찰 장악에 들어가자 9월 자산가 위주의 천부인권론마저 부정하는 일본의 국권론자인 가토 히로유키(加藤弘之)의《인권신설(人權新說)》을 소개하였다. 그는 한때 천부인권론을 수용하였지만 사회진화론의 영향을 받아 국권론자로 변신한 인물이었다. 이 글에서 가토 히로유키는 사회진화론에 입각하여 천부인권론, 곧 인권론은 과격한 이론이며 망상이라고 비판하였다.[86] 책은 당시 여타 책과 달리 통감부의 검열을 통과하였다. 이어서 가토 히로유키의《강자의 권리경쟁론》을 유문상이 역술하였는데, 그 역시 천부인권설은 망상에서 비롯된 것이라고 주장하였다.[87] 1907년 말 대한제국을 실질적으로 장악하기에 이른 일제는 이제 광무정권의 전제군주정을 비판하였던 주된 근거라 할 민권론마저 탄압하면서 한국인의 민권운동을 억제하겠다는 속내를 보였던 것이다.

한편, 1907년 7월 고종 강제 퇴위를 대한제국의 실질적 멸망으로 인

---

83) "론셜 국민의 계급을 타파, 자유평등을 주장할 일",《공립신보(共立新報)》, 1907년 11월 1일자.

84) 김도훈,〈공립협회의 민족운동 연구(1905~1909)〉,《한국민족운동사연구》 4, 한국민족운동사학회, 1989, 48쪽; 오향미,〈대한민국임시정부의 입헌주의〉,《국제정치논총》 49-1, 한국국제정치학회, 2009, 284쪽.

85) "론셜 지방자치제론",《공립신보》, 1908년 3월 11일자; "론셜 국민의 권리 의무",《공립신보》, 1908년 12월 9일자.

86) 가토 히로유키, 김찬 역,《인권신설》, 의진사, 1908, 60쪽. 이와 관련해서는 김도형,〈가토 히로유키 사회진화론의 수용과 번역 양상에 관한 일고찰—《인권신설》과《강자의 권리경쟁론》을 중심으로〉,《대동문화연구》 57, 대동문화연구원, 2007 참조.

87) 가토 히로유키, 유문상 역술,《강자의 권리경쟁론》, 의진사, 1908, 202쪽.

식한 의병들은 자신을 '대한민족의 대표자'로 자임하면서[88] 저항의 주체로 다시 일어섰다. 이들은 제한적 주장이지만 참정권에 근접한 권리의식을 내비치기 시작하였다. 예컨대 어떤 의병은 조세 납부의 의무를 전제로 의원을 선출할 권리가 있음을 주장하였다.[89] 의병이 인식한 민권은 최소한 독립국가의 국민으로서 부모를 공양하거나 생활할 만큼의 토지를 소유하고 농상 등 경제적 활동의 자유를 보장받는 것, 즉 국민의 권리였다.[90]

자산가·식자층 위주의 기존 민권운동이 현실과 부합하지 못함을 비판하며 국권을 주장하는 국수보전론도 등장하였다. 박은식과 신채호가 이러한 주장을 펼쳤다. 물론 이들 역시 고종의 강제 퇴위 이전에는 민권신장에 중점을 두었다. 즉 《대한매일신보》는 1905년 11월 7일자 논설 "국민 의무"에서 국민 스스로가 자신의 권리를 지켜야 하고 일본은 물론 대한제국 정부의 권력자도 불신하여야 함을 역설하였다.[91] 이러한 주장은 대한자강회를 계승한 대한협회와 별다를 것이 없었다.[92] 《대한매일신보》는 1905년 11월 을사늑약 체결을 앞두고도 '생명과 자유의 권리'를 주장할 정도였다.[93] 그러나 1907년 고종이 강제 퇴위되며 실질적인 주권을 상실하자 국권론을 강력하게 주장하였다. 우선 1909년 7월 29일 《대한매일신보》에 실린 "권리경쟁론석요(權利競爭論譯要)"라는

---

88) 김순덕, 〈대한제국 말기 의병지도층의 '국민' 인식〉, 이석규 편, 《민에서 민족으로》, 선인, 2006, 135쪽.

89) 金鳳基, 〈1907년 7월 3일, 全國同胞에게 布告하는 檄文〉, 琴秉洞 解說, 《秘 暴徒檄文集: 抗日義兵鬪爭史料》, 東京: 綠陰書房 1995, 40쪽. 이와 관련해서는 김순덕, 앞의 글, 136쪽 참조.

90) 김순덕, 앞의 글, 138~139쪽.

91) "론셜 국민의무", 《대한매일신보》, 1905년 11월 7일자.

92) 김효전, 〈근대 한국의 자유민권 관념—당시의 신문잡지의 논설분석을 중심으로〉, 《공법연구》 37-4, 한국공법학회, 2009, 175쪽.

93) "宗敎改革이 爲政治改革之原因", 《대한매일신보》, 1905년 10월 11일자.

글에서 민권의 보장과 함께 국권, 즉 대외주권의 수호를 역설하였다.[94] 즉 "국가의 권리도 타국이 일촌 황무지를 점유하면 군대를 동원하여 인명과 재산을 소비해서라도 이를 반드시 회복하여야 한다"고 주장하였다. 물론 이 또한 천부인권론의 하나인 의사 표현의 자유를 전제하고 있다.[95] 또한《대한매일신보》의 주필 신채호는 1909년 10월 26일자 논설에서 민권 지상주의자들을 비판하면서 다음과 같이 국권의 중요성을 설파하였다.

> 대저 국권은 민권의 원천이다. 국권이 있어야 민권이 생기며 민권은 국권의 축도다. 국권이 있어야 민권이 만들어지나니 국권이 없으면 어찌 민권이 있으리오.[96]

이러한 주장은 국권에 바탕을 둔 민권론이었다. 즉《대한매일신보》는 생명과 재산의 보호를 '민인의 권리'로 언급하면서도 국가의 권리 또는 국가의 권력이 없으면 생명과 재산도 보호할 수 없다는 단서를 달았다. 여기서 말하는 국권은 민권에 대립되는 관권이 아니라 대외주권으로서의 국권을 가리킨 셈이다. 국가의 권리를 빼앗기게 되면 민인의 권리도 동등(同等)을 얻을 수 없으며 국가의 독립이 존재하여야 민인의 권리도 존재하는 것이다. 국권과 민권을 대립관계로 설정하지 않고 양자를 결합하여 민인 주도의 민권론에 바탕을 두되 국권수호에 목표를 둔 것이었다. 나아가 민권론자들이 펼치는 자산가 위주의 지방자치론을 일축하면서 민인 위주의 지방자치제를 실시할 것을 주장하였

94) "寄書 權利競爭論譯要",《대한매일신보》, 1909년 7월 29일자.

95) "론셜 三大自由의 功",《대한매일신보》, 1909년 3월 10일자.

96) "론셜 國權이 無ᄒᆞ고 民權을 夢ᄒᆞᄂᆞᆫ 痴物輩",《대한매일신보》, 1909년 10월 26일자.

다. 예컨대 신채호는 정약용의 원목론과 탕론을 계승하는 방안을 제시하였다. 그것은 주류 민권론자들이 주장하는 우민관에 바탕을 둔 입헌정치론과 달리 민인에 대한 신뢰 속에서 그들의 참정 능력을 높이 인식하는 것이었다. 즉 그는《대한매일신보》1910년 2월 24일자 논설 "20세기 신국민"에서 1894년 농민전쟁[甲午風雲]이 불평등제도를 없앤 이래 전국 동포가 대각(大覺)의 눈을 비비게 되었음을 강조하면서 귀족국가(입헌군주제)든 전제군주제든 진정한 국가가 아님을 역설하였다.[97] 특히 미국의 대통령 선거를 예로 들면서 지방관의 민선을 강조하였다는 사실을 염두에 둘 때 신채호의 이러한 주장은 논리상 민주공화제로 발전하리라는 추측을 가능하게 한다.[98]

이어서 그는 "전제봉건의 구루(舊陋)가 거(去)하고, 입헌공화의 복음이 편(遍)하여 국가는 인민의 낙원이 되며, 인민은 국가의 주인이 되어, 공맹의 보세장민주의(輔世長民主義)가 차(此)에 실행되며, 루소의 평등 자유 정신이 차(此)에 성공하였도다"라고 파악하였다.[99] 앞으로 한국 사회도 군주제의 종식을 뜻하는 공화제의 실현과 더불어 민인의 참정권을 보장하는 민주주의로 나아가야 할 것임을 시사하고 있다. 신민회가 궁극적으로 국망을 앞두고 구상하였던 공화제는 이러한 논의의 귀결이라 하겠다. 결국 민권과 국권의 이러한 관계 설정을 서구와 일본의 제도에서 구하는 것이 아니라 한국 사회의 내재적 발전과 민인의 성장에서 구하였던 것이다. 이것이 중국과도 다르고 일본과도 다른 것이었다.

97) 신채호, "론셜 二十世紀新國民 續",《대한매일신보》, 1910년 2월 24일자.

98) "론셜 地方官薦用의 方針",《대한매일신보》, 1910년 7월 9일자.

99) 신채호, "론셜 二十世紀新國民 續",《대한매일신보》, 1910년 2월 23일자.

4. 인권사상의 전개와 확산

1) 1910년대 독립선언서와 인권사상의 전개

3·1운동은 제1차 세계대전 직후 국제정세 변동의 물결과 함께 국교 확대 전후 이래 당시까지 외세 침략에 대항한 민족운동에 힘입어 남녀노소, 신분과 계급, 지역, 당파를 초월한 전 민족·민중 독립운동이었다. 또한 당시 전 세계 약소민족의 해방투쟁사에서도 상대적 인구 비율에 비추어보았을 때 최대 규모를 보여준 독립운동이었다.

그 시작은 1917년 7월 '대동단결선언'에서 비롯되었다. 박은식, 신채호, 조소앙 등의 주도 아래 작성된 이 문서는 여러 의미를 내포하고 있었다.

우선 대한제국의 국권을 융희 황제가 포기하였으므로 민족운동가인 자신들이 그것을 계승하였음을 밝히고 있다. 그 근거는 한민족사에서 주권의 수수(授受)는 한민족 자체에서 이루어지는 것이 역사적으로 '불문법의 성헌'이 되었으므로 대한제국 황제의 주권 양여 의사 표명은 주권의 포기선언으로 간주할 수 있다는 것이었다.[100] 즉 주권의 소유자인 황제가 주권을 포기함과 동시에 국민의 민권에 근거하여 자신들이 주권을 양도받은 것이다. 주권재민사상의 발로라 하겠다.[101] 특히 이 선언문에 이어서 발표된 '무오독립선언'을 일찍부터 천부인권론에 눈을 뜬 조소앙이 작성하였다는 점에서 이 선언의 '대한민주'는 공화국을 향한 첫걸음이자 민권운동의 새로운 시작이었다.[102] 나아가 '대

---

100) 김기승, 〈조소앙과 대한민국 정부수립〉, 《동양정치사상사》 8－1, 한국동양정치사상사학회, 2009, 30쪽.

101) 한인섭, 앞의 책, 55~56쪽.

102) 김승일, 〈조소앙의 '민국' 인식에 대한 연원 탐색〉, 이태진, 사사가와 노리가쓰 공편, 《3·1독립만세운동과 식민지배체제》, 지식산업사, 2019, 347~352쪽.

동단결선언' 작성에 참여한 박은식은 인권과 평등을 내세워 제국주의에 저항하는 과정에서 지역이나 인종에 관계없이 변하지 않고 각자 적절한 직분을 가지며 국가의 경계를 넘어선다면 세계평화를 실현할 수 있다고 보았다.[103] 이러한 전망은 사회구성원 상호 간의 도덕적 의무를 핵심으로 하는 유교적 인륜이 개인의 정치적·경제적 권리를 추구하는 서구 인권 관념과 결합함으로써 가능한 일이었다. 이 점에서 국권 회복을 추구하였던 한국인 식자층은 프랑스혁명을 법적으로 문서화한 프랑스의 '인간과 시민의 권리선언'(1789)의 수준 너머를 내다보게 되었다. 왜냐하면 이러한 권리선언은 프랑스인에 국한되어 적용된 반면, 대동단결선언은 약소민족의 인권과 평등을 전제하기 때문이다.

이어서 도쿄에서 발표된 한국인 유학생의 2·8독립선언은 민족자결주의에 입각하여 일제의 강제 병합이 무효임을 선언하고 생존의 권리를 위해 독립을 주장하였다. 나아가 우리 민족이 '정의와 자유를 기초로 한 민주주의의 선진국의 모범을 따라서 새로운 국가를 건설할 것'을 공언하였다('2·8독립선언서').[104] 이러한 선언은 독립선언에 그치지 않고 민주주의 국가를 건설하겠다는 포부를 밝힌 것이라 하겠다. 특히 이러한 민주주의를 담보하는 내용을 설파하고 있는데, 그것은 국민의 기본권이었다. 즉 선언서에 따르면 일제의 비인도적 정책을 열거하면서 참정권, 집회와 결사의 자유, 언론과 출판의 자유, 종교와 기업의 자유를 억압하였음은 물론 국가생활에 지략과 경험을 얻을 공무담임권을 박탈하였음을 폭로하였는데, 이는 새로운 민주주의 국가에서는 이러한 기본권이 보장될 것임을 시사한다고 하겠다.

---

103) 김기승, 〈박은식의 민족과 세계인식: 경쟁과 공생의 이중주〉, 《한국사학보》 39, 고려사학회, 2010, 207쪽.

104) '2·8독립선언서'(독립기념관 소장).

이어서 대종교 신도들이 주도하고 조소앙이 기초한 '대한독립선언서' 역시 민주공화국 수립을 궁극적인 목표로 제시하면서 일제의 인권 박탈을 비판하였다('대한독립선언서').[105] 나아가 대동평화(大同平和)를 주장하며 동등한 권리와 부(富)를 모든 동포에게 베풀며 남녀빈부를 고르게 다스릴 것을 제시하였다. 여기서 훗날 대한민국임시정부 임시헌장과 삼균주의(三均主義)의 토대가 보인다.[106] 물론 '2·8독립선언서', '3·1독립선언문'과 함께 1919년에 발표된 모든 독립선언서에서 국민은 뚜렷한 주권자의 모습이었다. 대표적으로 3·1운동 직후에 발표된 '한성임시정부안'의 약법(約法)에는 제1조 "국체는 민주제를 채용함", 제2조 "정체는 대의제를 채용함", 제3조 "국시는 국민의 자유와 권리를 존중하고 세계평화의 행복을 증진하게 함"에서 알 수 있듯이 국민의 자유와 권리를 존중하는 민주공화제가 채택되었던 것이다.[107] 대한민국임시정부 수립 때 국체와 정체로서 민주공화정을 이의 없이 채택할 수 있었던 것은 일련의 이러한 정체 지향과 기본권 인식이 있었기 때문에 가능하였다.

2) 민주공화국 이념과 인권사상의 확산

'대동단결선언'을 비롯한 각종 독립선언에서 언급한 주권재민의 원리와 평등의 논리를 구체적인 법제로 정리하고 민족운동의 일부 전략으로 자리매김한 첫 결과물은 1919년의 '대한민국 임시헌장'과 정강이었다.[108] 그중 제1조 "대한민국은 민주공화국제로 함"이라는 조항은 이러한 지향을 단적으로 함축하고 있다.

---

105) '대한독립선언서'(독립기념관 소장).

106) 김기승, 《조소앙이 꿈꾼 세계—육성교에서 삼균주의까지》, 지양사, 2003, 164~166쪽.

107) 박찬승, 《대한민국은 민주공화국이다—헌법 제1조 성립의 역사》, 돌베개, 2013, 128쪽.

그런데 이러한 민주공화정은 천부인권론을 전제로 하고 있다. 신체와 생명의 자유, 재산권 보장, 종교의 자유, 언론의 자유, 표현의 자유 등을 비롯하여 국민 일반의 참정권이 임시헌장 총 10조 중 다음과 같이 무려 5개조에 걸쳐 반영되었다.

제1조 대한민국은 민주공화제로 한다.

제3조 대한민국의 인민은 남녀·귀천 및 빈부의 계급이 없고 일체 평등하다.

제4조 대한민국의 인민은 신교(信敎), 언론, 저작, 출판, 결사, 집회, 신서(信書), 주소 이전, 신체 및 소유의 자유를 향유한다.

제5조 대한민국의 인민으로 공민 자격이 있는 자는 선거권 및 피선거권이 있다.

제9조 생명형(生命刑)·신체형 및 공창제를 전부 폐지한다.[109)]

제3조를 통해 알 수 있듯이 평등 가치가 자유 가치보다 먼저 반영되었다.[110)] 즉 천부인권론의 핵심이라 할 신분제의 폐지를 담고 있음은 물론 양성평등을 실현하고 빈부의 경제적 격차를 줄이겠다는 의지를 담고 있다. 이러한 조항은 3·1운동을 비롯하여 여러 민족·사회 운동에서 여성의 역할이 지대하였다는 점, 경제적 평등이 신분제 폐지 못

108) 이즈음에 제1차 세계대전의 결과로 독립한 중부 유럽 국가들은 입헌민주제를 통한 통합국가건설에 나서는 가운데 1920년부터 헌법을 제정하기 시작하였다. 1920년 체코슬로바키아, 1921년 폴란드와 유고슬라비아, 1923년 루마니아에서 프랑스 헌법을 모델로 삼은 헌법이 공포되었다(오승은,《동유럽 근현대사》, 책과함께, 2018, 176쪽).

109) 국가법령정보센터, '대한민국임시정부 임시헌장.' https://www.law.go.kr, 2019년 4월 9일 검색.

110) 이준식, 〈대한민국임시정부의 이념적 지향—대한민국임시헌장(1919) 해석을 중심으로〉, 《인문과학연구》 24, 덕성여자대학교 인문과학연구소, 2017, 69쪽.

지않게 중요하였다는 점을 고려한 산물이라 하겠다. 나아가 정강에서 "민족평등, 국가평등과 인류평등의 대의를 선전한다"고 규정한 바와 같이 이러한 평등은 자국의 범위를 넘어 다른 국가와 인류에게도 적용되고 있다.

제4조는 자유 가치를 담은 조항으로 천부인권론이 강조하는 핵심 기본권을 반영하고 있다. 특히 오늘날과 달리 신교(종교)의 자유가 가장 먼저 제시된 것은 여러 종교단체가 연대하여 3·1운동과 임시정부 수립을 주도하였기에 이들 종교 세력을 단결시키고자 한 현실적 이유에서 비롯된 것으로 보인다. 반면 신체와 소유의 자유가 오늘날과 달리 후반에 배치된 것은 중요도가 낮다기보다는 앞의 자유가 현실적으로 매우 절실하였기 때문이다.

제5조는 독립협회를 비롯한 여러 계몽단체가 신체의 자유, 재산권의 보장 등 천부인권론의 핵심 기본권을 실현하고자 하면서도 끝내 인정할 수 없었던 국민 모두의 참정권을 보장하는 조항이다. 이는 3·1운동의 전개과정에서 학생과 식자층, 상인층은 물론 농민, 노동자 등 무지자(無知者)·적빈자(赤貧者)가 광범하게 참여하여 적극적으로 활동하면서 민족의 공동체 일원으로서 그들의 헌신과 역량을 만천하에 보여주었기 때문이다.[111] 지식과 자산이 참정권 여부를 결정하는 시대는 이미 지난 것이다. 그리고 일제하 한국의 인민에게 참정권이 부여되지 않아 3·1운동에 참가하였다는 최흥종의 진술에서도 알 수 있듯이 참정권 조항은 일제로부터 해방된 뒤 펼쳐질 민주공화정의 전망을 보여주는 것이기도 하다.[112] 물론 이 조항에 공민의 정의와 범주가 구체적

---

111) 이기훈, 〈3·1운동과 공화주의 — 중첩, 응축, 비약〉, 《역사비평》 127, 역사비평사, 2019.
112) 조한성, 《만세열전》, 생각정원, 2019, 227쪽.

으로 규정되어 있지는 않다. 그러나 제3조와 연결한다면 성별, 신분상, 재산상의 차이로 차별받는 공민이 아님을 짐작할 수 있다. 따라서 이러한 조항은 당시 보통 선거권이 제도화된 국가가 별로 없다는 점에서 매우 진보적인 조항이라 하겠다. 무엇보다 여성에 대한 참정권 부여는 이미 언급한 바와 같이 여성들이 민족·사회 운동에서 차지하는 적지 않은 비중에서 비롯되었다. 물론 이러한 여러 권리는 한반도에서 공개적으로 이루어질 수 없기에 비밀 지방자치제라 할 연통제를 통해 구현해 보고자 하였다.[113] 특히 이러한 임시약법에 영향을 미쳤던 1912년 '중화민국 임시약법'의 "제5조. 중화 인민은 일률적으로 평등하며, 종족·계급·종교에 의한 차별이 없다"라는 조문과 비교해 보면 남녀평등이 중화민국 임시헌법과 달리 제3조 앞 구절로 들어갔다는 점에서 임시약법 제정자들이 여성의 권리 신장을 일찍부터 중시하였음을 확인할 수 있다. 따라서 1948년 제헌헌법에서 여성의 투표권은 미군정의 선물이 아니라 1910년 국망 후 일관되게 유지한 헌정사 30년의 연장선 위에서 비롯된 것이라 하겠다. 나아가 '중화민국 임시약법'을 비롯한 중화민국 초기 여러 헌법에 보이지 않는 '민주공화국'이 '대한민국 임시헌장' 제1조에 규정되었다는 점은 '대한민국 임시헌장'이 '연방국' 내지 '연성국(聯省國)', '자산가·식자층의 공화국'의 수준을 넘어 국민이 주권의 진정한 주체로서 기본권을 누려야 할 존재임을 규정하였다고 하겠다.[114]

제9조는 제4조와 연결되는 조항으로 헌법 차원에서 들어갈 조항이

113) 김은지, 〈대한민국임시정부 초기의 지방자치제 시행과 지방행정관청 운영—'연통제'와 '연통부'를 중심으로〉, 《역사와 담론》 91, 호서사학회, 2019.

114) 신우철, 〈중국의 제헌운동이 상해 임시정부 헌법제정에 미친 영향〉, 《법사학연구》 29, 한국법사학회, 2004, 19쪽.

아님에도 불구하고 현실적인 이유에서 제정된 것으로 보인다. 즉 당시 한국 국내에서 일제가 형벌의 60여 퍼센트를 태형으로 집행함은 물론 한국인 독립운동가들을 무자비하게 사형하고 여성의 존엄성을 침해하는 공창제를 실시하는 현실에 의거하여 긴급 해결 과제로 이 조항을 설정한 것으로 보인다.[115] 한마디로 한국 국내에서 벌어지는 태형과 사형제를 폐지하고 공창을 철거할 것을 요구한 셈이다. 이후 일제는 민심 수습책의 일환으로 1920년에 태형을 폐지하였으며 대한민국임시정부는 헌법 개정에서도 신체형 폐지를 일관되게 명문화하였다.

다음은 1919년 9월 11일 공포된 '대한민국임시헌법' 중 가장 중요한 기본권과 관련된 제2장 부분이다.

제8조 대한민국의 인민은 법률 범위 내에서 아래 각항의 자유를 가짐.

일. 신교(信敎)의 자유

이. 재산의 보유와 영업의 자유

삼. 언론, 저작, 출판, 집회, 결사의 자유

사. 서신(書信) 비밀의 자유

오. 거주 이전의 자유

제9조 대한민국의 인민은 법률에 의하여 아래 각항의 권리를 가짐.

일. 법률에 의하지 아니하면 체포, 감금, 신문(訊問), 처벌을 받지 아니하는 권리

이. 법률에 의하지 아니하면 가택의 침입 또는 수색을 받지 아니하는 권리

115) 한인섭, 앞의 책, 66~69쪽.

삼. 선거권과 피선거권

사. 입법부에 청원하는 권리

오. 법원에 소송하여 그 재판을 받는 권리

육. 행정관서에 소원하는 권리

칠. 문무관에 임명되는 권리 또는 공무에 취임하는 권리[116]

이를 통해 알 수 있듯이 대한민국 임시헌장의 기본 얼개를 이어받고 있다. 우선 인민의 자유와 관련해서 모든 인민은 신교의 자유, 재산의 보유와 영업의 자유, 언론·저작·출판·집회·결사의 자유, 서신 비밀의 자유, 거주 이전의 자유 등을 가진다고 규정하였다. 인민의 권리와 관련해서는 법률에 의하지 아니하면 체포, 감금, 신문, 처벌을 받지 않는다는 것, 법률에 의하지 아니하면 가택의 침입 또는 수색을 받지 않는다는 것을 무엇보다 먼저 규정하였다. 또 모든 인민은 선거권 및 피선거권, 입법부 청원권, 법원에 소송하여 재판을 받을 권리, 행정관서에 소원(訴冤)할 수 있는 권리, 문무관에 임명되는 권리 또는 공무에 취임할 수 있는 권리 등을 갖는다고 규정하였다.

그리하여 인권의 주된 요소라 할 국민의 기본권과 참정권 조항은 이후 헌법 개정과 정파·노선의 차이에도 불구하고 일관되었다. 대한민국 임시정부 헌법(1925)과 건국 강령(1944), 한국독립당의 당강(1930), 민족혁명당의 당강(1935), 화북조선독립동맹의 강령(1942), 재만 한인 조선광복회 선언(1936) 등을 거쳐 해방 후 정부 수립을 전후한 제헌헌법에도 반영되었다.[117] 조선 후기 이래 현대에 걸쳐 인권 보장을 향한 고된 역정은 이렇게 귀결되었다.

---

116) 국가법령정보센터, 〈대한민국임시정부 임시헌법〉. https://www.law.go.kr, 2019년 4월 9일 검색.

5. 결어: 새 시대의 개막과 인권사상의 발돋음

인류의 역사는 인권 향상을 위한 부단한 투쟁의 역사다. 이것은 동서양 공히 마찬가지였다. 1789년 프랑스혁명을 계기로 선포된 '인간과 시민의 권리선언'이 구체제를 해체한 근대 인권운동의 결산이자 온 인류가 나아가야 할 인권 향상의 물꼬를 열었다면, 1919년 3·1운동을 계기로 제정된 대한민국 임시헌장과 강령은 피압박민족의 주권국가 실현을 향한 천명이자 한국인이 오랫동안 투쟁해온 인권운동을 토대삼아 앞으로 나아가야 할 이정표였다. 그러나 이러한 도정에 이르는 과정은 서구와 마찬가지로 순탄하지 않았다. 무엇보다 인권 향상을 저지하는 사회적·법률적 장해물이 강력하였기 때문이다.

양란 후 농민·천민을 비롯한 민인이 농업생산력과 상공업 진흥을 통해 사회 재건에 이바지하였음에도 불구하고 부족한 국가재정의 보전은 이들 민인에게 전가되었다. 이러한 현상은 민인의 사회적 자각과 정치 주체로의 성장을 염두에 두기보다 어디까지나 부세 부담자로서 민인을 중시하고 그들의 생활 개선에 중점을 두었던 양반관인의 민본이념이 실상 허구였음을 드러낸다. 예컨대 17세기 초반에 정부가 노비제 혁파와 부세제도개혁, 참혹한 형벌의 폐지를 요구하는 이충경의 난을 무력으로 진압한 사건은 이를 단적으로 말해준다. 그러나 그 후유증이 만만치 않아 민인은 작게는 소원투쟁을 비롯하여 형벌제도 개선을 요구하는 각종 운동을 벌였고 크게는 체제를 위협하는 각종 변란을 일으키고 반체제사상을 유포하였다.

---

117) 서희경, 〈대한민국 건국헌법의 역사적 기원(1898~1919)—만민공동회·3.1운동·대한민국임시정부헌법의 '민주공화'정체 인식을 중심으로〉, 《한국정치학회보》 40-5, 한국정치학회, 2006, 157~160쪽.

이에 정부는 체제 안정을 위한 후속 대책 마련에 힘을 기울였다. 영·정조 연간에 이루어진 형정제도의 개선과 양반 토호들의 사형(私刑)에 대한 통제는 이를 잘 보여준다. 그 결과 양반 중심의 언로(言路)가 일반 민인으로 확대되기 시작하였으며 각종 악형이 점차 폐지되기에 이르렀다.

한편, 실학자 일부는 맹자의 민본주의 사상에서 진일보하여 민인을 평등한 존재를 넘어선 정치의 주체로 인지하기도 하였다. 정약용의 경우 통치자가 백성을 위해 존재하는 것일 뿐 백성이 통치자를 위해 존재하는 것이 아님을 강조하였다. 나아가 태초에는 백성들뿐이었으나 백성의 필요에 의해 통치자를 추대한 것이라고 역설하면서 아래서 위로의 선거제적인 방식을 말하였다. 심지어 민인의 저항권을 인정하기도 하였다. 그것은 민권사상의 원형을 보여준다고 하겠다. 그러나 이러한 주장마저 개인의 자유에서 출발하는 근대적 인권사상이 아니라 민본주의의 연장선에서 인간의 상호관계를 전제로 설정되는 인륜이라는 윤리적 차원에 머물렀다.

19세기 전반 세도정권이 이전 시기와 달리 집단 간의 갈등, 계층 간의 분쟁에 대한 해결 의지가 약화되기에 이르면서 민인은 스스로 자신의 사회적 위상을 제고하면서 모든 민인의 군자화·양반화를 추구하였다. 그것은 '사람이 곧 하늘'이라고 하는 동학의 종지(宗旨)에서 분명하게 드러났다. 이는 인권의 중요한 기반이라 할 평등의 실현을 의미하였다. 물론 여성도 이러한 평등 원리 속에 편입되었으며 이를 실현할 동반자로 간주하였다. 이어서 이러한 지향은 동학농민군이 요구한 폐정개혁안에서 구체적으로 드러났다. 노비 문서 소각과 천민 차별제도 폐지, 청춘과부 재가 허가 등은 이를 단적으로 보여준다.

정부는 동학농민군의 이러한 요구를 대폭 수용하였다. 무엇보다 갑오개혁에 참여한 일부 관료가 일찍부터 서구 근대 인권사상에 관심을 갖고 이를 실현하고자 노력하고 있던 터였다. 그리하여 신분제 폐지를 통한 각종 차별 금지와 법 앞의 평등 실현, 신체형과 각종 악형 폐지를 통한 자유와 인신의 보호, 공정한 재판을 위한 사법 기구의 단일화와 소송제도 개선, 재산권 보장 등 기본권 확보를 위해 개혁 법령을 제정하고 집행하고자 하였다.

이후 인권 개선을 위한 이러한 노력은 아관파천과 대한제국 수립이라는 정국의 급격한 변동에도 불구하고 이후에도 지속적으로 전개되었다. 이 과정에서 독립협회의 계몽활동이 크게 영향을 미쳤다. 갑오개혁 기간에 법률적으로 폐지되었지만 여전히 벌어지고 있는 노비 매매를 실질적으로 금지하고자 노력하였으며 천부인권론을 설파하여 민인의 권리의식을 신장하고자 하였다. 그러나 대한제국 정부와 마찬가지로 독립협회는 천부인권론의 적용 대상을 민인 전반으로 삼으면서도 참정권은 식자층·자산가층에 한정하였다. 일반 민인은 교육을 제대로 받지 않아 그들에게 참정권을 부여하는 것은 정국을 혼란하게 하고 체제를 위협한다고 판단하였기 때문이다. 일반 민인을 자유권을 지닌 존재로 인정하면서도 정치적 주체로는 인정하지 않겠다는 우민관의 발로였다.

이러한 경향은 1904년 러일전쟁을 전후하여 창설된 각종 계몽단체의 민권운동에서도 마찬가지였다. 이들 단체 역시 민인의 생명과 재산에 초점을 두면서도 일반 민인의 참정권에 대해서는 부정적인 견해를 표출하였다. 그들이 말하는 '주권재민'과 '국민'에서의 '민'이란 사실상 일반 백성 모두를 가리키는 것이 아니라 일정한 학력을 소지하거나 재산을 소유한 식자층과 자산가층을 지칭하였다. 심지어 일반 민인의 저항권을 인정하지 않아 동학이나 의병활동을 극렬하게 비판하였다. 또한 이들 각종 계몽단체는 여성을 민인의 일원으로 파악하면서도 가부장질서와 국가공동체에 포섭하여야 한다는 양처현모론에 입각하여 여성들의 정치적·사회적 활동을 부정적으로 인식하였다. 비록 1907년 고종의 강제 퇴위와 군대 해산을 계기로《대한매일신보》와 공립협회, 일부 의병 등이 민권운동의 이러한 한계를 지적하며 민인의 참정권에 관심을 보였지만 대다수 식자층은 일반 민인의 정치 참여를 극도로 꺼렸다.

그러나 1910년 국망 후 만주와 연해주 일대에서 활동하던 독립운동가를 중심으로 천부인권론을 넘어 민인의 정치적 권리를 담은 민주공화정의 이념이 구체화되기 시작하였다. 1917년에 선포된 '대동단결선언'은 국민주권과 공화정을 전면에 내세웠을뿐더러 약소민족의 인권과 평등의 실현을 지향하고 있다는 점에서 프랑스 국민에 국한된 '인간과 시민의 권리선언'의 수준을 넘어서는 것이었다. 이어서 1919년 2월 8일 도쿄 유학생들이 발표한 '2·8독립선언'은 민족자결주의에 입각하여 자주적 주권국가의 건설을 목표로 삼으면서도 인민의 민주적 여러 권리를 천명하였다. 곧 참정권, 집회와 결사의 자유, 언론과 출판의 자유, 종교와 기업의 자유, 공무담임권을 언급하면서 새로운 민주주의 국가에서는 이러한 기본권이 보장될 것임을 시사하였다. 그것은 식자층 자신들도 국망 후 일제의 정치적 폭압과 경제적 수탈, 민족차별에 불만을 품으며 한국 민인의 저항 노력에 고무되는 가운데 제1차 세계대전 전후 질서 속에서 제기된 민족자결주의에 영향을 받으며 참정권 확보에 관심을 기울이기 시작하였음을 의미한다. 나아가 성별, 신분, 계층, 재산, 지역을 가리지 않고 일어난 3·1운동에서 이제까지 '무지자', '적빈자'로 인식하며 참정권을 부여하여서는 안 되는 일반 민인의 적극적인 시위 참여와 피어린 희생이 애국 식자층의 내면세계에 영향을 미쳤을뿐더러 일반 민인 스스로가 정치적 주체로 각성하는 계기가 되었다.

여기에는 성인 남성은 물론 여성, 무산계층, 아동 등 다양한 집단과 노소 청장년세대의 권리 향상에 대한 지속적인 노력이 수반되었음은 말할 나위도 없다.

이에 1919년 4월 11일에 공포된 '대한민국 임시헌장'과 정강에서는 드디어 인민의 참정권이 기본권으로 당당하게 포함되었다. 이는 인권운동과 사상의 새로운 전기(轉機)를 의미한다. 물론 여기에는 천부인권론에 입각하여 신체와 생명의 자유, 재산권 보장, 종교의 자유, 언론의 자유, 표현의 자유 등이 들어갔다. 이러한 조항은 이후 1919년 9월 11일 '대한민국임시헌법'에 포함되었을뿐더러 좌우익 진영을 막론하고 각종 독립운동 기관의 강령에 빠짐없이 들어갔다. 그리하여 이들 독립운동 기관은 그들이 목표로 하는 신국가건설의 지향과 더불어 이들 기본권 실현을 내세우며 민족해방과 신국가건설을 위한 명분을 마련하는 동시에 운동의 추동력으로 삼을 수 있었다. 해방 후 대한민국 정부 수립을 앞두고 제정된 '제헌헌법'에 이러한 기본권이 고스란히 포함된 것은 이 때문이었다.

따라서 대한민국 정부 수립 후 인권을 탄압하는 여러 비민주적 정권이 등장하였음에도 불구하고 3·1운동의 정신이 헌법 전문에 반드시 포함되었듯이 이러한 기본권은 보장되어야 할 권리로 명시되었다. 물론 이들 비민주정권이 자신의 권력을 강화하기 위해 기본권을 유보하거나 제약하는 조항을 삽입하였다. 그러나 대한민국 민주 시민들은 100여 년 이상의 오랜 인권운동의 전통과 인권사상의 온축을 터전으로 삼아 인권 향상을 위한 노력을 경주하였다. 4·19혁명과 광주민주화운동, 6월민주화운동은 이를 극명하게 보여준다. 오늘날 한국 사회가 급변하면서 새로운 인권 문제와 인권의 사각지대가 무수히 나타나고 있지만 장기간에 벌여온 인권운동과 이를 뒷받침한 인권사상의 발전은 이를 해결하는 데 역사적·사회적 자산으로 제 역할을 다할 것이다.

〈인권 사상의 역사적 기반과 전개〉,
《사회와 역사》 124, 한국사회사학회, 2019 수정 보완

보론2

해방 후 3·1운동 인식의 변천과 새로운 모색

1. 서언

근래 국내 역사학계에서는 3·1운동에 대한 관심이 다시 높아졌다. 10년마다 돌아오는 '9'자 돌림의 해 때문만은 아니다. 1990년대 사회주의권의 붕괴와 신군부정권의 종식으로 일부 학자를 제외하고 일반인에게는 별로 주목을 받지 못하다가 이른바 '건국절' 논쟁이 본격화되면서 3·1운동이 오늘날로 소환되기에 이른 것이다. 그리하여 국내 정치권은 물론 학계에서마저 대한민국 건국 문제를 둘러싸고 논쟁을 벌이는 가운데 1948년 8월 15일을 대한민국 건국일로 기념하여야 한다는 주장이 나오는가 하면, 다른 한편에서는 이날은 건국일이 아닌 대한민국 정부가 수립된 날이며 오히려 건국절은 상해 대한민국임시정부 수립을 이끈 1919년 3월 1일이 되어야 한다고 주장하고 있다.[1] 이러한 논

1) 이완범, 〈건국 기점 논쟁: 1919년설과 1948년설의 양립〉, 《현상과 인식》 33-4, 한국인문사회과학회, 2009.

쟁의 저의에는 무엇보다 대한민국 건국 세력이 누구인가, 그리고 상해 대한민국임시정부와 대한민국 정부의 계승관계를 둘러싼 문제의식이 깔려 있기 때문에 이러한 논란은 결국 3·1운동의 성격과 역사적 의의 문제로 귀결될 수밖에 없다.

그러나 오늘날 대한민국 정부가 상해 대한민국임시정부의 법통(法統)을 계승하였다는 이른바 임정법통론(臨政法統論)은 소장 진보학자를 중심으로 1980년대에 이미 부정된 것도 엄연한 사실이다.[2] 즉 임정법통론은 이승만 정부가 자신들의 정당성을 확보하기 위해 만들어낸 허상이라는 것이다. 심지어 이승만 정부가 실질적으로는 상해 대한민국임시정부 계승을 부정하고 실체가 분명하지 않은 한성정부(漢城政府)를 계승하였다는 한성정부계통론(漢城政府繼統論)을 주장하였다는 점에서 임정법통론을 둘러싼 논란은 가속화할 여지가 많았다.[3]

한편, 3·1운동이 한국인의 신국가건설을 향한 노정의 분수령이었다는 점에서 한국 근현대사에서 중요한 비중을 차지하는 가운데 중국의 5·4운동 배경에서 볼 수 있듯이 이웃 나라에 영향을 미쳤을뿐더러 일제의 정책 변화를 이끌었다는 점에서 동아시아에서 차지하는 의미 역시 적지 않다.[4] 나아가 3·1운동은 아시아 민족운동과 연계하여 민중이 연대할 가능성을 제시하였다.

이 글에서는 오늘날 국내외에서 3·1운동을 바라보는 관점과 논쟁의

---

2) 신춘식·임영태·정병준, 〈대한민국임시정부 정통론의 허와 실〉, 《망원한국사연구실회보》 3, 망원한국사연구실, 1988 ; 신춘식, 〈상해임시정부 인식에 문제 있다〉, 《역사비평》 2, 역사비평사, 1988 ; 노경채, 〈'임시정부'는 얼마나 독립운동을 하였나〉, 《역사비평》 11, 1990.

3) 윤대원, 〈임시정부법통론의 역사적 연원과 의미〉, 《역사교육》 110, 역사교육연구회, 2009, 132쪽 ; 도진순, 〈역사와 기억, 건국 연도와 연호, 그 정치적 함의〉, 《역사비평》 126, 2019, 407~411쪽.

4) 신용하, 〈3·1운동의 재평가〉, 《신동아》 1979. 3, 동아일보사, 1979, 298쪽 ; 백영서, 〈연동하는 동아시아와 3·1운동〉, 《창작과비평》 183, 창작과비평사, 2019, 51~52쪽 ; 유용태 외, 《함께 읽는 동아시아 근현대사 1》, 창비사, 2010, 280쪽.

의미를 체계적으로 파악하기 위해 1945년 8월 해방 이래 오늘날까지 한국인 식자층의 3·1운동 인식에서 드러난 쟁점을 시기별로 정리하면서 3·1운동을 둘러싼 논란의 현재적 의미를 검토하고자 한다.[5] 유학(儒學)의 전통이 강하였던 한국 전근대사회에서 학식(學識)이 매우 중요한 비중을 차지하였던 만큼 근현대의 식자층도 여전히 공론(公論)을 형성하는 주체였기 때문이다.[6] 이러한 작업이 소기대로 이루어진다면 오늘날 3·1운동의 인식 문제를 객관화하여 생산적 논의의 방향을 모색하는 데 도움이 될뿐더러 한국 시민과 일본 시민이 상호 소통할 수 있는 여지를 넓혀갈 수 있으리라 본다.

2. 정통성 경합과 3·1운동 소환: 1945~1950

해방 뒤 3·1운동의 성격과 역사적 의의는 탄압 주체의 소멸과 좌우익의 대립 갈등 속에서 여타 정치적 주제와 마찬가지로 뜨거운 쟁점이었다. 1919년 3·1운동은 동시대 식자층과 민중들이 직접 체험한 사건이

5) 1945년에서 1990년대 초반과 1990년에서 2018년 3·1운동사 연구의 동향에 관해서는 각각 신용하, 〈3·1운동 연구의 현 단계와 간계〉, 국사편찬위원회 엮음, 《한민족독립운동사》 12, 1993 ; 정용욱, 〈3·1운동사 연구의 최근 동향과 방향성〉, 《역사와 현실》 110, 한국역사연구회, 2018 참조.

6) 유교를 국가의 종지로 삼고 있는 한국 전근대사회에서는 공론을 형성하는 데 주된 역할을 담당하였던 계층을 '식자(識者)'라고 불렀다. 《조선왕조실록》과 《승정원일기》에서 '식자'와 '공론'이 상호 조응하여 자주 보이는 것은 이 때문이다. 그리하여 이들 식자층은 역사적인 사건의 전개에 대한 자신의 생각을 표출하여 공론 형성에 기여하였다. 이후 근현대 시기에 들어와서도 이러한 전통은 계승되어 '식자'라는 용어가 '지식인', '지식계급'과 더불어 자주 쓰였다. 1904년 황무지 개간에 반대하는 주도층이 식자층의 우려를 전달하였다(《주한일본공사관기록》 22, 2. 미경지경영(未耕地經營), (21) '황무지 개간안 거부에 대한 반박 및 인준 강요의 건'(1904년 6월 29일)). 이 글에서는 식자층 중 교수, 학자 등 전문성을 근간으로 삼는 식자층을 지식인으로 범주화하였다. 따라서 이 글에서는 협의 차원의 '지식인'보다는 광의 차원의 '식자층'이라는 용어를 주로 사용하고자 한다.

었기 때문이다. 이에 해방 정국의 극심한 갈등 대립 속에서 좌우익 진영은 개별적인 쟁점을 도출하여 해명하기보다는 정치적 헤게모니를 장악하고 자파(自派)의 노선을 역사적으로 정당화하는 데 주력하였다. 대표적으로 1945년 12월 모스크바 3상회의 이후 찬반탁운동이 벌어진 데 이어 1946년 3·1절 기념식 행사를 둘러싸고 좌익과 우익이 충돌한 것은 이를 잘 보여준다.[7)]

우선 김구(金九)는 임정법통론을 내세우는 가운데 반탁운동이 전개되었던 1946년 3·1절 경축사에서 다음과 같이 3·1운동의 역사적 성격을 평가하였다.

> 회고하면 1905년 을사늑약으로 왜적이 우리 한국을 실질적으로 점령하기 전부터 우리 민족은 동학당 혹은 의병 등 여러 가지 형태로 왜적에게 대항했으니, 이런 개별적·부분적 운동이 통일된 지도 밑에서 세계사적으로 한국 민족의 생존권을 요구한 것이 3·1운동입니다.
>
> 그리고 이 3·1운동이 우리 한국 민족의 독립운동에 초석이 되었다는 점을 저버려서는 안 될 것이니, 우리는 이 3·1운동을 통하여 임시정부라는 영도 기관을 탄생시켰고, 또 이 임시정부도 이역만리에서 가지가지 파란곡절을 겪으면서도 실로 이 3·1운동의 여러 선열들의 거룩한 독립정신을 계승하고 수난의 길을 꾸준히 걸어왔다는 것을 오늘 이 자리에서 여러 동포 앞에서 거듭 말씀드리고자 합니다.[8)]

이에 따르면 김구는 대한민국임시정부가 3·1운동을 통해 분출된 통

---

7) 박명수, 〈1946년 3·1절: 해방 후 첫 번째 역사논쟁〉, 《한국정치외교사논총》 38, 한국정치외교사학회, 2016.

8) 김구, 도진순 엮고보탬, 《백범어록》, 돌베개, 2007, 80쪽.

일적 영도 기관에 대한 요구의 산물이자 3·1운동의 독립정신을 계승하였다고 자부하고 있다. 훗날 이른바 임정법통론의 근거로 발전할 문구를 담고 있는 셈이다.[9] 나아가 3·1운동의 민족 대단결 정신을 강조하여 반탁운동의 역사적 기반으로 삼고자 하였다. 즉 3·1운동의 정신과 이념을 계승한 상해 대한민국임시정부를 중심으로 단결하라는 메시지를 담고 있는 셈이다.

3년 뒤인 1949년 3월 1일 김구는 3·1절 기념사에서 완전 자주독립 국가의 재건을 내세워 정부 수립 후 친일 잔재의 건재함을 지적하면서 친일파 청산과 남북 협상의 필요성을 거론하였다.[10] 이 역시 3·1정신의 일치단결성에 근간하여 주장하였다.

그러나 이러한 주장은 전근대적 정통주의 시각에 갇힌 나머지 3·1운동을 오로지 상해 대한민국임시정부의 수립에만 연결시킬 뿐 이후 다양한 계열의 민족·사회 운동에 끼친 영향은 애써 무시함으로써 3·1운동의 계기라든가 주도층에만 초점을 맞춘 일면적 인식에 머무르고 있다.

반면 조선과학자동맹은 1946년 3월 1일에 인쇄한《조선해방과 3·1운동》의 권두언에서 다음과 같이 설파하였다.

> 이 운동의 피의 기록은 결코 구봉건 귀족, 양반, 지주 및 이들 계급 출신인 종교가 등 일련의 소위 지도자들에 의하여 된 것이 아니었다. 그들은 간디 이상의 비폭력 무저항주의를 표방하여 고조된 대중의 항일투쟁을

---

9) 김구 자신은 '임정법통'이라는 용어를 쓰지 않았다. 그러나 1987년 헌법 개정 시 대한민국임시정부 광복군 출신 김준엽(金俊燁)이 헌법 전문에 "우리 대한국민은 3·1운동으로 건립된 대한민국임시정부의 법통……을 계승하고"라는 문구를 넣기를 제안하였고 정치권에서 이를 수용하여 헌법 전문에 명문화하였다. 이후 '임정법통론'이 개념 용어로 확고히 자리잡았다. 이에 관해서는 한인섭,《100년의 헌법》, 푸른역사, 2019, 124~132쪽 참조.

10) 앞의 책, 351~353쪽.

기피 외포(畏怖)하고 이것을 억압하면서 오로지 일편의 진정과 선언으로 능사를 삼았든 것이다. 〈독립선언〉의 공약 제1조의 〈배타적 감정으로 탈거하지 말라〉고 민중에게 경고를 발한 것도 결코 우연한 일이 아니다. 보라! 3월 1일 오후 파고다 공원을 떠난 수만의 군중 데모가 파도와 같이 대한문, 서소문, 일인가(日人街)를 거쳐 종로로 전입할 때 손병희 이하 2현(賢)은 태화관에서 축배를 들고 장곡촌(長谷川) 총독에게 전화를 걸어 〈아등(我等)이 재차(在此)하다〉 하고 자진피수(自進被囚)된 사실을! 더욱 이날 오전에는 〈수령〉 수인(數人)을 총독부에 보내어 〈교의(交誼)를 무상(無傷)하라〉고 통고 진정한 사실을! 그리고 〈삼십삼인〉의 후계자 15인이 장곡천에게 보낸 청원서의 애소를!

그들 지도자의 푸로그람(프로그램)은 투쟁에 있지 않고 관념에 있었으며 관념도 또한 항일에 있지 않고 교섭에 있었든 것이니 삼일운동의 피의 기록은 그들 지도층과는 이미 대차적(對遮的) 관계에 있든 농민, 노동자, 급진보적 소시민 학생의 자주적 투쟁으로 된 것이었다. 따라서 그들 당시의 소위 지도자 중에서 다수의 민족반역자가 속출한 사실도 또한 괴이한 일이 아니다.[11]

여기서는 3·1운동에서 중요한 역할을 수행한 민족 대표를 폄하하고 노동자, 농민, 진보적 소시민, 학생의 역할을 높이 평가하고 있다. 따라서 이러한 주장은 임시정부는 물론 이와 관련된 민족운동 단체의 역할을 부인하면서 자신들의 계급적 기반이라 할 노동자, 농민 등의 비중을 크게 다루고 있다. 그것은 김구의 임정법통론을 정면 부정할뿐더러 남로당(南勞黨)이 3·1운동의 '진정한 실천자'인 동시에 '혁명정신의 진

11) 조선과학자동맹, 《조선해방과 3·1운동》, 청년사, 1946, 1~2쪽.

정한 계승자'임을 강조하면서 해방 정국에서 민족 통일 민주주의 정권 수립(民族統一民主主義政權樹立)을 목표로 주도권을 장악하고자 하는 의도에서 비롯되었다고 하겠다. 이러한 견해는 박헌영(朴憲永)이 집필한 《삼일운동의 의의와 그 교훈》에서 다시 한 번 천명되었다.[12] 그러나 이러한 주장에는 1920, 30년대 노동자·농민의 사회운동에 집중한 나머지 3·1운동 당시 민족 대표의 역할을 축소하고 임시정부를 부인하고자 하는 현재주의적 관점이 3·1운동 인식에 과도하게 투영되고 있음을 보여준다.

해방 정국기 3·1운동에 대한 양 진영의 이러한 언설은 임정법통론과 임정법통부정론이 각각 자기 진영의 정당성을 확보하기 위한 행위의 결과였음을 자인하는 동시에 3·1운동이 학문적 탐구 대상이기보다는 이념적·정치적 필요에 의해 생성된 의제 속에 갇히고 말았음을 보여준다. 그럼에도 불구하고 양 진영은 공히 진영 논리를 넘어 3·1운동이 주도층의 자세 및 성격과 무관하게 민족운동의 분수령이었음을 인정하고 있다.

이러한 의미에서 열한 살의 어린 나이로 3·1운동 시위에 참가하였다가 고문을 당하였던 중도파 오기영(吳基永)의 주장은 경청할 만하다. 비록 그가 자신의 체험에 경도되었을지라도 좌우 진영의 3·1운동에 대한 분열주의적 관점을 비판하며 3·1운동을 재인식할 것을 주장하였던 것이다. 즉 그는 1948년 3월 《새한민보》에 게재된 "3·1정신의 재인식"에서 '자유' 관념과 '중정(中正)'의 노선에 입각하여 3·1운동이 통일민족으로서 민족독립이라는 지상 명제 아래 일으킨 통일된 혁명임을

12) 이에 관해서는 박종린, 〈해방 직후 사회주의자들의 3·1운동 인식〉, 《서울과 역사》 99, 서울역사편찬원, 2018 ; 임경석, 〈해방 직후 3·1운동 역사상의 분화〉, 《사림》 63, 수선사학회, 2018 참조.

강조하였다.[13] 그리하여 그는 해방 정국에서 진정코 민족의 독립만세를 외치려거든 먼저 좌우 각자의 만세가 반쪽의 대변이라는 점을 수긍할 필요가 있음을 주장하였다. 또한 그는 3·1운동이 외부세계의 지식, 전술, 후원, 명령을 매개로 일어난 것이 아니라 민족자결의 원칙으로 우리 운명을 자결하려고 궐기하였음을 역설하였다. 이에 그는 좌우 진영이 별도로 벌이는 3월 1일의 기념은 3·1정신과 하등 관련 없고 하등 의미 없는 것임을 경고하였다. 그의 이러한 지론(持論)은 민족적 위기 상황을 맞이하여 3·1운동의 통일혁명정신을 이어받아 좌우 통합의 자주적 노선을 모색하였던 노력의 산물임을 확인할 수 있다.

그러나 이러한 목소리는 미소 대립의 심화와 좌우충돌의 격화로 인해 메아리에 그치고 말았다. 오늘날 한국 사회에서 보이는 3·1운동에 대한 소환은 논의 구도가 다소 변경되었음에도 불구하고 학문적 탐구 대상이 아닌 정치적 의제를 뒷받침하는 역사적 근거로 활용되던 해방 정국기의 모습을 연상시키는 측면이 적지 않다고 하겠다.

3. 불완전한 정통성 보완과 학술 공론화: 1950~1970년대

이러한 논쟁은 6·25 남북전쟁을 거치면서 한국의 정치적 의제와 맞물려 새롭게 전개되었다. 이승만 정부는 전쟁 이전과 달리 독립운동이나 임시정부 계승의 정신보다 분단국가, 반공국가의 민족정신을 강조하였다. 그리하여 3·1운동의 정신을 '반공의 3·1정신'으로 왜곡하기에 이른 것이다.[14] 이어서 1960년 4월 혁명을 거치고 민족주의 흥기와 한

13) 오기영, "3·1정신의 재인식", 《오기영전집 3—자유조국을 위하여》, 도서출판 모시는사람들, 2019.

일 국교 정상화(韓日國交正常化) 이후 한국 사회에 불게 된 일본에 대한 경각심으로 3·1운동에 대한 학술 연구가 본격화되었다. 그것은 동아일보사가 3·1운동 50주년을 맞이하여 편찬한 기념논집에서 절정을 이루었다.[15)]

우선 이 논문집을 통해 3·1운동이 50주년을 맞이하여 학문적 연구의 대상으로 승격되었음을 확인할 수 있었다. 이기백(李基白)이 지적한 바와 같이 이전 시기에는 이 주제가 사실상 외면을 받아오다가 이제 3·1운동의 성격과 역사적 의의를 논하기에 이른 것이다. 그것은 '소박한 정신론이나 일방적인 이론의 그릇된 적용의 단계에서 벗어나 학문적인 연구의 단계로' 진입하였음을 보여준다. 여기에는 동아일보사의 노력도 주효하거니와 이제 막 출범한 한국사연구회의 소장 학자들의 헌신이 수반되었음도 유의할 점이다. 그리하여 이 논문집에는 76편이 실려 무려 1,000여 쪽에 이르며 박은식이 편찬한 《한국독립운동지혈사(韓國獨立運動之血史)》의 실증 수준을 넘어설 만큼 지역 시위와 피해 상황 등이 상세히 정리되었다. 그 결과 '3·1운동 연구의 현 수준을 집대성한 것'이라는 평판을 들었다.[16)]

논문집은 서(序)에서 밝힌 대로 3·1운동을 역사상 중요한 전환점의 하나로 인식하고 이전과 이후의 사회 양상, 독립운동의 전략적 전환, 일반 사고방식의 변천을 밝히는 데 역점을 두었다. 또한 3·1운동을 민족적 단결의 전형으로 자리매김하고자 하였다. 결국 이 논문집은 전체

---

14) 최은진, 〈대한민국 정부의 3·1절 기념의례와 3·1운동 표상화(1949~1987)〉, 《사학연구》 128, 한국사학회, 2017, 452~453쪽; 이지원, 〈3·1절 기념사를 통해 본 3·1운동의 표상과 전유〉, 한국역사연구회 3·1운동100주년기념기획위원회 엮음, 《3·1운동 100년, 1 메타역사》, 휴머니스트, 2019, 121~124쪽.

15) 동아일보사, 《3·1운동 50주년기념논집》, 1969.

16) 이기백, 〈서평, 동아일보사, 《3·1운동 50주년기념논집》〉, 《역사학보》 43, 역사학회, 1969.

민족의 자유와 자주의 쟁취에 중점을 두고 구성되었다고 하겠다.

그러나 1970년대 유신체제가 시작되면서 3·1운동 연구도 이른바 유신체제의 자기장에서 벗어날 수 없었다. 박정희 정부는 3·1운동 60주년이 되는 해인 1979년 3·1절 기념사에서 다음과 같이 유신 이념, 새마을정신의 근원을 3·1정신에서 구하였다.

> 유신 이념과 새마을정신은 3·1정신에 뿌리를 둔 민족사 추진의 원동력이며, 민족 의지의 창조적 표현입니다. 선인들이 3·1운동에서 보여준 외세에 대한 끈질긴 저항은 오늘날 국가 건설에의 굳센 참여로 승화되고 있으며, 세계 모든 나라와 더불어 공존 공영하려는 〈세계 속의 한국〉의 원동력이 되고 있습니다.[17]

이는 3·1운동이 유신 정부의 노선과 연계하여 저항 담론에서 벗어나 '건설과 창조의 의지'로 소환되었음을 의미하였다. 3·1운동은 학문적 대상에서 다시 집권 세력의 정치 노선을 정당화하는 수단으로 소환되었다.

3·1운동이 이처럼 유신 이념의 정당성을 뒷받침하는 역사적 근거로 적극 활용되자 3·1운동이 60주년이 되는 해임에도 불구하고 1979년에는 기존 연구 경향을 이어받은 이현희의 《3·1운동사론》을 제외하고는 단행본이 한 권도 나오지 않았다. 그것은 남한 학계가 보수학계 일색이라 하더라도 3·1운동을 정치적으로 활용하는 정부 시책에 따라 관련 연구 성과를 산출하기보다는 자료 축적 차원에서 독립운동사 자료집 편찬에 매진하였기 때문이다.[18] 당시 역사학자이자 언론인인 천관

---

17) 박정희도서관, http://www.presidentparkchunghee.org/(2019. 10. 9 검색), '제60주년 3·1절 기념사.'

우(千寬宇)는 실증을 강조하며 '3·1정신'을 국민교육의 수단이나 정치적 목적으로 활용하는 것을 경계하였다. 특히 그는 억압에 대한 저항을 축소하고 거족적인 의사의 일치라는 일면에 치중하는 경향을 3·1운동의 본질을 반수(半數)로 만든다고 비판하였다.[19] 당시 박정희 정부의 3·1운동 인식과 일부 학자의 3·1운동 연구 경향을 우회적으로 비판하였다고 하겠다. 물론 그는 1979년 3·1운동 60주년을 맞이하여 풍성한 연구가 나오기를 기대하였다. 그러나 전술한 바와 같이 그의 기대와 달리 빈약한 연구와 정치성 짙은 연구만이 나왔을 뿐이다.

하지만 학계 일각에서는 집권 세력의 3·1운동 인식을 비판하는 수준을 넘어 주류 학계가 견지해온 33인 민족 대표론을 정면으로 부정하는 글이 발표되었다.[20] 안병직(安秉直)은 1975년 한국일보 춘추문고로 출간한《3·1운동》의 〈3·1운동에 참가한 사회계층과 그 사상〉에서 3·1운동이 '거족적 민족해방투쟁'임을 인정하면서도 지역적·시기적 분산성과 지도 역량의 한계 등을 지적하였다. 특히 손병희를 비롯한 민족 대표의 투항주의적 자세를 비판하며 그들은 운동 시작부터 운동을 포기하고 말았다고 단정하였다. 심지어 이들 민족 대표를 "예속 자본가 즉 적극적 친일파와 물질적으로 같이하는 계층이기는 하나 종종의 총독부 정책이 자기의 이해관계와 불만을 품고 있는 자들이었다"고 규정하면서 이들이 독립 쟁취로 나아가지 못하고 외교 노선에 입각하여 독립

---

18) 이 시기에 편찬된 자료집으로는《한국독립운동사》(국사편찬위원회),《독립운동사》,《독립운동사 자료집》(독립운동사편찬위원회) 등을 들 수 있다. 1970년대 3·1운동의 주요 논고들은 주로 정치학자와 언론인에 의해《북한》등의 저널지에 수록되었다. 이에 관해서는 역사문제연구소 민족해방운동사 연구반,《쟁점과 과제 민족해방운동사》, 역사비평사, 1990, 138쪽; 이태진, 사사가와 노리가쓰 공편,《3·1독립만세운동과 식민지배체제》, 지식산업사, 2019, 576쪽 참조.

19) 천관우, 〈3·1운동연구사론〉,《문학과지성》35, 문학과지성사, 1979.

20) 안병직,《3·1운동》, 한국일보사, 1975.

청원 또는 독립 시위에 머물렀다고 비판하였다. 반면 중소지주 및 중소 자본을 물질적 기반으로 하는 계층으로, 노동자·농민 계층을 독립쟁취를 지도사상으로 하는 계층으로 설정하면서 이들은 대중의 혁명적 역량에 깊은 신뢰를 가졌을뿐더러 외교 노선을 경계하고 있었다고 주장하였다. 나아가 안병직은 맺음말에서 기존의 민족 대표 33인 평가를 다음과 같이 비판하였다.

> 3·1운동은 근대 민족운동사의 분수령이었던 만큼 그 역사적 의의도 자못 크다고 하겠다. 그러나 근래 3·1운동을 예속 자본가의 운동인 것처럼 오해하고 또 그들의 투항주의를 무저항주의인 것처럼 미화하는 경향이 있는가 하면 구체적인 내용의 검토도 없이 〈부르조아 민족운동〉이니 〈반제·반봉건투쟁〉이니 하는 경향도 있다. 그러나 우리가 역사 연구에서 오늘을 사는 참다운 교훈을 얻으려고 한다면 일부 계층의 이익을 위하여 사실(史實)을 왜곡 해석하는 경향을 배척하여야 함은 물론이고 내용 없는 개념을 양산하는 것도 지양하여야 한다.[21]

당시 안병직의 이러한 주장은 학생들에게 커다란 반향을 일으켰다. 특히 이 책이 민족 대표 손병희(孫秉熙)의 명예를 훼손하였다는 이유로 회수되기에 이르자 학생들의 관심을 불러일으켜 '재야의 교과서'로서 지하 서클의 필독서가 되었다.[22] 사실 이 책에 수록된 3·1운동 논문은 6년 전《역사학보》41집, 1969년 3·1운동 특집호에 이미 실렸으나[23]

---

21) 안병직, 앞의 책, 132쪽.

22) 안병직, 〈극적 '우회전'한 안병직 뉴라이트재단 이사〉,《신동아》, 2006년 6월호 ; 전강수, "'국정화 사태' 진원 이영훈 선배, 어쩌다 이렇게—한 지식인의 잘못된 첫걸음이 유발한 사회적 재앙",《오마이뉴스》, 2015년 10월 28일자.

1975년 광복 30주년을 기념하여 출간된 단행본에 실리면서 친일파 논쟁과 연계되어 사회적 반향이 매우 컸다.[24)]

안병직의 이러한 주장은 학계 주류와 천도교계에서 외면을 받았거니와 당시 해방 후 한국 사회를 주도해왔던 친일파 후손들의 반발을 불러옴으로써 기득권층에 비판적이었던 청년 학생들에게 커다란 영향을 미쳤다. 특히 안병직이 언급한 바와 같이 '참다운 교훈'으로서의 역사를 강조하면서 역사 연구를 현실 변혁운동에 기여하는 수단으로 간주할 가능성이 높아졌다. 실증 연구에 앞서 현실로 소환될 필요성이 점차 강해지기 시작하였던 것이다. 그리하여 청년 학생들은 이 책은 물론 현대 한국의 명저로 알려진 김용섭(金容燮)의 《조선후기농업사연구(朝鮮後期農業史硏究)》 등을 근간으로 삼아 한국 근현대사 학습을 통해 자신의 목소리를 체계화하기 시작하였다.[25)] 1970년대 학생운동이 박정희 정부의 탄압에도 불구하고 학술운동과 결합되는 가운데 3·1운동 60주년이 되는 해인 1979년 9월 서울대학교 인문대학 학생들은 '3·1운동' 심포지엄에서 기존의 3·1운동 연구 경향을 비판하면서 3·1운동의 역사적 위상과 의미를 다음과 같이 체계화하고자 하였다.

첫째, 3·1운동을 당시 한국 사회 내에서의 최하층 민중들의 입장을 중심으로 파악하려 하였으며 기본적으로 한국 근현대사 진행 과정에서의 민중운동의 발전이라는 틀 속에 위치시켜보려 하였다.

둘째, 3·1운동 인식에 있어서의 공간적·시간적 범위에 확장을 시도해보

23) 안병직, 〈삼·일운동에 참가한 사회계층과 그 사상〉, 《역사학보》 41, 역사학회, 1969.

24) "3·1운동 재평가 회오리", 《경향신문》, 1975년 11월 25일자.

25) 정석종, 〈조선후기농업사연구 Ⅰ·Ⅱ(1970~1971)〉, 신동아 편, 《현대 한국의 명저 100권》, 동아일보사, 1985.

았다.

셋째, 일제하 식민지적 사회구조를 과학적으로 분석함으로써 3·1운동의 객관적 조건을 밝히려 하였다.

넷째, 3·1운동을 그 주도권(층)의 문제를 기준으로 하여 초기 단계, 민중운동화 단계로 나누어보았다.[26)]

이 글은 자료를 새롭게 발굴하여 집필되지는 않았지만 민중운동의 틀 속에서 기존의 연구 경향과 자료를 면밀히 분석·활용하고 그 한계를 비판함으로써 이후 연구의 새로운 방향을 설정하였다는 점에 의미가 있다. 특히 안병직의 식민지 반봉건사회론(植民地半封建社會論)에 입각하여 1910년대 사회경제 구성을 언급하면서 민족 대표의 투항주의적·기회주의적 경향을 지적하고 운동의 초기 단계와 민중운동화 단계를 분리하기 시작하였다. 식민지 반봉건사회론은 안병직이 마오쩌둥(毛澤東)과 북한 학계의 식민지 반봉건사회론에 영향을 받아 펼친 사회성격이론이다. 이 이론에 따르면 일제강점기 한국 사회는 일본 제국주의에 의해 규정되어 형성된 반봉건적 토지 소유관계를 기초로 한 농업 부문에서의 반봉건적 생산관계와, 일제에 의해 이식되어 필연적으로 포함된 부차적 우클라드(uklad)로서의 자본주의적 생산관계로 구성되어 있다.[27)] 따라서 식민지 반봉건사회가 구축되면 될수록 민족운동의 주도권은 개량주의적 민족주의자로부터 최하층 민중으로 이전되었다고 주장하기에 이르렀다. 이처럼 3·1운동 연구는 운동의 초기 단계

26) 류청하, 〈3·1운동의 역사적 성격〉, 안병직·박성수 외, 《한국근대민족운동사》, 돌베개, 1980, 431~432쪽.

27) 안병직, 〈한국에 있어서 (반)식민지·반봉건사회의 형성과 일본제국주의〉, 한국사연구회, 《한국근대사회와 일본제국주의》, 삼지원, 1985.

와 외인론에 초점을 두며 민족자결주의를 중심으로 이루어지던 주류 학계의 아카데미적인 연구 경향에서 탈피하여 197, 80년대 변혁운동과 연계하여 한국 정치경제의 예속성을 집중 부각하며 역사의 합법칙성과 민중운동의 정당성을 강화하는 역사 연구로 발전될 가능성이 높아져갔다.[28)]

4. 변혁운동과 3·1운동 재인식: 1980년대

이후 3·1운동 연구는 서울대학교 인문대학 심포지엄 글의 방향을 계승하거나 비판하는 견지에서 진행되었다고 해도 과언이 아니다. 이는 1986년 한국민중사연구회가 집필한《한국민중사 Ⅱ》에서 단적으로 드러난다. 이 책은 1980년 광주민주화운동을 겪은 뒤 민주화운동이 본격화되는 시점에서 한국사학계 소장 학자들이 "민중적 입장에서 한국사를 정리하고자 한" 노력의 산물이며 3·1운동 서술에서 기존 주류의 인식과 상이한 새로운 경향을 엿볼 수 있다.[29)] 그것은 이미 언급한 바와 같이 학생운동권에 영향을 미쳤던 식민지 반봉건사회론에 입각하여 3·1운동을 한국 민중의 민족해방투쟁 속에서 서술하였다. 비록 통사 형태지만 평이한 서술과 민중 주체의 역사를 강조하고 있어 일반 대중에게 관심을 받았으며, 심지어 공안 당국이 출판사 사장을 재판에 회부하는 이른바 '한국 민중사 사건'이라는 필화 사건(筆禍事件)으로 번졌다. 이 책은 학술적인 통사에 머물지 않고 당시 민주화운동에 역사

28) 류청하는 1985년에 발간된 노동자들의 학습 교양서라 할《현장》2에 〈한국 근대 민족운동사 서설 : 한국근대민족운동사의 흐름〉을 게재하였다.

29) 한국민중사연구회,《한국민중사 I》, 풀빛, 1986, 5쪽.

적 정당성을 부여하려는 의도가 담겨 있었고 이는 신군부정권에 대한 도전으로 간주되었다고 하겠다.[30] 특히 3·1운동을 '3·1민족해방운동'으로 명명함으로써 기존 주류 사학계의 시각과 차별화하고자 하였다. 나아가 안병직의 시각을 이어받아 민족 대표 33인의 투쟁이 애국계몽운동 방식인 무저항주의를 벗어나지 못하였다고 평가하였으며 운동의 주도권이 초기 단계에는 민족 자본가나 지식인에게 있었으나 후반기에 들어가면 민중들에게 옮겨가고 과격해졌다고 서술하였다.[31] 그리고 3·1운동의 발발 요인으로 우드로 윌슨(Woodrow Wilson)의 민족자결주의와 함께 러시아혁명을 들었으며 운동의 실패 요인으로 일제의 탄압과 함께 비폭력·무저항주의 투쟁방식을 들었다. 기존 주류 사학계의 3·1운동과는 상이한 인식이었다. 따라서 기존 주류 학계의 반발 역시 적지 않았다. 김진봉의 경우 후반기 농민·노동자 계층 주도설을 비판하면서 당시 이들 계층의 인구가 많아 참가한 인원이 많았을 뿐 주도권은 어디까지나 민족 자본가와 지식인에게 있었음을 강조하였다.[32]

그럼에도 불구하고 민주화운동이 1987년 6월항쟁으로 본격화되면서 소장 학자를 중심으로 3·1운동은 점차 민중운동으로 인식되기 시작하였다. 대표적으로 망원한국사연구실의 《한국근대민중운동사》와 한국역사연구회·역사문제연구소의 《3·1 민족해방운동 연구》를 들 수 있다.[33] 이들 단행본은 주지하다시피 1979년 유신정권이 종말을 고했음에도 불구하고 정권을 장악한 신군부의 탄압에 맞서 민주화운동이

30) "실록민주화운동 77. '한국민중사' 사건", 《경향신문》, 2004년 11월 14일자.

31) 한국민중사연구회, 《한국민중사 Ⅱ》, 풀빛, 1986, 140~144쪽.

32) 김진봉, 〈3·1운동〉, 한국사연구회 편, 《제2판 한국사연구입문》, 지식산업사, 1987.

33) 망원한국사연구실, 《한국근대민중운동사》, 돌베개, 1989; 한국역사연구회·역사문제연구소 엮음, 《3·1 민족해방운동 연구》, 청년사, 1989.

절정을 이루었던 1987년 민주화운동을 배경으로 출간되었다.[34] 따라서 1980년대 소장 학자들을 중심으로 민중운동사 연구가 활발해지는 가운데 그 성과가 3·1운동 연구에도 영향을 미쳤다고 하겠다.

우선 《한국근대민중운동사》는 1986년부터 기획된 연구로서 민중사학(民衆史學)을 제창하며 3·1운동을 비롯하여 조선 후기부터 일제 말기까지 민중운동사를 정리하였다는 점에서 그 의미가 적지 않았다. 3·1운동의 경우 역시 외인론(外因論)에서 벗어나 외인론과 함께 내인론(內因論)에 비중을 둔 가운데 3·1운동의 한계와 역사적 의의를 다음과 같이 서술하였다.

> 초기에 '민족 대표'를 자처하며 운동을 모의하였던 상층의 민족주의자들이 실제의 행동으로서 그들의 지도력의 부재를 폭로하며 일찌감치 운동에서 탈락한 뒤, 운동의 주도권은 자연스럽게 민중 세력으로 옮겨왔다. 그러나 그들은 이념적·조직적으로 너무 미숙하였고 투쟁을 이끌어나갈 과학적 방도를 갖지 못하였다. 이들의 슬로건은 반제반일에 머물렀고 마땅히 투쟁 과정에서 제기되었어야 할 사회적 변혁의 실질적 내용을 이루는 반봉건 과제를 내걸지 못하였다. 또 조직적으로 이들의 운동을 지도할 지도 중심이 없어 투쟁은 자연발생적이고 산만하게 전개되었다. 이들은 이러한 한계로 운동 발전의 전반적 구상을 가질 수 없었고 구체적인 투쟁 계획과 전술을 수립할 수 없었다.
>
> 3·1운동은 비록 실패로 끝났으나 민중이 흘린 피는 결코 헛되지 않았다. 그들은 일제의 식민 통치에 막대한 타격을 입혔고 그들의 고귀한 희생은 이후 민족해방운동이 성장하는 데 밑거름이 되었다.[35]

---

34) "1987년 6월 민주화투쟁의 양상은 놀라우리만큼 3·1운동과 비슷한 양상을 띠고 전개되었다."(한국역사연구회·역사문제연구소 엮음, 앞의 책, 머리말)

여기서 민족 대표 33인의 지도력 한계와 민중의 비조직성 및 전술의 미숙성을 지적하고 있다. 이 점에서 이 글은 안병직의 《3·1운동》에서 주장한 논지를 계승하였다고 하겠다. 3·1운동이 일제의 식민 통치에 타격을 주어 민족해방운동의 성장에 밑거름이 되었음을 강조하지만 이후 민족해방운동이 3·1운동의 이러한 한계를 딛고 새로운 길을 열어놓았다는 단절론에 입각하고 있음을 보여준다.

《3·1 민족해방운동 연구》에서도 이러한 단절론에 입각하여 민족 부르주아계급을 대표한다고 인식된 민족 대표와 민중의 역할, 민중의 의식 문제, 3·1운동과 민중운동의 관계, 3·1운동이 근대사에서 '하나의 분수령'이 된다고 하였을 그 분수령이 어떤 의미에서의 분수령인가 하는 해석의 문제가 주된 관심이 되었다. 나아가 1920년대 이후의 민중적 변혁운동, 민족운동의 역사적 맥락을 어떻게 파악할 것인가 하는 문제로 귀착되었다.[36]

그리하여 1980년대 소장 학자들의 주도로 이루어진 일련의 성과는 3·1운동의 역사적 의의를, 이 운동을 계기로 민중의 민족적·계급적 자각이 크게 고양되어 민중이 민족해방운동의 주력군으로서의 자기 위치를 다져가기 시작하였다는 데서 찾았다. 이것은 곧 '민족 대표 33인'과 3·1운동 이후 '대한민국임시정부' 구성으로 계보화되어 있는 3·1운동상(運動像)에 대한 문제 제기였다. 이러한 논지는 1980년대 신군부정권이 6월항쟁으로 흔들렸지만 여전히 헤게모니를 쥐고 있는 상황에서 3·1운동 연구를 통해 민중운동의 역사적 기반과 합법칙성을 해명하고 이후 전망을 세워보자는 데 목표를 두었음을 보여준다.

---

35) 망원한국사연구실, 앞의 책, 275쪽.

36) 한국역사연구회·역사문제연구소 엮음, 앞의 책, 5~6쪽.

그 결과 3·1운동의 원인을 외부의 국제정세 및 윌슨의 민족자결주의 영향에서 구하는 외인론에서 벗어나 일제의 무단 통치, 토지 약탈, 1910년대 농민·노동자 운동의 역량 축적, 그리고 조선 농민층의 계급 분화, 자본가계급과 신지식인층의 대두 등 내인론을 강조하였다. 민족 대표 33인에 대한 평가는 운동의 준비 단계 내지는 초기 단계에서의 33인의 역할을 충분히 인정하여야 한다는 제한적 긍정론에서 제국주의 '열국의 자비심'과 '일본의 이성'에 호소한다든가 이후 투항주의적 자세를 보인다는 부정적 평가로 바뀌었다.

이러한 3·1운동 인식은 1990년대 한국인 노동자들의 필독서였던 《바로 보는 우리 역사》의 3·1운동 서술에서도 그대로 드러났다.[37] 여기서도 민족 대표를 '민족자결주의에 숨겨진 제국주의의 속성을 깨닫지 못한' 지도자로 규정하면서 이들의 투항주의를 비판하였다. 나아가 이들 지도자가 준비 및 투쟁 과정에서 토지 문제와 같은 민중의 절실한 요구를 반영하지 못하였음을 꼬집었다. 그리하여 운동 초반기가 경과하자 민중이 이들 지도자를 대신하여 운동의 주체로 전면에 나섰음을 강조하였다. 특히 노동자들의 반일항쟁을 부각하였다. 아울러 여기서도 민족 대표의 운동방식을 독립청원운동으로 규정한 반면, 민중들은 3·1운동을 계기로 조직과 무력항쟁을 통한 민족해방운동을 모색하게 되었음을 역설하였다. 이러한 관점에서는 민족 대표와 대한민국임시정부를 연결시킬 수 있는 매개고리가 사라질뿐더러 임정법통론의 근거마저 부정되었다.[38]

그리하여 소장 학자들의 이러한 인식은 20년 전 《3·1운동 50주년

37) 구로역사연구소, 《바로 보는 우리 역사 2》, 거름, 1990, 75~80쪽.

38) 김정인, 〈3·1운동과 임시정부 법통성 인식의 정치성과 학문성〉, 한국역사연구회 3·1운동100주년기획위원회 엮음, 《3·1운동 100년, 1 메타역사》, 휴머니스트, 2019, 105쪽.

기념논문집》의 체계를 계승하면서도 그 관점을 전혀 달리하여 학계의 쟁점거리를 제공하였다. 특히 기존의 논의에서 주류를 차지하였던 외인론을 대신하여 내인론이 자리를 잡기에 이르렀다. 그럼에도 불구하고 내인을 지나치게 강조한 나머지 민족자결주의 등의 외부적인 영향을 무시할 경우 3·1운동이 1919년이라는 시점에서 왜 폭발하였는지를 설명할 수가 없다는 지적이 잇따랐다.[39] 주류 학계의 반발 역시 적지 않았다. 이현희는 안병직의 《3·1운동》이 일제 측의 악의에 찬 정보 자료에 입각하여 민족 대표를 소극적인 친일파로 매도하였다고 비판하였다.[40] 심지어는 안병직의 글이 학술논문으로서 갖추어야 할 체계성도 갖추지 못하였다고 언급하였다.

이기백은 1990년 그의 저서 《신수판 한국사신론(新修版韓國史新論)》에서 소장학자들의 이러한 성과물을 소개하면서도 그들의 시각을 받아들이지 않았다.[41] 그는 3·1운동의 직접적 계기가 윌슨의 민족자결주의임을 강조하면서 민족 대표의 주도적 역할과 치밀한 계획을 집중 서술하였다. 특히 대한민국임시정부가 민주정부의 수립으로 된 것은 "3·1운동에 나타난 국민의 힘의 반영이며, 또한 한국 국민의 정치의식이 이미 새로운 단계에 도달하고 있음을 나타내주는" 것이라고 평가하였다. 임정법통론을 명시적으로 제기하지 않았지만 대한민국임시정부의 수립이 3·1운동의 결과임을 주장한 셈이다.

39) 박찬승, 〈한국근대 민족해방운동연구의 동향과 〈국사〉 교과서의 서술〉, 《역사교육》 47, 1990, 193쪽. 그 밖에 비폭력운동 방침에 대한 평가, 민중의 역할 등에 관해서는 박찬승, 〈3·1운동〉, 《쟁점과 과제 민족해방운동사》, 1990 참조.

40) 이현희, 《3·1운동사론》, 동방도서, 1979, 211~212쪽.

41) 이기백, 《신수판 한국사신론》, 일조각, 1990, 433~437쪽.

5. '건국절' 논쟁과 새로운 모색: 1990년대~현재

1990년대에 들어와 사회주의권이 붕괴되고 민중운동사 연구가 퇴조하기 시작하면서 3·1운동 연구 역시 이러한 조류에 영향을 받지 않을 수 없었다. 그리하여 80주년이 되는 1999년에도 한국독립운동사연구소의 특집호만 나왔을 뿐 변변한 단행본이 출간되지 못하였다.[42] 나아가 탈근대주의와 식민지 근대성 논의를 토대삼아 새로운 경향들이 등장하였다. 즉 문학계를 중심으로 기존의 3·1운동 연구가 민족, 민중, 지역을 넘지 못하고 있음을 지적하면서 탈근대주의에 입각하여 새로운 방향을 모색하였다.[43] 예컨대 만세 시위에 참여한 주체의 형성과 그들의 정체성 문제, 3·1운동에 대한 기억의 방식, 상징적인 표상(表象)과 의례(儀禮)의 형성에 대한 연구가 이어졌다. 물론 전통적인 방법에 입각하여 각 지방에서 3·1운동의 전개나 배경에 관한 연구 역시 적지 않았다. 그러나 이러한 일련의 새로운 시도는 점차 빈번해지기 시작하였다. 즉 사료 발굴과 비판을 통한 역사 분석과 종합, 해석으로 이어지는 일련의 과정을 거치기보다 담론화(談論化)하여 분석하는 방식이 점차 많아졌다. 그 결정판은《1919년 3월 1일에 묻다》였다.[44] 이 책에는 3·1운동에 대한 기억과 표상의 방식을 주된 소재로 한 논문이 많았다. 나아

42) 정용욱의 조사에 따르면 1999년 논문 편수는 열 편에 불과하였다. 이는 1992년과 1997년의 논문 편수와 같다. 정용욱, 앞의 글.

43) 한국학계에서 탈근대주의는 사회주의권이 붕괴된 1990년 중반부터 본격화되었다. 특히 텍스트 분석에 중점을 두는 문학계의 주도 아래 주체가 배제한 타자의 목소리를 되살려야 한다고 주장하면서 민족·민중 담론을 부인하였다. 이어서 사회과학계와 역사학계 일부가 이러한 조류에 영향을 받아 탈근대주의 시각과 방법론이 유행하기 시작하였다. 이에 관해서는 신형기, 〈민족이야기를 넘어서〉,《당대비평》, 2000년 겨울호; 윤해동,《식민지의 회색지대 : 한국의 근대성과 식민주의 비판》, 역사비평사, 2008 참조.

44) 박헌호·류준필 편집,《1919년 3월 1일에 묻다》, 성균관대학교출판부, 2009.

가 3·1운동을 민족주의적·거시적 담론으로 환원할 수 없는 개별성과 다층성이 내재된 사건으로 이해하기도 하였다. 이러한 시도는 종전에 민족적 관점이나 민중적 관점에 심하게 경도된 나머지 미처 시야에 들어오지 않았던 제반관계를 구명할 수 있다는 점에서 괄목할 만한 작업이었다.

2019년 한국역사연구회에서 여러 연구자가 공동으로 펴낸《3·1운동 100년》은 그 연장판이라 하겠다. 여기에 수록된 논문 모두 탈근대주의 역사학 방법론에 입각하여 집필하지는 않았지만 기획위원회가 '탈근대주의 역사학을 지향한다'고 표방하였듯이《1919년 3월 1일에 묻다》가 미친 영향이 적지 않았다.[45] 2000년대의 탈근대주의가 1919년에 투영되어 '다양성'과 '새로움'을 기치로 새로운 모색을 본격화하였음을 보여주는 신호탄이라고 할 만하다. 다만 연구자들의 역량을 결집한 이러한 기획 연구가 개별 연구자와 저널리즘이 수행할 수 없는 자료 발굴이나 실증 작업에 집중되는 가운데 개별 연구자들은 새로운 방법론과 신선한 의제를 통해 미답(未踏)의 영역을 개척하는 방식이 좀더 낫지 않았을까 하는 아쉬움도 남아 있다. 나아가 '다양성'과 '새로움'이 지나쳐 실체가 없는 파편화된 담론에 머물지 않을까 하는 우려도 제기될 수 있다. 예컨대《3·1운동 100년》기획위원 일부가 토로하였듯이 '메타 역사' 관련 논문이 연구사 정리에 머물렀다거나 3·1운동과 이후 민족운동, 사회운동, 대중운동과의 연계성 문제 등이 집중적으로 검토되었어야 하였다는 지적이 그것이다.[46]

오히려 3·1운동을 학계의 성과에 기반하면서도 지역사회의 목소리

45) 좌담집, 〈3·1운동 100년의 기억과 기념—3·1운동100주년 기획위원회 좌담〉,《역사와 현실》 114, 한국역사연구회, 2019.

46) 앞의 책, 387~395쪽.

를 담았던 동아일보 특별취재팀의 《3·1운동 100년: 역사의 현장》이 기획 공동 연구가 지향하여야 할 전범(典範)으로 보인다. 비록 공동취재 형식으로 진행되었지만 연구 성과를 검토하고 후손들을 인터뷰함으로써 지역 만세 시위의 새로운 사실을 발굴하고 독립운동가들과 그 후손의 가혹한 삶을 역사화(歷史化)하고자 하였기 때문이다.[47)]

그 밖에 3·1만세 시위 때 피해를 입은 사상자의 경우 최근 대한민국 국사편찬위원회에서 발표한 통계 수치와 기존 통설의 수치를 어떻게 해석하여야 하느냐의 문제 역시 검토하여야 할 과제였다. 즉 한국 학계의 통설을 뒷받침한 박은식의 《한국독립운동지혈사》는 3·1운동 시위 참가 인원과 사망자가 각각 약 200여 만 명, 7,509명이었다고 기술하였던 반면, 일제 측 자료와 신문 자료에 입각하여 3·1운동 데이터베이스 작업을 마친 국사편찬위원회는 2019년 2월 3·1만세 시위에 참가한 인원은 79만 9,017명에서 103만 73명, 사망자 수는 725명에서 934명이었다고 발표하였다. 대한민국임시정부가 조사하여 보고한 통계 수치와 일제가 발표한 통계 수치의 신뢰도 문제가 부각된 셈이다. 피해자 측에서는 과장을 통해 피해 수치를 가능한 한 최대치로 잡으려 하겠지만 가해자 측에서는 오히려 은폐와 조작을 통해 피해 수치를 최대한 축소하려 한다는 점에서 본격적인 사료 비판 작업이 필요하다. 특히 3·1운동의 규모와 성격을 규정하고자 할 때 반드시 거쳐야 할 작업이라고 판단된다. 이 점에서 가해자 측의 자료는 피해자 측의 자료와 면밀히 대조하면서 그 한계를 직시할 필요가 있다.[48)]

---

47) 동아일보 특별취재팀, 《3·1운동 100년: 역사의 현장 Ⅰ Ⅱ》, 동아일보사, 2020. 그 밖에 한국사연구회가 지역 시위를 분석한 학자들의 논문을 엮은 《3·1운동의 역사적 의의와 지역적 전개》(경인문화사, 2019)를 출간하였다. 또 서울역사박물관은 2019년에 서울과 평양의 3·1만세 시위를 비교하는 기획 전시를 개최하였다.

한편, 2003년 금성교과서로 대표된 한국 근현대사 교과서를 둘러싸고 정치권에서 역사 교과서 논쟁이 본격화된 뒤 2005년 안병직을 비롯하여 뉴라이트가 주도하는 '교과서포럼'이 출범되면서 3·1운동 인식도 분화되기 시작하였다.[49] 즉 교과서포럼은 3·1운동의 배경과 이념을 서술하면서 3·1운동을 일제의 경제적 수탈과는 분리한 채 오로지 일제의 잔혹한 탄압과 차별에 맞선 민권운동으로 국한하였으며 1948년 '대한민국 건국'의 전사(前史)로 처리하였다.[50] 따라서 3·1운동을 통해 분출되고 대한민국임시정부의 헌법에서 지향한 노동자와 농민의 생존권투쟁 문제와 평등주의적 요소가 여기서는 의도적으로 배제되었다.

이들 연구의 새로운 경향과 서술방식이 조선총독부나 조선헌병대사령부 등이 편찬하거나 생산한 자료의 사고틀에 갇힌 나머지 사료 비판을 충분히 가하지 않은 채 3·1운동의 원인을 민족차별에서 찾는다거나 오늘날 자신들이 견지하고 있는 당파적 관점과 현재주의적 접근방식에 입각하여 서술하고 있음도 부인할 수 없다. 즉 이러한 접근방식은 '언어로의 전환'을 운위(云謂)하며 과거로서의 역사(실체)와 서술로서의 역사(담론)를 구분하려 하지 않는 전제 속에서 연구자가 시위 참가자의 진정한 목소리를 끝까지 찾으려는 노력을 포기할뿐더러 거대 담론을 해체한다는 미명 아래 일제의 왜곡된 자료를 활용한 셈이다.[51] 오히려 지금은 다양한 목소리에 귀를 기울이되 자료 발굴과 실증

---

48) 3·1운동이 일어난 지 4년이 되던 1923년 관동대지진 때 학살당한 조선인의 수치는 가해자 측 통계의 허구성을 잘 보여준다. 피학살 조선인은 1924년 독일 외무성 기록에 따르면 학계 통설의 3.4배에 이르는 2만 3,058명에 이른다. 가해자 쪽의 문헌이 갖는 한계를 잘 보여준다고 하겠다. 관동대지진 피학살 조선인의 수치에 관해서는 강효숙, 〈관동대진재 당시 피학살 조선인과 가해자에 대한 일고찰〉, 강덕상, 야마다 쇼지, 장세윤, 서종진 외, 《관동대지진과 조선인 학살》, 동북아역사재단, 2013 참조.

49) 교과서포럼, 《대안교과서 한국근·현대사》, 기파랑, 2008, 6~7쪽.

50) 앞의 책, 112~117쪽.

적인 분석에 입각하여 그 의미를 확충하고 풍부하게 담아내야 할 필요가 있다. 예컨대 정병준(鄭秉峻)의 경우 여운형(呂運亨)이 윌슨 대통령의 친구 찰스 크레인(Charles R. Crane)에게 보낸 편지를 발굴하고 사료 비판에 입각한 분석을 거쳐 여운형과 신한청년당이 2·8독립선언과 3·1운동에 미친 영향을 구명하였다.[52] 이러한 작업은 일제의 무단 통치는 물론 국내의 사회경제적 배경 못지않게 민족자결주의 기치 아래 파리강화회의를 적극 활용하려는 한국인들의 주체적이고 능동적인 노력이 3·1운동에서 매우 중요했음을 밝힌 것이다. 자료 발굴과 사료 비판이 수반됨으로써 3·1운동의 국제적 계기와 한국인의 주체적 역량을 상호 연계하여 좀더 폭넓게 이해할 수 있는 기반을 제공하였다고 하겠다. 또한 권보드래는 3·1운동을 대중들이 각성하고 자아를 형성해가는 과정으로 인식하여 신문, 잡지, 재판 기록, 문학 작품, 회고록 등을 통해 지배와 폭력이 난무하지 않는 새나라를 꿈꾼 대중들의 다양한 욕망과 목소리를 드러내 보이고자 하였다.[53] 그 밖에 김태웅은 3·1운동에 참가한 관립전문학생의 내면세계를 분석하여 이들의 민족의식 형성과정을 추적하였다.[54]

또한 현상적으로 드러나는 일회적 요인과 기저적으로 파악하여야 할 구조적 요인을 구분하여 추출하는 작업이 필요하다. 특히 후자는

---

51) 최근 이양희는 일제가 생산한 3·1운동 자료들은 주로 친일 지식인이나 상류층을 대상으로 친일적 성향을 조사한 보고서에 근거하고 있으며, 심지어 3·1운동의 주된 원인을 호도하여 한국인의 식민정책에 대한 불만과 권력 탈취를 노린 민족 대표의 선동에서 찾았음을 언급하였다. 결국 일제의 이러한 방침은 한국인의 독립에 대한 열망을 기만하고 일제의 대한제국 병합을 합리화하고자 한 시도에서 비롯되었다고 하겠다. 이에 관해서는 이양희, 〈일제의 3·1운동 원인조사와 민정의 실상〉, 《한국사연구》 187, 한국사연구회, 2019 참조.

52) 정병준, 〈3·1운동의 기폭제—여운형이 크레인에게 보낸 편지 및 청원서〉, 《역사비평》 119, 역사비평사, 2017.

53) 권보드래, 《3월 1일의 밤》, 돌베개, 2019.

54) 김태웅, 〈3·1운동 만세시위 관립전문학생들의 내면세계〉, 이태진·사사가와 노리가쓰 공편, 앞의 책.

이후 시대에 지속적으로 영향을 미치기 때문에 전자와 함께 반드시 검출되어야 한다. 이 속에서 역사 연구자와 일반 대중은 1919년 3·1운동의 전후 사정을 맥락적으로 이해할 수 있는 것이다. 아울러 역사적 배경과 직접적 계기를 각각 구분하여 종합적으로 이해할 필요가 있다. 아무리 역사적 조건이 무르익는다고 하여도 직접적 계기가 주어지지 않는다면 운동은 일어날 수 없으며 반대로 직접적 계기가 주어진다고 하여도 역사적 조건이 성숙되지 않는다면 운동이 일어날 수 없다.

한편, 2006년 8월 1일 뉴라이트 진영의 대표 학자이자 안병직의 제자인 이영훈은 "우리도 건국절을 만들자"라는 《동아일보》 기고문에서 문명화론을 내세워 전근대 잔재가 남아 있는 '광복절' 명칭을 폐기하고 1948년 8월 15일을 '건국절'로 지정하자고 주장하였다.[55] 학자로서는 이례적으로 선동적인 성격이 짙은 글을 기고한 셈이다. 여기서는 구체적으로 3·1운동과 1948년 '대한민국 건국'의 연관성을 언급하지 않았지만 후일 주익종의 강연에서도 볼 수 있듯이 3·1운동을 '대한민국임시정부'가 아니라 1948년 '대한민국 건국'과 연결시켰다.[56] 이러한 주장은 대한민국임시정부의 법통성을 1919년 건국절 주장과 연결시키는 것을 차단하고 역사적 의미를 폄하한 셈이다. 이는 광복회를 비롯한 보수적 민족주의 계열의 사회단체뿐 아니라 대다수 역사학자를 자극하였다. 더욱이 이명박 정부가 건국절을 공식화하고자 하는 견해를 표명하면서 건국절 논쟁은 학문적 논쟁을 넘어 정치적 논쟁으로 비약하기에 이르렀다. 이는 '역사의 정치화'를 본격적으로 알리는 대표적

---

55) 후일 이러한 주장은 2008년에 출판된 《대안교과서 한국근·현대사》(교과서포럼, 기파랑) 144쪽에 다시 한 번 강조되어 수록되었다.

56) 주익종, 〈3·1운동과 대한민국임시정부의 기억—대한민국은 무엇을/누구를 계승했는가〉, 《3·1운동 100주년 기념 학술대회 자료집》(이승만학당·펜앤드마이크 공동 주최), 2019.

인 사례로서 대한민국임시정부가 3·1운동의 산물임을 부정하고 오로지 1948년 '대한민국 건국'에만 역사적 의미를 부여하고자 하는 시도의 산물이라 하겠다.

반대로 1919년 4월 11일 대한민국 임시헌장 선포일을 건국절로 규정하고자 하는 임정법통론 역시 자체 모순을 안고 있었다. 임시정부와 노선을 달리하며 민족운동을 전개하였던 수많은 독립운동단체와 오늘날 엄연히 존재하는 '조선민주주의인민공화국'의 역사적 위상을 어떻게 볼 것인가라는 난제에 봉착하게 된다. 나아가 당시 3·1운동 독립선언서의 선포 연대가 건국 4252년으로 표기되어 있음에 주목할 필요가 있다. 만일 건국절을 당시 3·1운동 민족 대표의 시각에서 본다면 오늘날 개천절(開天節)인 셈이다. 임정법통론을 주장하였던 김구마저 건국기원절과 대한민국임시정부 수립을 분리하였다.[57] 현재주의적 관점과 처지·노선에 집착하여 역사적 사실과 맥락보다는 오늘날의 과도한 의미 부여에 매달린 셈이 되었다.

또한 임정법통론을 부인하는 수준을 넘어 탈근대주의의 영향 아래 '3·1운동으로 대한민국임시정부가 건립되었다'는 점을 시인하는 것이 곧 '임정법통성'인 양 간주하면서 뉴라이트 진영과 마찬가지로 임시정부가 3·1운동의 산물임을 부정하는 진보학계 일부의 주장 역시 몰역사적인 태도의 발로다.[58] 임시정부가 3·1운동의 산물이었다는 역사적 사실과 임시정부가 대한민국의 유일한 법통 정부였다는 학계 주류의 평가는 별개인 것이다. 대한민국임시정부는 대한제국과 달리 민주공화정을 추구하되 대한제국이 추구하다가 좌절된 주권국가건설운동을

57) 도진순, 앞의 글, 398~399쪽.

58) "진보 역사학계 '문재인 정부 '임정법통론'은 냉전의식 강화' 비판",《한겨레신문》, 2019년 4월 15일자.

이어받으면서 이후 전개될 다양한 신국가건설운동의 법제적·역사적 기반이 되었음에 유의할 필요가 있다.[59] 심지어 임정법통성이 늘 우파의 논리로 작동하였다는 이들의 주장 역시 역사적 사실에 비추어 재고할 여지가 있다. 예컨대 1919년 4월 상해 임시정부 수립 이래 1923년 국민대표대회에 이르기까지 임시정부의 전통을 비판적으로 계승하자는 견해를 제시하였던 개조론의 주체가 이동휘를 비롯한 고려공산당 상해파였음에 주목할 필요가 있다.[60] 이들 상해파는 민족 통일 전선론의 차원에서 상해 임시정부의 존재 의의를 인정하였기 때문이다.

한편, 1990년대 사회주의권의 붕괴 이후 연구 방향과 의미를 제대로 설정하지 못하는 학계 풍토 속에서 과거의 사실(史實)과 현재의 문제의식 간의 끊임없는 대화를 통해 3·1운동을 공화혁명으로 규정하려는 시도 역시 주목하여야 하지 않을까 한다.[61] 여기에서는 3·1운동 이전까지 팽팽하게 맞섰던 복벽주의와 공화주의 간의 논쟁이 공화주의로 급격히 기울어진 것이 3·1운동을 전후하여 나타난 국제정세의 변화와 민중의 성장에서 비롯되었으리라 본다.[62] 그리하여 이러한 공화혁명론은 3·1운동이 비록 공화혁명을 표방하지는 않았지만 이후 대한민국임시정부가 구 군주제의 폐지와 이민족 지배의 타도를 내세우며 임시정부의 헌법이 민주공화정이라는 국체와 정체를 근간으로 제정되었음을 강조한다. 이후 구 군주제가 역사 속에서 영원히 사라짐으로써 대한민

59) 김태웅, 〈대한제국기의 법규 교정과 국제 제정〉, 김용섭교수정년기념한국사학논총간행위원회 편, 《한국 근현대의 민족문제와 신국가건설》, 지식산업사, 1997 ; 이태진. 〈국민 탄생의 역사—3·1독립만세운동의 배경〉, 이태진·사사가와 노리가쓰 공편, 앞의 책.

60) 임경석, 《한국 사회주의의 기원》, 역사비평사, 2003, 108~110, 176~183쪽.

61) 3·1운동의 현재적 의미에 중점을 두고 촛불혁명과 비교한 논문들도 발표되었다. 이에 관해서는 이기훈 외, 《촛불의 눈으로 3·1운동을 보다》, 창비, 2019 참조.

62) 박찬승, 〈한국의 근대국가 건설운동과 공화제〉, 《역사학보》 200, 2008.

국임시정부를 비롯한 각종 민족운동 단체는 민주공화정의 기치 아래 이민족 지배 타도에 온 힘을 집중할 수 있었음을 역설한다. 이에 필자 역시 독립협회 창립 이래 의회 개설을 필사적으로 주장하면서도 일반인의 보통 선거권을 인정하지 않고자 하였던 한국인 식자층과 자산가층의 의도와 달리 1919년 4월 대한민국의 임시헌장에는 성별·재산과 상관없이 공민(公民)이라면 누구나 선거권을 행사할 수 있는 보통 선거의 단서가 열리게 되었다는 점에 주목하고 있다.[63] 특히 여성 참정권의 보장은 여타 국가와 달리 젠더사의 관점에 입각하지 않더라도 여성들이 전통시대 이래 자신의 주체 역량을 배양해왔고, 근대개혁기 학교 설립과 향학열, 국채보상운동 등을 통해 공적 발언을 본격적으로 시작하였으며, 드디어 3·1운동 공간에서 정치적·사회적 요구를 제기한 사실에서 그 이유를 찾아야 할 것이다.[64] 이 점에서 1948년 7월 17일 제헌헌법을 제정·공포할 때 민주공화제는 자명한 것이었다. 다만 필자는 이러한 공화혁명론을 1910년 이전 식자층·자산가층 중심의 계몽 담론과 직결시키지 않는다.[65] 일반 민중이 1910년대 민족운동과 1919년 3·1운동을 통해 사회운동과 민족해방운동의 주체로 성장하고 정치의식이 각성되어 스스로 정치 참여 능력을 인정받았기 때문이다. 나아가 인간의 기본 권리가 헌법적 차원에서 보장된다는 전제 위에서 참정권이 부여되었다는 점은 3·1운동이 민족이나 집단에 종속된 개인이 아니라 집단과 병존하는 개인의 차원으로 넘어가는 계기가 되었음을 보여준다.

---

63) '대한민국 임시헌장'과 정강(1919년 4월 11일).

64) 소현숙, 〈3·1운동과 정치 주체로서의 '여성'〉, 한국역사연구회 3·1운동100주년기념기획위원회 엮음, 《3·1운동 100년, 5 사상과 문화》, 휴머니스트, 2019, 121~124쪽.

65) 김태웅, 〈인권 사상의 역사적 기반과 전개〉, 《사회와 역사》 124, 한국사회사학회, 2019.

그러나 퇴영적 문명화론을 바탕으로 삼고 있는 뉴라이트 진영의 공세와 더불어 대안 없는 탈근대주의 진영의 확산에 영향을 받아 민족 간 대립을 종족주의의 대립으로 호도하고 계급의 양극화 현상을 은폐하고 있는 현실에서, 이러한 공화혁명론 역시 차후 전개될 역사 발전의 방향을 능동적으로 담지하지 못하고 정태적이고 비역사적인 민주주의 논쟁으로 휘말릴 가능성이 적지 않다. 이에 역사 발전 방향과 더불어 개별성과 보편성의 관계를 망각해서는 안 될뿐더러 역사의 해석은 이러한 가운데서 역사의 발전 방향과 문화 역량, 그리고 의의를 밝히고 부여하려는 노력에 집중될 필요가 있다. 물론 단선적이고 목적론적인 역사 인식의 고식(古式)에 사로잡히거나 현재의 상황, 처지와 문제의식을 과도하게 과거에 투사하는 것은 경계하여야 할 것이다. 즉 역사에 대한 맥락적 이해와 현재, 미래에 근간한 비판적 성찰의 상호 침투가 요구된다. 그리고 1919년 당시 주요 문제(민족 문제, 계급 문제 등)가 다양성 추구라는 이름 아래 형해화되어서는 안 될 것이다. 아울러 과거의 사건을 현재 자신의 당파적 목적을 정당화하는 근거·방략으로 삼고 그 위에서 역사가 지닌 개별성을 부정하거나 무시하고, 역사의 맥락을 단절시키는 행태에서 벗어나야만 역사의 정치화(政治化)가 아닌 정치의 역사화(歷史化)에 다가갈 수 있다. 역사주의와 현재주의의 지속적인 긴장과 동등한 대화가 필요한 이유가 여기에 있다.

이 점에서 오늘날 한국의 정치권은 물론 역사학계 일부에서 보이는 3·1운동에 대한 소환은 논의 구도가 다소 변경되었음에도 불구하고 학문적 탐구 대상이 아닌 정치적 의제를 뒷받침하는 역사적 근거로 활용되던 해방 정국기의 모습을 연상시키는 측면이 적지 않다고 하겠다. 과거의 역사를 오늘날 이해집단의 노선이나 정당의 이념을 정당화하는 데 동원되는 '역사의 정치화'는 학문의 자율성과 전문성을 의심하게 할뿐더러 역사의 오용(誤用)을 초래함으로써 사회 구성원의 역사학 자체에 대한 신뢰를 떨어뜨릴 수 있다. 따라서 3·1운동을 둘러싼 해석을 정치적 의제로 활용하려는 시도는 한국 사회에서 이념적 갈등이 심하면 심할수록 그 양상은 더욱 단순해지고 극단화될 여지가 크다.

이에 역사 연구는 정치로부터 거리를 유지할 필요가 있다. 물론 이러한 연구는 광의의 정치 행위를 배제하지 않는다. 예컨대 인권 신장, 인류 재난 문제 해결, 사회적 약자에 대한 연대 등 보편적이고 윤리적인 문제에 대한 관심이 그러한 의미의 정치 행위가 될 수 있다. 반면에 역사 연구가 특정 정치 세력의 지배를 받으면 광의의 정치를 넘어 과학으로 나아갈 수 없다.[66] 따라서 역사 연구는 현실 정치로부터의 후퇴나 무관심으로 비치는 것을 두려워하여 정치적 의제에 매몰되기보다는 오히려 사료 발굴과 비판을 통해 사실을 고증하고 새로운 지평을 열어가며 진실을 구명하고자 하되 다양한 해석이 경합하는 현실을 직시하고 자신이 택한 해석을 상대화하는 데 주안을 두어야 한다.

6. 결어

해방 직후부터 오늘날까지 한국 역사학계에서 거둔 3·1운동 연구 성과 중 일부는 각 시기마다 부여된 각 정파의 의제와 맞물려 임정법통론의 근거로 활용되거나 임정법통론을 부정하기 위한 수단으로 활용되었다. 비록 1960년대를 거치면서 사료가 지속적으로 발굴, 편찬되고 학문적 연구가 심화되면서 이데올로기적 색채가 엷어지고 목적론적 역사 인식

66) 김기봉, 〈역사교과서 논쟁 어떻게 할 것인가〉, 《역사학보》 198, 역사학회, 2008, 382~383쪽.

이 약화되었지만 분단체제의 심화와 보수·진보 간의 갈등, 한일관계 악화로 인해 여전히 풀어야 할 과제가 만만치 않다. 그러나 학계의 지속적인 노력으로 인해 쟁점을 둘러싼 간격이 좁혀지고 있으며 상호 이해의 폭도 넓어지고 있다.[67] 이는 3·1운동 연구가 10년마다 되풀이되는 이벤트적인 요소와 연계되어 진행되면서도 연구의 폭과 깊이를 더해 갔다는 사실에서 확인할 수 있다. 다만 담론 분석에 치중한 나머지 사료를 발굴, 비판하고 분석, 종합을 거쳐 해석에 이르는 체계적 연구를 경시하는 풍조는 대단히 경계하여야 하리라 본다.

향후 국내 보수와 진보의 갈등이 심해지고 사료 발굴과 역사화 작업이 지속적으로 이루어지지 않는다면 3·1운동 연구는 정치와 학문의 중대한 기로에 설 수 있다. 급기야 3·1운동 연구 자체가 해방 직후에 보여준 모습 그대로 정치 담론의 무기로 변할 수 있다.

한편, 중국에서는 전통의 영광[中國夢]을 추구하면서 5·4운동 연구의 열기가 식어가고 있다. 오히려 중국은 잠시나마 경기 호황을 가져왔던 제1차 세계대전 시기에 주목하고 있다.[68] 이는 대단히 우려스러운 일이다. 민주주의, 공화와 인권의 정신은 팽개치고 오로지 중화의 영광을 부활하여 패권주의로 나아가려는 중국의 미래가 엿보이기 때문이다. 한일관계 역시 마찬가지로 소통의 여지가 줄어들고 있다. 이럴 때일수록 진실 규명이 더욱 필요하다. 그것은 과거의 불편한 기억을 불러들여 선린관계를 훼손하겠다기보다는 안정된 선린관계를 유지, 발전시키기 위한 상호 소통의 노력으로 보아야 한다.

---

67) 김정인, 앞의 글.

68) 애국주의와 함께 생산력주의에 입각하여 제1차 세계대전 시기 민족 자본의 성장에 관한 서술 강화가 중국의 현행 의무교육 교과서 《중국역사》에서 잘 드러난다. 이에 관해서는 권소연, 〈중국 의무교육교과서 《중국역사》 근대사 서술분석—국정화 교과서의 역사인식의 특징과 교과서 구성을 중심으로〉, 《역사교육연구》 33, 역사교육연구회, 2019, 74~75쪽 참조.

3·1운동 시위로 체포된 중앙학교 고학생 최현(崔鉉, 평안북도 운산 출신)은 독립에 대한 희망을 갖고 있느냐는 예심 판사의 신문에 다음과 같이 진술하였다.

> 그 이유를 말하자면 예전에는 토지를 가지고 국가라고 하였으나, 지금의 시대에 와서는 민족을 가지고 국가로 하고 있는 것이다. 가장 좋은 예로서는 체코슬로바키아 민족을 보아도 알 수 있다. 그런데 조선은 수천 년의 역사를 가지고 일본과는 민족과 풍속을 달리하고 있다. 그럼에도 불구하고 합병을 하여 일률적으로 정치를 하는데 불평이 일어나는 것은 당연한 것이다. 불평이 있으면 조선 사람을 합병한다는 것은 어려운 것이다. 그러므로 차제에 조선은 민족자결을 하여 세계의 독립국으로 되고 각국과는 독자적으로 행하여 가고자 생각하는 것이므로, 그것은 정의 인도에 기초한 것이며 배일사상에 의한 것이 아니다. 또 동양평화라는 점으로 보아도 조선이 독립하는 것은 좋은 것이다. 그것은 일본과 조선민족이 서로 다른 자인데 일체가 되어 평화로운 생활을 한다는 것은 불가능한 일이라고 생각한다. 일본 사람과 조선 사람의 동화라고 하는 것도 내적인 면에서 정신적으로 동화가 되는 것이 아니라고 생각한다. 차제에 조선은 민족자결을 하여 반드시 독립국이 되고자 하는 것이다.[69]

최현이 언급하고 있듯이 그는 배일사상이 아닌 보편적 정의와 인도(人道)에 입각하여 개별적 민족자결의 의미를 부여하고 동양평화를 전망하며 한국의 독립을 희망하고 있다. 3·1운동 역시 동아시아 전반에

---

69) 국사편찬위원회 엮음, 삼일운동 관련자 예심조서, "최현 신문조서", 《한민족독립운동사자료집》 17(삼일운동 Ⅶ), 1994, 72~73쪽.

영향을 미쳤던 만큼 정의, 민주, 인권을 공유하면서 동아시아의 평화와 번영, 호혜와 상조(相助)에 기여할 수 있는 공동의 역사적·사회적 기반으로 삼아야 하지 않을까. 나아가 이러한 보편적 가치를 실현하기 위해서는 한국 시민사회의 정치적 과잉과 이념적 편 가르기를 경계함과 동시에 3·1운동의 동아시아 연동성(連動性)에 의거한 일본·중국 시민사회의 정치적 각성과 인권의식의 제고가 필요하다고 판단된다.

〈해방 후 한국인 식자층의 3·1운동 인식의 변천과 다양한 모색〉,
《조선사연구회논문집》 58, 조선사연구회, 2020 수정 보완

참고문헌

■ 자료

1. 연대기

《고려사(高麗史)》

《고려사절요(高麗史節要)》

《고종실록(高宗實錄)》

《관보(官報)》

《비변사등록(備邊司謄錄)》

《비서원일기(秘書院日記)》

《순종실록(純宗實錄)》

《승정원일기(承政院日記)》

《일성록(日省錄)》

《조선왕조실록(朝鮮王朝實錄)》

《조선총독부관보(朝鮮總督府官報)》

《패림(稗林)》

2. 신문 및 잡지

《경향신문》

《공립신보》

《나주신문》

《대한매일신보》

《독립신문》

《동아일보》

《매일신문》

《오마이뉴스》
《제국신문》
《조선일보》
《한겨레신문》
《한성순보》
《한성주보》
《황성신문》
《The Independent》

《개벽(開闢)》
《기호학회월보(畿湖學會月報)》
《대동학회월보(大同學會月報)》
《대조선독립협회보(大朝鮮獨立協會報)》
《대한자강회월보(大韓自强會月報)》
《대한협회회보(大韓協會會報)》
《서북학회월보(西北學會月報)》
《야뢰(夜雷)》
《조선교육(朝鮮教育)》
《조선교육연구회잡지(朝鮮教育研究會雜誌)》
《친목회회보(親睦會會報)》
《한민(韓民)》(中華民國上海 韓民社)

3. 법령집 및 기타

국가법령정부센터, 〈대한민국임시정부 임시헌장〉, https://www.law.go.kr
《경국대전(經國大典)》
《경제육전집록(經濟六典輯錄)》
《국조보감(國朝寶鑑)》
《법규유편속일(法規類編續一)》
《속대전(續大典)》
《육전조례(六典條例)》
《조선경국전(朝鮮經國典)》
《증보문헌비고(增補文獻備考)》
《한말근대법령자료집(韓末近代法令資料集)》

4. 문집과 일기류, 회고록, 견문류, 기타

《갑오약력(甲午略歷)》

《박정양전집(朴定陽全集)》

《소의신편(昭義新編)》

《어윤중전집(魚允中全集)》

김기수,《일동기유(日東記游)》

김육,《잠곡유고(潛谷遺稿)》

김윤식,《속음청사(續陰晴史)》;《운양집(雲養集)》

김홍집,《수신사일기(修信使日記)》

민영환,《해천추범(海天秋帆)》

민용호,《관동창의록(關東倡義錄)》

박규수,《환재집(瓛齋集)》

박제가,《북학의(北學議)》

서응순,《경당집(絅堂集)》

신기선,《양원유집(陽園遺集)》

신석우,《해장집(海藏集)》

어윤중,《담초(談草)》(장서각 소장);《종정연표(從政年表)》

오지영,《동학사(東學史)》, 영창서관, 1940.

유신환,《봉서집(鳳棲集)》

유인석,《의암선생문집(毅菴先生文集)》

유형원,《반계수록(磻溪隨錄)》

윤치호,《윤치호일기(尹致昊日記)》

이규경,《오주연문장전산고(五洲衍文長箋散稿)》

이기,《해학유서(海鶴遺書)》

이기경,《벽위편(闢衛篇)》

이병수,《금성정의록(錦城正義錄)》

이승희,《한계유고(韓溪遺稿)》

이원조,《응와문집(凝窩文集)》

이유원,《가오고략(嘉梧藁略)》;《임하필기(林下筆記)》

이이,《율곡전서(栗谷全書)》

이익,《성호사설(星湖僿說)》;《성호선생전집(星湖先生全集)》

이인재,《성와문집(省窩文集)》

이정구,《월사집(月沙集)》

정교, 《대한계년사(大韓季年史)》
정도전, 《삼봉집(三峰集)》
정약용, 《경세유표(經世遺表)》; 《목민심서(牧民心書)》; 《정본 여유당전서(定本 與猶堂全書)》
정조, 《홍재전서(弘齋全書)》
지규식, 《하재일기(荷齋日記)》
최익현, 《면암집(勉菴集)》
최한기, 《추측록(推測錄)》
한원진, 《남당집(南塘集)》
홍대용, 《담헌서(湛軒書)》
홍양호, 《이계집(耳溪集)》
홍원섭, 《태호집(太湖集)》
황사영, 《황사영백서(黃嗣永帛書)》
황현, 《매천야록(梅泉野錄)》; 《오하기문(梧下記聞)》

김구, 도진순 엮고 보탬, 《백범어록》, 돌베개, 2007.
오기영, 《오기영전집3 — 자유조국을 위하여》, 도서출판 모시는사람들, 2019.
황현, 김종익 역, 《황현이 쓴 동학농민전쟁의 역사 오하기문》, 역사비평사, 2016.

잭 런던, 윤미기 역, 《잭 런던의 조선사람 엿보기: 1904년 러일전쟁 종군기》, 한울, 2011.
지그프리트 겐트, 권영경 역, 《독일인 겐테가 본 신선한 나라 조선, 1901》, 책과함께, 2007.
혼마 규스케, 최혜주 역주, 《일본인의 조선정탐록 — 조선잡기》, 김영사, 2008.
G.C.M. 뮈텔, 《뮈텔주교일기》
井上角五朗先生傳記編纂会, 《井上角五朗先生傳》
倉田逸次郎, 《故雪岳李斗璜翁追懷錄》

5. 관서 문안 및 기타 문서

《사학징의(邪學懲義)》
《연안남대지수세절목(延安南大池收稅節目)》
度支部 司稅局, 《面ニ關スル調査》, 1908.

6. 규장각 소장 문서 및 도서

《각관찰도(거래)안(各觀察道(去來)案)》
《각부거조존안(各部去照存案)》
《갑오군공록(甲午軍功錄)》

《공문편안(公文編案)》
《공법회통(公法會通)》
《공보초략(公報抄略)》
《관초(關抄)》
《관초존안(關抄存案)》
《교전소일기(校典所日記)》
《궁내부래문(宮內府來文)》
《기안(起案)》
《길림조선상민무역장정(吉林朝鮮商民貿易章程)》
《내부래거문(內部來去文)》
《농상공부거첩존안(農商工部去牒存案)》
《동학당정토인록(東學黨征討人錄)》
〈법국운남회사(法國雲南會社)로부터의 차관계약서(借款契約書)〉
《법률(法律)》
《사법조첩(司法照牒)》
《사법품보(을)(司法稟報(乙))》
《수문록(隨聞錄)》
《역토소관사원훈지존(驛土所關査員訓指存)》
《외무아문일기(外務衙門日記)》
《의주(議奏)》
《일본대장성시찰기(日本大藏省視察記)》
《제도국산림서류(制度局山林書類)》
《제언조사서(堤堰調査書)》
《조칙(詔勅)》
《조회(照會)》
《주본존안(奏本存案)》
《중강통상장정조관(中江通商章程條款)》
《칙령(勅令)》
《통리교섭통상사무아문일기(通理交涉通常事務衙門日記)》
《학부거래문(學部去來文)》
《한국세제고(韓國稅制考)》
《해영구폐절목(海營捄弊節目)》
《황해도연안부복재수진궁절수남대지자소두금월내고지지독고현지중타량성책(黃海道延安府伏在壽進宮折受南大池自小頭禽月內古之至獨古峴池中打量成册)》

《황해도연안현복재수진궁절수남대지변전답개타량성책(黃海道延安縣伏在壽進宮折受南大地邊田畓改打量成冊)》
《회계책(會計冊)》
《훈령조회존안(訓令照會存案)》
《훈령존안(訓令存案)》

7. 읍지류

《신증동국여지승람(新增東國輿地勝覽)》
《황해도전지(黃海道全誌)》
《해서읍지(海西邑誌)》(규 1271, 1871)

8. 통감부, 조선총독부 및 일본 정부 발간 자료

《(普通學校·實業學校)學事狀況報告要錄》(1912)
《高等警察要史》
《復命書》(橫山正夫)
《騷擾と學校》(1920)
《日本外交文書》
《臨時財産整理事務要綱》
《朝鮮總督府月報》
《朝鮮土地地稅制度調查報告書》

《조선교육요람(朝鮮教育要覽)》
《조선사(朝鮮史)》(조선사편수회 편)
《조선총독부급소속관서직원록(朝鮮總督府及所屬官署職員錄)》
《조선토지조사사업보고서(朝鮮土地調查事業報告書)》
《주한일본공사관기록(駐韓日本公使館記錄)》
《통감부문서(統監府文書)》

9. 국사편찬위원회 편찬 및 소장 자료

《동학란기록(東學亂紀錄)》
《별계(別啓)》
《임술록(壬戌錄)》
《프랑스외무부문서》
《한국독립운동사 자료》

《한민족독립운동사자료집》

10. 기타

《경성의학전문학교일람(京城醫學專門學校一覽)》
《농정신편(農政新編)》
《만국약사(萬國略史)》
《만국정표(萬國政表)》
《보법전기(普法戰紀)》
《식민지 조선교육정책 사료집성(植民地朝鮮教育政策史料集成)》
《아국약사(俄國略史)》
《운과방목(雲科榜目)》(국립중앙도서관 소장)
《원한국일진회역사(元韓國一進會歷史)》
《정감록(鄭鑑錄)》
《중일약사합편(中日略史合編)》
《청국무술정변기(淸國戊戌政變記)》
《폭도(暴徒)에 관한 편책(編册)》
《한국중앙농회보(韓國中央農會報)》
《황해도남대지사건(黃海道南大池事件)》

고려대학교 아세아문제연구소, 《구한국외교문서(舊韓國外交文書)》 1~22, 1965~1973.
국회도서관 입법조사국, 《구한말조약휘찬(舊韓末條約彙纂)》, 1989.
독립운동사편찬위원회, 《독립운동사자료집》 6, 1978.
명동천주교회, 《서울교구연보 Ⅰ》, 1984 ; 《서울교구연보 Ⅱ》, 1987.
한국교회사연구소 역·편, 《초기 본당과 성직자들의 서한(1)—라크루 신부 편》, 천주교 제주교구, 1997.
현채, 《유년필독석의(幼年必讀釋義)》, 1907.

《在韓苦心錄》(杉村中)
《中外舊約章彙編》(王鐵崖 編)
琴秉洞 解說, 《秘 暴徒檄文集 : 抗日義兵鬪爭史料》, 綠陰書房, 1995.
金正明 編, 《日韓外交資料集成》 4, 巖南堂書店, 1967 ; 《朝鮮獨立運動》1, 原書房, 1967.

■ 연구 논저

1. 단행본

강재언,《조선의 서학사》, 민음사, 1990.
강재언, 정창렬 역,《한국의 개화사상》, 비봉출판사, 1981.
권내현,《노비에서 양반으로, 그 머나먼 여정—어느 노비가계 2백 년의 기록》, 역사비평사, 2014.
권보드래,《3월 1일의 밤》, 돌베개, 2019.
권태억,《일제의 한국 식민지화와 문명화》, 서울대학교출판문화원, 2014.
김균 · 이헌창 편,《한국 경제학의 발달과 고려대학교》, 고려대학교출판부, 2005.
김기석 편,《고종황제의 주권수호 외교》, 서울대학교 한국교육사고, 1994.
김대준,《고종시대의 국가재정 연구—근대적 예산제도 수립과 변천》, 태학사, 2004.
김도형,《대한제국기의 정치사상연구》, 지식산업사, 1994;《근대 한국의 문명전환과 개혁론—유교 비판과 변통》, 지식산업사, 2014.
김백철,《탕평시대 법치주의 유산》, 경인문화사, 2016.
김병우,《대원군의 통치 정책》, 혜안, 2006.
김삼웅,《박열 평전》, 가람기획, 1996.
김상준,《유교의 정치적 무의식》, 글항아리, 2014.
김성식,《일제하 한국학생운동사》, 정음사, 1974.
김양식,《근대 권력과 토지—역둔토 조사에서 불하까지》, 해남, 1992.
김옥희,《광암 이벽의 서학사상연구》, 순교의맥, 1990.
김용구,《만국공법》, 소화, 2008.
김용섭,《증보판 한국근대농업사연구 하》, 일조각, 1984;《조선후기농학사연구》, 일조각, 1988;《한국중세농업사연구》, 지식산업사, 2000;《신정 증보판 한국근대농업사연구 Ⅱ—농업개혁론 · 농업정책 2》, 지식산업사, 2004;《신정 증보판 조선후기농업사연구 Ⅱ—농업과 농업론의 변동》, 지식산업사, 2007.
김용옥,《중용 인간의 맛》, 통나무, 2011.
김육훈,《민주공화국 대한민국의 탄생》, 휴머니스트, 2012.
김윤식 · 김현,《한국문학사》, 민음사, 1973.
김인호,《고려후기 사대부의 경세론 연구》, 혜안, 1999.
김정의,《한국소년운동사》, 민족문화사, 1992.
김정인,《민주주의를 향한 역사 : 시대의 건널목, 19세기 한국사의 재발견》, 책과함께, 2015;《독립을 꿈꾸는 민주주의 : 민주주의 개념으로 독립운동사를 새로 쓰다》, 책과함께, 2017.
김종수,《군산의 역사와 인물》, 국학자료원, 2021.

김종준, 《일진회의 문명화론과 친일활동》, 신구문화사, 2010.
김종학, 《개화당의 기원과 비밀외교》, 일조각, 2017.
김준석, 《조선후기 정치사상사 연구—국가재조론의 대두와 그 전개》, 지식산업사, 2003.
김철수, 《헌법개정, 회고와 전망》, 대학출판사, 1986.
김태웅, 《우리 학생들이 나아가누나: 소학교 풍경, 조선 후기에서 3·1운동까지》, 서해문집, 2006; 《한국근대 지방재정 연구—지방재정의 개편과 지방행정의 변경》, 아카넷, 2012; 《신식 소학교의 탄생과 학생의 삶》, 서해문집, 2017; 《어윤중과 그의 시대》, 아카넷, 2018.
김형국, 《활을 쏘다: 고요함의 동학, 국궁》, 효형출판, 2006.
김호일, 《한국근대학생운동사》, 선인, 2005.
김흥수, 《한일관계의 근대적 개편과정》, 서울대학교출판문화원, 2009.
노대환, 《동도서기론 형성 과정 연구》, 일지사, 2005.
도현철, 《고려말 사대부의 정치사상연구》, 일조각, 1999; 《목은 이색의 정치사상 연구》, 혜안, 2011.
동아일보 특별취재팀, 《3·1운동 100년: 역사의 현장 I》, 동아일보사, 2020.
동아일보사, 《3·1운동 50주년기념논집》, 1969.
망원한국사연구실, 《한국근대민중운동사》, 돌베개, 1989.
망원한국사연구실 19세기 농민항쟁분과, 《1862년 농민항쟁》, 동녘, 1988.
박명규, 《한국 근대 국가 형성과 농민》, 문학과지성사, 1997.
박병호, 《한국법제사고》, 법문사, 1974.
박성진, 《사회진화론과 식민지사회사상》, 선인, 2003.
박은식, 이장희 역, 《한국통사》, 박영사, 1983; 김도형 옮김, 《한국독립운동지혈사》, 소명출판, 2008; 김태웅 역해, 《역해 한국통사》, 아카넷, 2012.
박종근, 박영재 역, 《청일전쟁과 조선》, 일조각, 1989.
박찬승, 《근대이행기 민중운동의 사회사》, 경인문화사, 2008; 《대한민국은 민주공화국이다—헌법 제1조 성립의 역사》, 돌베개, 2013; 《대한민국의 첫 번째 봄 1919》, 다산초당, 2019.
박평식, 《조선전기상업사연구》, 지식산업사, 1999.
박헌호·류준필 편, 《1919년 3월 1일에 묻다》, 성균관대학교출판부, 2009.
배경식, 《식민지 청년 이봉창의 고백》, 휴머니스트, 2008.
백승종, 《조선을 바꾼 한 권의 책, 중용》, 사우, 2019.
서영희, 《대한제국 정치사 연구》, 서울대학교출판부, 2003.
서울대학교병원 병원역사문화센터, 《사진과 함께 보는 한국 근현대 의료문화사 1879~1960》, 웅진지식하우스, 2009.
송양섭, 《조선후기 둔전연구》, 경인문화사, 2006.

송정환, 《러시아의 조선침략사》, 범우사, 1990.
송찬섭, 《조선후기 환곡제개혁연구》, 서울대학교출판부, 2002 ; 《관남지에 묻힌 함성 — 한말 함창 고을의 농민항쟁을 찾아서》, 서해문집, 2003.
신광철, 《천주교와 개신교 — 만남과 갈등의 역사》, 한국기독교역사연구소, 1998.
신용하, 《독립협회연구》, 일조각, 1976 ; 《3·1운동과 독립운동의 사회사》, 서울대학교출판부, 2001.
안병직, 《3·1운동》, 한국일보사, 1975.
안승일, 《김홍집과 그 시대》, 연암서가, 2016.
안용식, 《대한제국관료사연구 Ⅲ》, 연세대학교 사회과학연구소, 1995 ; 《대한제국관료사연구 Ⅳ》, 연세대학교 사회과학연구소, 1996.
안재성, 《박열, 불온한 조선인 혁명가》, 인문서원, 2017.
양보경, 《조선시대 읍지의 성격과 지리적 인식에 관한 연구》, 서울대학교 사회과학대학 지리학과, 1987.
양양문화원, 《양양 3·1만세 운동사》, 2019.
역사문제연구소 민족해방운동사 연구반, 《쟁점과 과제 민족해방운동사》, 역사비평사, 1990.
연갑수, 《고종대 정치변동 연구》, 사회평론사, 2008.
염정섭, 《조선시대 농법 발달 연구》, 태학사, 2002.
오두환, 《한국근대화폐사》, 한국연구원, 1991.
오승은, 《동유럽 근현대사》, 책과함께, 2018.
오영교, 《조선후기 향촌지배정책 연구》, 혜안, 2001 ; 《실학파의 정치·사회개혁론》, 혜안, 2008.
오영섭, 《고종황제와 한말의병》, 선인, 2007 ; 《한국근현대사를 수놓은 인물들 1》, 경인문화사, 2007.
오카모토 다카시, 강진아 옮김, 《미완의 기획, 조선의 독립》, 소와당, 2009.
와다 하루키, 이웅현 옮김, 《러일전쟁 : 기원과 개전 2》, 한길사, 2019.
왕현종, 《한국 근대국가의 형성과 갑오개혁》, 역사비평사, 2003.
유광렬 엮음, 《항일선언·창의문집》, 서문당, 1975.
유길준, 허경진 옮김, 《서유견문》, 서해문집, 2004.
유영렬, 《개화기의 윤치호연구》, 한길사, 1985.
유영익, 《갑오경장연구》, 일조각, 1990.
유용식, 《일제하 교육진흥의 논리와 운동에 관한 연구 — 1920년 전반기를 중심으로》, 문음사, 2002.
유용태 외, 《함께 읽는 동아시아 근현대사 1》, 창비사, 2010.
유홍렬, 《(증보) 한국천주교회사》, 가톨릭출판사, 1975.
윤남의, 《윤봉길 일대기》, 정음사, 1975.

윤선자, 《일제의 종교정책과 천주교회》, 경인문화사, 2001 ; 《한국근대사와 종교》, 국학자료원, 2002.
윤선자 외, 《나주독립운동사》, 나주시, 2015.
윤해동, 《식민지의 회색지대 : 한국의 근대성과 식민주의 비판》, 역사비평사, 2008.
이경식, 《조선전기토지제도연구 Ⅱ—농업경영과 지주제》, 지식산업사, 1998 ; 《고려전기의 전시과》, 서울대학교출판부, 2007.
이광린, 《이조수리사연구》, 한국연구원, 1961 ; 《한국사강좌 Ⅴ : 근대편》, 일조각, 1981.
이기백, 《신수판 한국사신론》, 일조각, 1990.
이기백 외, 《최승로 상서문연구》, 일조각, 1993.
이기준, 《한말서구경제학도입사연구》, 일조각, 1985.
이기훈 외, 《촛불의 눈으로 3·1운동을 보다》, 창비, 2019.
이나미, 《한국 자유주의의 기원》, 책세상, 2001.
이미륵, 전혜린 옮김, 《압록강은 흐른다》, 범우사, 2000.
이병헌 편저, 《3·1운동비사》, 시사시보사출판국, 1959.
이석규 편, 《'민'에서 '민족'으로》, 선인, 2006.
이석주 교주, 《풍속가사집 ~ 한양가, 농가월령가》, 신구문화사, 1974.
이세권 편, 《영인 동학경전》, 정민사, 1986.
이승렬, 《제국과 상인》, 역사비평사, 2007.
이승만, 《독립정신》, 1910(활문사, 1946) ; 김충남·김효선 풀어씀, 《독립정신》, 동서문화사, 2010.
이영호, 《한국근대 지세제도와 농민운동》, 서울대학교출판부, 2001 ; 《동학과 농민전쟁》, 혜안, 2004 ; 《동학·천도교와 기독교의 갈등과 연대, 1893~1919》, 푸른역사, 2020.
이원순, 《한국서학사연구》, 일지사, 1986 ; 《한국천주교사연구》, 한국교회사연구소, 1986 ; 《조선시대사논집—안(한국)과 밖(세계)의 만남의 역사》, 느티나무, 1992.
이정철, 《대동법, 조선 최고의 개혁》, 역사비평사, 2010.
이창식 외, 《이도철과 춘생문의거》, 제천문화원, 2006.
이태진, 《한국사회사연구》, 지식산업사, 1986 ; 《일본의 대한제국 강점》, 까치, 1995 ; 《고종시대의 재조명》, 태학사, 2000 ; 《일본의 한국병합 강제 연구 ~ 조약 강제와 저항의 역사》, 지식산업사, 2016.
이태진·사사가와 노리가쓰 공편, 《3·1독립만세운동과 식민지배체제》, 지식산업사, 2019.
이헌창, 《김육 평전》, 민음사, 2020.
이현희, 《3·1운동사론》, 동방도서, 1979.
임경석, 《한국 사회주의의 기원》, 역사비평사, 2003.
장영민, 《동학의 정치 사회 운동》, 경인문화사, 2004.

장영숙, 《고종의 정치사상과 정치개혁론》, 선인, 2010.
장인성, 《서유견문: 한국 보수주의의 기원에 관한 성찰》, 아카넷, 2017.
장현근, 《관념의 변천사: 중국사를 만든 개념 12가지》, 한길사, 2016.
전봉덕, 《한국근대법사상사》, 박영사, 1981.
전우용, 《한국 회사의 탄생》, 서울대학교출판문화원, 2011.
정석종, 《조선후기사회변동연구》, 일조각, 1983.
정세현, 《항일학생민족운동사연구》, 일지사, 1975.
정옥자, 《조선후기 역사의 이해》, 일지사, 1993.
정윤형, 《서양경제사상사연구》, 창작과비평사, 1981.
정재정, 《일제침략과 한국철도(1892~1945)》, 서울대학교출판부, 1999.
정호훈, 《조선후기 정치사상 연구》, 혜안, 2004.
조경달, 최덕수 옮김, 《근대조선과 일본》, 열린책들, 2015.
조광, 《조선후기 천주교사 연구》, 고려대학교 출판부, 1988.
조선과학자동맹, 《조선해방과 3·1운동》, 청년사, 1946.
조성을, 《조선후기 사학사 연구》, 한울아카데미, 2004.
조재곤, 《근대격변기의 상인 보부상》, 서울대학교출판부, 2003 ; 《민영환—대한제국의 마지막 숨결》, 역사공간, 2014 ; 《전쟁과 인간 그리고 '평화'—러일전쟁과 한국사회》, 일조각, 2017 ; 《황제중심의 근대 국가체제 형성》, 역사공간, 2020.
조지만, 《조선시대의 형사법—대명률과 국전》, 경인문화사, 2007.
조철행, 《의열투쟁에 헌신한 독립운동가 나창헌》, 역사공간, 2015.
조한성, 《만세열전》, 생각정원, 2019.
지수걸, 《일제하 농민조합운동 연구》, 역사비평사, 1993.
차배근, 《개화기일본유학생들의 언론출판활동연구Ⅰ 1884~1898》, 서울대학교출판부, 2000.
천도교중앙총부, 《천도교경전》, 1993.
최덕수 외, 《조약으로 본 한국근대사》, 열린책들, 2010.
최문형, 《열강의 동아시아 정책》, 일조각, 1979 ; 《한국을 둘러싼 제국주의 열강의 각축》, 지식산업사, 2001.
최익한, 송찬섭 엮음, 《실학파와 정다산》, 서해문집, 2011.
최장집, 《한국 민주주의의 조건과 전망》, 나남, 1996.
최재석, 《한국농촌사회연구》, 일지사, 1975.
최종고, 《한국의 서양법수용사》, 박영사, 1982 ; 《한강에서 라인강까지: 한독관계사》, 유로, 2005.
한국근현대사연구회, 《한국근대 개화사상과 개화운동》, 신서원, 1998.
한국사연구회 편, 《3·1운동의 역사적 의의와 지역적 전개》, 경인문화사, 2019.
한국역사연구회·역사문제연구소 엮음, 《3·1 민족해방운동 연구》, 청년사, 1989.

한상권, 《조선후기 사회와 소원제도—상언·격쟁 연구》, 일조각, 1996.
한영우, 《조선전기사학사연구》, 서울대학교출판부, 1981;《율곡 이이 평전》, 민음사, 2013.
한우근, 《동학란 기인에 관한 연구》, 서울대학교출판부, 1971.
한인섭, 《100년의 헌법》, 푸른역사, 2019.
황상익, 《근대의료의 풍경》, 푸른역사, 2013.

가토 히로유키, 유문상 역술, 《강자의 권리경쟁론》, 의진사, 1908; 김찬 역, 《인권신설》, 의진사, 1908.
F. A. 맥켄지, 이광린 역, 《한국의 독립운동》, 일조각, 1969; 신복룡 역, 《대한제국의 비극》, 탐구당, 1974.
F. H. 해링튼 저, 이광린 역, 《개화기의 한미관계—알렌박토의 활동을 중심으로》, 일조각, 1973.
H. N. 알렌, 김규병 역, 《한국근대외교사연표》, 국회도서관, 1966.
In K. Hwang, 《The Korean Reform Movement of the 1880's》, Cambridge, Massachusetts, Schenkman Publishing Co., 1978.
P.G. von Möllendorff: Ein Lebensbild von R. von Möllendorff, 신복룡·김운경 역, 《묄렌도르프문서》, 평민사, 1987.
郭沫若, 《青銅時代》, 1946.
菊池謙讓, 《近代朝鮮史 下》, 鷄鳴社, 1939.
大江志乃夫, 《日露戰爭の軍事史的硏究》, 岩波書店, 1976.
讀賣新聞西部本社 編, 《頭山滿と玄洋社》, 海鳥社, 2001.
朴慶植 編, 《1930年代朝鮮革命運動論》, アジア問題硏究所, 1982.
石河幹明, 《福澤諭吉傳 3》, 岩波書店, 1932.
月脚達彦, 《福澤諭吉と朝鮮問題: 〈朝鮮改造論〉の展開と蹉跌》, 東京大學出版會, 2014;《福澤諭吉の朝鮮》, 講談社, 2015.
赵靖, 石世奇 編, 《中國經濟管理思想史教程》, 北京大學出版社, 1993.
青木功一, 《福澤諭吉のアジア》, 慶應義塾大學出版會, 2011.
學陽書房 編, 《獨逸法學者事典》, 學陽書房, 1983.
黄枝連, 《亞洲的華夏秩序—中國與亞洲國家關係形態論》, 中國人民大學出版部, 1992.
姫田光義, 阿部治平 외, 편집부 옮김, 《中國近現代史》, 일월서각, 1985.

2. 논문

강만길, 〈동도서기론이란 무엇인가〉, 《마당》, 1982년 5월호; 〈실학자의 상업관〉, 《조선후기 상업자본의 발달》, 고려대학교 출판부, 1973.

강명숙, 〈일제시대 제1차 조선교육령 제정과 학제 개편〉, 《한국교육사학》 31-1, 한국교육사학회, 2009.

강석화, 〈조선후기 지방제도의 운영과 정약용의 개혁안〉, 《한국학보》 65, 일지사, 1991.

강효숙, 〈관동대진재 당시 피학살 조선인과 가해자에 대한 일고찰〉, 강덕상·야마다 쇼지·장세윤·서종진 외, 《관동 대지진과 조선인 학살》, 동북아역사재단, 2013; 〈동학농민군 탄압 인물과 그 행적—미나미 코시로(南小四郎), 이두황, 조희연, 이도재를 중심으로〉, 《동학학보》 22, 동학학회, 2011.

고희탁, 〈'유교'를 둘러싼 개념적 혼란에서 벗어나기〉, 《신아세아》 23-2, 신아시아연구소, 2016.

구선희, 〈후쿠자와 유키치(福澤諭吉)의 대조선문화정략〉, 《국사관논총》 8, 국사편찬위원회, 1989.

국립서울대학교 개학 반세기역사편찬위원회, 《국립서울대학교 개학 반세기사 1895~1946》, 서울대학교·서울대학교총동창회, 2016.

권소연, 〈중국 의무교육교과서 《중국역사》 근대사 서술분석—국정화 교과서의 역사인식의 특징과 교과서 구성을 중심으로〉, 《역사교육연구》 33, 역사교육연구회, 2019.

권오영, 〈동도서기론의 구조와 그 전개〉, 《한국사시민강좌》 7, 1992; 〈척사와 개화〉, 한국사연구회 편, 《새로운 한국사 길잡이 하》, 지식산업사, 2008.

권진옥, 〈귤산 이유원의 학문 성향과 유서·필기 편찬에 관한 연구〉, 고려대학교 박사학위논문, 2015.

권혁수, 〈한중관계의 근대적 전환과정에서 나타난 비밀 외교채널: 이홍장과 이유원의 왕복서신을 중심으로〉, 《동아시아 문화연구》 37, 한양대학교 동아시아문화연구소, 2003.

김경옥, 〈후기 신소설과 전기 신소설의 연계성—안국선의 〈금수회의록〉과 《공진회》를 중심으로〉, 《외국문학》 1997년 봄호, 열음사, 1997.

김경일, 〈문명론과 인종주의, 아시아 연대로—유길준과 윤치호의 비교를 중심으로〉, 《사회와 역사》 87, 한국사회사학회, 2008.

김광규, 〈일제강점기 직원록과 신문자료를 통해 본 교원 배척 동맹휴학의 양상〉, 《역사교육》 143, 역사교육연구회, 2017.

김광우, 〈대한제국 시대의 도시계획 : 한성부 도시개조사업〉, 《향토서울》 50, 서울시사편찬위원회, 1991.

김근배, 〈일제시기 조선인 과학기술인력의 성장〉, 서울대학교 박사학위논문, 1996.

김기봉, 〈역사교과서 논쟁 어떻게 할 것인가〉, 《역사학보》 198, 역사학회, 2008.

김기승, 〈조소앙과 대한민국 정부수립〉, 《동양정치사상사》 8-1, 한국동양정치사상사학회, 2009.

김대상, 〈3·1운동과 학생층〉, 동아일보사, 《3·1운동 50주년 기념논문집》, 동아일보사, 1969.

김대준, 〈이조말엽의 국가재정에 관한 연구: 1895~1910: 예산회계제도와 예산분석을 중심으로〉, 연세대학교 박사학위논문, 1973.

김도형, 〈가토 히로유키 사회진화론의 수용과 번역양상에 관한 일고찰—《인권신설》과 《강자의 권리경쟁론》을 중심으로〉, 《대동문화연구》 57, 대동문화연구원, 2007.

김도훈, 〈공립협회의 민족운동 연구(1905~1909)〉, 《한국민족운동사연구》 4, 한국민족운동사학회, 1989.

김동완, 〈19세기 말 개화 지식인의 도시 인식과 실천론: '치도론(治道論)'의 통치 합리성과 근대 인식〉, 《공간과 사회》 25-2, 한국공간환경학회, 2015.

김문기, 〈기후, 바다, 어업분쟁—1882~1910년간 조청어업분쟁의 전개〉, 《중국사연구》 69, 중국사학회, 2009.

김민수, 〈개항기 면업을 통해 본 국내시장의 발전: 근세 동아시아 경제사의 수정주의적 입장과 '한계형 상업화' 모델〉, 연세대학교 석사학위논문, 2015.

김봉준, 〈조청 〈봉천변민교역장정〉의 역사적 의의(1882~1883)—장정의 협상과정과 조관에 대한 분석을 중심으로〉, 《중국학보》 91, 한국중국학회, 2020.

김상기, 〈1895~1896년 안동의병의 사상적 연원과 항일투쟁〉, 《사학지》 31-1, 단국사학회, 1998; 〈한말 양평에서의 의병항쟁과 의병장〉, 《역사와 담론》 37, 호서사학회, 2004.

김선경, 〈조선후기 산림천택 사점에 관한 연구〉, 경희대학교 박사학위논문, 1999; 〈유형원의 이상국가 기획론〉, 《한국사연구》 125, 한국사연구회, 2004.

김선희, 〈이념의 공(公)에서 실행의 사(私)로: 공사 관점에서 본 성호 이익의 사회 개혁론〉, 《한국사상사학》 45, 한국사상사학회, 2013.

김성배, 〈갑오개혁기 조선의 국가·자주 개념의 변화: 김윤식을 중심으로〉, 《아시아리뷰》 4-2, 서울대학교 아시아연구소, 2015.

김성은, 〈귤산 이유원의 개항기 대외 인식과 대응모색〉, 《동아인문학》 22, 동아인문학회, 2012.

김성혜, 〈고종 친정 직후 청전 관련 정책과 그 특징〉, 《역사연구》 22, 2012.

김성환, 〈서우 전병훈의 생애와 저술에 대한 종합적 연구 I—국내 거주기(1857~1907)의 활동과 저술〉, 《도교문화연구》 38, 한국도교문화학회, 2013.

김세환, 〈《춘추공양전》의 권(權)에 대한 비판적 해석 연구〉, 《인문과 예술》 7, 인문예술학회, 2019.

김소영, 〈대한제국기 '국민'형성론과 통합론 연구〉, 고려대학교 박사학위논문, 2010.

김순덕, 〈경기지방 의병운동 연구: 1904~1911〉, 한양대학교 박사학위논문, 2002; 〈대한제국 말기 의병지도층의 '국민' 인식〉, 이석규 편, 《민에서 민족으로》, 선인, 2006.

김승대, 〈홍계희 경세론의 재지적 기반〉, 《한국실학연구》 33, 한국실학학회, 2017.

김승일, 〈조소앙의 '민국' 인식에 대한 연원 탐색〉, 이태진, 사사가와 노리가쓰 공편, 《3·1독립만세운동과 식민지배체제》, 지식산업사, 2019.

김신재, 〈개화기의 정체개혁론의 추이와 성격〉, 《동국사학》 28, 동국사학회, 1994.

김양식, 〈1901년 제주민란의 재검토〉, 《제주도연구》 6, 제주도연구회, 1989.

김영경·박형우·노재훈, 〈제중원의학당 입학생의 신분과 사회진출—이겸래를 중심으로〉, 《의사학》 10-1, 대한의사학회, 2001.

김영호, 〈근대 한국의 부국강병 개념〉, 《세계정치》 25-2, 서울대학교 국제문제연구소, 2004.

김용달, 〈3·1운동기 서대문형무소 학생 수감자의 역할과 행형 분석〉, 《법학논총》 31-2, 단국대학교 법학연구소, 2007.

김용섭, 〈조선후기의 수도작기술—이앙과 수리문제〉, 《아세아연구》 18, 1965;〈18세기 농촌지식인의 농정관〉, 《창작과비평》 12, 1968;〈광무년간의 양전·지계사업〉, 《증보판 한국근대농업사연구—농업개혁론·농업정책》, 일조각, 1984(〈광무년간의 양전·지계사업〉, 《증보판 한국근대농업사연구 하》, 일조각, 1984에 재수록);〈매천 황현의 농민전쟁 수습책〉, 《증보판 한국근대농업사연구 하》, 일조각, 1984;〈조선초기의 권농정책〉, 《동방학지》 42, 1984;〈근대화 과정에서의 농업개혁의 두 방향〉, 《한국근현대농업사연구》, 일조각, 1992;〈철종조의 민란발생과 그 지향〉, 《한국근대농업사연구 Ⅲ—전환기의 농민운동》, 지식산업사, 2001;〈철종조의 응지삼정소와 〈삼정이정책〉〉, 《신정 증보판 한국근대농업사연구 Ⅰ》, 지식산업사, 2004.

김용헌, 〈정약용의 민본의식과 민권의식〉, 《퇴계학》 12-1, 안동대학교 퇴계학연구소, 2001.

김원모, 〈에케르트군악대와 대한제국 애국가〉, 최영희선생 화갑기념 한국사학논총위원회, 《최영희선생 화갑기념 한국사학논총》, 탐구당, 1987.

김윤미, 〈일본 해군의 남해안 해역조사와 러일전쟁〉, 《한국민족운동사연구》 99, 한국민족운동사학회, 2019.

김은지, 〈대한민국임시정부 초기의 지방자치제 시행과 지방행정관청 운영—'연통제'와 '연통부'를 중심으로〉, 《역사와 담론》 91, 호서사학회, 2019.

김인규, 〈귤산 이유원의 대외 인식—청과 일본을 중심으로〉, 《동방한문학》 47, 동방한문학회, 2011;〈귤산 이유원의 《임하필기》 연구—지식·정보의 편집과 저술 방식을 중심으로〉, 성균관대학교 박사학위논문, 2016.

김재호, 〈갑오개혁 이후 근대적 재정제도의 형성과정에 관한 연구〉, 서울대학교 박사학위논문, 1997;〈근대적 재정국가의 수립과 재정능력, 1894~1910: 갑오개혁과 대안적 경로〉, 《경제사학》 57, 경제사학회, 2014.

김정송, 〈뮈텔 주교의 조선 인식과 선교 방침(1890～1919)—정치·사회적 측면을 중심으로〉, 《성농 최석우신부 고희기념한국가톨릭문화활동과 교회사》, 한국교회사연구소, 1991.

김정인, 〈3·1운동과 임시정부 법통성 인식의 정치성과 학문성〉, 한국역사연구회 3·1운동100주년기획위원회 엮음, 《3·1운동 100년, 1 메타역사》, 휴머니스트, 2019.

김정환, 〈한말·일제강점기 한국천주교회의 재편—뮈텔 주교의 재임기를 중심으로〉, 《역사와 담론》 57, 호서사학회, 2010 ; 〈한말·일제강점기 뮈텔 주교의 교육활동〉, 《한국근현대사연구》 56, 한국근현대사학회, 2011.

김종수, 〈17세기 군역제의 추이와 개혁론〉, 《한국사론》 22, 서울대학교 국사학과, 1990 ; 〈돈헌 임병찬의 생애와 복벽운동〉, 《전북학》 44, 전북사학회, 2014.

김종원, 〈조중상민수륙무역장정에 대하여〉, 《역사학보》 32, 역사학회, 1996.

김종준, 〈진보회 일진지회의 활동과 향촌사회의 동향〉, 《한국사론》 48, 서울대학교 국사학과, 2002.

김지영, 〈어윤중의 경제사상 연구〉, 《사학연구》 51, 한국사학회, 1996.

김진호, 〈다산 정치사상에 대한 민권 이론 비판〉, 《국학이론》 23, 한국국학진흥원, 2013.

김창수, 〈3·1 독립운동의 민족사적 위상—3·1 독립운동의 연구사와 과제〉, 《상명사학》 10·11·12, 상명사학회, 2006.

김태근, 〈개항 후 지방 전통 교육 체제의 변화 연구〉, 《동양학》 74, 단국대학교 동양학연구원, 2019.

김태영, 〈다산 경세론에서의 왕권론〉, 《다산학》 창간호, 다산학술문화재단, 2000 ; 〈반계 유형원의 변법론적 실학풍〉, 《한국실학연구》 18, 한국실학회, 2009.

김태웅, 〈1894~1910년 지방세제의 시행과 일제의 조세수탈〉, 《한국사론》 26, 1991 ; 〈1920·30년대 오지영의 활동과 《동학사》 간행〉, 《역사연구》 2, 역사학연구소, 1993 ; 〈갑오개혁기 전국 읍사례 편찬과 '신정사례'의 마련〉, 《국사관논총》 66, 1995 ; 〈개항전후~대한제국기의 지방재정개혁 연구〉, 서울대학교 박사학위논문, 1997 ; 〈대한제국기의 법규 교정과 국제 제정〉, 김용섭교수정년기념한국사학논총간행위원회, 《한국근현대의 민족문제와 신국가건설》, 지식산업사, 1997 ; 〈일제강점기 김옥균 추앙과 위인교육〉, 《역사교육》 74, 역사교육연구회, 2000 ; 〈대한제국 인식의 변천과 《국사》 교과서의 서술〉, 윤세철교수정년기념역사학논총간행위원회, 《역사교육의 방향과 국사교육》, 솔, 2001 ; 〈1915년 경성부 물산공진회와 일제의 정치선전〉, 《서울학연구》 18, 서울학연구소, 2002 ; 〈한국 근대개혁기 정부의 프랑스 정책과 천주교—왕실과 뮈텔의 관계를 중심으로〉, 《역사연구》 11, 역사학연구소, 2002 ; 〈1894년 이전 재정개혁과 재정상황〉, 서울특별시사편찬위원회, 《서울재정사》, 2007 ; 〈근대 개혁기 고종정부의 서구 전장 탐색과 만국사 서적 보급〉, 이태진교수정년기념논총간행위원회, 《세계 속의 한국사》, 태학사, 2009 ; 〈일제하 관립전문학교의 운영 기조와 위상 변화—제1차·제2차 교육령 시기 '서울대학교 전신학교'를 중심으로〉, 연세학풍사업단·김도형 외, 《연희전문학교의 학문과 동아시아 대학》, 혜안, 2016 ; 〈이유원의 경세론과 국제정세 인식〉, 《진단학보》 128, 진단학회, 2017 ; 〈3·1운동 만세시위 관립전문학생들의 내면세계〉, 이태진, 사사가와 노리가쓰 공편, 《3·1독립만세운동과 식민지배체제》, 지식산업사, 2019 ; 〈인권 사상의 역사적 기반과 전개〉, 《사회와 역사》 124, 한국사회사학회, 2019.
김현숙, 〈한국 근대 서양인 고문관 연구(1882~1904)〉, 이화여자대학교 박사학위논문, 1999;〈대한제국기 미국 관료 지식인의 한국인식〉, 《역사와 현실》 58, 한국역사연구회, 2005.
김현철, 〈박영효《1888년 상소문》에 나타난 민권론의 연구〉, 《한국정치학회보》 33-4, 한국정치학회, 2000.
김형덕, 〈영선사 김윤식의 재청 외교〉, 서울대학교 석사학위논문, 2001.
김호연. 〈일제하 경성법학전문학교의 교육과 학생〉, 한양대학교 석사학위논문, 2011.
김효전, 〈근대 한국의 자유민권 관념—당시의 신문잡지의 논설 분석을 중심으로〉, 《공법연구》 37-4, 한국공법학회, 2009.
김훈식, 〈여말선초의 민본 사상과 명분론〉, 《애산학보》 4, 애산학회, 1986;〈15세기 민본이데올로기와 그 변화〉, 《역사와 현실》 1, 한국역사연구회, 1989.
나애자, 〈이용익의 화폐개혁론과 일본제일은행권〉, 《한국사연구》 45, 한국사연구회, 1984; 〈대한제국의 권력구조와 광무개혁〉, 《한국사 11》, 한길사, 1994.
나종현, 〈한원진 경세론의 성격 재검토—철학사상과 신분관을 중심으로〉, 《진단학보》 133, 진단학회, 2019.
나카바야시 히로카즈(仲林裕員), 〈1910년대 조선총독부의 통치논리와 교육정책—'동화'의 의미와 '제국신민'화의 전략〉, 《한국사연구》 161, 한국사연구회, 2013;〈1910년대 공립보통학교 취학욕구의 구조—학력의 자격화에 주목하여〉, 《역사교육》 136, 역사교육연구회, 2015.
노경채, 〈'임시정부'는 얼마나 독립운동을 하였나〉, 《역사비평》 11, 1990.
노계현, 〈오페르트의 남연군분묘 도굴만행과 한국의 조치〉, 《국제법학회논총》 27-1, 대한국제법학회, 1982.
노관범, 〈'개화와 수구'는 언제 일어났는가?〉, 《한국문화》 87, 규장각한국학연구원, 2019.
노길명, 〈구한말 프랑스 선교사의 사회·문화활동—그 성격과 한계성을 중심으로〉, 《교회사연구》 5, 한국교회사연구소, 1987.
노대환, 〈19세기 중엽 유신환 학파의 학풍과 현실 개혁론〉, 《한국학보》 19-3, 일지사, 1993.
노용필, 〈천주교의 신앙 자유 획득과 선교 자유 확립〉, 《교회사연구》 30, 한국교회사연구소, 2008.
녹보효(麓保孝), 최희재 역, 〈주자의 역사론〉, 민두기 편, 《중국의 역사인식 하》, 창작과비평사, 1985
다카시로 코이치, 〈후쿠자와 유키치(福澤諭吉)의 조선정략론 연구—《時事新報》 조선관련 평론(1882~1900)을 중심으로〉, 서울대학교 박사학위논문, 2004.
도면회, 〈근대=자본주의사회 기점으로서의 갑오개혁〉, 《역사와 현실》 9, 한국역사연구회,

1993;〈갑오·광무년간의 재판제도〉, 《역사와 현실》 14, 한국역사연구회, 1994.
도진순, 〈역사와 기억, 건국 연도와 연호, 그 정치적 함의〉, 《역사비평》 126, 2019.
류승렬, 〈사대=수구 대 독립=개화의 이항대립적 근대서사 프레임의 창출과 변용〉, 《역사교육》 142, 역사교육연구회, 2017.
류청하, 〈3·1운동의 역사적 성격〉, 안병직·박성수 외, 《한국근대민족운동사》, 돌베개, 1980.
마삼락, 〈3·1운동과 외국인선교사〉, 동아일보사, 《3·1운동 50주년 기념논문집》, 동아일보사, 1969.
마스타니 유이치, 〈갑오개혁기 도일유학생 파견정책과 유학생 출신의 사회진출〉, 고려대학교 석사학위논문, 2012.
목수현, 〈망국과 국가 표상의 의미 변화: 태극기, 오얏꽃, 무궁화를 중심으로〉, 《한국문화》 52, 규장각한국학연구원, 2011.
문일웅, 〈대한제국 성립기 재일본 망명자 집단의 활동(1895~1900)〉, 《역사와현실》 81, 한국역사연구회, 2011;〈만민공동회 시기 협성회의 노선 분화와 《제국신문》의 창간〉, 《역사와 현실》 83, 한국역사연구회, 2012.
문준영, 〈대한제국기 형법대전의 제정과 개정〉, 《법사학연구》 20, 한국법사학회, 1999.
뮈텔, 최용록 역, 〈조선에서의 학교 설립을 위한 보고서〉(1908년 7월 7일), 《교회와 역사》 384, 한국교회사연구소, 2007.
민두기, 〈19세기후반 조선왕조의 대외위기의식—제1차, 제2차 중영전쟁과 이양선 출몰에의 대응〉, 《동방학지》 52, 연세대학교 국학연구원, 1986.
민회수, 〈19세기 말 한국에서의 '외교' 용어의 활용 양상〉, 《진단학보》 131, 진단학회, 2019.
박맹수, 〈일본군의 동학농민군 학살기록〉, 《한국독립운동사연구》 63, 한국독립운동사연구소, 2018.
박명수, 〈1946년 3·1절: 해방 후 첫 번째 역사논쟁〉, 《한국정치외교사논총》 38, 한국정치외교사학회, 2016.
박범, 〈17~18세기 의주부의 경제상황과 재정운영의 변화〉, 《조선시대사학보》 58, 조선시대사학회, 2011.
박성수, 〈서재필에 대한 재평가〉, 서암조항래교수화갑기념한국사학논총간행위원회, 《서암조항래교수화갑기념한국사학논총》, 아세아문화사, 1992.
박수현, 〈1920~1930년대 황해도지역 수리조합반대운동〉, 《한국민족운동사연구》 24, 한국민족운동사학회, 2000.
박윤재, 〈한말·일제 초 근대적 의학체계의 형성과 식민 지배〉, 연세대학교 박사학위논문, 2002;〈일제하 의사계층의 성장과 정체성 형성〉, 《역사와 현실》 63, 한국역사연구회, 2007.
박은숙, 〈경기도 분원마을 지도자 지규식의 외세 인식과 그 변화(1894~1910)〉, 《한국인물사연구》 26, 한국인물사연구소, 2016.
박재우, 〈고려 최승로의 정치사상과 그 지향〉, 《한국중세사연구》 59, 한국중세사학회, 2019.
박재혁, 〈한말 활빈당의 활동과 성격의 변화〉, 《역사와세계》 19, 부산대학교 사학회, 1995.
박정심, 〈한국 근대 지식인의 근대성 인식 I ―문명·인종·민족 담론을 중심으로〉, 《동양철학연구》 52, 동양철학연구회, 2007;〈황성신문의 '동양' 인식에 관한 연구〉, 《한국철학논집》 59, 한국철학사연구회, 2018.
박종린, 〈해방 직후 사회주의자들의 3·1운동 인식〉, 《서울과 역사》 99, 서울역사편찬원, 2018.
박종현, 〈동아시아의 근대적 변혁과 '아시아주의'〉, 윤세철교수정년기념역사논총간행위원회, 《시대전환과 역사인식》, 솔, 2001.
박준성, 〈17·18세기 궁방전의 확대와 소유형태의 변화〉, 《한국사론》 11, 서울대학교 국사학과, 1984;〈1894년 강원도 농민군의 활동과 반농민군의 대응〉, 동학농민혁명기념사업회, 《동학농민혁명의 지역적 전개와 사회변동》, 새길, 1995;〈반역과 새로운 세상을 꿈꾼 산, 지리산〉, 송찬섭 외, 《옛길이 들려주는 이야기》, 한국방송통신대학교, 2017.
박지원, 〈1910년대 일제의 중등 농업학교 운영과 조선인 졸업생의 진로〉, 《역사교육》 130, 역사교육연구회, 2014.
박지현, 〈《만물유취》〈추관문(秋官門)〉과 순암 형법관의 기초〉, 《한국실학연구》 35, 한국실학학회, 2018.
박찬승, 〈활빈당의 활동과 그 성격〉, 《한국학보》 10-2, 일지사, 1984;〈한국근대 민족해방운동연구의 동향과 〈국사〉 교과서의 서술〉, 《역사교육》 47, 역사교육연구회, 1990;〈1890년대 후반 도일 유학생의 현실인식―유학생 친목회를 중심으로〉, 《역사와 현실》 31, 1999;〈동학농민전쟁기 일본군·조선군의 동학도 학살〉, 《역사와 현실》 54, 한국역사연구회, 2004;〈한국의 근대국가 건설운동과 공화제〉, 《역사학보》 200, 역사학회, 2008;〈1920년대 보통학교 학생들의 교원 배척 동맹휴학〉, 《역사와 현실》 104, 한국역사연구회, 2017.
박찬식, 〈한말 천주교회와 향촌사회―'교안'의 사례 분석을 중심으로〉, 서강대학교 박사학위논문, 1995;〈한말 교안과 교민조약―교회와 국가의 관계를 중심으로〉, 《교회사연구》 27, 한국교회사연구소, 2006.
배항섭, 〈19세기 후반 '변란'의 추이와 성격〉, 한국역사연구회, 《1894년 농민전쟁연구 2》 역사비평사, 1992;〈1896년 나주 향리층의 의병주도와 그 배경〉, 《대동문화연구》 51, 대동문화연구원, 2005;〈나주지역 동학농민전쟁과 향리층의 동향〉, 《동학연구》 19, 동학학회, 2005;〈중·후기 의병전쟁 시기 나주 지역 향리층의 동향〉, 《한국사학보》 23, 고려사학회, 2006.
백민정, 〈정약용 정치론에서 권력의 정당성에 관한 물음―제명과 후대 논의에 대한 재성찰을 중심으로〉, 《철학사상》 29, 서울대학교 철학사상연구소, 2008.

백승종, 〈18~19세기 《정감록》을 비롯한 각종 예언서의 내용과 그에 대한 당시대인들의 해석〉, 《진단학보》 88, 진단학회, 1999.

백영서, 〈연동하는 동아시아와 3·1운동〉, 《창작과비평》 183, 창작과비평사, 2019.

백옥경, 〈개항기 역관 김경수의 대외인식—《공보초략》을 중심으로〉, 《한국사상사학》 41, 한국사상사학회, 2012.

백천, 〈《양원유집》 국역 연구: 서문·기문·제문·발문을 중심으로〉, 조선대학교 박사학위논문, 2016.

서영희, 〈1894~1904년의 정치체제 변동과 궁내부〉, 《한국사론》 23, 서울대학교 국사학과, 1990; 〈개항기 봉건적 국가재정의 위기와 민중수탈의 강화〉, 한국역사연구회, 《1894년 농민전쟁 1》, 역사비평사, 1991; 〈개화파의 근대국가 구상과 그 실천〉, 《근대국민국가와 민족문제》, 지식산업사, 1995; 〈개화와 척사〉, 한국역사연구회 엮음, 《한국역사연구입문 3》, 풀빛, 1995; 〈광무정권의 국정운영과 일제의 국권침탈에 대한 대응〉, 서울대학교 박사학위논문, 1998; 〈권중현·이지용, 개화론자·한일동맹론자의 변신과 행로〉, 《내일을 여는 역사》 19, 내일을 여는 역사, 2005.

서희경, 〈대한민국 건국헌법의 역사적 기원(1898~1919)—만민공동회·3·1운동·대한민국임시정부헌법의 '민주공화'정체 인식을 중심으로〉, 《한국정치학회보》 40-5, 한국정치학회, 2006.

소영현, 〈3·1운동과 '학생'—'학생-청년'의 담론적 재편성 고찰〉, 《현대문학의 연구》 39, 한국문학연구학회, 2009.

소현숙, 〈3·1운동과 정치 주체로서의 '여성'〉, 한국역사연구회 3·1운동100주년기념기획위원회 엮음, 《3·1운동 100년, 5 사상과 문화》, 휴머니스트, 2019.

송만오, 〈김경수의 《공보초략》에 대하여〉, 《전남사학》 9, 전남사학회, 1995.

송병기, 〈광무년간의 개혁〉, 국사편찬위원회, 《한국사 19》 탐구당, 1984; 〈개화기 일본유학생 파견과 실태〉, 《동양학》 18, 단국대학교 동양학연구원, 1988.

송찬섭, 〈17·18세기 신전개간의 확대와 경영형태〉, 《한국사론》 12, 서울대학교 국사학과, 1985; 〈1862년 삼정이정논의와 환곡정책의 전개〉, 《역사연구》 23, 역사학연구소, 2012; 〈1862년 삼정이정청의 구성과 삼정이정책〉, 《한국사학보》 49, 고려사학회, 2012.

신동원, 〈김옥균의 치도사상에 관한 고찰〉, 《한국보건사학회지》 1, 한국보건사학회, 1990.

신영우, 〈1894년 일본군의 동학농민군 학살〉, 《역사와실학》 35, 역사실학회, 2008; 〈강원도 홍천의 동학농민군과 풍암리 전투〉, 《동학학보》 37, 동학학회, 2015.

신용하, 〈우리나라 최초의 근대학교의 설립에 대하여〉, 《한국사연구》 10, 한국사연구회, 1974; 〈허위의 의병 활동〉, 《나라사랑》 27, 외솔회, 1977; 〈3·1운동의 재평가〉, 《신동아》, 동아일보사, 1979년 3월호; 〈19세기 한국의 근대국가형성 문제와 입헌공화정 수립 운동〉, 한국사회사연구회, 《한국의 근대국가 형성과 민족문제》, 문학과지성사, 1986; 〈한말 의병운동의 기점에 대한 신고찰〉,《한국근대민족운동사》, 일조각, 1988;〈3·1운동 연구의 현단계와 간계〉, 국사편찬위원회 엮음,《한민족독립운동사》 12, 1993;〈구한말 보안회의 창립과 민족운동〉,《사회와 역사》 44, 한국사회사학회, 1994;〈개화파의 형성과 활동〉, 국사편찬위원회,《한국사 38》, 1999;〈3·1운동과 서울〉, 서울특별시사편찬위원회,《서울항일독립운동사》, 2009.

신우철,〈중국의 제헌운동이 상해 임시정부 헌법제정에 미친 영향〉,《법사학연구》 29, 한국법사학회, 2004;〈우리 헌법사에서 기본권의 의미〉,《역사비평》 96, 역사비평사, 2011.

신춘식,〈상해임시정부 인식에 문제 있다〉,《역사비평》 2, 역사비평사, 1988.

신춘식·임영태·정병준,〈대한민국임시정부 정통론의 허와 실〉,《망원한국사연구실회보》 3, 망원한국사연구실, 1988.

신형기,〈민족이야기를 넘어서〉,《당대비평》, 삼인, 2000년 겨울호.

심재우,〈18세기 옥송의 성격과 형정운영의 변화〉,《한국사론》 34, 서울대학교 국사학과, 1995.

쓰키아시 다쓰히코,〈조선개화파와 후쿠자와 유키치(福澤諭吉)〉,《한국학연구》 26, 인하대학교 한국학연구소, 2012.

안병직,〈삼일운동에 참가한 사회계층과 그 사상〉,《역사학보》 41, 역사학회, 1969;〈한국에 있어서 (반)식민지·반봉건사회의 형성과 일본제국주의〉, 한국사연구회 편,《한국근대사회와 일본제국주의》, 삼지원, 1985;〈극적 '우회전'한 안병직 뉴라이트재단 이사〉,《신동아》, 동아일보사, 2006년 6월호.

안정임,〈대한제국전기 언론계의 대외인식 연구—〈황성신문〉·〈제국신문〉을 중심으로〉, 이화여자대학교 석사학위논문, 1991.

안정희,〈조선초기의 사대론〉,《역사교육》 64, 역사교육연구회, 1997.

안홍선,〈경성사범학교의 교원양성교육 연구〉, 서울대학교 석사학위논문, 2004.

양상현,〈대한제국기 내장원 재정관리 연구—인삼·광산·포사·해세를 중심으로〉, 서울대학교 박사학위논문, 1997.

양택관,〈조선전기 왕실의 토지소유와 경영〉,《한국사론》 53, 서울대학교 국사학과, 2007.

연갑수,〈19세기 중반 조청간교역품의 변화〉,《한국사론》 41·42, 서울대학교 국사학과, 1999.

오병화,〈프랑스 혁명(革命)시기 교회의 모습에 대한 연구〉, 광주가톨릭대학교 석사학위논문, 2011.

오영섭,〈개항 후 만국공법 인식의 추이〉,《동방학지》 124, 연세대학교 국학연구원, 2004;〈개화기 안태훈(1862~1905)의 생애와 활동〉,《한국근현대사연구》 40, 한국근현대사학회, 2007.

오향미,〈대한민국임시정부의 입헌주의〉,《국제정치논총》 49-1, 한국국제정치학회, 2009.

왕현종,〈한말(1894~1904) 지세제도의 개혁과 성격〉,《한국사연구》 77, 한국사연구회, 1992;〈대한제국기 양전·지계사업의 추진과정과 성격〉, 한국역사연구회 근대사분과 토지대장연구반 편, 《대한제국의 토지조사사업》, 민음사, 1995; 〈갑오개혁기 관제개혁과 관료제도의 변화〉, 《국사관논총》 68, 국사편찬위원회, 1996; 〈대한제국기 입헌논의와 근대국가론—황제권과 권력구조의 변화를 중심으로〉, 《한국문화》 29, 한국문화연구소, 2002; 〈1894년 농민군의 폐정 개혁 추진과 갑오개혁의 관계〉, 《역사연구》 27, 역사학연구소, 2014.

우정열, 〈윤치호 문명개화론의 심리와 논리〉, 《역사와사회》 33, 국제문화학회, 2004.

원재연, 〈《해국도지》 수용 전후의 어양론과 서양인식—이규경(1788~1856)과 윤종의(1805~1886)를 중심으로〉, 《한국사상사학》 17, 한국사상사학회, 2001.

유바다, 〈1894년 청일전쟁의 발발과 조선의 속국 지위 청산〉, 《대동문화연구》 98, 대동문화연구원, 2017.

유수진, 〈대한제국기 《태서신사》 편찬과정과 영향 연구〉, 고려대학교 석사학위논문, 2012.

유영희, 〈임윤지당의 철학 사상〉, 《한중인문학연구》 19, 한중인문학회, 2006.

유인희, 〈실학의 철학적 방법론 1—유반계와 박서계, 이성호를 중심으로〉, 《동방학지》 35, 연세대학교 국학연구원, 1983.

유정현, 〈1894~1904년 지방재정제도의 개혁과 이서층 동향〉, 《진단학보》 73, 1992.

유진영, 〈대한제국 시기 독일인 군악대장 프란츠 에케르트(1852~1916)의 활동에 관한 연구〉, 《독일연구》 23, 한국독일사학회, 2012.

윤경로, 〈일제의 초기 기독교 정책과 한인 기독교계의 대응〉, 《한국사연구》 114, 한국사연구회, 2000.

윤대원, 〈이필제란의 연구〉, 《한국사론》 16, 서울대학교 국사학과, 1987; 〈한말 일제 초기 정체론의 논의 과정과 민주공화제의 수용〉, 《중국근현대사연구》 12, 중국근현대사학회, 2001; 〈임시정부법통론의 역사적 연원과 의미〉, 《역사교육》 110, 역사교육연구회, 2009.

윤선자, 〈일제의 한국 강점과 천주교회의 대응〉, 《한국사연구》 114, 한국사연구회, 2000.

윤소영, 〈근대국가 형성기 한·일의 '현모양처'론—그 공통점과 차이점을 중심으로〉, 《한국민족운동사연구》 44, 한국민족운동사학회, 2005.

윤순갑, 〈한말 한국 사회에서 민주주의 수용〉, 《대한정치학회보》 15-3, 대한정치학회, 2008.

윤영실, 〈헨리 휘튼과 J. C. 블룬칠리의 네이션 개념과 마틴의 번역서 《만국공법》·《공법회통》—국제법과 식민주의적 폭력, 네이션 개념의 관계를 중심으로〉, 《민족문학사연구》 69, 민족문학사연구소, 2019.

윤용출, 〈유형원의 역제 개혁론〉, 《한국문화연구》 6, 부산대학교 한국문화연구소, 1993.

윤정, 〈영조의 《성학집요》 진강과 정책적 활용〉, 《한국문화》 38, 서울대학교 규장각한국학연구원, 2006.

윤정애, 〈한말 지방제도개혁의 연구〉, 《역사학보》 105, 역사학회, 1985.

윤창대, 〈전병훈 《정신철학통편》 연구: 한국철학의 위상과 성격을 중심으로〉, 국제뇌교육종합대학원대학교 박사학위논문, 2015.
윤훈표, 〈조선초기 군공포상제의 개정과 신분이동〉, 《사학연구》 63, 한국사학회, 2001.
이경식, 〈17세기 토지절수제와 직전복구론〉, 《동방학지》 54·55·56, 연세대학교 국학연구원, 1987;〈조선전기의 토지개혁논의〉, 《한국사연구》 61·62합집, 한국사연구회, 1988;〈산지공유의 전통과 그 도괴—국사를 통해 본 환경인식: 사례 1〉, 《사회과학교육》 3, 서울대학교 교육종합연구원 사회교육연구소, 1999.
이광린, 〈농무목축시험장의 설치에 대해〉, 《한국개화사연구》, 일조각, 1969;〈《이언》과 한국의 개화사상〉, 이홍직박사회갑기념논문집간행위원회, 《이홍직박사회갑기념한국사학논총》, 신구문화사, 1969;〈구한말 진화론의 수용과 영향〉, 《세림한국학논총》 1, 세림장학회, 1977;〈유길준의 개화사상—서유견문을 중심으로〉, 《역사학보》 75·76, 역사학회, 1977;〈개화승 이동인에 관한 새 사료〉, 《동아연구》 6, 서강대학교 동아연구소, 1985.
이구용, 〈대한제국의 성립과 열강의 반응—칭제건원 논의를 중심으로〉, 《강원사학》 1, 강원사학회, 1985.
이기백, 〈서평, 동아일보사, 《3·1운동 50주년기념논집》〉, 《역사학보》 43, 역사학회, 1969.
이기훈, 〈3·1운동과 공화주의—중첩, 응축, 비약〉, 《역사비평》 127, 역사비평사, 2019.
이동환, 〈다산사상에서의 '상제' 도입경로에 대한 서설적 고찰〉, 강만길 외, 《다산의 정치경제사상》, 창작과비평사, 1990.
이민석, 〈1886년 박문국의 《만국정표》 출간과 세계지리 정보의 유통〉, 《한국사연구》 166, 한국사연구회, 2014.
이민우, 〈19세기 수리시설의 사점과 수세 갈등〉, 《한국사론》 55, 서울대학교 국사학과, 2009.
이민원, 〈대한제국의 장충사업과 그 이념—장충단과 모충단을 중심으로〉, 《동북아문화연구》 33, 동북아시아문화학회, 2012.
이민원, 〈칭제건의의 전개와 대한제국의 성립〉, 《청계사학》 5, 청계사학회, 1988;〈아관파천 전후의 한노관계 1895~1898〉, 한국정신문화연구원 한국학대학원 박사학위, 1994.
이배용, 〈개항 이후 독일의 자본침투와 세창양행〉, 《한국문화연구원논총》 48, 한국문화연구원, 1986.
이상경, 〈상해판 《독립신문》의 여성 관련 서사연구—〈여학생 일기〉를 중심으로 본 1910년대 여학생의 교육 경험과 3·1운동〉, 《페미니즘연구》 10-2, 한국여성연구소, 2010.
이상배, 〈장충단의 설립과 장충단체〉, 《지역문화연구》 4, 세명대학교 지역문화연구소, 2005.
이상일, 〈운양 김윤식의 정치사상연구〉, 《태동고전연구》 6, 태동고전연구소, 1990.
이상찬, 〈1894~5년 지방제도 개혁의 방향: 향회의 법제화 시도를 중심으로〉, 《진단학보》 67, 진단학회, 1989;〈을미의병 지도부의 1894년 반동학군 활동〉, 《규장각》 18, 서울대학교 규장각, 1995;〈1896년 의병운동의 정치적 성격〉, 서울대학교 박사학위논문, 1996;〈1896년 의병과 명성왕후 지지세력의 동향〉, 《한국문화》 20, 한국문화연구소, 1997;〈갑오개혁과 1896년 의병의 관계〉, 《역사연구》 5, 역사학연구소, 1997 ; 〈1896년 의병운동 통설에 대한 비판적 검토〉, 《역사비평》 45, 역사비평사, 1998 ; 〈1896년 환궁의병 운동의 전개양상〉, 《한국문화》 30, 한국문화연구소, 2002.

이선민, 〈이이의 경장론〉, 《한국사론》 18, 서울대학교 국사학과, 1988.

이수룡, 〈한국근대 변혁운동연구의 동향과 〈국사〉 교과서의 서술〉, 《역사교육》 47, 역사교육연구회, 1990 ; 〈갑오개혁은 농민전쟁과 어떤 관련이 있는가〉, 역사학연구소 1894년 농민전쟁 연구 분과, 《농민전쟁 이념의 인식과 쟁점》, 거름, 1994.

이양희, 〈일제의 3·1운동 원인조사와 민정의 실상〉, 《한국사연구》 187, 한국사연구회, 2019.

이영관, 〈독일 세창양행과 구한말 조선의 근대화 현실〉, 《한국사상과 문화》 76, 한국사상문화학회, 2015.

이영학, 〈개항기 조선의 농업정책—1876~1894년을 중심으로〉, 김용섭교수정년기념한국사학논총간행위원회, 《한국근현대의 민족문제와 신국가건설》, 지식산업사, 1997.

이영호, 〈대한제국시기 영학당운동의 성격〉, 《한국민족운동사연구》 5, 한국민족운동사학회, 1991 ; 〈일제의 식민지 토지정책과 미간지 문제〉, 《역사와 현실》 37, 한국역사연구회, 2000.

이완범, 〈건국 기점 논쟁: 1919년설과 1948년설의 양립〉, 《현상과 인식》 33-4, 한국인문사회과학회, 2009.

이원순, 〈조선말기 사회의 '교안' 연구〉, 《역사교육》 15, 역사교육연구회, 1973 ; 〈19세기 중엽의 서구세력과 조선〉, 《한국사16》, 국사편찬위원회, 1983 ; 〈한불조약과 종교자유〉, 《교회사연구》 5, 한국교회사연구소, 1987 ; 〈한미 고빙 구미인 종감〉, 《조선시대사논집—안(한국)과 밖(세계)의 만남의 역사》, 느티나무, 1992.

이윤상, 〈일제에 의한 식민지 재정의 형성과정—1894~1910년의 세입구조와 징세기구를 중심으로〉, 《한국사론》 14, 서울대학교 국사학과, 1986 ; 〈1894~1910년 재정 제도와 운영의 변화〉, 서울대학교 박사학위논문, 1996.

이정은, 〈안성군 원곡·양성의 3·1운동〉, 《한국독립운동사연구》 1, 한국독립운동사연구소, 1987 ; 〈3·1운동기 학생층의 선전활동〉, 《한국독립운동사연구》 7, 한국독립운동사연구소, 1993.

이준식, 〈대한민국임시정부의 이념적 지향—대한민국임시헌장(1919) 해석을 중심으로〉, 《인문과학연구》 24, 덕성여자대학교 인문과학연구소, 2017.

이지원, 〈3·1절 기념사를 통해 본 3·1운동의 표상과 전유〉, 한국역사연구회 3·1운동100주년기념기획위원회 엮음, 《3·1운동 100년, 1 메타역사》, 휴머니스트, 2019.

이지형, 〈《매씨서평》 해제〉, 《역주 매씨서평》, 문학과지성사, 2002.

이창훈, 〈20세기 초 프랑스의 대한정책〉, 한국정치외교사학회 편, 《한불외교사: 1886~1986》, 평민사, 1987.

이태진, 〈1880년대 고종의 개화를 위한 신도서 구입사업〉, 《민족문화논총》 16, 영남대학교 민족문화연구소, 1996 ; 〈서양 근대 정치제도 수용의 역사적 성찰〉, 《진단학보》 84, 진단학회, 1997 ; 〈국민 탄생의 역사—3·1독립만세운동의 배경〉, 이태진·사사가와 노리가쓰 공편, 《3·1독립만세운동과 식민지배체제》, 지식산업사, 2019.
이행훈, 〈문헌해제, 김대희, 《이십세기조선론》〉, 《개념과 소통》 14, 한림과학원, 2014.
이헌주, 〈1880년대 전반 조선 개화지식인들의 '아시아 연대론' 인식 연구〉, 《동북아역사논총》 23, 동북아역사재단, 2009.
이홍권, 〈19세기말 조선에서의 청상활동 연구—1882~1884년을 중심으로〉, 강원대학교 석사학위논문, 2006.
임경석, 〈해방직후 3·1운동 역사상의 분화〉, 《사림》 63, 수선사학회, 2018.
임종진, 〈성와 이인재의 성리사상—〈고대희랍철학고변〉에 대한 분석을 중심으로〉, 《퇴계학과 유교문화》 53, 경북대학교 퇴계연구소, 2013.
임형택, 〈다산의 '민(民)' 주체 정치사상의 이론적·현실적 근거〉, 강만길 외, 《다산의 정치경제 사상》, 창작과비평사, 1990.
장 끌로드 알랭, 〈고종재위기간의 불한관계〉, 한국 정치외교사학회 편, 《한불외교사: 1886~1986》, 평민사, 1987.
장동하, 〈한말 교안의 성격〉, 최석우신부수품50주년기념사업위원회 엮음, 《민족사와 교회사》, 한국교회사연구소, 2000 ; 〈초대 주한 프랑스 공사의 외교정책과 한국 천주교회〉, 《가톨릭 신학과 사상》 39, 신학과사상사학회, 2002 ; 〈개항기 교회 재건 운동과 교구장들의 선교 정책〉, 《인간연구》 5, 2003 ; 〈조선교구장 뮈텔 주교와 주한 프랑스 공사 프랑뎅의 갈등〉, 《가톨릭 신학과 사상》 45, 신학과사상사학회, 2003.
장석흥, 〈나창헌의 생애와 독립운동〉, 《한국학논총》 24, 국민대학교 한국학연구소, 2002.
전경목, 〈조선후기에 서당 학동들이 읽은 탄원서〉, 《고문서연구》 48, 한국고문서학회, 2016.
전봉덕, 〈대한제국 국제의 제정과 기본 사상〉, 《법사학연구》 창간호, 법사학회, 1974.
전정해, 〈광무년간의 산업화 정책과 프랑스 자본·인력의 활용〉, 《국사관논총》 84, 국사편찬위원회, 1999 ; 〈대한제국의 산업화 시책 연구—프랑스 차관 도입과 관련하여〉, 건국대학교 박사학위논문, 2003
전형택, 〈19세기 초 내시노비의 혁파〉, 《한국사론》 4, 서울대학교 국사학과, 1978.
정래수, 〈충남지역 항일학생운동 연구(1910~1930년대)〉, 충남대학교 박사학위논문, 2001.
정만조, 〈담와 홍계희의 정치적 생애〉, 《인하사학》 10, 인하사학회, 2003.
정병준, 〈3·1운동의 기폭제—여운형이 크레인에게 보낸 편지 및 청원서〉, 《역사비평》 119, 역사비평사, 2017.
정상수, 〈일본의 한국 강제병합과 강대국들의 대응 1895~1910년〉, 《서양사연구》 42, 서울대학교 서양사연구회, 2010.

정선모, 〈이유원의 을해연행과 강화도조약〉,《동방한문학》52, 동방한문학회, 2012.

정성식, 〈정몽주의 경학사상에 대한 연구〉,《동양문화연구》2, 영산대학교 동양문화연구원, 2008.

정숭교, 〈한말 민권론의 전개와 국수론의 대두〉, 서울대학교 박사학위논문, 2004.

정연태, 〈1910년대 일제의 농업정책과 식민지 지주제—이른바 〈미작개량정책〉을 중심으로〉,《한국사론》20, 서울대학교 국사학과, 1988.

정옥자, 〈실학과 근대의식〉, 한국사특강편찬위원회 편,《한국사특강》, 서울대학교 출판부, 1990.

정용욱, 〈3·1운동사 연구의 최근 동향과 방향성〉,《역사와 현실》110, 한국역사연구회, 2018.

정용화, 〈서구 인권 사상의 수용과 전개〉,《한국정치학회보》37-2, 한국정치학회, 2003;〈전환기 자주외교의 개념과 조건: 19세기말 조선의 대청외교의 이론적 고찰〉,《국제정치논총》43-2, 2003.

정은경, 〈1894년 황해도·강원도 지역의 농민전쟁〉, 한국역사연구회,《1894년 농민전쟁연구 4》, 역사비평사, 1995.

정인경, 〈일제하 경성고등공업학교의 설립과 운영〉,《한국과학사학회지》16-1, 한국과학사학회, 1994.

정재걸, 〈동도서기론 연구 Ⅰ〉,《교육사학연구》4-1, 교육사학회, 1992;〈동도서기론 연구 Ⅱ〉,《교육사학연구》5-1, 교육사학회, 1994;〈동도서기론 연구 Ⅲ〉,《교육사학연구》8-1, 교육사학회, 1998.

정재철, 〈이색의 경학사상—정전(程傳)과 주주(朱註)의 수용 양상을 중심으로〉,《태동고전연구》24, 태동고전연구소, 2008.

정진숙, 〈1896~1905년 형법 체계 정비에 관한 연구—《형법대전(刑法大全)》제정을 위한 기초 작업을 중심으로〉,《한국사론》55, 서울대학교 국사학과, 2009.

정창렬, 〈백성의식·평민의식·민중의식〉, 한국신학연구소,《한국민중론》, 1984;〈갑오농민전쟁과 갑오개혁의 관계〉,《인문논총》5, 아주대 인문과학연구소, 1994;〈근대국민국가인식과 내셔날리즘의 성립과정〉,《한국사 11》, 한길사, 1994;〈한말 변혁운동의 정치·경제적 성격〉, 정창렬저작집간행위원회 편,《민중의 성장과 실학》, 2014.

정치영, 〈《여지도서》를 이용한 조선후기 제언의 지역적 특성 연구〉,《대한지리학회지》43-43, 대한지리학회, 2008.

정호훈, 〈백호 윤휴의 현실인식과 군권강화론〉,《학림》16, 연세대학교 사학연구회, 1994.

조건, 〈일제 '한국주차군' 경리부의 활동과 한국민의 대응(1904~1910)〉, 동국대학교 석사학위논문, 2005.

조계자, 〈동학농민전쟁기 '정토군공자'에 대한 연구—《갑오군공록》과 《동학당정토인록》의 분석〉, 인하대학교 석사학위논문, 1995.

조광, 〈정약용의 민권의식연구〉, 《아세아연구》 56, 고려대학교 아세아문제연구소, 1976 ; 〈고종황제와 뮈텔주교〉, 《경향잡지》 63, 한국천주교주교회의, 2004.
조동걸, 〈의병운동의 한국민족주의상의 위치(상)〉, 《한국민족운동사연구》 1, 한국민족운동사학회, 1986.
조민, 〈제1차 세계대전 전후의 세계 정세〉, 한국역사연구회·역사문제연구소 엮음, 《3·1운동 70주년 기념논문집 3·1민족해방운동 연구》, 청년사, 1989.
조봉암, 〈나의 정치백서〉, 정태영 편, 《조봉암과 진보당》, 한길사, 1991.
조석곤, 〈광무년간의 호정운영체계에 관한 소고〉, 《대한제국기의 토지제도》, 민음사, 1990.
조성을, 〈정약용의 신분제개혁론〉, 《동방학지》 1, 연세대 국학연구원, 1986.
조영준, 〈19세기 왕실재정의 위기상황과 전가실태: 수진궁 재정의 사례분석〉, 《경제사학》 44, 경제사학회, 2008 ; 〈조선후기 궁방(宮房)의 실체〉, 《한국학》 31-3, 한국학중앙연구원, 2008.
조재곤, 〈대한제국기 홍종우의 근대화 개혁론〉, 《택와허선도선생정년기념 한국사학논총》, 일조각, 1992 ; 〈왕산 허위의 관직생활과 항일투쟁〉, 김희곤 외, 《왕산 허위의 나라 사랑과 의병전쟁》, 구미시·안동대학교 박물관, 2005.
조종환, 〈다산 정약용의 주체의식 고찰〉, 《동양학연구》 3, 단국대학교 동양학연구소, 1997.
조흥윤, 〈세창양행(世昌洋行), 마이어, 함부르크 민족학박물관〉, 《동방학지》 48, 연세대학교 국학연구원, 1985.
좌담집, 〈3·1운동 100년의 기억과 기념—3·1운동 100주년 기획위원회 좌담〉, 《역사와 현실》 114, 한국역사연구회, 2019.
주익종, 〈3·1운동과 대한민국임시정부의 기억—대한민국은 무엇을/누구를 계승했는가〉, 이승만학당·펜앤마이크 공동 주최, 《3·1운동 100주년 기념 학술대회 자료집》, 2019.
주진오, 〈개화파의 성립과정과 정치·사상적 동향〉, 한국역사연구회 편, 《1894년 농민전쟁연구 3》, 역사비평사, 1993 ; 〈독립협회와 대한제국의 경제정책 비교 연구〉, 《국사관논총》 41, 국사편찬위원회, 1993 ; 〈19세기 후반 개화 개혁론의 구조와 전개—독립협회를 중심으로〉, 연세대학교 박사학위논문, 1995 ; 〈'파리의 조선 무희 리진'의 역사성〉, 《역사비평》 93, 역사비평사, 2010.
차경애, 〈러일전쟁 당시의 전쟁견문록을 통해서 본 전쟁지역 민중의 삶〉, 《중국근현대사연구》 44, 중국근현대사학회, 2010.
차기진, 〈조선후기 천주교의 지방전파와 그 성격—영남지방을 중심으로〉, 《교회사연구》 6, 한국교회사연구소, 1988.
차장섭, 〈강릉 선교장의 형성과 발전〉, 《장서각》 39, 한국학중앙연구원, 2018.
천관우, 〈3·1운동연구사론〉, 《문학과지성》 35, 문학과지성사, 1979.
최규진, 〈이의경의 삶을 통해 본 식민지 시대 지식인의 한 모습〉, 서울대학교 석사학위논문,

2011.
최기영, 〈안국선(1879~1926)의 생애와 계몽사상 상·하〉, 《한국학보》 63·64, 일지사, 1991.
최덕수, 〈독립협회의 정체론 및 외교론연구—독립신문을 중심으로〉, 《민족문화연구》 13, 고려대학교 민족문화연구소, 1978, 212쪽.
최병욱, 〈프랑스 '보교권'과 청조의 기독교 정책〉, 강원대학교 박사학위논문, 2006.
최석우, 〈뮈텔주교일기의 해제〉, 《뮈텔주교일기》 1~8, 한국교회사연구소, 1986~2008 ; 〈한국분도회의 초기 수도생활과 교육사업〉, 《사학연구》 36, 한국사학회, 1983 ; 〈한불조약의 체결과정〉, 한국정치외교사학회, 《한불외교사 1886~1986》, 평민사, 1987.
최원규, 〈조선후기 수리기구와 경영문제〉, 《국사관논총》 39, 국사편찬위원회, 1992 ; 〈한말 일제초기 토지조사와 토지법 연구〉, 연세대학교 박사학위논문, 1994.
최원하, 〈여말선초의 '노비-천민' 인식과 그 양면성〉, 서울대학교 석사학위논문, 2020.
최은진, 〈대한민국정부의 3·1절 기념의례와 3·1운동 표상화(1949~1987)〉, 《사학연구》 128, 한국사학회, 2017.
최이돈, 〈조선초기 천인천민론의 전개〉, 《조선시대사학보》 57, 조선시대사학회, 2011.
최종고, 〈개화기의 법학서 해제〉, 《개화기법학서》, 아세아문화사, 1980 ; 〈로랑 크레마지〉, 《한국의 서양법수용사》, 박영사, 1982 ; 〈구한말 주한 프랑스인 사회—《뮈텔주교일기》를 중심으로〉, 《교회사연구》 27, 한국교회사연구소, 2006.
최종길, 〈일본인의 아시아주의와 조선인의 반응—흥아회를 중심으로〉, 《사림》 56, 수선사학회, 2016.
최진식, 〈김윤식의 자강론 연구〉, 《대구사학》 25, 1984 ; 〈한국근대의 온건개화파 연구: 김윤식·김홍집·어윤중의 사상과 활동을 중심으로〉, 영남대학교 박사학위논문, 1990 ; 〈병인양요 전후 신헌의 대내인식과 개혁론〉, 《한국사학보》 42, 고려사학회, 2011.
최창희, 〈황무지개척권 반대운동〉, 국사편찬위원회, 《한국사 43》, 탐구당, 1999.
최형련, 〈3·1운동과 중앙학교〉, 동아일보사, 《3·1운동 50주년 기념논문집》, 동아일보사, 1969.
평화문제연구소, 〈역사가 숨쉬는 공간 26 : 보통학교 학생들의 만세운동 "2일간의 해방" 안성 3·1운동기념관〉, 《통일한국》 292, 2008.
표교열, 〈제1·2차 중영전쟁〉, 《강좌 중국사 5》, 지식산업사, 1989.
한동민, 〈대한제국기 불교의 국가관리와 사사관리서〉, 《중앙사론》 25, 한국중앙사학회, 2007.
한보람, 〈1880년대 조선정부의 개화정책을 위한 국제정보수집—《한성순보》의 관련기사 분석〉, 《진단학보》 100, 진단학회, 2005 ; 〈고종대 전반기 시무개혁 세력 연구〉, 서울대학교 박사학위논문, 2019 ; 〈개항 전후 신헌의 시무개혁론 연구〉, 《한국문화》 90, 규장각한국학연구원, 2020.
한승훈, 〈19세기 후반 조선의 대외정책 기조와 그 실현—균세정책과 거중조정의 추진〉, 《한국근현대사연구》 83, 한국근현대사학회, 2017.
한우근, 〈개항당시의 위기의식과 개화사상〉, 《한국사연구》 2, 한국사연구회, 1968 ; 〈(개설) 3·1운동의 역사적 배경〉, 동아일보사, 《3·1운동 50주년 기념논문집》, 동아일보사, 1969 ; 〈동학의 창도와 그 기본사상〉, 《한국사 16》, 국사편찬위원회, 1981.
한철호, 〈1884~1894년간 시무개화파의 개혁구상〉, 《사총》 45, 역사학연구회, 1996 ; 〈시무개화파의 개혁구상과 정치활동〉, 한국근현대사연구회, 《한국근대 개화사상과 개화운동》, 신서원, 1998 ; 〈개화·일제강점기 김옥균에 대한 역사적 평가〉, 《역사와 담론》 38, 호서사학회, 2004 ; 〈제1차 수신사(1876) 김기수의 일본인식과 그 의의〉, 《사학연구》 84, 한국사학회, 2006.
허동현, 〈1881년 조선 조사 일본시찰단에 관한 연구〉 《한국사연구》 52, 한국사연구회, 1986 ; 〈1881년 조사 어윤중의 일본 경제정책 인식 : 《재정견문》 등을 중심으로〉, 《한국사연구》 93, 한국사연구회, 1996 ; 〈1880년대 개화파 인사들의 사회진화론 수용양태 비교 연구—유길준과 윤치호를 중심으로〉, 《사총》 55, 역사학연구회, 2002.
허영란, 〈3·1운동의 지역성과 집단적 주체의 형성—경기도 안성의 사례를 중심으로〉, 《역사와경계》 72, 부산경남사학회, 2009 ; 〈만세시위의 다원적 의미와 지속되는 지역공동체—안성군 3·1운동의 새로운 이해〉, 《역사와 현실》 113, 한국역사연구회, 2019.
홍명순, 〈19세기 말 독일인의 조선여행기—문화간 커뮤니케이션 관점을 중심으로〉, 《외국어로서의 독일어》 27, 한국독일어교육학회, 2010.
홍순권, 〈을사늑약 전후 개화지식인들의 정국인식과 대응〉, 《한국독립운동사연구》 24, 한국독립운동사연구소, 2005.
홍순호, 〈대한제국 법률고문 L.Crémazy의 임명과정분석〉, 《한국문화연구논총》 36, 이화여자대학교 한국문화연구원, 1981 ; 〈대한제국시대의 한·불관계〉, 《주제연구》 5, 이화여자대학교 한국문화연구원, 1984 ; 〈파리 외방 전교회 선교사들의 한국진출에 대한 프랑스 정부의 태도〉, 《교회사연구》 5, 한국교회사연구소, 1987.
홍일교, 〈장위영 영관 이두황과 보은 장내리 파괴〉, 《동학학보》 28, 동학학회, 2013.
홍정근, 〈조선후기 학자 순암 안정복의 주체적 사유〉, 《한국철학논집》 19, 한국철학사학회, 1988.
황미숙, 〈18세기 말 수원 사대부, 이석조의 화성 진흥책〉, 《역사민속학》 49, 역사민속학회, 2015 ; 〈수원 사대부 이석조 《집설》의 균전론〉, 《역사민속학》 50, 역사민속학회, 2016 ; 〈18세기말 수원지역 노론계 이석조의 경세론 고찰〉, 《중앙사론》 51, 한국중앙사학회, 2020.
황민호, 〈안성읍내와 죽산지역 3·1운동의 전개〉, 《한국민족운동사연구》 46, 한국민족운동사학회, 2006 ; 〈무단통치와 서울〉, 서울역사편찬원, 《서울2천년사 27 일제강점기 서울의 항일운동》, 2015.

金浩永, 〈朝鮮に於ける土地問題〉, 《朝鮮に於ける土地問題》, 勞動者書房, 1930.
梶村秀樹, 〈朝鮮からみた日露戰爭〉, 《史潮》 7, 歷史學會, 1980.
三好千春, 〈兩次アヘン戰爭と事大關係の動搖〉, 《朝鮮史研究會論文集》 27, 朝鮮史研究會, 1990.
奥村周司, 〈李朝高宗の皇帝卽位について—その卽位儀禮と世界觀〉, 《朝鮮史研究會論文集》 33, 朝鮮史研究會, 1995.
原田環, 〈朝·中〈兩截体制〉 成立前史—李裕元と李鴻章の書簡を通して〉, 《近代朝鮮の社會と思想》(飯沼二郎, 姜在彦 編), 未來社, 1981; 〈朝鮮における對外的危機意識〉, 《朝鮮史研究會論文集》 21, 朝鮮史研究會, 1984.
李丙洙, 〈韓國の近代化と《刑法大全》の頒示〉, 《思想》 583, 岩波書店, 1973.
田保橋潔, 〈近代朝鮮に於ける政治的改革〉, 《近代朝鮮史研究》, 朝鮮總督府, 1944.

찾아보기

ㄴ

ㄷ

ㄹ

ㅁ

ㅂ

ㅅ

ㅇ

ㅊ

ㅌ

대한제국과 3·1운동

주권국가건설운동을 중심으로

1판 1쇄 발행일 2022년 1월 3일

지은이 김태웅

발행인 김학원
발행처 (주)휴머니스트출판그룹
출판등록 제313-2007-000007호(2007년 1월 5일)
주소 (03991) 서울시 마포구 동교로23길 76(연남동)
전화 02-335-4422 **팩스** 02-334-3427
저자·독자 서비스 humanist@humanistbooks.com
홈페이지 www.humanistbooks.com
유튜브 youtube.com/user/humanistma **포스트** post.naver.com/hmcv
페이스북 facebook.com/hmcv2001 **인스타그램** @humanist_insta

편집주간 황서현 **편집** 최인영 박민영 **디자인** 이수빈
조판 이희수 com. **용지** 화인페이퍼 **인쇄** 삼조인쇄 **제본** 민성사

ISBN 979-11-6080-771-4 93910